VIE ET MORT À SHANGHAI

Nien Cheng est née à Pékin en 1915. Après des études à la London School of economics de 1935 à 1938, elle épousa un diplomate chinois et, de 1941 à 1948, vécut à Canberra, en Australie. Après la Révolution communiste, son mari fut nommé directeur du bureau de Shell à Shanghai jusqu'à ce qu'un cancer l'emporte en 1957. Elle devint alors, de 1957 à 1966, conseillère auprès du nouveau directeur.
Nien Cheng a quitté la Chine en 1980. Elle vit maintenant à Washington.

Ce témoignage poignant nous vient d'une Chine ravagée par les persécutions. Il a été écrit par une femme qui a survécu par extraordinaire à ces temps troublés, une femme instruite introduite dans les cercles diplomatiques et le milieu des affaires. Le récit que fait Nien Cheng de ses six ans et demi de réclusion solitaire pendant la Révolution culturelle, suivis d'années de surveillance permanente avant sa réhabilitation finale, est tout à fait admirable.
Nien Cheng fut placée en résidence surveillée par les Gardes rouges en 1966 puis incarcérée. Toutes les tentatives pour lui faire avouer qu'elle aurait été un espion à la solde des Britanniques échouèrent; tous les efforts pour l'endoctriner se heurtèrent à son courage et à son refus constant d'accepter les termes imposés par ses geôliers. Quand elle fut relâchée de prison, on lui dit que sa fille Meiping s'était suicidée. En fait, elle avait été battue à mort par les révolutionnaires maoïstes.
La volonté indestructible de l'auteur de survivre et de témoigner est soutenue par une vision politique pénétrante et une clarté d'expression qui rendent son livre passionnant. Son exceptionnelle capacité d'observation, son sens de la description, son humour témoignent d'un grand talent d'écrivain. On se souviendra d'elle et on lira son livre longtemps après avoir oublié la « Bande des quatre ».

NIEN CHENG

Vie et Mort à Shanghai

TRADUIT DE L'ANGLAIS
PAR DOMINIQUE DILL

ALBIN MICHEL

Édition originale anglaise :

LIFE AND DEATH IN SHANGHAI

NIEN CHENG

Vie et Mort à Shanghai

TRADUIT DE L'ANGLAIS
PAR DOMINIQUE DILL

ALBIN MICHEL

Édition originale anglaise :

LIFE AND DEATH IN SHANGHAI

SOMMAIRE

NOTE DE L'AUTEUR

Ce livre rend compte de ce qui m'est réellement arrivé pendant la Révolution culturelle. Les faits y sont relatés dans l'ordre chronologique, tels qu'ils se sont déroulés. Chaque mot prononcé à l'époque, le lecteur s'en rendra rapidement compte, revêtait une importance vitale. De fait, ma survie dépendait de ce qui était dit par mes interlocuteurs et par moi. J'avais amplement le temps de me remémorer à maintes reprises les scènes et les conversations que je rapporte, dont il me fallait percer la signification profonde. En conséquence, elles sont restées gravées dans ma mémoire de façon indélébile, et ces pages, y compris les propos rapportés au style direct, sont aussi fidèles que possible à la réalité que j'ai vécue.

C'est avec quelques réticences que j'ai utilisé dans ce livre, pour la transcription de la plupart des noms chinois, le système *pinyin* dont l'emploi tend à devenir une norme internationale. J'ai fait quelques exceptions pour des noms géographiques tels que Hongkong (pinyin : Xianggang), et le nom de mon mari et de ma fille, qui est aussi le mien (Zheng), et que je préfère continuer à écrire comme j'ai l'habitude de le faire depuis plus de cinquante ans. Nous espérons que les lecteurs plus familiarisés avec les anciennes transcriptions reconnaîtront sans peine Pékin en Beijing et Mao Tsé-toung en Mao Zedong.

A Meiping

Première partie

LE VENT DE LA RÉVOLUTION

CHAPITRE 1

LA CHASSE AUX SORCIÈRES

JE me souviens de tout. Je n'oublierai jamais. Je me revois, par une chaude nuit de juillet 1966, dans le bureau de ma vieille maison de Shanghai. Ma fille dormait dans sa chambre, les domestiques avaient regagné les communs, et j'étais seule. J'entends encore le lent tournoiement du ventilateur au plafond; je vois les œillets blancs qui, écrasés de chaleur, baissaient la tête dans le vase blanc d'époque Qianlong sur mon bureau, les étagères couvrant tout un mur chargées de livres anglais et chinois. L'abat-jour de ma lampe laissait la moitié de la pièce dans la pénombre, mais la soie rouge et chatoyante des coussins brillait d'un vif éclat sur le canapé blanc.

Un ami anglais qui venait souvent me voir disait que j'habitais « une oasis de confort et d'élégance au milieu d'une ville sinistre ». Ma maison n'était pourtant pas un palais, elle était même modeste selon les critères occidentaux – mais je n'avais ménagé ni mon temps ni mon imagination pour en faire un havre de paix et un foyer de bon goût où ma fille et moi pourrions oublier le réalisme prolétarien qui envahissait la ville.

Peu de particuliers vivaient comme nous à Shanghai, dix-sept ans après que le Parti communiste eut pris le pouvoir en Chine : parmi les dix millions d'habitants que comptait la ville, on ne trouvait sans doute guère plus d'une douzaine de familles qui eussent conservé leur ancien style de vie et continué à employer des serviteurs. Le Parti n'avait pas décrété comment les gens devaient vivre. En 1949, quand l'Armée populaire était entrée à Shanghai, on nous avait même interdit de renvoyer nos domestiques afin de ne pas aggraver le chômage. Mais les campagnes politiques qui secouaient périodiquement le pays avaient appauvri beaucoup de gens aisés contraints à payer de fortes amendes, ou soumis à une réduction considérable de leurs revenus. En outre, nombre d'anciens industriels avaient été envoyés dans l'arrière-pays avec leur famille quand leurs usines avaient été évacuées de Shanghai. J'avais pu garder mon mode de vie parce que mes moyens financiers me le permettaient, mais aussi parce que l'organisation du Front uni me traitait avec courtoisie et respect. Nous menions donc une vie paisible, quoique prudente. Conscientes que la Révolution communiste était historiquement inévitable pour la Chine, nous étions prêtes à nous en accommoder.

Si je me remémore souvent ces quelques heures qui précédèrent minuit, le 3 juillet 1966, ce n'est pas seulement parce que j'éprouve de la nostalgie à la pensée de mon ancienne vie avec ma fille, mais parce que ce furent les dernières heures de vie normale dont je devais jouir avant de nombreuses années. Même la nuit, la chaleur oppressait lourdement la ville. Pas un souffle n'entrait par la fenêtre ouverte. Mon visage et mes bras étaient humides de transpiration et mon chemisier collait à mon dos tandis que je me penchais sur le journal ouvert sur mon bureau pour lire les véhéments articles de dénonciation qui préludaient toujours à une nouvelle campagne politique. La propagande visait à créer une atmosphère de tension afin de mobiliser l'opinion publique. Il arrivait souvent qu'une lecture attentive de ces articles, rédigés par des activistes sélectionnés par les responsables du Parti, fournisse des indices sur les buts du mouvement naissant et ses victimes possibles. N'ayant jamais été la cible d'aucun mouvement politique dans le passé, je ne m'inquiétais pas, mais la violence du langage utilisé dans ces articles de propagande me mettait mal à l'aise.

Mon serviteur Laozhao m'avait laissé une Thermos de thé glacé sur un plateau posé sur la table basse. J'en bus une tasse en regardant la photo de mon mari. Neuf ans avaient passé depuis sa mort, mais le vide qu'elle avait laissé dans mon cœur ne s'était pas comblé. Je me sentais toujours seule et abandonnée lorsque l'atmosphère politique me troublait et que j'aurais eu besoin de son soutien.

J'avais rencontré mon mari à Londres, en 1935, alors qu'il préparait son doctorat. Nous nous étions mariés, et nous étions revenus à Chongqing, capitale de la Chine pendant la guerre, en 1939, où mon mari avait rejoint le corps diplomatique du Guomindang. En 1949, quand l'Armée populaire de Libération entra dans Shanghai, il était directeur du bureau local du ministère des Affaires étrangères du Guomindang. En prenant possession du bureau, le représentant du gouvernement communiste, Zhang Hanfu, proposa à mon mari de travailler pour le nouveau gouvernement, pendant une période de transition, en tant que conseiller aux Affaires étrangères auprès du nouveau maire de Shanghai, le maréchal Chen Yi. L'année suivante, on l'autorisa à quitter le gouvernement de la République populaire et à accepter l'offre de la compagnie pétrolière internationale Shell qui lui proposait de prendre la direction de son bureau de Shanghai. C'était l'une des rares entreprises britanniques d'envergure internationale qui eussent tenté de conserver un bureau à Shanghai. Shell étant la seule grande compagnie pétrolière désireuse de rester en Chine continentale, les responsables du Parti favorables au commerce avec l'Occident traitaient cette société – et nous-mêmes – avec courtoisie.

En 1957, mon mari mourut d'un cancer. C'est un Anglais qui lui succéda à la tête de la compagnie, mais on me demanda de devenir son assistante, avec le titre de conseillère de la direction, ce que j'acceptai. Je conservai ce poste jusqu'en 1966.

Les directeurs britanniques successifs dépendaient de moi pour maintenir la compagnie à l'écart des nombreuses ornières dans lesquelles une entreprise capitaliste risquait de tomber en Chine maoïste. Ma tâche consistait à résoudre les problèmes qui se posaient à nous sans sacrifier la dignité de Shell ni faire perdre la face aux fonctionnaires chinois. Chef du personnel, j'assurais en outre la liaison entre la direction et le syndicat des employés de Shell, je devais analyser les exigences du syndicat et trouver des compromis. Je rédigeais l'essentiel de la correspondance en langue chinoise entre la compagnie et les services du gouvernement chinois. A chaque fois que le directeur se rendait en Angleterre, ou à Pékin pour discuter avec le gouvernement chinois, je le remplaçais dans ses fonctions. J'étais heureuse de cet emploi qui faisait de moi la seule femme de Shanghai occupant un poste de direction dans une entreprise de renommée mondiale.

Au printemps 1966, Shell ferma son bureau de Shanghai après négociations avec le gouvernement chinois. Nous cédions à la Chine tous les biens de Shell se trouvant sur son territoire, moyennant quoi le gouvernement chinois s'engageait à fournir du travail à tous nos employés membres du Syndicat des Travailleurs de Shell (affilié au Syndicat des Travailleurs de Shanghai) et à leur verser une retraite. En tant que membre de la direction, je n'étais pas comprise dans l'accord.

Quand l'accord fut signé, ma fille, jeune actrice du Studio cinématographique de Shanghai, était en tournée avec son « unité » en Chine du Nord. J'avais pensé faire un voyage à Hongkong à son retour, mais je l'attendais encore quand la Révolution culturelle fut lancée. Le groupe auquel appartenait ma fille fut rappelé en toute hâte à Shanghai par le Studio afin que ses membres prissent part à la Révolution culturelle. Sachant que pendant les campagnes politiques les fonctionnaires répugnaient à prendre des décisions – si bien que le travail, dans les divers services, se trouvait ralenti, voire totalement arrêté – je décidai de ne pas déposer de demande d'autorisation de voyage au risque de me la voir refuser. Un refus se trouverait inséré dans mon dossier, à la police, et cela rendrait plus difficile toute demande ultérieure. Je restai donc à Shanghai en me disant que la Révolution culturelle ne durerait pas plus d'un an, comme les autres campagnes qui l'avaient précédée.

Le thé me rafraîchit un peu. Je gagnai ma chambre, pris une douche et m'allongeai sur mon lit. Malgré la chaleur, je m'endormis. C'est Chen Ma, ma servante, qui m'éveilla en me touchant gentiment l'épaule.

Il était six heures et demie du matin, mais le soleil brillait déjà et la température commençait à monter.

« Qi et un autre homme de votre ancien bureau sont là pour vous voir, dit Chen Ma.

– Que veulent-ils? lui demandai-je à moitié éveillée.

– Ils ne m'ont rien dit. Mais ils se comportent curieusement. Ils sont entrés tout droit dans le salon et se sont assis sur le canapé au lieu d'attendre dans l'entrée comme ils le faisaient avant. »

Qi était le vice-président de la section syndicale d'entreprise. J'avais souvent négocié avec lui et il s'était montré raisonnable et conciliant.

« Qui est l'autre homme? demandai-je en me dirigeant vers la salle de bain.

– Je ne connais pas son nom. Il n'est jamais venu ici. Il est grand et mince. C'est peut-être un des gardes. »

Je me dis qu'il pourrait s'agir d'un des activistes du

syndicat de Shell. Nous n'avions pas de membres du Parti chez nous, mais au comportement de certains employés, je savais qu'ils s'étaient vu confier le rôle de chiens de garde de la section syndicale. Dans la mesure où je n'avais pas de contacts directs avec les membres du syndicat, qui étaient pour la plupart des gardiens ou des hommes de peine, je ne connaissais leurs activités que par les chefs de service.

On frappa à la porte. Laozhao, mon serviteur, donna un plateau à Chen Ma en murmurant :

« Ils disent que la maîtresse doit se presser.

– Très bien, Laozhao, répondis-je. Dis-leur que je descends tout de suite. Offre-leur à boire et des cigarettes. »

Je ne me pressai pas. Je voulais prendre le temps de réfléchir afin de pouvoir faire face à toute éventualité. La visite de ces deux hommes à une heure aussi matinale était inhabituelle. Je savais pourtant que lorsqu'on devait se rendre à un meeting, aller écouter une conférence ou assister à une séance d'endoctrinement politique, on était rarement prévenu à l'avance. Chacun était censé interrompre toute activité pour répondre présent. Je me demandais si les deux hommes étaient venus m'« inviter » à l'une de leurs séances d'endoctrinement. Le Syndicat des Travailleurs de Shanghai organisait en effet des cours pour préparer les anciens membres du personnel de Shell à occuper des postes moins bien payés dans des organisations gouvernementales.

Tandis que je mangeais mes toasts et buvais mon thé, je me remémorais les événements qui avaient conduit à la fermeture du bureau de Shell et je réexaminai mon propre comportement pendant les négociations entre la compagnie et les services du gouvernement chinois. J'avais accompagné le directeur à toutes les réunions, mais je n'avais jamais pris la parole. Je n'étais là que pour observer et conseiller le directeur après coup, dans nos bureaux. Je me dis que si on me posait des questions sur Shell, je pourrais toujours faire traîner les choses en proposant d'écrire à Londres pour obtenir les informations demandées.

J'enfilai un chemisier de coton blanc, un pantalon gris et des sandales noires – la tenue que portent les femmes chinoises dans les lieux publics pour éviter d'attirer les regards. En descendant l'escalier, je me dis que ceux qui m'avaient envoyé ces hommes si tôt le matin espéraient probablement me déconcerter. Je marchai lentement pour donner l'impression d'une parfaite maîtrise.

En entrant, je vis les deux hommes vautrés sur le canapé. Ils n'avaient pas touché leur verre de jus de fruit. Qi se leva par la force de l'habitude mais, voyant que l'autre ne bougeait pas, il rougit et se rassit précipitamment. Ne pas se lever à mon entrée dans la pièce était naturellement une attitude délibérément grossière. En 1949, peu après l'entrée de l'Armée populaire à Shanghai, le nouveau policier chargé du secteur où nous vivions nous avait rendu la première de ses visites impromptues. Ecartant Laozhao, il était entré tout droit dans le salon où je me tenais et avait craché sur le tapis. C'était la première fois que je voyais quelqu'un affirmer son pouvoir en se montrant impoli. Depuis, j'ai souvent remarqué que les jeunes membres du Parti recourent à une impolitesse exagérée pour dissimuler leur sentiment d'infériorité.

Je ne relevai ni la gêne de Qi ni la grossièreté de l'autre homme, et je m'assis sur une chaise avant de leur demander :

« Pourquoi êtes-vous venus me voir de si bonne heure ?

– Nous sommes venus vous chercher pour une réunion, dit Qi.

– Vous avez mis un tel temps à vous préparer que nous serons probablement en retard, ajouta l'autre en se levant.

– Quel est l'objet de cette réunion? demandai-je. Qui l'organise? Qui vous envoie me chercher?

– Inutile de poser tant de questions. Nous ne serions pas ici si nous n'en avions pas reçu l'ordre. Tous les anciens de Shell doivent assister à cette réunion. C'est très important, dit l'activiste qui ajouta sur un ton exaspéré : Est-ce que vous ignorez que la Grande Révolution culturelle prolétarienne a commencé?

– Qu'est-ce que la Révolution culturelle a à voir avec nous? Nous avons travaillé pour une entreprise commerciale, non pour un établissement culturel, dis-je.

– Le Président Mao a dit que tout le monde en Chine doit prendre part à la Révolution culturelle, dit Qi. Nous sommes en retard.

– Nous devons partir sur-le-champ », ajouta l'autre.

Qi se leva. Je jetai un coup d'œil à l'horloge de la cheminée : il était huit heures et quart.

Chen Ma m'attendait dans l'entrée avec mon sac et un parasol de soie bleu marine. Je lui souris en les prenant, mais elle ne me rendit pas mon sourire. Elle me regardait avec angoisse.

« Je serai de retour pour le déjeuner », dis-je pour la rassurer.

Elle hocha la tête.

Laozhao se tenait à la porte. Lui aussi avait l'air inquiet, mais il ne dit rien et referma la porte derrière nous.

L'inquiétude de mes serviteurs était tout à fait compréhensible. Nous savions tous que depuis dix-sept ans que Mao Zedong dirigeait le pays, un nombre incalculable de gens avaient quitté leurs foyers au cours des campagnes politiques, et n'étaient jamais revenus.

Il y avait peu de gens dans les rues, mais le bus était plein de passagers à l'air compassé. Il parcourut tout un périple, si bien que nous n'arrivâmes à destination qu'à neuf heures sonnées.

Un groupe de jeunes gens et de jeunes filles étaient

rassemblés devant l'école technique où devait se tenir la réunion. Quand ils nous virent descendre du bus, quelques-uns se précipitèrent dans le bâtiment en criant :

« Les voilà ! Ils arrivent ! »

Un homme sortit et s'écria, très irrité :

« Pourquoi avez-vous mis si longtemps ? La réunion était prévue pour huit heures. »

Les deux hommes qui m'escortaient se tournèrent vers moi :

« C'est à elle qu'il faut le demander ! »

Ils entrèrent dans le bâtiment et l'homme me dit :

« Venez ! »

Je le suivis.

La grande salle était déjà pleine. Dans les premiers rangs, assis sur d'étroits bancs de bois, je reconnus le médecin de Shell et d'autres cadres de l'entreprise. Les chauffeurs, gardiens, liftiers, hommes de peine et employés de bureau étaient assis derrière eux, entourés d'un grand nombre de jeunes, probablement les élèves de l'école. Beaucoup étaient debout dans les allées et au fond de la salle. Les chauds rayons du soleil traversaient les fenêtres sans rideaux, mais très peu de gens utilisaient leur éventail tant l'atmosphère était tendue. Chacun était dans l'expectative.

Bien que nous ayons travaillé dans la même entreprise et que nous nous soyons vus quotidiennement pendant neuf années, aucun des anciens cadres ne me salua, ni même ne montra qu'il ait pu me connaître. Alors que je me faufilais entre eux pour gagner la place que l'on m'avait assignée au second rang, la plupart des hommes détournèrent les yeux, mais ceux dont je croisai le regard semblaient profondément inquiets.

Je me demandais ce qu'ils avaient vécu depuis que les bureaux de Shell avaient fermé, quelques mois auparavant. C'étaient eux les véritables perdants de l'arrangement passé entre Shell et le gouvernement. Presque tous travaillaient pour Shell depuis très longtemps, parfois depuis les années 1920. Pendant l'occupation de Shanghai par les Japonais, certains avaient même effectué le long et pénible voyage de la capitale du moment, Chongqing, pour suivre la compagnie qui s'y était repliée, abandonnant leur maison et leur famille; d'autres, restés dans la ville, avaient sacrifié leurs intérêts financiers plutôt que de travailler pour la compagnie pétrolière japonaise qui avait repris les installations de Shell sur place. La plupart d'entre eux approchaient la soixantaine et n'étaient plus très loin de l'âge de la retraite. L'accord prévoyait qu'on leur confierait un emploi dans des organismes chinois. Mais on n'avait pas spécifié que l'on devait leur offrir une situation comparable à celle qu'ils occupaient chez Shell, et ils s'étaient vu proposer des postes d'employés de bureau ou de traducteurs mal payés avec, à la clef, une retraite réduite. Aucun d'eux n'avait osé contester les termes d'un accord que le gouvernement voulait les voir accepter. Le dernier président et moi-même avions essayé d'obtenir des assurances de la part du président du syndicat, mais il nous fut répondu que tous les membres de notre personnel étaient satisfaits des termes de l'accord.

Lors de ma dernière rencontre avec le président du syndicat de Shell, il m'avait dit :

« Tout le monde est ravi à la perspective d'être libéré de la position anormale qui consistait à travailler pour une entreprise étrangère. Ils sont tous impatients de contribuer à l'édification du socialisme en tant que travailleurs d'un organisme gouvernemental. »

C'était la thèse officielle, bien qu'il fût impossible que le président du syndicat lui-même y crût. Au cours de ces derniers jours, les cadres supérieurs qui vinrent dans mon bureau hochaient la tête et murmuraient tristement :

« C'est ainsi. »

On ne pouvait espérer de suspension de séance avant le déjeuner, dans plus de trois heures. La température allait s'élever encore. Il fallait que je conserve mon énergie en attendant que les événements décident de notre sort. L'étroit banc de bois était aussi inconfortable que celui où j'avais dû m'asseoir pendant la guerre dans une cave de Chongqing tandis que les avions japonais faisaient pleuvoir leurs bombes incendiaires sur la ville. Mon visage ruisselait de sueur. Afin d'y prendre un mouchoir, j'ouvris mon sac. Je vis que Chen Ma y avait mis un petit éventail de bois de santal tendu de soie sur lequel mon professeur de dessin avait peint des pivoines. Je le sortis et m'éventai pour dissiper un peu la forte odeur de la foule entassée.

Il y eut soudain un mouvement à l'arrière de la salle. Plusieurs hommes vêtus de chemises à manches courtes et de larges pantalons de coton entrèrent par la porte du fond et gagnèrent l'estrade. L'un d'eux prit place à une petite table couverte d'une nappe blanche, tandis que les autres s'asseyaient sur une rangée de chaises derrière lui. On ne pouvait plus discerner l'origine sociale des gens par leurs vêtements car tout le monde essayait de s'habiller comme un prolétaire. Avoir l'air pauvre était à la fois plus sûr et à la mode. Je ne pouvais donc rien deviner du rang de cet homme qui présidait la réunion, mais je me dis que ce devait être un représentant officiel du Syndicat des Travailleurs de Shanghai.

« Camarades ! dit-il. Notre Grand Dirigeant le Président Mao a lancé et dirige personnellement la Grande Révolution culturelle prolétarienne. Avec notre Grand Timonier pour nous guider, nous volerons de victoire en victoire sans que rien puisse nous arrêter. La situation est excellente pour nous, le prolétariat !

« La Grande Révolution culturelle prolétarienne est une occasion d'étudier plus à fond et plus intensément que jamais auparavant la Pensée de Mao Zedong pour aiguiser notre conscience révolutionnaire. Ce n'est qu'alors que nous pourrons vraiment faire la différence entre ceux qui servent le peuple et ceux qui sont du côté de ses ennemis.

« Les ennemis du socialisme sont rusés. Certains brandissent le drapeau rouge pour s'opposer au drapeau rouge. D'autres nous sourient pour cacher leurs sales projets. Ils collaborent avec les impérialistes de l'étranger et avec les capitalistes de l'intérieur pour essayer de saboter le socialisme et de replonger le peuple chinois dans la misère et les souffrances de jadis. Allons-nous leur permettre de réussir ? Bien sûr que non ! non ! Cent fois non !

« Il y a dix-sept ans que le peuple de Shanghai a été libéré. Pourtant, jusqu'à une date très récente, des entreprises étrangères se sont maintenues dans notre ville. Leurs bureaux occupaient des sites de choix, et leurs voitures sillonnaient nos rues. Les étrangers et la poignée de Chinois qui avaient oublié leur identité nationale et travaillaient avec eux paradaient avec insolence. Nous savons tous que ces entreprises étaient des agents de l'impérialisme, qui espéraient perpétuer l'exploitation du peuple chinois. Nous ne pouvions pas tolérer cet état de choses, si bien que nous avons fermé leurs portes et jeté les étrangers dehors. La plupart des Chinois à leur service ont été contaminés, leur pensée est embrouillée. Il nous faut également reconnaître que certains d'entre eux sont tout simplement des réactionnaires. Il est de notre devoir de contribuer à la politique d'éducation de notre Grand Dirigeant le Président Mao en les réformant. Pendant plusieurs mois, nous avons organisé pour eux des cours de rééducation. Mais personne ne peut se réformer s'il ne regarde pas la réalité en face et s'il ne reconnaît pas ses propres fautes. L'autocritique est le premier pas vers la réforme. Afin de s'imposer un réel effort d'autocritique, un homme doit être aidé par les critiques des autres. La réunion d'aujourd'hui a été décidée pour critiquer Dao Fong et pour entendre son autocritique.

« Vous savez tous qui est Dao Fong. Pendant presque trente-cinq ans, il fut le chien courant de la compagnie pétrolière Shell, entreprise internationale de taille gigantesque dont les tentacules s'insinuent dans tous les recoins du monde pour en sucer des profits. Selon Lénine, il s'agit là de la pire forme de l'entreprise capitaliste.

« Le capitalisme et le socialisme sont comme l'eau et le feu. Ils sont diamétralement opposés. Dao Fong n'aurait pu servir les intérêts d'une entreprise britannique et rester un bon citoyen chinois dans un pays socialiste. Il nous a fallu longtemps pour l'aider à voir la lumière. »

Je fus surprise d'apprendre que Dao Fong, notre ancien chef comptable, était la cible de la réunion, parce que j'avais toujours eu l'impression qu'il bénéficiait des faveurs du Parti. Dans les années 1950, son fils aîné avait été envoyé en Union soviétique et en Tchécoslovaquie pour y faire ses études supérieures aux frais de l'Etat et, à son retour, le jeune homme avait adhéré au Parti. Je savais que lorsqu'un étudiant est choisi pour se rendre à l'étranger, le parti procède toujours à une enquête détaillée sur ses origines, ce qui inclut la personnalité de son père, ses occupations et ses opinions politiques. Dao Fong avait dû passer l'épreuve avec succès. Je ne pouvais comprendre pourquoi il était maintenant la cible privilégiée de la critique.

Dès les débuts du régime communiste, j'avais consciencieusement étudié les ouvrages marxistes et les déclarations des dirigeants du Parti. Il me semblait que le socialisme en Chine n'était encore qu'une sorte d'expérience, et que la voie que devait suivre le développement du pays n'avait pas encore été définie. Je pensais que c'était la raison pour laquelle la politique du gouvernement changeait continuellement, comme un pendule qui balance sans cesse de gauche à droite, de droite à gauche. Quand on avait atteint un extrême et que des problèmes surgissaient, Beijing prenait des mesures pour corriger la trajectoire. Naturellement, la véritable difficulté venait de la rigidité de l'économie contrôlée par l'Etat, soumise à des plans élaborés à Beijing, qui ignoraient les conditions de production locales et tuaient toute motivation.

Quand la politique était modifiée d'en haut, les valeurs officielles changeaient avec elle. Ce qui étaient bien hier devenait mal aujourd'hui, et vice versa. Ainsi les paroles et les actes d'un représentant du Parti communiste n'étaient valables que pour un temps limité. J'en conclus que la réunion à laquelle j'assistais n'était pas très importante et que l'orateur n'était qu'un sous-fifre du Parti désigné pour mener la Révolution culturelle au sein de l'ancien personnel de Shell. Il me semblait que la Révolution culturelle était un balancement vers la gauche. Tôt ou tard, quand elle serait allée trop loin, des mesures de rectification seraient prises. Les gens auraient quelques mois ou quelques années de répit jusqu'à la prochaine campagne politique. Mao Zedong était persuadé que les campagnes politiques stimulaient la population et favorisaient le progrès. La « Grande Révolution culturelle prolétarienne » n'était donc qu'un épisode de la longue série de bouleversements dont le peuple chinois devrait s'accommoder.

Je fis du regard le tour de la salle tout en écoutant d'une oreille les tirades de l'orateur. C'est alors que je remarquai au mur une banderole qui proclamait : « A bas le chien courant de l'impérialisme Dao Fong. » Les deux caractères composant son nom étaient barrés de rouge pour indiquer qu'on le dénonçait comme ennemi. Au milieu de toutes les autres portant les slogans de la Révolution culturelle, cette banderole avait jusque-là échappé à mon attention. Les slogans faisaient partie intégrante de la vie en Chine. Ils exaltaient Mao Zedong, le Parti, le socialisme et tout ce en quoi le Parti voulait que les gens croient; ils exhortaient le peuple au travail, à l'étude de la pensée de Mao Zedong, et à l'obéissance au Parti. Pendant les campagnes politiques, les slogans dénonçaient les ennemis. Depuis le début de la Révolution culturelle, les slogans s'étaient partout multipliés par milliers. Il était impossible de lire tous ceux que l'on voyait – et il était très facile de les regarder sans vraiment les lire.

L'homme parlait maintenant du mode de vie décadent de Dao, résultant de sa longue association avec le capitalisme. Il semblait qu'il s'était rendu coupable de relations extra-conjugales, d'une consommation excessive de vins et d'alcools et de folles dépenses en repas somptueux – agissements égoïstes que le Parti réprouvait. Ces accusations ne me surprirent pas car je savais que lorsque l'on dénonçait quelqu'un on le dépeignait comme étant complètement mauvais, et que tout comportement condamnable était attribué à l'influence du capitalisme.

Quand l'homme eut disséqué la vie privée de Dao et exposé les effets corrosifs qu'avait eus sur lui le capitalisme, il prit un ton plus grave. Il aborda le sujet de l'impérialisme et de l'agression contre la Chine dont les puissances étrangères se rendaient coupables. Pour lui, les erreurs de Dao ne résultaient pas d'une ambition personnelle effrénée, mais de son travail pour une entreprise appartenant à une nation coupable d'actes d'agression contre le peuple chinois plus de cent ans auparavant. Il parlait de la guerre de l'Opium de 1845 comme si elle s'était déroulée l'année précédente.

Bien qu'il eût utilisé le rude langage de la dénonciation et souvent élevé la voix pour crier, il prononçait son discours d'un air détendu, s'arrêtant fréquemment pour boire ou pour consulter ses notes. Il savait qu'il tenait son public sous sa coupe : personne n'aurait osé quitter les lieux avant la fin de la séance. Un membre du Parti, même un simple militant de base, représentait le Parti. Quant il parlait, c'était le Parti qui s'exprimait par sa bouche. Il était impensable de paraître s'en désintéresser. Mais il parlait depuis longtemps. La chaleur dans la pièce était devenue insupportable et les auditeurs commençaient à s'agiter. Il était presque midi. L'orateur était sans doute lui aussi fatigué et affamé, car il s'arrêta soudain et déclara que la réunion reprendrait à 13 h 30. Il n'avait pas encore fini sa phrase que tout le monde était debout et se dirigeait vers la sortie.

Dehors, le soleil écrasait la chaussée. Je vis au loin un pousse-pousse à l'ombre d'un arbre et je courus vers lui. Je lui indiquai mon adresse, lui promettant de doubler le prix de la course s'il se hâtait de décamper.

L'homme qui m'avait introduit dans le bâtiment le matin sortit en courant et me cria de m'arrêter. Il voulait que je reste ici et que je mange quelque chose à la cantine de l'école pour éviter que je sois à nouveau en retard. Il voulait tellement que je reste qu'il avait saisi le pousse-pousse. Pour qu'il lâche prise, je dus lui promettre cent fois que je serais de retour à l'heure.

Ma petite maison, ombragée par les stores des fenêtres et les bambous de la véranda, me parut un paradis après la salle de réunion surchauffée et sans air. Mon chemisier était trempé et je mourais de soif. Je pris une douche, bus un verre de thé glacé et dégustai le délicieux repas que Wang, mon excellent cuisinier, avait préparé pour moi. Puis je m'allongeai sur mon lit pour une demi-heure de repos avant de me faire reconduire par le pousse-pousse, à qui j'avais demandé de m'attendre.

J'arrivai un peu en retard dans la salle de réunion, mais j'étais loin d'être la dernière. Je trouvai un siège au deuxième rang, près d'un pilier contre lesquel je pourrais m'appuyer quand je me sentirais trop fatiguée. J'avais emporté un grand sac contenant une bouteille d'eau, un verre et deux tablettes de chocolat. Rassurée de savoir que j'avais tout prévu, je m'assis et attendis, curieuse de savoir où l'orateur voulait en venir.

La salle se remplit peu à peu. A deux heures, le même

nombre d'hommes que le matin prit place sur l'estrade. L'orateur fit un signe et l'on introduisit Dao Fong dans la salle. Je fus stupéfaite de le voir affublé d'un haut chapeau de papier blanc où était inscrit « démon de la vache et esprit du serpent ». Sans l'expression bouleversée de son visage, il aurait pu faire rire.

Le « démon de la vache » et l' « esprit du serpent » sont deux génies malfaisants de la mythologie chinoise qui peuvent prendre forme humaine pour accomplir leurs méfaits, mais qui, une fois reconnus comme des démons par de vrais hommes, recouvrent leur aspect originel. C'est Mao Zedong qui avait utilisé pour la première fois cette expression pour décrire les intellectuels au cours de la « campagne de rectification » contre les droitiers de 1957. Il avait dit que les intellectuels étaient comme de mauvais génies à forme humaine qui prétendaient soutenir le Parti communiste. Quand ils critiquaient la politique du Parti, ils se démasquaient et l'on reconnaissait ainsi leur vraie nature. Depuis cette époque, toujours prompts à adopter le langage de Mao, les membres du Parti utilisaient l'expression pour désigner tous ceux qu'ils voulaient accuser d'hypocrisie. Pendant la Révolution culturelle, on l'appliquait à ce qu'on appelait les neuf catégories d'ennemis : les anciens propriétaires terriens dénoncés par le mouvement de Réforme agraire de 1950-1952; les paysans riches dénoncés par le mouvement de Formation de coopératives rurales de 1955; les contre-révolutionnaires dénoncés par la campagne de Suppression des contre-révolutionnaires de 1950 et la campagne d'Elimination des contre-révolutionnaires de 1955; les « mauvais éléments » arrêtés de temps à autre depuis la prise de pouvoir par le Parti communiste; les droitiers dénoncés par la campagne contre les droitiers de 1957; les traîtres (membres du Parti soupçonnés d'avoir livré des secrets du Parti au Guomindang qui les avait faits prisonniers); les espions (les gens ayant des relations avec l'étranger); les « responsables du Parti engagés dans la voie capitaliste » (ceux qui ne suivaient pas la politique strictement gauchiste de Mao); et les intellectuels d'origine bourgeoise.

L'expression se réduisait souvent à « vaches » et on appelait « étables » les lieux où ces parias politiques étaient enfermés pendant la Révolution culturelle. Quand les persécutions prirent encore plus d'ampleur, tous les organismes de Chine transformèrent certaines pièces de leurs locaux en « étables », et les Révolutionnaires de ces organismes avaient tous pouvoirs sur les « vaches » qui y étaient détenues. Pour forcer les « vaches » à avouer, on ne reculait pas devant les traitements inhumains et des méthodes cruelles. Dans bien des cas, s'y trouver enfermé était bien pire que d'être incarcéré dans une prison normale.

Comme Dao Fong me parut changé! A l'époque où nous travaillions ensemble, il était toujours très sûr de lui. Maintenant, il semblait nerveux et accablé. Il avait beaucoup maigri et vieilli de plusieurs années en quelques mois. Les jeunes derrière moi ricanèrent. Les spectateurs du fond de la salle se levèrent pour mieux voir et certains bancs tombèrent. Un homme apporta une chaise sur l'estrade et dit à Dao Fong de monter dessus. Quand il se hissa sur la chaise et s'y tint tête basse, les épaules voûtées, son chapeau de papier sur la tête, les ricanements se changèrent en franche hilarité.

Un homme, que l'on avait sans aucun doute placé au coin de la salle à cette fin, se leva et, agitant le petit livre à couverture de plastique rouge des *Citations du Président Mao Zedong* – que tout le monde devait avoir sur soi – lança les slogans que l'assemblée reprit en chœur.

« A bas Dao Fong! »

« A bas le chien des impérialistes Dao Fong! »

« A bas les impérialistes! »

« A bas la classe capitaliste! »

« Vive la Grande Révolution culturelle prolétarienne ! »

« Vive notre Grand Dirigeant le Président Mao ! »

Le tonnerre des voix submergea les rires. Tout le monde se leva en criant et en brandissant le petit livre rouge. J'avais oublié de prendre mon exemplaire. Embarrassée, je mis un certain temps à réagir. En outre, je fus choquée et surprise de voir Dao Fong lever le poing et reprendre, avec autant de ferveur que les autres, les slogans dirigés contre lui. Avant que j'eusse terminé d'enlever de mes genoux mon éventail, ma bouteille d'eau, mon verre et mon sac, et de les placer sur le banc pour me lever, les cris avaient cessé, et tout le monde s'était rassis. Je repris donc simplement mes affaires. Mon voisin me regardait d'un œil réprobateur. Il s'écarta comme s'il craignait que mon attitude inqualifiable ne fût contagieuse.

Quand la foule eut fini de manifester son indignation, on autorisa le coupable à quitter sa chaise. Comme il se penchait pour en descendre, son chapeau de papier tomba. Les étudiants recommencèrent à rire. Dao jeta vers l'orateur un regard apeuré, redoutant visiblement qu'on ne l'accuse d'avoir fait choir son chapeau délibérément, et soupira de soulagement quand un autre homme le ramassa et le plaça sur la table.

L'orateur demanda à d'autres membres du personnel de l'entreprise, y compris les deux hommes qui étaient venus me chercher le matin et les employés qui avaient travaillé sous les ordres de Dao Fong à la comptabilité, de venir témoigner. L'un après l'autre ils montèrent sur l'estrade et exprimèrent leur vive réprobation, répétant les accusations proférées le matin même par l'orateur. Je savais que l'ampleur et la vigueur des accusations étaient toujours fixées par le représentant du Parti. Il était aussi dangereux d'essayer de se montrer original et de dire quelque chose de différent que de ne pas assez critiquer. Les gens savaient d'expérience que le Parti leur faisait d'autant plus confiance et les aimait d'autant mieux qu'ils se gardaient de penser par eux-mêmes et se contentaient de répéter ce qu'on leur disait. La critique de Dao Fong par les anciens salariés de Shell, tous ouvriers ou employés subalternes, dura longtemps. Aucun de nos anciens cadres ne fut invité à parler. Ils restèrent assis en silence, la tête basse.

Enfin, l'orateur reprit la parole. Il expliqua qu'après plusieurs semaines de rééducation et avec l'« aide » des militants, Dao avait finalement reconnu qu'il était une victime du capitalisme et de l'impérialisme. Se tournant vers Dao, l'homme demanda du ton d'un maître d'école interrogeant un mauvais élève :

« N'est-ce pas vrai? C'est le fort salaire versé par les impérialistes étrangers qui vous a transformé en esclave! Vous vous êtes vendu à eux et vous étiez prêt à faire tout le sale boulot pour eux à cause de votre salaire et de l'argent qu'ils vous promettaient. N'est-ce pas vrai? »

La foule s'agita en attendant la réponse de Dao. Mais il ne fit pas de déclaration de repentir spectaculaire ou larmoyante. Il se contenta de hocher la tête, l'air plus abattu que jamais.

Je trouvais stupide de la part de Dao Fong d'avouer qu'il s'était vendu pour de l'argent parce que cet aveu pouvait ouvrir la voie à toutes sortes d'accusations plus graves dont il aurait du mal à se dégager. Il me semblait qu'il aurait été préférable, et certainement plus véridique, d'expliquer que Shell versait à son personnel de Shanghai le même salaire après la prise du pouvoir par le Parti communiste qu'avant. Dans la mesure où le gouvernement ne formulait aucune critique, il n'avait jamais été question de réduire la paie du personnel. Il aurait également pu dire – ce que les représentants du Parti auraient eu du mal à réfuter – que travailler pour une entreprise étrangère n'était pas aussi prestigieux que de servir le peuple, comme le faisaient les travailleurs des organismes gouvernementaux.

« Dao Fong va maintenant faire son autocritique », annonça l'homme.

Dans une attitude toujours aussi obséquieuse et sans jamais lever les yeux pour regarder l'auditoire, Dao sortit quelques feuilles de papier de sa poche et commença à lire une déclaration d'une voix sourde et sans émotion apparente. Il admettait humblement tous les « crimes » énumérés par ses accusateurs et reconnaissait que sa déchéance était due à l'insuffisance de sa conscience socialiste. Il exprimait ses regrets d'avoir travaillé pour une entreprise étrangère pendant plus de trente-cinq ans, gâchant ainsi sa vie Il déclarait qu'il avait honte de s'être laissé aveugler par la propagande capitaliste et réduire en esclavage par l'argent que lui procurait Shell. Il suppliait le prolétariat de lui pardonner et de lui donner une chance de repentir. Il soulignait que son fils, membre du Parti, avait été éduqué à l'étranger aux frais de l'Etat. Sa vie témoignait d'une noire ingratitude envers le gouvernement populaire. Il reconnaissait maintenant les ignobles combines des capitalistes et impérialistes étrangers contre la République populaire de Chine et promettait de faire tout son possible pour mettre au jour leurs sales manigances afin de prouver qu'il se repentait sincèrement. Il était justement en train de rédiger des aveux détaillés des actes criminels qu'il avait commis pour Shell, et il allait les donner aux membres du Parti qui l'« aidait » dans sa rééducation.

C'était une longue déclaration pleine de formules stéréotypées et d'outrances. Sa voix chevrotait parfois et, à d'autres moments, sa bouche s'ouvrait sans qu'aucun mot n'en sorte. Quand il tournait les pages, ses mains tremblaient. Je ne pouvais croire que sa nervosité fût uniquement due à la peur, puisqu'il savait certainement qu'il n'était coupable d'aucun véritable crime. Après tout, Shell n'était en Chine que grâce à l'autorisation du gouvernement communiste, et même par sa volonté. Je savais pour ma part que l'entreprise s'était toujours montrée scrupuleusement respectueuse de la législation chinoise. Dao devait le savoir aussi. Je me dis qu'il souffrait probablement avant tout d'épuisement mental et physique. Je ne doutais pas que, pour le mettre à genoux et s'assurer sa parfaite soumission, ceux qui l'avaient « aidé » avaient passé des jours, sinon des semaines, à le questionner sans répit, se relayant pour exercer sur lui une pression constante et l'empêcher de dormir. Tout le monde savait que, dans ces circonstances, au bord de l'effondrement physique et de la confusion mentale, la victime capitulait. Je connaissais beaucoup de gens, à commencer par mon propre frère, qui avaient fait l'expérience, au cours de la campagne contre les droitiers de 1957, de ces pratiques inhumaines que les maoïstes appelaient « bombardement total ». Les responsables du Parti restaient à l'arrière-plan et laissaient les activistes exécuter leurs ordres. Quand une cruauté excessive entraînait la mort de l'accusé, ils se dégageaient de toute responsabilité et prétendaient qu'il s'agissait d'un accident dû à « l'indignation des masses ».

Quand Dao eut terminé, l'orateur expliqua qu'on le surveillerait pour voir s'il avait parlé sincèrement. Il ajouta qu'il ne s'agissait là que du premier d'une série de meetings. Il allait falloir s'occuper de bien d'autres que Dao, et Dao lui-même pourrait être amené à parler à nouveau. A ce moment, il s'arrêta un instant pour parcourir la foule des yeux. Ai-je seulement imaginé que son regard s'attardait une fraction de seconde sur moi? Il conclut qu'il était du devoir du prolétariat de nettoyer la Chine socialiste de tous les résidus de l'influence impérialiste et de punir les ennemis du peuple. J'eus de nouveau l'impression qu'il regardait dans ma direction.

Je ne pouvais croire que j'étais assez importante pour que tout ce spectacle eût été mis en scène pour mon seul profit. Pourtant, si tel était le cas, je ne m'en effrayais pas. Après cette première expérience d'un « meeting de lutte », j'éprouvais surtout du dégoût, et la honte qu'un être humain puisse se voir soumis à une telle barbarie dans mon cher pays natal, riche de ses cinq mille ans de civilisation. En tant que Chinoise, je me sentais avilie.

On cria encore quelques slogans, mais tout le monde se dirigeait déjà vers la porte.

L'homme qui avait tenté de m'empêcher de rentrer déjeuner à la maison m'attendait au passage. Il me dit :

« Veuillez venir par ici un moment. Certains camarades souhaitent vous dire un mot. »

Je le suivis jusqu'à l'une des salles de classe où les chaises et les tables des étudiants étaient empilées dans un coin. L'orateur du meeting et un autre de ceux qui se trouvaient sur l'estrade étaient assis au bureau du professeur. Ils me désignèrent une chaise libre.

« Avez-vous bien écouté tout ce meeting? » demanda l'orateur.

J'acquesçai.

« Qu'en avez-vous pensé? Je crois que c'était la première fois que vous veniez à une réunion de ce type. »

Il était évident que je ne pouvais dire ce que je pensais vraiment, mais je ne voulais pas non plus mentir et le flatter. Je demandai donc :

« Puis-je vous poser quelques questions qui m'ont occupé l'esprit toute la journée? »

Il eut l'air agacé, mais dit :

« Allez-y.

– Quelle organisation représentez-vous? De quel droit tenez-vous un tel meeting? En dehors des anciens membres du personnel de Shell, qui étaient les autres personnes présentes? »

A l'évidence, il n'appréciait pas que je mette en doute son autorité. Il fit un visible effort pour se contrôler et dit :

« Nous représentons la classe prolétarienne. Le meeting a été autorisé par le Comité chargé de diriger la

Grande Révolution culturelle prolétarienne à Shanghai. »

Je lui demandai de m'expliquer les buts de la Révolution culturelle. Il dit qu'elle visait à nettoyer la société chinoise des facteurs qui entravaient le développement du socialisme. Il citait et reprenait souvent un passage des écrits de Mao Zedong : « Si l'on n'arrache pas les herbes vénéneuses, les fleurs parfumées ne peuvent pousser. » Il me dit qu'en Chine tout le monde, sans exception, devait prendre part à la Grande Révolution culturelle prolétarienne.

« Il faut que vous adoptiez une attitude plus sincère, que vous fassiez un réel effort pour imiter Dao Fong et pour vous réformer.

– A ma connaissance je n'ai commis aucune action condamnable, dis-je, surprise.

– Vous changerez peut-être d'attitude quand vous aurez eu le temps de repenser à tout cela, dit l'autre homme. Si vous essayez de couvrir les impérialistes, les conséquences seront graves.

– Qu'y a-t-il à couvrir? Tous les actes des impérialistes sont clairement répertoriés dans nos livres d'histoire. »

L'homme éleva la voix.

« De quoi parlez-vous? Il ne s'agit pas de ce qui est arrivé dans le passé. Il s'agit de maintenant, de l'entreprise pour laquelle vous avez travaillé. Dao a déjà tout avoué. Nous savons que vos bureaux de Shell à Shanghai ont " accroché une tête de mouton pour vendre de la viande de chien ". (Cette expression chinoise signifie que les apparences cachent une réalité toute différente.) Nous connaissons également le rôle important que vous avez joué dans ce sale trafic. Il ne faut pas nous prendre pour des idiots.

– Je ne sais absolument pas de quoi vous parlez, dis-je. Pour autant que je sache, l'entreprise pour laquelle je travaillais n'a jamais rien fait d'illégal ni d'immoral. Le Gouvernement du Peuple dispose d'excellentes forces de police. S'il y avait eu quelque chose d'irrégulier, il ne fait aucun doute que vous l'auriez découvert voici longtemps. »

Les deux hommes me regardèrent, et crièrent presque ensemble :

« Vous essayez de couvrir les impérialistes !

– Vous m'avez mal comprise ! Je ne fais que rapporter les faits tels que je les connais. Pourquoi devrais-je couvrir qui que ce soit ? Le bureau de Shell à Shanghai est fermé, et son directeur anglais est parti. Personne n'a besoin de ma protection.

– Oui, oui, le directeur anglais est parti, mais vous êtes toujours ici. Vous en savez autant que lui. Votre mari avait été directeur pendant des années. Après sa mort, vous avez été embauchée par l'entreprise, et vous en savez certainement tout.

– C'est justement parce que je sais tout du bureau de Shell à Shanghai que je peux dire qu'il ne s'est jamais rendu coupable d'actes répréhensibles, dis-je.

– Je suggère que vous rentriez chez vous, intervint l'autre homme, et que vous repensiez à tout cela. Nous vous convoquerons quand nous voudrons vous voir à nouveau. Quel est votre numéro de téléphone ? »

Je le leur donnai, et je quittai la pièce.

Dehors, c'était déjà le crépuscule et il soufflait une brise rafraîchissante. Je décidai de rentrer à pied en faisant un détour pour profiter de l'ombre des arbres, prendre un peu d'exercice, et réfléchir.

En passant devant le Centre hospitalo-universitaire n° 1, je vis mon amie Winnie qui en sortait, suivie par quelques collègues. Je lui fis signe et elle m'accompagna jusqu'à la maison, car elle habitait tout près de chez moi.

« Que fais-tu dans la rue à cette heure ? me demanda-t-elle.

– Je rentre d'un meeting de lutte. On m'a demandé de

participer à la Grande Révolution culturelle prolétarienne.

– Est-ce parce que Shell a fermé son bureau de Shanghai ? Raconte-moi !

– Volontiers. Peux-tu dîner avec moi ? »

Ce serait bon de savoir ce que Winnie pensait de ma journée. Elle avait vécu de près quelques campagnes politiques et elle avait plus d'expérience que moi en la matière.

« D'accord, dit Winnie. J'appellerai à la maison de chez toi. Henry rentre très tard ces temps-ci. Il doit payer le prix de son poste de professeur. Les professeurs semblent être une cible privilégiée de toutes les campagnes politiques. »

Son mari enseignait l'architecture à l'Université Tangqi.

« Est-ce qu'Henry a des ennuis ?

– Non, pas jusqu'à présent, Dieu merci. »

Malgré ses quarante-cinq ans passés et ses trois fils, Winnie était restée mince et s'arrangeait pour être belle même dans ces vestes Mao et ces pantalons mal coupés qu'elle était obligée de porter pour enseigner l'anglais et le latin aux étudiants en médecine. Après avoir obtenu son diplôme de littérature anglaise au collège féminin de Nouvelle-Angleterre, elle était revenue en Chine à la fin de la guerre sino-japonaise avec son mari, chinois lui aussi, diplômé de Cambridge. Henry, nommé professeur d'architecture à l'Université Tangqi, ne tarda pas à devenir le directeur de son département. Mais en ces temps d'inflation galopante, le salaire d'un professeur ne pouvait suivre la montée des prix. Pour arrondir leurs revenus, Winnie donnait des leçons de chinois aux familles européennes vivant à Shanghai. Déçus par l'incapacité du Guomindang à faire face aux dramatiques problèmes économiques de l'après-guerre et à réformer le pays, ils se réjouirent de la prise de pouvoir par les communistes en 1949, y voyant une chance de paix et de stabilité.

A l'époque, le Guomindang censurant toute information sur la zone communiste, peu de Chinois vivant à Shanghai connaissaient bien le marxisme, le Parti communiste chinois et Mao Zedong. Presque personne n'était au courant des persécutions subies par les intellectuels à Yan'an, en 1942, ni des chasses aux sorcières périodiques visant les « espions du Guomindang et les impérialistes » au sein du Parti communiste et de l'armée. Les seules sources d'informations dont disposaient les intellectuels chinois sur le Parti communiste chinois, avant 1949, provenaient de récits enthousiastes écrits par quelques journalistes et écrivains occidentaux qui avaient effectué de brèves visites dans les zones communistes. La plupart de ces hommes étaient des idéalistes libéraux. Ils avaient été impressionnés par l'austérité, la discipline et les desseins des dirigeants communistes, mais ils n'avaient pu connaître en profondeur ni le caractère de ces hommes ni la philosophie qui les animait. Quand le Parti communiste intensifia ses efforts de propagande par le biais de ses réseaux clandestins dans les villes tenues par le Guomindang, avant la dernière offensive militaire qui lui permit de contrôler tout le pays, ses promesses de reconstruction nationale dans la paix et de front uni regroupant tous les secteurs de la société chinoise dans un gouvernement démocratique semblèrent offrir une solution de rechange face au gouvernement corrompu et inefficace du Guomindang. Les intellectuels chinois prirent cette propagande pour des engagements politiques sincères et honnêtes du Parti communiste chinois.

Après l'entrée dans Shanghai de l'Armée populaire de Libération on incita les femmes à trouver des emplois. Winnie devint professeur au CHU en 1950. L'année suivante, Mao Zedong, désireux de placer toutes les universités sous le contrôle du Parti, lança le mouvement de Réforme de la pensée. Winnie et Henry reçurent leur premier choc. Bien qu'ils aient tous deux survécu presque indemnes à cette campagne, ils étaient passés par l'expérience humiliante d'avoir à faire l'autocritique de leur passé familial, de leur éducation à l'étranger et de leur vision de la vie reflétée par les conceptions architecturales de Henry et par leurs méthodes d'enseignement. Ils durent rédiger à plusieurs reprises leur biographie critique. A chaque fois, le responsable du Parti exigeait qu'ils fassent un effort supplémentaire d'auto-analyse. A la fin de cette abominable expérience, Henry fut jugé indigne de rester chef du département d'architecture – qui ne devait plus utiliser que du matériel d'enseignement soviétique. L'architecture traditionnelle chinoise tout autant que les conceptions architecturales occidentales étaient considérées comme féodales et décadentes.

Après le mouvement de Réforme de la pensée, en 1951, on nomma des secrétaires du Parti à chaque niveau de l'administration universitaire. Ils contrôlaient tous les aspects de la vie et du travail du personnel enseignant, alors même que la majorité d'entre eux avaient un niveau d'éducation assez faible et n'avaient jamais enseigné. Henry et Winnie s'étaient vu attribuer un appartement, avaient accepté le salaire proposé et travaillaient comme le leur demandaient les secrétaires du Parti. Ces deux jeunes êtres cultivés, vivants, pleins d'imagination et de bonne volonté vis-à-vis du régime communiste, se trouvaient réduits à l'état de machines à enseigner. Mais ils avaient pourtant de la chance. Bien d'autres universitaires, partout en Chine, s'en étaient moins bien sortis. Certains avaient été exclus de l'université ou envoyés dans des camps de travail.

Avec la fin de la guerre de Corée, la chasse aux sorcières contre les dissidents marqua temporairement le pas. Le premier ministre Zhou Enlai, informé des persécutions dont avaient été victimes les intellectuels, décida d'améliorer leurs conditions de vie. On attribua à Henry et Winnie un appartement plus spacieux près de chez moi et on relâcha un peu les contraintes frappant leurs activités professionnelles. Winnie venait souvent me voir pour lire les livres et les magazines que je faisais venir d'Angleterre par Hongkong, et pour écouter des disques sur ma chaîne.

En 1956, Mao Zedong lança la campagne « Que cent fleurs s'épanouissent, que cent écoles rivalisent ». Dans tous les organismes, les secrétaires du Parti, à l'instar de Mao, engageaient les gens à formuler une critique franche et constructive du travail du Parti. Des dizaines de milliers d'intellectuels et plus d'un million de Chinois de tous les secteurs exprimèrent alors leurs doléances et leurs suggestions. Mais Winnie et Henry se gardèrent de toute critique – ce qui leur épargna les persécutions de la campagne suivante, contre les droitiers. En 1957 Mao Zedong étiqueta comme « droitiers » tous ceux qui avaient émis des critiques l'année précédente. Beaucoup perdirent leur travail, devinrent des parias et furent envoyés dans des camps de travail; d'autres virent leur salaire diminué et furent rétrogradés à des postes subalternes. Le fait que Mao Zedong eût hypocritement incité les intellectuels chinois à parler librement pour mieux les réprimer par la suite figea presque totalement la vie culturelle en Chine.

Quand nous atteignîmes la maison, la porte s'ouvrit avant même que j'aie eu le temps de sonner. Laozhao attendait mon retour avec impatience. Il m'informa que ma fille avait téléphoné pour prévenir qu'elle ne rentrerait pas dîner.

« Dis à Wang que Mme Huang reste dîner », demandai-je à Laozhao, avant d'entraîner Winnie à l'étage, vers ma salle de bain.

Laozhao dressa la table à l'européenne pour deux, avec une nappe blanche ornée d'œillets blancs dans un vase.

« Wang dit qu'il a préparé du poisson mandarin à la vapeur et une salade verte. Est-ce que ça va? » me demanda Laozhao.

Suivant ce que Wang trouvait au marché, il me cuisinait soit un repas chinois, soit un repas européen. J'interrogeai Winnie du regard, et elle dit :

« C'est parfait. J'adore le mandarin. »

Une fois assise, Winnie porta son regard sur le grand portrait de femme en camaïeu bleu pâle, toile du grand peintre Ling Fongmin qui dirigeait jadis l'Académie d'arts plastiques de Hangzhou. Ce tableau constituait la pièce maîtresse de ma salle à manger bleu et blanc. Il s'harmonisait, par le style et la couleur, avec l'assiette d'époque Xuande et le vase d'époque Kangxi qui ornaient le buffet de bois sombre.

« Sais-tu que Ling Fongmin a de sérieux ennuis? » me demanda Winnie.

Je fus surprise. Je savais que ce peintre rapportait de grosses quantités de devises à l'Etat, car ses toiles se vendaient très bien à Hongkong – vingt ou trente fois ce que le gouvernement les payait au peintre.

« On lui reproche de faire l'apologie de l'art décadent de l'Occident. Mais on l'accuse surtout d'avoir gardé des contacts hors de Chine et d'avoir donné des informations à des capitaines de bateaux faisant escale à Shanghai. Les militants de son quartier ont vu ces étrangers venir chez lui.

– Sa femme et sa fille vivent au Brésil, et je sais que des capitaines de navires sont venus acheter ses toiles, dis-je.

– Beaucoup d'autres peintres ont des ennuis. On critique aussi ton ancien professeur, Mlle Pong. On dit que si elle a peint un arbre Mei Hua dont une branche retombe au lieu de s'élever vers le ciel, c'est pour symboliser la chute du Parti communiste.

– Ils sont fous! dis-je en posant ma fourchette. Les maîtres anciens ont souvent peint le Mei Hua en fleur à la fin de l'hiver avec des branches tombant le long d'une falaise. Elle n'a rien inventé.

– Il est probable que les responsables du Parti de son organisation n'ont jamais vu de toiles des anciens maîtres. On ne demande pas aux responsables du Parti chargés de surveiller les artistes de connaître la différence entre une gouache et une lithographie. Et la plupart d'entre eux l'ignorent. »

Nous étions démoralisées au point de ne pouvoir rendre justice au délicieux poisson que le cuisinier nous avait servi. Nous passâmes au salon et, tandis que nous buvions du thé, je racontai à Winnie le meeting de lutte. Elle réfléchit et dit :

« Maintenant que ton bureau est fermé et qu'aucun étranger ne peut plus savoir ce qui t'arrive, ils vont te traiter comme nous.

– Pourquoi m'ont-ils convoquée à ce meeting ?

– Pour te faire peur !

– Je ne m'effraie pas facilement.

– Ils ne le savent sans doute pas. Tout ce qu'ils savent, c'est que tu es une femme riche qui a mené une vie facile et qui ne s'est encore jamais trouvée dans le collimateur d'une campagne. En règle générale, ils sous-estiment notre courage.

– Pourquoi voudraient-ils m'effrayer ?

– C'est difficile à dire. Mais prépare-toi à des désagréments. Tiens-toi sur tes gardes et ne dis rien. Ne te laisse pas emporter, même si on te provoque.

– Et toi, comment vas-tu ?

– Je suis épuisée. Nous passons tout notre temps en meetings ou en rédaction d'affiches. Les cours ont été suspendus. Plusieurs professeurs et spécialistes ont déjà été dénoncés. La situation semble plus sérieuse encore qu'en 1957, au début de la campagne contre les droitiers.

– Est-ce que tu risques à nouveau de te trouver sous les feux de la critique ?

– On ne peut jamais être sûr de l'immunité, mais je ne pense pas être assez importante. Je suis assistante depuis seize ans, sans aucune promotion ni augmentation de salaire. J'ai toujours demandé humblement les directives à suivre auprès de mon secrétaire du Parti, je n'ai jamais vécu dans le luxe et je n'ai jamais pris d'initiative. Je respecte ses directives même quand je sais qu'il a tort. Pendant les réunions de formation politique, je ne parle jamais sauf si on me le demande. Alors je me contente de répéter ce qu'a dit notre chef de groupe ou le secrétaire du Parti. Je crois que mon attitude peut être considérée comme exemplaire. Pourtant, en dernière analyse, plus tu es haut placé, plus tu as de chances d'avoir des ennuis. " Le grand arbre retient le vent ", comme on dit.

– Tu penses à Henry ?

– Je me fais du souci pour lui. Je crois qu'il va être dénoncé comme " démon de la vache et esprit du serpent " ainsi que les autres professeurs, et qu'il se retrouvera à nouveau au centre d'un meeting de lutte », répondit Winnie.

Elle ferma les yeux et soupira.

« Je croyais qu'il ne faisait plus rien d'autre qu'enseigner et se taisait en dehors de la classe, dis-je.

– C'est vrai. Il a appris sa leçon de tous ses amis qui ont été traités de droitiers. Mais il est professeur titulaire, sa famille était très riche et sa sœur vit à Taiwan.

– Mais vous n'avez plus de contacts avec sa sœur. Vous ne lui écrivez pas.

– Ça ne fait rien. Elle est là-bas et elle est la sœur d'Henry. Si le Parti veut s'en servir, nous n'y pouvons rien. »

Laozhao entra pour nous resservir du thé.

Wang voudrait vous parler avant de rentrer chez lui, me dit Laozhao.

– Très bien. Dis-lui de venir, répondis-je. »

Il entra.

« Le vice-président du syndicat des travailleurs de Shell, M. Qi, est revenu ce soir juste avant votre retour. Il m'a demandé de vous transmettre un message, dit le cuisinier.

– Quel est-il ?

– Il fallait vous dire de faire attention quand vous parlez aux responsables du Parti. Après votre départ du meeting, ils se sont plaints que vous aviez été insolente envers eux. Qi veut que vous sachiez que les responsables du Parti en ont été froissés, dit le cuisinier.

– Qi est un homme gentil, intervint Laozhao.

– Un homme gentil ? Vous auriez dû le voir dénoncer Dao Fong au meeting de lutte !

– Ce n'est pas sa faute. Il fallait qu'il fasse ce qu'on lui avait dit. S'il n'était pas gentil, il ne se serait pas donné la peine de venir jusqu'ici vous mettre en garde, insista Laozhao.

– Tu as raison Laozhao. C'était gentil de sa part de venir. Merci à tous les deux de m'avoir prévenue. »

Après le départ des serviteurs, Winnie me dit :

« Ils ont raison. Tu dois être prudente. Cela ne paie pas d'offenser les hommes directement chargés de ton cas au cours d'une campagne politique. Ils ont le pouvoir absolu de décider de ton sort. S'ils t'envoient dans un camp de travail, il faudra y aller.

– Comment pourraient-ils m'envoyer dans un camp de travail, Winnie ? Je ne travaille même pas pour le gouvernement. Et je n'ai pas violé la loi !

– Que tu es naïve ! Ils le peuvent s'ils le veulent. Tu vis ici. Tu ne peux sortir du pays. Le seul point positif, c'est que, comme tu ne travailles pas pour le gouvernement, ils ne peuvent réduire ton salaire. »

Winnie se leva pour partir et je l'accompagnai jusqu'à la porte.

« Pourquoi n'es-tu pas partie à Hongkong quand Shell

a envisagé de fermer ses bureaux de Shanghai, l'an dernier ?

– Comment aurais-je pu faire une chose pareille ? Le directeur avait besoin de moi pour les négociations. Elles étaient menées entièrement en chinois et il ne connaissait pas la langue. Shell m'a bien traitée. Je ne pouvais laisser tomber l'entreprise quand elle avait besoin de moi.

– J'espère qu'ils apprécient ton sens du devoir. Ils ne peuvent plus t'aider. Tu aurais dû partir.

– Je souhaite qu'Henry et toi traversiez cette campagne aussi bien que celle contre les droitiers.

– J'ai parfois le pressentiment d'un désastre... Imagine toutes ces années que nous avons passées à simplement tenter de survivre ! »

Nous nous étions dit au revoir sur le trottoir quand, après quelques pas, Winnie se retourna :

« Il se peut que je ne puisse plus venir avant que les choses se calment. Appelle-moi si tu as besoin de moi.

– Je comprends. Prends bien soin de toi !

– Toi aussi. »

Je fermai la porte et regagnai la maison sous un ciel sans nuages, des milliers d'étoiles scintillaient. C'était une merveilleuse nuit d'été.

Fatiguée et déprimée, je montai dans ma chambre pour me coucher. Ma fille rentra alors que j'étais déjà au lit, incapable de dormir, les scènes de la journée refusant de quitter mes yeux.

« Maman, maman ! »

Elle criait dans l'escalier en montant les marches deux par deux, comme quand elle était petite. Je lui répondis que j'étais dans ma chambre. Chen Ma la suivit avec un verre de lait et des sandwiches.

« Dieu que j'ai faim ! Je n'ai rien mangé depuis le petit déjeuner. »

Elle prit le verre et but le lait. Je vis que ses doigts étaient tachés d'encre.

« Regarde un peu tes doigts ! Tu ne vas pas manger tes sandwiches avec des mains aussi sales ! Tu es une jeune dame de vingt-trois ans et tu te comportes comme une gamine de dix ans. Jadis, les filles de ton âge étaient mariées et avaient déjà deux ou trois enfants », gronda Chen Ma.

Chen Ma était à notre service depuis si longtemps qu'elle pouvait se permettre de réprimander ma fille.

« Les temps ont changé, ma chère Chen Ma ! Que tu es vieux jeu ! » protesta Meiping en se rendant tout de même dans ma salle de bain.

Avant de quitter la pièce, Chen Ma se tourna vers moi :

« Vous n'avez pas de soucis à vous faire pour Laozhao, Wang et moi. Nous resterons toujours près de vous.

– Merci pour votre sollicitude, Chen Ma. Dites bien à Laozhao et à Wang de ne pas s'en faire, dis-je, profondément touchée par sa remarque.

– Nous nous faisons du souci pour vous parce que vous êtes seule. Si seulement le maître était encore avec nous ! » murmura-t-elle en refermant la porte derrière elle.

Chen Ma était vraiment vieux jeu. En période de crise, elle croyait fermement en la supériorité des mâles. En fait, je pensais justement à mon mari tandis que, dans le noir, j'attendais ma fille. Pour la première fois depuis qu'il nous avait quittées, je ne regrettais pas sa mort. J'étais heureuse que les insultes et les persécutions qui l'auraient certainement frappé s'il était encore en vie lui fussent épargnées.

Enfermée dans la salle de bain, ma fille n'avait pu entendre notre conversation. Elle prenait une douche.

Ma fille Meiping était une jeune femme jolie et intelligente. En grandissant en Chine communiste, elle avait vu disparaître la société dans laquelle les enfants de parents instruits et riches comme elle jouissaient de beaucoup d'avantages. Ce système avait été remplacé non par une société égalitaire où chacun aurait joui des mêmes chances et du même statut, mais par un système de discrimination contre les enfants comme elle et leurs familles. A chaque étape de sa jeune vie, elle avait été handicapée par son passé familial. Pour entrer dans un bon collège, par exemple, elle avait dû passer son examen avec 80 pour cent des réponses exactes alors que les enfants d'ouvriers et de paysans pouvaient entrer avec seulement 60 pour cent.

« C'est injuste, m'étais-je exclamée à l'époque, indignée par cette discrimination qui frappait mon enfant. Comment peut-on défendre des réglementations aussi iniques ?

– Ne t'en fais pas, maman ! J'y arriverai. Je peux faire 80 pour cent. Ce n'est pas difficile, répondit la fillette de douze ans.

– C'est injuste, fulminais-je toujours.

– Mais maman, la maîtresse nous a expliqué que les enfants d'ouvriers et de paysans doivent faire le ménage et la cuisine quand ils rentrent de l'école, et que leurs parents ne peuvent pas les aider pour leurs devoirs. Si tu penses à ça, c'est tout à fait juste. »

Elle avait très jeune appris à être philosophe.

Ce genre de discrimination la poursuivit dans tout ce qu'elle essaya de faire. A chaque fois qu'elle s'y trouvait confrontée, on faisait en sorte qu'elle se sente coupable et honteuse de son passé familial. Dans la mesure où, comme les autres enfants de son milieu, elle devait donner davantage d'elle-même, elle réussit bien. Dans le prestigieux Collège municipal de filles n° 2, elle fut déléguée de sa classe et gagna honneurs et prix. Elle semblait heureusement adaptée et elle avait beaucoup d'amis, y compris des enfants issus de la classe ouvrière. Bien qu'elle fût d'un naturel tendre et généreux, je me disais que c'était surtout ce sentiment de culpabilité instillé en elle par la propagande communiste sur les riches qui exploitaient les pauvres qui lui insufflait le désir d'aider ces enfants. Elle les ramenait à la maison pour qu'ils partagent ses repas et les aidait à faire leurs devoirs, et elle allait même parfois chez eux pour les seconder dans leurs tâches ménagères. Je trouvais que ces activités étaient très louables, mais Chen Ma les désapprouvait ouvertement, surtout quand Meiping donnait ses vêtements à ses amies et rapportait le linge sale des autres à la maison pour que Chen Ma le lave.

Dès l'enfance, elle avait montré un grand intérêt pour la musique. Nous lui avions acheté un piano et elle prenait des cours après l'école. A l'âge de dix ans, elle devint membre du Palais des enfants de Shanghai, une sorte de club pour des écoliers spécialement sélectionnés en fonction de leurs bonnes notes et de leur comportement irréprochable. Là, elle jouait dans des pièces et prenait part à des activités musicales. Comme elle était bilingue, elle devint l'une des jeunes interprètes chaque fois que des visiteurs anglophones venaient au Palais des enfants. Elle avait appris à nager alors qu'elle marchait à peine, en Australie, si bien qu'elle était le maître nageur officieux de sa classe. Quand elle eut quinze ans, elle fut sélectionnée par l'Association sportive de Shanghai pour être entraînée par le club d'aviron pendant les vacances et devint le barreur de la première équipe féminine d'aviron de Shanghai.

Nous vivions au milieu de bouleversements politiques périodiques et nous étions attristés par les épreuves qui touchaient personnellement certains de nos amis et voisins, mais je ne me fis jamais de soucis pour ma fille. J'étais sûre qu'elle serait admise dans l'une des meilleures universités, qu'on lui confierait un travail intéressant après l'obtention de son diplôme (parce qu'elle aurait toujours de bonnes notes) et qu'elle épouserait un gentil jeune homme. Sa paie serait insuffisante, mais je pourrais toujours arrondir ses fins de mois, comme le font beaucoup de parents.

J'espérais qu'on lui donnerait un emploi à Shanghai pour qu'elle continue de vivre auprès de moi, mais je ne pouvais en être sûre. Je savais que les jeunes affligés d'un passé familial comparable au sien étaient souvent envoyés délibérément dans de lointaines provinces où ils souffraient de conditions de vie très arriérées dans un grand dénuement. C'était arrivé aux enfants de certains de mes amis. En regardant ma petite fille dégingandée devenir une belle jeune femme, je me demandais ce que l'avenir lui réservait. Quand j'étais optimiste, je rêvais de transformer le deuxième étage de la maison en un appartement indépendant pour elle et sa famille. L'idée de câliner mes petits-enfants me procurait beaucoup de joie. Je me perdais dans l'évocation de ce futur rose au point de sentir la chaleur d'un enfant dans mes bras.

J'avais été assez surprise quand ma fille m'avait dit que deux actrices de cinéma connues, qui enseignaient à la nouvelle Ecole de cinéma de Shanghai, lui avaient suggéré de tenter l'examen d'entrée à l'école. L'école était réservée aux jeunes possédant des talents exceptionnels, et je sentis qu'elle était flattée d'avoir été pressentie. Mais j'avais espéré autre chose pour elle, un travail rendant davantage justice à son intelligence qu'à son physique.

« L'Ecole de cinéma dépend du service du Cinéma du ministère de la Culture, me dit Meiping. Elle se trouve près de l'ancien club de golf. Je pourrais facilement rentrer à la maison en week-end. Les deux professeurs m'ont dit que tous les élèves auront du travail au Studio cinématographique de Shanghai après leurs études. En fait, l'école dépend du Studio. C'est le Studio qui a fait rechercher de jeunes talents dans tout le pays pour les présenter au concours d'entrée. Il y aura sûrement beaucoup de candidats, parce que tout le monde aimerait vivre à Shanghai.

– Mais est-ce que tu désires réellement être actrice de cinéma ?

– Ça m'est égal. Je peux le faire. Ce n'est pas difficile. »

C'était sa réponse à tous les problèmes.

« Je ne doute pas que tu puisses le faire. Mais est-ce que tu le souhaites ?

– Tu sais, je n'ai jamais vraiment pensé à ce que je voudrais faire. Cela ne servirait à rien puisque c'est le gouvernement qui m'attribuera un travail. Si je savais vraiment ce que je veux faire, je risquerais seulement d'être déçue. Aucun de mes amis ne se perd dans ce genre de rêves. Si je mets tout mon cœur à bien faire un travail, je finis généralement par l'aimer.

– Alors tu as décidé de passer le concours ?

– Oui, si tu le veux bien. Les professeurs me l'ont proposé officiellement. Il serait difficile de dire non sans avoir l'air ingrate. Et puis, j'aime l'idée de travailler à Shanghai. Je n'apprécierais guère de te laisser ici toute seule et de ne revenir te voir qu'une fois par an pour le nouvel an chinois.

– Oui, ma chérie, c'est là un point important. Je n'aimerais pas non plus te savoir loin. »

Elle entra donc à l'Ecole de cinéma. Trois ans plus tard, on lui donna un travail au Studio cinématographique de Shanghai.

La profession d'actrice était assez prestigieuse, même en Chine communiste, mais celles qui l'exerçaient n'étaient pas mieux payées et ne jouissaient pas de meilleures conditions de travail que les ouvrières d'usine ou les enseignantes du même groupe d'âge. Une actrice avait pour principale fonction de distraire les masses, si bien qu'en dehors du tournage des films, elle jouait souvent dans les usines, les communes rurales, les mines de charbon et les champs de pétrole, voyageant dans toute la Chine avec son « unité ». C'était une vie très dure, mais Meiping pensait que son expérience enrichissait sa compréhension et sa connaissance de son pays et de son peuple, à qui elle croyait rendre service en le distrayant. Sa vie avait un sens.

Tout en mangeant ses sandwiches, elle me raconta sa journée au Studio.

« J'ai passé toute la journée à écrire des *dazibaos** pour la Grande Révolution culturelle prolétarienne. On nous a dit que plus nous en écririons, plus nous démontrerions notre enthousiasme révolutionnaire; alors tout le monde a écrit sans relâche, jusqu'à ce que tous les murs de notre section soient complètement recouverts.

– C'est pour ça que tu n'es pas rentrée dîner ?

– Nous avons renoncé au déjeuner et au dîner pour montrer notre zèle révolutionnaire. En fait, tout le monde avait faim, mais personne ne voulait partir le premier.

– Qu'as-tu écrit ?

– Oh, des slogans et des dénonciations contre ceux qui ont été déclarés " démons de la vache et esprits du serpent ", et tous les ennemis de la Chine comme Taiwan, le Japon, la Grande-Bretagne, les Etats-Unis et l'Union soviétique.

– Comment sais-tu quoi écrire ? Tu inventes ?

– Certains le font, mais je pense que c'est trop risqué. La plupart d'entre nous utilisent ce que nous fournit notre chef de section. Je me suis spécialisée dans les pays ennemis. Mon chef de section m'y autorise parce qu'elle pense que j'en sais plus que les autres sur les pays étrangers puisque je ne suis pas née en Chine. Je ne veux pas écrire sur des personnes en particulier. Je ne sais pas grand-chose de la vie d'aucun des gens qu'on dénonce, et je ne veux pas mentir ou insinuer. Les actrices, acteurs, metteurs en scène et scénaristes plus âgés doivent écrire leur autocritique. Beaucoup d'entre eux sont dénoncés. De temps à autre, les activistes les

* Affiches en grands caractères, parfois appelées « journaux muraux », dont Mao Zedong avait recommandé l'usage *(NdT)*.

conduisent à des meetings de lutte ou les laissent debout ou à genoux en plein soleil, la tête baissée.

– C'est horrible !

– Oui. C'est horrible. Je les plains. On dit que la plupart d'entre eux sont de vieux ennemis de Jiang Qing, et que Mao a donné tout pouvoir à sa femme en ce qui concerne les arts.

– Est-ce qu'elle n'est pas en train de monter des opéras modernes à Beijing ?

– Oui. Il semble que Jiang Qing soit en désaccord avec les dirigeants du ministère de la Culture depuis un certain temps. En tout cas, j'ai entendu dire que les actrices de sa génération qui avaient obtenu de meilleurs rôles qu'elle, quand elle était leur collègue à Shanghai, ont toutes fait leurs bagages pour partir dans des camps de travail. On raconte qu'elle est très cruelle et très jalouse. Mais il vaut mieux ne pas parler d'elle du tout.

– C'est incroyable. Elle est la première dame de Chine maintenant ! Pourquoi s'intéresse-t-elle encore à quelques vieilles actrices ?

– Peut-être qu'elles en savent trop sur sa vie passée. On dit qu'avant qu'elle ne parte pour Yan'an et n'épouse le Président Mao, elle avait eu beaucoup d'amants et même plusieurs maris.

– Le Président Mao a eu plusieurs femmes, lui aussi. Pourquoi n'aurait-elle pas eu plusieurs maris comme une vraie star d'Hollywood ? Ton éducation chinoise t'a donné une vision bien puritaine de ce genre de choses. Et dis-moi, est-ce que tu risques d'être critiquée, toi aussi ?

– Maman, ne sois pas bête ! Je ne suis pas assez importante. Je ne suis qu'un élément des masses. Bien sûr, mon passé familial et ma naissance à l'étranger peuvent être critiqués. J'ai eu bien de la chance de naître en Australie plutôt qu'aux Etats-Unis ou en Grande-Bretagne !

– Oui. Personne ne peut accuser l'Australie d'être un pays impérialiste.

– La plupart des gens du Studio pensent que c'est toujours une colonie britannique où les gens sont opprimés ! »

Ma fille rit de bon cœur. Elle avait fini de manger et se leva. Avant de gagner sa chambre, elle demanda :

« Et toi, maman, qu'as-tu fais de ta journée ?

– J'ai été convoquée à un meeting de lutte contre l'ancien chef comptable de notre bureau. Il semble que je doive prendre part à la Révolution culturelle et que je puisse devenir la cible d'attaques.

– Oh, mon Dieu ! C'est extrêmement grave. Pourquoi ne m'en as-tu pas parlé plus tôt ? »

Meiping se rassit et me pressa de tout lui raconter. Après que je lui eus narré ma journée, elle se montra très inquiète et demanda :

« Est-ce que ton bureau était correct ? Est-ce qu'il a jamais fait quelque chose de mal ?

– Bien sûr que non !

– Pourquoi ont-ils choisi de s'en prendre au chef comptable ? Peut-être a-t-il enfreint les règlements sur le commerce extérieur pour le bénéfice de l'entreprise ? Ou bien il n'aura pas payé les impôts ?

– Nous avons toujours payé les impôts et nous respections méticuleusement la législation, particulièrement en matière de commerce extérieur. »

Nous étions toutes deux intriguées, mais nous convînmes qu'il était vain de se livrer à des conjectures. J'engageai Meiping à aller se coucher. Après avoir gardé le silence un long moment, elle me souhaita bonne nuit et quitta la pièce. Elle semblait différente, beaucoup plus âgée que lorsqu'elle était entrée.

J'éteignis la lumière mais restai éveillée. Je pensai que la Révolution culturelle prolétarienne était aussi la première expérience de mouvement politique que vivait ma fille. Je me demandais en quelle manière cela affecterait son avenir. Au bout d'un moment, la porte de ma chambre s'ouvrit tout doucement. J'allumai la lumière.

« Maman, je ne peux pas dormir. Est-ce que ça t'ennuie si je descends jouer du piano pendant un moment ? me demanda Meiping, en pyjama, depuis le seuil de ma chambre.

– Je viens avec toi », dis-je en me levant.

Fluffy, le gros chat persan de Meiping, était sur la terrasse. Quand il nous vit, il miaula pour qu'on le laisse entrer. J'ouvris la porte-fenêtre. Meiping sortit le prendre et l'emporta dans son bureau. Après l'avoir posé, elle ouvrit le piano et joua quelques notes. Elle se tourna vers moi :

« Qu'est-ce que je joue ?

– Tout sauf un chant révolutionnaire. »

Elle commença un Nocturne de Chopin et demanda :

« Ça va ? »

J'acquiesçai. Fluffy était étendu aux pieds de Meiping sous le piano. Sans cette menace invisible qui planait au-dessus de nos têtes, ç'aurait été une parfaite image de paix et de tranquillité familiales.

CHAPITRE 2

UN RÉPIT AVANT LA TEMPÊTE

Dans les semaines qui suivirent ce premier meeting, les mêmes hommes me convoquèrent à plusieurs reprises pour m'interroger. Nos diverses conversations ressemblèrent toutes à la première. Un jour, ils me demandèrent de leur fournir le nom de tous les Américains et Européens que j'avais connus en précisant leurs occupations ainsi que les lieux et circonstances de nos rencontres. Une autre fois, ils me demandèrent d'écrire ce que je savais des activités de notre bureau, mais quand je leur remis les pages que j'avais rédigées, ils les regardèrent à peine. Tout en m'exhortant à dénoncer mes anciens employeurs, ils ne me posèrent aucune question précise sur l'entreprise. Ils n'allèrent jamais au-delà d'insinuations sur « quelque chose » que Shell aurait fait de mal et où j'aurais été impliquée.

En fait, j'avais l'impression qu'ils essayaient de gagner du temps, qu'ils attendaient des ordres d'en haut avant d'aller plus loin. Ce que je ne savais pas – et que personne dans la population ne savait –, c'était que les retards dans l'activation du mouvement étaient dus à une lutte féroce parmi les dirigeants du Parti communiste chinois pour savoir qui devait conduire la Révolution culturelle : l'appareil du Parti ou un comité spécial nommé par Mao Zedong, Président du Comité central.

On apprit plus tard que, début août, lors d'une réunion du Comité central, Mao Zedong avait calligraphié un dazibao intitulé : « Tirez à boulets rouges sur les quartiers généraux. » Dans ce texte extraordinaire, il accusait l'administration gouvernementale (avec à sa tête Liu Shaoqi, président de la République populaire) et le Secrétariat du Parti (avec à sa tête le secrétaire général Deng Xiaoping) d'être les quartiers généraux de la classe capitaliste en Chine, que leur politique protégeait et dont elle servait les intérêts. Il s'agissait là d'une accusation aussi grave que stupéfiante portée contre l'ensemble de l'appareil du Parti et de l'Etat. Mao pouvait se permettre d'accuser Liu et Deng parce qu'il contrôlait les forces armées par l'intermédiaire de son protégé Lin Biao, ministre de la Défense. Afin de sauver sa propre position, Liu Shaoqi fit une autocritique en règle, déclarant que sa politique économique autorisant les parcelles privées pour les paysans et les marchés libres pour les citadins avait encouragé la renaissance du capitalisme en Chine et représentait un recul sur la voie du socialisme. Peut-être, par cet aveu, Liu Shaoqi pensait-il aider Mao à sauver la face. Il n'en restait pas moins que la politique économique de Liu Shaoqi avait épargné à la Chine la banqueroute économique après l'échec désastreux du Grand Bond en avant que Mao Zedong avait impulsé en 1958-1960. Pourtant, cet aveu de culpabilité de la part de Liu s'avéra une erreur tactique. Il se retrouvait en position de faiblesse et ouvrait la voie aux maoïstes qui désiraient une escalade des attaques portées contre lui et ses amis au sein du gouvernement.

La victoire de Mao à la réunion du Comité central permit la constitution d'un comité spécial chargé de mener la Révolution culturelle. Avec le temps, le Parti et l'appareil d'Etat se retrouvant paralysés sous les attaques des Gardes rouges et des Rebelles révolutionnaires maoïstes, ce comité devint l'organe suprême du gouvernement. Ses membres, y compris Jiang Qing, la femme de Mao, jouirent d'un pouvoir extraordinaire et furent élus au bureau politique du Parti. Pendant les années de la Révolution culturelle, Jiang Qing utilisa sa position d'épouse de Mao pour devenir son porte-parole et sa représentante, soi-disant chargée de transmettre les ordres et les désirs du Président, mais les interprétant en fait comme il lui plaisait. Femme ambitieuse et impitoyable qui avait été tenue à l'écart de la vie politique chinoise pendant des décennies, elle ne tolérait plus maintenant aucune opposition, imaginaire ou non. Les dizaines de milliers de représentants du Parti, d'artistes, d'écrivains, de scientifiques et de gens du peuple sur lesquels elle projeta l'ombre de ses soupçons furent cruellement persécutés. On ne devait plus compter ceux qui moururent entre les mains de ses séides.

Au cours de cette réunion du Comité central du mois d'août, le ministre de la Défense Lin Biao se révéla le plus ardent fidèle de Mao. Il l'encensa tout particulièrement dans le communiqué final de la réunion, publié par les journaux. Lin proclamait que Mao était « le plus grand marxiste de notre époque », et le plaçait, comme successeur de Lénine, devant les dirigeants d'Union soviétique, y compris Staline. Pendant les dix années que dura la Révolution culturelle, même après la disgrâce de Lin Biao, les maoïstes restèrent fidèles à cette proclamation.

Un jour, peu après la publication du communiqué de la réunion du Comité central, M. Hu, un ami de mon mari, vint me voir. En Chine, les amitiés entre hommes excluent les épouses, et les amis de mon mari avaient cessé de venir chez nous après sa mort. Seul M. Hu continuait à me présenter ses vœux pour le nouvel an chinois. Il ne restait généralement que peu de temps et me parlait toujours de l'estime qu'il avait pour mon mari et de la grande valeur qu'il attachait à leur amitié. Avant de partir, il posait sur la table une enveloppe rouge contenant des étrennes pour mes serviteurs – une vieille coutume que seuls quelques vieux conservateurs respectaient encore en Chine depuis la prise de pouvoir par le Parti communiste. Ses visites me faisaient sourire, et je le trouvais démodé mais délicieusement sentimental.

Quand Laozhao annonça M. Hu, je fus surprise, mais je lui dis de le faire entrer au salon et de lui servir du thé.

M. Hu avait été le propriétaire d'une usine de peinture. Ses produits étaient bien connus en Chine et il en exportait à Hongkong et en Asie du Sud-Est. Après la prise de Shanghai par l'Armée populaire, il continua la production sous le contrôle du Gouvernement. En 1956, pendant la campagne de Socialisation des entreprises capitalistes (où l'on promit à tous les capitalistes le versement annuel de 7 pour cent de la valeur de leurs biens pendant dix ans), son usine fut reprise directement par l'Etat. L'indemnisation prévue ne représentait qu'une fraction de ce que valaient réellement les entreprises, mais les capitalistes n'avaient pas d'autre choix que d'accepter. Pour ses connaissances techniques, on invita M. Hu à rester dans son usine comme ingénieur en chef et sous-directeur quand des représentants du Parti furent désignés pour diriger la production.

Chinois instruit, M. Hu n'avait pratiquement subi aucune influence occidentale. Sa calligraphie était admirable et sa conversation mêlée d'allusions à la littérature classique. Il ne se souciait guère de l'attitude anti-étrangère du régime communiste parce que ses connaissances et ses intérêts ne dépassaient pas les frontières de la Chine. Dans l'ensemble, il se sortait mieux des campagnes politiques parce que les responsables du Parti soupçonnaient moins les gens comme M. Hu, qui n'avaient aucun contact avec l'étranger, que ceux qui avaient été éduqués hors du pays. Son attitude philosophe face à la perte de son usine et son acceptation immédiate d'un poste subalterne ne cessaient de m'étonner. Mon mari m'avait dit alors que la plupart des capitalistes trouvaient la collaboration avec les responsables du Parti désignés pour leurs usines extrêmement difficile, M. Hu était parvenu à établir des relations amicales avec le secrétaire du Parti qui lui avait succédé à la tête de l'entreprise.

« J'ai entendu dire que vous étiez impliquée dans ce nouveau mouvement politique, la Grande Révolution culturelle prolétarienne, et je me demandais comment vous alliez, dit M. Hu pour expliquer sa visite.

– Pas très bien, j'en ai peur. Le bureau de Shell fait l'objet d'une enquête. On m'a interrogée et j'ai dû assister à un meeting de lutte contre notre ancien chef comptable. Les hommes qui m'ont convoquée insinuent que l'entreprise aurait commis des irrégularités, mais ils ne disent pas ce qu'ils entendent par là. Je suis troublée. Je n'ai jamais été impliquée dans un mouvement politique auparavant. »

Laozhao apporta le service à thé en argent, ma plus belle porcelaine et une grande assiette de petits fours et de fins sandwiches dans la meilleure tradition anglaise – ce que je servais à mes amis britanniques et australiens qui pouvaient comprendre la tradition du thé de l'après-midi. C'était pour Laozhao une façon de traiter M. Hu en hôte d'honneur. Il posa le plateau sur la table basse devant le canapé et retourna immédiatement dans le hall pour répondre au téléphone qui sonnait. Il revint et annonça :

« Ce sont encore ces gens. Ils veulent que vous veniez sur-le-champ pour un autre interrogatoire.

– Dis-leur que je suis occupée et que je viendrai demain. »

Laozhao sortit. J'entendis qu'il discutait âprement au téléphone. Il revint et dit :

« Ils insistent pour que vous veniez tout de suite. Ils disent que c'est très important.

– Puis-je savoir qui appelle ? demanda M. Hu. Si c'est important, ne différez pas votre départ pour moi.

– Ce sont ces responsables qui m'ont interrogée, répondis-je.

– Alors, allez-y promptement, s'exclama M. Hu. Comment pouvez-vous refuser d'accourir à l'appel de ces gens ! Je vous en prie, dépêchez-vous ! Je resterai ici pour attendre votre retour. Je veux en savoir plus sur ce qui vous arrive. Je dois à la mémoire de votre mari, mon cher vieil ami, de vous conseiller. C'est mon devoir. Vous n'avez aucune expérience de la façon de traiter avec ces hommes. Ils sont méchants et malveillants. Il ne faut pas les offenser.

Il semblait très inquiet. J'étais heureuse qu'il m'attende parce que je souhaitais connaître son avis sur la Révolution culturelle et la récente réunion du Comité central. Je quittai la maison peu après quatre heures. Quand je rentrai, à huit heures, M. Hu était toujours là. Il vint à ma rencontre dans le hall, le visage rayonnant de plaisir et de soulagement.

« Je suis désolée de vous avoir fait attendre si longtemps.

– Asseyez-vous et reposez-vous. Dites-moi, comment cela s'est-il passé ? »

Laozhao m'apporta une tasse de thé. Tout en buvant, je racontai mon interrogatoire à M. Hu.

En plus des deux hommes habituels, il y avait une troisième personne qui semblait être leur supérieur. Pour impressionner le nouveau venu, sans doute, ils s'étaient montrés encore plus désagréables qu'à l'ordinaire. Dès mon arrivée, l'un d'entre eux m'avait demandé gravement :

« Pourquoi ne vouliez-vous pas venir ?

– J'étais occupée. Vous auriez dû téléphoner ce matin. »

Les autres fois, on m'avait toujours fait asseoir, mais ce jour-là ils me laissèrent debout.

« Nous ne vous invitons pas à un dîner mondain. Nous menons une enquête. Quand nous avons besoin de vous parler, vous devez venir immédiatement », dit-il avec un mauvais sourire.

Je décidai tout de même de m'asseoir.

« Regardez cette longue liste de vos amis étrangers ! Comment se fait-il que vous ayez tant d'amis étrangers ? Vous devez bien les aimer et admirer leur culture, me dit-il avec un regard accusateur. Vous dites que ce sont tous des amis de la Chine et du peuple chinois, et que certains d'entre eux sont nés et ont été élevés ici. Vous prétendez que beaucoup admirent la culture chinoise et parlent notre langue. Pourtant, dans cette liste, il y a des gens dont les ancêtres ont fait fortune dans le commerce de l'opium. Ils possédaient en Chine des usines, des entrepôts, des bateaux, que sais-je encore. Maintenant ils ont tout perdu. Alors comment pourraient-ils avoir des sentiments amicaux envers le Gouvernement populaire ? Oui, il se peut qu'ils aient aimé la Chine du Guomindang, quand ils exploitaient le peuple chinois tant qu'ils le voulaient, et qu'ils amassaient d'immenses fortunes. Mais ils ne peuvent plus aimer la Chine d'aujourd'hui. Vous parlez des diplomates qui auraient des sentiments amicaux envers la Chine. C'est encore plus ridicule ! Les diplomates sont des espions envoyés ici par leur gouvernement pour collecter des informations qui seront utilisées contre nous. Comment pourraient-ils être nos amis ? Il ne sert à rien que vous leur passiez de l'or sur le visage pour les faire ressembler à de bienveillants bouddhas. Ce sont nos ennemis. Mais ce sont vos amis. Maintenant, on sait mieux de quel côté vous vous trouvez, n'est-ce pas ?

– Ce n'est pas parce que je recherchais leur amitié que j'ai connu ces gens... La plupart du temps, je les ai rencontrés alors que mon mari était diplomate ou quand il était au bureau de Shanghai du ministère des Affaires étrangères.

– Le bureau de Shanghai du ministère des Affaires étrangères du gouvernement réactionnaire du Guomindang ! Votre mari était un cadre du gouvernement réactionnaire du Guomindang, et ensuite il est devenu président d'une grande entreprise capitaliste étrangère, dit-il d'un ton sarcastique. Il n'y a pas lieu d'être fière de la carrière de votre mari !

– Il est devenu président du bureau de Shell à Shanghai avec l'accord du département de l'industrie et du commerce du Gouvernement populaire. Quant à son rôle dans le gouvernement du Guomindang, il ne faut pas oublier qu'il est resté à Shanghai en 1949 au lieu de suivre le gouvernement du Guomindang à Taiwan. N'est-ce pas la preuve qu'il soutenait la Révolution et qu'il était prêt à se réjouir de l'instauration d'un gouvernement du Peuple ?

– Il a pu rester pour d'autres raisons. Nous en reparlerons plus tard. Nous voulons maintenant que vous dénonciez l'impérialisme britannique et que vous avouiez tout ce que vous avez fait pour Shell, dont vous étiez l'agent fidèle.

– Tout ce que j'ai fait pour Shell était en accord avec les lois et règlements du gouvernement populaire », dis-je avec emphase.

Le troisième homme n'avait rien dit, se contentant d'emplir la pièce de l'odeur du mauvais tabac qu'il fumait. Il jeta son mégot par terre et l'écrasa du pied en me regardant fixement pour m'intimider avant de dire :

« Avez-vous vraiment mené une vie parfaitement sans tache ? Toute votre existence, vous avez été associée à des étrangers, surtout des Anglais. Voulez-vous nous faire croire que vous n'avez jamais rien fait ou dit qui n'ait pas été absolument correct ?

– Il se peut que j'aie fait ou dit quelque chose d'incorrect, mais je suis certaine que je n'ai jamais rien fait contre le gouvernement populaire. »

Il sourit.

« C'est à nous d'en juger. Au moins, vous admettez maintenant la possibilité que vous ayez pu dire ou faire quelque chose d'incorrect.

– C'est faux ! Je n'ai jamais rien admis de tel ! »

L'homme me semblait plus subtil que les deux autres. Il parlait d'une voix calme au lieu de crier, mais je savais qu'il cherchait l'occasion de me prendre par ruse. Il décida de changer de sujet :

« Donnez-nous un résumé des activités de votre bureau. »

Je m'exécutai. Quand j'eus terminé, l'homme dit :

« Vous venez de nous dire presque exactement la même chose que ce que vous avez écrit. Je pense que vous avez pris la peine d'apprendre par cœur votre compte rendu. Pourquoi tant de précautions ?

– Si ce que je vous ai dit correspond à ce que j'ai écrit, c'est seulement que les faits sont les mêmes, et qu'il n'y a pas d'autre façon de les relater. »

J'étais là depuis longtemps déjà, et je pensai à M. Hu qui m'attendait. Je regardai ma montre.

« Vous êtes pressée de partir ? Peut-être trouvez-vous cette conversation désagréable ? »

L'homme s'amusait, modelant les mots et les situations pour servir ses buts.

« Je pensais seulement que vous êtes en train de perdre votre temps, dis-je.

– Nous n'avons pas peur de perdre du temps. Nous sommes patients. Il nous a fallu, à nous et au Parti communiste, vingt-deux ans pour renverser le gouvernement du Guomindang. Mais nous avons réussi. Quand nous nous fixons un but, nous allons jusqu'au bout. »

Il y eut un lourd silence. Nous avions abouti à une impasse. Soudain l'orateur du meeting de lutte revint à son ancienne tactique. Il cria :

« Vous ne vous en sortirez pas comme ça ! Vous devez nous fournir une liste des choses que vous avez dites et faites et qui n'étaient pas correctes pour montrer que vous désirez sincèrement changer. Sinon, les conséquences seront graves pour vous. Nous avons des preuves que vous étiez une espionne à la solde des Anglais ! »

C'était la première fois qu'ils utilisaient le mot « espionne ». Il est possible que, dans l'énervement du moment, l'homme ait outrepassé les instructions, car les deux autres le regardèrent, surpris. Je ris de cette sortie explosive et dis calmement :

« Vous vous trompez tout à fait. Je ne suis pas plus espionne que vous.

– Il est possible que vous ayez dit ou fait des choses dont vous ne vous souvenez pas à première vue, intervint le nouvel homme. Pourquoi ne rentrez-vous pas chez vous pour y réfléchir ? Jetez par écrit tout ce que vous avez dit ou fait, même si ce ne sont que des détails qui vous paraissent insignifiants. Vous avez tout le temps. Que diriez-vous de deux semaines ?

– Deux semaines de plus ou de moins ne changeront rien aux faits. Je n'ai pas l'intention d'inventer des histoires.

– Disons donc deux semaines. Il est douloureux d'admettre ses erreurs. Mais il faut le faire. Notre Grand Dirigeant a dit que reconnaître ses fautes, c'est comme subir une opération. L'opération est pénible, mais ce n'est qu'après que l'on est un autre homme. Vous voulez être une bonne citoyenne de votre Etat socialiste, n'est-ce pas ? Alors vous ne devez pas rester à la traîne. Nous voulons que vous reconnaissiez vos fautes, non parce que nous ne connaissons pas déjà les faits, mais parce que nous souhaitons vous offrir une chance de prouver votre sincérité. »

J'avais envie de lui dire qu'il était fou, mais je me mordis les lèvres et restai silencieuse, espérant ainsi en finir avec ce dialogue absurde.

Il prit mon silence pour une acceptation de ses propositions et me congédia en disant :

« Il se fait tard. Rentrez chez vous et réfléchissez à notre conversation. Nous vous appellerons dans deux semaines. »

Pleine de colère et d'indignation, je sortis du bâtiment. Il n'y avait pas de pousse-pousse et j'attendis longtemps à l'arrêt du bus avant de me décider à rentrer à pied.

M. Hu écouta mon histoire en silence. Laozhao vint annoncer le dîner. Le cuisinier avait préparé un excellent repas chinois pour faire plaisir à mon visiteur. Il ne fut plus question de sujets désagréables pendant le repas, mais des activités de ma fille et des enfants de M. Hu. Nous étions tous deux fiers et heureux que nos enfants semblent réussir leur vie en Chine communiste en dépit du handicap que constituaient leurs origines familiales.

Quand nous eûmes regagné le salon, je demandai à M. Hu :

« J'ai eu l'impression que ces hommes voulaient que j'avoue des fautes, même imaginaires. Est-ce possible?

– Oh oui! Tout à fait. Ils se moquent que vous racontiez la vérité ou non, tant qu'ils obtiennent des aveux.

– Mais à quoi cela sert-il? Est-ce qu'ils ne vont pas s'embrouiller complètement si tout le monde fait de faux aveux?

– Leur travail, c'est d'obtenir que les gens se reconnaissent coupables. S'ils échouent, on risque de les accuser de ne pas soutenir le mouvement en cours. Alors, à chaque fois qu'intervient une campagne politique, beaucoup de gens sont attaqués et on récolte beaucoup d'aveux. Plus tard, quand les choses s'apaiseront, on triera tout cela et certains, qui auront été accusés à tort, seront peut-être réhabilités.

– Et dans combien de temps cette réhabilitation interviendra-t-elle?

– Peut-être dans deux ans, peut-être jamais. Dans chaque organisme, de 3 à 5 pour cent des gens doivent être déclarés « ennemis » parce que c'est le pourcentage cité par le Président Mao dans un de ses discours.

– C'est terrible !

– Oui, c'est très triste. Il n'y a pas un tel pourcentage de gens qui s'opposent au gouvernement populaire, si bien qu'afin d'atteindre le quota, les responsables du Parti se rabattent souvent, pour compléter leur liste d'ennemis, sur des gens qu'ils n'aiment pas, sur ceux qui ont manifesté leur mécontentement ou sur ceux qui leur ont causé des ennuis. Mais personne ne devrait faire de faux aveux, quelles que soient les pressions exercées. »

M. Hu avait dit cette dernière phrase avec un sérieux particulier et il me regarda fixement pour être certain que j'avais compris le message avant d'ajouter :

« Cela a toujours été ma politique, pendant toute les campagnes. Il arrive forcément un moment où un homme atteint presque la limite de son endurance et où il est tenté d'écrire n'importe quoi, même un mensonge, pour donner satisfaction à ses tortionnaires et se libérer d'une pression intolérable. Mais on ne doit jamais le faire. Les responsables du Parti ne sont jamais satisfaits. Quand on commence à se reconnaître coupable, ils demandent toujours plus d'aveux, aussi faux soient-ils, et ils exercent une pression croissante pour obtenir ce qu'ils veulent. A la fin, on se retrouve empêtré dans un écheveau de mensonges inextricables. C'est arrivé à bien des gens. »

Les bons conseils de M. Hu venaient à point nommé. Quand il fut certain que j'avais compris ce qu'il était venu me dire, il parla des campagnes politiques en termes généraux. Il était un vétéran de beaucoup de ces « mouvements de rectification », et il avait appris dans l'épreuve à y faire face.

« Que pensez-vous du communiqué de la réunion du Comité central ? » lui demandai-je.

M. Hu hocha la tête et soupira. Après un moment, il dit :

« Le Président Mao a gagné. Ce n'est pas surprenant. Les débuts d'un mouvement politique sont toujours les pires moments. Le cyclone perd de sa force après quelques mois et s'apaise souvent après environ un an.

– Un an ! C'est bien long ! »

M. Hu sourit de mon exclamation et dit :

« Qu'est-ce qu'une année pour nous, Chinois ? Ce n'est qu'un cillement de paupière dans nos milliers d'années d'histoire. Le temps ne signifie pas la même chose pour nous que pour ces Européens que vous connaissez si bien.

– On m'accuse d'être une espionne parce qu'on pense que je connais bien les Anglais.

– Leur accusation n'est qu'un prétexte pour tromper les gens. Tôt ou tard, ils s'attaqueront à tous ceux en qui ils n'ont pas confiance, et ils pensent probablement que le temps est venu de s'occuper de vous. »

M. Hu se leva pour partir, me demandant de lui téléphoner chaque fois que j'aurais besoin de le voir pour discuter. Il me donna un dernier conseil :

« Presque tous les petits cadres du Parti communiste souffrent d'un complexe d'infériorité, bien qu'ils aient tout pouvoir sur nous. C'est malheureux, parce que certains croient se rassurer en utilisant ce pouvoir pour nous rendre la vie difficile ou pour nous humilier. Quand on vous interroge, soyez ferme mais polie. Ne les offensez pas. Ils peuvent être méchants, et même très cruels.

– L'obséquiosité n'est pas dans ma nature, mais je vous remercie de votre avertissement. Je m'en souviendrai. »

Mes propres problèmes me préoccupaient au point que j'avais oublié jusqu'à cet instant de lui demander de ses nouvelles. Il me dit d'un ton résigné :

« J'ai rejoint les rangs des travailleurs. Quelqu'un d'autre occupe mon ancien emploi. En donnant ma lettre de démission au secrétaire du Parti, je lui ai dit que mon statut d'ancien capitaliste me disqualifiait pour un poste de responsabilité. »

J'étais atterrée, mais il ne se montrait pas amer :

« Ce n'est pas si mal. Je suis toujours en vie et je m'occupe des trois générations de ma famille. J'ai demandé au secrétaire du Parti de m'attribuer le travail le moins qualifié. Je ne suis plus qu'un coolie! Je transporte les barils de matériaux bruts ou le charbon. Personne ne peut envier ou jalouser un homme qui fait un travail pareil. Vous savez, quand j'ai demandé ce poste, le secrétaire du Parti semblait désolé pour moi. Nous nous entendions bien. »

Je me souvins que mon mari disait que M. Hu et son secrétaire du Parti s'entendaient bien parce que M. Hu faisait le travail et que le secrétaire du Parti récoltait les lauriers. Leur usine gagnait chaque année le Drapeau rouge pour sa bonne gestion et les chiffres élevés de sa production.

« Est-ce que vous ne faisiez pas tout le travail à sa place?

– Oui, j'imagine que je faisais l'essentiel du travail. Mais j'avais passé toute ma vie à édifier cette usine. En 1930, quand j'ai démarré, je n'avais que quelques ouvriers. En 1956, quand j'ai remis l'usine au gouvernement, il y en avait quinze cents. Et nous avions un laboratoire ainsi qu'une école professionnelle pour les jeunes techniciens.

– Pourquoi voulez-vous être coolie? Il ne fait pas de doute qu'avec vos connaissances et votre expérience vous pourriez être plus utile à un autre poste, même si vous voulez rester ouvrier.

– Non, non. Il n'est parfois pas si mal d'être coolie. Je travaille à l'extérieur de l'usine et je me repose dans une cabane. Si quelque chose n'allait pas, on ne pourrait m'accuser d'avoir saboté les machines. Un ancien capitaliste est toujours le premier sur la liste des suspects quand tout le monde a peur. »

Il prit congé sur cette remarque sagace. En me serrant la main, il dit :

« Restez en bonne santé. Si vous vivez assez longtemps, il se peut que vous assistiez à des changements dans notre pays. »

D'après l'attitude de mes serviteurs et la qualité du repas qu'ils avaient servi à M. Hu, je savais qu'ils avaient apprécié sa visite. Quand je montai dans ma chambre, j'y trouvai Chen Ma qui préparait mes affaires pour la nuit. Elle me conseilla de bien écouter les avis de M. Hu qui était, selon elle, un bon ami et un « gentleman ».

Cette conversation avec un être attentif et bienveillant m'avait réconfortée. J'étais plus décidée que jamais à ne rien écrire de faux pour satisfaire les exigences des responsables du Parti.

Passer quelques jours sans entendre parler de ceux qui me persécutaient aida aussi à restaurer ma bonne humeur. Je décidai que nous organiserions un petit dîner le 18 août pour célébrer l'anniversaire de ma fille et pour dissiper la morosité qui s'était abattue sur la maison. Je demandai à Meiping d'inviter quelques-uns de ses amis et j'appelai mon amie Li Zhen pour qu'elle se joigne à nous.

Ma première rencontre avec Li Zhen datait de l'automne 1935, à mon arrivée à Londres comme étudiante. Elle venait de recevoir son diplôme du Collège royal de musique. Peu après, elle épousa un fonctionnaire du gouvernement chinois et retourna vivre en Chine. Devenue professeur dans son ancienne école, le Conservatoire de musique de Shanghai, elle prit la tête du département de piano. Son mari, Su Lei, fils d'un riche commerçant chinois de Hongkong, avait reçu une éducation libérale dans une école puis dans une université britanniques. Il avait grandi dans l'atmosphère coloniale de Hongkong et il la haïssait, si bien que les rapports enthousiastes sur une nouvelle société soviétique, dus à la plume de grands écrivains et éducateurs britanniques, qui envahirent les universités au début des années trente, eurent beaucoup d'effet sur lui. Il devint un nationaliste férocement patriote et un marxiste fervent.

Lorsque l'Armée populaire s'approcha de Shanghai, Su Lei jubila, proclamant qu'une ère nouvelle de redressement national, avec un gouvernement honnête, allait voir le jour en Chine. Il refusa de suivre le gouvernement de Guomindang à Taiwan, tenta de persuader ses amis de faire de même, et accueillit la prise de pouvoir par les communistes avec enthousiasme. En 1950, pendant le mouvement de Réforme de la pensée dans les universités, Li Zhen perdit son poste à la tête du département de piano du Conservatoire. Su Lei fut étonné d'apprendre que la personne déléguée par le Parti pour la remplacer ne savait pas lire la musique. Un choc plus grave encore l'attendait en 1953, quand Mao Zedong lança le « mouvement des Trois et Cinq Antis », théoriquement destiné à lutter contre la corruption et les pots-de-vin, mais qui visa les industriels et les fonctionnaires de Shanghai qui, comme Su Lei, avaient travaillé pour les services économiques du gouvernement du Guomindang. Bien que tout concourût à prouver son honnêteté, Su Lei devint une cible du mouvement. Il fut séquestré dans son bureau, où des responsables se relayèrent pour l'interroger, et on organisa des meetings de lutte contre lui.

La pensée d'un homme comme Su Lei était inaccessible au communiste chinois moyen qui croyait que le désir de changement révolutionnaire était exclusivement réservé aux pauvres et aux exploités. Cependant, à cause de la guerre de Corée et du boycott de la Chine par les Etats-Unis, le gouvernement populaire était désireux de développer le commerce avec Hongkong. Les riches parents de Su Lei vivant dans cette colonie britannique utilisèrent ce désir pour assurer sa libération en négociant directement avec Beijing. Les autorités de Shanghai ne purent l'empêcher de quitter la ville pour Shanghai avec ses deux enfants quand Beijing accepta de céder aux demandes de sa famille.

Frustrés de n'avoir pu châtier le fils d'un homme riche qui avait osé endosser le fier manteau du marxisme, les responsables communistes locaux de Shanghai refusèrent d'accorder une autorisation de sortie à Li Zhen pour qu'elle puisse accompagner son mari et ses enfants, prétextant que son travail au Conservatoire de musique interdisait son départ de Shanghai. Elle ne revit jamais son mari mais, quand il mourut à Hongkong en 1957, un vent de libéralisme soufflant sur le pays après le Huitième Congrès du Parti qui s'était tenu en 1956, Li Zhen reçut l'autorisation d'assister à ses funérailles. Elle rejoignit donc ses enfants à Hongkong et y resta jusqu'en 1960, quand on l'invita à revenir à Shanghai, au Conservatoire de musique qui avait toujours été le centre de sa vie. Un oncle emmena ses enfants en Australie.

Lorsque Li Zhen revint à Shanghai, la ville souffrait de graves problèmes de ravitaillement dus à l'échec catastrophique de la campagne du Grand Bond en avant lancée par Mao Zedong en 1958. De longues files d'attente se formaient dès l'aube devant les postes de police de Shanghai, qui délivraient les autorisations de sortie du pays. Les autorités en étaient tellement embarrassées qu'elles virent dans le retour de Li Zhen, qui avait quitté l'opulent Hongkong pour revenir dans Shanghai affamé, une occasion d'enrichir leur propagande. J'appris son retour par le journal, qui ne mentionnait d'habitude que les visites d'éminents responsables du Parti ou de dignitaires étrangers. Le gouvernement de Shanghai la salua comme une véritable patriote et la nomma déléguée à la Conférence politique consultative, une organisation d'artistes, d'écrivains, de chefs religieux, de grands industriels et d'anciens fonctionnaires du Guomindang sélectionnés par le gouvernement, et dont le rôle était de servir d'écho et d'exprimer leur soutien à la politique gouvernementale du moment, de montrer l'exemple aux citoyens de même origine sociale et de redorer l'image du soutien apporté par toutes les couches de la population à la politique du Parti communiste. En retour, le gouvernement accordait aux membres de cet organisme certains privilèges mineurs comme un meilleur logement et un restaurant spécial où ils pouvaient obtenir de la nourriture sans donner de coupons de rationnement.

Les responsables communistes récompensaient toujours ceux qui leur étaient utiles. Mais maintenant, Li Zhen ne leur servait plus à rien. En outre, le Parti aimait que les gens montrent leur gratitude pour ses largesses en lui obéissant servilement et en glorifiant sa politique. Li Zhen était tout à fait incapable de l'un comme de l'autre. Elle s'ennuyait aux réunions et gardait le silence quand on souhaitait qu'elle rende hommage à la politique de Mao en matière de musique et d'éducation. Son peu d'enthousiasme pour le sort enviable qui lui était fait en tant que membre de la Conférence politique consultative ne pouvait manquer d'irriter les responsables du Parti.

Je repensais à tout cela en l'appelant, et je fus très heureuse qu'elle accepte avec joie mon invitation à dîner.

Quand je me levai le matin du 18 août, Chen Ma n'était pas à la maison. En bonne bouddhiste, elle allait toujours au temple de la Sérénité Jing an Si ce matin-là, afin de dire une prière spéciale pour Meiping, qu'elle aimait beaucoup. Pensant que je désapprouverais ces visites au temple parce que je suis chrétienne, elle sortait généralement très tôt de la maison et revenait sans bruit, espérant que je ne remarquerais pas son absence. Je feignais de tout en ignorer et ne lui fis jamais de remarque à ce sujet.

Elle revint alors que j'arrangeais les fleurs de la salle à manger. Je l'entendis parler au cuisinier, à l'office, d'une voix étonnamment agitée. Quand elle reparut dans l'entrée, elle essuyait ses yeux avec un mouchoir.

« Qu'est-il arrivé, Chen Ma ? » me demandais-je.

Elle ne répondit pas mais vint me rejoindre.

« Qu'est-il arrivé au temple ? »

Elle s'assit sur une chaise et éclata en sanglots. Elle parvint finalement à articuler :

« Ils détruisent le temple !

– Qui détruit le temple ? Certainement pas le gouvernement !

– Des jeunes. Probablement des étudiants. Ils racontent que le Président Mao leur a dit de mettre fin aux superstitions. Ils prétendent aussi que les moines sont des contre-révolutionnaires qui s'opposent au président Mao.

– Qu'ont fait les moines ?

– Rien. Les étudiants les ont rassemblés. Ils en ont battu certains. Quand je suis arrivée, je les ai vus prostrés sur le sol de la cour. Il y avait beaucoup de curieux. L'un d'eux m'a dit que les étudiants allaient détruire le temple et brûler les livres comme ils l'avaient fait ailleurs. J'ai vu des étudiants monter sur le toit et jeter des tuiles dans la cour !

– Je t'en prie, Chen Ma, ne sois pas si bouleversée. Tu peux pratiquer ta religion à la maison. Il y a plusieurs années maintenant que les églises chrétiennes ont été fermées, et les chrétiens prient chez eux. Tu peux en faire autant, n'est-ce pas ? En tout cas, tu ne vas pas pleurer le jour de l'anniversaire de Meiping !

– Oui, oui. Je ne dois pas pleurer le jour de l'anniversaire de Meiping, mais j'ai été si choquée par cette violence ! »

Elle sécha ses larmes, rangea son mouchoir et sortit de la pièce.

Le cuisinier vint ensuite se plaindre que plusieurs des produits que je lui avais demandé d'acheter pour le dîner du soir étaient introuvables, et il ajouta que lui et d'autres cuisiniers avaient été hués au marché parce qu'ils travaillaient pour des familles riches.

« J'imagine que les gens n'ont pas aimé vous voir acheter plus de choses qu'ils ne peuvent s'en offrir. Ne t'inquiète pas. Pour ce soir, fais au mieux avec ce que tu as pu obtenir. Je suis sûre que tu arriveras à nous préparer quelque chose de délicieux pour l'anniversaire de Meiping. »

J'essayai de le rassurer. Ce qu'il venait de vivre n'était que le résultat de la haine provoquée par une propagande massive contre la classe capitaliste – ce qui pour la plupart des gens signifiait « les riches ». Mais ce qui se passait au temple m'inquiétait davantage, car il semblait s'agir d'une initiative du gouvernement lui-même. S'il avait décidé de changer de politique, il aurait pu fermer les temples et transférer les moines dans d'autres emplois comme cela avait été le cas pendant la campagne du Grand Bond en avant. En outre, le temple Jing an Si était une vitrine destinée à donner l'impression aux visiteurs officiels du Sud-Est asiatique que la Chine communiste tolérait le bouddhisme. Je me souvenais d'avoir lu dans le journal que le temple avait été rouvert après le Grand Bond en avant et que les moines y étaient revenus. Je me demandais pourquoi les étudiants avaient été autorisés à agir comme ils le faisaient, et même si la municipalité de Shanghai était au courant de ce qui se passait à Jing an Si.

Li Zhen arriva à six heures. Avec ses cheveux de neige et son sourire calme, elle était le symbole même de l'autorité professorale, de la tranquillité et de la distinction. Seuls ses vieux amis comme moi savaient que, derrière son apparente sérénité, sa grande sensibilité la faisait passer de la dépression à la joie intense en réaction à des événements qui auraient laissé d'autres gens indifférents.

Li Zhen était une grande virtuose et un bon professeur. Depuis des temps immémoriaux, le respect dont jouissaient les professeurs en Chine leur assurait une position spéciale dans la société. Un bon enseignant qui avait voué sa vie à l'éducation était comparé à un arbre fruitier, ce qui convenait parfaitement à Li Zhen, dont beaucoup d'anciens étudiants étaient devenus pianistes de concert, accompagnateurs et enseignants dans toute la Chine. Plusieurs avaient été couronnés dans des concours internationaux et étaient reconnus à l'étranger. J'aimais beaucoup Li Zhen et j'admirais sa dévotion totale à la musique et à ses étudiants. Depuis son retour de Hongkong, nous nous étions beaucoup vues. Elle venait passer des soirées chez moi pour écouter mes disques. Je savais qu'elle se sentait souvent seule et qu'elle s'ennuyait de ses enfants. Heureusement, depuis que Liu Shaoqi était devenu président de la République populaire en 1960 et que Mao Zedong s'était retiré de tout travail administratif actif, la Chine n'avait plus traversé de grand bouleversement politique, si bien que Li Zhen avait pu rester en contact, au moins par correspondance, avec ses enfants installés en Australie.

Après que Laozhao nous eut servi du thé glacé, je demandai à Li Zhen comment cela se passait pour elle au Conservatoire.

« Pas très bien, je le crains, me répondit-elle tristement. Les cours sont interrompus. Nous sommes censés consacrer tout notre temps à la Révolution culturelle. Tout le monde doit écrire des dazibaos. C'est un gaspillage incroyable : des milliers de feuilles de papier, de pinceaux, de bouteilles d'encre, alors que nous n'avons pas d'ampoules dans les lampes et manquons d'instruments. Les professeurs doivent aussi rédiger leur autocritique et lire les dazibaos écrits contre eux.

– Est-ce qu'il y en a beaucoup contre toi ?

– Je ne sais pas si j'en ai plus que les autres. Je ne les ai pas comptés. Mais jusqu'à présent, on n'a organisé aucun meeting de lutte contre moi. Mon histoire personnelle est relativement simple. Je n'ai jamais rien fait d'autre que d'enseigner au Conservatoire.

– Est-ce qu'il y a eu beaucoup de meetings de lutte contre d'autres professeurs, au Conservatoire ?

– Oui, plusieurs. Un contre un ancien membre du Guomindang et un contre un ancien droitier. Un certain nombre visaient des gens d'autres départements, que je ne connais pas personnellement. Les deux dont je te parle avaient déjà été dénoncés lors de campagnes politiques antérieures... Je hais les meetings de lutte. D'un seul coup, les gens se transforment en sauvages.

– Te crois-tu en sécurité ?

– Je ne me suis jamais opposée au Parti communiste. Je suis totalement apolitique. Après mes études au Conservatoire, je suis allée parfaire mon éducation en Angleterre. A mon retour, je suis revenue au Conservatoire pour enseigner. Le Parti n'ignore rien de moi. Je pense que je ne risque rien, non ? Mais on ne sait jamais ce qui peut arriver. J'ai le sentiment que cette campagne est différente des autres.

– Différente en quoi ?

– L'attitude des responsables du Parti. Lors des autres campagnes, ils étaient très sûrs d'eux. Ils se lançaient dans l'action avec beaucoup d'aplomb. Cette fois, ils ont l'air nerveux, presque comme s'ils ne voulaient pas vraiment agir. Le fait qu'ils aient limité leurs attaques à des gens qui ont déjà été dénoncés précédemment semble indiquer qu'ils ne désirent pas élargir leurs attaques. Peut-être que, depuis l'échec du Grand Bond en avant, les responsables du Parti ne sont plus certains que Mao a toujours raison. »

Je trouvai ces propos très intéressants. A ce moment, nous ne savions évidemment pas que la Révolution culturelle était en fait une lutte d'influence entre les maoïstes et la fraction plus modérée dirigée par Liu Shaoqi et Deng Xiaoping. Il apparut plus tard que le secrétaire du Parti du Conservatoire appartenait à la fraction de Liu Shaoqi. Il fut assassiné par les partisans de Jiang Qing quand celle-ci décida d'installer l'un de ses protégés à sa place.

« Que contiennent les dazibaos à ton sujet ?

– Les critiques habituelles sur mes études en Angleterre, le fait que j'aie envoyé mes enfants en Australie et mes méthodes d'enseignement. Quand nous étions amis avec les Russes, on nous recommandait d'enseigner la musique occidentale et de préparer les étudiants aux concours internationaux. Après la rupture avec l'Union soviétique, le président Mao a commencé à critiquer la musique occidentale. Nous ne devions utiliser que des œuvres chinoises dans notre enseignement. Mais il y en a si peu que je passais la moitié de mon temps à rechercher des partitions. Ce n'était déjà pas facile d'enseigner, maintenant on dresse les étudiants contre moi. Sais-tu que l'un d'eux m'a dit tout calmement qu'ils devaient écrire des dazibaos contre moi pour se protéger eux-mêmes ?

– C'est tout à fait ça. Tu ne dois pas t'inquiéter. Il ne faut pas que cela te blesse. Les pauvres sont obligés de le faire.

– J'en suis bouleversée. C'est presque comme si j'avais gâché toute ma vie.

– Non ! Ne sois pas déprimée. Pendant la campagne du Grand Bond en avant, dans l'école de Meiping, les élèves de familles capitalistes furent tous contraints de critiquer leurs origines et leurs parents. Je lui ai dit de le faire, de me critiquer. Elle l'a fait. Sa maîtresse et les autres élèves l'ont tous applaudie. Ce n'est qu'une formalité, un rôle qu'on doit jouer. Ne t'en fais pas.

– Je crains de ne pouvoir en rire comme toi. C'est trop injuste.

– Est-ce que ta position de déléguée à la Conférence politique consultative ne t'assure pas une certaine protection ?

– On dit que les maoïstes veulent la dissoudre. Ils la considèrent comme un regroupement de “ radis ” –

rouges au-dehors mais blancs à l'intérieur. Ils prétendent que les délégués soutiennent le Parti communiste en paroles, mais en fait s'opposent à lui.

– Est-ce vrai ?

– Qui sait ? Quand on risque tant à exprimer son opinion, personne ne sait plus ce que les autres pensent – à commencer par le gouvernement. »

Quand je lui dis que j'étais devenue moi aussi une cible de la Révolution culturelle, elle eut la même réaction que Winnie :

« Maintenant que Shell a fermé son bureau de Shanghai, les responsables du Parti pensent probablement qu'il doivent saisir l'occasion de cette campagne politique pour t'effrayer afin de te contrôler plus aisément dans l'avenir. Mais je ne pense pas que ce soit grave. Ils ne peuvent économiser de l'argent en réduisant ton salaire, puisque ce n'est pas le gouvernement qui te paie. Ils ne peuvent pas non plus te priver de ton emploi, puisque tu ne travailles pas pour eux. Je ne vois pas bien ce qu'ils peuvent te faire à part t'effrayer.

– J'espère que tu as raison.

– ... Tu sais, parfois je me sens tellement découragée que j'ai l'impression que je ne pourrai plus continuer.

– Pourquoi ne demandes-tu pas ta retraite ? Beaucoup de gens le font avant soixante ans et acceptent une pension plus faible pour éviter d'être inquiétés dans les remous politiques.

– Il se pourrait bien que je le fasse quand la Révolution culturelle sera passée. »

Ma fille arriva avec quatre de ses jeunes amis : Kong, un bel acteur du Studio dont le père était un célèbre metteur en scène des années 1930; un violoniste de l'Orchestre municipal appelé Zhang, Sun Kai, professeur de mathématiques dans un collège technique et petit ami de Meiping, et ma filleule Hean qui avait été l'amie d'enfance de Meiping en Australie. Ils s'intéressaient tous beaucoup à la musique et se rassemblaient souvent chez nous pour écouter des disques.

Les jeunes possèdent d'infinies ressources de gaieté. Bien que tous issus de familles qui risquaient de se trouver gravement affectés par la Révolution culturelle, ils n'en parlèrent pas. Ils rirent et bavardèrent à propos de musique et de livres pendant tout le repas. Quand Meiping emporta à la cuisine ce qui restait de son gros gâteau d'anniversaire pour en faire profiter les domestiques, même Chen Ma retrouva son habituelle bonne humeur. Je l'entendis gronder gentiment Meiping parce qu'elle léchait le chocolat qui lui maculait les doigts. Le repas terminé, les jeunes se retirèrent dans le bureau de Meiping pour écouter des disques.

J'entraînai Li Zhen dans le jardin, Laozhao apporta deux fauteuils d'osier sur la pelouse, y posa des coussins, alluma une spirale d'encens pour chasser les moustiques et la plaça sur un plateau entre les fauteuils. Puis il nous servit une infusion de chrysanthème dans des tasses couvertes. La musique apaisante d'un concerto pour violon nous parvenait par la fenêtre. Je m'abandonnai dans mon fauteuil et regardai les étoiles dans le ciel d'été.

« Tu mènes vraiment une vie confortable, n'est-ce pas? me dit Li Zhen. Tu t'arranges pour allier au meilleur du monde occidental le meilleur du monde chinois. Je me demande si ce n'est pas ce qui irrite les responsables du Parti.

– Peut-être. Ceux qui m'interrogent me haïssent, en tout cas. Crois-tu vraiment qu'ils pensent que c'est de notre faute si les ouvriers et les paysans de Chine sont pauvres?

– Je crois qu'ils sont seulement jaloux. Tout le monde ne peut pas vivre de la même façon, et ils le savent bien : la preuve, c'est que le Conservatoire me loge dans un grand appartement.

– Toi, c'est différent. Tu as tant fait pour notre pays.

Des centaines de jeunes sont passés entre tes mains. Chacun d'eux porte en lui quelque chose de toi. N'est-ce pas merveilleux ?

– Au Conservatoire, personne ne dit cela de moi. On parle seulement de la musique occidentale décadente que j'ai enseignée pour empoisonner l'esprit des jeunes. Comme si j'avais pu le faire sans l'autorisation, et même, à une époque, les encouragements du gouvernement ! »

Li Zhen était indignée et désespérée. Je regrettai d'avoir de nouveau parlé de son travail. Je lui posai donc des questions sur ses enfants.

« Ils me semblent si loin, surtout maintenant qu'ils sont mariés...

– Tu n'as pas envie de les voir ?

– Oh, si ! Mais à quoi cela sert-il d'en rêver maintenant ? Le gouvernement ne me donnera peut-être jamais de passeport pour aller en Australie, et il est hors de question que les enfants viennent ici.

– Tu n'aurais peut-être pas dû rentrer de Hongkong.

– A l'époque, cela m'a semblé la meilleure chose à faire. Tu sais que je suis très attachée au Conservatoire. J'y ai été formée et j'y ai travaillé. C'est ce qui compte le plus dans ma vie en dehors de mes enfants. Beaucoup de mes collègues étaient mes condisciples dans mes jeunes années. Ils m'ont écrit, et mes étudiants aussi m'ont écrit, sans parler du secrétaire du Parti. Tout le monde disait qu'on avait besoin de moi au Conservatoire, alors je suis revenue.

– Que pensait la famille de Su Lei de ton retour ?

– Après la mort de Su Lei, ils ne se sont guère souciés de moi. La plupart d'entre eux sont maintenant installés en Australie. Ils sont très unis. Les oncles considèrent mes enfants comme des membres de leur famille plutôt que comme miens. Bien sûr, si je ne pouvais subvenir à mes besoins, ils s'occuperaient de moi, mais j'ai trouvé l'atmosphère un peu étouffante. »

Les derniers mots de Li Zhen avaient été submergés par un soudain fracas de tambours et de gongs dans la rue. Laozhao vint dans le jardin pour nous informer :

« Il y a un défilé d'étudiants qui passe devant la maison. »

Nos jeunes invités sortirent de la maison. Kong, l'acteur, dit :

« Ce sont probablement des Gardes rouges. Il y a quelques jours, Jiang Qing a reçu leurs délégués dans la Grande Salle du Peuple à Beijing. Cela signifie que le Président approuve le mouvement des Gardes rouges.

– Qui les a organisés à l'origine? lui demandai-je, n'ayant jamais entendu parler de ces " Gardes rouges ".

– C'est une nouveauté de la Révolution culturelle, encouragée par Jiang Quing, à ce qu'on dit. Il paraîtrait même qu'elle aurait organisé quelques étudiants de l'Université Qinghua et prétendu ensuite que c'étaient eux qui en avaient eu l'idée spontanément. Comme elle est la femme du Président, le mouvement a fait tache d'huile. Maintenant, agissant en tant que porte-parole du Président, elle a reconnu officiellement les Gardes rouges. Mon père disait que c'était une actrice médiocre. J'ai l'impression qu'elle a fait des progrès! »

Plus tard, quand Jiang Qing s'occupa de ses « ennemis » dans le monde du cinéma, le père de Kong traversa de terribles épreuves auxquelles il faillit ne pas survivre, et pendant des années on ne confia aucun rôle à Kong.

Le lendemain, je lus dans le journal que, le 18 août, Mao Zedong avait passé en revue le premier contingent de Gardes rouges à Beijing. Sur la grande photo de la une, Mao portait l'uniforme kaki d'officier de l'Armée populaire de Libération avec un brassard rouge sur lequel on lisait, calligraphiés de sa main, les trois caractères signifiant « Garde rouge » – Hong Wei Bing. Depuis la galerie de la Porte de la Paix céleste de la Cité interdite, qui domine la place Tian An Men, il avait salué en souriant les jeunes qui l'ovationnaient. Son message aux Gardes rouges leur demandait de porter le flambeau de la Révolution culturelle jusqu'au fin fond de la Chine et de poursuivre la Révolution jusqu'au bout. Les jeunes de toute la Chine reçurent comme un appel à prendre les armes ce message de l'homme qu'on leur avait appris à vénérer. A ce premier stade de la Révolution culturelle, la cible déclarée n'était encore que la « classe capitaliste ». C'est sur elle que les Gardes rouges concentrèrent leurs attaques.

Les uns après les autres, des groupes de jeunes étudiants continuèrent à passer devant notre maison toute la soirée, frappant sur des tambours et des gongs et criant des slogans. Meiping et ses amis sortirent pour regarder le défilé tandis que j'emmenais Li Zhen dans mon bureau. Le bruit de la rue était si fort que nous ne pouvions parler. Il nous sembla comprendre « Protégez le Président Mao » parmi les slogans criés par les Gardes rouges. Quand Meiping rentra, elle nous dit que les étudiants brandissaient des portraits de Mao et criaient « Protégez le Président Mao » et « Nous protégerons le Président Mao avec nos vies ».

« Qui donc le menace ? » demandai-je.

Nous ne pouvions répondre à cette question. Dans sa position de demi-dieu, Mao semblait invulnérable aux humains.

Alors que je pensais à Staline qui, dans les dernières années de sa vie, soupçonnait tout le monde de vouloir le tuer, Li Zhen dit :

« Un des symptômes de la démence sénile est la paranoïa.

– Mon Dieu ! » murmurai-je.

Les jeunes amis de Meiping étaient partis et nous nous regardions toutes trois sans mot dire. Nous étions effrayées parce que soudain nous avions été frappés par l'horrible réalité : tout le monde en Chine, y compris nous, était à la merci des délires de Mao. Au bout d'un moment, Li Zhen dit :

« Je dois partir. Nous finirons bien par tout savoir.

– Je raccompagne tante Li, dit Meiping. Je crois qu'il n'y a plus de bus, avec tous ces manifestants qui occupent les rues. »

Je les reconduisis jusqu'à la porte du jardin. Des groupes d'adolescents agitant des drapeaux avec des slogans et des portraits de Mao passaient devant chez nous. Ils étaient précédés de ceux qui tapaient sur les tambours et les gongs. Tous les quelques mètres, un leader tenant une feuille de papier lisait des slogans que les autres reprenaient en criant. Tous les jeunes manifestants portaient des brassards de coton rouge sur lesquels était écrit « Garde rouge » dans une calligraphie imitant celle de Mao. Le défilé me parut bien préparé et méticuleusement dirigé; très loin en tout cas de ce que les jeunes auraient pu organiser seuls. Il y avait la poigne des autorités derrière tout cela.

Je pris congé de Li Zhen et elle s'éloigna avec Meiping qui poussait sa bicyclette. Je restai à les regarder jusqu'à ce que la foule des manifestants me cache les cheveux blancs de Li Zhen.

Ce fut la dernière fois que je vis ma chère vieille amie. Un mois plus tard, alors que j'étais en résidence surveillée, elle se suicida après avoir subi un meeting de lutte particulièrement humiliant au cours duquel les Gardes rouges l'avaient forcée à ramper sous un bâton placé à moins d'un mètre du sol, pour signifier qu'elle était un « chien courant de l'impérialisme britannique » à cause de ses études en Angleterre, et où on l'avait forcée à confesser son « amour de la musique occidentale ». On la retrouva morte le lendemain, assise à son piano, le gaz ouvert. Elle avait laissé une lettre qui peut se résumer en une phrase : « J'ai fait de mon mieux pour mes élèves. »

Les serviteurs s'étaient déjà retirés, si bien que j'attendis en bas le retour de ma fille. Quand elle revint, nous montâmes l'escalier en silence. Sur le palier, elle me serra dans ses bras. J'aurais voulu lui dire beaucoup de choses, des mots d'amour et de réconfort, mais un profond sentiment de tristesse et de peur, que je ne m'expliquais pas, me rendait muette. Elle dit avec humour :

« C'est un anniversaire que je n'oublierai pas! »

Je gagnai ma chambre et fermai les fenêtres pour atténuer le bruit de la rue. Mais il faisait très chaud sans la bise de la nuit, et j'entendais toujours les pas résolus des jeunes gens enflammés de ferveur révolutionnaire, comme leurs voix fortes.

J'essayai de lire, mais je ne parvins pas à me concentrer. Errant de pièce en pièce, je rectifiais les bouquets, retirant les fleurs fânées, ajoutant de l'eau dans les vases, puis j'allais redresser un tableau sur un mur ou je prenais une figurine d'ivoire pour en admirer la sculpture délicate. Je finis par aller frapper doucement à la porte de Meiping pour voir si l'énervement du jour et le bruit la tenaient, elle aussi, éveillée. Elle ne répondit pas. J'ouvris tout doucement et je vis qu'elle dormait, ses cheveux noirs étalés sur l'oreiller blanc, son joli visage paisible et reposé. Un rai de lumière vint frapper, sur la table de nuit, la photo de mon mari dans son cadre d'argent. Je refermai la porte.

Des deux personnes qui m'étaient le plus chères, l'une était morte, et l'autre commençait sa vie.

« Prends bien soin de toi et veille sur Meiping. Je suis triste d'avoir à vous quitter toutes deux si tôt. »

J'avais à peine entendu la faible voix de mon mari prononçant ces dernières paroles avant d'entrer dans un coma profond dont il ne se réveilla jamais. C'était neuf ans auparavant. Il m'avait chargée de veiller sur notre fille. C'est ce que j'avais fait, la regardant grandir avec beaucoup de joie au cœur. Elle était intelligente, belle et chaleureuse. Je n'avais jamais eu à me faire de soucis pour elle. Mais maintenant, avec la Révolution culturelle, un nuage noir s'étendait sur nos vies. Un profond sentiment d'incertitude m'envahissait quand j'essayais de penser à l'avenir. Pour la première fois, je me sentis dans l'impossibilité de contrôler la direction de ma propre vie et de guider ma fille, et cela m'effraya.

J'avais toujours fait face aux problèmes et aux changements avec détermination et optimisme. Quand mon mari mourut en 1957, je fus terrassée par cette perte, et je me sentis à moitié morte de chagrin. Mais je découvris qu'agir pour faire face aux problèmes l'un après l'autre était une bonne thérapeutique et redonnait du courage.

Dans la Chine ancienne, les femmes qui perdaient leur mari perdaient leur identité. Elles cessaient d'être considérées comme des personnes, leurs voisins les ridiculisaient et se moquaient d'elles. Bien que la nouvelle Loi sur le mariage promulguée par le Gouvernement populaire en 1952 protégeât la femme en général et interdît toute discrimination, l'ancien préjugé contre les veuves et les vieilles femmes sans maris persistait. La société chinoise semblait offensée et embarrassée par la vue d'une femme tentant de se débrouiller seule.

Quand j'avais commencé à travailler au bureau de Shell, les cadres chinois avaient été atterrés qu'une femme sans expérience administrative soit placée au-dessus d'eux. J'eus à faire mes preuves à chaque minute pour gagner leur respect et leur confiance. Rien ne me plaisait plus que d'être mise au défi et de surmonter les difficultés. Et j'étais heureuse et fière de pouvoir maintenir notre ancien style de vie en dépit de la mort de mon mari. Jamais je ne m'étais trouvée dans une situation aussi troublante que celle imposée par la Révolution culturelle. Je savais qu'à chaque fois qu'un Chinois était engagé comme cadre dans une entreprise étrangère, le ministère de l'Industrie et du Commerce du Gouvernement municipal de Shanghai devait donner son autorisation. Dans la mesure où la police constituait un dossier sur tout le monde, le gouvernement devait tout savoir de moi. Il n'y avait, semblait-il, aucune raison valable pour que l'on m'accuse soudain, alors que Winnie, comme Li Zhen et M. Hu n'étaient pas surpris que je devienne la cible de persécutions. Je ne savais pas quelle conduite adopter dans les jours à venir, sinon résister fermement à toute pression et refuser de rédiger de faux aveux. Cela m'amènerait inévitablement à me heurter aux responsables du Parti. Quelle serait l'issue d'une telle confrontation ? Quel en serait l'effet sur la vie de ma fille ? Debout devant sa porte, je me sentais profondément troublée et tellement désarmée que je me mis à prier pour que Dieu me guide.

Dans les jours qui suivirent le passage en revue du premier contingent de Gardes rouges par Mao, les Gardes rouges de Shanghai prirent possession des rues de la ville. Les journaux annoncèrent que leur mission était de débarrasser les pays des « quatre vieilleries » – ancienne culture, anciennes coutumes, anciennes habitudes, et anciennes façons de penser. On ne donnait pas de définition claire d' « ancien »; c'était aux Gardes rouges d'apprécier. Pour commencer, ils changèrent les noms des rues. La principale artère de Shanghai le long des quais, le Bund, fut rebaptisée boulevard Révolutionnaire. Une autre grande rue devint l'avenue du 1er-Août pour évoquer le Jour de l'Armée. La route où se trouvait le consulat d'Union soviétique fut appelée rue Antirévisionniste, tandis que celle de l'ancien consulat britannique prenait le nom de rue Anti-impérialiste. Je découvris que la rue que j'habitais se nommait maintenant route Ou Yang Hai, en souvenir d'un soldat qui avait sacrifié sa vie en essayant de sauver une mule qui se trouvait sur le passage d'un train. Les Gardes rouges s'interrogèrent sur l'opportunité d'inverser les feux tricolores. Ils trouvaient que le rouge aurait dû signifier qu'il fallait passer, et non s'arrêter. En attendant, ils interrompirent le fonctionnement des feux.

Ils brisèrent les vitrines des fleuristes et des antiquaires parce qu'ils disaient que seuls les riches avaient de l'argent à dépenser pour de telles frivolités. Ils examinèrent les autres magasins et détruisirent ou confisquèrent les articles qu'ils considérèrent comme dangereux ou incompatibles avec une société socialiste. Leurs critères étaient très stricts. Comme ils pensaient qu'un révolutionnaire ne devait pas s'asseoir sur un canapé, tous les canapés devinrent tabous. Les matelas à ressorts, la soie, le velours, les cosmétiques et les vêtements occidentaux furent jetés dans la rue en attendant qu'on les emporte ou qu'on les brûle. Traditionnellement, les magasins portaient en Chine des noms propices au commerce : « Riche et beau » pour un magasin de tissus, « Délicieux Arôme » pour un restaurant, « Bonne Fortune et Longévité » pour un chapelier, « Confort » pour un chausseur, « Foyers heureux » pour un magasin de meubles, etc. En 1956, quand l'Etat nationalisa les commerces, ces noms furent conservés. Maintenant, les Gardes rouges exigeaient des noms plus révolutionnaires. Ne sachant pas bien ce qui plairait, les directeurs d'un grand nombre de boutiques choisirent « L'Orient est rouge », titre d'un chant louant Mao Zedong qui prit la place de l'hymne national pendant la Révolution culturelle. Comme les Gardes rouges avaient vidé les vitrines, on remplaça les articles exposés par le portrait officiel de Mao. Si bien qu'en parcourant les rues commerçantes, on était d'autant plus perdu que toutes les boutiques portaient le même nom et qu'on avait l'impression d'être regardé par des centaines de portraits de Mao.

Mes serviteurs me rapportaient quotidiennement les actes incroyables des Gardes rouges. Ils piquèrent ma curiosité au point que je décidai de sortir moi-même.

Je possédais, dans une banque du quartier commerçant, deux comptes à terme qui étaient venus à échéance. J'avais décidé d'encaisser l'un d'eux pour avoir un peu plus d'argent à la maison, car je savais par expérience que tout bouleversement politique s'accompagnait de probèmes d'approvisionnement. Pour rester en vie, on devait recourir au marché noir, où les prix étaient astronomiques. Je me souvenais que mon cuisinier, après l'échec du Grand Bond en avant, avait payé 50 yuans pour un bout de porc qui n'aurait coûté que 2 ou 3 yuans d'ordinaire.

Laozhao et Chen Ma insistèrent afin que je m'habillasse convenablement pour sortir, parce que ma voisine avait fait une rencontre désagréable avec des Gardes rouges qui lui avaient confisqué ses chaussures et tailladé les jambes de son pantalon. J'enfilai donc une vieille chemise, un pantalon flottant emprunté à Chen Ma et des chaussures de marche. Comme le soleil tapait fort, Chen Ma me tendit le grand chapeau de paille que ma fille avait rapporté de la campagne après avoir travaillé dans une commune rurale dans le cadre de l'aide des étudiants aux paysans.

Les rues étaient très actives. Partout des Gardes rouges, et beaucoup de curieux. A ce stade de la Révolution culturelle, l'« ennemi » était la classe capitaliste, si bien que la majorité des gens se sentait en sécurité. Pour eux, les activités des Gardes rouges étaient spectaculaires et distrayantes. Beaucoup déambulaient dans les rues pour s'amuser.

Des Gardes rouges expliquaient à des groupes de badauds la signification et les buts de la Révolution culturelle. J'écoutai l'un d'eux pendant un moment et fus étonnée de l'entendre dire aux gens qu'ils seraient « libérés » par la Révolution culturelle. Est-ce que le peuple n'avait pas déjà été libéré en 1949, quand le Parti communiste avait pris le pouvoir en Chine? Est-ce que cette libération ne valait rien pour qu'on eût besoin de libérer le peuple une deuxième fois? Il me sembla presque que le Parti communiste faisait son autocritique. Mais c'était impensable. Je me dis que ce que j'avais entendu n'avait pas d'importance, que ce n'était sans doute qu'un lapsus du jeune orateur. En fait, la nouvelle libération du prolétariat devint le thème principal de la

Révolution culturelle. Mao devait déclarer que ses opposants à la tête du Parti, menés par Liu Shaoqi et Deng Xiaoping, avaient entrepris de restaurer le capitalisme en Chine. Mais cela ne fut révélé que beaucoup plus tard dans l'année.

D'autres Gardes rouges arrêtaient les bus, distribuaient des tracts, faisaient des discours aux passagers et punissaient ceux dont les vêtements ne leur convenaient pas. Le guidon de la plupart des bicyclettes s'ornait d'un carton rouge portant des citations de Mao; ceux qui n'en avaient pas muni leur engin se voyaient arrêtés et sermonnés. Sur le trottoir, les Gardes rouges engageaient les gens à crier des slogans. Chaque groupe de Gardes rouges était équipé de grands portraits de Mao montés sur cadre, de tambours et de gongs. Aux carrefours, des haut-parleurs diffusaient des chants révolutionnaires. Dans ma tenue de prolétaire, je me fondais dans la foule et personne ne faisait attention à moi. Je me dirigeai droit vers la banque.

Soudain je vis un groupe de Gardes rouges saisir une jolie jeune femme. Tandis que l'un d'entre eux la tenait, un autre lui enlevait ses chaussures et un troisième découpait les jambes de son pantalon. Ils criaient :

« Pourquoi portes-tu des chaussures pointues? Pourquoi portes-tu un pantalon étroit?

– Je suis une ouvrière! Je ne suis pas une capitaliste! Laissez-moi partir! »

La jeune femme se débattait. Dans la lutte, un Garde rouge lui enleva complètement son pantalon, à la grande joie des spectateurs. Il la gifla pour qu'elle cesse de se débattre. Elle s'assit sur le sol poussiéreux, la tête enfouie dans ses bras. Entre deux sanglots elle hoquetait :

« Je ne suis pas une capitaliste! »

Un Garde rouge ouvrit son sac et en sortit son permis de travail pour l'examiner. Il le lui jeta avec son pantalon qu'elle renfila en toute hâte. Elle n'attendit pas qu'on lui rende ses chaussures et s'éloigna en chaussettes. Presque immédiatement, le même Garde rouge saisit un jeune homme et cria :

« Pourquoi as-tu les cheveux gominés ? »

Je n'attendis pas de connaître l'issue de cette nouvelle agression pour reprendre le chemin de la banque. En Chine, toutes les banques sont des filiales de la Banque du Peuple, qui appartient à l'Etat. Pas de comptoir de cuivre ni de guichets. Les caissiers sont assis derrière de simples comptoirs de bois. Je m'approchai de l'une des femmes et déposai mon reçu devant elle.

Avant de quitter la maison, je m'étais demandé combien d'argent je devais retirer. Les deux dépôts étaient de 6 000 et 20 000 yuans (respectivement environ 10 000 et 33 000 FF). Le coût de la vie en Chine était bas, tout comme les salaires. En 1966, 6 000 yuans représentaient une très grosse somme, et 20 000 une petite fortune. La banque dépendant du gouvernement, ceux qui y travaillaient avaient pour consigne d'encourager l'épargne afin que l'Etat puisse utiliser l'argent. Pendant les campagnes politiques, les caissiers avaient le pouvoir de refuser le paiement de grosses sommes, même quand les dépôts étaient normalement venus à échéance. Parfois ils réclamaient une lettre d'accord de l'employeur du déposant donnant la raison du retrait. Afin d'éviter un possible rejet de ma demande de retrait, j'avais décidé de n'encaisser que la plus petite somme et de renouveler mon dépôt de 20 000 yuans pour une année supplémentaire. Mais on ne fit aucune difficulté. La caissière me donna l'argent sans un mot et reprit son tricot avant même que j'aie compté les billets. Bien que les murs de la petite banque fussent couverts de slogans de la Révolution culturelle et d'un grand nombre de dazibaos, l'atmosphère était beaucoup moins tendue que dans les rues livrées aux Gardes rouges.

En remettant le pied sur la chaussée brûlante, je regrettai presque d'avoir été trop timide pour essayer d'encaisser la somme la plus forte. Mais, dans le même temps, j'étais contente de n'avoir rencontré aucune difficulté. Je dirigeai mes pas vers la maison quand, au coin de la rue, je fus presque renversée par un groupe de Gardes rouges surexcités qui traînaient un vieillard au bout d'une corde. Ils criaient et frappaient le pauvre homme avec un bâton. Je reculai précipitamment et me collai au mur pour les laisser passer. Soudain le vieil homme s'écroula sur le sol. Cela faisait pitié de le voir avec sa chemise déchirée et ses yeux mi-clos sous ses sourcils gris. Les Gardes rouges tirèrent sur la corde. Comme il ne se levait toujours pas, ils le piétinèrent. Le vieillard cria de douleur.

« Sale capitaliste! Exploiteur des travailleurs! Tu mérites la mort! » criaient les Gardes rouges.

Mon cœur battait à se rompre. Terrorisée par cette rencontre soudaine avec le groupe de Gardes rouges et ce vieil homme qui souffrait devant moi, je pensai à M. Hu. Où en était-il? Il s'était écoulé presque deux semaines depuis sa visite, et je me dis que je devrais lui téléphoner pour voir s'il allait bien. Je m'esquivai et hâtai le pas jusqu'à la maison. Les rues étaient encore plus encombrées qu'une heure auparavant. Les Gardes rouges s'en prenaient à n'importe qui. Les victimes criaient, protestaient, pleuraient. Quand je vis qu'ils s'attaquaient aux femmes aux cheveux permanentés, je fus reconnaissante à Chen Ma de m'avoir donné le chapeau de paille pour couvrir mes boucles. Il y avait beaucoup de policiers, mais ils ne bronchaient pas.

Je fus soulagée de quitter le quartier commerçant. Les rues résidentielles étaient plus calmes. Pourtant, en arrivant dans ma rue, je vis une foule de gens devant ma maison. Ils lisaient un dazibao apposé à la porte de mon voisin d'en face. Il était ingénieur en chef à la Compagnie d'aluminium de Shanghai, une ancienne entreprise suisse reprise quelques années auparavant par le gouvernement chinois. Les ouvriers de l'usine avaient collé l'affiche sur sa porte pour le dénoncer comme un « chien courant de l'impérialisme suisse ». A côté se trouvait un plus petit dazibao écrit par une main malhabile. Il était signé par les deux jeunes enfants de mon voisin, qui s'étaient joints à la dénonciation de leur père et qui promettaient de rompre leurs relations avec lui. C'était cette profession de foi de deux enfants de dix et onze ans qui attirait les regards.

Quand Laozhao m'ouvrit la porte, je lui demandai ce qu'il savait de ce dazibao inhabituel. Il me dit que les domestiques de mon voisin lui avaient expliqué que c'était une idée du père pour éviter les persécutions à ses enfants.

L'activité des Gardes rouges s'intensifiait d'heure en heure. Le lendemain, ils pénétrèrent dans la maison de mon voisin. Sa femme refusa d'ouvrir la porte et utilisa la lance d'arrosage pour les empêcher d'entrer. Ils enfoncèrent la porte, s'emparèrent du tuyau et trempèrent la pauvre femme avant de la jeter à terre et de la battre pour avoir résisté à leur action révolutionnaire. Les enfants tentèrent de défendre leur mère et se battirent contre les Gardes rouges. Ils furent traités de « chiots du chien courant de l'impérialisme suisse », et on les força à brûler les livres de leur père.

Nuit et jour, la ville résonnait des tambours et des gongs. De toutes parts, des bruits me parvinrent sur la mise à sac et le pillage de maisons privées. Je ne parvenais pas à joindre M. Hu au téléphone, ni mes autres amis. La violence des Gardes rouges grandissait. On parlait de victimes humiliées, terrorisées et souvent tuées quand elles résistaient. Les articles de journaux et les discours des leaders maoïstes encourageaient et félicitaient les Gardes rouges pour leur vandalisme. On les qualifiait de véritables défenseurs de la Révolution prolétarienne, on les exhortait à ne pas avoir peur et à surmonter les difficultés dans leur œuvre de renversement de l'ancien monde et de reconstruction d'un nouveau monde sur les bases des enseignements de Mao.

Je me sentais tout à fait désarmée. Je ne pouvais rien faire pour éviter la destruction de ma maison et la perte de tout ce que je possédais. Ma fille devint très soucieuse. Plus d'une fois, elle s'inquiéta du fait que nous ne pourrions vivre toutes deux sur son petit salaire. Je décidai qu'il était temps de lui parler de mes comptes en banque à Hongkong et ailleurs qui, lui expliquai-je, seraient plus que suffisants pour couvrir nos dépenses. Je m'inquiétais davantage pour son statut après la Révolution culturelle. S'il devait se constituer en Chine une nouvelle société où les descendants des « capitalistes » deviendraient une classe perpétuellement persécutée, comme les intouchables en Inde, il était impensable qu'elle pût y vivre. C'était beaucoup plus important pour moi que la perte de nos possessions matérielles.

Pour mettre les serviteurs à l'abri, je décidai de leur donner, avant que les Gardes rouges n'arrivassent, les 6 000 yuans que j'avais obtenus de la banque. Sur le coup, ils refusèrent de prendre l'argent et réitérèrent leur souhait de rester et de veiller sur moi et Meiping. Ils proposèrent également de cacher mes bijoux et mes objets de valeur chez eux. Je ne désirais pas les mêler à mes difficultés et je refusai. Je fis venir Chen Ma, Laozhao et Wang dans mon bureau pour discuter du meilleur partage possible de l'argent entre eux trois. Comme le jardinier n'était pas employé à plein temps et qu'il ne venait qu'occasionnellement, je décidai de ne lui donner que 400 yuans que je plaçai dans une enveloppe à lui remettre lors de sa prochaine visite. Chen Ma proposa de prendre moins que les deux autres parce qu'ils avaient une femme à charge.

Je fis au mieux et je dis à mes serviteurs que s'ils avaient peur, ils pouvaient partir quand ils le voudraient. Quand la Révolution culturelle serait terminée, si je le pouvais encore, je leur donnerais de nouveau de l'argent, car ils avaient été longtemps à mon service.

Cela fait, j'attendis les Gardes rouges.

CHAPITRE 3

LES GARDES ROUGES

A L'ÉPOQUE où la Révolution culturelle prenait son essor, il n'était pas rare que différentes organisations tiennent des réunions d'endoctrinement politique qui duraient la nuit entière. Le soir du 30 août, ma fille assistait à l'un de ces meetings au Studio cinématographique. J'étais dans mon bureau en train de lire *Le Troisième Reich,* de W. L. Shirer, qui était arrivé dans le dernier paquet de livres expédié de Londres par une librairie où j'avais un compte. Durant toutes les années où je travaillais pour Shell, je me faisais envoyer les livres au bureau parce que les censeurs de Shanghai laissaient passer tous les paquets adressés aux entreprises. Le bureau recevait tant de littérature scientifique à distribuer aux organismes de recherche chinois que mes paquets passaient inaperçus.

La maison était très calme. Je savais Laozhao assis à l'office. Dans sa chambre, Chen Ma ne dormait sûrement pas. Pas le moindre bruit. On aurait dit que tout dans la maison retenait son haleine dans l'attente impuissante de sa propre destruction.

Les fenêtres de mon bureau étaient ouvertes et l'air embaumait du parfum entêtant des magnolias et de l'odeur humide de l'air du soir que rafraîchissait l'arrivée de l'automne. Venant de la rue, très faible au départ, mais grossissant, j'entendis le bruit d'une voiture qui approchait lentement. J'écoutais et j'attendais, espérant qu'elle passerait devant la maison sans s'arrêter. Mais elle ralentit le moteur et se tut. Mes voisins de gauche attendaient aussi les Gardes rouges. Je laissai retomber mon livre sur mes genoux et me redressai, anxieuse de savoir quelle maison était visée.

Soudain, la sonnette du jardin commença à tinter sans interruption tandis que de nombreux poings tambourinaient à la porte dans une cacophonie de voix hystériques criant des slogans. Ce vacarme me dit que mon attente avait pris fin, et que je devais faire face à la menace des Gardes rouges et à la destruction de mon foyer. Laozhao surgit tout essoufflé en haut des marches. Bien qu'il ait su que les Gardes rouges ne manqueraient pas de venir et qu'il ait attendu chaque nuit, comme moi, son visage était de cendre.

« Ils sont là ! souffla-t-il.

– Reste calme, je t'en prie, Laozhao ! Ouvre la porte mais ne dis rien. Emmène Chen Ma dans ta chambre et restez-y. »

La chambre de Laozhao se trouvait au-dessus du garage. Je voulais qu'ils soient tous deux absents pour éviter qu'ils ne lancent des paroles offensantes aux Gardes rouges par loyauté envers moi.

Dehors, le son des voix montait.

« Ouvrez la porte ! Ouvrez la porte ! Est-ce que vous êtes tous morts ? Pourquoi n'ouvrez-vous pas ? »

Certains juraient en donnant des coups de pied dans le bois, comme encouragés par le klaxon du camion.

Laozhao dévala l'escalier. Alors que je replaçais mon livre sur une étagère, un exemplaire de la Constitution de la République populaire de Chine attira mon regard. Je le pris, ainsi qu'un trousseau de clefs que j'avais préparé sur mon bureau, et je descendis.

Bien que mon imagination m'eût fait anticiper cet

instant bien des fois, mon cœur battait violemment; mais des années de discipline me permirent de rester calme en apparence. Quand j'arrivai au bas des marches, je crois que j'offrais l'image même du fatalisme chinois.

Les Gardes rouges entrèrent. Il y avait de trente à quarante lycéens entre quinze et vingt ans, dirigés par deux hommes et une femme plus âgés. Il portaient tous le brassard des Gardes rouges, mais je me dis que les trois adultes étaient les enseignants qui accompagnaient généralement les Gardes rouges quand ils mettaient une maison à sac. Comme ils se précipitaient dans l'entrée, l'un d'eux renversa un pot de jasmin sur un socle de porcelaine d'époque Fen cai. Les petites fleurs blanches s'éparpillèrent sur le sol et furent foulées par les pieds impatients.

Celui qui conduisait le groupe, un jeune homme dégingandé au regard furieux, s'avança et me dit :

« Nous sommes les Gardes rouges. Nous venons mener une action révolutionnaire contre vous! »

Je savais bien que c'était futile et sans espoir, mais je brandis la Constitution en disant calmement :

« Il est contraire à la Constitution de la République populaire de Chine de pénétrer dans les maisons sans un mandat de perquisition. »

Le jeune homme arracha le volume de mes mains et le jeta au sol.

« La Constitution est abolie. C'était un document écrit par les éléments révisionnistes au sein du Parti communiste. Nous ne reconnaissons que les enseignements de notre Grand Dirigeant le Président Mao.

– Seule l'Assemblée nationale populaire a le pouvoir de modifier la Constitution, dis-je.

– Nous l'avons abolie. Qu'y pouvez-vous? » me dit-il, agressif, en prenant une attitude martiale, les jambes écartées et les épaules avantageuses.

Une fille s'approcha de moi et dit :

« Qu'essayez-vous de faire? Votre seule chance de

salut est de courber l'échine et de vous soumettre, sinon vous allez souffrir. »

Elle brandit son poing sous mon nez et cracha par terre.

Un autre jeune homme brisa d'un coup de bâton le miroir qui surmontait le meuble d'entrée. Une pluie de verre tomba sur le vase d'époque Kangxi bleu et blanc qui l'ornait, mais le cadre sculpté resta accroché au mur. Le jeune homme l'arracha et le jeta contre la rampe de l'escalier. Puis il prit à un autre garçon un petit tableau qu'il accrocha à la place du miroir. On pouvait y lire une citation de Mao Zedong qui disait : « Après l'anéantissement des ennemis armés, il y aura encore des ennemis non armés. Nous ne devons jamais les sous-estimer. »

Les Gardes rouges répétèrent la citation en chœur comme s'ils prêtaient serment, après quoi ils m'ordonnèrent de la lire. L'un d'eux me cria alors :

« Une ennemie non armée, voilà ce que vous êtes! Donnez-nous les clefs! »

Je posai le trousseau sur le meuble parmi les éclats du miroir. Ils le prirent et se dispersèrent dans la maison. Une fille me poussa dans la salle à manger et verrouilla la porte.

Je m'assis sur une chaise et regardai la pièce. Il était étrange de songer qu'à l'aube elle serait peut-être méconnaissable. Elle n'avait jamais été aussi belle. Le lustre du bois sombre poli de la table était plus riche qu'à l'ordinaire, la laque blanche incrustée de figures d'ivoire du paravent me sembla le symbole même du bel artisanat, les assiettes et les vases anciens de porcelaine sur leurs socles de bois étaient placés à l'angle idéal pour irradier toute leur beauté, et même les rideaux tombaient parfaitement, sans un faux pli. Dans la vitrine de verre, des figurines de jade blanc et un brûleur d'encens de quartz rose trônaient au milieu d'autres pierres semi-précieuses que j'avais collectionnées au fil des ans. Elles avaient été merveilleusement sculptées de motifs délicats par les mains d'artistes habiles. Maintenant, mes yeux les caressaient pour leur dire adieu. Winnie m'ayant appris que le peintre Ling Fongmin avait de graves ennuis, je savais que son portrait de femme en bleu serait impitoyablement détruit. Mais que feraient-ils de l'encre au pinceau de Qi Bai Shi ? C'était un grand artiste traditionnel, et comme il avait été menuisier dans sa jeunesse, il était honoré par le Parti communiste. Les Gardes rouges connaissaient-ils ce fait et épargneraient-ils son œuvre ? Je la regardai attentivement, mes yeux retraçant chaque touche de son pinceau magistral. C'était le dessin d'un lotus, sujet préféré des artistes chinois parce que le lotus représente la pureté. Dans un poème célèbre, le poète Tao Qian (376-427) fait du lotus le symbole d'un homme d'honneur, et dit que le lotus sort sans tache de la boue.

Je me récitai ce poème et me demandai s'il était réellement possible à qui que ce soit de sortir sans tache d'une telle époque. C'était une idée contraire au marxisme, qui voulait que l'environnement modèle l'homme. Le poète est peut-être trop idéaliste, me dis-je en entendant les rires des Gardes à l'étage supérieur. Ils semblaient merveilleusement heureux de leur travail de destruction parce qu'ils étaient certains qu'ils satisfaisaient ainsi leur Dieu, Mao Zedong. Leur comportement était le résultat de leur éducation en Chine communiste. La propagande qu'ils avaient ingurgitée depuis l'enfance les empêchait d'avoir une volonté propre.

Ils faisaient tant de bruit que je ne pouvais plus me concentrer sur mes pensées. Ils couraient dans l'escalier, brisaient des objets et heurtaient les murs avec une telle violence que je finis par me demander s'ils essayaient de casser la maison en plus de son contenu. Je décidai de me faire libérer par la ruse.

Je frappai à la porte mais, avec tout le vacarme, personne ne m'entendit. Je frappai de plus en plus fort jusqu'à ce que je sente quelqu'un derrière la porte. Alors je criai :

« Ouvrez-moi ! »

La poignée tourna lentement et la porte s'entrouvrit, laissant passer la tête ornée de deux couettes d'une gamine. Elle me demanda ce que je voulais, et je répondis que j'avais besoin de me rendre aux toilettes. Elle me laissa sortir en me recommandant de ne pas entraver leur action révolutionnaire.

Les Gardes rouges avaient sorti les caisses d'archives de mon père et tentaient de les ouvrir dans l'entrée. Une jeune fille décrochait les rideaux du salon. Sur la table de bridge, ils avaient rassemblé une collection d'appareils photos, de montres, d'horloges, de jumelles et l'argenterie. C'étaient les « objets de valeur » qu'ils avaient l'intention d'offrir à l'Etat.

En montant l'escalier, je fus stupéfaite de voir plusieurs Gardes rouges retirer des pièces de ma collection de porcelaines de leurs boîtes capitonnées. Un jeune homme avait aligné trois coupes d'époque Kangxi sur le sol et marchait dessus. J'arrivai juste pour entendre la porcelaine délicate crisser sous ses chaussures. Le bruit perça mon cœur. Je bondis sans réfléchir et je retins sa jambe juste avant qu'il n'écrase la coupe suivante. Il vacilla et nous tombâmes ensemble. Je cherchai les coupes des yeux, craignant que nous ne les ayons brisées dans notre chute, et je ne vis pas le gamin, qui s'était relevé, prendre son élan pour m'envoyer un coup de pied dans la poitrine. Je poussai un cri de douleur. Les autres s'assemblèrent autour de nous, criant que je m'opposais à leur action révolutionnaire. L'enseignante me remit sur mes pieds. Rouge de colère, le jeune Garde montra le poing, me menaçant d'une correction. L'enseignante haussa la voix pour restaurer le calme et me dit :

« Que faites-vous donc ? Essayez-vous de protéger vos biens ?

– Non, vous pouvez en faire tout ce que vous voudrez. Mais vous ne devez pas briser ces chefs-d'œuvre de porcelaine. Ils sont anciens et irremplaçables.

– Taisez-vous ! Taisez-vous ! » crièrent plusieurs voix pour étouffer la mienne, déjà bien faible.

Je rassemblai mes forces, essayai d'oublier l'effroyable douleur que je ressentais dans la poitrine, et criai aussi fort que je pus :

« Notre Grand Dirigeant a dit : " Exposez les faits, donnez les raisons. "

– Nous vous permettons d'exposer les faits et de donner vos raisons », dit l'enseignante en levant la main pour forcer les Gardes rouges au silence.

Les Gardes m'observaient. Je ramassai l'une des coupes et la tendis à bout de bras :

« Cette coupe a près de trois cents ans. Vous semblez attacher une valeur aux appareils photos, aux montres et aux jumelles, mais de meilleurs appareils, de meilleures montres et de meilleures jumelles sont fabriqués chaque année. Personne au monde ne peut refaire une coupe comme celle-ci. Elle appartient à notre héritage culturel. Tout Chinois devrait en être fier. »

Le jeune homme dont j'avais interrompu le travail révolutionnaire de destruction cria :

« Taisez-vous ! Ces choses appartiennent à l'ancienne culture. Elles ne peuvent être comparées à des appareils photos ou à des jumelles qui sont utiles à notre lutte en temps de guerre. Notre Grand Dirigeant le Président Mao nous a appris que si l'on ne détruit pas, on ne peut construire. L'ancienne culture doit être détruite pour laisser la place à la nouvelle culture socialiste.

– Le but de la Grande Révolution culturelle prolétarienne, dit un autre, est de détruire l'ancienne culture. Vous ne pouvez nous arrêter ! »

Je tremblais d'angoisse et cherchais follement dans ma tête un argument qui pourrait stopper cette destruction insensée. Mais avant que je pusse articuler un mot inutile de plus, un jeune homme descendit du second étage, apportant ma déesse de la Miséricorde, une Guanyin blanc de Chine. Je me tournai vers lui et demandai :

« Qu'allez-vous faire de cette figurine? »

Il brandit à bout de bras la fragile statuette et déclara :

« C'est une représentation de la superstition bouddhiste. Je vais la jeter aux ordures. »

Cette Guanyin était un parfait exemple de poterie de Tehua de la province de Fujian. Œuvre du célèbre sculpteur Ming du XVIIe siècle Chen Wei, elle portait son sceau. L'indescriptible beauté orientale et veloutée blanc crème de la porcelaine conférait à l'expression sereine du visage une inimitable expression de vie. Les plis de la robe tombaient avec un si parfait naturel que l'on oubliait qu'il s'agissait d'une statue. Je gardais toujours cette statuette dans sa boîte capitonnée, considérant qu'elle était trop précieuse pour être exposée. Je ne la sortais que lorsque des amis connaisseurs demandaient à la voir.

« Non, non, je vous en supplie! Ne faites pas cela! Je vous en prie. »

J'étais tellement agitée que ma voix n'était qu'un cri. Le Garde rouge continua de me fixer de son œil glacial en balançant le bras, ne tenant plus maintenant la statuette qu'entre deux doigts.

Mes supplications ne les émouvraient pas. Si je voulais communiquer, je devais parler leur langue. L'heure était venue d'user de diplomatie. Si les Gardes rouges pensaient que je m'opposais à eux, je ne réussirais jamais à sauver les trésors que renfermait ma maison. Je ne les considérais plus commes miens, je ne me souciais pas de savoir à qui ils appartiendraient, je ne songeais qu'à les sauver de la destruction.

« Je vous en prie, Gardes rouges! Croyez-moi, je ne m'oppose pas à vous. Vous êtes venus en tant que représentants de notre Grand Dirigeant. Comment pourrais-je m'opposer aux représentants du Président Mao? Je comprends les buts de la Révolution culturelle. Est-ce que je ne vous ai pas remis les clefs volontairement quand vous les avez demandées?

– C'est vrai », concéda l'enseignante.

Les jeunes gens semblaient se détendre un peu. Encouragée, je continuai.

« Toutes ces vieilles choses appartiennent au passé. Le passé est ancien. Il doit laisser la place à la nouvelle culture du socialisme. Mais ces choses peuvent être emportées sans qu'on les détruise immédiatement. Souvenez-vous qu'elles n'ont pas été faites par des membres de la classe capitaliste. Elles ont été faites des mains d'ouvriers des temps anciens. Ne devriez-vous pas respecter le travail de ces ouvriers?

– N'écoutez pas ses belles phrases! s'écria un jeune impatient. Elle essaie de nous troubler. Elle essaie de protéger ses possessions.

– Non, non! dis-je en me tournant vers lui. Le fait que vous soyez dans ma maison a déjà amélioré ma conscience socialiste. C'était mal de ma part, d'avoir gardé pour moi tous ces beaux objets précieux. Ils appartiennent de droit au peuple. Je vous supplie de les emporter au Musée de Shanghai. Consultez ses experts. S'ils vous conseillent de les détruire, il sera encore temps de le faire.

– Le musée est fermé, dit une jeune fille. Les experts font l'objet d'une enquête. Certains d'entre eux sont aussi des ennemis de classe. En tout cas, ce sont des intellectuels. Notre Grand Dirigeant a dit : " La classe capitaliste est la peau; les intellectuels sont les cheveux qui poussent sur la peau. Quand la peau meurt, il n'y a plus de cheveux. " La classe capitaliste nourrit les intellectuels, alors ils sont du même côté. Maintenant, nous allons détruire la classe capitaliste. Les intellectuels doivent naturellement être détruits eux aussi. »

Je ne connaissais pas la pensée de Mao qu'elle venait de citer, mais ce n'était pas le moment de m'interroger à ce sujet. Je continuai :

« Dans ce cas, consultez quelqu'un en qui vous ayez confiance, quelqu'un qui fasse autorité, peut-être l'un des maires adjoints de Shanghai. Il existe sûrement beaucoup de collections privées dans la ville. Il doit bien y avoir une procédure les concernant.

– Non! Vous êtes une stupide ennemie de classe! Vous ne comprenez rien. Vous nous demandez de consulter soit un autre ennemi de classe soit un bureaucrate révisionniste. Vous parlez de procédure officielle. Mais la seule procédure officielle est contenue dans ce livre. (Le jeune homme brandit son petit livre rouge.) Les enseignements de notre Grand Dirigeant le Président Mao sont la seule politique qui ait cours.

– J'ai vu une affiche, dis-je en changeant de tactique, où on pouvait lire " Vive la Révolution mondiale ". Vous allez porter le drapeau rouge de notre Grand Dirigeant le Président Mao dans le monde entier, n'est-ce pas?

– Bien sûr! En quoi est-ce que ça vous concerne? Vous n'êtes qu'une ennemie de classe, persifla une gamine. C'est une femme rusée, dit-elle aux autres. N'écoutez pas ses balivernes!

– Est-ce que vous ne comprenez pas que ces choses sont extrêmement précieuses? dis-je dans un dernier sursaut désespéré. On peut les vendre très cher à Hongkong. Vous pourrez financer la Révolution mondiale, avec tout cet argent. »

Ce que je venais de dire les toucha enfin. Ils écoutaient. La merveilleuse perspective de jouer un rôle héroïque dans le vaste monde les flattait, surtout maintenant qu'ils prenaient goût au pouvoir comme à une drogue. Je saisis ce moment psychologiquement propice pour continuer.

« S'il vous plaît, replacez toutes ces porcelaines dans leurs boîtes et emportez-les en lieu sûr. Vous pourrez les vendre ou les donner au musée, comme vous jugerez bon, selon les enseignements de notre Grand Dirigeant. »

L'enseignante se sentit peut-être une certaine responsabilité. Elle me demanda :

« Etes-vous sûre que votre collection a de la valeur ? A combien l'évaluez-vous ?

– Je peux vous donner un carnet où j'ai indiqué la date d'achat et la somme payée pour chaque pièce. Leur valeur augmente de mois en mois sur le marché mondial. Je dirais en gros qu'il doit y en avoir pour au moins un million de yuans. »

Si les membres de la classe prolétarienne n'appréciaient pas la valeur des objets, ils en comprenaient le prix. Les Gardes rouges furent impressionnés par le chiffre d'un million. Maintenant, l'enseignante était aussi anxieuse que moi de sauver les trésors, mais elle avait peur de se faire critiquer par les Gardes rouges. Elle trouva donc le moyen de les faire reculer sans qu'ils perdissent la face :

« Petits Généraux révolutionnaires ! Réunissons-nous et discutons de tout cela. »

Les jeunes furent à l'évidence flattés par ce titre et acceptèrent immédiatement sa proposition. Elle les conduisit à la salle à manger.

Je m'agenouillai pour ramasser les coupes intactes et les plaçai dans leur boîte. La Guanyin était restée sur la table. Je la pris, puis je montai le tout sur le palier du second étage, où je gardais normalement ma collection dans une commode. Je vis que toutes les boîtes avaient été sorties. Sur le sol se trouvaient des fragments de porcelaine couleur sang de bœuf, jaune impérial, céladon, bleu et blanc. Mon cœur se brisa quand je compris que mes efforts désespérés étaient venus trop tard : beaucoup de boîtes étaient vides.

Les pièces du second étage semblaient avoir subi un tremblement de terre. Il n'y manquait que les cadavres, mais le vin rouge de bouteilles brisées répandu sur les draps blancs et les couvertures avait la couleur du sang.

Comme nous vivions dans un univers de pénurie permanente, tous les foyers disposant d'assez de place possédaient des réserves de farine, de sucre et de boîtes de viande. Chaque fois que j'allais à Hongkong, et malgré les considérables taxes à l'importation, je revenais aussi avec des caisses de nourriture et du savon pour compléter notre maigre ration. Les Gardes rouges avaient vidé les étagères et répandu le contenu des réserves alimentaires sur les vêtements qu'ils avaient trouvés rangés dans des coffres et des commodes. Quelques valises étaient intactes, mais je vis qu'ils s'étaient déjà occupés de mes manteaux de fourrure et de mes robes du soir avec une paire de ciseaux. Le ventilateur tournait au plafond, faisant voler les poils de fourrure, les lambeaux de soie et la farine.

Tous les meubles avaient été déplacés. Les tables et les chaises étaient renversées, parfois empilées pour servir d'escabeau. Comme c'était l'été, j'avais fait nettoyer, saupoudrer de camphre et ranger mes tapis dans une chambre vide. Derrière le plus gros rouleau, je trouvai un sac où on avait placé deux de mes pulls en cachemire et des sous-vêtements neufs. Je me dis qu'un Garde rouge prévoyant les avait consciencieusement mis de côté pour son usage personnel.

Dans la plus grande des chambres, sur laquelle les Gardes rouges s'étaient particulièrement acharnés, un poste de radio diffusait des chants révolutionnaires citant Mao. Une voix de femme chantait : « Le marxisme peut se résumer en une phrase : On a raison de se révolter. » Sa voix forçait l'attention. Cette chanson devait devenir l'appel à la lutte non seulement pour les Gardes rouges, mais aussi pour les Rebelles révolutionnaires prolétariens qui s'organisèrent plus tard. J'aurais voulu éteindre la radio, mais je pouvais l'atteindre sans escalader une montagne de débris.

Je regardais sans espoir, mais avec indifférence, ce qui était arrivé à mes affaires. Elles appartenaient à une période de ma vie qui avait brutalement pris fin avec l'irruption des Gardes rouges dans ma maison. Bien qu'incapable de prévoir l'avenir, je refusais de regarder en arrière. Je me dis que les Gardes rouges avaient dû bien s'amuser. Est-ce que nous ne possédons pas tous dans notre nature des tendances destructrices ? Le vernis de la civilisation est très mince. En dessous, l'animal veille en chacun de nous. Si j'avais été jeune et que je fusse sortie d'un milieu ouvrier, si j'avais été élevée dans l'adoration de Mao et qu'on m'eût amenée à croire qu'il était infaillible, est-ce que je n'aurais pas agi comme les Gardes rouges ?

La lutte pour sauver les porcelaines m'avait épuisée. J'avais très mal à la poitrine et me demandais si je n'avais pas une côte brisée. Le miroir de la salle de bain révéla un grand bleu sur mon flanc droit. Je redescendis au premier pour trouver un endroit où m'allonger et me reposer. Ouvrant la porte de ma propre chambre, je la trouvai dans le même désordre que le second étage. Par la porte de la bibliothèque je vis mes bijoux sur le bureau. Comme les Gardes rouges étaient encore en train de discuter du destin des porcelaines dans la salle à manger, je me retirai pour éviter qu'on me soupçonne d'avoir tenté de récupérer quelque chose. La chambre de ma fille n'avait pas encore été visitée. Le vent entrant par la fenêtre ouverte faisait voler les voilages. En les accrochant, je jetai un coup d'œil dans le jardin : de grandes flammes s'en élevaient. Des Gardes rouges regardaient brûler mes livres. Mon cœur se serra. Je tournai le dos à la fenêtre et fermai les yeux, m'appuyant au mur pour ne pas chanceler. Dans l'espoir de laisser au-dehors ce que j'avais vu et entendu au cours des dernières heures, je tentai de me réfugier en moi-même pour jouir d'un moment de calme et de prière.

Soudain, une jeune Garde rouge apparut à la porte et alluma la lumière.

« Que faites-vous ici? Qui vous a dit d'entrer? Vous nous préparez un sale coup? Venez! On a besoin de vous. »

Je la suivis dans la bibliothèque. Plusieurs Gardes rouges étaient rassemblés autour de mon bureau. Une gamine maigrichonne, aux cheveux courts, portant une blouse de coton bleu trop petite pour elle, était assise sur une chaise. Dans une société où les aliments faisaient défaut, ceux qui ne se nourrissaient que sur les rations officielles, sans bénéficier d'avantages en nature ni avoir recours au marché noir, prenaient une bien mauvaise mine. C'était son cas. J'imagine qu'elle était d'origine ouvrière et que le budget familial était très serré, surtout si aucun de ses parents n'avait été assez malin pour devenir membre du Parti. A mon arrivée, elle garda la tête baissée, et je compris au silence des autres qu'ils l'avaient interrogée. L'un des enseignants me dit de m'asseoir.

Des Gardes allèrent chercher des chaises dans ma chambre et l'enseignant s'assit aussi. J'étais face à la fille, séparée d'elle par mon bureau. Elle me jeta rapidement un coup d'œil nerveux, à la fois effrayé et suppliant. Sur le bureau se trouvait ma boîte à bijoux et certaines pièces avaient été renversées sur le sous-main.

« Est-ce tout ce que vous avez comme bijoux? Regardez-les, et dites-nous si tout est là », me demanda l'enseignant.

En ouvrant la boîte, je vis que plusieurs bagues, des bracelets et une montre ornée de diamants manquaient. L'enseignant insista :

« Est-ce que tout est là? Dites la vérité. Nous allons vérifier avec vos serviteurs. En avez-vous caché certains?

Des familles capitalistes ont essayé de cacher leurs bijoux dans les fleurs du jardin. »

L'atmosphère était tendue. Les garçons occupés à vider le placard à disques s'interrompirent pour écouter ma réponse. Je compris parfaitement la situation. Ils soupçonnaient tous la fille, qui était restée seule ici un moment, d'avoir dérobé quelques bijoux. En fait, c'était probablement le cas. Si je mentais pour protéger la fille et si mes serviteurs, qui connaissaient mes bijoux, ne mentaient pas, je me retrouverais accusée d'avoir caché les pièces manquantes. Je ne pouvais que dire la vérité. Mais la petite était tellement pitoyable que j'hésitais à l'incriminer.

« Les principaux bijoux sont là. Les plus précieux comme ce collier de jade et cette broche en diamants. Il manque quelques pièces de peu de valeur, dis-je pour minimiser le larcin.

– Qu'est-ce qui manque? insista l'enseignant avec impatience.

– Une montre, plusieurs bagues et des bracelets en or.

– Comment est la montre? De quelle marque est-elle? Est-ce qu'elle ressemble à celle-ci? »

L'homme tendit son poignet où je vis une montre suisse, symbole de puissance en Chine communiste. Il pensait que j'en avais une semblable, comme les femmes chinoises qui tentaient de parvenir à l'égalité en copiant les hommes. Mais je n'avais jamais suivi cette nouvelle mode.

« Non. La montre qui manque est petite, avec des diamants et un bracelet en platine. Elle est française, de marque Ebel.

– J'espère que vous ne mentez pas. Pourquoi aviez-vous une montre aussi bizarre? Les montres suisses sont les meilleures, non? »

Il envoya un Garde rouge vérifier, au salon, si une telle

montre se trouvait parmi les horloges et autres jumelles. Elle n'y était pas.

« C'est mon mari qui m'a acheté cette montre à Hongkong en 1957. Ce fut son dernier cadeau. Vous pouvez vérifier auprès de Chen Ma. Elle connaît toutes mes affaires. »

Personne ne dit rien. La pauvre fille était au bord des larmes, son petit visage triste et terrorisé. L'enseignant m'interrogea au sujet des bagues et des bracelets. En les décrivant, il me vint une idée : le sol de la bibliothèque, surtout autour du bureau, était jonché de trente centimètres de papiers – papier de soie froissé, vieux magazines déchirés, journaux déchiquetés, cahiers, carnets et papier à lettres, piles de livres attendant d'être brûlés au jardin. Quand j'eus terminé ma description, je dis en regardant la jeune fille :

« Vous avez mis un tel désordre dans tous ces papiers et ces livres par terre, que si la montre, les bagues et les bracelets sont tombés, on aura du mal à les retrouver. »

La petite rougit et elle plongea immédiatement sous le bureau. Les autres Gardes rouges en firent autant. L'enseignant resta assis et me jeta un regard à la fois réprobateur et interrogateur. Il me sembla qu'il avait vu clair dans mon jeu, mais ne comprenait pas les motifs qui m'amenaient à couvrir une voleuse. Confucius a dit : « Tout être humain possède un cœur compatissant. » Ce n'était plus vrai en Chine où, dans une société vouée au matérialisme, le comportement humain était de plus en plus guidé par les intérêts personnels. L'enseignant pensa sans doute que j'espérais gagner les faveurs des Gardes rouges.

Les Gardes rouges retrouvèrent les bagues et les bracelets. La fille souriait. Mais on ne trouva pas la montre : quelqu'un d'autre l'avait probablement prise.

Dans ma chambre, les Gardes rouges tapaient sur les

meubles. Ils cassaient aussi mes disques sous mes yeux. Je dis à l'enseignant :

« Ce sont des disques de musique classique de grands maîtres européens des XVIIIe et XIXe siècles, pas de la musique de danse pour boîtes de nuit. Ce genre de musique occidentale est enseignée dans nos académies. Pourquoi ne pas donner ces disques à la Société musicale ?

– Vous vivez dans le passé, me répondit-il. Ne savez-vous pas que notre Grand Dirigeant a dit que toute musique occidentale est décadente ? Seuls sont corrects certains passages de certaines compositions, pas une seule composition entière.

– Est-ce que chaque élément d'une composition n'est pas partie intégrante de l'ensemble ? murmurais-je.

– Taisez-vous ! Que voulez-vous que les paysans et les ouvriers fassent de Chopin, Mozart, Beethoven ou Tchaïkovski ? Nous allons composer notre musique prolétarienne. Quant à la Société musicale, elle est dissoute. »

La nuit semblait interminable. J'étais si fatiguée que je pouvais à peine me tenir droite. Je demandai à l'enseignant la permission de me reposer un instant.

« Vous pouvez aller dans la chambre de votre fille. C'est une travailleuse du cinéma et elle vit de son propre salaire. Sa chambre n'entre pas dans le cadre de notre action révolutionnaire. »

Je gagnai la chambre de ma fille et m'allongeai sur son lit. Il faisait encore nuit, mais je voyais par la fenêtre à l'horizon les premières lueurs de l'aube. Je fermai les yeux et m'endormis doucement.

Quand je m'éveillai, le soleil inondait la chambre. La maison était beaucoup plus calme. On ne transportait plus les meubles et la radio diffusait les informations. Je pris une douche dans la salle de bain de ma fille et lui empruntai un pantalon et une chemise. Devant la chambre, je trouvai les Gardes rouges assis sur des chaises et sur les marches, en train de manger des petits pains que leur avait fait envoyer leur école. Ils semblaient moins nombreux et aucun des enseignants n'était en vue. Je descendis à la cuisine pour prendre mon petit déjeuner.

Wang était en train de vider le réfrigérateur que les Gardes rouges voulaient emporter. Je lui demandai de me préparer du café et des toasts.

Tandis que je déjeunais, une jolie jeune fille mince avec deux nattes qui lui retombaient sur les épaules s'assit en face de moi et me regarda. Elle prit la tasse que je venais de boire, renifla le reste de café et fit une grimace avant de me demander :

« Qu'est-ce que c'est ?

– Du café.

– C'est quoi, le café ?

– Une boisson, un peu comme du thé, mais plus forte.

– C'est de la nourriture étrangère ?

– J'imagine qu'on peut dire ça. »

Elle reposa bruyamment la tasse. Je pris un autre toast et commençai de le beurrer.

Elle regarda le beurre et prit le pot de confiture d'orange, dont l'étiquette était anglaise. Puis elle se pencha en avant et me regarda droit dans les yeux :

« Pourquoi faut-il que vous buviez une boisson étrangère ? Pourquoi faut-il que vous mangiez de la nourriture étrangère ? Pourquoi avez-vous tant de livres étrangers ? Pourquoi êtes-vous *si* étrangère ? Dans chaque pièce de cette maison on trouve des choses importées, mais pas un seul portrait de notre Grand Dirigeant bien-aimé. Nous sommes allés dans bien des maisons de la classe capitaliste. La vôtre est la pire de toutes, la plus réactionnaire de toutes. Etes-vous chinoise ou étrangère ? »

Je souris de cette explosion. Ma maison devait être très différente des autres, en effet. Au début de la Révolution culturelle, Laozhao m'avait suggéré d'accrocher un portrait de Mao Zedong. Mais tant de gens avaient eu la même idée que nous n'avions pu en trouver un seul et que nous avions renoncé. Je me dis pourtant que je pourrais essayer d'aider cette petite à voir les choses dans leur juste perspective.

« Est-ce que vous mangez des tomates ? lui demandai-je.

– Bien sûr ! »

Pendant la saison, les tomates étaient très bon marché à Shanghai et tout le monde, adulte ou enfant, en mangeait soit comme fruit, soit comme légume.

« Eh bien ! Les tomates sont une nourriture étrangère. Ce sont des étrangers qui les ont introduites en Chine, comme les pastèques, amenées de Perse par la Route de la Soie. Quant aux livres étrangers, Karl Marx lui-même était allemand. Si personne ne lisait de livres étrangers, il n'y aurait pas de mouvement communiste international. Il n'a jamais été possible de garder les choses et les idées enfermées dans les frontières nationales d'aucun pays, même à l'époque où les communications étaient difficiles. Aujourd'hui, c'est encore plus impossible. Je suis certaine qu'à l'heure qu'il est, le monde entier sait que les lycéens chinois sont organisés dans le mouvement des Gardes rouges.

– Vraiment ? » dit-elle, pensive.

Il était évident que je lui avais ouvert de nouveaux horizons. Au bout d'un moment, elle dit :

« Vous expliquez bien. Vous avez été à l'université ? »

J'avais la bouche pleine, si bien que je me contentai de hocher la tête. Elle continua :

« J'aurais bien aimé aller à l'université après le lycée. Mais maintenant, il n'y aura plus d'université où aller. Tous les jeunes devront devenir soldats.

– Mais vous êtes une fille. Vous n'aurez pas à devenir soldat.

– C'est pire encore pour les filles ! soupira-t-elle.

– De toute façon, il n'y aura pas de guerre; alors, n'ayez pas d'inquiétudes », dis-je pour la consoler.

Elle se tourna d'un bloc vers la porte et jeta un coup d'œil craintif au cuisinier qui lavait des légumes, penché sur l'évier. Puis elle mit sa main sur mon bras et murmura :

« Ne dites pas ça! C'est dangereux de parler ainsi. Notre Grand Dirigeant nous a déjà dit de nous préparer pour la guerre populaire contre les impérialistes américains, les révisionnistes soviétiques et les réactionnaires du Guomindang de Taiwan. Vous ne devez pas faire de propagande pour la paix et vous opposer à ce qu'a dit notre Grand Dirigeant! »

Je lui souris et acquiesçai.

La porte de la cuisine s'ouvrit et un garçon passa la tête dans l'embrasure pour demander au cuisinier si le réfrigérateur était prêt. La jeune fille retira précipitamment sa main de mon bras et se leva. Bien que le garçon fût reparti, elle dit d'une voix ferme et sonore :

« Vous êtes une ennemie de classe. Je n'écouterai pas vos balivernes. »

Elle se tourna pour sortir mais, à la porte, elle me regarda et me fit un gentil sourire.

De l'évier, Wang marmonna :

« Ce ne sont pas tous de jeunes idiots! »

Je me souvins que son plus jeune fils était lycéen, et je lui demandai s'il appartenait aussi aux Gardes rouges.

« Oh, oui! Comment faire autrement? On l'aurait considéré comme un renégat et il aurait été puni. Et puis les jeunes veulent toujours faire la même chose que les autres. Mais quand il rentre à la maison, ma femme le fouille pour être sûr qu'il n'a rien pris qui ne lui appartiendrait pas.

– Est-ce qu'il se produit beaucoup de choses comme ça?

– Oui. La tentation est grande. Certains parents poussent même leurs enfants à prendre des choses. Mais je ne veux pas que mon fils devienne un voleur.

– Et les enfants des familles capitalistes ?

– Ils n'ont pas la vie facile. On les traite comme des pestiférés et on exige qu'ils dénoncent leurs parents. Les jeunes peuvent être très cruels entre eux, vous savez. Il y a de plus en plus de suicides. »

Entra alors un homme qui n'était pas avec les Gardes rouges la nuit précédente. D'après son assurance, je conclus qu'il était un représentant du Parti, peut-être un vétéran de la Guerre civile, car il avait plus de quarante ans.

« Je suis l'officier de liaison du Gouvernement municipal, m'annonça-t-il. Je dois inspecter l'action révolutionnaire des Gardes rouges. Avez-vous été frappée ou maltraitée ? »

Je fus heureusement surprise d'apprendre que le Gouvernement municipal de Shanghai prenait la peine de s'intéresser aux excès des Gardes rouges. Cette tentative de modération devait se trouver très rapidement écartée par les maoïstes de la direction du Parti à Beijing. L'officier de liaison n'aurait bientôt plus rien à faire, mais quand il s'adressa à moi, il ne savait pas sa disgrâce si proche et il montrait que son jugement faisait autorité.

« Pas du tout, répondis-je. Ces Gardes rouges ont mené leur action révolutionnaire strictement en accord avec l'enseignement de notre Grand Dirigeant le Président Mao. On m'a autorisée à manger et à dormir. »

Les Gardes rouges présents rayonnaient de fierté.

« C'est bon, dit-il. Le but de la classe prolétarienne n'est pas de détruire votre corps. Nous voulons sauver votre âme en réformant vos manières de penser. »

Bien que Mao Zedong et ses disciples fussent athées, ils aimaient le mot « âme ». Dans ses écrits, Mao parlait souvent de sauver l' « âme », et ce thème fut intégré à la Révolution culturelle. Plusieurs fois, le ministre de la défense Lin Biao monta à la tribune de la place Tian an Men pour s'adresser, au nom de Mao Zedong, aux Gardes rouges assemblés à ses pieds, et leur parla de l'esprit révolutionnaire qui touchait leurs « âmes » pour qu'ils s'améliorent. Comme personne ne pouvait demander à Mao Zedong ni à Lin Biao ce qu'ils entendaient exactement par « âme », il fallut beaucoup d'ingéniosité aux journalistes maoïstes pour expliquer au peuple les paroles de leurs dirigeants.

L'officier de liaison leva alors le bras comme pour montrer l'ensemble de la maison :

« Est-il juste que vous et votre fille viviez dans une maison de neuf pièces avec quatre salles de bain alors que Shanghai connaît une telle crise du logement ? Est-il juste que vos planchers soient couverts de tapis de laine, que chacune de vos pièces contienne des meubles de bois de rose et d'ébène alors que nous souffrons d'une pénurie de laine et de meubles de première nécessité ? Est-il juste que vous portiez de la soie et de la fourrure et dormiez sous des édredons de duvet ? Est-il juste que vous ayez trois domestiques pour vous servir ? »

Il me scruta un moment. Puis, quand il vit que je n'avais pas l'intention de discuter ses affirmations, il continua :

« Comme je vous l'ai déjà dit, notre objectif n'est pas de détruire votre corps. Nous vous laissons assez de vêtements et de meubles pour mener une vie normale, mais nous ne vous autorisons pas à garder un niveau de vie supérieur à celui d'un ouvrier. »

Il attendit à nouveau que je réagisse. Comme je ne bronchais pas, il ajouta :

« Il fait encore assez chaud, mais l'hiver va venir. Les Gardes rouges vont vous conduire à l'étage pour que vous prépariez une valise de vêtements. Prenez une veste molletonnée, car vous n'aurez plus de chauffage central dans cette maison. Nous avons besoin de charbon pour l'industrie, pas pour le confort des capitalistes. »

Il passa dans la salle à manger et ferma la porte. Je suivis une Garde rouge à l'étage pour ramasser quelques vêtements chauds dans les débris. Un garçon qui était là pendant la nuit mais était rentré chez lui revint à ce moment et monta les marches quatre à quatre pour dire à la jeune fille qui m'aidait :

« C'est incroyable ! C'est incroyable ! Sais-tu ce que j'ai trouvé en rentrant chez moi ? Ils mettent ma maison à sac ! Comment peuvent-ils faire une chose pareille ? Mon père et mon grand-père étaient ouvriers. »

Devant une nouvelle aussi étonnante, nous interrompîmes toutes deux notre tri et lui demandâmes de s'expliquer.

« C'est ma tante. Pendant l'invasion japonaise, elle a tout perdu dans l'incendie de son quartier. Elle a emprunté de l'argent pour monter une échoppe de fruits après la guerre. Elle a assez bien réussi et elle a pu élever ses enfants. Elle a revendu son commerce il y a deux ans parce qu'elle était trop vieille pour continuer. Maintenant, ils disent qu'elle est une capitaliste parce qu'elle avait un commerce ! Et on met notre maison à sac parce qu'elle vit chez nous depuis que ses enfants ne sont plus à Shanghai. »

Il était tellement indigné qu'il en pleurait presque. Cet incident constituait un choc terrible pour ce fier Garde rouge de la troisième génération d'une famille ouvrière, sûr de son bon droit. Sa mésaventure m'ouvrit les yeux. Il y avait capitaliste et capitaliste, et certains étaient plus égaux que d'autres. Si les propriétaires d'étals de fruits étaient inclus dans la catégorie, les Gardes rouges de Shanghai n'avaient pas fini leur travail !

D'autres arrivèrent pour entendre l'histoire du jeune homme. Je remarquai que quelques-uns s'en allaient discrètement tout de suite après, anxieux sans doute de savoir ce qui se passait chez eux.

Pensant à ma fille, je demandai aux Gardes rouges de prendre aussi des vêtements pour elle.

« Elle n'est pas comprise dans notre action révolutionnaire. Nous ne sommes pas allés dans sa chambre, répondirent-ils.

– Mais ses vêtements d'hiver ne sont pas dans sa chambre. Ils ont été remisés ici pour l'été », expliquai-je.

Amadoué par l'histoire de sa propre famille, le garçon dont la maison était mise à sac se jeta à l'eau :

« Nous devons faire aussi des valises pour elle. »

On nous permit à chacune une valise de vêtements et un sac de literie.

Leur travail de destruction accompli, les Gardes rouges se préparaient au départ. Dans l'après-midi, il n'en restait plus qu'une douzaine. L'un d'eux m'appela dans la salle à manger.

L'officier de liaison et deux des enseignants étaient assis à la table jonchée de vieilles lettres que mon grand-père avait écrites à mon père quand ce dernier était étudiant au collège naval au Japon, avant la Révolution de 1911, date à laquelle la Chine devint une République. Elles faisaient partie des papiers de famille que j'avais retrouvés chez ma mère quand elle mourut à Nanjing en 1962. Je n'avais jamais ouvert ces boîtes parce qu'elles devaient être envoyées à Beijing à mon frère qui, en tant que fils aîné, était l'héritier. Je vis que le papier et les enveloppes étaient jaunies par le temps, mais l'encre des écrits de mon grand-père n'avait pas pâli.

Après m'avoir montré un siège, l'officier de liaison me demanda :

« Avez-vous lu ces lettres ?

– Mon père me les a montrées quand j'étais adolescente, il y a longtemps.

– Votre grand-père était un patriote, même s'il était un grand propriétaire terrien. Il avait envoyé votre père, son fils aîné, au Japon pour qu'il devienne officier de marine, parce que la Chine avait été vaincue sur mer par le Japon en 1895. Il prit part aussi au mouvement de réforme constitutionnelle. Quand le mouvement échoua, il revint dans sa province natale et se consacra à des travaux théoriques, respectez-vous votre grand-père ? »

Je trouvais que l'officier de liaison avait eu du courage de dire que mon grand-père était un patriote en dépit de son statut, car tous les grands propriétaires terriens avaient été déclarés ennemis de l'Etat et condamnés à mort pendant le mouvement de Réforme agraire, en 1950. On n'avait pas alors pris la peine de vérifier si certains étaient patriotes. Je me souviens qu'à l'époque mon père s'était réjoui que mon second oncle, qui gérait la propriété familiale, soit mort quelques années avant la prise de pouvoir par les communistes pour que soit épargnée à mon grand-père, au Ciel, la honte d'avoir un fils exécuté.

Tous les Chinois révèrent leurs ancêtres. Bien que je n'aie jamais connu mon grand-père, je l'aimais, et je le dis à l'officier de liaison.

« Alors pourquoi avez-vous choisi de travailler pour une entreprise étrangère ? me rétorqua-t-il. Ne savez-vous pas que les étrangers n'ont jamais eu de bonnes intentions envers nous ? Ils ont exploité le peuple chinois pour faire des profits ou bien ils ont tenté de nous réduire politiquement en esclavage. Seule la lie de la Chine travaille pour les étrangers, vous devriez le savoir. On vous a propopsé d'enseigner l'anglais à l'Institut des langues étrangères, mais vous avez préféré travailler pour Shell. Pourquoi ? »

Je ne pouvais lui répondre que j'espérais ainsi éviter de me trouver impliquée dans le nouveau mouvement politique lancé par Mao Zedong. En 1957, quand j'eus à faire ce choix, la campagne contre les droitiers battait son plein. Elle concernait principalement les intellectuels, surtout ceux qui avaient fait des études dans des universités étrangères et que l'on soupçonnait de nourrir des idées hostiles au communisme. Beaucoup de mes amis et de mes relations avaient été dénoncés et persécutés. Certains avaient été envoyés dans des camps de travail, d'autres en prison. Les universités comme les organismes de recherche, y compris l'Institut des langues étrangères, étaient en ébullition. Dans ces circonstances, ç'aurait été me jeter dans la gueule du loup que d'accepter de rejoindre l'équipe enseignante de l'Institut. Je ne regrettai jamais d'avoir choisi de travailler pour Shell, même si je savais fort bien qu'être employé par une entreprise étrangère n'était ni un honneur ni un statut respecté dans la société chinoise.

« Vous avez probablement été attirée par la paie que vous offraient les étrangers? » insista-t-il.

Je compris instantanément que j'étais en terrain dangereux. On croyait couramment en Chine – la propagande s'était chargée d'inculquer cette idée à tous – que les membres de la classe capitaliste iraient jusqu'au crime pour de l'argent.

« Non, répondis-je. J'avais déjà beaucoup d'argent. C'étaient surtout les conditions de travail chez Shell qui m'ont séduite : moins d'heures de travail, la mise à disposition d'une voiture, etc. Je crois que je dois être paresseuse », ajoutais-je, sentant qu'une touche d'autocritique serait bienvenue.

La paresse était aussi un des traits de caractère attribué à la classe capitaliste.

Il se leva et regarda sa montre.

« On m'attend ailleurs. Vous feriez mieux de repenser à ce que vous avez fait pour les étrangers et de vous préparer à changer de camp pour rejoindre celui du peuple. Notre politique n'est pas de détruire physiquement les membres de la classe capitaliste. Nous voulons que vous vous réformiez. Est-ce que vous ne voulez pas rejoindre les rangs glorieux du prolétariat? Vous n'y parviendrez qu'après vous être débarrassée de vos possessions superflues et avoir changé votre mode de vie. L'objectif de la Révolution prolétarienne est de créer une société sans classes dans laquelle chaque individu travaille pour le bien commun et jouit des fruits de ce travail, et où personne n'est au-dessus des autres. »

Il brossait là un tableau idyllique très séduisant. Quand j'étais étudiante, j'y croyais aussi. Mais après avoir vécu en Chine communiste pendant dix-sept ans, je savais qu'une telle société n'était qu'un rêve parce que ceux qui s'emparaient du pouvoir devenaient invariablement une nouvelle classe dirigeante. Ils avaient le pouvoir de régenter la vie des gens et de faire plier leur volonté. Comme ils contrôlaient la production et la distribution des biens et des services au nom de l'Etat, ils jouissaient de privilèges matériels inaccessibles au commun du peuple. En Chine communiste, on conservait les détails concernant la vie privée des dirigeants comme des secrets d'Etat, mais tous les Chinois savaient que les dirigeants du Parti vivaient dans de spacieuses demeures avec de nombreux domestiques, obtenaient leurs provisions dans des boutiques réservées où on trouvait des articles de luxe à des prix dérisoires et envoyaient leurs enfants, dans des voitures conduites par des chauffeurs, dans des écoles spéciales où enseignaient des profes-seutrs triés sur le volet. Alors même que tous les Chinois savaient comment vivaient les dirigeants, personne n'osait en parler. Quand nous devions passer dans une rue où se trouvait l'une de ces boutiques réservées aux militaires et aux officiels, nous regardions ostensiblement ailleurs pour éviter de donner l'impression que nous en connaissions l'existence.

Chacun savait que Mao Zedong lui-même vivait dans l'ancien Palais d'hiver des empereurs de la dynastie Qing, et qu'il était servi par une armée de jeunes et jolies filles. Il pouvait ordonner aux Gardes rouges de déchirer la Constitution, de frapper les gens et de mettre leurs maisons à sac et personne, pas même d'autres dirigeants du Parti, n'osait s'opposer à lui. Même cet officier de liaison, un cadre subalterne, pouvait décider du nombre de vestes auquel j'avais droit dans mon propre stock de vêtements, et de la façon dont je devais vivre à l'avenir. Il pouvait prendre toutes ces décisions arbitraires concernant mon existence et me faire la morale, voire m'accuser de crimes imaginaires simplement parce qu'il était un représentant du Parti et moi une citoyenne ordinaire. Il avait des pouvoirs et je n'en avais aucun. Nous n'étions égaux en rien.

Après qu'il eut quitté ma maison, les Gardes rouges apprirent qu'aucun camion n'était disponible ce jour-là pour emporter le butin, si bien qu'ils placèrent mes bijoux et les autres objets de valeur dans le bureau de Meiping et apposèrent des scellés sur la porte. Ils chargèrent également mes serviteurs de me surveiller pour que je ne puisse reprendre aucune de mes affaires.

L'après-midi finissait quand le dernier Garde rouge passa la porte et la claqua derrière lui. Laozhao et le cuisinier tentèrent de nettoyer les débris qui couvraient le sol de chaque pièce – morceaux de verre ou de porcelaine, cadres de tableaux brisés et une montagne de papiers déchirés. Je leur dis de ne rien jeter pour le cas où quelque chose que les Gardes rouges auraient négligé de mettre de côté se perdrait et où l'on m'accuserait de l'avoir délibérément fait disparaître. Ils se contentèrent donc de dégager un passage au milieu de chaque pièce et de rassembler les débris dans les coins.

Quand je montai dans ma chambre pour me rendre compte des dégâts, j'y trouvai Chen Ma assise à ma coiffeuse, le regard découragé. Je lui demandai de m'aider à ramasser les vêtements déchirés et à les mettre dans un coin pour que nous puissions nous déplacer. Le dessus de lit était maculé de traces de pieds des Gardes rouges. Quand Chen Ma le retira, nous vîmes qu'ils avaient lacéré le matelas. Sur le mur, au-dessus du lit, là où était accroché une toile représentant des fleurs, quelqu'un avait écrit au rouge à lèvres : « A bas les chiens courants de l'impérialisme ! » Les Gardes rouges avaient fait des trous dans les panneaux du paravent de laque et y avaient accroché des bandes de papier de couleur portant des slogans comme « Vive la Dictature du Prolétariat », « A bas la classe capitaliste ». Je repliai le paravent et le mis dans le couloir avec ses slogans. Puis je ramassai les abat-jour de soie écrasés tandis que Chen Ma balayait les morceaux de porcelaine des pieds de lampe.

Dans la salle de bain, les serviettes souillées jonchaient le sol. La baignoire était à moitié remplie d'eau colorée car les Gardes rouges y avaient déversé les médicaments de l'armoire à pharmacie. J'ouvris la bonde pour vider l'eau quand la sonnette de l'entrée retentit à nouveau.

Laozhao monta les escaliers quatre à quatre et s'écria :

« C'est un nouveau groupe de Gardes rouges !

– Reste calme et ouvre la porte, ordonnai-je.

– Wang y est allé », haleta-t-il.

Je descendis. Huit hommes en bleus de paysans ou d'ouvriers travaillant à l'extérieur se tenaient dans l'entrée. Bien qu'ils fussent d'âge mûr, ils portaient tous des brassards de Gardes rouges. Leur chef, un fouet de cuir à la main, se planta devant moi :

« Nous sommes les Gardes rouges ! Nous sommes là pour mener contre vous une action révolutionnaire ! »

La situation était tellement absurde que je ne pus m'empêcher d'en sourire.

« Vraiment, vous êtes des Gardes rouges ? On dirait plutôt des pères ! », dis-je.

Le fouet cingla mon bras nu au-dessus du coude et la douleur me fit me mordre les lèvres. Les hommes semblaient nerveux. Ils ne cessaient de regarder la porte d'entrée par-dessus les épaules.

« Donnez-nous les clefs ! Nous n'avons pas le temps de rester ici à vous faire la conversation, cria le chef.

– Les clefs sont entre les mains des Gardes rouges qui sont venus ici la nuit dernière.

– Vous mentez ! »

L'homme leva à nouveau son fouet mais il ne fit que me frôler l'épaule. Un autre demanda anxieusement :

« Est-ce qu'ils ont tout emporté ?

– Non, pas tout », répondis-je.

L'un d'eux me poussa avec mes serviteurs dans la cuisine et nous enferma. Il resta devant la porte pendant que les autres prenaient quelques valises dans la maison. Ils partirent si vite qu'ils oublièrent de nous libérer ! Wang dut sortir par la fenêtre de la cuisine et faire le tour par le jardin pour déverrouiller la porte.

Chen Ma remonta dans ma chambre pour essayer de me faire un lit pour la nuit. Je restai à la table de la cuisine pour boire une tasse de thé que Wang m'avait préparée. Il s'assit en face de moi et commença à écosser des petits pois.

« Qu'est-ce qui va se passer, maintenant ? demanda-t-il. Il va sûrement y avoir du pillage et des désordres. N'importe qui, affublé d'un brassard et se proclamant Garde rouge, pourra entrer chez les gens et se servir.

– Les Gardes rouges ont mis un dazibao sur la porte d'entrée, est-ce que je dois aller voir ce qu'il dit ? demanda Laozhao.

– Oui, va voir, s'il te plaît. »

Laozhao revint et me dit que j'étais accusée de « conspiration avec des nations étrangères », ce qui, pendant la Révolution culturelle, signifiait que j'étais un « espion étranger ». La traduction littérale des quatre caractères chinois *Li Tong Wai Guo* donnerait « communiquer de l'intérieur avec des pays étrangers ». Si l'on considérait partout ailleurs qu'il s'agit d'une attitude normale et sans danger, en Chine maoïste, communiquer avec des pays étrangers autrement que par les canaux officiels était considéré comme un crime.

J'en étais à constater combien la langue chinoise se

prête aux euphémismes quand j'entendis ma fille entrer par la porte du jardin et pousser son vélo jusqu'au garage.

« Mei-Mei est rentrée! Elle va être bouleversée! » s'exclamèrent Laozhao et le cuisinier. (Les vieux serviteurs des maisons chinoises donnent souvent des diminutifs aux enfants, et mes serviteurs appelaient ma fille Mei-Mei depuis son enfance.)

Je fis un effort pour paraître détendue et me levai pour l'accueillir.

Elle ouvrit la porte et resta figée de surprise devant tant de désordre. Quand elle me vit, elle accourut vers moi et se jeta dans mes bras en murmurant :

« Maman, oh, maman, est-ce que ça va?

– Ne t'en fais pas, lui dis-je de la voix la plus gaie possible. Quand la Révolution culturelle sera terminée, nous aurons une nouvelle maison, tout aussi belle qu'était celle-ci. Non, plus belle encore.

– Non, maman, personne n'aura plus le droit d'avoir à nouveau une maison comme la nôtre, gémit-elle dans un souffle. Je ne sais pas comment tu as pu oublier la guerre. Tu as déjà tout perdu une fois. Mais nous sommes ensemble. Nous pouvons être heureuses même si nous sommes pauvres. »

Nous gravîmes l'escalier en nous tenant par la taille, et je la conduisis dans sa chambre. Là, au moins, rien n'avait changé. Je m'assis dans son fauteuil tandis qu'elle passait dans la salle de bain. Quand elle en ressortit, Laozhao avait dégagé un espace dans mon bureau et dressé une table de bridge pliante pour le dîner. Wang était parvenu à préparer un plat de nouilles avec un délicieux ragoût de viande et des petits pois. Je ne m'étais pas rendu compte à quel point j'étais épuisée et affamée avant de me mettre à manger.

Pendant le repas, je dis à ma fille que l'officier de liaison avait décrété qu'on me laisserait les meubles et les ustensiles indispensables à une vie simple, comme pour un ouvrier. Le bonheur ne dépend pas de ce qu'on possède. Les biens matériels n'ont pas d'importance. Je demanderais l'autorisation de rester au premier étage et céderais le reste de la maison au gouvernement pour qu'il y loge d'autres familles. Nous aurions nos chambres, nos salles de bain et mon bureau. Cela nous suffirait. Et puis ce que nous possédions à l'étranger nous mettait à l'abri de la véritable pauvreté. Il était bon de pouvoir faire des projets. J'étais résignée à un mode de vie plus simple. Ce serait nouveau, et peut-être pas si désagréable, d'avoir moins de choses à surveiller. L'esprit humain est souple et j'étais d'une nature optimiste.

Je remarquai que Meiping se détendait en m'entendant parler du futur. Elle croyait en l'avenir de la Chine, qu'elle aimait tant. Elle m'apprit que le secrétariat du Parti de Shanghai et le gouvernement municipal ne s'étaient pas contentés de désigner des officiers de liaison pour superviser les Gardes rouges : ils avaient aussi voté une Résolution en dix points insistant sur l'importance de la protection des objets culturels anciens et soulignant qu'il était anticonstitutionnel de mettre à sac les résidences privées. Laozhao interrompit ce qu'il faisait pour écouter et Chen Ma arriva de ma chambre en applaudissant. Ils étaient réconfortés par cette petite bonne nouvelle. Mais l'attitude des Gardes rouges qui venaient de quitter les lieux et ce qu'ils avaient dit des « bureaucrates révisionnistes » de la municipalité me laissaient sceptique sur les possibilités d'application de la Résolution en dix points.

CHAPITRE 4

RÉSIDENCE SURVEILLÉE

Le matin pluvieux passa lentement. Les Gardes rouges ne revenaient pas et je déambulais sans but dans la maison. Plus de livre à lire. On n'avait laissé, sur les rayonnages couvrant deux murs de ma bibliothèque, que les quatre volumes des *Œuvres Choisies* de Mao Zedong et le petit livre rouge de ses *Citations.* Je ne pouvais ni coudre ni tricoter car, dans tout ce chantier, j'ignorais où se trouvaient ma laine et mes aiguilles. Je ne pouvais ni écrire une lettre ni dessiner, car tout le papier et toutes les enveloppes étaient déchirés et je n'avais plus ni pinceau ni stylo. Je ne pouvais écouter la radio, car tous les postes de la maison avaient été mis sous scellés avec les « objets de valeur ». Je ne pouvais que m'asseoir devant les monceaux de débris dont nous n'osions nous débarrasser.

L'après-midi, plusieurs groupes défilèrent devant notre maison. Laozhao m'apporta le quotidien *Libération de Shanghai* dont la première page, en caractères gras, reproduisait l'éditorial du *Quotidien du Peuple* de Beijing, organe officiel du Comité central du Parti communiste. Consciente de l'importance de cet article, je le lus attentivement. Ecrit dans une langue révolutionnaire enflammée, il semblait à première vue destiné à stimuler la haine de la classe capitaliste et à rallier les masses pour qu'elles s'engagent dans la Révolution culturelle. Mais je remarquai que l'on signalait que des représentants du Parti et des fonctionnaires de l'administration gouvernementale avaient conduit dans beaucoup de provinces chinoises une ligne politique capitaliste contraire aux enseignements de Mao Zedong. Les « masses révolutionnaires », disait l'article, devaient démasquer ces ennemis, parce que « notre Grand Dirigeant le Président Mao fait confiance aux masses révolutionnaires et il a dit que leurs yeux sont aussi lumineux et clairs que la neige ».

L'article mettait en garde les « masses révolutionnaires » contre la roublardise de la classe capitaliste et insinuait que ses membres cachaient de l'or et des armes dans leurs maisons, prêts qu'ils étaient à se joindre aux forces ennemies et à constituer une cinquième colonne à l'occasion d'une attaque étrangère contre la Chine. Il louait l'action révolutionnaire des Gardes rouges en leur décernant le titre de « petits généraux révolutionnaires ». En conclusion, l'article signalait l'existence d'un « contre-courant » s'opposant à la Révolution culturelle et aux Gardes rouges. Il prévenait chacun de se méfier de ce contre-courant et d'éviter de se laisser influencer par lui. Les « masses révolutionnaires » allaient s'occuper des « responsables engagés dans la voie capitaliste » qui persistaient dans leurs opinions « révisionnistes » et tentaient de « protéger » la classe capitaliste, et elles les jetteraient aux poubelles de l'histoire.

L'article témoignait d'une effrayante irresponsabilité, car il ne proposait aucune définition claire ni des « masses révolutionnaires » qui devaient identifier les ennemis et les punir, ni des « responsables engagés dans la voie capitaliste » qu'il fallait « bombarder ». L'article me confirma dans l'idée que Mao Zedong et son Comité spécial coopté pour conduire la Révolution culturelle avaient l'intention d'étendre le rayon d'action de leurs attaques et d'intensifier les violences contre les cibles qu'ils avaient désignées. On ne pouvait ignorer les menaces contenues dans cet article. Un éditorial du *Quotidien du Peuple* équivalant à un ordre immédiatement exécutable, le rythme de la Révolution culturelle allait s'accélérer à Shanghai. Le secrétariat du Parti et la municipalité seraient tout à fait incapables de faire respecter la Résolution en dix points. Je m'attendais à ce que les Gardes rouges reviennent très vite et se montrent encore plus hostiles et plus intransigeants. Il fallait impérativement que je pousse mes serviteurs à quitter la maison et à retourner chez eux.

Wang répondit que, comme il ne vivait pas à la maison, il pouvait aller et venir jusqu'à ce que les Gardes rouges lui ordonnent de ne plus assurer son service. Laozhao déclara :

« Je n'ai pas peur de rester. Vous avez besoin de quelqu'un pour acheter à manger au marché, parce qu'il ne serait pas prudent que vous sortiez. J'appartiens à une famille de paysans pauvres. Mon fils est dans l'armée et il est membre du Parti. Nous sommes le vrai prolétariat. Les Gardes rouges ont déjà cassé ou confisqué tout ce que vous aviez. Que peuvent-ils faire d'autre ? S'ils me disent de partir, je n'aurai pas le choix. Sinon, je reste. »

Chen Ma pleurait et disait qu'elle ne voulait pas quitter ma fille.

Par ces temps difficiles, leur loyauté était très noble et j'en fus touchée. Je n'insistai pas pour qu'ils partent immédiatement parce que je préférais ne pas attendre les Gardes rouges seule. Mais dès que le cuisinier m'eut acheté du papier au marché, j'écrivis à la fille de Chen Ma, qui habitait dans une autre province. Je lui demandai de venir chercher sa mère, car je me sentais une responsabilité particulière envers elle.

Quand Meiping rentra en annonçant que l'immeuble du Gouvernement municipal était assiégé par des Gardes rouges qui exigeaient le retrait immédiat de la Résolution en dix points, dénoncée comme un document offrant protection à la classe capitaliste, je ne fus pas surprise. Elle ajouta qu'un vieil ami de Jiang Qing avait été nommé pour mener la Révolution culturelle à Shanghai.

« Il s'appelle Zhang Chunqiao. Quelqu'un au Studio dit qu'il était journaliste à Shanghai dans les années trente, quand Jiang Qing était actrice. Ceux qui les ont connus tous deux sont terrifiés, et certains ont préparé leurs affaires pour aller en prison. Ils croient que Zhang Chunqiao va les faire arrêter pour les empêcher de raconter ce qu'ils savent du passé. Maman, est-ce que tu penses que ces actrices et ces acteurs innocents vont vraiment aller en prison ? »

Ma fille était très émue de ce qu'elle avait entendu. Ne sachant rien de Shanghai dans les années trente, je n'avais aucune idée de ce que redoutaient Jiang Qing et Zhang Chunqiao, ni de ce que les actrices et acteurs du Studio savaient de si dangereux à leur sujet.

« Restes-tu à la maison cette nuit ? lui demandai-je, espérant avoir ainsi l'occasion de discuter de la situation avec elle.

– J'ai bien peur que non, maman. Je n'ai fait qu'un saut pour voir comment tu allais et pour savoir si les Gardes rouges étaient revenus. Les autres sont tous restés au Studio. On a décidé d'un meeting urgent pour discuter d'un article important dans le *Quotidien du Peuple.* On dit qu'il a été écrit par un proche du Président Mao. Il est donc très important et reflète le point de vue du Président Mao. Il faut que je parte ! »

Laozhao lui apporta un bol de nouilles et dit :

« Mangez un peu. Vous ne pouvez partir l'estomac vide. »

Meiping prit une bouchée de nouilles avec ses baguettes et l'avala avant de dire à Laozhao :

« Merci beaucoup. Je dois vraiment y aller. »

Elle me serra dans ses bras et sortit en courant. J'avais tant de choses à lui dire !

Laozhao m'apporta sa radio à transistors pour que je puisse écouter les nouvelles du soir. Tous les postes diffusaient l'éditorial du *Quotidien du Peuple.* Le présentateur le lisait de cette voix suraiguë et excitée que je devais entendre si souvent dans les années à venir. Je laissai le poste allumé dans l'espoir d'entendre d'autres nouvelles, mais il n'y avait rien de plus. Quand je sombrai enfin dans un sommeil agité, j'avais entendu l'article tant de fois que je le savais presque par cœur.

Le lendemain matin, le cuisinier annonça qu'il y avait très peu de denrées au marché parce que les paysans de la campagne environnante, ceux qui apportaient d'habitude les légumes, le poisson et les crevettes, avaient répondu à l'appel du Président Mao et avaient rejoint les rangs des « masses révolutionnaires » pour prendre part à la Révolution culturelle. Ils avaient gagné la ville en grand nombre et occupé plusieurs hôtels dans le quartier des affaires de Shanghai. Leurs chefs avaient exigé d'être nourris et servis gratuitement et l'avaient obtenu des directeurs d'hôtel effrayés. Quand, dans les communes rurales, on entendit parler de l'eau courante chaude, des matelas à ressorts et des sols moquettés des hôtels, les femmes et les enfants rejoignirent les hommes en ville pour s'offrir des vacances gratuites. Pendant ce temps, les Gardes rouges arrivaient de Beijing et d'autres villes du Nord pour « échanger les expériences révolutionnaires » avec ceux de Shanghai. Mais les Gardes rouges de Shanghai étaient monté à Beijing dans l'espoir d'être passés en revue par le Président Mao. Ils réquisitionnaient trains et bateaux, forçant les passagers et les marchandises à attendre dans les gares et les ports. Personne n'osait s'opposer aux Gardes rouges. Depuis que l'article du *Quotidien du Peuple* avait parlé des « responsables engagés dans la voie capitaliste », les fonctionnaires étaient paralysés de peur.

La dénonciation de sa Résolution en dix points plaça la municipalité de Shanghai sur la défensive. Pour éviter de donner aux Gardes rouges d'autres occasions de récriminer, elle fournit des repas gratuits pour les Gardes rouges de passage. On installa des cantines dans les gares et les ports. Toutes les boutiques qui fabriquaient des pains à la vapeur et les anciennes pâtisseries russes blanches – maintenant nationalisées – furent mobilisées pour assurer l'approvisionnement en pain. Bien décidés à critiquer les représentants officiels de la ville, les Gardes rouges dénoncèrent le pain de style occidental produit par les boulangeries comme de la « nourriture étrangère » et refusèrent de le manger. Au même moment, les ouvriers des usines décidèrent de rejoindre les « masses révolutionnaires » en organisant leurs propres groupes. Pour embarrasser les représentants de la ville, ils avancèrent d'extravagantes exigences économiques. Désireux de se protéger et de gagner le soutien des ouvriers, les représentants de la ville autorisèrent le paiement de bonifications et de primes aux ouvriers. Au bout de quelques jours, les réserves en liquide des banques locales étaient épuisées. Furieux, les ouvriers qui n'avaient pas encore été payés se joignirent aux Gardes rouges et attaquèrent le bâtiment du gouvernement municipal et ses principaux représentants. Derrière toutes ces actions des Gardes rouges et des ouvriers contre la municipalité planait l'ombre de Zhang Chunqiao, qui les dirigeait depuis une suite luxueuse de l'Hôtel de la Paix devenu le quartier général temporaire des dirigeants maoïstes de passage à Shanghai, jusqu'au renversement du secrétariat du Parti de Shanghai et du gouvernement municipal par les Révolutionnaires, en janvier de l'année suivante.

Quelques-uns des amis de ma fille étaient professeurs dans des lycées, et comme ils portaient des brassards rouges, ils pouvaient venir nous voir sans attirer l'attention. Laozhao saisit aussi l'occasion de la pause que marquaient les activités dirigées contre moi pour rendre visite à ses amis et se mêler à la foule dans les rues. Le fils de Wang, ouvrier dans une usine, vint voir son père et lui parla des conditions de travail dans son entreprise. Ce qu'ils racontèrent tous était tellement stupéfiant, et la retenue avec laquelle le Parti de Shanghai et les officiels de la municipalité exerçaient leurs pouvoirs était tellement inhabituelle, que je commençai à me demander si la Révolution culturelle n'avait pas d'autres buts que de détruire les résidus de la classe capitaliste et d'épurer les rangs des officiels et des intellectuels, comme elle le prétendait.

Un jour, Xiao Xu, un enseignant ami de Meiping, vint la voir alors qu'elle était au Studio. Il me dit que les Gardes rouges avaient démonté les deux flèches de la cathédrale catholique de Shanghai, un édifice prestigieux. Ils avaient également pénétré dans la Bibliothèque municipale pendant la nuit et détruit un grand nombre de livres rares. N'ayant pas réussi à franchir la porte d'acier du Musée historique, ils étaient allés chez le directeur et l'avaient traîné hors de son lit de malade pour lui faire subir un meeting de lutte.

« Le vieil homme est maintenant à l'hôpital. Certains disent qu'il est déjà mort. Les Gardes rouges étaient comme fous. Je crois que vous devriez tenter de partir pour Hongkong avec Meiping, me dit-il.

– Croyez-vous que Meiping voudrait partir? Souvenez-vous : un jour, à propos d'un de mes voyages là-bas, vous m'avez déclaré tous deux que vous ne voudriez jamais vivre comme des citoyens de seconde classe dans le Hongkong colonial.

– Maintenant, la situation est différente. Après la Révolution culturelle, les jeunes qui ne sont pas d'origine ouvrière n'auront aucun avenir en Chine. Dans le passé, si nous travaillions deux fois plus dur que les jeunes de la classe ouvrière, et si nous n'espérions aucun avancement, nous pouvions mener une vie privée raisonnablement heureuse. Dans l'avenir, nous serons comme les intouchables de l'Inde, dont les enfants et les petits-enfants souffrent aussi. Notre seule chance est d'émigrer. Vous avez beaucoup d'amis à l'étranger. Pourquoi ne partez-vous pas toutes les deux?

– Je crois qu'il est trop tard pour nous enfuir maintenant. Vous connaissez ce qu'il en coûte quand on échoue : dans les dix ou vingt ans de prison.

– Il n'est pas trop tard. Je me suis renseigné. Tout le système ferroviaire est complètement désorganisé. Plus personne n'achète de billet ni ne demande d'autorisation de voyage. Les Gardes rouges parcourent tout le pays simplement en montant dans les trains. Personne ne leur demande rien. Je suis allé à la gare, jusque sur les quais : pas un contrôleur en vue, personne de responsable.

– Je crois qu'à l'instant même où je monterais dans un train, on me reconnaîtrait et on me ferait sortir, ou on me battrait.

– Vous pouvez toutes deux vous déguiser en Garde rouge. Je vous trouverai du tissu rouge et j'écrirai les trois caractères. Je l'ai fait pour beaucoup de nos élèves.

– Je crois que je suis trop vieille pour être prise pour une Garde rouge.

– Tout ce que vous avez à faire, c'est de couper vos cheveux, d'exhiber le petit livre rouge du Président Mao et de faire semblant d'être absorbée dans sa lecture. Vous pouvez même porter une casquette pour cacher vos cheveux. Si on vous pose des questions, vous pouvez dire que vous êtes professeur. Meiping, elle n'aura aucun mal à passer pour une Garde rouge », dit-il avec impatience.

Comme je persistais dans mon refus, il déclara :

« Vous êtes folle de ne pas essayer. Ne manquez pas en tout cas d'en parler avec Meiping quand elle rentrera. »

(Je revis Xiao Xu à Hongkong en 1980, après que je

fus sortie de Chine. Il me dit qu'il avait été refoulé à la frontière alors qu'il tentait de gagner Hongkong en train. Mais plus tard, il arriva à Macao à la nage. Il avait mis quelques années à parvenir à Hongkong où il avait beaucoup travaillé et économisé de l'argent. Si bien qu'en 1980 il était actionnaire d'une fabrique de jouets de Kowloon qui exportait dans le monde entier. Comme les conditions de vie en Chine s'étaient améliorées depuis la mort de Mao, il songeait à rendre visite à sa mère restée à Shanghai.)

J'étais dans la salle de bain quand j'entendis à nouveau de furieux coups de poing contre la porte d'entrée. Dans l'escalier, je heurtai presque une gamine d'environ quinze ans. Elle portait un uniforme kaki et une casquette toute droite sur sa tête, et dont le bord lui couvrait les sourcils. Sa taille fine était serrée dans un large ceinturon de cuir orné d'une boucle bien astiquée. Elle tenait un fouet de cuir.

« Etes-vous l'ennemie de classe habitant cette maison ? Comme vous avez l'air bien nourrie ! Vos joues sont rondes et vos yeux insolents. Vous avez été engraissée par le sang et la sueur des paysans et des ouvriers. Mais maintenant les choses vont changer. Vous allez payer pour vos actes criminels. Suivez-moi ! »

A son accent, je sus que c'était une Garde rouge de Beijing. Je la suivis au rez-de-chaussée. Plusieurs garçons et filles vêtus comme elle attendaient près de la porte de la salle à manger. Elle entra et je la suivis.

« A genoux ! » ordonna l'un des garçons.

Son bâton frappa mon dos. Un autre brisa la porte vitrée de la vitrine. Il frappa ensuite l'arrière de mes genoux si bien que je n'eus plus à décider si je devais obéir ou non à ordre : je m'écroulai au sol.

« Où est l'argent ? demanda l'un d'eux.

– Les Gardes rouges qui sont déjà venus l'ont pris.

– Est-ce qu'ils ont tout pris ?

– Non, ils m'ont laissé quelques centaines de yuans pour ma subsistance.

– Où sont-ils ?

– Dans le tiroir de mon bureau. »

Le garçon me lança un coup de pied avant d'emprunter l'escalier avec les autres. Ils laissèrent la fille au fouet pour me surveiller. Elle fit claquer son arme à plusieurs reprises, frôlant ma tête à chaque fois. Les autres redescendirent avec le tiroir et renversèrent les billets sur la table. Ils me dirent de me tourner face au mur. Je les entendis compter les billets.

D'autres arrivèrent. Je me demandais si la porte était restée ouverte quand j'entendis une voix ordonnant sèchement à Laozhao de faire venir Chen Ma et le cuisinier dans l'entrée. Puis elle dit :

« Emmène-les à l'étage et questionne-les. »

Tous les Gardes rouges entrèrent dans la salle à manger. Quelqu'un dit :

« La voilà.

– Vous pouvez partir, maintenant. Nous nous en occupons », reprit la même voix impérieuse.

J'entendis les Gardes rouges quitter la maison tout en frappant murs et meubles de leurs armes, ils claquèrent la porte si fort que toute la maison en trembla.

« Debout ! Venez ici ! » cria l'homme.

Je me levai et fis face aux intrus. Celui qui avait parlé était de taille moyenne, plutôt mince, et portait des lunettes teintées. Deux autres hommes et une femme l'accompagnaient. Bien que portant les pantalons de coton, les chemises et les vestes mal taillés de la classe ouvrière, ils parlaient comme des gens possédant une certaine éducation. Sur leurs brassards, je pus lire les trois caractères signifiant « Révolutionnaires ».

Ils s'assirent en demi-cercle face à moi, et l'homme me dit :

« Vous êtes l'ennemie de classe habitant cette maison. Vous êtes coupable d'avoir conspiré avec des puissances étrangères. C'est écrit sur le dazibao de votre porte. Le niez-vous ?

– Naturellement, je le nie ! Et qui êtes-vous ? Que voulez-vous ?

– Nous sommes les Rebelles révolutionnaires prolétariens.

– Jamais entendu parler.

– Ça va changer. Nous sommes les Révolutionnaires et nous représentons la classe ouvrière, la classe dirigeante en Chine, dit-il en levant le menton.

– La classe ouvrière de Chine n'est-elle pas représentée par le Parti communiste !

– Taisez-vous ! dit la femme. Nous n'avons pas à nous justifier devant vous. Vous êtes une ennemie de classe arrogante ! Vous n'avez aucun droit de discuter de qui représente la classe ouvrière de Chine. Nous répondons à l'appel du Président Mao à prendre part à la Grande Révolution culturelle prolétarienne. C'est tout à fait suffisant. »

Comme il semblait inutile de leur parler, je gardai le silence. La femme me demanda :

« Est-ce parce que vous avez honte, que vous vous taisez ?

– De quoi devrais-je avoir honte ? Beaucoup de diplômés de l'Université Yan Jing sont devenus des leaders du Parti communiste. Y avoir été étudiante ne signifie pas que je sois le chien courant de qui que ce soit. La *London School of Economics* était une université de gauche fondée par les socialistes de la *Fabian Society* de Grande-Bretagne. En fait, c'est là que j'ai lu pour la première fois le *Manifeste du Parti communiste* de Marx et Engels.

– Ha, ha, ha ! La bonne blague ! Une ennemie de classe et un chien courant de l'impérialisme a lu le *Manifeste du Parti communiste* ! J'imagine que maintenant vous allez dire que vous désirez adhérer au Parti ? » persifla l'homme aux lunettes teintées.

La femme reprit :

« Lénine a dénoncé la *Fabian Society* comme réformiste. Ce n'étaient pas de vrais socialistes, parce qu'ils ne prônaient pas la violence révolutionnaire. N'essayez cas d'entrer dans nos bonnes grâces. Le seul moyen de vous en sortir est de vous laver de vos fautes.

– Je suis une citoyenne respectueuse des lois. J'ai travaillé pour une entreprise étrangère qui n'avait accès à aucun secret d'Etat. Je n'ai eu affaire à aucun gouvernement étranger et aucun ne me connaît.

– Vous avez pourtant, intervint un autre homme, des relations amicales avec un certain nombre de représentants officiels de ces gouvernements étrangers.

– Ne vous énervez pas ainsi, ajouta un autre, tous les cadres des entreprises étrangères sont des espions. Vous n'êtes pas la seule.

– Pourquoi les gouvernements étrangers nous feraient-ils confiance? dis-je. Quelle prise ont-ils sur des gens comme nous, qui vivons en Chine?

– Vous possédez presque tous de l'argent à l'étranger. Vous-même ne niez pas en avoir.

– C'est un moyen de pression sur vous. Ils peuvent confisquer votre argent, ajouta la femme.

– Je ne comprends pas, dis-je. Les gouvernements étrangers ne peuvent avoir accès aux banques. Ils ne peuvent rien confisquer à personne.

– Et pourquoi avez-vous de l'argent à l'étranger? Pourquoi un Chinois honnête aurait-il besoin d'argent à l'étranger?

– Je fais des voyages à Hongkong et je dois payer pour me nourrir et me loger là-bas. Je n'ai pas le droit d'emporter d'argent chinois, comme vous le savez, à cause du contrôle des changes. Chaque fois que je suis sortie de Chine, on ne m'a autorisée à emporter que 5 dollars. De plus, je dois importer de l'argent en Chine pour acheter du charbon et d'autres marchandises dans les boutiques spéciales. J'ai peut-être de l'argent à l'étranger, mais j'en ai bien davantage à Shanghai. Et ici, j'ai cette maison, j'ai ma fille unique. Elle vaut plus que tout l'argent du monde pour moi. Elle est membre de la Ligue de la jeunesse. Pourquoi devrais-je m'opposer au Parti communiste et au gouvernement populaire?

– Vous vous opposeriez au Parti communiste même si votre fille en était membre. C'est votre instinct de classe », dit l'homme aux lunettes noires, qui semblait être le chef.

Plusieurs autres entrèrent, suivis de mes domestiques. L'homme les regarda. Au signe qu'ils firent, il était évident qu'ils n'avaient pas obtenu ce qu'ils souhaitaient de mes serviteurs. L'homme aux lunettes prit un ton sévère et me demanda :

« Où avez-vous caché votre or et vos armes?

– Quel or? Quelles armes? Les Gardes rouges ont tout fouillé. Je n'en ai jamais eu. »

Cette question m'étonna jusqu'à ce que je me souvienne de l'éditorial du *Quotidien du Peuple.*

« Vous êtes rusée. Vous les avez dissimulés. Notre Grand Dirigeant nous a dit que les ennemis de classe cachaient de l'or et des armes. Il ne peut se tromper.

– Nous allons trouver l'or et les armes, si vous n'avouez pas. Et alors, vous serez sévèrement punie, dit le chef. Venez! »

Je me demandais s'ils croyaient vraiment cet éditorial ou s'ils faisaient semblant. Peu après la prise de pouvoir par les communistes en 1949, la possession d'armes à feu fut déclarée illégale. Ceux qui en avaient durent les remettre aux autorités et leur domicile fut perquisitionné. Les anciens membres de l'armée et de la police du Guomindang furent arrêtés et « réformés » dans des camps de travail. Leurs familles durent toutes déménager. Il semblait donc tout à fait absurde que des Chinois puissent encore détenir des armes dans leurs maisons en 1966.

Les Révolutionnaires m'emmenèrent avec mes servituers dans toute la maison. Ils éventrèrent les matelas, les fauteuils et les canapés, arrachèrent le carrelage des murs des salles de bain, se glissèrent dans les conduits de cheminées, soulevèrent les lattes de plancher, montèrent sur le toit, plongèrent dans la citerne et examinèrent toute la tuyauterie. Ce faisant, ils ne cessaient de nous observer, les domestiques et moi.

Je ne vis pas les heures passer, mais il faisait nuit depuis longtemps quand ils décidèrent de s'attaquer au jardin. Ils allumèrent la lampe de la terrasse et demandèrent une torche électrique à Laozhao. Quand ils en vinrent à la réserve de charbon, on nous demanda de transporter les boulets dans un coin du jardin qui avait déjà été fouillé. La pelouse détrempée et couverte de la cendre des livres était transformée en une mer de boue. Ils avaient retourné tous les parterres de fleurs et même cherché au fond des pots. Mais ils n'avaient rien trouvé parce qu'il n'y avait rien à trouver. Les Révolutionnaires, mes serviteurs et moi étions tous couverts de boue, de cendre et de sueur.

Finalement, l'épuisement physique eut raison de leur zèle révolutionnaire. On nous dit de retourner dans la maison. Ils fulminaient de rage parce qu'ils avaient perdu la face en échouant dans leurs recherches. Je savais qu'à moins que je parvienne à leur sauver la face, ils allaient passer leur colère sur moi. Si seulement je pouvais leur trouver de l'or sous une forme quelconque... Je me souvins de mes bijoux enfermés dans le bureau de Meiping.

« Les Gardes rouges ont mis mes bijoux en or dans la pièce sous scellés. Peut-être pourriez-vous ouvrir et les prendre en prévenant les Gardes rouges, dis-je à la femme.

– Ne jouez pas les idiotes! Nous cherchons des lingots. »

Nous étions dans l'entrée. L'homme aux lunettes les avait enlevées et laissait maintenant voir des yeux injectés de sang. Il regarda les domestiques tremblants à la porte de la cuisine, puis ses compagnons Révolutionnaires. Enfin, il me regarda. Soudain, il cria en avançant tout près de moi :

« Où avez-vous caché l'or et les armes? »

Je pouvais à peine me tenir debout, mais je murmurai :

« Il n'y en a pas. S'il y en avait eu, ne les auriez-vous pas déjà trouvés? »

Avoir tort lui était intolérable. Il me regardait haineusement :

« Pas forcément. Nous n'avons pas sondé les murs. »

Je pouvais voir tous les détails de son visage furieux. Il me répugnait au plus haut point et j'aurais aimé reculer d'un pas ou deux, mais je ne bougeai pas car je ne voulais pas qu'il croie que j'avais peur de lui. Je dis simplement d'une voix tranquille et conciliante :

« Soyez raisonnable. Si j'avais caché quelque chose dans les murs, je n'aurais pu le faire seule. J'aurais eu besoin d'un maçon pour reboucher les trous. Tous les ouvriers travaillent pour des entreprises d'Etat. Ils auraient fait un rapport à leur secrétaire du Parti. »

J'étais si fatiguée que je devais faire un gros effort pour parler. L'homme, hors de lui parce que j'avais sous-entendu qu'il était déraisonnable, pâlit et ses lèvres se mirent à trembler. Je pouvais voir les veines gonflées de ses tempes. Il leva le bras pour me frapper.

A ce moment, Fluffy, le chat de Meiping, jaillit de la cuisine et planta ses dents dans le mollet de l'homme. Il hurla de douleur et secoua frénétiquement sa jambe pour que le chat lâche prise. Les autres essayèrent aussi d'attraper Fluffy, mais l'animal avait prestement filé dans le jardin. Tout le monde sortir. Fluffy était assis sur sa branche préférée dans le magnolia, hors de portée. Du haut de son perchoir, en sécurité, Fluffy nous regarda et miaula. Avec sa jambe de pantalon déchirée et le sang qui coulait, l'homme blessé était comme fou. Il se rua sur l'arbre et tenta de le secouer. Fluffy sauta sur une branche plus élevée, se retourna pour nous jeter un regard dédaigneux, bondit sur le toit des voisins et disparut dans la nuit.

Nous rentrâmes. Dans le salon, l'homme s'assit sur le canapé que les Gardes rouges avaient cassé et qu'il avait éventré peu auparavant. Quand je demandai à Chen Ma d'apporter du mercurochrome ou de l'iode, elle me rappela que les Gardes rouges avaient tout renversé dans la baignoire.

Les Révolutionnaires étaient très embarrassés par l'apparence peu héroïque de leur chef qui, complètement défait, tamponnait maintenant sa jambe avec un mouchoir. Mes serviteurs s'esquivèrent avec tact dans la cuisine et je restai seul témoin de sa déconfiture. L'une des femmes me poussa dans la salle à manger en disant :

« Nous n'avons besoin ni de votre aide ni de votre sympathie. Vous gardez un animal sauvage dans la maison pour attaquer les Révolutionnaires. Vous serez punie. Quant au chat, le comité de quartier le recherchera et l'abattra. Vous vous trompez grandement si vous pensez qu'en nous faisant mordre par votre chat vous nous ferez renoncer. Nous allons continuer à chercher l'or et les armes. »

Elle sortit et tourna la clef dans la serrure, puis elle fit le tour par le couloir pour verrouiller l'autre porte. J'étais encore une fois incarcérée dans la salle à manger.

J'entendis Laozhao m'appeler à voix basse du jardin. J'allai à la fenêtre et le vis dehors.

« Wang est allé au Studio pour dire à Mei-Mei de ne pas rentrer ce soir. C'est bien?

– Merci, Laozhao. C'est très gentil. Il vaut mieux qu'elle ne soit pas là. »

Soudain, on frappa à nouveau à la porte d'entrée et

Laozhao courut ouvrir. Il revint m'annoncer que les Gardes rouges qui avaient mis ma maison à sac étaient de retour.

« S'il te plaît, va dans ta chambre et emmène Chen Ma avec toi », dis-je, m'attendant à d'autres ennuis.

J'entendis toute une troupe courir dans les escaliers et crier. Une violente discussion semblait avoir éclaté au premier, suivie par une bagarre. Je ne pouvais rien faire. Je me résignai à la possibilité d'une destruction totale de ma maison. Je rapprochai trois chaises et m'allongeai sur les coussins. J'étais si épuisée que je m'endormis en dépit du vacarme.

A l'aube, plusieurs Gardes rouges et Rebelles révolutionnaires enfoncèrent la porte. Il semblait que leur dispute était apaisée. Une fille cria :

« Debout ! »

Une Révolutionnaire me dit d'aller me restaurer rapidement à la cuisine, puis de « monter au premier pour exécuter un travail utile ». Je me rendis dans le cabinet de toilette du rez-de-chaussée pour me laver les mains. Je fus effarée par mon aspect dans le miroir : j'étais décoiffée et maculée de boue, mais surtout mon visage était blanc et gonflé comme celui d'un cadavre. J'avais de l'œdème parce que je n'avais pas bu depuis longtemps et que mon seul rein ne fonctionnait pas bien. Je devais y remédier immédiatement. Mon aspect cadavéreux me donna justement la force de vouloir absolument rester en vie.

Dans la cuisine, je bus deux verres d'eau avant de manger le bol brûlant de riz et de légumes que me donna Laozhao. Je fus stupéfaite de constater avec quelle rapidité la nourriture se transformait en énergie et combien un état d'esprit résolu donnait de courage. Je me sentais déjà beaucoup mieux.

Un Garde rouge ouvrit la porte de la cuisine et cria :

« Vous faites un festin ou quoi? Vous en mettez, du temps! Dépêchez-vous! »

Laozhao et moi suivîmes le Garde rouge à l'étage, où Chen Ma nous rejoignit. Nous découvrîmes que les Gardes rouges et les quelques Révolutionnaires restants avaient besoin de notre aide pour empaqueter mes affaires afin de les emporter. Anxieuse de les voir quitter la maison, je les aidai de mon mieux. La présence des Gardes rouges et des Révolutionnaires était beaucoup plus intolérable pour moi que la perte de mes biens. Ils me faisaient l'impression d'extraterrestres avec qui je n'avais pas de langage commun.

A leurs yeux, Laozhao n'était pas un ennemi de classe, même s'ils considéraient probablement qu'il fallait qu'il soit égaré et qu'il manque de conscience socialiste pour travailler pour moi. Ils bavardaient librement avec lui, et je vis que Laozhao faisait de son mieux pour se montrer amical. Pendant que nous étions assis par terre pour empaqueter tout ce qui avait été dispersé aux quatre coins des pièces, les Gardes rouges, très excités, discutaient de leur prochain voyage à Beijing où le Président Mao les passerait en revue. Ceux qui avaient vécu la première manifestation du 18 août sur la place Tian An Men décrivaient leur expérience avec fierté. Ils parlaient du rôle de l'Armée, qui avait organisé leur accueil à Beijing, leur logement, et leur avait donné leurs uniformes kaki avant de les préparer au défilé. C'étaient des officiers de l'Armée qui avaient choisi les citations et les slogans que les jeunes devaient crier.

Ce que racontaient les Gardes rouges m'intéressaient beaucoup. Il semblait que l'armée travaillait en coulisses pour soutenir et diriger les activités des Gardes rouges.

Quand tout fut empaqueté, les camions arrivèrent mais, à mon grand regret, les Gardes rouges ne quittèrent pas la maison quand les véhicules repartirent chargés.

Une Révolutionnaire me dit :

« Vous devez rester dans la maison. Vous n'avez pas le droit de sortir. Les Gardes rouges vous surveilleront à tour de rôle. »

J'étais si stupéfaite, si furieuse et si déçue que j'en tremblais. Je lui demandai :

« De quel droit me gardez-vous prisonnière dans ma maison ?

– Du droit qu'ont les Rebelles révolutionnaires prolétariens.

– Je veux voir un ordre écrit, dis-je en essayant de contrôler le tremblement de ma voix.

– Pourquoi voudriez-vous sortir ? Où voudriez-vous aller ? Une femme comme vous pourrait être battue à mort dans la rue. Nous vous faisons une gentillesse en vous plaçant en résidence surveillée. Laozhao aura l'autorisation de rester avec vous et de faire vos courses. Savez-vous ce qui se passe dehors ? Une véritable révolution est en marche.

– Je ne tiens pas particulièrement à sortir. C'est pour le principe.

– Quel principe ? Puisque vous ne voulez pas sortir, pourquoi discuter ? Vous resterez ici jusqu'à ce que nous décidions que faire de vous. C'est un ordre. »

Elle sortit de la maison. J'étais furieuse, mais je ne pouvais rien faire.

On m'avait laissé le sommier de mon lit sur le sol pour que j'y dorme. Des vêtements de rechange et un pull étaient accrochés dans le placard vide. La valise avec mes vêtements d'hiver et le sac de tissu vert contenant la literie pour les jours froids avaient été déposés dans un coin de la pièce. Outre la table et les chaises de la cuisine, on me laissa deux chaises et une table basse, mais les Gardes rouges désignés pour me surveiller avaient pris ces deux chaises pour s'installer devant la porte de ma chambre, si bien que je ne pouvais m'asseoir que sur mon sommier. De temps à autre, l'un de mes gardiens ouvrait la porte pour voir ce que je faisais.

Le seul endroit où j'étais à l'abri de leurs regards était ma salle de bain.

On autorisa ma fille à vivre dans sa chambre, mais je ne pouvais l'y rejoindre, ni d'ailleurs lui parler quand elle rentrait – ce qui était de plus en plus rare, car elle devait passer presque toutes ses nuits au Studio pour participer à la Révolution culturelle. Le soir, j'entrouvrais tout doucement ma porte dans l'espoir de la voir monter l'escalier. Les nuits où elle rentrait et où nous pouvions échanger un regard m'apportaient un grand réconfort. Je dormais généralement bien après.

Laozhao allait au marché pour acheter la nourriture, mais ni lui ni ma fille n'avaient le droit de manger en ma compagnie. Les Gardes rouges se relayaient et rentraient chez eux pour prendre leurs repas. La nuit, un ou deux d'entre eux dormaient devant ma porte sur un lit de fortune.

Deux jours après que j'eus été placée en résidence surveillée, la fille de Chen Ma vint chercher sa mère. Nous pleurâmes en nous disant adieu. Chen Ma voulait me laisser une veste qu'elle avait tricotée, mais les Gardes rouges la réprimandèrent pour son manque de conscience de classe et refusèrent de la laisser me la donner.

« Elle n'aura pas assez de vêtements pour l'hiver. Elle n'est pas très solide, vous savez, suppliait Chen Ma.

– Est-ce que vous ne comprenez pas qu'elle est votre ennemie de classe ? En quoi est-ce que ça vous concerne de savoir si elle a assez de vêtements ou non ? » demanda le Garde rouge.

La fille de Chen Ma semblait avoir peur des Gardes rouges et elle avait hâte de s'en aller. Mais Chen Ma pleurait :

« Il faut que je dise au revoir à Mei-Mei ! »

Une des Gardes rouges perdit patience. Elle se planta devant Chen Ma et dit :

« Est-ce que vous n'êtes pas restée assez longtemps

dans cette maison? Elle est la fille d'une ennemie de classe. Pourquoi voulez-vous lui dire au revoir? »

Quand j'enlaçai Chen Ma sur le seuil de la maison, elle éclata en bruyants sanglots. Les Gardes rouges l'arrachèrent à moi et la poussèrent dehors. Laozhao la suivit avec ses bagages et je l'entendis appeler un pousse-pousse.

Curieuse de savoir ce qui se passait au-dehors, je lisais avidement le journal que Laozhao laissait chaque jour sur la table de la cuisine. Un soir, quand j'arrivai dans la cuisine pour dîner, je trouvai sur une chaise un tract mal imprimé intitulé *Nouvelles des Gardes rouges.* La manchette disait : « Ripostez sans merci aux contre-attaques des ennemis de classe. » Je fus intriguée et j'eus très envie d'en savoir plus. Comme il n'y avait personne dans les parages, je pris la feuille et la glissai dans ma poche. Plus tard, dans le secret de ma salle de bain, je la lus. Dès lors, je restai aux aguets pour repérer tout bout de papier laissé par les Gardes rouges, car ces tracts produits par eux, s'ils contenaient surtout leurs hyperboles habituelles sur la classe capitaliste et les révisionnistes, révélaient sur certains chefs de Parti des faits qui avaient jusque-là été cachés au grand public. Je fus particulièrement intéressée de lire que certains officiels du gouvernement municipal et du secrétariat du Parti de Shanghai tentaient d'« ignorer » ou de « saboter » les ordres de Mao. L'envergure du conflit causé par les divergences politiques au sein de la direction du Parti semblait beaucoup plus grande que je ne l'avais pensé. Comme elles n'étaient pas soumises à la censure, ces publications exposaient sans y prendre garde certains des éléments de la lutte pour le pouvoir engagée à la tête du Parti, et contribuaient à battre en brèche le mythe présentant les dirigeants du Parti comme un groupe d'hommes dévoués, unis dans un but commun.

Au bout d'une semaine d'enfermement, je demandai aux Gardes rouges combien de temps je serais privée d'exercice en plein air, et je demandai l'autorisation de profiter du jardin. Après un coup de téléphone, je fus autorisée à aller marcher dans le jardin ou à rester assise sur les marches de la terrasse avec Fluffy sur mes genoux. Le « péché » qu'il avait commis en mordant un chef révolutionnaire ne semblait pas gêner les Gardes rouges, qui jouaient souvent avec lui.

Meiping remarqua vite que j'allais souvent au jardin, surtout le matin. A chaque fois qu'elle rentrait dormir, elle y déposait des messages roulés en boule. Quand il pleuvait – ce qui arrivait souvent en ce mois de septembre – le papier mouillé se désintégrait avant que j'aie pu le défroisser. Elle ne pouvait pas dire grand-chose, mais les quelques mots comme « Je t'aime, maman », « Prends bien soin de toi », « Nous serons courageuses et nous traverserons l'orage ensemble, chère maman », etc., me réconfortaient beaucoup et brisaient mon sentiment d'isolement.

Si Laozhao se trouvait dans la cuisine au moment de mes repas, un Garde rouge m'y suivait pour s'assurer que nous ne parlions pas. Mais Laozhao et le garde bavardaient ensemble et au bout d'un certain temps, je compris que beaucoup de ce que disait Laozhao m'était destiné. Par exemple, un jour, il demanda :

« Est-ce que vous battez souvent vos professeurs ? »

Je fus stupéfaite parce que, lorsque les Gardes rouges étaient venus mettre ma maison à sac le 30 août, ils semblaient être en bons termes avec leurs professeurs. J'attendis donc la réponse avec impatience.

« On les bat, répondit calmement le Garde rouge, quand on découvre qu'ils ont des idées capitalistes ou quand ils insistent pour que nous étudiions au lieu d'avoir tant d'activités révolutionnaires. Certains d'entre eux ne semblent pas comprendre l'importance de la Révolution culturelle. Ils croient toujours qu'il faut apprendre dans les livres. Mais notre Grand Dirigeant le Président Mao nous a dit : " Apprenez à nager en nageant. " Nous devons apprendre en participant aux actions révolutionnaires et en travaillant de façon active. Nous n'avons plus besoin de leur ancien type d'école. Ces professeurs qui croient toujours aux livres s'opposent, à l'évidence, à notre Grand Dirigeant et nous devons les traiter en ennemis. »

Une autre fois, Laozhao demanda :

« Etes-vous allés vous aussi assiéger le gouvernement municipal ?

– Bien sûr ! Et ce n'était ni la première ni la dernière fois. Toute la municipalité de Shanghai est pourrie de révisionnisme. »

Ainsi, par les conversations de Laozhao avec les Gardes rouges et par leurs publications, j'eus l'impression que chaque jour des milliers de nouveaux Révolutionnaires accouraient pour se joindre aux Gardes rouges et aux organisations ouvrières qui jaillissaient « comme des pousses de bambou après une pluie de printemps ».

La mise à sac des maisons des membres de la classe capitaliste et les attaques contre les intellectuels gonflaient d'orgueil les Gardes rouges et les Révolutionnaires, et augmentaient leur appétit de violence. Ils étaient impatients d'aller plus loin. Il me sembla que les chefs maoïstes utilisaient ce moment psychologique pour orienter leur colère et canaliser leur énergie afin de faire pression sur le secrétariat du Parti de Shanghai et le gouvernement municipal – tous deux accusés de protéger la classe capitaliste et de s'opposer à la politique de Mao. On prétendait que pendant des années ils avaient délibérément ignoré les ordres de Mao. Mais ils n'étaient pas des novices dans le jeu politique. C'étaient des communistes expérimentés qui avaient survécu à bien des orages et à bien des purges. Ils n'ignoraient pas non plus la tactique de Mao. Comme Mao utilisait les masses, ils décidèrent de les utiliser eux aussi. Ils organisèrent rapidement leurs propres Gardes rouges et leurs propres Révolutionnaires pour prendre part à la Révolution culturelle. Ils rivalisèrent avec les Gardes rouges et les Révolutionnaires maoïstes pour contrôler la situation à Shanghai. Pour réussir, chaque groupe devait se montrer plus rouge, plus révolutionnaire, plus cruel et plus à gauche dans ses slogans et son action. Ainsi, il était parfois extrêmement difficile de discerner de quel côté se trouvait tel groupe jusqu'à ce que la sanglante guerre civile n'éclate, et la classe dite capitaliste ainsi que les intellectuels se retrouvaient face à deux groupes opposés qui rivalisaient d'ardeur pour porter les coups les plus durs afin de démontrer leur authenticité.

Avec l'escalade de la violence et son extension à un nombre toujours croissant d'« ennemis de classe », un nouveau slogan fut forgé pour souligner combien étaient indésirables les enfants des familles de la classe capitaliste. Il disait : « Un dragon naît d'un dragon, un phénix d'un phénix, et une souris naît avec la capacité de creuser un trou dans le mur. » Cela signifiait que puisque les parents étaient des ennemis de classe, les enfants seraient naturellement eux aussi des ennemis de classe. Je trouvais plutôt surprenant, dans un pays professant le matérialisme historique, qu'un slogan s'appuie entièrement sur la génétique, mais je n'avais ni le temps ni le cœur de théoriser. Peu après la publication de ce slogan, ma fille Meiping fut exclue des rangs des « masses » et placée dans « l'étable » où on avait rassemblé tous les « ennemis de classe » du Studio. Dans « l'étable », les victimes passaient leur temps à écrire et récrire leur autocritique afin de se purger de leurs idées hérétiques contraires à la Pensée de Mao Zedong. Je fus informée de la situation par une conversation de Laozhao avec l'un des Gardes rouges. D'une voix forte, juste devant la porte de ma chambre, il demanda au garde la permission d'emporter de la literie et des vêtements pour ma fille à « l'étable » du Studio, puisqu'elle ne pouvait plus rentrer à la maison. Plus tard, quand je me rendis à la cuisine pour prendre mon repas du soir – que je ne pus avaler, mais que je feignis de manger afin d'en savoir plus sur ce qui arrivait à ma fille – Laozhao ne me déçut pas. Dès que j'apparus, il parla de Meiping au naïf Garde rouge.

« Je l'ai vue quand je suis allé au Studio lui donner ses affaires. Elle avait l'air en forme et elle avait le moral. Elle m'a dit qu'elle écrivait son autocritique et dénonçait ses origines de classe. Elle m'a dit aussi que les autres dans « l'étable » étaient très gentils. En fait, elle a l'air d'aller bien et de prendre les choses avec philosophie. Mais pourquoi doit-elle écrire son autocritique ? Elle est membre de la Ligue de la jeunesse, et partout où elle est allée elle a reçu des citations pour son action. Elle a toujours manifesté sa sympathie et son amitié envers le prolétariat.

– Elle est née à l'étranger et d'une famille comme celle-ci ! Bien sûr qu'il faut qu'elle écrive son autocritique, répondit le Garde rouge. C'est probablement un radis – rouge à l'extérieur, mais blanc à l'intérieur. En tout cas, la Ligue de la jeunesse n'existe plus. Son secrétaire général, Hu Yaobang est un révisionniste. »

Peu après, un groupe de Révolutionnaires du Studio cinématographique de Shanghai vint mettre à sac la chambre de Meiping et emporta ce qui restait de ses affaires. J'étais désespérée de la nouvelle tournure des choses. J'avais pu garder le moral tant que l'attaque me concernait seule, mais maintenant que ma fille était elle aussi l'objet de persécutions, j'étais profondément déprimée.

Le 27 septembre, en fin d'après-midi, je fus emmenée par un Garde rouge et un Révolutionnaire dans la même école qu'au mois de juillet. Beaucoup de gens étaient déjà là à nous attendre. Cette fois, j'étais moi-même la cible du meeting de lutte auquel assistaient non seulement les Gardes rouges et les Rebelles révolutionnaires qui étaient venus chez moi, mais aussi les anciens membres du personnel de Shell et les hommes chargés de l'endoctrinement qui m'avaient interrogée. C'était l'homme aux lunettes noires qui présidait.

La pièce avait été aménagée différemment. Au lieu des rangées de chaises faisant face à la tribune, on avait constitué une sorte de cercle. On me plaça au centre, encadrée par deux Gardes rouges. L'homme aux lunettes était assez bon orateur. Lui aussi commença par la guerre de l'Opium, donnant une description spectaculaire de l'attaque et des bombardements des côtes chinoises par la flotte britannique. Son récit, plein d'inexactitudes, visait à provoquer la haine contre moi en me rendant personnellement coupable de l'action de la Grande-Bretagne contre la Chine plus de cent ans auparavant. Il avait l'air de dire que c'était moi qui avais fait remonter la Rivière des Perles à la flotte britannique. Puis il déclara que Shell était une entreprise multinationale établie dans le monde entier, que Lénine avait dénoncé ces entreprises comme les pires ennemies du socialisme et que, depuis des temps immémoriaux, Shell avait envoyé des vendeurs au fond des campagnes chinoises pour récolter des informations utiles aux impérialistes sous le prétexte de vendre de l'essence aux paysans. Il cita également des chiffres pour montrer les profits énormes que la compagnie avait réalisés grâce à son commerce en Chine et à ce qu'il appelait « l'exploitation commerciale du peuple chinois ». Il expliqua aux auditeurs que les impérialistes britanniques étaient plus subtils que les américains : tandis que le gouvernement des Etats-Unis s'opposait ouvertement au gouvernement populaire chinois et protégeait le Guomindang à Taiwan, les Anglais, tout en accordant la reconnaissance diplomatique au gouvernement populaire, votaient avec les USA aux Nations unies pour empêcher le gouvernement populaire d'occuper le siège réservé à la Chine dans cette assemblée.

Il en vint à mes origines, disant que je descendais d'une famille de grands propriétaires terriens qui possédaient des dizaines de milliers de *mu* (un *mu* représente un peu plus de six ares) de terres cultivées fertiles. Contrairement à l'officier de liaison du gouvernement municipal qui avait dit que mon grand-père était un patriote, il déclarait maintenant que mon grand-père était un sale propriétaire terrien et un suppôt du féodalisme parce que, dans les livres d'histoire qu'il écrivait, il louait de nombreux empereurs.

« De plus, annonça-t-il, on a trouvé dans les papiers qu'il a laissés la preuve qu'il était actionnaire fondateur du complexe sidérurgique de Han Ie Ping, qui comprend la mine de charbon d'Anyuan, où notre Grand Dirigeant le Président Mao organisa jadis personnellement les travailleurs pour qu'ils luttent contre les capitalistes. »

Cette accusation visait à montrer que mon grand-père et le Président Mao étaient dans des camps opposés, alors que les deux hommes appartenaient à des générations différentes. Il continua en disant que mon père était un cadre du gouvernement du Guomindang et qu'il avait passé plusieurs années au Japon dans sa jeunesse. Cela rappela à chacun que les Japonais avaient agressé la Chine, et qu'en huit années de guerre et d'occupation, ils avaient tué dix millions d'hommes, de femmes et d'enfants innocents. Il évita soigneusement de mentionner que mon père était allé étudier au Japon au début du siècle, bien avant l'invasion de la Chine par le Japon en 1937. Il essaya au contraire de donner l'impression que mon père était allé au Japon en dépit de la guerre. Me montrant du doigt, il dit que je m'étais rendue en Angleterre quand j'avais vingt ans et que j'avais appris des Anglais à être un « fidèle chien courant » dans l'une de leurs universités. Mon mari fut décrit comme un « déchet du régime décadent du Guomindang » qui avait eu la chance de mourir et d'échapper ainsi au jugement des Révolutionnaires.

Pendant tout son discours, l'auditoire montra son approbation et son soutien en criant des slogans. On avait ajouté aux slogans habituels de la Révolution culturelle un certain nombre d'autres m'accusant d'être une « espionne » qui avait conspiré avec les puissances étrangères contre la Chine ou me dénonçant simplement comme un « chien courant » des Britanniques.

Quand il eut fini de parler, le Garde rouge qui avait conduit les autres chez moi cria dans le micro une description du « luxe » de ma maison. Un autre dit comment j'avais essayé de « saper » leurs « activités révolutionnaires » en luttant contre eux pour préserver la « culture ancienne. » Un Révolutionnaire parla de mon arrogance butée et m'accusa de garder délibérément un « animal sauvage » dans la maison pour qu'il blesse les Révolutionnaires.

On appela ensuite d'anciens membres du personnel de Shell pour qu'ils fournissent d'autres preuves contre moi. Je voyais sans peine combien ils étaient tous effrayés, et je me demandais ce qu'ils avaient pu subir. Les hommes qui se levèrent pour parler avaient le visage blême et la feuille de la déclaration qu'on leur avait préparée tremblait dans leurs mains. Aucun ne regarda dans ma direction. Ils n'avaient pas grand-chose à dire, mais chaque phrase contribuait à former l'image d'une femme entretenant des relations chaleureuses et amicales avec les résidents britanniques de Shanghai. On tissait consciencieusement une toile de soupçons. Un liftier déclara que le directeur britannique s'écartait toujours pour me laisser monter dans l'ascenseur avant lui. Un chauffeur affirma qu'à chaque fois que le directeur et moi partagions une voiture, il me laissait m'y installer la première. Cela visait à démontrer combien les « impérialistes britanniques » attachaient de l'importance à ce que je représentais, parce qu'en Chine communiste, un homme important n'aurait jamais songé à laisser passer son assistante devant lui.

D'autres membres du personnel parlèrent de dossiers conservés dans une pièce adjacente au bureau directorial, et à laquelle personne, en dehors du directeur et de moi-même, n'avait accès. Un cadre qui était resté de nombreuses années chez Shell dit que l'on conservait toujours au bureau des cartes de toutes les régions de Chine, précieuses aux impérialistes – il s'agissait de cartes géographiques utilisées dans la recherche des gisements de pétrole. Un autre lut ce qu'il présenta comme des extraits de rapports rédigés par des cadres de Shell travaillant dans l'autre partie de la Chine pendant la Guerre civile (1946-1949), quand les armées du Guomindang et les communistes étaient engagés dans une lutte sans merci. Ces rapports mentionnaient le déploiement des troupes des deux côtés. Cela visait à écarter mes affirmations selon lesquelles Shell ne s'intéressait qu'au commerce.

On critiqua aussi sévèrement mon mari. On prétendit qu'à chaque fois que les intérêts de Shell ne concordaient pas avec ceux de l'Etat, mon mari et moi prenions le parti de Shell. Toutes les déclarations étaient un mélange de faits et d'inventions, de présentations erronées et d'exagérations, calculées pour désorienter les esprits crédules de gens ignorants et mal informés.

Le meeting n'en finissait pas. La nuit était tombée depuis longtemps, mais l'histoire de mes noirceurs était tellement passionnante que personne ne quittait la pièce. Je pensais que la majorité d'entre eux étaient fascinés par la mise à nu de ce qu'ils croyaient être un véritable espion international. Les autres n'avaient qu'à faire semblant de croire à ces allégations. Ceux qui avaient mis en scène cette cérémonie savouraient leur succès.

Des années plus tard, je devais apprendre que la date de ce meeting de lutte avait été reculée plusieurs fois parce que les organisateurs avaient espéré que ma fille prendrait part à ma dénonciation. Malgré d'énormes pressions, elle refusa toujours. Mais la fête nationale du 1er octobre approchait. Les dirigeants maoïstes ordonnèrent aux Révolutionnaires de Shanghai de produire des résultats concrets pour célébrer la journée dans une atmosphère de victoire. C'est pour répondre à cet ordre que les hommes chargés de mon cas décidèrent de tenir le meeting sans ma fille.

Quand l'homme aux lunettes jugea suffisante l'émotion de l'auditoire, il complimenta ceux et celles qui avaient pris part à ma dénonciation pour leur haut niveau de conscience socialiste. Il eut quelques paroles aimables pour les membres du personnel de Shell dont la plupart, après leur rééducation, avaient maintenant les idées claires. Mais il mit en garde ceux dont la tête était encore brumeuse, leur demandant de redoubler leurs efforts d'autocritique pour se débarrasser des entraves du capitalisme.

Se tournant vers moi, il dit :

« Vous avez entendu? Nous avons une montagne de preuves contre vous. Votre crime contre le peuple chinois est très grave. Vous ne vous réformerez qu'en produisant des aveux complets, en nous disant comment vous avez conspiré avec les impérialistes britanniques pour ébranler le Gouvernement populaire. Allez-vous avouer?

– Je n'ai rien fait contre le peuple chinois, dis-je, ni contre son gouvernement. Le bureau de Shell était là parce que le gouvernement chinois le voulait. L'ordre de permettre à Shell de conserver un bureau à Shanghai a été donné par le Conseil d'Etat et signé par le Premier ministre Zhou Enlai lui-même, Shell n'a que de bons sentiments envers la Chine, envers le peuple chinois et a toujours observé scrupuleusement les lois et les règlements. Shell ne s'occupe pas de politique.

Bien que j'aie parlé d'une voix forte et claire, personne n'aurait pu entendre une phrase complète parce que tout ce que je disais était noyé par des cris furieux et des hurlements : « Avouez! Avouez », « Nous ne permettrons pas à une ennemie de classe de discuter! » Les Gardes rouges et les Révolutionnaires, hystériques, se rapprochèrent de moi en me menaçant de leurs poings, tirant sur mes vêtements, crachant sur ma veste et criant « Sale espionne », « Sale chien courant », « Nous allons vous tuer », etc. Plusieurs fois, j'eus du mal à garder mon équilibre tant ils me bousculaient fort.

Sur l'estrade, on souriait. L'homme aux lunettes semblait particulièrement ravi de me voir souffrir aux mains de la foule. Que devais-je faire ? Il était inutile de tenter d'expliquer et pire qu'inutile de tenter de résister. Je ne pouvais que rester là, le regard fixé sur le mur d'en face, espérant que la colère retomberait bientôt.

Le bruit finit effectivement par faiblir un peu. L'homme dit :

« Notre patience est à bout. Vous êtes coupable. Nous pourrions vous condamner à mort. Mais nous voulons vous donner une chance de vous réformer. Allez-vous avouer ? »

Tout le monde me regardait avec impatience. J'étais debout à subir leurs insultes depuis si longtemps que j'imagine que j'aurais dû être emplie de haine pour chacun d'eux. Mais je me souviens que j'étais surtout extrêmement triste. Et j'avais tellement envie de voir ma fille ! J'étais triste parce que je ne pouvais atteindre ces gens qui m'entouraient et leur faire comprendre que j'étais innocente et qu'ils se trompaient. La propagande sur la lutte des classes qu'ils avaient ingurgitée, non seulement depuis le début de la Révolution culturelle, mais depuis 1949, quand l'Armée populaire avait pris Shanghai, avait édifié un mur indestructible entre nous.

Après m'avoir regardée quelques secondes et constatant que je restais silencieuse, l'homme fit un signe à un jeune homme au fond de la salle. La foule s'écarta pour le laisser passer. Il brandissait, pour être sûr que je les verrais, une paire de menottes toutes brillantes. Quand ce jeune policier arriva près de moi, l'homme aux lunettes demanda à nouveau :

« Allez-vous avouer ? »

Je répondis d'une voix calme :

« Je n'ai jamais rien fait contre le Gouvernement populaire. Je n'ai aucun lien avec aucun Etat étranger.

– Venez ! » cria le jeune homme aux menottes.

Je le suivis hors du bâtiment. Les autres nous accompagnèrent dans la rue. L'air de la nuit était rafraîchissant et je sentis que ma tête s'éclaircissait comme par magie.

Une jeep noire de la police de Shanghai attendait devant l'entrée de l'école. Au plus fort des campagnes politiques, on les avait toujours vues foncer dans les rues, toutes sirènes hurlantes, pour emmener les victimes en prison. Nous étions arrivés près de la jeep, les Gardes rouges, les Révolutionnaires, les anciens employés de Shell, un certain nombre de passants qui s'étaient arrêtés pour regarder, et moi.

« Allez-vous avouer ? » répéta l'homme aux lunettes.

Je me récitai silencieusement le vingt-troisième Psaume : « Le Seigneur est mon berger... »

« Vous êtes devenue muette ?

– Vous avez perdu votre langue ?

– Parlez !

– Avouez ! » criaient-ils tous.

L'homme aux lunettes et le jeune policier me regardaient. Ils prirent mon silence pour un signe de faiblesse. Je savais que je devais montrer mon courage. Je n'eus pas de mal car je me sentais beaucoup mieux d'avoir récité le Psaume. De toute la soirée, je n'avais jamais eu moins peur qu'à ce moment, devant la jeep noire symbole de répression.

Je levai la tête et dis d'une voix forte et ferme :

« Je ne suis pas coupable. Je n'ai rien à avouer. »

Cette fois, personne ne cria. Les Gardes rouges, les Révolutionnaires et les spectateurs étaient peut-être impressionnés par la solennité du moment. Après que j'eus parlé, sur un signe, le jeune policier m'attacha les bras dans le dos avec ses menottes. Un homme âgé soupira.

Soudain, une gamine accourut à travers la foule et cria d'une voix angoissée :

« Avouez ! Avouez vite ! Ils vont vous emmener en prison ! »

Sa jeune voix claire tinta comme un carillon dans le vacarme sourd de la rue. C'était la petite à la mauvaise mine qui était assise à mon bureau pour garder mes bijoux quand les Gardes rouges étaient venus chez moi. Sa tentative impulsive pour me sauver de la prison fut immédiatement étouffée par une femme qui la tira en arrière et l'emmena dans le bâtiment.

Le chauffeur de la jeep mit le moteur en marche.

« Montez ! » dit le jeune homme en me poussant.

C'était bon de s'asseoir. Je regardai les visages des hommes et des femmes témoins de cette scène dramatique, et je lus un certain soulagement dans les yeux de mes anciens collègues. Peut-être pensaient-ils qu'avec mon incarcération les pressions auxquelles ils étaient soumis cesseraient. D'autres dans la foule semblaient excités. Pour eux, c'était comme assister au dénouement d'une intrigue d'autant plus passionnante qu'ils en avaient été les acteurs.

Le jeune policier monta près du chauffeur et l'homme aux lunettes prit place à côté de moi. La jeep s'enfonça dans les rues sombres.

Deuxième partie

LA MAISON D'ARRÊT

CHAPITRE 5

AU SECRET

LES rues de Shanghai, normalement désertes à vingt et une heures, étaient envahies par une marée humaine. Sous le clair ciel d'automne balayé par la brise, des milliers de gens étaient sortis pour regarder les Gardes rouges en action. Sur des estrades de fortune, les jeunes Révolutionnaires, surexcités et dogmatiques, appelaient les gens à rejoindre les forces de la Grande Révolution culturelle prolétarienne et improvisaient de petits meetings de lutte contre des hommes et des femmes dont ils s'emparaient au hasard dans les rues et qu'ils accusaient de ne pas avoir sur eux le petit livre rouge ou de porter des vêtements qui ne convenaient pas. Devant les maisons et les immeubles s'élevait la fumée des brasiers où les Gardes rouges jetaient n'importe quel livre.

Des camions pleins de meubles confisqués aux familles capitalistes par les Gardes rouges étaient garés le long des trottoirs, prêts à partir au milieu de la foule indisciplinée, des bus et des bicyclettes. La vie normale de la ville cédait la place à la Révolution culturelle qui s'étendait et s'intensifiait rapidement.

Les haut-parleurs aux carrefours diffusaient de nouveaux chants révolutionnaires. Si l'on n'avait entendu que les rythmes cadencés de la musique et non les slogans, si l'on n'avait vu que la foule oisive et non les Gardes rouges et leurs victimes, on aurait pu s'imaginer qu'il s'agissait d'une sorte de fête automnale pour distraire le peuple, au lieu d'une campagne politique lourde de sous-entendus sinistres destinés à susciter la méfiance réciproque et la haine de classe.

Nous avancions lentement. Les habitants de la ville connaissaient bien le genre de voiture où j'avais pris place. A chaque fois que nous devions nous arrêter, une foule de curieux nous entouraient pour voir l'« ennemi de classe » qui se trouvait à l'intérieur; certains applaudissaient la victoire du prolétariat qui avait réussi à démasquer un adversaire de plus, d'autres me dévisageaient simplement avec curiosité. Quelques-uns avaient l'air inquiets et anxieux, et se détournaient de la vision inquiétante des déboires dont un autre être humain était victime.

Dans la Chine de Mao Zedong, aller en prison ne signifiait pas la même chose que dans une démocratie. Un homme était toujours présumé coupable jusqu'à ce qu'il prouve son innocence. Les accusés n'étaient pas jugés sur leurs propres actes mais sur la quantité de terre jadis possédée par leurs ancêtres. Un nuage de suspicion planait toujours sur la tête de ceux qui ne pouvaient se prévaloir d'une bonne origine de classe. Et puis, Mao avait jadis déclaré que la population comptait 3 à 5 pour cent d'ennemis du socialisme. Pour prouver qu'il avait raison, au cours des campagnes politiques successives, 3 à 5 pour cent des membres de tout groupe – dans les administrations locales comme dans les usines, les écoles ou les universités – devaient être déclarés coupables, et un bon nombre se retrouvaient soit en camp de travail, soit en prison. Dans ces conditions, il était fréquent qu'une personne totalement innocente soit incarcérée. Aller en prison ne vous marquait plus du signe de l'infamie. En fait, beaucoup doutaient de la culpabilité de tous ces gens, et ils rejoignaient ceux que leur sort en

Chine communiste ne satisfaisait pas pour considérer les prisonniers politiques avec sympathie.

A partir du moment où je fus impliquée dans la Révolution culturelle, en juin, et où je décidai de ne pas faire de faux aveux, je n'avais jamais écarté la possibilité de me retrouver en prison. Je savais que beaucoup de gens, y compris de vieux membres du Parti, en venaient, sous la contrainte, à avouer rituellement leur culpabilité, espérant éviter l'affrontement avec le Parti ou atténuer leurs souffrances immédiates par leur soumission. Beaucoup d'autres perdaient la raison. Quand une campagne politique se terminait, certains d'entre eux étaient réhabilités. Beaucoup ne l'étaient pas. Dans les camps de Réforme par le travail qui parsemaient les régions les plus reculées et les plus inhospitalières, comme le Gansu et le Qinghai, des foules de femmes et d'hommes innocents purgeaient des lourdes peines simplement parce qu'ils avaient fait de faux aveux. Il me semblait qu'avouer alors que j'étais innocente eût été une idée stupide. La ligne de conduite la plus logique et la plus sensée était de faire face aux persécutions quoiqu'il pût en coûter.

Tandis que j'examinais ma situation, je compris que la période de ma persécution touchait à sa fin. Quoi qui m'attende, je devrais redoubler d'efforts pour contrer tout ce que tenteraient mes persécuteurs à la recherche des motifs d'inculpation. Ils pourraient me tuer, mais je ne céderais pas. Assise dans la jeep, je ne me sentais ni effrayée ni défaite, mais tout à fait résolue.

Quand la voiture arriva dans le quartier des affaires, la foule se fit si dense que nous n'avançâmes plus que très lentement et que nous dûmes même fréquemment nous arrêter. L'homme aux lunettes dit au chauffeur d'actionner la sirène. Au bruit strident et lancinant, la foule ouvrit un passage et se retourna pour nous regarder. Le chauffeur accéléra et ne s'arrêta plus que devant un portail de fer forgé gardé par deux sentinelles en armes dont les baïonnettes luisaient sous les lampadaires. Une plaque de bois indiquait : Maison d'arrêt n° 1.

Le portail s'ouvrit et la jeep entra. Il faisait noir, mais dans la lumière des phares, je vis des saules bordant l'allée qui s'incurvait vers la droite. D'un côté un terrain de basket, de l'autre des mannequins de taille humaine couchés sur le côté près des piquets. On aurait dit des corps laissés à l'abandon. Ce n'est que plusieurs mois plus tard, quand on m'emmena à l'hôpital, que je pus les voir à la lumière du jour et que je découvris qu'ils servaient de cibles pour l'entraînement des soldats gardant la prison.

Je savais que la Maison d'arrêt n° 1 était la plus importante prison de Shanghai pour les prisonniers politiques; elle avait successivement abrité des évêques catholiques, d'anciens membres du Guomindang, de gros industriels et des écrivains ou artistes connus. Je trouvais ironique qu'avant 1949 cette bâtisse ait servi au gouvernement du Guomindang à incarcérer les membres du Parti communiste et leurs sympathisants.

La maison d'arrêt pour prisonniers politiques constitue un élément important des régimes autoritaires. Jusqu'à maintenant, j'avais étudié le communisme en Chine en observatrice, depuis ma confortable maison. Maintenant j'avais l'occasion d'étudier la situation sous un angle tout à fait différent, et de très près. Curieusement, cette perspective provoquait en moi une excitation intellectuelle qui me fit momentanément oublier les dangers de la situation où je me trouvais.

La jeep s'engagea dans une autre allée, passa d'autres portes de fer et longea les quartiers des soldats gardant la prison avant de s'arrêter dans une cour devant le bâtiment principal. Deux des hommes qui m'accompagnaient sautèrent de voiture et disparurent à l'intérieur. Une femme portant une casquette kaki frappée de l'étoile rouge me conduisit dans une pièce vide où attendait une autre gardienne en uniforme. Elle ferma la porte, m'enleva mes menottes et dit :

« Déshabillez-vous ! »

J'ôtai mes vêtements et les posai sur la table, seul meuble de la pièce. Les deux femmes fouillèrent consciencieusement chaque vêtement. Dans la poche de mon pantalon, elles trouvèrent l'enveloppe contenant les 400 yuans que je voulais donner à mon jardinier.

« Pourquoi avez-vous apporté tant d'argent ? me demanda l'une des gardiennes.

– C'est pour mon jardinier. Je pensais qu'il passerait chez moi, mais il n'est pas venu. Peut-être quelqu'un pourrait-il lui remettre cet argent de ma part ? » répondis-je.

Elle me rendit tous mes vêtements sauf mon soutien-gorge, pièce de lingerie qui représentait pour les Gardes rouges l'influence décadente de l'Occident. Quand je fus rhabillée, une gardienne me conduisit dans une autre pièce par un étroit corridor mal éclairé.

Un homme qui me sembla, par son apparence vestimentaire et son teint, être un paysan de Chine du Nord, était assis derrière un comptoir sous une lampe nue pendant du plafond. La gardienne m'indiqua une chaise face à lui et me dit de m'asseoir. Elle plaça l'enveloppe contenant l'argent sur le plateau de bois et dit quelque chose à l'homme. Il leva la tête et me regarda. Puis, d'une voix étonnamment douce, il me demanda mes nom, âge et domicile, qu'il consigna dans un registre, écrivant lentement et laborieusement comme s'il n'était pas à l'aise avec un stylo et avait fait des difficultés à se souvenir des traits de chaque caractère. Le fait qu'il soit presque illettré ne me surprit pas, car je savais que le Parti communiste attribuait des postes en fonction de la fiabilité politique des candidats plutôt que de leur qualification professionnelle.

Quand il eut fini d'écrire, il me déclara :

« Tant que vous serez ici, vous porterez un numéro.

On n'utilisera plus votre nom. Est-ce que vous comprenez ? »

J'acquiesçai.

Nous fûmes interrompus par l'arrivée d'un jeune homme muni d'un appareil photo à flash, qui prit plusieurs photos de moi sous différents angles et ressortit comme il était entré. Je me rassis, souhaitant qu'ils accélèrent la procédure parce que j'étais fatiguée.

Le greffier reprit d'un ton blasé :

« Vous êtes le nº 1806. A partir de maintenant, on ne vous appellera plus que 1806. Essayez de vous en souvenir. »

J'acquiesçai à nouveau.

La gardienne me montra une affiche apposée au mur et me dit :

« Lisez-la à haute voix ! »

C'était le règlement intérieur de la prison. La première règle stipulait que tous les prisonniers devaient étudier quotidiennement les livres de Mao Zedong afin de réformer leur manière de penser. La seconde disait que les prisonniers devaient avouer leurs crimes sans réserve et dénoncer les autres criminels qu'ils connaissaient. La troisième ordonnait que les prisonniers fassent part aux gardiens de toute violation des règles de la prison par un codétenu. Les autres règles traitaient des repas, du linge et d'autres aspects de la vie quotidienne dans une maison d'arrêt.

Quand j'eus fini de lire, la gardienne me dit :

« Tâchez de vous souvenir de ces règlements et de vous y conformer. »

L'homme me demanda de plonger mon pouce droit dans un pot rempli d'une pâte rouge collante et de l'appliquer ensuite sur le registre pour que mon empreinte y soit conservée. Je le fis et demandai ensuite un bout de papier pour essuyer mon pouce.

« Dépêchez-vous ! » dit impatiemment la gardienne depuis la porte.

Mais l'homme était gentil : il sortit un vieux bout de papier froissé d'un tiroir et me le tendit. Je me nettoyai rapidement et je suivis la femme hors de la pièce.

Mon incarcération à la Maison d'arrêt n° 1 s'était déroulée très calmement; l'homme et les gardiennes n'avaient montré qu'une indifférence routinière. Pour moi, passer le seuil de la prison était commencer une nouvelle phase de ma vie qui devait, par ma lutte pour survivre et rétablir la justice, faire de moi une personne plus forte spirituellement et plus mûre politiquement. Les longues heures que je passai seule à réexaminer ma propre vie et ce qui s'était déroulé en Chine depuis la prise du pouvoir par le Parti communiste, en 1949, me permirent de mieux me connaître et de mieux comprendre le système politique sous lequel je vivais. Bien qu'en cette nuit du 27 septembre 1966 je n'aie pu deviner mon destin, je n'avais pas peur. Je croyais en un Dieu juste et miséricordieux, et je croyais qu'Il me tirerait de ces abysses.

Dehors, il faisait noir comme dans un four et le sol était inégal. J'inspirai profondément l'air frais de la nuit en suivant la gardienne autour du bâtiment principal. Après être passées par une porte dont la peinture rouge, faiblement éclairée par une ampoule, s'écaillait lamentablement, nous arrivâmes dans la cour d'un bâtiment d'un étage, celui des femmes.

Une gardienne sortit en bâillant de sa loge près de l'entrée et me prit en charge.

« Venez! » dit-elle d'une voix ensommeillée.

Elle me guida dans un couloir sur lequel donnaient toute une rangée de portes aux lourdes serrures. Je n'oublierai jamais cette première vision d'un corridor de prison. J'ai rêvé pendant des années au faible éclairage, à la longue enfilade de portes et aux serrures sinistres qui me faisaient ressentir à chaque fois la frustration et l'impuissance de celui qui est enfermé.

Au bout du couloir, la gardienne ouvrit sur la gauche une porte donnant dans une cellule vide.

« Entrez ! dit-elle. Vous avez des affaires ? »

Je secouai la tête.

« Nous préviendrons votre famille et elle vous en fera parvenir. Maintenant, dormez ! »

Je lui demandai si je pouvais aller aux toilettes et elle me montra un bloc de ciment dans le coin gauche de la pièce en disant :

« Je vous apporterai du papier. »

Elle referma bruyamment la porte et je l'entendis s'éloigner dans le couloir.

Je fis le tour de la pièce des yeux et mon cœur se serra. Des toiles d'araignées pendaient du plafond. Les murs jadis blanchis à la chaux étaient jaunes et striés de poussière. L'ampoule au plafond était encrassée et très faible. L'air humide empestant, je me hâtai d'ouvrir la seule petite fenêtre aux barreaux rouillés. Je dus me hisser sur la pointe des pieds pour l'atteindre, et en l'ouvrant je fis tomber un nuage de poussière. Trois lits étroits en bois brut constituaient les seuls meubles de la pièce, un contre un mur et les deux autres empilés l'un sur l'autre. Je n'avais jamais vu ni même imaginé un endroit aussi frustre et aussi sale.

La gardienne revint et me tendit par le guichet de la porte quelques feuilles de papier hygiénique de la plus mauvaise qualité :

« Voilà ! Quand vous aurez vos affaires, vous devrez rendre au gouvernement le même nombre de feuilles. Maintenant, dormez. Couchez-vous la tête vers la porte, c'est le règlement. »

Je ne pouvais me décider à toucher le lit couvert de poussière, mais j'avais besoin de m'allonger parce que mes jambes étaient très enflées. J'écartai le lit du mur sale et je l'essuyai avec du papier hygiénique. Mais la crasse était tellement incrustée que je n'enlevai que la poussière superficielle. Je finis par m'allonger et par fermer les yeux. La lumière de l'ampoule nue était juste au-dessus de ma tête. Bien que faible elle me gênait. Je cherchai en vain l'interrupteur.

« S'il vous plaît! Excusez-moi! appelai-je en frappant la porte du poing.

– Silence! cria la gardienne en revenant et en ouvrant le guichet.

– Je ne trouve pas l'interrupteur pour éteindre, lui dis-je.

– Ici, on n'éteint pas la nuit. A l'avenir, quand vous voulez parler à la gardienne, dites seulement " rapport ". Ne frappez pas à la porte, ne dites rien d'autre.

– Pouvez-vous me prêter un balai pour faire le ménage dans la cellule? C'est si sale! demandai-je.

– Quelle idée! Il est plus de deux heures du matin. Allez dormir! »

Elle referma le guichet et resta à me regarder par le judas pour s'assurer que j'obéissais à ses ordres.

Je me rallongeai et me tournai vers le mur poussiéreux pour me protéger de la lumière. Je fermai les yeux afin d'oublier la saleté, mais je ne pouvais éviter d'inhaler la désagréable odeur d'humidité et de poussière qui m'entourait. J'entendais faiblement au loin le bruit de la foule dans les rues. Elle ne me menaçait plus, mais je m'inquiétais pour ma fille. J'espérais seulement que mon incarcération éviterait qu'on la soumette à d'autres pressions pour qu'elle me dénonce. Si c'était le cas, et si elle était traitée comme un élément anonyme des masses, je serais prête à supporter n'importe quoi.

Soudain, une horde de moustiques affamés s'abattit sur moi. Je m'assis pour essayer de les chasser, mais ils étaient tellement nombreux et entêtés que je fus piquée au point que les démangeaisons augmentèrent énormément l'inconfort dans lequel je me trouvais.

Juste avant l'aube, l'ampoule s'éteignit. Dans le noir, la saleté et la laideur de la pièce disparurent. Je pouvais imaginer que j'étais ailleurs. C'était un moment d'intimité et de soulagement, comme si on avait desserré mes liens. Pas pour longtemps. Bientôt l'étroite bande de ciel tourna au gris, puis au blanc. La lumière du jour inonda la cellule, en révélant à nouveau toute la laideur. Pourtant, pendant les années que je passai dans cette cellule de prison, ce court moment d'obscurité entre l'extinction des lumières et l'aube fut toujours l'occasion pour moi de retrouver ma dignité et de me régénérer, tout simplement parce que, pendant ces quelques précieuses minutes où je n'étais pas épiée par les gardiennes, je me sentais presque libre.

Des pas approchèrent dans le couloir.

« Debout! Debout! »

C'était la voix de la même gardienne devant chaque porte de cellule. J'entendais les bruits étouffés de toutes les détenues qui se levaient dans le bâtiment, un murmure de voix et des pas dans la cellule située au-dessus de la mienne.

Le guichet de la porte s'ouvrit et une jeune femme dit, tout en passant le bec d'un arrosoir entre les barreaux :

« L'eau. »

Quand je lui dis que je n'avais pas de récipient, elle baissa son jeune visage vers l'ouverture et me regarda. En croisant mon regard, elle sourit. Quelques jours plus tard, j'aperçus, épinglé à sa veste, un carré de tissu blanc où l'on pouvait lire qu'elle purgeait une peine de Réforme par le travail. Par la suite, à chaque fois que nous en avions l'occasion, nous nous souriions pour nous dire l'une à l'autre combien notre commune condition de prisonnières était douloureuse. Ce contact silencieux finit par avoir une très grande importance pour moi au fil des années. Quand je cessai de la voir (avait-elle purgé sa peine?), j'éprouvai le sentiment d'une perte profonde et j'en restai abattue pendant plusieurs jours.

Le guichet s'ouvrit à nouveau et on me tendit un plat oblong en aluminium.

« Approchez, approchez ! dit la gardienne impatientée. A l'avenir, vous resterez près de la porte à l'heure des repas et vous attendrez. »

Elle me tendit aussi une paire de baguettes de bambou mouillées et usées par des mois de bons et loyaux services.

Le plat cabossé était aux trois quarts plein d'une soupe de riz tiède où surnageaient quelques légumes conservés au vinaigre. J'essuyai le bord du récipient avec un morceau de papier hygiénique et goûtai une gorgée du mélange. Le riz avait un curieux goût de fumée et le traitement subi par les légumes les avaient rendus amer. La nourriture était pire que ce que j'avais pu imaginer, mais je fis un gros effort pour en avaler la moitié. Quand la femme ouvrit à nouveau le guichet, je lui rendis le récipient et les baguettes.

Peu après, une autre gardienne arriva :

« Pourquoi n'avez-vous pas mangé votre riz ?

– J'en ai mangé un peu. Puis-je parler à un responsable ? » demandai-je.

Les officiels communistes n'aimaient pas qu'on les désigne ainsi, surtout si on connaissait leur titre exact – Monsieur le ministre Wang ou Monsieur le directeur Zhang. En règle générale, on appelait les officiels *ganbu*, ce que l'on peut traduire par « cadres ». Mais les officiels du bas de l'échelle étaient seulement appelés « responsables », ce qui pouvait signifier aussi bien chef de service que sous-fifre.

« Rien ne presse. Vous venez juste d'arriver. Quand l'instructeur sera prêt, il vous appellera. Ce que vous devriez faire maintenant, c'est penser au crime que vous avez commis. Quand il vous convoquera, vous devrez montrer que vous vous repentez sincèrement en faisant des aveux complets afin d'obtenir un traitement moins sévère. Si vous en dénoncez d'autres, vous marquerez un point supplémentaire.

– Je n'ai commis aucun crime, déclarai-je avec emphase.

– Oh! Vous êtes nombreuses à dire ça en arrivant ici. C'est une attitude idiote. Réfléchissez un peu : Il y a dix millions de personnes dans cette ville. Pourquoi vous aurait-on amenée ici plutôt que quelqu'un d'autre si vous n'aviez pas commis de crime? »

Il était inutile de polémiquer avec elle, mais ses paroles me convainquirent néanmoins que j'étais là pour longtemps. La saleté de ma cellule était intolérable. Il fallait absolument que je la nettoie si je devais y passer une autre nuit. Le travail physique avait d'ailleurs toujours eu un effet apaisant sur mes nerfs, or j'étais profondément bouleversée de me retrouver en prison et terriblement inquiète pour ma fille. Je demandai donc un balai pour nettoyer le sol.

« Vous ne pouvez avoir un balai que le dimanche. Mais comme vous venez d'arriver, je vais vous en apporter un aujourd'hui. »

Quelques minutes plus tard, elle revint avec un vieux balai qu'elle me glissa par le guichet. Je promenai mon lit autour de ma cellule pour y grimper et atteindre le plafond avec le balai afin d'enlever les toiles d'araignée. Quand je brossai les murs, la cellule se trouva noyée dans un nuage de poussière.

Le guichet s'ouvrit à nouveau. Cette fois, c'était un gardien. Il me passa une feuille de papier et me dit :

« On a déposé au coffre l'argent avec lequel vous êtes arrivée la nuit dernière. Voici le reçu. Vous êtes autorisée à utiliser cet argent pour acheter les objets nécessaires à votre vie quotidienne comme du papier hygiénique, du savon et des serviettes.

– C'est exactement ce dont j'ai besoin. Est-ce que je peux en acheter maintenant? demandai-je.

– Vous le pouvez, répondit-il.

– S'il vous plaît, procurez-moi une cuvette, deux récipients pour boire et pour manger, du fil et des aiguilles, du savon, des serviettes, une brosse à dents, du dentifrice et du papier hygiénique. Ai-je droit à de la crème pour le visage?

– Non, seulement à l'indispensable. »

Il revint bientôt, apportant une cuvette décorée de deux grosses roses, six serviettes rayées de couleurs vives, une réserve de papier hygiénique, six pains du savon de la plus mauvaise qualité, deux récipients en émail avec couvercles, une brosse à dents, du dentifrice et deux bobines de fil. Il me dit que les prisonnières n'avaient pas droit aux aiguilles dans leur cellule, mais qu'elles pouvaient en emprunter aux gardiennes le dimanche.

Le gardien avait dû ouvrir la porte de la cellule pour me passer la cuvette. Profitant de l'occasion, un autre m'apporta les vêtements et la literie que les Gardes rouges m'avaient laissés à la maison ainsi que les *Œuvres Choisies* de Mao Zedong et le petit livre rouge des *Citations*. Après que j'eus signé un reçu pour l'ensemble, les deux gardiens refermèrent la porte et partirent.

Je déballai tout, cherchant minutieusement un message de ma fille que j'espérais trouver. Il n'y avait rien. Je m'assis sur le lit, épuisée de déception et de tristesse. Je rêvais de passer quelques minutes avec ma fille et priai pour qu'elle soit en sécurité. Au bout d'un moment, j'étais plus paisible. Je décidai de continuer mon ménage. J'avais besoin d'eau.

« Rapport! » criai-je à la porte.

Une nouvelle gardienne ouvrit le judas et dit gravement :

« Inutile de crier! Qu'est-ce que vous voulez? »

Au ton de sa voix, je me dis qu'elle refuserait probablement de m'apporter quoi que ce soit. Afin de me laisser une chance, je débitai rapidement une citation de Mao :

« " L'hygiène est glorieuse, la saleté est une honte. " Puis-je avoir de l'eau pour nettoyer la cellule ? »

Elle s'éloigna sans dire un mot. J'attendis longtemps jusqu'à ce que la jeune fille au sourire vînt m'apporter assez d'eau pour remplir la nouvelle cuvette et celle qu'on m'avait apportée dans mes affaires. Je commençai par monter sur le lit pour laver les vitres de la fenêtre afin que la lumière entre plus librement dans la pièce. Ensuite je nettoyai vigoureusement le lit. Quand j'eus récuré les toilettes de ciment, il me restait assez d'eau pour me laver et laver ma blouse. Lorsqu'on m'apporta de l'eau chaude à boire, je m'assis sur le lit propre et la dégustai. Jamais de l'eau ne m'avait semblée aussi bonne.

Le repas de midi consistait en riz agrémenté de chou vert bouilli. Je transformai une partie du riz en une pâte que j'utilisai pour coller les feuilles de papier hygiénique sur le mur le long de mon lit afin que ma literie ne se salisse pas à son contact pendant que je dormais. Je me sentis beaucoup mieux. Quand la gardienne vint me dire de marcher dans ma cellule pour prendre de l'exercice, je lui demandai :

« Est-ce que je peux vous rendre le balai ? »

Elle ouvrit le guichet et vit le papier collé au mur.

« C'est contraire au règlement, de modifier les cellules », dit-elle.

Je restai silencieuse, me demandant quelle serait la meilleure attitude si elle m'ordonnait d'enlever le papier. Mais elle se contenta de prendre le balai et de fermer le guichet. Quelques instants plus tard, je l'entendis à l'étage au-dessus criant de cellule en cellule. « Exercice ! Exercice ! »

J'entendis de nombreux pieds marchant au-dessus de moi, et quand la gardienne ordonna de s'asseoir à la fin du temps d'exercice, plusieurs détenues s'écroulèrent au sol. Il était évident que, dans la cellule collective du dessus, il n'y avait pas de lits, et que les prisonnières s'asseyaient et dormaient sur le sol nu. Le mur qui me séparait de la cellule adjacente était trop épais pour que je puisse rien entendre, mais les mouvements et les conversations des prisonnières de l'étage supérieur, quand la gardienne s'éloignait, adoucissaient un peu mon profond sentiment de solitude et d'isolement.

En prison, les couleurs, les formes et les différents sons, qui stimulent d'ordinaire les sens, étaient totalement absents. Où que je regarde, je ne voyais que des formes laides et une teinte grise uniformément sale et déprimante. En dehors de la voix autoritaire, froide et indifférente des gardiennes, rien ne brisait le silence. Assise dans la cellule, je laissais souvent mon regard s'échapper vers la fenêtre. Je pouvais regarder pendant des heures l'étroite bande de ciel à travers les barreaux. Ce n'était pas seulement parce qu'un air léger et frais entrait pour me maintenir en vie, c'était aussi parce que la fenêtre était le seul canal par lequel je gardais un lien ténu avec le monde extérieur. Souvent, tandis que mon corps était assis dans la cellule, mon esprit s'échappait par la fenêtre vers la liberté. Un de mes souvenirs les plus vivants de ma vie en prison reste la trajectoire de l'ombre des barreaux sur le sol cimenté. C'était ce lent parcours quotidien qui me faisait mesurer le passage du temps alors que j'attendais, jour après jour, année après année, parfois le prochain repas, parfois le prochain interrogatoire, mais surtout une évolution politique qui mettrait fin au pouvoir des maoïstes.

Au crépuscule, la lumière se ralluma. Je mangeai une autre portion de riz et de chou vert. Je ne connaissais pas encore la gardienne qui arriva pour la nuit… Elle me tendit le journal, puis, plaquant son visage contre la petite ouverture, elle cria :

« Qu'avez-vous fait à votre cellule ?

– Je l'ai nettoyée selon les enseignements du Président Mao sur l'hygiène, répondis-je.

– Si vous appliquez les enseignements de notre Grand Dirigeant le Président Mao, pourquoi êtes-vous en prison ? rétorqua-t-elle. Est-ce que le Président vous a dit de commettre un crime ?

– Je n'ai commis aucun crime. C'est une erreur. Cela sera prouvé par l'enquête et l'examen des faits.

– Vous savez parler, à ce que je vois. Vous essayez d'introduire votre mode de vie capitaliste dans cet endroit, n'est-ce pas ? Je vous conseille de moins penser à votre confort personnel et davantage à vos actes criminels. Réfléchissez-y bien. Quand on vous appellera, il vous faudra avouer tous vos crimes pour obtenir un traitement clément. »

Elle referma le guichet avant que j'aie pu répondre.

Je commençais à avoir assez de cette histoire d'aveux qui devraient me gagner un traitement clément. Une personne réellement coupable devrait effectivement être moins sévèrement condamnée si elle confessait sa faute volontairement. Mais je n'étais pas coupable. Et j'étais furieuse qu'on me dise si souvent que j'avais commis un crime.

Je m'assis sous la faible ampoule pour lire le journal. Comme tous les journaux en Chine, à commencer par le *Quotidien du Peuple*, le quotidien *Libération de Shanghai* était publié, financé et complètement contrôlé par les autorités. Les journalistes étaient désignés par le service de propagande du Parti. Leur travail consistait à sélectionner et souvent déformer les nouvelles, surtout celles qui provenaient de l'étranger, pour soutenir la propagande, et à écrire des articles louant la politique gouvernementale. Partout en Chine, y compris dans les prisons, le journal était un instrument d'endoctrinement du peuple.

Les Chinois savaient depuis longtemps que la seule attitude intelligente était de lire entre les lignes et d'être aussi attentifs aux omissions qu'à ce qui était imprimé. En fait, la véritable source d'informations du peuple chinois n'était pas du tout la presse mais les potins qui circulaient de bouche à oreille dans une langue souvent imagée et allusive. On appelait cela les « nouvelles des petits chemins », c'est-à-dire que les nouvelles ne venaient pas directement par la grand-route, par les canaux officiels. Dans le passé, avant que le Parti communiste ne prenne le contrôle du pays, ses organisations clandestines avaient utilisé de façon très efficace les « nouvelles des petits chemins » pour miner la confiance des Chinois dans le gouvernement du Guomindang. Maintenant, c'était à lui d'en souffrir. Quand les gens n'ont pas confiance dans les journaux officiels et ne peuvent obtenir librement des nouvelles ils sont naturellement plus désireux d'écouter et de croire tout ce qu'ils peuvent tirer des ragots politiques.

A la maison d'arrêt, *Libération de Shanghai* était ma seule source d'information sur ce qui se passait derrière les murs de la prison. Je le lisais très attentivement, relisant parfois la même nouvelle ou le même article deux fois afin de suivre le développement de la Révolution culturelle et d'évaluer l'évolution politique en cours. A la façon dont les nouvelles étaient présentées, au sujet d'articles particuliers, au ton des éditoriaux et au choix des citations de Mao Zedong un jour donné, je pouvais souvent discerner ce que les maoïstes espéraient accomplir ou ce qui n'avait pas marché comme prévu. Je ne compris pourtant pleinement les détails de la lutte pour le pouvoir engagée au sein du Parti communiste qu'après ma libération. C'est seulement alors que je parvins à rassembler une collection de publications non censurées des Gardes rouges et que j'eus la possibilité d'interroger les jeunes qui avaient pris part aux activités révolutionnaires.

Quand arriva le dimanche, je demandai à la gardienne de me prêter une aiguille. J'assemblai deux de mes serviettes afin d'en confectionner un siège pour les toilettes de ciment, j'assemblai aussi des feuilles de papier hygiénique pour en couvrir une des cuvettes où je gardais de l'eau. Quand je voulus couper un mouchoir pour me faire un bandeau qui, la nuit, me protégerait les yeux de la lumière de la lampe, je demandai des ciseaux. La gardienne resta tant que je les utilisais et je dus les lui rendre immédiatement. Je me sentis mieux de ces activités pratiques destinées à améliorer ma vie quotidienne. La couture se révéla une occupation particulièrement apaisante.

Plusieurs jours passèrent. Je demandais chaque jour en vain à voir l'instructeur. Un matin ensoleillé, une gardienne passa de cellule en cellule pour dire aux prisonnières de se préparer pour l'exercice en plein air.

J'avais tant envie de me retrouver au soleil et à l'air frais que je refermai le livre de Mao et bondis vers la porte, prête à sortir. Mais je dus attendre un long moment avant que l'on vienne m'ouvrir. C'était tout un système pour que les détenues des différentes cellules ne puissent se rencontrer. Il fallut, pour qu'on me fasse quitter ma cellule, que la prisonnière de la cellule d'à côté ait tourné le coin du couloir et soit hors de vue. Des gardiennes jalonnaient l'itinéraire emprunté par les prisonnières pour gagner la cour d'exercice.

Celle où l'on m'enferma était spacieuse, mais dans un état désolant. L'enduit écaillé des murs laissait apparaître la brique et le sol était couvert de poussière et de gravats. Dans un coin, une touffe d'herbe verte luttait pour survivre. Heureuse de voir quelque chose de vivant dans ce lieu inhospitalier, je m'approchai pour l'examiner. Chaque tige portait une petite fleur rose. Et chaque fleur était constituée de cinq pétales à la forme parfaite bien que leur taille ne dépassât pas celle d'une graine. Emergeant de la poussière et des gravats, la plante se dressait fièrement vers le soleil, affirmant la force de la vie dans cet endroit morbide. La perfection de ces fleurs m'enthousiasma.

« Marchez ! Marchez la tête baissée ! Vous n'avez pas le droit de vous arrêter ! » cria un gardien du haut du mirador élevé au sommet des murs dominant les cours d'exercice. Il y avait deux constructions sur la plate-forme, une ouverte et une fermée par des vitres. Comme il faisait beau, les gardiens regardaient les prisonniers depuis la plate-forme découverte.

Je me mis à marcher autour de la cour. Peu à peu le corset d'angoisse qui enserrait ma poitrine se détendit et je commençai à respirer plus facilement. L'air automnal était frais et sec et le soleil réchauffait mon visage. Le temps passait lentement en prison, chaque jour semblait interminable. Mais ce n'était plus le cas pendant les séances d'exercice à l'extérieur. Même au plus froid de l'hiver, quand mes vêtements ne parvenaient pas à garder sa chaleur à mon corps affamé, quand je ne cessais de grelotter sous les attaques du vent du nord, les moments passés à l'extérieur étaient toujours trop courts pour moi.

Le gardien qui me reconduisit à ma cellule n'arriva pas immédiatement à trouver la bonne clef pour ouvrir ma porte. Tandis qu'il en essayait plusieurs, je saisis l'occasion d'une nouvelle requête :

« Je suis ici depuis longtemps déjà. Est-ce que je pourrais voir l'instructeur ?

– Longtemps ? dit-il en se redressant et en me regardant. Que racontez-vous là ? Je sais que vous êtes ici depuis moins d'un mois. Un mois, ce n'est pas long. Il y a des gens qui sont là depuis des années et leur cas n'est toujours pas résolu. Pourquoi êtes-vous tellement impatiente ? Vous demandez toujours à voir l'instructeur. Qu'allez-vous lui dire quand vous le verrez ? Etes-vous prête à lui faire des aveux complets ?

– Je lui demanderai d'étudier mon cas et de clarifier les malentendus.

– Quels malentendus ?
– Les malentendus qui m'ont conduite ici.
– Vous êtes ici parce que vous avez commis un crime contre le Gouvernement populaire. Il n'y a pas de malentendu. Vous ne devez pas parler par énigmes.
– Je n'ai jamais commis de crime de ma vie.
– Si vous n'avez commis aucun crime, pourquoi êtes-vous en prison ? Le fait que vous êtes ici prouve que vous avez commis un crime. »

Sa logique m'atterra. Elle s'appuyait sur la certitude que le Parti et le gouvernement ne pouvaient se tromper. Je ne pouvais polémiquer avec lui sans paraître outrager le Gouvernement populaire, si bien que je me contentai de dire :

« Honnêtement, je n'ai jamais commis de crime. Il y a eu une erreur.
– Il se peut que vous ayez fait quelque chose dont vous ne vous souvenez pas. Les prisonniers ont souvent besoin que l'instructeur les aide et les guide pour passer aux aveux.
– Je ne pense pas que j'aie pu oublier un crime que j'aurais commis.
– Peut-être que vous ne saviez pas que vous commettiez un crime, à l'époque. Vous êtes encore probablement en pleine confusion. »

Il semblait sincère.

Etait-il possible que des actes que j'avais considérés comme innocents aient vraiment été interprétés par d'autres comme des crimes contre l'Etat ? J'avais très sérieusement suivi l'évolution politique et économique de la Chine et tenté de comprendre les événements en profondeur, mais je n'avais jamais étudié le Code pénal. Je décidai de combler sans délai cette lacune. Je dis alors au gardien :

« Dans ce cas, je voudrais étudier les livres de droit pour voir si j'ai effectivement commis un crime par inadvertance. Pourriez-vous me fournir des livres de droit ?

– Quels livres de droit ? Vous parlez exactement comme les intellectuels capitalistes qui sont dénoncés par la Révolution culturelle. Vous pensez en termes de livres de lois, de règles et de règlements. Nous sommes le prolétariat, nous n'avons rien de tout cela. »

Il semblait indigné, comme si je l'avais insulté en pensant qu'il existât des livres de droit.

« Si vous n'avez pas de livres de droit, à quoi vous référez-vous ? Comment décidez-vous si un homme a commis un crime ou non ?

– Nous nous référons aux enseignements de notre Grand Dirigeant le Président Mao. Ses paroles sont notre critère. S'il dit qu'un certain type de personnes est coupable et que vous appartenez à ce type de personnes, alors vous êtes coupable. C'est beaucoup plus simple que de dépendre de livres de droit », dit-il.

Pour lui, il était tout à fait bon et logique que le destin d'un homme soit livré arbitrairement aux paroles de Mao Zedong – qui changeaient d'ailleurs en fonction de ses priorités du moment, et qui étaient souvent si vagues que les dirigeants locaux pouvaient les interpréter à leur convenance. L'infaillibilité absolue des paroles de Mao faisait partie du culte de la personnalité dont il était l'objet. Je me demandais ce que penserait le gardien s'il se retrouvait à ma place en position de victime.

Il referma la porte. Je renonçai à demander qu'on m'interroge. J'avais décidé d'étudier assidûment et sérieusement les *Œuvres choisies* de Mao Zedong. Je voulais savoir comment ses écrits pouvaient être utilisés contre moi, et je voulais voir s'il n'était pas possible de recourir à ses propres mots pour réfuter les allégations de mes accusateurs. Je me dis qu'il fallait que j'apprenne à parler la langue de Mao, que je puisse citer sans hésiter des passages de ses œuvres quand l'heure viendrait de me retrouver face à l'instructeur.

Plusieurs semaines passèrent. Les jours se suivaient, et l'isolement prolongé minait mon moral. Je désirais désespérément avoir des nouvelles de ma fille qui me manquait tant, et je ne cessais de me faire du souci pour elle. Parfois, l'émotion me prenait à la gorge au point que j'avais du mal à respirer. A d'autres moments, mon estomac se serrait au point que je ne pouvais pratiquement plus absorber de nourriture.

Dehors, la Révolution culturelle semblait s'intensifier. Les chants révolutionnaires avaient fait place à de véhémentes dénonciations contre les officiels locaux et les grands professeurs. Je m'entraînai à les entendre, prenant un mot ici, une phrase là, à chaque fois que le vent soufflait dans la bonne direction. Du fond de ma sinistre cellule, je passais des heures à étudier les livres de Mao, lisant jusqu'à ce que ma vue se brouille à cause du manque de lumière.

Un jour où mes yeux refusaient de lire une ligne de plus, je les tournai vers la fenêtre, et je vis une petite araignée très occupée à tisser sa toile. Elle semblait savoir exactement ce qu'elle devait faire et menait sa tâche à bien sans hésitation, sans erreur, sans hâte. Elle connaissait son travail et le faisait avec une parfaite confiance dans ses capacités. Je regardais une création parfaite et j'en fus rassérénée. Que Dieu ait inspiré ou non l'araignée, je Le remerciai pour ce dont je venais d'être témoin. J'avais assisté au miracle de la vie. J'en conclus que Dieu menait le monde, et Mao Zedong et ses révolutionnaires me semblèrent beaucoup moins menaçants.

Ma cellule était orientée au sud-ouest. Pendant quelques instants, les rayons du soleil couchant transformèrent la nouvelle toile de l'araignée en un disque scintillant aux couleurs d'arc-en-ciel. Je n'osai m'approcher de peur d'effrayer l'araignée et de la faire fuir. Je l'observai de loin, au centre de son œuvre. Je remarquai bientôt qu'elle n'attendait pas seulement patiemment une proie, mais qu'elle était toujours vigilante : à chaque fois que la brise abîmait un coin de la toile, elle allait immédiatement réparer les dégâts. Au long des jours, l'araignée prit soin de sa toile, la refaisant complètement à l'occasion.

Je m'attachai à cette petite créature maintenant que je l'avais observée et que je connaissais ses activités et ses habitudes. Dès le réveil, tout au long de la journée et le soir au coucher, je vérifiais qu'elle était toujours là, et j'en étais rassurée. La petite araignée devint ma compagne, rompant le désespoir de l'isolement, même si nous ne pouvions communiquer.

Novembre arriva avec son vent du nord-ouest. Chaque jour de pluie faisait baisser un peu plus la température. Je regardais l'araignée avec anxiété, hésitant à fermer la vitre entre elle et moi. Mais un matin, la toile était déchirée et l'araignée partie. J'en fus triste et je laissai la fenêtre ouverte dans l'espoir de la voir revenir. Mais je la vis bientôt au centre d'une nouvelle toile dans un coin du plafond. Je fermai la fenêtre sur nous deux, heureuse que ma petite amie ne m'ait pas abandonnée.

Fin novembre, je me réveillai un matin avec un gros rhume et un fort mal de tête. Je me mouchais lamentablement, ne sachant si je devais ou non demander des médicaments. Quand on m'apporta la soupe de riz, je me forçai à la boire, espérant que le liquide chaud me soulagerait, mais je ne pus avaler le riz sec et le chou à midi. Je rendis l'assiette pleine à la cuisinière. Tout au long de l'après-midi, la gardienne vint fréquemment me regarder par le judas, mais elle ne m'adressa pas la parole avant le soir, quand elle ouvrit brusquement le guichet et déclara :

« Vous avez pleuré?

– Oh, non? J'ai un rhume.

– Vous pleurez. Vous pleurez parce que vous n'êtes pas habituée aux conditions de vie de la prison. Vous trouvez tout intolérable, n'est-ce pas? On a bien vu que vous essayiez d'arranger les choses. Vous pleurez aussi parce que votre fille vous manque. Vous vous demandez ce qui lui arrive, dit la gardienne.

– Non, vraiment. J'ai seulement un rhume. Est-ce que je peux avoir de l'aspirine ?

– L'aspirine ne peut rien pour vous. Ce qui vous gêne est dans votre tête. Réfléchissez à votre situation. Adoptez une attitude correcte. Repentez-vous ! »

Je passai le reste de la soirée assise le dos à la porte, et je fis de gros efforts pour ne pas me moucher ni m'essuyer les yeux. Quand on m'apporta le riz du soir, j'en mangeai un peu et jetai le reste dans les toilettes. Mais les gardiennes étaient tellement certaines que je pleurais parce que je ne supportais plus la vie qu'on me faisait mener, qu'elles saisirent ce qu'elles considérèrent comme un moment de faiblesse psychologique et me firent convoquer dès le lendemain pour un interrogatoire.

CHAPITRE 6

INTERROGATOIRES

La matinée s'annonçait claire et ensoleillée. Quand j'ouvris la fenêtre, un air presque glacé s'engouffra dans la cellule. L'hiver approche, pensai-je. La gardienne allait de cellule en cellule pour dire aux prisonnières d'enlever les draps de leurs lits pour la lessive, opération de routine qui avait lieu chaque mois par un jour de beau temps. On donnait un supplément d'eau car chaque prisonnière devait savonner ses draps mouillés avant de les passer par le guichet. Les filles de la Réforme par le travail les ramassait et finissaient de les laver à la lingerie.

J'étais en train de savonner les miens quand un gardien ouvrit brusquement ma porte et cria :

« Dehors !

– Je fais ma lessive, dis-je.

– Pas de discussions. Quand je dis dehors, vous sortez. »

La gardienne arriva et dit :

« Vous finirez votre lessive plus tard. Maintenant vous devez vous rendre à l'interrogatoire. »

L'interrogatoire ! J'allais enfin me retrouver face à face avec mon accusateur. J'essuyai mes mains en toute hâte.

« Dépêchez-vous ! Prenez votre exemplaire des *Citations du Président Mao* », me dit le gardien d'un ton d'impatience.

Je le suivis par-delà la cour de la prison des femmes dans un secteur situé au fond du complexe carcéral. A l'entrée d'un bâtiment, on pouvait lire en caractères noirs sur un tableau de bois peint en blanc : « Traitement clément à ceux qui avouent avec franchise. Punition sévère à ceux qui s'obstinent. Récompense à ceux qui rendent des services méritoires. »

Plusieurs gardiens rangeaient des chaises dans une petite pièce près de l'entrée du bâtiment. On me confia à l'un d'eux, qui me guida le long d'un couloir flanqué de nombreuses salles d'interrogatoire. La plupart des portes étaient fermées, mais j'entendis le son étouffé – ou parfois tonitruant – des voix des occupants. Le gardien s'arrêta devant une des pièces, ouvrit violemment la porte et cria :

« Entrez ! »

La pièce était étroite, longue et plutôt sombre, avec une seule petite fenêtre, comme dans ma cellule, très haut dans le mur du fond. Deux hommes, habillés de ces uniformes maoïstes de coton bleu mal taillés et délavés que portaient presque tous les hommes en Chine hormis les cadres de haut niveau, étaient assis derrière une table de bois, sous la fenêtre. A deux mètres d'eux, une lourde chaise de bois était destinée à l'accusé. La pièce était très sombre mais le peu de lumière qui passait par la fenêtre tombait juste à l'endroit où le prisonnier devait s'asseoir. Je remarquai que les murs étaient poussiéreux, le sol de ciment noirci par l'humidité et le bureau d'un gris neutre.

Quand je fus entrée, l'un des hommes dit :

« Lisez dans votre livre cet enseignement de notre Grand Dirigeant le Président Mao. »

La citation qu'il avait choisie était la même que celle

utilisée par les Gardes rouges quand ils étaient venus mettre la maison à sac.

« Après l'anéantissement des ennemis armés, il y aura encore des ennemis non armés. Nous ne devons jamais les sous-estimer. »

J'avais lu la citation d'une voix ferme, consciente que les deux hommes me regardaient attentivement. J'essayai de ne marquer aucune nervosité, craignant qu'elle ne soit interprétée comme un signe de culpabilité.

« Asseyez-vous », dit l'homme en me montrant la chaise.

En me retournant pour m'asseoir, je vis dans le mur un judas semblable à celui qui perçait la porte de ma cellule, mais un peu plus grand. J'en conclus que les interrogatoires menés dans la pièce étaient écoutés par quelqu'un depuis le couloir.

Je m'assis et regardai les deux hommes. Ils avaient le teint pâle de ceux qui travaillent à l'intérieur et ont peu l'occasion de prendre de l'exercice. Contrairement à celui qui s'était acquitté des formalités à mon arrivée, ils respiraient, malgré leur piètre apparence, l'autorité et la confiance en soi de tout homme occupant un poste officiel. Ils étaient assez détendus, presque affables; l'interrogatoire d'un prisonnier n'était à l'évidence pour eux qu'un travail de routine. Je me dis que celui qui me parlait était l'instructeur, et l'autre, qui avait placé devant lui des feuilles de papier, son secrétaire ou son assesseur.

L'instructeur regarda discrètement, au-delà de mon épaule, le judas situé derrière moi et fit un signe de tête à peine perceptible. J'avais donc eu raison : un homme écoutait effectivement mon interrogatoire depuis le couloir. J'étais déçue. Il semblait que l'instructeur n'était qu'un intermédiaire et que je n'allais toujours pas voir mon véritable accusateur. J'aurais tant aimé me retrouver face à face avec celui qui m'attaquait si injustement et graver à jamais ses traits dans ma mémoire!

D'une voix presque lasse, l'instructeur me demanda mon nom et d'autres renseignements. Puis il me regarda droit dans les yeux et, haussant le ton, demanda :

« Savez-vous ce qu'est cet endroit ?

– J'imagine que c'est une sorte de prison ou de camp de détention, puisque tout le monde est enfermé.

– Vous avez tout à fait raison. C'est la Maison d'arrêt n° 1, une prison pour les détenus politiques, où sont enfermés et interrogés les contre-révolutionnaires qui ont commis des crimes contre le Gouvernement populaire.

– Dans ce cas, je n'aurais pas dû être conduite ici », déclarai-je avec fermeté.

Il ne se laissa pas émouvoir par ma remarque et continua calmement.

« Vous êtes justement incarcérée ici parce que vous avez commis un crime contre le gouvernement du Peuple.

– Il doit y avoir une erreur, dis-je.

– Le gouvernement populaire ne fait jamais d'erreurs.

– Vous n'êtes pas un Garde rouge irresponsable. Vous êtes un représentant de l'Etat. Vous ne pouvez lancer ainsi des accusations sans fondement.

– Ce ne sont pas des accusations sans fondement.

– Il faudra que vous apportiez des preuves de ce que vous avancez. »

J'étais profondément déçue de constater que cet interrogatoire tant attendu prenait exactement la même voie que les séances que j'avais subies de la part des Révolutionnaires avant mon emprisonnement.

« Mais nous avons des preuves, naturellement, bluffa-t-il effrontément.

– Produisez-les, dis-je d'un ton sarcastique. Pourquoi perdre du temps avec un interrogatoire ? Pourquoi ne pas simplement produire les preuves et punir la coupable ?

– Vous ne devez pas sous-estimer les masses. Les Gardes rouges et les Rebelles révolutionnaires peuvent obtenir toutes les preuves dont nous avons besoin. Rien ne peut être caché. Ceux qui ont commis des fautes ou des crimes avouent et dénoncent les autres coupables. Ils veulent se gagner un traitement clément en avouant, et se voir récompensés en démasquant les autres.

– Je ne crois pas que vous puissiez obtenir des preuves contre moi. Non pas parce que je ne comprends pas la nature de la Grande Révolution culturelle prolétarienne ou parce que je sous-estime la puissance des masses, mais parce que je ne crois pas que vous ni quiconque puissiez obtenir quelque chose qui n'existe pas. Je n'ai jamais commis aucun crime; comment pourrait-il y avoir des preuves démontrant que j'en ai commis un ? »

Comme il avait menti en prétendant avoir des preuves, j'avais l'avantage sur lui, et cela conforta ma confiance en moi.

« Il serait facile de produire des preuves et de vous punir. Mais ce n'est pas la politique de notre Grand Dirigeant. Le but de cet interrogatoire est de vous aider à changer votre façon de penser et de vous donner une chance d'obtenir un traitement clément en avouant franchement, pour que vous puissiez rompre totalement avec votre passé criminel et devenir un être nouveau.

– Je ne suis pas magicienne. Je ne sais pas comment avouer quelque chose qui n'est pas arrivé.

– Peut-être que vous n'êtes pas encore prête. Nous sommes patients. Nous pouvons attendre, dit-il en me fixant et en parlant lentement pour bien me faire comprendre qu'il me menaçait d'un long emprisonnement.

– Un million d'années ne changeront rien. Quand une chose n'est pas arrivée, elle n'est pas arrivée. On ne peut changer les faits, quelle que soit la durée de l'attente, répondis-je aussi lentement et fermement, pour lui montrer qu'il n'avait pas réussi à m'effrayer.

– Le temps peut modifier l'attitude de quelqu'un. Une

femme comme vous ne tiendra pas cinq ans dans cet endroit. Votre santé se dégradera. Vous finirez par nous supplier de bien vouloir entendre vos aveux. Sinon, vous mourrez à coup sûr.

– Je préfère mourir que mentir.

– Pas du tout. Vouloir vivre est l'instinct de base de tout être vivant, y compris des êtres humains.

– J'obéirai aux enseignements de notre Grand Dirigeant Le Président Mao. Il a dit : " Premièrement, ne craignez pas les épreuves, deuxièmement, ne craignez pas la mort. "

– Cette citation ne s'applique pas à des gens comme vous. Elle s'adresse aux soldats de l'Armée de Libération, dit-il avec indignation.

– Le maréchal Lin Biao a dit : " Les enseignements de notre Grand Dirigeant ont une signification universelle et s'appliquent en toutes circonstances. " »

Mon état d'esprit s'était subtilement modifié depuis que mon instructeur m'avait donné l'avantage moral en mentant. Je commençais à prendre plaisir à cet interrogatoire. C'était infiniment préférable à l'attente dans une cellule humide sans personne à qui parler.

Il y eut un silence. L'instructeur jeta à nouveau un coup d'œil par-dessus mon épaule, puis il dit :

« Vous êtes audacieuse. Mais vous ne vous sortirez pas de vos difficultés par de belles paroles. La seule voie est d'adopter une attitude correcte, sincère. C'est mon devoir de vous aider à comprendre réellement la politique du Gouvernement et de vous persuader que vous n'avez pas d'autre choix que de montrer sincérité et repentir en passant des aveux complets. Ne sous-estimez pas la Dictature du Prolétariat ! Cette salle d'interrogatoire équivaut à un tribunal populaire. Vous devez prendre très au sérieux tout ce qui s'y dit.

– Est-ce que je ne dois pas attendre que le gouvernement populaire me rende justice ?

– Justice ! Qu'est-ce que la justice ? Ce n'est qu'un

mot. C'est une abstraction sans signification universelle. Pour des classes différentes, ce mot a des significations différentes. La classe capitaliste considère qu'il est parfaitement juste d'exploiter les travailleurs, tandis que les travailleurs considèrent qu'il est tout à fait injuste d'être exploité ainsi. De toute façon, qui êtes-vous donc pour exiger qu'on vous rende justice? Quand vous vous prélassiez dans une pièce bien chauffée de votre maison et que d'autres grelottaient dans la neige, pensiez-vous à la justice?

– Vous confondez la justice sociale et la justice légale. Je peux vous affirmer que c'est précisément parce que mon mari et moi espérions que le gouvernement populaire améliorerait les conditions de vie en Chine et que personne ne souffrirait jamais plus du froid ni de la faim que nous sommes restés en Chine en 1949 plutôt que de suivre le Guomindang à Taiwan, lui dis-je.

– Quoi qu'il en soit, nous ne sommes pas concernés par le concept abstrait de la justice. L'armée, la police et le tribunal sont des instruments de répression utilisés par une classe contre une autre. Ils nont rien à voir avec la justice. La cellule que vous occupez actuellement a été utilisée pour enfermer les membres du Parti communiste au temps du gouvernement réactionnaire du Guomindang. Maintenant, la Dictature du Prolétariat utilise les mêmes instruments de répression contre ses propres ennemis. Les pays capitalistes emploient des mots aussi séduisants que " justice " et " liberté " pour gruger le peuple et empêcher la prise de conscience révolutionnaire. Pour adopter une attitude correcte, vous devez faire disparaître toutes ces sornettes de votre tête. Cela ne vous mènera à rien. »

Ce qu'il disait n'était nouveau ni pour moi ni pour quiconque ayant vécu en Chine et suivi les événements depuis 1949. C'était la théorie marxiste de la lutte des classes. « L'armée, la police et les tribunaux sont des instruments de répression utilisés par une classe contre une autre » : Mao Zedong l'avait écrit dans son essai *Sur la Dictature démocratique populaire.*

Je sentais que l'interrogatoire ne menait nulle part. Tant que l'instructeur ne poserait pas de questions précises, rien ne pourrait être clarifié. Il était inutile que je m'engage dans une discussion théorique sur le marxisme. On y croyait ou on n'y croyait pas, il n'y avait pas de demi-mesure. Ma vision des choses et mes valeurs morales avaient été formées bien longtemps auparavant. Je ne croyais pas en cette division des gens en classes rigides et je ne pensais pas que la lutte des classes soit favorable au progrès. Je pensais que la Chine avait besoin d'une atmosphère paisible et de l'unité de toutes les couches de la société pour reconstruire le pays après tant d'années de guerre, et non d'une interminable révolution. Je ne pouvais changer ces convictions. Malheureusment, l'instructeur ne voulait pas le voir, en tout cas pas pour l'instant, car il espérait me troubler, briser ma résistance par un mélange de menaces et de discussions. Cette séance s'annonçait longue et pénible. Mon rhume m'oppressait. Je décidai de le laisser parler et de l'écouter.

Après un silence, il continua :

« La condition préalable à toute confession est d'admettre sa culpabilité. Vous devez admettre votre culpabilité non seulement face au gouvernement populaire, mais aussi face à vous-même. Admettre sa culpabilité, c'est comme ouvrir les vannes d'un barrage. Quand on admet sincèrement qu'on est coupable, qu'on s'est opposé au gouvernement populaire alors qu'on faisait semblant du contraire, les aveux viennent tout seuls. »

Il s'arrêta un moment et me regarda pour voir ma réaction. Il avait dit « opposé » au gouvernement populaire. Naturellement, j'étais opposée à certaines mesures prises par l'Etat, telles que les arrestations massives d'innocents, l'affirmation qu'un homme était un ennemi simplement à cause de ses origines de classe, etc. Mais je n'avais jamais parlé de ces opinions à qui que ce fût, et je n'avais en tout cas jamais essayé de m'opposer activement au gouvernement. J'espérais seulement que lorsque le régime arriverait à maturité et tirerait les leçons de l'expérience, il s'adoucirait. L'instructeur essayait d'instiller en moi un sentiment de culpabilité parce qu'il savait très bien que tout citoyen de n'importe quel pays s'oppose à quelques mesures de son gouvernement à un moment ou à un autre. Il espérait me manipuler psychologiquement. Mais je vis clair dans son jeu. Je restai donc impassible. Je recensai dans ma tête toutes les mesures gouvernementales que j'avais soutenues sans réserve, comme l'amélioration de l'hygiène publique, la réinsertion des sans-abri, etc. Dans l'ensemble, je me considérais comme un partisan du gouvernement populaire. Cette affirmation de mon attitude positive envers le régime communiste me donna le courage de résister aux tentatives de l'instructeur pour faire naître dans mon esprit un sentiment de culpabilité, et j'eus souvent à m'en féliciter pendant toutes les années que je passai en prison.

L'interrogateur continua :

« Il vous faut maintenant penser à votre vie et à vos origines familiales. Trouvez votre place correcte dans la structure politique et économique de notre Etat socialiste. Où vous situez-vous ? Avec les travailleurs et les Révolutionnaires ou avec les ennemis de classe ? Vous n'avez pas besoin que je vous dise que vous venez d'une famille féodale qui a possédé une énorme superficie de riches terres agricoles. Pendant des générations, votre famille a exploité les paysans et vécu des richesses qu'ils créaient. Votre grand-père, votre père et votre mari étaient tous des cadres des régimes réactionnaires qui coopéraient avec l'impérialisme étranger, exploitaient le peuple et s'opposaient au Parti communiste. Vous-même avez choisi de travailler pour une entreprise multinationale étrangère alors qu'on vous offrait d'enseigner dans une institution éducative populaire. Cela fait dix-sept ans que l'Armée populaire a libéré Shanghai. Des milliers de Chinois affligés d'origines semblables aux vôtres ont changé leur mode de vie et nous ont rejoint. Qu'avez-vous fait? Vous avez continué comme si rien n'était arrivé. Vous avez conservé avec arrogance votre ancien style de vie, vous avez continué à porter les mêmes vétements bourgeois et vous avez même osé parler anglais en public et conserver des contacts amicaux avec un grand nombre d'étrangers ici et hors du pays. Croyez-vous que votre attitude intransigeante pouvait passer inaperçue? Le prolétariat vous surveille depuis des années. Notre Grand Dirigeant a dit récemment : " Les yeux des masses sont clairs et lumineux comme la neige. " Est-ce que vous vous imaginez que vous pourriez nous cacher quoi que ce soit? Vous êtes une femme intelligente. Croyez-vous honnêtement que nous allons vous laisser sortir d'ici sans être parvenus à transformer complètement votre manière de penser? Vous êtes ici depuis presque deux mois déjà. Je dois dire que votre faculté d'adaptation nous a surpris. Néanmoins, bien que vous vous montriez indifférente aux conditions de vie en prison, elles doivent gravement vous éprouver. L'hiver approche. Je ne pense pas que de toute votre vie vous ayez passé un seul hiver dans une pièce sans chauffage. La cellule sera très froide. Et puis il y a la nourriture grossière que vous avez souvent des difficultés à avaler, nous nous en sommes rendu compte. Et votre fille? Est-ce qu'elle ne vous manque pas? Ne vous demandez-vous pas souvent ce qui lui est arrivé? »

Il s'interrompit à nouveau mais, voyant que je gardais toujours le silence, il continua :

« Tout d'abord, nous voulons que vous écriviez votre autobiographie. Presque tout le monde l'a fait dans ce pays, mais nous n'avons rien trouvé de la sorte dans votre dossier. Ecrivez tout clairement. N'essayez pas de vous blanchir. N'essayez pas de cacher quoi que ce soit.

Nous confronterons ce que vous écrirez aux matériaux dont nous disposons à votre sujet. Si vous omettez quoi que ce soit, nous penserons que vous n'êtes pas sincère. Suivez l'ordre chronologique, en commençant par votre famille. Nous définirons votre position logique et votre degré de sincérité en fonction de ce que vous écrirez. »

L'homme qui prenait des notes se leva et me tendit un rouleau de papier. Après que je l'eus pris, l'instructeur dit :

« Si vous n'avez pas assez de papier, la gardienne vous en donnera davantage. Elle vous donnera aussi un porte-plume et de l'encre. Vous n'avez pas le droit de faire un brouillon. Vous n'avez pas le droit de jeter le papier sur lequel vous aurez fait des fautes. Rendez-le avec le reste quand vous aurez fini. Repensez en détail à tout ce que je vous ai dit aujourd'hui. Quand vous aurez fini d'écrire, remettez les feuillets à la gardienne. Nous vous convoquerons. »

La porte de la salle d'interrogatoire s'ouvrit et un gardien apparut. Je le suivis le long du couloir et regagnai ma cellule. Je n'avais aucun moyen de savoir combien de temps j'étais partie, mais il me semblait que cela faisait une éternité. J'avais faim, j'étais fatiguée, et j'étais très déçue.

Mes draps mouillés étaient étalés sur les lits empilés que j'utilisais comme table. Je continuai à les savonner et quand j'eus fini, j'appelai la gardienne.

Elle vint au guichet et me tendit un porte-plume et un flacon d'encre.

« Est-ce que mes draps peuvent être lavés maintenant ?

– La lessive est finie. Vous les donnerez la prochaine fois.

– Mais ils sont mouillés et savonnés. Ce n'est pas hygiénique de garder des draps mouillés pendant tout un mois », dis-je.

Elle n'attendit pas que j'aie fini de parler et ferma le guichet. Au cours de l'après-midi, elle vint pourtant à plusieurs reprises me regarder par le judas. Elle ouvrit une fois le guichet et me demanda :

« Pourquoi n'écrivez-vous pas ?

– Comment pourrais-je écrire ? Je me fais du souci pour les draps. Ils vont moisir, et je n'en ai pas d'autres. »

Sans doute pour s'assurer que je me mettrais à rédiger l'autobiographie demandée par l'instructeur, elle fit venir la jeune fille au sourire, qui prit mes draps. Elle me les rapporta le lendemain, propres et secs.

La gardienne continuait à venir régulièrement me regarder par le judas. Pour lui faire croire que j'écrivais, je posai un des livres de Mao sur mes genoux et plaçai une feuille de papier dessus, le flacon d'encre à portée de la main. Quand elle vit cela, la gardienne me laissa tranquille.

Avant d'écrire quoi que ce soit, je devais comprendre à quoi l'instructeur espérait arriver en m'ordonnant d'écrire mon autobiographie. L'argument selon lequel tous les autres Chinois en avaient fait autant ne tenait pas. Bien que l'on ne m'eût jamais demandé d'écrire mon autobiographie, je ne doutais pas que la police de mon quartier possédât déjà un dossier fourni sur ma vie, comme sur la vie de tous les autres. Il était évident que l'instructeur espérait qu'en écrivant mon autobiographie je lui fournirais des détails qu'il pourrait déformer et utiliser contre moi.

Je n'étais pas la seule Chinoise de Shanghai à avoir mené une vie confortable, porté des vêtements chinois traditionnels au lieu de « l'uniforme » maoïste, et fréquenté des amis étrangers. Il ne faisait pas de doute que d'autres avaient souffert aux mains des Gardes rouges et que leurs maisons avaient été mises à sac. Peut-être même les avait-on frappées. Mais je ne pouvais croire qu'elles aient toutes été arrêtées. Pourquoi moi ? La situation demeurait en grande partie mystérieuse à mes yeux. Il aurait été imprudent de commencer à raconter franchement ma vie, de révéler mes pensées et mes opinions profondes. De plus, je connaissais des gens à qui l'on avait demandé d'écrire à plusieurs reprises leur autobiographie. Quand on trouvait des différences entre les diverses versions, les auteurs voyaient de lourds soupçons peser sur eux. Tout ce que je pouvais faire était d'écrire une simple liste des faits marquants de ma vie dans l'ordre chronologique. Si on me demandait de récrire cette autobiographie, je n'aurais ainsi aucun mal à produire une version identique.

Dans la soirée, la température tomba soudain, et quand vint la nuit, le vent se mit à souffler. La fenêtre de ma cellule était si mal ajustée qu'elle se mit à vibrer. Un air glacé filtrait par les côtés, et je m'employai à boucher les trous avec du papier hygiénique. Je constatai alors que la toile de ma petite araignée avait été déchirée par le vent. Elle ne la répara pas et se laissa descendre jusqu'au sol. Là, elle traversa avec difficulté la pièce, allant de mur en mur. Accroupie, je la regardai, me demandant si une araignée pouvait être malade ou si elle souffrait du froid. Elle finit par disparaître dans le coin où le ciment des toilettes rejoignait le mur. Dans la fissure, elle tissa une petite toile assez vilaine et très dense, comme une sorte de cocon. Je me dis qu'elle était bien protégée.

Le matin suivant, je rédigeai assez rapidement mon autobiographie sur quelques feuilles de papier. Tout était terminé dans l'après--midi et j'appelai la gardienne. Elle vint au guichet et je lui remis ce que j'avais écrit ainsi que le papier restant.

« Vous avez déjà fini ? demanda-t-elle d'un ton dubitatif en considérant les cinq feuillets noircis de mon écriture.

– Oui, j'ai fini.

– Pourquoi est-ce si court ? Vous avez tout écrit ?

– Oui, j'ai tout écrit. »

Elle ne répondit pas et s'éloigna. Je m'attendais à une réaction immédiate, mais rien ne vint et je me sentis assez optimiste. Comme la petite araignée, je devais obéir à mon instinct de survie.

Le lendemain matin, on ouvrit ma porte et un gardien me cria :

« Dehors! »

Je pris mon petit livre rouge et je le suivis, prête à une séance orageuse avec l'instructeur qui, je n'en doutais pas, partagerait l'opinion de la gardienne et considérerait que mon autobiographie ne lui convenait pas.

On me conduisit dans une autre salle d'interrogatoire, identique à la première. Les deux mêmes hommes étaient assis comme la fois précédente, mais leurs uniformes étaient gonflés de pull-overs. La pièce était glacée et humide. Dehors, le fort vent du nord-ouest venant de Sibérie cinglait la ville sans relâche, secouant la fenêtre et sifflant par les interstices. L'instructeur me regarda en fronçant les sourcils. Quand il me demanda de lire la citation de Mao qu'il avait choisie, il parla d'un ton sec afin que son mécontentement ne m'échappe pas. Je savais qu'il jouait cette comédie pour m'impressionner et m'effrayer. J'ignorai son attitude, que je trouvais plutôt puérile et amusante, et je lus la citation d'une voix claire et ferme comme la première fois.

« '' Les impérialistes et leurs chiens courants, la clique réactionnaire du pays, ne se résigneront jamais à leur défaite; ils se débattront jusqu'à la fin. Même quand la paix et l'ordre auront été rétablis dans l'ensemble du pays, ils continueront par tous les moyens à se livrer au sabotage et à provoquer des troubles, et chercheront à tout instant à rétablir leur domination en Chine. Cela est certain, indubitable; nous ne devons donc absolument pas relâcher notre vigilance. ''

– Comprenez-vous ce que signifie cette citation? me demanda-t-il sans m'inviter à m'asseoir.

– Elle me semble très claire.

– Expliquez ce que vous en avez compris.

– Il s'agit d'une citation que tous les Chinois connaissent bien. Elle est tirée du discours que fit le Président Mao à la réunion préparatoire de la Conférence consultative politique qui s'est tenue le 15 juin 1949 à Beijing. Il incitait le peuple chinois à la vigilance parce qu'il croyait que les impérialistes et le Guomindang n'accepteraient pas leur défaite en Chine et enverraient des agents dans le pays pour fomenter des troubles.

– Très juste ! Et les événements de ces dix-sept dernières années ont prouvé que la mise en garde de notre Grand Dirigeant était à la fois opportune et exacte. Qu'en pensez-vous ? »

Il est évident que je ne pouvais répondre que Mao était paranoïaque et qu'il soupçonnait tout le monde. Pourtant, je ne pouvais me prétendre d'accord avec ce qu'il avait dit sans sous-entendre que j'avais connaissance de telles activités de la part des ennemis du régime. Si bien que je choisis la voie diplomatique :

« Oh ! Je crois en tout ce que dit notre Grand Dirigeant le Président Mao. N'a-t-il pas toujours raison ? »

L'instructeur me regarda fixement. Au bout d'un moment il dit :

« Asseyez-vous ! »

J'entendis que l'on ouvrait le judas derrière moi. L'instructeur me regarda pour voir si j'avais remarqué le léger bruit, mais je regardais la fenêtre droit devant moi, comme si j'étais perdue dans mes réflexions. Je ne voulais pas qu'il pense que j'étais attentive au moindre bruit. A son attitude, je compris qu'il ne souhaitait pas que je sache que quelqu'un suivait mon interrogatoire depuis le couloir.

L'autobiographie que j'avais écrite était devant lui. Il la prit entre ses mains et dit :

« Est-ce que vous considérez cela comme un effort sérieux d'auto-analyse ? »

Comme je n'avais rien à répondre, je restai silencieuse.

« Vous nous avez donné un rapport chiffré de votre vie comme si vous nous faisiez une liste de vos dépenses. Est-ce cela que vous appelez écrire une autobiographie? dit-il en agitant les feuillets dans ma direction.

– Est-ce que ce n'est pas bien? Je crains de n'avoir jamais écrit d'autobiographie auparavant, dis-je avec une feinte naïveté.

– Vous n'en avez jamais écrit, mais vous en avez lu plusieurs. Votre bibliothèque contenait des autobiographies d'écrivains chinois et étrangers, dit-il.

– Oui, il est vrai que j'ai lu beaucoup d'autobiographies de personnalités importantes. Toutes ces personnes ont fait beaucoup de choses dans une sphère ou une autre. Je n'ai jamais rien fait qui vaille qu'on le mentionne. A part ces neuf dernières années après la mort de mon mari, je n'étais qu'une femme d'intérieur.

– Vous étiez une femme d'intérieur? demanda l'interrogateur d'un ton ironique. Passiez-vous votre temps à coudre, tricoter ou faire la cuisine? Non, vous étudiiez le marxisme, vous lisiez toutes sortes de magazines et de journaux, vous recopiiez des discours prononcés par des dirigeants du Parti et de l'Etat et vous archiviez toutes les résolutions du Comité central du Parti. Quand les Gardes rouges sont venus chez vous pour prendre contre vous des mesures révolutionnaires, ils ont trouvé votre bibliothèque pleine de livres politiques et les tiroirs de votre bureau pleins de notes de votre main. Vous possédiez un puissant poste de radio à ondes courtes dans votre chambre. Vos serviteurs nous ont dit que vous écoutiez régulièrement les émissions étrangères. Quelle autre femme d'intérieur fait ce genre de choses? Une femme d'intérieur s'occupe de sa famille et de son foyer. Vous vous occupiez de politique. Vous n'avez jamais été une simple femme d'intérieur!

– Je n'ai pas honte de m'être intéressée à autre chose

qu'à ma maison et ma famille. Je croyais que le gouvernement populaire et le Parti communiste encourageaient les femmes à étudier le marxisme et à s'intéresser à la politique. Je me suis contentée de faire ce que je pensais juste, puisque les femmes de Chine ont été libérées par le Parti communiste, lui dis-je.

– Nous encourageons les femmes à étudier le marxisme avec notre aide et suivant nos directives. Si vous aviez tellement envie d'étudier le marxisme pour accroître votre conscience politique, pourquoi n'avez-vous pas assisté aux cours ? On nous a dit que vous n'avez jamais pris part à aucune des activités organisées par le Comité de résidents pour les femmes de votre quartier. Si vous vous intéressiez à la politique parce que vous souhaitiez être une bonne citoyenne, pourquoi êtes-vous arrivée deux heures en retard pour voter lors de l'élection au Congrès populaire de Shanghai ? Etait-ce l'attitude d'une femme consciente de sa propre libération ? Pourquoi ne pas admettre que votre intérêt pour la politique ne visait qu'un but ultérieur ?

– Je n'ai pas participé aux cours organisés par mon Comité de résidents simplement parce que j'apprenais mieux par moi-même. De plus, ils avaient lieu l'après-midi et je ne pouvais pas m'y rendre quand je travaillais pour Shell. Quant à mon retard pour le vote, je dois admettre que j'avais simplement oublié de m'y rendre jusqu'à ce que quelqu'un me téléphone pour me le rappeler. Je ne pensais pas que mon vote était important. Je ne savais pas que tous les membres du personnel de Shell devaient voter ensemble, et que mon retard gênerait les autres. En tout cas, le Parti n'avait désigné qu'un seul candidat. Il aurait donc été élu avec ou sans ma voix, expliquai-je.

– Vous osez mépriser le mode d'élection du gouvernement populaire ? Vous ne pensiez pas que c'était important ! Ce qui comptait pour vous, c'était de faire le sale travail des impérialistes !

– C'est là une accusation aussi gratuite qu'irresponsable, dis-je en hochant la tête.

– Je vous ai dit d'écrire une autobiographie, dit-il en agitant à nouveau mes cinq feuillets. Et vous avez produit ceci. Pourquoi? Parce que vous avez quelque chose à cacher!

– Je vous prierais de me dire à quoi vous pensez. Je n'avais aucune intention de cacher quoi que ce soit. S'il y a un épisode de ma vie, quel qu'il soit, que vous voulez connaître, je serai très heureuse de vous en parler.

– C'est bien. C'est la première fois depuis le début de cet interrogatoire que vous montrez un peu de sincérité. J'espère que vous comprenez maintenant combien votre situation est désespérée, et que vous ferez des aveux complets.

– Vous parlez par énigmes. J'ai dit que je serais heureuse de vous dire tout ce que vous voulez savoir sur ma vie parce que je crois que les faits sont plus éloquents que les discussions. Je crois que lorsque vous serez en possession de tous les faits, vous comprendrez que je suis innocente. Je n'ai jamais rien fait qui puisse nuire au Gouvernement populaire ni au Parti communiste.

– Je veux une réponse complète et franche à toutes mes questions. Si vous désirez obtenir un traitement moins sévère, n'essayez pas de cacher quoi que ce soit, menaça-t-il.

– Je vous promets que je n'ai rien à cacher. Je comprends parfaitement la puissance du Gouvernement populaire et la capacité de l'instructeur d'obtenir la vérité. En fait, je compte sur vous pour me laver de l'accusation mensongère qui a été lancée contre moi et pour restaurer ma réputation, lui dis-je.

– J'accepte votre déclaration de sincérité. Vous pouvez maintenant retourner dans votre cellule. Cet après-midi, vous me parlerez de vos rapports avec les agents britanniques Scott et Austin, des activités réelles de l'entreprise pour laquelle vous travailliez, et vous me direz qui est responsable de l'introduction d'un agent double russe blanc auprès de votre directeur général. »

Je n'en croyais pas mes oreilles. Je commençai à parler mais l'instructeur m'imposa le silence d'un geste de la main et se leva.

« Ne dites rien maintenant. Nous vous donnerons toutes les chances d'avouer cet après-midi. »

Un gardien attendait déjà près de la porte ouverte pour me reconduire à ma cellule.

Au lieu de m'attendre dans la petite pièce de l'entrée, la gardienne était dehors dans le vent froid, les mains dans les poches, les épaules levées, les pieds martelant le sol. Dès qu'elle m'aperçut et pendant tout le trajet jusqu'à la cellule, elle ne cessa de m'observer comme si elle voulait lire sur mon visage. Après m'avoir enfermée, elle resta un moment à me regarder par le judas. J'en conclus qu'on lui avait donné l'ordre d'étudier mes réactions aux propos de l'instructeur. C'était la raison pour laquelle il avait mis fin à l'interrogatoire et m'avait renvoyée ici. J'étais extrêmement troublée qu'il ait appelé deux de mes amis anglais des « agents britanniques » et qu'il ait fait allusion à un « agent double » en parlant de la secrétaire russe blanche du directeur du bureau de Shell à Shanghai, mais je savais qu'il était vital que je me conduise normalement. Toute marque d'agitation de ma part serait certainement interprétée comme un signe de culpabilité.

Je versai un peu d'eau dans la cuvette et me rafraîchis la figure et les mains. Ensuite, je pris un volume des œuvres de Mao et m'assis près de la fenêtre, la tête baissée et tournant de temps à autre les pages pour donner l'impression que j'étais absorbée dans ma lecture. Au bout d'un long moment, la gardienne quitta son poste d'observation et s'éloigna. Mais une minute plus tard, une autre prit le relais. A l'heure du déjeuner, je mangeai le riz et le chou assez rapidement, parce que j'avais faim. Quand la cuisinière eut reprit le récipient, je l'entendis dire à la gardienne :

« Elle a tout mangé. »

Après que les prisonnières eurent marché dans leurs cellules respectives pour les dix minutes habituelles d'exercice, la gardienne passa de cellule en cellule pour dire à chacune de s'asseoir. Elle vint me voir en dernier et reprit immédiatement son poste au judas. Bien qu'elle ne bougeât que très peu, j'étais en détention depuis suffisamment longtemps pour identifier chaque bruit et je sentais très bien sa présence. Mais je fis comme si je ne savais pas qu'elle était là. Je m'allongeai sur mon lit, fermai les yeux et fis semblant de dormir. Il était absolument interdit de dormir dans la journée et si les gardiennes nous surprenaient, elles se mettaient généralement très en colère. J'avais souvent entendu des prisonnières se faire réprimander pour ce manquement. Mais elle craignait tellement que je sache qu'elle m'observait qu'elle ne me cria pas de me lever.

Au bout d'une heure environ, je fus à nouveau conduite en salle d'interrogatoire. Je dus lire la même citation que le matin.

« Commençons par l'agent du M15 Scott. Comment l'avez-vous rencontré? Le connaissiez-vous avant qu'il ne vienne en Chine? Quelles informations lui avez-vous fournies? demanda l'instructeur.

– Avant de vous raconter comment j'ai rencontré Scott, je crois que je dois insister sur le fait que je ne le connaissais qu'en tant que diplomate britannique.

– Vous pouvez insister sur tout ce que vous voulez. Que nous vous croyions ou pas, c'est autre chose. Continuez.

– J'ai rencontré Scott pour la première fois en septembre 1961 lors d'un dîner chez des amis communs dont j'ai oublié l'identité.

– Votre hôte était le consul général de l'Inde. Nous possédons la liste des invités. Mais cela n'est pas important. Connaissiez-vous Scott avant de le rencontrer au dîner du Consul général indien?

– Non.

– Vous vous êtes rendues à Hongkong peu après. Et pendant que vous étiez à Hongkong vous avez été en contact avec un autre agent du M15 qui était officier de l'armée de l'air britannique pendant la Seconde Guerre mondiale. Tout le monde le connaissait à Hongkong comme un espion britannique en dépit de sa couverture d'homme d'affaires. Est-ce Scott qui vous a envoyée à cet homme pour qu'il vous donne des instructions?

– Je n'ai fait que des rencontres purement amicales à Hongkong. Je n'ai jamais pensé qu'aucune des personnes que j'ai rencontrées pouvaient être des espions. Mon voyage était prévu avant que je ne rencontre Scott. Je me rendais à Hongkong tous les deux ans. Comme vous le savez, tous ceux qui vont à Hongkong doivent demander une autorisation à la police. J'avais fait ma demande d'autorisation bien avant de rencontrer Scott, dis-je.

– Vous voulez me faire croire que votre rencontre avec Scott était accidentelle, mais les faits prouvent le contraire. Scott est venu à Shanghai juste avant que vous n'alliez à Hongkong. Il est retourné à Beijing dès votre départ. Mais il est revenu avant votre retour et il est resté plusieurs mois. Quand le bateau que vous deviez prendre a été retardé sur le fleuve par un typhon, il est monté plusieurs fois à bord pour vous voir. Ce n'est pas l'attitude habituelle de deux personnes qui se sont seulement rencontrées à un dîner. De plus, quand il était à Shanghai, vous êtes beaucoup sortis ensemble. Il conduisait toujours la voiture lui-même quand il sortait avec vous, alors qu'il utilisait les services d'un chauffeur quand il sortait avec d'autres. On racontait que vous aviez une liaison décadente, mais aucun de ceux qui étaient chargés de vous surveiller n'a pu le prouver. Nous pensons que vos relations avec Scott étaient de nature politique. Vous avez délibérément créé l'impression d'une liaison pour fourvoyer ceux qui vous entouraient. Les Britanniques sont très arrogants en ce qui concerne leur race, et la discipline de son organisation n'aurait jamais autorisé un agent à avoir un attachement sentimental pour une femme du pays où il opérait. En fait, nous savons que pendant qu'il était à Shanghai, il avait des relations illicites avec la femme d'un directeur de banque britannique. Maintenant que vous voyez combien nous en savons sur cette odieuse relation, espérez-vous toujours éviter de dire la vérité ? Avouez ce que Scott vous a demandé de faire, et que vous l'avez effectivement fait pour lui ! conclut l'instructeur en me fusillant du regard.

– Vous faites peser des soupçons sur une situation parfaitement ordinaire. J'ai effectivement vu Scott fréquemment, surtout parce qu'il avait une vie sociale très active et qu'il recevait beaucoup. Il passait souvent des films britanniques après le dîner, et c'était une distraction appréciée car sinon nous n'aurions pas eu l'occasion de voir ces films. Je me souviens qu'il invitait souvent des cadres du bureau des Affaires étrangères aux projections. Il est normal de rendre une invitation, si bien que j'ai organisé un dîner auquel j'ai convié des amis, dont Scott, pour admirer ma collection de porcelaines. Scott a enregistré plusieurs de mes disques sur bande. Les Gardes rouges ont dû vous dire que j'avais beaucoup de disques. Enfin, je crois qu'il conduisait lui-même à Shanghai parce que, contrairement à d'autres Européens, il parlait chinois et n'avait donc pas peur. Quant au fait qu'il est arrivé à Shanghai juste avant que je parte pour Hongkong et qu'il y soit revenu juste avant mon retour, ce n'était que pure coïncidence. Quand le bateau sur lequel je me trouvais fut retenu sur le fleuve par le typhon, il est monté à bord non pour me voir, mais pour voir le capitaine. Il y avait un autre passager de Shanghai, un homme d'affaires danois, je crois. Ils ont bu un verre et ont discuté ensemble. Je ne me suis pas jointe à eux. Beaucoup de soldats et d'agents des douanes restent à bord des vaisseaux étrangers immobilisés sur le fleuve. Pourquoi ne vous renseignez-vous pas auprès d'eux pour savoir s'il est venu voir le capitaine ou moi ? dis-je.

– Vos rapports avec Scott ne se réduisaient pas à cela, insista-t-il.

– Quoi qu'il en soit, votre interprétation de la situation est très éloignée de la vérité et incorrecte.

– Je vous conseille de ne pas essayer de sortir de vos difficultés en prétendant que vous aviez une liaison amoureuse avec Scott, gronda-t-il. Une femme chinoise avilissant son pays en ayant une aventure avec un barbare de l'Ouest mérite l'internement dans un camp de Réforme par le travail. »

Les Chinois ont, à toutes les époques, montré une grande arrogance raciale. Ceux qui n'étaient jamais sortis du pays et qui n'avaient pas eu de contacts étroits avec des ressortissants d'autres nationalités pensaient souvent que les gens des autres pays étaient des créatures non civilisées aux habitudes curieuses et les appelaient « barbares » ou même « démons étrangers ». L'isolement que la Chine s'était imposé pendant le règne de Mao Zedong ainsi que la propagande du Parti concernant les méfaits du capitalisme avaient énormément renforcé ce malencontreux complexe de supériorité du peuple chinois. Quand plus tard Deng Xiaoping ouvrit les portes de la Chine au reste du monde et qu'un flot d'étrangers pleins de bonnes intentions et de « barbares » très ostensiblement opulents arriva en Chine avec de l'argent à investir et des idées à partager, le peuple chinois souffrit d'un réveil très traumatisant et s'abîma dans la honte et les reproches pour finir par rejeter tout ce qui était chinois afin de devenir complètement « civilisé ».

Je ne pouvais rien dire à l'instructeur, bien que j'eusse compris par sa phrase qu'il ne considérerait pas comme une victoire de m'envoyer dans un camp de travail à moins que je puisse y aller en tant qu'« espionne ». C'était intéressant et je me demandais pourquoi. En règle générale, quand le Parti choisissait une victime pour la punir, il ne se souciait guère du prétexte qu'il trouvait pour imposer sa sentence. En fait, les prétextes étaient parfois extrêmement vagues, voire inexistants. Le but était de punir. Dans mon cas, à un juger par l'attitude de l'instructeur, il semblait que je devais être condamnée comme « espionne », et non pour une quelconque autre raison. Pourquoi ? Je ne l'apprendrais que beaucoup plus tard.

« Je vois que vous n'essayez pas de raconter d'autres mensonges. Avouez maintenant ce que Scott vous disait quand vous étiez ensemble, dit l'instructeur.

– Vous ne pouvez espérer que je me souvienne de conversations qui remontent à des années. Nous ne nous disions rien d'important. Nous parlions de livres, de musique, de porcelaine chinoise, des lieux que nous connaissions tous deux, de nos familles, etc.

– Vos conversations ne portaient jamais sur la politique ?

– Il est possible que nous ayons échangé des opinions sur l'actualité, surtout sur l'actualité internationale, puisque Scott était diplomate. Il n'aurait jamais osé discuter de la politique du Gouvernement populaire avec une Chinoise. »

Pour tous les Européens que j'avais rencontrés, qu'ils fussent diplomates ou hommes d'affaires, la Chine de Mao Zedong était un sujet de conversation fascinant, surtout à cause de la politique de porte close du Parti communiste, qui nimbait le pays de mystère. Certains venaient en Chine parce que la culture chinoise les intéressait. Quand ils avaient l'occasion de rencontrer un Chinois avec qui ils pouvaient parler, ils posaient naturellement des questions. Mais ces questions n'avaient rien à voir avec des secrets politiques. En tant que

Chinoise, je pensais qu'aider les gens d'autres pays à comprendre la Chine, son histoire, son héritage culturel et ses aspirations n'était pas mauvais. Mais les dirigeants de la faction radicale du Parti communiste ne voyaient pas les choses de la même façon. Ils considéraient que tout Chinois qui ne singeait pas la ligne officielle diffusée par la propagande était hostile au régime et que tout étranger venant en Chine essayait de trouver des défauts au système communiste. Ils se montraient donc toujours soupçonneux envers les Chinois qui travaillaient dans les entreprises étrangères et entretenaient des contacts avec des Européens.

Avant la Révolution culturelle, mon impression de sécurité reposait sur le fait que je ne connaissais aucun Chinois occupant un poste officiel d'une quelconque importance, et que je n'étais donc pas bien placée pour apprendre quoi que ce fût qui ressemblât à un secret d'Etat. Je prenais grand soin de ne jamais poser de questions sur des sujets délicats à mes amis chinois et aux membres de ma famille, surtout s'ils étaient membres du Parti. Au bout du compte, cette attitude fut payante parce que, pendant la Révolution culturelle, quand mes amis et mes parents furent interrogés, ils ne purent jamais dire que j'avais montré un intérêt quelconque pour les secrets d'Etat.

– Scott était un officier des services d'espionnage, insista l'instructeur. Il était de son devoir d'obtenir des informations. Que vous a-t-il demandé de faire? Est-ce qu'il ne vous a pas demandé de découvrir des choses pour lui?

– Jamais! Comment aurais-je pu découvrir des choses pour lui? Je travaillais pour Shell, une entreprise étrangère. Je n'en savais pas plus que les étrangers.

– Il est impossible qu'un agent résiste à la tentation d'obtenir des informations utiles à son gouvernement.

– Etes-vous certain qu'il était un agent de renseignements?

– Ne mettez pas en doute nos informations !

– Alors pourquoi ne l'avez-vous pas arrêté ou déclaré *persona non grata* et expulsé de Chine ?

– Il valait mieux qu'il ne sache pas que nous savions. Nous l'avions placé sous une surveillance étroite et nous suivions ses moindres gestes. Les Britanniques ne travaillaient pas seulement pour leur propre pays mais aussi pour les Etats-Unis, puisque les Américains ne pouvaient venir ici ouvertement. Les Etats-Unis coopèrent étroitement avec le Guomindang. En conséquence, les Britanniques aident aussi le Guomindang. »

Il abandonna soudain son ton didactique et éleva la voix pour poursuivre :

« En 1962, quand Scott est venu à Shanghai pour la seconde fois, le Guomindang préparait une attaque contre nous. Scott a choisi d'établir le contact avec vous parce que vous aviez des relations avec le Guomindang.

– C'est absurde ! Je n'ai jamais eu de relations avec le Guomindang.

– Votre mari était un cadre du gouvernement du Guomindang. Mais ce n'est pas tout. Vos origines de classe vous conduisaient immanquablement à éprouver de la sympathie pour le Guomindang. Les enseignements de notre Grand Dirigeant le Président Mao sur la lutte des classes sont un télescope aussi bien qu'un microscope. Armé de la Pensée de Mao Zedong, notre regard traverse les phénomènes superficiels pour atteindre le cœur du sujet. »

Je savais que la propagande officielle de Beijing en 1962 mettait en garde contre une attaque que le Guomindang aurait préparée contre le continent. Mais aucun des journaux ni des magazines que je recevais de l'étranger ne faisait allusion à un quelconque signe de préparation militaire à Taiwan. De plus, j'étais certaine que Taiwan ne se risquerait pas à attaquer le continent chinois sans l'accord des Etats-Unis qui, en 1962, avaient bien peu de chances d'être tentés par une telle aventure. A Shanghai, en revanche, j'avais souvent entendu parler, à cette époque, de mouvements de troupes de l'Armée populaire et de l'évacuation des familles du personnel militaire de la province du Fukien, qui fait face à Taiwan. Beaucoup pensaient que Mao préparait une attaque militaire contre Taiwan, et non l'inverse. On disait à Shanghai que seuls l'effondrement économique entraîné par l'échec du Grand Bond en avant et les dissensions au sein de la direction du Parti l'avaient contraint à renoncer à son projet.

Tandis que j'essayais de me rappeler si un membre de la colonie étrangère, sans même parler de Scott, m'avait posé des questions sur Taiwan à cette époque, je devins songeuse. L'instructeur, qui m'observait attentivement, mais qui interpréta mal les raisons de mon air pensif, saisit l'occasion de dire :

« Que vous avouiez ou non, nous avons le texte de la totalité de vos conversations avec Scott.

– Dans ce cas, vous savez que nous n'avons jamais parlé de politique, dis-je.

– Il est évident que vous n'êtes pas prête à avouer spontanément. Vous avez besoin de temps pour réfléchir et pour rassembler vos souvenirs. Nous le comprenons parfaitement. Nous allons vous donner tout le temps nécessaire pour préparer des aveux complets et francs. A partir d'aujourd'hui, vous savez qu'il est inutile pour vous de tenter l'esquive. Maintenant, nous allons parler de cette femme, l'agent Austin. Racontez-nous vos rapports avec elle.

– Comme vous le savez, Mme Austin était l'épouse d'un homme d'affaires. Mes contacts avec elle étaient purement sociaux. Nous jouions au bridge et dînions ensemble.

– Vous l'avez mise en contact avec un ex-officier de l'armée du Guomindang !

– Quoi ! Et avec qui donc ?

– Le médecin que vous lui avez présenté avait été officier supérieur dans l'armée du Guomindang.

– Je ne connaissais pas son passé. Tout ce que je connaissais de lui, c'étaient ses remarquables capacités en médecine chinoise traditionnelle. Mme Austin m'avait confié qu'elle était malheureuse de ne pas pouvoir avoir d'enfants. Elle avait consulté des médecins européens qui ne lui avaient rien trouvé d'organique. J'étais ennuyée pour elle et j'ai demandé au docteur de médecine chinoise s'il pouvait faire quelque chose pour elle. Il m'a répondu qu'il ne pouvait se prononcer sans l'avoir examinée, je les ai présentés l'un à l'autre. Le docteur vous confirmera volontiers mes dires.

– Il s'est suicidé peu après le début de l'action révolutionnaire menée contre lui par les Gardes rouges. »

Les Gardes rouges l'avaient-ils torturé parce qu'il avait eu des contacts avec un agent britannique? Mon Dieu! pourquoi l'avais-je présenté à cette femme? Comme j'avais été stupide de ne pas comprendre toute la complexité de la vie sous Mao! Depuis que les bonnes intentions et la sympathie envers les autres mettaient souvent les gens dans les ennuis, les Chinois avaient inventé un nouveau proverbe qui disait : « Plus on en fait, plus on a d'ennuis; moins on en fait, moins on a d'ennuis. Si on ne fait rien du tout, on devient un citoyen modèle. » Pourquoi n'avais-je pas tiré les leçons de l'expérience des autres? Je fus très affectée par la mort de ce pauvre homme.

« De plus, pour qu'elle voie le docteur, vous l'avez accompagnée à Beijing. Qu'y avez-vous fait, et qui avez-vous rencontré?

– En 1959, on avait ouvert au public le mausolée de l'empereur Wan Li de la dynastie Ming, et je suis allée le voir en 1960. Comme je voyageais avec des étrangers, je pouvais descendre dans un bon hôtel, alors qu'en tant que Chinoise je n'aurais eu droit qu'à une pension de troisième catégorie. Si bien que j'ai accompagné

Mme Austin et une autre Britannique. Pour elles, ma compagnie était très agréable puisque je connais bien Beijing pour y avoir habité dans mon enfance et que je parle la langue.

– Les avez-vous présentées à qui que ce soit à Beijing ?

– Non. Je ne connais d'ailleurs pas grand monde à Beijing.

– Et votre frère ? Nous savons qu'il vous a rendu visite à votre hôtel.

– Le jour où il est venu, les deux dames anglaises sont allées au Temple de Jade sans moi. Mon frère ne voulait pas les rencontrer. »

Il y eut un léger bruit derrière moi. L'instructeur regarda par-dessus mon épaule, puis il consulta sa montre. Après quelques mots murmurés à son secrétaire, il se leva et dit :

« Vous pouvez retourner dans votre cellule. Quand je vous convoquerai de nouveau, nous parlerons du sale travail que vous avez fait pour l'entreprise qui vous employait et des raisons pour lesquelles votre bureau a engagé comme secrétaire cette femme russe blanche qui était aussi un agent soviétique. Je ne pense pas que vous pourrez facilement nier que vous étiez impliquée dans les affaires de l'entreprise qui vous employait. Réfléchissez bien à vos relations avec Scott, et souvenez-vous que nous savons déjà qu'il vous a utilisée pour rassembler des informations – et nous avons une idée assez précise de ce que vous lui avez dit.

– Je ne pouvais dire à personne davantage que je n'en savais moi-même. Dans la mesure où je ne savais rien, en quoi aurais-je pu lui être utile ?

– Nous pensons qu'il est venu à Shanghai pour vous voir, avant que vous ne vous rendiez à Hongkong et après votre retour. Il ne l'aurait pas fait si cela n'en avait pas valu la peine. »

Un gardien ouvrit la porte de la salle d'interrogatoire

et on me dit de partir. Je compris que l'instructeur ne voyait pas l'intérêt de prolonger la séance après le départ de l'homme qui écoutait au judas.

De retour dans ma cellule, je fus continuellement surveillée par les gardiennes. J'étais troublée parce que je me sentais responsable de la mort de ce pauvre médecin, et que j'aurais voulu ne jamais avoir rencontré Scott ni Mme Austin. Etaient-ils vraiment des agents britanniques? Même si c'était le cas, cela n'expliquait pas pourquoi j'étais maintenant en prison. Les étrangers résidant à Shanghai, comme les cadres chinois qui travaillaient dans des entreprises étrangères, faisaient l'objet d'une surveillance constante de la part de leurs propres serviteurs chez eux, et de la part des autres membres du personnel chinois à leur travail. Dans les lieux publics, il y avait toujours non seulement des policiers et des sentinelles en uniforme, mais des policiers en civil et des activistes zélés avides de pouvoir dénoncer tout comportement inhabituel. L'intimité n'existait pas à Shanghai comme dans d'autres villes du monde. Si le gouvernement populaire avait soupçonné quelque chose de louche dans mes relations avec Scott et Mme Austin, la police de Shanghai aurait réagi aussitôt. En fait, beaucoup de choses restaient incompréhensibles. Il semblait évident que l'instructeur passerait en revue toute la liste de mes amis étrangers et décréterait qu'ils étaient tous des agents secrets. Scott et Mme Austin n'étaient que les deux premiers cités pour m'effrayer. Je compris que l'on m'attirait dans un bourbier et qu'il faudrait que je fasse attention où je mettais les pieds pour ne pas m'y enliser.

Depuis que l'on m'avait conduite à la Maison d'arrêt n° 1, je me demandais pourquoi on m'avait incarcérée. C'était encore ce qui m'étonnait le plus. Qui était derrière mon arrestation? Me soupçonnait-on réellement d'avoir commis quelque crime, ou espérait-on m'effrayer suffisamment pour que je fournisse de faux aveux qu'on pourrait utiliser contre moi? Winnie semblait penser que dans la mesure où Shell avait fermé son bureau de Shanghai, c'était mon tour d'être punie. Avait-elle raison?

Alors que je pensais à ma conversation avec l'instructeur, je ne pouvais m'empêcher de me souvenir des innocents dont j'avais entendu parler et qui avaient été condamnés à des peines d'emprisonnement et de camp de travail. Mon esprit de bravade me quittait, et j'avais réellement peur, non pas parce que je me sentais accablée par une quelconque culpabilité, mais parce que je craignais qu'assurer ma défense n'excédât mes capacités.

Dans la soirée, je me ressaisis pour les instants privilégiés de ma prière quotidienne, mais la voix sévère de l'instructeur ne me quittait pas. Je me sentis perdue et malheureuse, comme si Dieu s'était détourné de moi.

Cette nuit-là, je fis un cauchemar, le premier de nombreux autres pendant mon emprisonnement. Je rêvai que je me trouvais au bord d'une falaise surplombant la mer. Les vagues rugissantes de la marée montante frappaient de plus en plus haut et menaçaient de m'engloutir. Il faisait nuit noire, et j'étais complètement seule et pétrifiée.

Instinctivement, je pressai ma couverture contre ma bouche pour étouffer un cri de terreur. Ouvrant les yeux, je vis l'ampoule électrique comme un œil audessus de moi. Mon bandeau avait glissé au sol. Je me souvins que la gardienne restait en permanence à la porte, l'œil collé au judas pour saisir tout indice d'agitation et l'interpréter comme une marque de faiblesse, et je me figeai de peur. Mais le son d'une lourde serrure que l'on verrouillait à l'étage supérieur me dit qu'elle s'était momentanément absentée, sans doute pour conduire une nouvelle prisonnière à sa cellule.

CHAPITRE 7

LA RÉVOLUTION DE JANVIER ET LE CONTRÔLE MILITAIRE

J'attendais que l'instructeur me rappelle. Plusieurs jours s'écoulèrent pourtant sans que rien de tel ne se produise. Je sentais que l'atmosphère était tendue. Les gardiennes, visiblement sur les nerfs, couraient sans cesse. Quelque chose se passait à l'extérieur, j'en étais certaine. J'allais souvent me poster près de la porte, espérant entendre de quoi parlaient les gardiennes dans leur petit bureau à l'autre bout du couloir, mais je ne pouvais distinguer que le ton de leurs voix, inhabituellement excitées et haut perchées. Parfois, elles semblaient discuter âprement, à d'autres moments, elles baissaient la voix et on ne percevait plus qu'un murmure presque inaudible. Bien que la prison fût absolument silencieuse, je ne parvenais pas à comprendre de quoi il était question, et cela m'inquiétait.

Début décembre, peu de temps après mon premier interrogatoire, les gardiennes cessèrent de me donner le journal. Je trouvai cela étrange, car il était considéré comme un élément important de l'endoctrinement des prisonniers, et les gardiennes nous recommandaient toujours de le lire attentivement. Au bout de quelques jours, je demandai qu'on m'en apporte un. La gardienne ne tint tout d'abord aucun compte de ma requête, mais quand je la renouvelai elle s'impatienta :

« Est-ce que vous ne savez pas qu'une Révolution est en cours ? »

A la mi-décembre, ce fut vraiment l'hiver. Un vent du nord pénétrant balayait la ville de bourrasques glacées, faisant baisser la température de jour en jour jusqu'à ce qu'elle approche de zéro. La fenêtre et la porte de ma cellule vibraient à chaque coup de vent. Les bourrelets de papier que j'insérais dans les interstices se retrouvaient souvent soufflés au sol. J'avais déjà mis mes deux pulls et une veste molletonnée, pourtant je claquais des dents et frissonnais des pieds à la tête. Dans la pièce glacée, mon haleine formait des nuages blancs et je devais frapper des pieds et frotter mes mains l'une contre l'autre pour y faire circuler le sang. Quand les gardiennes crièrent aux prisonnières de se préparer pour l'exercice à l'extérieur, je me dis qu'elles n'avaient sûrement pas envie de quitter leur poêle par un temps pareil.

En dépit du vent, il faisait un peu plus chaud dehors que dans les cellules humides, et la marche améliora mes problèmes de circulation, mais le vent soulevait tant de poussière et de gravier que j'avais du mal à garder les yeux ouverts.

Soudain je vis les gardiens se précipiter hors des pavillons fermés des miradors et descendre les marches quatre à quatre. Ils disparurent au moment où le bruit venant de la rue augmentait, comme si plusieurs milliers de personnes envahissaient la prison. Une sentinelle armée d'un fusil, restée à son poste, regardait du côté de l'entrée de la prison. Une détenue cria d'une cour voisine :

« Ce sont sans doute les Gardes rouges qui essaient de libérer leurs camarades emprisonnées par le gouvernement municipal ! »

Immédiatement, une jeune fille cria en tapant de toutes ses forces contre la porte de la cour :

« Faites-moi sortir! Je suis une Garde rouge! Faites-moi sortir! Vive notre Grand Dirigeant le Président Mao! »

A l'entrée de la prison, le tumulte se prolongeait, puis nous entendîmes des coups de feu probablement tirés par les soldats gardant la maison d'arrêt. Le bruit de la foule s'affaiblit. Au bout d'un moment, les gardiens revinrent pour faire rentrer les prisonnières. Il était évident que les Gardes rouges, en essayant d'entrer dans la prison, avaient porté un rude coup aux gardiens. Celui qui ouvrit ma porte semblait en état de choc. Il ne cria pas comme à l'ordinaire et se contenta d'attendre près de la porte ouverte.

Les jours suivants, l'attitude des gardiennes changea. Elles négligeaient leur travail et s'absentaient souvent de leur poste. Il arrivait fréquemment qu'elles restent hors de vue pendant des heures d'affilée. La cuisinière continua heureusement à nous apporter comme à l'ordinaire de la nourriture et de l'eau chaude à boire, et la jeune fille au sourire de l'eau froide pour nous laver. Quand les gardiennes venaient travailler, elles se rassemblaient dans leur petite pièce et discutaient avec animation. Des quelques mots que je pus saisir, je conclus qu'elles étaient engagées dans la Révolution culturelle et formaient leur propre organisation afin de rejoindre les rangs toujours plus nombreux des Révolutionnaires. Quant aux prisonnières, le relâchement de l'attention des gardiennes parut enlever un énorme poids de leurs épaules. Il m'arriva d'entendre des voix au timbre presque normal et même parfois de petits rires.

Lorsqu'on cessa de me donner le journal, le 2 décembre, je commençai à faire des marques au mur pour compter les jours. Quand j'en eus tracé vingt-trois, je sus qu'on était le soir de Noël. Bien que l'heure du coucher fût passée depuis longtemps, les gardiennes n'étaient pas encore venues nous dire de dormir. J'attendais dans le froid pénétrant quand soudain, venant d'une cellule de l'étage, j'entendis une jeune voix de soprano qui entonnait la version chinoise de « Douce Nuit, sainte nuit ». La prison résonna de cette voix claire et mélodieuse qui me bouleversa. Il ne faisait pas de doute que la jeune femme était une chanteuse professionnelle qui avait eu la malchance de déplaire aux maoïstes. Jamais cérémonie de Noël n'a eu autant d'importance pour moi que ce moment où j'écoutais, depuis ma cellule glacée, une prisonnière invisible nous offrir ce chant. Dès qu'elle fut certaine qu'aucune gardienne n'était là pour l'arrêter, la jeune femme laissa monter sa voix sans aucune trace de nervosité. La prison était totalement silencieuse. Toutes les prisonnières écoutaient en retenant leur souffle.

Sa dernière note flottait encore dans l'air que les pas des gardiennes ébranlèrent le sol de ciment. Elles coururent de cellule en cellule en demandant :

« Qui était-ce? Qui a chanté? Qui a enfreint le règlement? »

Aucune prisonnière ne répondit.

Quelques jours après le nouvel an, le haut-parleur du couloir ordonna à toutes les prisonnières de s'asseoir et d'écouter une déclaration importante.

La voix d'un homme lut une proclamation du Quartier général révolutionnaire des travailleurs de Shanghai. Elle disait que les Gardes rouges et les Rebelles révolutionnaires de la ville, agissant avec l'approbation du Conseil de la Révolution culturelle de Beijing, avaient pris le pouvoir à Shanghai le 4 janvier et renversé le Secrétariat du Parti et le Gouvernement municipal « réactionnaires », qui s'étaient longtemps « opposés à la juste politique de notre Grand Dirigeant le Président Mao et avaient suivi une ligne politique révisionniste afin de rétablir le capitalisme en Chine ».

Les journaux révélèrent plus tard que le « héros » de ce coup d'Etat était l'ancien chef de la sécurité d'une usine de textiles, Wang Hongwen, qui avait réussi à unifier toutes les organisations révolutionnaires de masse pour former, sous sa propre direction, ce Quartier général révolutionnaire des travailleurs de Shanghai, dont le pouvoir s'étendait à toute la ville. Il était soutenu par Zhang Chunqiao, représentant à Shanghai du Conseil de la Révolution culturelle de Beijing et vieux complice de Jiang Qing, la femme de Mao. Ce sont justement Jiang Qing, Zhang Chunqiao, Wang Hongwen et un célèbre écrivain de gauche, Yao Wenyuan, qui devaient former la faction étroitement solidaire connue plus tard sous le nom de « Bande des quatre ».

Il semblait que si toute personne qui n'était pas un ennemi de classe pouvait rejoindre une organisation révolutionnaire, la direction de ces organisations était maintenant entre les mains d'activistes maoïstes avérés.

L'homme lut aussi un document du Conseil d'Etat approuvant l'action des Rebelles mais demandant aux ouvriers de ne pas négliger la production. Cette déclaration du Conseil d'Etat, relevant de la compétence du Premier ministre, donnait un semblant de légalité à l'action révolutionnaire sans précédent des maoïstes les plus durs. Le fait que le Premier ministre Zhou Enlai accordât son soutien et son approbation aux rebelles me choqua. Je ne parvenais pas à croire qu'il approuvât réellement leur action. Je me dis pourtant que cet appel à ne pas négliger la production était un dernier sursaut de bon sens dans un vent de folie. Ce n'est qu'après mon élargissement que je sus à quelles pressions insoutenables Zhou Enlai avait été soumis de la part des extrémistes qui avaient essayé sans relâche de le déloger de son poste de Premier ministre. Ce n'est qu'à force de subtilité, d'adresse et d'identification constante avec les desseins de Mao, que Zhou Enlai réussit à survivre à la Révolution culturelle et à protéger quelques membres de la vieille garde du Parti.

Peu de jours après l'annonce du coup d'Etat, les gardiennes me remirent à nouveau le quotidien *Libération de Shanghai* qui paraissait maintenant sous la houlette de nouveaux rédacteurs. Un titre en manchette proclamait en caractères rouges que les Révolutionnaires s'étaient saisis du journal le 2 deécembre après une longue lutte préparant le renversement du gouvernement municipal.

En lisant attentivement les nouvelles et les articles, j'appris que la victoire finale des Gardes rouges et des Révolutionnaires n'avait été rendue possible que par le retournement des deux des anciens dirigeants de la municipalité de Shanghai. Lors d'un meeting public, les deux opportunistes – l'ancien secrétaire général du Parti et le maire de la ville –, prêts à tout pour être acceptés par les maoïstes, avaient prouvé leur accord complet avec Mao en giflant leurs anciens collègues sous les applaudissements bruyants et prolongés des Gardes rouges et des Révolutionnaires présents. (Ces deux officiels, Ma Tianshui et Xu Jingxian, devaient régner sur Shanghai pour la Bande des quatre jusqu'à la mort de Mao et l'arrestation de la Bande. En 1982, ils furent tous deux condamnés à de lourdes peines de prison pour des crimes – y compris des meurtres – commis pour obéir aux ordres de la Bande des quatre. Ma Tianshui devint fou.)

Le renversement de la Municipalité de Shanghai par les maoïstes annihila tout espoir d'une solution rapide à mon propre problème. Je compris que mon cas devrait attendre que soient réorganisés tous les services du nouveau gouvernement de Shanghai, y compris celui de la Sécurité publique, dont dépendait la Maison d'arrêt n° 1. Ce processus prendrait du temps, surtout si une résistance ouverte ou cachée se manifestait contre les nouveaux détenteurs du pouvoir. Je me dis aussi que le fonctionnement harmonieux du nouveau Gouvernement de Shanghai dépendrait de la rapidité avec laquelle le pays pourrait être contrôlé par les Révolutionnaires. Au vu des nombreux articles dénonçant des officiels dans d'autres villes de Chine, je compris que les Révolutionnaires et les Gardes rouges se heurtaient parfois à davantage de résistance qu'ils n'en avaient rencontré à Shanghai.

Au printemps 1967, le quotidien *Libération* publia un appel de Mao Zedong enjoignant à l'armée de soutenir les extrémistes. Il contenait une citation de Mao selon laquelle l'Armée populaire de Libération n'était pas seulement une organisation militaire mais aussi une organisation politique. J'en tirai la conclusion qu'ailleurs en Chine, sans doute en de nombreux endroits, les Gardes rouges et les Révolutionnaires n'avaient pu renverser sans aide les dirigeants locaux. L'intervention de l'armée ne produisit cependant pas immédiatement le résultat escompté. Dans bien des cas, les militaires furent un temps incapables de distinguer les Gardes rouges et les Révolutionnaires menés par des activistes maoïstes de ceux qu'avaient organisés les officiels du Parti que Mao désirait renverser, puisque l'on proclamait des deux côtés sa dévotion à la politique de Mao. De plus, de nombreux gradés cumulaient des fonctions dans l'armée et à la tête d'administrations locales, comme au Tibet et dans le Xinjiang. Ils s'autoproclamèrent tout simplement seuls vrais maoïstes et envoyèrent leurs troupes contre les Gardes rouges et les Révolutionnaires. La lutte fut rude, beaucoup de sang fut versé. Dans bien des régions, craignant de commettre une erreur politique, les militaires jouèrent les aveugles quand les diverses factions envahirent les arsenaux. Pourtant, lorsque le tourbillon se calma, il apparut que, dans nombre de régions, l'appui de l'armée avait grandement aidé tel ou tel groupe de rebelles à prendre le pouvoir.

Le rôle de premier plan que les militaires avaient joué pour aider les Gardes rouges et les Révolutionnaires à l'emporter augmenta le prestige de l'armée et de son commandant en chef, le ministre de la Défense Lin Biao. La presse publia beaucoup de photos de lui marchant aux côtés de Mao. On l'appelait le « proche compagnon d'armes de notre Grand Dirigeant le Président Mao », expression l'élevant au deuxième rang dans la hiérarchie du Parti après Mao – et avant le Premier ministre Zhou Enlai que les photos montraient maintenant marchant derrière Lin Biao, en troisième position. Les journaux racontaient comment on avait démasqué un groupe d'officiers antimaoïstes dans l'ancien Haut Commandement de l'armée. Une liste de nouveaux noms apparurent en tête de la hiérarchie de l'armée de terre, de la marine, de l'armée de l'air et du génie. En revanche, Lin Biao fut chaleureusement félicité par la presse aux mains des rebelles.

A Shanghai, les Gardes rouges et les Révolutionnaires commencèrent à prendre le contrôle d'une organisation après l'autre. Chaque jour, le journal révélait qu'ils étaient en butte à la résistance féroce et au sabotage de leurs efforts de la part de ceux qu'ils voulaient renverser et remplacer, mais aussi qu'eux-mêmes se retrouvaient divisés en factions. De véritables combats se déroulèrent dans chaque quartier de la ville, et le contrôle des divers organismes changea plusieurs fois de mains. Dans la ville, les soulèvements se succédaient sans interruption. Les cris de la foule parvenaient jusqu'à ma cellule. De ma cour d'exercice, j'entendais clairement les discours de dénonciation. Le tumulte de la foule déchaînée faisait naître en moi d'horribles images de mort et de destruction, et je craignais pour la sécurité de ma fille.

Au lieu d'essayer de contrôler les débordements et les combats, les chefs des rebelles semblaient les encourager. Un jour, je lus un article intitulé : « C'est un honneur d'avoir les mains tachées du sang de ses ennemis. » Un autre jour, parut une déclaration attribuée à Lin Biao : « Il y a des victimes à chaque révolution, alors n'exagérons pas la gravité de la situation. Beaucoup de gens ont été tués ou se sont suicidés. Mais ces morts sont moins nombreuses que celles que nous avons subies pendant la Résistance contre le Japon ou la Guerre civile, ou même au cours de désastres naturels, si bien que nos bénéfices sont plus grands que nos pertes. » Ces mots rudes me rendirent malade de peur pour la sécurité de ma fille. Je ne parvenais plus ni à manger ni à dormir normalement.

Un soir où j'avais de nouveau refusé mon riz, une gardienne ouvrit le guichet :

« Qu'est-ce qu'il y a? Vous êtes malade?

– Je me fais du souci pour ma fille. Est-ce qu'elle ne pourrait pas être autorisée à partager cette cellule avec moi?

– Bien sûr que non! Elle n'a commis aucune crime. Pourquoi devrait-elle être emprisonnée?

– Je n'ai pas non plus commis de crime, et je suis pourtant en prison.

– Je n'ai pas le temps de discuter de ça avec vous. Que vous ayez commis un crime ou non, je n'en sais rien. En fait, je ne sais plus très bien ce qu'est un crime et ce qui n'en est pas un. Mais puisque vous êtes déjà là, vous devez attendre. Quelqu'un s'occupera de vous un jour ou l'autre. Votre sort n'est pas si dramatique. Vous dormez huit heures par nuit et vous avez du riz à manger. Moi, je dois aller à des meetings après le travail et je n'ai presque plus le temps de dormir », dit-elle avant de claquer le volet du guichet et de s'en aller.

Son attitude était stupéfiante. C'était la première fois qu'une gardienne parlait comme un être humain. Elle avait l'air bien découragée et de mauvaise humeur. J'en conclus que la lutte au sein de la direction du Parti avait un effet démoralisateur sur les gardiennes. Le fait qu'elles aient été choisies pour exercer dans un lieu aussi sensible qu'une prison prouvait qu'elles croyaient fermement dans le Parti et sa direction. Cela avait dû être démoralisant, et même abominable pour elles d'apprendre que, selon Mao Zedong, tant de leurs officiers supérieurs n'étaient pas plus dévoués aux idéaux du communisme que l'homme de la rue, et que certains travaillaient même à restaurer le capitalisme en Chine. Elles perdirent tout intérêt à leur travail. Peu à peu, la prison sombra dans le désordre, les détenues criant et se battant quand les gardiennes n'étaient pas en vue. Une nuit, je fus réveillée par un rire hystérique venant d'une autre cellule d'isolement comme la mienne et la gardienne de service, s'il y en avait une, ne fit aucun effort pour le faire cesser.

Je commençai à regarder les gardiennes comme des êtres humains à part entière et remarquai que beaucoup d'entre elles avaient l'air malheureux et soumis tandis que quelques-unes des plus jeunes portaient le brassard rouge des Révolutionnaires. Ces jeunes gardiennes militantes se pavanaient insolemment dans les couloirs. Elles se montraient autoritaires non seulement envers les détenues, mais aussi envers les autres gardiennes.

Au cours de l'année 1967, tandis que l'anarchie régnait dans la ville, le contrôle se désagrégea peu à peu à la Maison d'arrêt n° 1. A l'automne, les gardiennes, divisées en factions rivales, se battaient entre elles. Quand les prisonnières étaient conduites dans les cours d'exercice, elles pouvaient lire les slogans écrits sur les murs et le sol. Depuis ma cellule, j'entendais souvent les voix familières des gardiennes engagées dans une discussion animée, et même parfois des bruits de lutte. Il semblait que le point de désaccord concernât la politique de Mao Zedong et la façon de déterminer qui, parmi les officiels, était « engagé dans la voie capitaliste » et devait être renversé.

Il arrivait souvent que les tours de garde soient assurés par des cadres administratifs de la prison et les instructeurs qui, en tant qu'« intellectuels, étaient exclus des organisations révolutionnaires. Pendant la Révolution culturelle, tous les intellectuels, membres du Parti ou non, étaient dénoncés comme la « neuvième catégorie puante ». Les huit autres catégories d'ennemis étaient : les propriétaires terriens, les paysans riches, les contre-révolutionnaires, les mauvais éléments, les droitiers, les traîtres, les espions à la solde de l'étranger et les « responsables qui, bien que du Parti, se sont engagés dans la voie capitaliste. » La neuvième catégorie comportait les intellectuels, c'est-à-dire non seulement les universitaires, professeurs ou chercheurs, mais aussi les instituteurs, les techniciens et les employés de bureau. Utilisé de manière argotique, le mot chinois pour « puant » a, comme en français, la signification de « odieusement prétentieux ». Comme on croit souvent que les intellectuels sont arrogants et fiers de leurs connaissances et de leur formation, et comme ils jouissaient des postes honorifiques et du respect de la société traditionnelle chinoise, les Révolutionnaires les appelaient la « neuvième catégorie puante » pour montrer leur mépris des intellectuels aussi bien que de la tradition chinoise qui les honore.

Au début de mon second hiver en prison, j'attrapai à nouveau un mauvais rhume qui refusa de guérir en dépit des comprimés d'aspirine que m'administra le jeune médecin de la prison. Quand mon rhume tourna à la bronchite, mon corps fut secoué de quintes de toux particulièrement spectaculaires la nuit, quand le froid était le plus dur dans la cellule. Une nuit où je m'étais couchée presque tout habillée, avec deux pulls et des collants chauds, je ne parvins pas à contrôler mes quintes de toux persistantes. Il était plus de minuit. La prison était depuis longtemps silencieuse. J'avais beau changer de position sur le lit dur de la cellule glacée, je ne cessais de tousser et d'éternuer. Afin de calmer l'irritation de ma gorge, je bus un peu de l'eau qui me restait. Le liquide froid aggrava encore la situation. Je me couvris la tête de la couverture pour étouffer le bruit et en espérant que sa chaleur m'accorderait un soulagement.

J'entendis alors que l'on ouvrait le guichet, mais je ne retrouvai pas dans ce bruit la brusquerie volontaire des gardiennes. Puis une voix d'homme me dit doucement :

« Venez par ici ! »

Je sortis du lit, enfilai mon pantalon et jetai ma veste molletonnée sur mes épaules, curieuse de savoir ce que l'homme me voulait en pleine nuit. En m'approchant du guichet je fus très surprise de reconnaître mon ancien instructeur. Il tenait une bouteille Thermos à la main.

« Avez-vous un récipient ? Apportez-le », dit-il.

Je lui tendis et il y versa un peu d'eau bouillante.

Cela faisait plus d'un an que j'attendais qu'il reprenne mes interrogatoires, et je saisis cette occasion pour lui demander, entre deux quintes de toux :

« Quand allez-vous clarifier mon cas ? »

Après un moment d'hésitation, il dit :

« Quand les Révolutionnaires seront prêts, nous vous appellerons. Pour l'instant, il y a des problèmes plus urgents à régler. Il faut que vous soyez patiente. Maintenant, buvez cette eau chaude, cela devrait soulager votre toux. Demain, faites appeler le médecin. Il vous donnera des médicaments. »

Il semblait sous-entendre qu'il ne s'occupait plus de mon cas. Je me demandai s'il pensait toujours que j'étais coupable, et soudain je compris combien il devait être horrible d'avoir à travailler comme instructeur dans de telles circonstances, de savoir qu'une personne est innocente et de devoir néanmoins la trouver coupable. Je bus l'eau chaude rapidement, mais une nouvelle quinte me fit vomir.

« Ce n'est pas grave ! Je vais vous en redonner », dit l'instructeur en rouvrant le guichet. Un autre homme, portant des lunettes, et qu'il appela « Monsieur le Directeur Liang » s'approcha.

« Puis-je avoir une serpillière pour nettoyer le sol? demandai-je.

– Vous le nettoierez demain. Est-ce qu'il est sale? Est-ce qu'il y a autre chose que de l'eau? » demanda le directeur.

Je regardai par terre. Il n'y avait effectivement que de l'eau, déjà absorbée par le sol de ciment. A vrai dire, M. Liang était bien placé pour savoir que les estomacs des détenues étaient vides. Après tout, il était directeur de la Maison d'arrêt n° 1 avant que les Gardes rouges et les Révolutionnaires ne le rétrogradent au rang de gardien.

Ils restèrent là jusqu'à ce que j'aie bu, puis ils refermèrent le guichet et partirent.

Je regagnai mon lit en pensant que la Révolution culturelle produisait de bien curieux phénomènes. Que le directeur et l'instructeur de la Maison d'arrêt donnent de l'eau chaude de leur propre Thermos à une détenue en était un. Un comportement aussi humain devait se trouver directement en contradiction avec leur conception de la Maison d'arrêt n° 1, « instrument de répression utilisé par une classe contre une autre », comme l'instructeur lui-même me l'avait dit. Peut-être qu'avec l'extension de leurs actions révolutionnaires, les Gardes rouges et les Révolutionnaires s'aliénaient des soutiens potentiels et poussaient les intellectuels du Parti dans le camp de l'ennemi.

Le matin suivant, le médecin me donna des comprimés de sulfadiazine, mais quand la cellule devint trop froide, dans la nuit, je me remis à tousser. C'est au petit matin que j'entendis les murmures d'une conversation devant ma porte. Cette nuit-là, une ancienne instructrice était de garde. Elle m'avait donné mes médicaments du soir et m'avait dit de dormir. Maintenant, je l'entendais parler à la prisonnière de la cellule d'en face. Elles parlaient très bas, mais comme la prison était très silencieuse, je saisis leur conversation. Quelle ne fut pas ma surprise d'apprendre que la prisonnière était une responsable du bureau de la Sécurité publique, ancienne camarade d'étude de l'instructrice à l'école des Officiers de la Sécurité publique. Elles parlaient de la lutte violente qui avait agité le bureau de Shanghai de la Sécurité publique après que la femme de Mao, Jiang Qing, eut demandé aux Gardes rouges et aux Révolutionnaires « d'anéantir les services chargés de la sécurité, des poursuites judiciaires et de l'application des lois ». Elles disaient qu'Untel avait sauté par la fenêtre, que tel autre avait été battu à mort et qu'un troisième avait été emmené à l'hôpital... Il ne faisait pas de doute que le service de la Sécurité publique était dans un tel état qu'il ne pouvait plus du tout fonctionner.

Après avoir entendu cette conversation, je conclus que la Révolution culturelle durerait longtemps, les officiels du Parti que Mao voulait évincer luttant avec l'énergie du désespoir pour leur propre survie. Pour l'instant, les extrémistes semblaient gagner parce qu'ils avaient le soutien de Mao et de l'armée. Mais à moins que l'on ne tue tous les cadres évincés, ce qui était impossible, ils ne manqueraient pas de saisir la première occasion pour revenir sur le devant de la scène. En attendant, ils feraient probablement tout ce qui était en leur pouvoir pour saboter les actions des maoïstes. La situation était extrêmement complexe et resterait certainement fluctuante pendant une longue période.

Quelques nuits plus tard, juste avant l'heure du coucher, la gardienne revint dans le couloir pour dire aux prisonnières de s'asseoir en silence et d'écouter une déclaration. Une voix d'homme annonça alors dans les haut-parleurs que la Maison d'arrêt n° 1 avait été placée sous contrôle militaire.

« Vous, les prisonniers, écoutez attentivement! La situation révolutionnaire est excellente! Les véritables alliés de notre Grand Dirigeant le Président Mao et ceux qui suivent son proche compagnon d'armes, le Commandant suprême en second Lin, ont surmonté tous les obstacles et ont déjà renversé le gouvernement municipal réactionnaire de celle ville ! Nous sommes sur le point de contrôler tout le pays et nous continuerons à exterminer nos ennemis. La boue et la crasse laissées derrière elle par la vieille société ont été jetées aux poubelles de l'histoire. Notre réussite est grande, grande, grande ! Nos pertes sont petites, petites, petites ! Certains disent que nous avons amené le chaos. Le chaos est une expression de lutte des classes. Notre Grand Dirigeant le Président Mao a dit : " La révolution n'est pas un dîner de gala; elle ne se fait pas comme une œuvre littéraire, un dessin ou une broderie; elle ne peut s'accomplir avec autant d'élégance, de tranquillité et de délicatesse, ou avec autant de douceur, d'amabilité, de courtoisie, de retenue et de générosité d'âme. La révolution, c'est un soulèvement, un acte de violence par lequel une classe en renverse une autre. " Il n'y a rien de mal à semer le chaos pour gêner l'ennemi. Certains disent que nous avons trop tué. C'est absurde ! Nous avons tué moins de gens que la Résistance contre les impérialistes japonais ou que la guerre de Libération. En fait, nous n'avons pas assez tué. Des ennemis veillent encore, tapis dans les coins sombres. Nous les débusquerons. Ne sous-estimez pas notre détermination, ne sous-estimez pas notre capacité à exterminer nos ennemis. Nous sommes des révolutionnaires ! Nous n'avons peur ni du chaos ni des tueries. Ce sont les conséquences naturelles d'une révolution. Elles inspirent nos troupes et sèment la terreur dans le cœur de nos ennemis. Nous ne craignons même pas que le ciel nous tombe sur la tête. Les enseignements de notre Grand Dirigeant le Président Mao le remonteront à sa place.

« Notre chère camarade Jiang Qing nous a dit : " Anéantissez les services chargés de la sécurité et de l'application des lois. " Nous l'avons fait ! Le bureau de la Sécurité de Shanghai et toutes les organisations dépendant de lui sont maintenant sous notre contrôle. Cette maison d'arrêt était dirigée par les révisionnistes et les " responsables engagés dans la voie capitaliste " du bureau de la Sécurité. Il est absurde que les détenus bénéficient d'un aussi bon traitement. Vous mangez du riz trois fois par jour. Vous vivez mieux que les paysans pauvres. Cela prouve que les révisionnistes du bureau de la Sécurité préfèrent les contre-révolutionnaires aux paysans, donc qu'ils sont eux-mêmes des contre-révolutionnaires. A partir de maintenant, vos rations sont diminuées pour économiser les céréales. Vous ne travaillez pas. Deux repas par jour sont amplement suffisants. Et vous mangerez des patates douces et d'autres céréales que du riz. Vous n'en mourrez pas. Si vous mouriez, ce ne serait de toute façon pas une grande perte pour la Révolution. La Chine est très peuplée. Quelques contre-révolutionnaires ne nous feront pas défaut!

« Beaucoup d'entre vous sont déjà ici depuis longtemps, et certains n'ont pas encore avoué. Ils espèrent se glisser entre les mailles du filet. Ils rêvent. Le poing de fer de la Dictature du Prolétariat vous écrasera sans pitié si vous n'avouez pas. Je vous préviens tous!

« La politique de notre Grand Dirigeant le Président Mao est : " Traitement clément à ceux qui avouent avec franchise. Punition sévère à ceux qui s'obstinent. Récompense à ceux qui rendent des services méritoires en dénonçant d'autres criminels. " Ce soir, nous allons nous occuper des cas les plus flagrants pour appliquer la politique de notre Grand Dirigeant le Président Mao. »

Après quelques minutes de silence, il donna une liste interminable de prisonniers condamnés à mort parce qu'ils n'avaient pas avoué leurs crimes; il spécifiait leur âge, leur adresse, leur métier, leurs origines familiales « réactionnaires » et décrivait leurs « crimes », qui tous entraient dans la catégorie « revanche contre le Prolétariat ». Ces prétendus crimes n'étaient guère plus que des déclarations d'opposition à la Révolution culturelle ou des remarques désobligeantes envers Jiang Qing, Lin Biao ou Mao Zedong lui-même. Après quoi l'homme criait aussi fort qu'il le pouvait :

« Faites-le sortir ! Exécution immédiate ! »

Sa voix n'était qu'un rugissement inhumain et cruel. En dépit du contrôle de moi-même que je m'imposais, je ne pouvais me retenir de frissonner.

La longue liste de ceux qui devaient être exécutés fut suivie par celle des prisonniers condamnés à la détention à perpétuité ou à plus de vingt-cinq ans de prison, exemples de punitions sévères réservées à ceux qui n'avaient pas totalement avoué ou dont les aveux étaient considérés comme inadéquats ou hypocrites. Il lut enfin la liste des noms de ceux à qui on accordait un « traitement clément » – trois à cinq ans de prison – parce que ces hommes et ces femmes avaient non seulement avoué, mais également fourni des informations permettant d'accuser d'autres gens. Une femme fut libérée sur-le-champ parce qu'elle avait permis l'arrestation de plusieurs autres personnes s'apprêtant à s'enfuir à Hongkong.

Après que le haut-parleur se fut tu, la voix menaçante de l'homme résonna longtemps dans mes oreilles. De ma vie je n'avais imaginé qu'il existât une épreuve aussi traumatisante. A l'idée que cet individu était maintenant responsable de la Maison d'arrêt n° 1, je tremblais de peur. La nuit, déjà glacée, me sembla plus froide encore. Des frissons secouaient mon corps tandis que j'attendais que la gardienne nous dise de nous coucher. Les autres prisonnières devaient être transies de peur elles aussi, car on n'entendait pas un bruit.

La porte du couloir s'ouvrit violemment et j'entendis les bottes de cuir martelant le sol tandis que chaque guichet était ouvert puis claqué par un gardien qui criait :

« Et vous ? Avez-vous avoué ? Avez-vous tout avoué ? »

Les pas approchaient. Je me préparais à un moment désagréable. Quand on ouvrit le guichet, j'entendis le bruit d'une feuille de papier et la voix d'un gardien qui disait :

« C'est celle-là... Approchez ! » gronda le gardien d'une voix encore plus sévère que d'habitude, sans doute pour impressionner l'officier qu'il accompagnait.

Par l'ouverture, je ne voyais qu'une paire de bottes de cuir noir et le bas de l'uniforme d'un officier de l'armée de l'air. Je ne pouvais voir le visage de l'homme, mais j'imaginai ce que les Chinois appellent un visage de méchant à « la chair horizontale ». Nous pensons que le visage d'un homme reflète la vie qu'il a menée, si bien qu'un homme méchant doit finir par avoir un visage désagréable avec « la chair horizontale ». Cette idée me donna du courage et je me sentis prête à répondre à toutes ses remarques.

« Pourquoi n'avez-vous pas avoué ? dit la voix de l'homme qui avait parlé dans le haut-parleur.

– Je n'ai commis aucun crime, comment puis-je avouer ?

– C'est faux ! Vous êtes une espionne des impérialistes. Vous voulez être fusillée ?

– Je compte que les nouvelles autorités de cette maison d'arrêt me relâcheront après avoir examiné les faits et m'avoir déclarée innocente.

– Vous rêvez ! Vous nous prenez pour des idiots ? Vous ne serez jamais libérée si vous n'avouez pas ! Avez-vous entendu ce qui est arrivé aux autres qui n'ont pas avoué ? Ils sont mort. Morts ! Vous m'entendez ? »

Il dit quelque chose au gardien qui prit son trousseau de clefs, ouvrit ma porte et me cria :

« Sortez ! »

Je passai le seuil, ne sachant pas ce que l'homme en uniforme de l'armée de l'air allait me faire. Il était déjà à plusieurs mètres dans le couloir et je le suivis avec le gardien. Mais avant que nous ayons pu aller bien loin, un grand vacarme fit trembler le plafond. Plusieurs voix criaient :

« Rapport ! Rapport ! Venez vite ! Elle saigne ! »

Des rires hystériques jaillirent d'une autre direction, se terminant par un cri. Du couloir mal éclairé, la scène semblait plus sinistre encore. Le gardien s'arrêta net, me repoussa vers ma cellule et la ferma avant de monter précipitamment à l'étage.

J'entendis des pas précipités dans la cellule au-dessus de la mienne.

« Sortez-la ! rugit la voix de l'officier du contrôle militaire. Comment osez-vous menacer la Dictature du Prolétariat d'un suicide ! Est-ce que vous imaginiez échapper à l'aveu en vous fracassant la tête contre les toilettes ? Votre acte prouve que vous êtes coupable. Vous serez punie sans pitié. »

J'entendis une femme qui pleurait et gémissait, des personnes qui se déplaçaient. Puis ce fut à nouveau le silence.

Au bout d'un moment, une gardienne vint nous dire de nous coucher. Quand elle arriva à mon guichet, elle me demanda :

« Que faites-vous plantée là ?

– J'attends qu'on m'emmène pour un interrogatoire, répondis-je.

– Il n'y a plus d'interrogatoire. Couchez-vous ! »

On avait dû m'oublier dans tout cet émoi à l'étage. Je me demandais ce qui me serait arrivé si la jeune femme au-dessus n'avait pas justement choisi ce moment pour s'ouvrir la tête. La méthode qu'elle avait utilisée ne pouvait la soustraire totalement aux persécutions, et cela montrait à quel degré de désespoir la communication de la soirée avait poussé certains. En fait, dans cette prison, peu de tentatives de suicide étaient couronnées de succès. La seule personne qui aurait réussi était un jeune et brillant chirurgien, le Dr Song, fils du maire adjoint de Shanghai. On m'a raconté qu'il avait affûté le manche de sa brosse à dents en le frottant sur le sol et s'était ouvert les veines. Après la mort de Mao, on révéla que les Révolutionnaires avaient mis le jeune médecin en prison et l'avaient torturé pour qu'il dénonce son père.

Le lendemain, on ne nous apporta à manger – du riz avec du chou bouilli – qu'au milieu de la matinée. Dans l'après-midi, une portion de patates douces bouillies arriva par le guichet. Les jours suivants, il y eut aussi des bandes de « gâteau » de patates douces. Comme je ne parvenais ni à les manger ni à les digérer, le seul repas de la matinée devait me suffire les jours où on nous en servait. Au bout d'un certain temps, la faim cessa d'être une sensation particulière pour devenir un état permanent de vacuité. Je maigrissais. J'y voyais de plus en plus mal. Le simple fait de laver mes vêtements m'épuisait.

Certaines gardiennes disparurent, remplacées par de nouvelles portant le brassard rouge des Révolutionnaires. Tôt le matin, à midi et le soir, je les entendais se dire les unes aux autres « Vive notre Grand Dirigeant le Président Mao » et psalmodier des citations de lui. Le journal expliqua un nouveau rituel observé par tous les Chinois et qui se déroulait selon les ordres suivants : « Demandez des instructions le matin, confrontez vos actions avec les enseignements du Président Mao à midi et faites un rapport complet le soir. » Il semblait que chacun se soumît à cette formalité devant un portrait officiel de Mao. « Demander des instructions » consistait à lire des passages du petit livre rouge, « confronter ses actions avec les enseignements de Mao » voulait dire relire les mêmes passages, et le « rapport » comportait aussi une relecture du même livre. C'est-à-dire que trois fois par jour, quotidiennement, tous les Chinois, sauf les bébés, devaient lire les *Citations* de Mao. Le journal publiait des articles examinant si l'on devait le faire aussi seul chez soi le dimanche. Il concluait que l'on ne devait pas négliger le rituel, même si l'on était malade et alité. Heureusement pour nous, cette pratique absurde était le privilège des seules « masses » et ne concernait pas les ennemis de classe enfermés en prison!

Le contrôle militaire avait restauré la discipline. Les gardiennes ne discutaient plus, ne se battaient plus, et venaient régulièrement au travail. Mais il avait aussi amené une atmosphère glaciale. Les gardiennes ne bavardaient plus comme il leur était arrivé de le faire; elles ne se détendaient un peu que lorsqu'elles étaient seules avec les prisonnières. Chaque fois qu'elles étaient deux, elles semblaient se méfier d'une possible dénonciation de leur comportement au contrôle militaire.

Outre ceux des repas, d'autres horaires avaient changé. Chaque matin, toute la prison écoutait les nouvelles à la radio, d'abord celles venues de Beijing et immédiatement après celles diffusées depuis Shanghai. Les hauts-parleurs étaient aussi fréquemment utilisés pour notre endoctrinement. C'était l'occasion d'entendre une nouvelle liste de ceux qui bénéficiaient d'un « traitement clément » et de ceux condamnés à un « traitement sévère » pour inciter les autres à avouer. A chaque fois que le haut-parleur se faisait entendre, les gardiennes allaient de cellule en cellule pour s'assurer que les prisonnières écoutaient.

Un des haut-parleurs se trouvait juste au-dessus de ma porte et le son était assourdissant. Sous la serveillance des gardiennes, je ne pouvais me boucher les oreilles pour atténuer le bruit. Quand vint le dimanche, je demandai les ciseaux et coupai deux petits bouts de tissu que je roulai pour en faire des boules que je placerais dans mes oreilles aux heures de diffusion. Elles n'arrêtaient pas le bruit, mais elles l'assourdissaient suffisamment pour qu'il soit supportable.

De temps à autre, j'étais emmenée en salle d'interrogatoire pour y subir un endoctrinement spécial et les questions des gardiens militants qui semblaient jouir de la confiance du Contrôle militaire. Seuls certains prisonniers avaient droit à ce traitement. Etaient-ils les ennemis de classe les plus détestés ou les plus intransigeants ? Je n'avais aucun moyen de le savoir. Les gardiens profitaient de ces occasions pour m'insulter, m'appelant « sale exploiteuse de paysans » ou « chien courant de l'impérialisme étranger ». Ils m'attaquaient au sujet de mes origines familiales, de mon travail chez Shell ou de ma « résistance à la rééducation » qui faisait que je n'avais toujours pas avoué mon « crime ». Ils me bombardaient de questions mais n'attendaient pas que je leur réponde. Ils me disaient que je serais bientôt fusillée ou que je resterais en prison jusqu'à la fin de mes jours.

Je ne tardai pas à comprendre que je n'avais pas besoin de faire autre chose que d'écouter, car les gardiens n'arrêtaient jamais de parler dès l'instant où je pénétrais dans la pièce. Après plusieurs séances semblables, je me dis que leur seul but était de conforter les gardiens dans leur statut de bons Révolutionnaires. Je n'étais là que comme accessoire de théâtre leur permettant de jouer leur rôle. J'en conclus que même les gardiens militants qui semblaient si confiants étaient mal à l'aise dans l'atmosphère de suspicion créée par la Révolution culturelle, tandis que de vieux dirigeants du Parti se trouvaient soudain condamnés comme « ennemis cachés du communisme qui brandissent le drapeau rouge pour s'opposer au drapeau rouge ».

Un jour, on vint nous chercher pour l'exercice en plein air. En sortant, je vis l'ancien directeur, M. Liang, qui bêchait les parterres de fleurs en compagnie de plusieurs autres hommes. Je n'en fus pas surprise, car j'avais lu la veille dans le journal que Mao avait dit que les fleurs et les plantes d'ornement avaient une influence amollissante qui sapait l'esprit révolutionnaire des masses. Le même article disait également que le jardin de Mao dans l'ancien palais impérial, Zhongnan Hai, ne comptait plus que des pommiers et des tournesols, économiquement utiles. En fait, pendant cette période de la Révolution culturelle, le culte de la personnalité rendu à Mao était tel que chacune de ses paroles, si insignifiante fût-elle, était prise à la lettre et appliquée avec diligence. Inversement, rien ne se faisait que Mao n'aurait pas indiqué.

Au loin, je vis d'autres hommes et femmes balayant la route et portant des seaux d'eau vers les cuisines. Leur aspect et la maladresse avec laquelle ils exécutaient leur travail indiquaient qu'il s'agissait des intellectuels du Parti de la maison d'arrêt qui, comme M. Liang, avaient été condamnés à la Réforme par le travail physique. Mao avait dit que plus les connaissances d'un homme étaient vastes, plus il devenait réactionnaire, à moins qu'il ne se purifie par un dur travail physique.

Des années plus tard, j'appris que pendant la Révolution culturelle, des millions d'hommes et de femmes avaient reçu l'ordre de quitter leur travail en ville pour s'installer dans les zones rurales et s'y rééduquer par le travail physique. Les intellectuels autorisés à rester en ville s'étaient vu confier des travaux de simples manœuvres dans leurs organisations. C'était l'époque où les médecins vidaient les bassins dans les hôpitaux, où les professeurs nettoyaient les toilettes dans les universités et où les peintres et les musiciens construisaient des maisons et des routes. Pendant qu'ils s'aquittaient de leurs nouvelles tâches, ils devaient assister à des meetings de lutte et à des cours d'endoctrinement politique où il leur fallait faire amende honorable en « avouant » leurs « crimes ». Il ne fait pas de doute que l'humiliation des intellectuels atteignit un niveau sans précédent pendant la Révolution culturelle, et réussit presque à détruire la vieille tradition chinoise de respect pour l'étude. A cette époque, n'importe où en Chine, toute personne découverte en train de lire un autre livre que les quatre petits volumes des *Œuvres choisies* de Mao ou ses *Citations* courait le risque d'être considérée comme un opposant.

Arrivée à la cour d'exercice, le gardien me dit d'arracher les mauvaises herbes à mains nues. Comme c'était l'hiver, seule une petite touffe poussait au sud, le long du mur. Mais le sol était gelé et dur comme pierre. Enlever les herbes sans outil était très long. Quand le gardien revint, il donna un coup de pied dans le petit tas des herbes que j'avais arrachées et cria :

« C'est tout ce que vous avez fait ? Vous n'avez pas arraché les racines.

– Je n'ai rien pour les extraire du sol.

– Vous avez vos mains. Vous pouvez les arracher avec vos doigts. Vous n'êtes qu'une paresseuse ! »

Il envoya de nouveau les herbes voler de tous côtés à coups de pied. Quand je me levai, des ombres noires m'aveuglèrent un instant et j'eus un vertige, mais je parvins à tituber à sa suite jusqu'à ma cellule.

Deux soldats attendaient dans le couloir devant ma porte ouverte. Une gardienne révolutionnaire fouillait mes affaires. Mes draps et mes couvertures étaient déjà sur le sol poussiéreux et elle continuait à vider mon sac de toile. Quand elle me vit, elle agrippa ma veste et me tira brutalement dans la cellule.

« Enlevez votre veste ! » cria-t-elle.

Je la déboutonnai et elle me l'arracha pour la jeter au sol. Elle me poussa ensuite face au mur et je restai là à trembler et tousser pendant qu'elle examinait ma veste.

« Enlevez votre pantalon ! cria-t-elle ensuite.

– S'il vous plaît, puis-je remettre ma veste avant d'enlever mon pantalon. J'ai déjà un gros rhume.

– Vous êtes toujours aussi délicate. La vie en prison ne vous a rien appris, n'est-ce pas ? Vous n'avez pas changé le moins du monde. Je ne pense pas que vous mourrez d'avoir enlevé à la fois votre veste et votre pantalon. Enlevez-le ! »

J'éternuai et toussai tout le temps qu'il lui fallut pour examiner mon pantalon. Elle le jeta au sol et me fouilla.

Elle arracha ensuite le papier hygiénique que j'avais collé au mur le long de mon lit et marcha délibérément sur mes draps avant d'envoyer mon bandeau dans le couloir et de refermer la porte. Je l'entendis ouvrir la porte de la cellule voisine et crier à la prisonnière :

« Approchez ! »

Je ramassai ma veste molletonnée et mon pantalon, et je les remis. Avant de ramasser mes affaires et de les nettoyer du mieux que je pus, il fallut que je m'assoie sur le lit pour me calmer et attendre que mon cœur cesse de cogner si fort. Le jour suivant, quand on m'apporta du riz, j'en utilisai une partie pour remplacer le papier hygiénique du mur – un grand sacrifice maintenant que chaque grain de riz concourait à ma survie. Je dus attendre le dimanche suivant pour emprunter une aiguille et me confectionner un autre bandeau.

La fouille des cellules devint une habitude. Elle avait lieu à intervalles irréguliers. Je dus remplacer à maintes reprises le papier du mur et coudre bien des bandeaux. J'en étais arrivée à compter un à un les grains de riz que j'utilisais pour coller le papier.

Après avoir toussé toute la nuit et souffert de terribles maux de tête qui m'avaient empêchée de dormir, je ne parvins que difficilement à me lever le lendemain matin. Je me traînai au guichet et appelai :

« Rapport ! »

Ce fut une gardienne assez gentille qui ouvrit.

« Je crois que je suis malade. Est-ce que je peux voir le docteur ? » demandai-je.

Elle apporta une thermomètre qu'elle me mit dans la bouche. Au bout de quelques minutes, elle le retira et dit :

« Vous avez beaucoup de fièvre. »

Elle me donna deux comprimés d'aspirine et me recommanda de boire beaucoup d'eau. J'attendis le docteur toute la journée, mais il ne vint pas. Juste avant que la gardienne soit relevée, je demandai de nouveau à voir le docteur. Après un instant d'hésitation, elle me dit :

« Le docteur est parti à la campagne pour être rééduqué par le travail physique. Je ne sais pas quand il sera autorisé à revenir. Peut-être que quelqu'un viendra le remplacer. Demandez demain. Si vous ne vous sentez pas bien, vous pouvez vous coucher. »

Elle me redonna de l'aspirine. C'était bon de pouvoir s'allonger, mais j'avais de très violents maux de tête et mon corps couvert de sueur glacée était secoué de frissons. Je savais que ma température montait.

J'entendis la gardienne de nuit arriver et les deux femmes échangèrent des « Vive notre Grand Dirigeant le Président Mao ». Puis la gardienne de nuit passa dans le couloir pour inspecter les cellules. Elle marchait d'un pas décidé et s'arrêtait à chaque porte pour regarder par le judas.

« Quoi ! Vous êtes déjà au lit ? Vous soignez votre confort, n'est-ce pas ? Debout ! Ce n'est pas encore l'heure de dormir ! » cria-t-elle devant ma porte.

Je reconnus la voix de la gardienne qui avait fouillé ma cellule la veille.

« Je suis malade. La gardienne qui vient de partir m'a dit de me coucher. »

A moins qu'elle ne me tire du lit par la force, je n'avais pas l'intention de me lever. Elle ne prit pas la peine d'entrer et quelques minutes plus tard je l'entendis réprimander une autre prisonnière à l'étage au-dessus.

Le lendemain, un jeune homme répondit à ma demande de soins médicaux. Après que je lui eus dit que j'avais de la fièvre et que je toussais depuis bientôt deux mois, il déclara :

« Vous avez probablement une hépatite. Il y en a beaucoup dans cette prison. Je vais faire analyser votre sang. »

Je n'en croyais pas mes oreilles. N'importe quel ignorant sans aucune formation médicale aurait vu que j'avais une bronchite, peut-être même un point de pneumonie, et non une hépatite, cette inflammation du foie se manifestant par des symptômes tout à fait différents des miens. Quelle sorte de « docteur » était donc ce jeune homme? Je me penchai pour le regarder par le guichet, et je vis un jeune paysan d'une vingtaine d'années en uniforme de soldat. Je compris qu'il n'était pas médecin du tout mais qu'on lui avait confié ce travail parce que Mao Zedong avait dit : « Nous devons apprendre à nager en nageant » pour pouvoir nommer des ouvriers sans formation, mais politiquement sûrs, à des emplois spécialisés. Le jeune homme appliquait simplement l'ordre de Mao et « apprenait à être médecin en étant médecin ».

A cette époque, les journaux faisaient souvent état d'hommes de peine qui avaient brillamment réussi des opérations dans les hôpitaux après avoir bien compris les citations de Mao. Au cours d'une opération, des Révolutionnaires, désireux de prouver combien les paroles de Mao étaient magiques, restèrent dans la salle d'opération à réciter des citations du petit livre rouge tandis qu'un « médecin » sans aucune formation se démenait avec un malade. Cependant, quand Mao lui-même ou un autre chef extrémiste avaient besoin de soins spéciaux, des experts, souvent éduqués dans des universités occidentales avant la prise du pouvoir par le Parti communiste en Chine, étaient embarqués dans des avions spéciaux et amenés à Beijing depuis la lointaine province où ils avaient été exilés pour se livrer à de durs travaux.

Le jeune « docteur » m'emmena dans la pièce des gardiennes. Grâce à la chaleur du poêle, ma tête s'éclaircit un peu et je cessai de frissonner. Il sortit ses instruments et me demanda d'enlever ma veste et de remonter ma manche. Il plongea l'aiguille dans mon bras sans parvenir à trouver ma veine. Après plusieurs tentatives, un hématome apparut sous ma peau et mon bras devint très douloureux. Le jeune homme était visiblement très nerveux. Des gouttes de sueur perlaient à son front et ses mains tremblaient.

J'avais pitié de cette pauvre créature à qui on avait confié une tâche hors de sa portée. Je savais que si je ne le calmais pas, il finirait certainement par me blesser plus gravement.

« J'ai de très petites veines. Tous les médecins ont du mal à me prendre du sang », dis-je pour lui redonner confiance.

Il me jeta un regard presque reconnaissant et essaya à nouveau tandis que je retenais mon souffle. Il finit par localiser ma veine et la seringue se remplit.

Plusieurs jours passèrent. Ma fièvre monta tellement que je ne sentais même plus le froid de la cellule. Les gardiennes me dirent de rester au lit. Deux fois par jour, la jeune fille au sourire fut autorisée à entrer, sous le regard vigilant d'une gardienne plantée sur le seuil, pour m'apporter une soupe de riz et de l'eau chaude à boire. Je dormais presque tout le temps, dans un état de demi-inconscience, faisant des rêves fantastiques où je me voyais flotter hors de la cellule et la réintégrer en passant entre les barreaux de la fenêtre comme si j'étais un pur esprit.

Un matin, le jeune homme revint et me dit :

« Vous n'avez pas d'hépatite. C'est probablement la tuberculose. Beaucoup de prisonniers ont la tuberculose. Habillez-vous. Vous allez vous rendre à l'hôpital pour une radio. »

Je savais que je n'avais pas la tuberculose, mais j'étais heureuse à l'idée d'aller à l'hôpital.

Dans l'après-midi, une gardienne ouvrit ma porte et me fit sortir. Mes jambes me soutenaient à peine et j'étais très faible, mais elle ne cria pas et ne m'engagea pas à marcher plus vite. A l'entrée de la prison, un gardien attendait avec une paire de menottes, mais la gardienne hocha la tête et lui dit :

« Elle est trop malade. »

Je ne savais pas si elle voulait dire que j'étais trop malade pour m'échapper en chemin et que les menottes étaient donc inutiles, ou que j'étais si malade qu'il fallait me ménager. En tout cas, le gardien rempocha ses menottes.

Une jeep noire attendait avant la seconde porte. J'y montai avec la gardienne.

Comme les allées de la prison me semblèrent différentes de la première impression, seize mois plus tôt, quand on m'avait amenée ici! Des panneaux rouges plantés dans le sol entre les saules portaient des citations de Mao en gros caractères jaunes sur la suppression des ennemis de classe. Les tableaux étaient orientés vers l'entrée, sans doute pour effrayer les nouveaux prisonniers entrant dans la maison d'arrêt. Sur une large banderole de tissu rouge suspendue au sommet du quartier des soldats, on lisait trois slogans peints en blanc : « A bas l'impérialisme américain », « A bas les révisionnistes soviétiques » et « Nous devons libérer Taiwan. » Des mannequins habillés de costumes occidentaux et portant le nom du Président des Etats-Unis, du Secrétaire général du Parti communiste de l'Union soviétique et du chef du Guomindang à Taiwan épinglé sur leur veste, étaient attachés à des piquets. Les soldats s'entraînaient sur eux à la charge à la baïonnette. A chaque soldat qui chargeait pour enfoncer sa baïonnette dans le corps de l'un des mannequins, les autres criaient :

« Tue! »

Sous un ciel couvert, les rues de Shanghai étaient presque désertes. Tout au long de la route qui traversait la ville de la maison d'arrêt à l'hôpital de la prison de Ti Lan Qiao, je ne vis que quelques personnes emmitouflées dans leurs vestes molletonnées et luttant contre le vent du nord. Je me sentais très mal, mais cela faisait si longtemps que je n'avais pas vu les rues de la ville que je fis un gros effort pour observer les changements amenés par la Révolution culturelle. D'une certaine façon, j'avais espéré que ce que je pourrais voir me donnerait des indications sur l'existence de ma fille dans ces circonstances si spéciales.

Partout des traces de destructions, des immeubles abîmés, des tours de fenêtre noircis, des arbres déracinés et des véhicules abandonnés. Au milieu des détritus emportés par le vent, des silhouettes grises étaient penchées sur les tas d'immondices dans lesquels elles fouillaient. Les feux de signalisation ne fonctionnaient pas. Des slogans et des citations couvraient les murs de tous les bâtiments devant lesquels nous passions et même les flancs des bus et des camions. Il y en avait aussi sur la chaussée. Des soldats avaient remplacé des policiers et patrouillaient dans les rues. Nous croisâmes plusieurs camions pleins de Révolutionnaires casqués et armés de barres de fer qui criaient des slogans – sans doute en route pour mener une action révolutionnaire contre une faction rivale. De grands portraits de Mao collés sur des panneaux de bois de plusieurs mètres de haut se dressaient aux principaux carrefours. Coloriés de façon à ce que le vieil homme semble jeune, vigoureux et gras – un signe de bonne santé en Chine – ces portraits contrastaient avec les piétons maigres et pâles qui rasaient les murs.

Ti Lan Qiao était le nom du quartier de Shanghai où se trouvait la Prison centrale, et les trois caractères en vinrent à désigner la prison elle-même. L'énorme complexe carcéral couvrait plusieurs hectares. C'est ici qu'aboutissaient les prisonniers venant des diverses maisons d'arrêt de la ville quand ils étaient condamnés. On y trouvait aussi bien des prisonniers politiques que des criminels de droit commun considérés comme inaptes au travail dans les camps, soit qu'ils étaient trop malades ou trop vieux pour un dur travail physique, soit que leurs connaissances pouvaient être mieux utilisées dans les nombreux ateliers de la prison. Personne ne savait exactement combien de prisonniers étaient incarcérés dans ce vaste ensemble, mais on pensait généralement que plus de vingt mille hommes et femmes travaillaient dans les divers ateliers, produisant, parfois pour l'exportation, des ordinateurs rudimentaires aussi bien que des boutons.

L'hôpital de la prison était situé à l'intérieur du complexe carcéral de Ti Lan Qiao. Je constatai que la sécurité était plus stricte ici qu'à la Maison d'arrêt nº 1. La jeep passa par deux contrôles où ses papiers furent minutieusement vérifiés avant qu'elle ne soit autorisée à passer les lourdes portes gardées par des soldats. Les sentinelles qui regardèrent dans la jeep avaient des revolvers à la ceinture.

Sans un seul arbre ni aucune plante, le complexe était sinistre. Des bruits de moteurs s'échappaient des ateliers. Les bâtiments d'interrogatoire et les bâtiments administratifs s'alignaient, chacun désigné par une pancarte et arborant des slogans de couleurs vives dénonçant les ennemis de classe et prônant l'efficacité, comme moyen de réforme, d'un dur travail dans la production. Au loin, encerclés par une haute clôture, six énormes ensembles de cellules pour les prisonniers.

La gardienne me conduisit dans l'hôpital. Les murs intérieurs étaient couverts de slogans, de citations et de grandes affiches de Mao. La personne chargée de la décoration n'avait pas ménagé sa peine ! Même les vitres s'ornaient du portrait de Mao, la poitrine parfois illuminée par un cœur rouge percé d'une flèche, ou frappée du caractère chinois signifiant loyauté.

La salle d'attente de l'hôpital ne pouvait se comparer qu'à une scène d'enfer, même si personne n'était dévoré par des bêtes sauvages, consumé par les flammes ni noyé dans une mer en ébullition. C'était l'enfer de la pauvreté et de la souffrance silencieuse; de misérables êtres humains émaciés, drapés dans des haillons, le visage dévasté par la douleur et l'agonie, attendant patiemment leur fin. Ravagés par la maladie ou la faim – ou les deux

– ils semblaient avoir dépassé le stade où la médecine aurait pu leur rendre leur intégrité. J'avais entendu parler du fort taux de mortalité à Ti Lan Qiao. Maintenant j'avais un aperçu des cas qui ne tarderaient pas à entrer dans les statistiques.

A côté des petites silhouettes tassées sur les bancs, d'autres, enveloppées dans des couvertures rapiécées, étaient allongées sur des brancards de toile sales posés directement sur le sol de ciment. Juste devant la place où on me dit de m'asseoir, un vieil homme chauve occupait l'un de ces brancards. Il avait la bouche entrouverte, les yeux clos enfoncés dans les orbites, la peau transparente et cireuse tendue sur les pommettes : sans les spasmes de sa respiration saccadée, on l'aurait cru mort.

Toutes les fenêtres étant fermées, l'air de la pièce conservait un mélange d'odeur de désinfectant et de déchéance humaine qui m'étouffait. Je fermai les yeux pour chasser cette vision déprimante et tentai de retenir mon souffle jusqu'à ce que mon tour arrive de voir le docteur.

« 1806! » appela du seuil de la salle une infirmière portant une blouse élimée qui avait été blanche, mais que de nombreux lavages avaient fait tourner à une indéfinissable couleur grisâtre.

Je la suivis dans un service où je retrouvai la gardienne qui m'avait amenée en train de parler à une femme médecin d'une cinquantaine d'années. Au milieu de la grande salle se trouvait un poêle où chauffait une bouilloire, et tout autour du poêle, des médecins assis à des tables examinaient des malades. Aucune concession à l'habituel décorum chinois. Hommes et femmes se déshabillaient au vu de tous les autres et les questions et réponses échangées entre les médecins et les malades pouvaient être entendues par tous. A l'époque, je me dis que cette attitude était due au fait que les prisonniers n'étaient généralement pas considérés comme des êtres humains, mais après ma libération, je découvris que tous les hôpitaux de Shanghai étaient tombés à ce niveau pendant la Révolution culturelle.

Tandis que je me demandais quelle serait la meilleure réponse si le docteur me disait de me déshabiller, elle me tendit un thermomètre. Je le plaçai dans ma bouche. Heureusement, elle n'en attendait pas plus. Quand elle le regarda, elle dit à la gardienne :

« Il vaut mieux qu'elle reste ici quelques jours. Elle a une très forte température. Faites-la placer sur un brancard : elle ne pourrait pas monter les cinq étages.

– S'il vous plaît, laissez-moi essayer de marcher », demandai-je, horrifiée à la pensée de devoir m'allonger sur l'un de ces répugnants brancards.

Le médecin avait un visage profondément ridé et des cheveux grisonnants aux tempes. Son regard était doux et compatissant. Peut-être comprit-elle mon dégoût car elle dit à la gardienne :

« Vous pouvez utiliser l'ascenseur réservé au personnel. C'est plus rapide que d'obtenir un brancard. Elle est vraiment très malade. Une pneumonie, probablement. »

La gardienne monta au cinquième avec moi. Après m'avoir ordonné de ne parler de mon cas avec personne, elle me dit que ma cuvette et ma serviette me seraient apportées quand des gardiens reviendraient avec d'autres prisonniers malades. Puis elle me remit, sous le regard d'un soldat, à une jeune femme portant un insigne de la Réforme par le travail.

On m'introduisit dans une chambre à cinq lits. Deux étaient occupés près de la porte. On me donna celui du fond contre le mur, séparé des deux autres femmes par deux lits vides. La jeune femme me dit de me déshabiller et de me coucher.

Comme c'était bon de reposer mon corps fiévreux et douloureux dans un vrai lit ! Les draps étaient rugueux mais propres. Une épaisse couverture compensait le froid de la pièce. J'enlevai ma veste et mon pantalon et m'allongeai en pull et en caleçon long. La jeune femme apporta une autre couverture qu'elle étendit sur le lit. Je ne tardai pas à m'endormir.

Les jours suivants, je n'eus que quelques brefs moments de conscience où je me rendais vaguement compte de ce qui m'entourait, mais je passai l'essentiel de mon temps dans le monde de mes rêves. Quand je parvins à nouveau à faire fonctionner mon cerveau, je trouvai mon bras attaché au montant du lit, une aiguille plantée dans ma veine et reliée par un tuyau souple à un flacon suspendu à une sorte de patère. On me nourrissait artificiellement. La jeune femme de la Réforme par le travail vint me mettre le thermomètre dans la bouche, et quand elle vit que j'étais bien éveillée, elle détacha mon bras, retira l'aiguille et emporta l'installation. Si j'avais retrouvé toute ma lucidité, j'étais néanmoins très faible et somnolente.

Au bout d'un moment, la même jeune femme revint m'apporter un bol de liquide fumant et me dit de le boire.

En dépit de mon bras engourdi, je parvins à tenir le bol presque sans trembler. Soulevant la tête, je bus le liquide dont le goût me parut curieux. Je finis par comprendre qu'il s'agissait de lait de haricots de soja très sucré. Comme je n'avais pas mangé de sucre depuis longtemps, je n'avais pas immédiatement reconnu sa saveur.

Je me sentais beaucoup mieux. J'étais moins endormie et ma tête s'était éclaircie. Je posai ma main sur mon front. Il était frais et humide de transpiration. La jeune femme revint avec une seringue remplie d'un liquide laiteux et me dit de me tourner sur le côté. Me souvenant de la maladresse du jeune soldat, je rassemblai tout mon courage, mais je ne sentis rien. Elle avait fait la piqûre rapidement et d'une main experte. Elle travaillait comme une infirmière professionnelle. J'étais certaine qu'elle avait été infirmière dans le passé et je me demandais tristement ce qui l'avait amenée à être « réformée par le travail » dans l'hôpital d'une prison.

Le soir, elle m'apporta un bol de riz bien cuit et une assiette de légumes avec un poisson entier cuit à l'huile avec de la sauce de soja, de l'échalotte et de l'ail. Le poisson ne mesurait qu'une quinzaine de centimètres mais me parut plus délicieux que toutes les gâteries dont je pouvais avoir gardé le souvenir. Je mangeai tout. Mes affaires de toilette se trouvaient sur une chaise à côté de mon lit, et par terre un bassin et un pot de chambre. Je réussis à m'asseoir et fis une toilette bien nécessaire.

Après que la jeune femme eut emporté les plats vides, un soldat ferma la lourde porte métallique de la chambre et se retira dans la salle de garde. Une des deux femmes qui partageaient ma chambre vint jusqu'à moi.

« Vous êtes restée inconsciente pendant six jours. Ils pensaient que vous alliez mourir. Vous sentez-vous mieux ? »

Elle était d'une maigreur effrayante avec les joues creuses, une peau sèche et sans couleur, mais des yeux pétillants. Sa veste molletonnée avait été maintes fois rapiécée. Elle semblait avoir plus de soixante ans, mais sa voix était celle d'une femme de trente ans. Elle parlait tout bas en surveillant la porte.

Je hochai la tête et lui souris, heureuse de sa compagnie mais trop faible encore pour avoir envie de parler. Elle s'assit sur mon lit.

« Vous venez juste d'être transférée à Ti Lan Qiao ? Quand avez-vous été condamnée ? »

Me souvenant de la recommandation de la gardienne qui m'avait dit de ne parler de mon cas à personne, je ne répondis pas et me contentai de sourire à nouveau.

« N'ayez pas peur. Je ne vous dénoncerai pas. Ici, les prisonniers doivent se protéger les uns les autres, vous savez. Avez-vous la tuberculose ? C'est une chambre pour les tuberculeux. C'est pour cela que nous sommes mieux nourries. Mais je retourne dans ma cellule demain parce que je ne crache plus de sang. Quand je recommencerai à cracher du sang, ils me ramèneront ici pour que je me repose et me feront des piqûres de streptomycine. Ils ne se fatiguent pas à nous guérir, mais ils ne nous laissent pas non plus mourir, soupira-t-elle.

– Je suis désolée que vous ayez la tuberculose.

– Presque tout le monde l'attrape tôt ou tard, ici. C'est inévitable. On se la passe. A vingt dans une cellule, dormant à quelques centimètres les uns des autres, comment l'éviter? Surtout avec ce qu'on mange et le travail.

– Est-ce que vous travaillez? Que faites-vous?

– De la couture. Plus de dix heures par jour et six jours par semaine. Je couds des boutons et je fais des boutonnières sur des cardigans. C'est pour l'exportation, alors le travail doit être bien fait. Comme ça je gagne quelques yuans par mois pour du savon et du papier hygiénique. Mon mari ne peut pas m'envoyer d'argent. Nous avons trois enfants. »

Parler d'elle l'assombrit. Elle baissa la tête, prête à pleurer. Mais elle resta à mes côtés. Je me dis qu'elle avait besoin de parler à quelqu'un. Quant à moi, après tant de mois d'isolement, je trouvais sa présence curieusement réconfortante.

« J'étais comptable dans l'usine où mon mari est technicien. C'était un bon travail, mais j'ai tout gâché.

– Vous avez fait quelque chose de mal avec l'argent qui vous était confié?

– Non, rien de tel. J'ai critiqué notre secrétaire du Parti. Quelqu'un m'a dénoncée pendant la campagne d'Elimination des contre-révolutionnaires de 1956. J'ai été dénoncée, mais j'ai répliqué. Au lieu de présenter mes excuses au secrétaire du Parti, j'en ai rajouté. J'avais si peu d'expérience! Le secrétaire du Parti s'est mis en colère et m'a inscrite sur la liste des contre-révolutionnaires de l'usine. J'ai été arrêtée et condamnée à douze ans.

– Vous ne pouviez pas faire appel? Critiquer un secrétaire du Parti n'est pas une faute grave, et douze ans, c'est une condamnation bien sévère.

– Pour quoi faire? On aurait encore écouté le secrétaire du Parti. Le bureau de la Sécurité coopère toujours avec les secrétaires du Parti. Vous connaissez le proverbe : " Un officiel est toujours du côté d'un autre officiel. "

– Vous êtes ici depuis longtemps déjà. Le pire est derrière vous. Vous retrouverez bientôt votre famille, dis-je pour la réconforter.

– Je n'en ai plus pour longtemps. J'espère que quand je les reverrai, mes enfants me reconnaîtront encore, et que mon mari n'est pas avec une autre femme.

– Est-ce qu'ils ne viennent pas vous voir les jours de visite? »

Je savais que lorsqu'un prisonnier avait été jugé et qu'on l'envoyait à Ti Lan Qiao, il avait droit à une visite par mois des membres de sa famille. En fait, beaucoup de prisonniers détenus longtemps en maison d'arrêt en venaient souvent à de faux aveux pour être condamnés et pouvoir ainsi revoir leur famille.

« Non, me répondit-elle. Je leur ai demandé de couper toutes relations avec moi dès que j'ai été condamnée. C'était le seul moyen pour que mon mari garde son travail et pour protéger les enfants. Vous savez comme les familles des contre-révolutionnaires souffrent. Mon mari et moi étions très amoureux. Notre mariage n'avait pas été arrangé. Quand je lui ai demandé de divorcer et de ne plus venir me voir, il a beaucoup pleuré et m'a dit qu'il ne divorcerait jamais et m'attendrait. »

J'étais très triste pour elle, mais je ne trouvais rien à lui dire pour alléger sa peine. A nouveau, elle était perdue dans ses pensées. Au bout d'un moment, elle changea de sujet :

« Vous avez de la chance d'avoir un gentil docteur. Elle est extrêmement compétente. Elle a reçu ses diplômes d'une grande université américaine, à ce qu'on dit. Elle est très gentille et se montre très compatissante. La première fois que je suis venue, elle était encore prisonnière. Après sa libération, elle est revenue travailler ici comme volontaire. Il est très dur de revenir dans le monde du dehors quand on a été ici. Les gens ne veulent pas avoir de rapports avec les anciens prisonniers. Vos supérieurs n'osent pas vous donner un travail décent et vous n'avez aucun espoir de promotion. Vous êtes une personne marquée, toujours la première à recevoir les insultes et les critiques. Quand on a été contre-révolutionnaire, on le reste. On en souffre en prison, et on en souffre en sortant. Votre famille en souffre aussi. J'en ai vu d'autres traités comme ça dans notre usine. Maintenant, je suis l'une d'entre eux. Parfois, j'ai peur de retourner dans le monde du dehors. »

J'étais très émue d'apprendre que le médecin avait été détenu à Ti Lan Qiao. Je n'aurais jamais cru que derrière son gentil visage se cachait une histoire aussi triste, mais elle avait effectivement un regard qui n'exprimait pas seulement la bonté et la compréhension. C'était presque comme si une connaissance très spéciale de la vie l'avait rendue extrêmement sage et tolérante.

« Elle est rentrée en Chine pour répondre à l'appel du gouvernement populaire qui demandait aux patriotes chinois de revenir dans leurs pays pour servir le peuple. On dit qu'elle avait un bon emploi aux Etats-Unis, mais elle l'a abandonné et elle est rentrée. La première fois que je l'ai rencontrée, elle parlait toujours franchement, comme une étrangère, alors, naturellement, elle a eu des ennuis. »

Au début des années 1950, le gouvernement populaire avait organisé une campagne de propagande discrète par l'intermédiaire de ses agents et des sympathisants dans la communauté chinoise des Etats-Unis pour persuader les intellectuels de revenir afin d'« aider à la reconstruction nationale ». Le but réel de cette campagne était d'attirer des physiciens qui pourraient aider la Chine à construire la bombe atomique, mais la campagne fut menée en termes généraux afin d'éviter d'attirer l'attention sur le véritable objectif de Beijing. On en appela au très fort sentiment patriotique de tous les intellectuels chinois vivant à l'étranger, mais on visa surtout ceux qui vivaient aux Etats-Unis. Beaucoup de représentants de diverses professions répondirent à cet appel. Ils abandonnèrent de bons emplois et une vie confortable pour leur mère patrie et revinrent en Chine – pour découvrir qu'on ne désirait pas vraiment leur présence. L'attitude profondément soupçonneuse que manifestaient les officiels du Parti Communiste à l'égard de toute personne ayant des « liens avec l'étranger », et leurs préjugés contre les intellectuels, ajouta aux difficultés des rapatriés. Comme la rupture des relations diplomatiques entre Washington et Beijing rendait leur retour aux Etats-Unis impossible, il fallut qu'ils se fassent à leur vie en Chine. Quelques chanceux réussirent à gagner Hongkong, mais la majorité restèrent et acceptèrent tout travail que le Parti voulait bien leur confier. Beaucoup souffrirent de persécutions pendant les campagnes politiques successives, surtout pendant la campagne contre les Droitiers de 1957. Ceux qui survécurent jusqu'en 1966 furent presque tous emportés dans les filets de la Révolution culturelle. Seuls les physiciens travaillant pour le programme d'armement nucléaire chinois furent protégés par le premier ministre Zhou Enlai. C'était une triste histoire de mépris des droits de l'homme et un exemple parmi tant d'autres de l'indifférence avec laquelle le Parti communiste chinois sacrifiait les individus à des fins politiques.

Nous restions silencieuses, chacune perdue dans ses pensées. La malade qui était restée au lit commença à gémir et à tousser. Au bruit d'une porte s'ouvrant quelque part, mon interlocutrice devint nerveuse. Elle me dit bonsoir et regagna son lit.

Je restai éveillée, pensant à ma fille. Où était-elle à cet instant? Parvenait-elle à s'accommoder de la situation compliquée créée par la Révolution culturelle? Je priai Dieu qu'Il la guide et la protège.

Le matin suivant, je me redressai et posai les pieds par terre. J'étais encore très faible et mon cœur battait très fort à chaque mouvement. Par la suite, je fis quelques pas de plus chaque jour, jusqu'à ce que je sois capable de déambuler sans mal autour de la chambre. Grâce aux aliments nourrissants et aux médicaments que l'on me donnait, je reprenais peu à peu des forces.

Nous n'étions plus que deux dans la chambre. L'autre femme était très malade et ne quittait jamais son lit. Une fois, je vins à son chevet, mais elle n'ouvrit pas les yeux et ne sembla pas s'apercevoir de ma présence. A côté de son oreiller se trouvait un récipient à moitié plein de crachats et de sang. Son visage semblait tendu de vieux parchemin et elle ne bougeait que pour tousser. A l'heure des repas, on la nourrissait à la cuiller.

Je ne posai jamais de questions à la jeune femme de service et elle ne se risqua pas à me parler, mais nous souriions. Alors qu'elle me servait des repas nourrissants, je remarquai qu'elle-même n'avait droit qu'à l'habituel riz au chou et aux patates douces bouillies. Elle était mal habillée et semblait toujours avoir froid avec ses lèvres bleuies et ses épaules relevées. Je décidai de lui donner l'un des pulls que je portais. Je l'enlevai avant qu'elle ne vienne et je le lui mis dans la main sans parler à cause du soldat qui surveillait depuis le couloir. Elle regarda nerveusement la femme gisant dans l'autre lit et me le rendit.

Un an plus tard, quand je retombai malade et que je revins à l'hôpital, elle n'était plus là. J'espérai qu'elle travaillait maintenant dans un hôpital ordinaire de Shanghai, marchant avec assurance, seringue à la main, pour s'occuper des malades.

Une semaine plus tard, ma température était normale

et le docteur me dit que je pouvais retourner à la Maison d'arrêt n° 1. Elle parlait doucement et ses yeux étaient pleins de gentillesse comme si elle voyait en moi une parcelle de bonté et d'amabilité dont je n'avais plus conscience moi-même. Je me dis que cette femme avait quelque chose d'une sainte. Je ne croyais pas qu'elle soit revenue travailler à l'hôpital de la prison parce qu'elle ne pouvait supporter le monde extérieur après son incarcération. Je pensais qu'elle était revenue parce qu'elle savait que les prisonniers avaient besoin d'elle. Elle avait trouvé une mission à laquelle vouer son existence quand bien même sa position n'était ni respectée ni payante au regard du monde. Elle semblait posséder une grande force spirituelle. Elle était à l'évidence devenue meilleure grâce à ses souffrances.

Quelques jours plus tard, une gardienne qui avait escorté d'autres prisonniers à l'hôpital me ramena à la Maison d'arrêt n° 1.

CHAPITRE 8

LUTTE DE FACTIONS DANS LE PARTI

La pneumonie dont j'avais souffert pendant l'hiver 1967 marqua le début d'une rapide détérioration de mon état physique. Le manque prolongé d'aliments nourrissants, de soleil et d'air frais empêcha mon rétablissement complet et accéléra le vieillissement de mon corps. Mes facultés mentales furent également atteintes au point que j'éprouvais souvent des difficultés à me concentrer durablement sur le même sujet. Penser de manière logique et analytique exigeait beaucoup d'efforts conscients. Je commençai à comprendre pourquoi la misère noire produit un regard vide et des mouvements léthargiques. En fait, je savais que j'étais en train de faire l'expérience de tous les symptômes de l'épuisement mental et physique, qui pouvaient me conduire à l'effondrement. La perspective de perdre mes facultés de réflexion m'effrayait davantage que la chute de mes cheveux par poignées, les saignements de mes gencives et mon important amaigrissement. Les effets psychologiques de l'isolement total commençaient aussi à se faire sentir. J'étais souvent d'humeur sombre, et j'avais parfois du mal à avaler le peu de nourriture que l'on me donnait alors même que j'étais affamée.

A l'extérieur, la situation générale restait confuse. En

dépit du contrôle exercé par l'armée, la violence et les guerres entre factions de Gardes rouges et de Révolutionnaires se poursuivirent bien avant dans l'année 1968. Il semblait qu'après avoir lancé les Gardes rouges et les Révolutionnaires dans l'action pour servir ses buts politiques, Mao Zedong n'était plus capable de les contrôler. La Maison d'arrêt ne pouvait reprendre un fonctionnement normal tant que la situation politique restait aussi incertaine. Personne ne pouvait s'occuper sérieusement de mon cas et on me laissait attendre dans ma cellule. Je commençais réellement à craindre de mourir avant que mon cas ne fût clarifié.

Un jour, après que la jeune fille au sourire m'eut donné de l'eau froide, je ne parvins que difficilement à porter la cuvette pleine du guichet à sa place habituelle, à moins d'un mètre de là. Mes mains tremblaient et mon cœur battait à se rompre. Mes jambes étaient tellement chancelantes que je dus poser la cuvette sur le sol et m'asseoir.

Tandis que j'étais assise sur mon lit pour reprendre mon souffle, je me dis que si je voulais survivre à la Révolution culturelle, je devais m'imposer une discipline d'exercices physiques et mentaux. Inspirée par ces bonnes résolutions, je me levai assez brutalement. Des taches noires m'aveuglèrent presque totalement et je dus me rasseoir. Mais à partir de ce jour, je conçus une série d'exercices qui faisaient bouger mon corps de la racine des cheveux aux orteils et je les pratiquai trois fois par jour. Au début, cela m'épuisait et je devais m'interrompre par de fréquentes périodes de repos. Il fallait aussi que j'évite le regard inquisiteur des gardiennes, car tout exercice, en dehors des quelques minutes de marche dans la cellule après les repas, était interdit. Je parvins néanmoins à tenir mon programme quotidien, et au bout de quelques mois j'avais recouvré une partie de ma force physique ainsi que ma sensation de bien-être.

A titre d'exercice mental, j'essayai tout d'abord d'apprendre par cœur quelques essais de Mao qui me permettraient, pensais-je, de mieux comprendre sa mentalité et d'utiliser ses citations avec plus d'aisance quand j'aurais à nouveau à rencontrer un instructeur. Je préférais à tous les autres ses essais sur la guerre populaire, où il soulignait l'importance de l'initiative à chaque fois et partout où c'était possible pour permettre à un groupe de guérilleros mal équipés de harceler et de vaincre une puissante armée. Bien que Mao fût un odieux dictateur qui avait tué des millions de Chinois, emprisonné plus encore de gens lors de ses campagnes politiques, et amené à plusieurs reprises l'économie nationale au bord de la ruine, je devais reconnaître en lui un brillant stratège en matière de guérilla. Si ses essais sur la théorie marxiste étaient souvent mal digérés, je trouvais que ses essais sur la guérilla étaient des chefs-d'œuvre de pensée claire forgés grâce à l'expérience de l'Armée populaire. Mais, en dernière analyse, l'étude des livres de Mao plusieurs heures par jour était pour moi, sa victime, une activité déprimante, parce que cela me rappelait constamment combien sa puissance néfaste pesait sur mon propre destin, et combien j'étais impuissante à m'en libérer.

Je me tournai donc plutôt vers la poésie de la dynastie Tang, que j'avais apprise à l'école. Je fus stupéfaite de la quantité de vers que je parvins à extirper des plus profonds replis de mon cerveau, où ils attendaient sagement depuis des décennies. J'éprouvai beaucoup de joie à essayer de me souvenir de poèmes que je croyais avoir oubliés. Chaque fois que je parvenais à rassembler la totalité des éléments d'un poème, je ressentais une heureuse impression de réussite. Les mots immortels des grands poètes Tang n'aidèrent pas seulement à améliorer ma mémoire, mais ils me transportèrent aussi dans un monde de beauté et de liberté, loin de la sinistre réalité de la prison.

Mes efforts continus pour conserver mon intégrité

portaient des fruits, mais il restait encore des moments où je ne pouvais penser qu'à ma faim et à ma misère, et où j'étais tentée de lâcher le petit fil qui me rattachait à la vie. C'est alors que je devais recourir à un affrontement avec les gardiennes pour stimuler mon esprit combatif, mon instinct de survie.

« Rapport ! criai-je un jour de toutes mes forces à la porte.

– Que voulez-vous ? Combien de fois faut-il vous dire de ne pas crier ? demanda la gardienne en traînant les pieds jusqu'à ma cellule.

– Combien de temps devrai-je attendre pour que le gouvernement étudie mon cas ? Il est illégal d'enfermer des innocents en prison. C'est contraire aux enseignements du Président Mao. »

En fait il n'en avait jamais fait mention dans les quatre volumes de ses œuvres, mais j'étais presque certaine que la gardienne peu instruite n'avait jamais lu a fond les livres de Mao.

« Chut ! Ne criez pas ! Le gouvernement s'occupera de votre cas quand le temps sera venu. Vous n'êtes pas seule.

– Mais je suis ici depuis tellement longtemps déjà ! Je veux voir l'instructeur !

– Parlez plus doucement ! Vous ne devez pas crier ! L'instructeur est occupé. »

Je savais qu'il n'y avait plus d'instructeur en fonction à ce moment-là, et elle savait que je le savais, mais nous continuions à feindre de ne pas être au courant.

La prison était exceptionnellement silencieuse. Nos voix portaient aux quatre coins du bâtiment. Je savais que les autres prisonnières écoutaient, puisqu'elles n'avaient rien d'autre à faire. Je savais aussi qu'elles se réjouissaient sans doute d'entendre une consœur se rebeller, tout comme je me réjouissais à chaque fois que j'entendais une autre prisonnière assez courageuse pour répondre à une gardienne. Savoir que les autres prisonnières écoutaient ma conversation avec la gardienne forgeait des liens entre elles et moi. Je ne me sentais plus seule. Encouragée par leur silence – approbateur, j'en étais sûre –, je redoublai d'efforts alors même que mes propres cris commençaient à me fatiguer.

« Je suis innocente. Je n'ai jamais commis de crime. Je n'ai jamais rien fait pour m'opposer au Gouvernement populaire. Vous n'avez pas le droit d'enfermer une citoyenne respectueuse des lois ! J'exige une réhabilitation et des excuses ! criai-je de toutes mes forces.

– Est-ce que vous êtes devenue folle ? Taisez-vous ! cria la gardienne.

– Je ne suis pas folle. C'est celui qui m'a fait mettre en prison qui est fou.

– Est-ce que vous voulez être punie pour avoir semé le désordre ? »

J'entendis des pas précipités. Une autre gardienne venait à la rescousse. Elle me dit :

« Vous commettez un crime en ce moment même en semant le désordre.

– Notre Grand Dirigeant le Président Mao nous a appris : " Exposez les faits; parlez raisonnablement. " Je ne fais qui suivre ses instructions. Je suis innocente. Je n'ai commis aucun crime, alors je dois le dire », rétorquai-je.

Après ce genre de réplique, la gardienne ouvrait ma porte et me conduisait dans une pièce isolée où nous pouvions continuer à nous crier nos arguments au visage loin des oreilles des autres prisonnières. Je cédais et me taisais quand j'étais totalement épuisée. Parfois mon endurance dépassait sa patience. Alors elle avait recours à la violence physique pour me faire taire, me frappant ou me donnant des coups de pied dans les jambes. Elle me traitait de « vieille hystérique » et se plaignait de mes « accès de folie », mais aucune gardienne ne comprit jamais le but réel de mes provocations. Au cours des six années et demie que je passai au secret, je provoquai de nombreuses scènes comme celle-ci : à chaque fois que je ne parvenais pas à surmonter la dépression, que je ne pouvais plus ni manger ni dormir, je provoquais un affrontement avec une gardienne.

Mes bras se couvraient de bleus et mes jambes portent encore aujourd'hui les traces de coups infligés par leurs lourdes bottes de cuir, mais je vivais toujours une période de bon moral après ces combats contre les gardiennes. Peu à peu, la tension montait à nouveau en moi. Je crois que j'avais besoin de contact humain; même ces affrontements brutaux avec les gardiennes valaient mieux qu'un isolement complet. En outre, lutter constituait une action positive beaucoup plus encourageante pour le moral que de subir les épreuves avec patience selon les vertus chinoises ancestrales. Ce sont justement ces vertus qui ont permis à beaucoup de mes amis et relations de survivre à ce qu'ils durent subir pendant la Révolution culturelle. Mais pour moi, seul le stimulant positif de la lutte pouvait y parvenir.

Le 6 août, au cours d'une journée d'été particulièrement étouffante, le journal n'arriva que très tard. J'entendis le gardien qui l'apportait dire à la gardienne :

« Il y a des nouvelles très importantes. »

J'étais impatiente de savoir de quoi il s'agissait, mais je dus attendre presque l'heure du coucher pour que mon exemplaire arrive jusqu'à ma cellule.

A la une, en gros caractères rouges, on pouvait lire que la veille, Mao Zedong avait fait envoyer une corbeille de mangues aux ouvriers et paysans engagés dans l'endoctrinement des étudiants de la célèbre Université Qinghua de Beijing. Les mangues étaient un cadeau offert à Mao par le Premier ministre du Pakistan en visite officielle en Chine. Le journal racontait la jubilation et l'excitation des ouvriers quand on leur avait apporté le cadeau de Mao. Selon le reporter, les ouvriers et les paysans exultaient de joie et pleuraient de gratitude. En psalmodiant les citations de Mao, ils réaffirmèrent leur loyauté au Président.

Je ne savais pas que quelques jours auparavant Mao avait convoqué les chefs des Gardes rouges et les avait désavoués en critiquant leur violence, mais je compris immédiatement que l'action de Mao, entourée de tant de publicité, avait une signification politique de tout premier ordre. Il ne faisait pas de doute que les travailleurs et les paysans avaient été envoyés à Qinghua, une des principales universités de Chine où les organisations de Gardes rouges s'étaient montrées spécialement militantes et indisciplinées, pour mettre un frein aux activités des jeunes extrémistes. Faire un cadeau aux ouvriers et aux paysans plutôt qu'aux Gardes rouges de Qinghua constituait une mise en garde claire et éloquente aux Gardes rouges, qui ne devaient pas résister aux actions disciplinaires des ouvriers envoyés pour les mater.

Dans les jours qui suivirent, le journal parla, photos à l'appui, de la constitution dans tout le pays d'« Equipes ouvrières et paysannes pour la propagande de la Pensée de Mao Zedong », envoyées dans les écoles et les universités. Ces équipes ne comptaient en fait aucun paysan et bien peu d'ouvriers. Elles étaient essentiellement composées de militaires en civil et de cadres du Parti sur lesquels les dirigeants maoïstes proches de Jiang Qing et de Lin Biao pouvaient compter.

Bien que le totalitarisme communiste en Chine fût une dictature militaire, Mao et le Parti communiste chinois avaient toujours fait attention, depuis la prise de pouvoir en 1949, de toujours garder les canons à l'arrière-plan pour donner l'impression d'un gouvernement civil persuasif plutôt que d'un pouvoir militaire coercitif. On utilisait l'endoctrinement politique pour faire ployer la volonté populaire, et ce n'était qu'en cas extrême d'importants soulèvements armés, dans des régions reculées habitées par des minorités ethniques, que l'on faisait appel à la troupe. Utiliser les Equipes ouvrières et paysannes de propagande pour étouffer la résistance des Gardes rouges et restaurer l'ordre par des moyens non militaires, plutôt que d'utiliser la méthode plus expéditive de l'envoi de contingents armés, illustrait une fois encore combien Mao était désireux de préserver son image habituellement cultivée de dirigeant bienveillant.

Alors qu'on s'occupait des Gardes rouges, la direction maoïste de Beijing s'efforçait toujours d'organiser des Comités révolutionnaires provinciaux et municipaux – nouveau nom des Gouvernements provinciaux et municipaux – et à former de nouveaux Secrétariats du Parti. Le journal publiait fréquemment des éditoriaux exprimant l'espoir que ce processus s'accélérerait afin que l'on puisse réunir le Neuvième Congrès du Parti dans les meilleures conditions. J'en conclus que les maoïstes qui avaient pris le pouvoir étaient pressés de se donner à eux-mêmes un statut officiel en se faisant élire au Comité central et au Bureau politique du Parti et de faire exclure du Parti les anciens officiels déchus de leurs fonctions afin d'écarter toute menace future possible contre leur propre pouvoir.

Le temps passait, et c'était à nouveau l'automne. Avec chaque jour de pluie, la température tombait de quelques degrés. J'avais pensé qu'en m'astreignant à un régime d'exercices physiques et mentaux, j'avais donné un coup d'arrêt à la détérioration de ma santé, si bien que je reçus de plein fouet le choc d'un nouveau symptôme alarmant. Je me mis à perdre une quantité de sang inhabituelle à chaque menstruation. Quand l'intervalle entre les hémorragies se réduisit à une dizaine de jours environ et qu'elles s'intensifièrent encore, je m'inquiétai vivement. Pourtant, me souvenant de mon expérience avec le jeune « médecin » sans aucune formation, je n'osai demander des soins. Je fus à nouveau déprimée : je faisais des cauchemars dont je m'éveillais essoufflée et couverte de sueur.

Une nuit d'octobre, alors que j'étais préoccupée par

mes problèmes de santé, la gardienne passa à nouveau de cellule en cellule, pour ordonner aux prisonnières de s'asseoir et d'écouter une communication. Une voix d'homme sortit des haut-parleurs pour annoncer que le Comité central réuni par Mao avait adopté une résolution excluant du Parti Liu Shaoqi, le Président de la République populaire de Chine, et le déclarant déchu de toutes ses fonctions officielles.

Liu Shaoqi, longtemps dirigeant du Parti communiste, était le numéro deux de la hiérarchie du Parti derrière Mao Zedong. A l'époque où Mao menait la lutte armée du Soviet chinois de Jinggangshan au début des années trente, Liu dirigeait le mouvement communiste clandestin dans les zones tenues par le Guomindang. Après 1949, quand Mao occupait les postes jumeaux de Président du Comité Central du Parti communiste et de Président de la République populaire de Chine, Liu Shaoqi était Secrétaire général du Parti. Les deux hommes travaillaient en étroite collaboration et il n'y avait jamais eu aucun signe que Liu eût essayé d'usurper les pouvoirs de Mao. En fait, le terme de « Pensée de Mao Zedong » avait été forgé par Liu Shaoqi dans son rapport au Septième Congrès du Parti, en 1945. Pourtant, en 1960, après l'échec de la campagne du Grand Bond en avant, qui avait mis la fragile économie chinoise au bord de la ruine, Mao Zedong céda le poste de président de la République populaire de Chine à Liu Shaoqi. On disait qu'il y avait eu un débat féroce au sein de la direction du Parti et que Mao avait été obligé de se livrer à une autocritique humiliante devant une assemblée de sept mille cadres du Parti.

Liu Shaoqi adopta immédiatement une série de mesures politiques inverses des précédentes pour redresser la situation économique qui se détériorait rapidement. Quand sa politique économique se révéla un succès là où Mao avait échoué, on constata que Liu Shaoqi devenait de plus en plus populaire parmi les membres du Parti et parmi le peuple chinois, éclipsant l'influence et l'importance de Mao Zedong, et celui-ci s'en alarma. Il organisa minutieusement la destruction de l'homme qui menaçait sa position, car il craignait de perdre non seulement tout ce en quoi il avait cru et pour quoi il avait travaillé, mais aussi sa place dans l'histoire.

La Révolution culturelle ne signifia pas la même chose pour tous, mais en fait ce gigantesque combat qui dura dix grandes années était essentiellement une lutte entre deux politiques qui s'opposaient au sein du Parti, personnifiées par Mao Zedong et Liu Shaoqi. L'ironie de l'histoire voulut ensuite que Deng Xiaoping succède à Mao Zedong. Alors que Mao avait fait mourir Liu à force de persécutions et semblé gagner pendant la révolution culturelle, après la mort du Grand Dirigeant, Deng Xiaoping mena la Chine sur la voie de la libéralisation économique que Liu avait explorée vingt ans plus tôt et s'y engagea beaucoup plus avant que quiconque en Chine ou n'importe où ailleurs dans le monde aurait pu l'imaginer à l'époque de la Révolutioin culturelle.

Dans la résolution adoptée par le Comité central, Liu était déclaré « traître, agent secret et briseur de grève ». On n'apporta pourtant aucune preuve à l'appui de ces accusations et, comme de coutume en Chine communiste, la victime ne fut pas autorisée à se défendre. De plus, il n'était pas tout à fait légal de faire exclure Liu par le Comité central, et non par le Congrès du Parti. Mais au firmament de sa puissance, Mao pouvait se permettre d'ignorer ce point de droit.

Après l'annonce de la résolution du Comité central contre Liu Shaoqi, l'appareil de propagande du pays tout entier fut mobilisé pour le dénoncer. Jour après jour, le journal était empli d'articles énumérant les « crimes » de Liu Shaoqi, dont le pire semblait toujours de s'être « opposé à la politique de notre Grand Dirigeant ». Les journaux décrivaient aussi les meetings de masse tenus dans la toute la République pour que le peuple fasse entendre son « soutien puissant et unanime » à la résolution et exprime sa profonde haine à Liu. J'en conclus que l'objectif principal de la presse contrôlée par les extrémistes était d'effrayer ceux qui auraient pu prendre le parti de Liu Shaoqi et de les réduire au silence. Alors que le journal donnait l'impression que toute la nation haïssait Liu Shaoqi, je savais que ce n'était pas vrai, parce que j'avais appris depuis longtemps à lire la presse communiste – comme bon nombre de mes compatriotes. Ayant vécu en Chine depuis la prise de pouvoir par le Parti communiste, je savais que la plupart des gens qui n'étaient pas membres du Parti étaient indifférents parce qu'ils n'avaient aucune sympathie spéciale ni pour Mao Zedong ni pour Liu Shaoqi, alors que les membres du Parti, en dehors d'un petit groupe de maoïstes, étaient sans aucun doute embarrassés par la tournure des événements, parce qu'elle mettait en lumière la nature peu reluisante des luttes politiques au sein du Parti.

Quand le vent froid descendit à nouveau du nord et que les nuits de gel laissèrent les barreaux de la fenêtre luisants d'humidité le matin, une « Equipe ouvrière et paysanne pour la propagande de la Pensée de Mao Zedong » arriva à la Maison d'arrêt n° 1 pour seconder la commission de contrôle militaire dans la conduite de la Révolution culturelle. On n'annonça pas officiellement leur arrivée par haut-parleur comme lorsque l'institution avait été placée sous l'autorité de l'armée, mais quand les prisonniers sortirent pour l'exercice en plein air, ils purent voir des bandes de papier de couleur collées sur les murs et portant des slogans souhaitant la bienvenue à l'équipe. « La classe ouvrière doit exercer sa direction en tout » – slogan maoïste utilisé pour saluer, dans chaque organisme, l'arrivée d'une « Equipe ouvrière et paysanne de propagande » – apparaissait en bonne place.

Quelques semaines plus tard, des prisonniers furent appelés pour un nouvel interrogatoire. C'est pleine d'espoir que j'entendis le son familier des serrures que l'on ouvrait. Je demandai à la gardienne la permission d'écrire une lettre à l'« Equipe ouvrière et paysanne pour la propagande de la Pensée de Mao Zedong », m'attendant cependant à un refus. A ma grande surprise, elle me tendit une feuille de papier, un porte-plume et une bouteille d'encre. J'écrivis une lettre polie demandant que l'on instruise mon cas, en utilisant des citations du petit livre rouge de Mao pour montrer que j'adoptais un juste point de vue politique. Tous les articles des journaux en étaient farcis. Après avoir remis la lettre à la gardienne, j'attendis que reprenne mon interrogatoire interrompu depuis si longtemps.

Un jour, une hémorragie avait taché mes sous-vêtements et je les lavais quand la gardienne regarda par le judas.

Elle ouvrit le guichet et me demanda :

« Qu'est-ce qui vous arrive? Comment avez-vous sali votre pantalon avec du sang?

– J'ai mes règles.

– Est-il normal que vous perdiez tant de sang? »

Elle ouvrit la porte et entra. Les toilettes étaient pleines de papier hygiénique ensanglanté que j'avais l'intention de siphonner avec l'eau dont je me servais pour ma lessive.

« Pourquoi n'avez-vous pas demandé des soins? »

Elle me regarda, incrédule, avant de ressortir et de fermer la porte. Plus tard elle revint avec le jeune médecin qui semblait donc avoir repris ses fonctions.

Après m'avoir demandé mon âge, le docteur dit :

« C'est probablement la ménopause, mais il est possible aussi que vous ayez une tumeur. Il faut qu'un gynécologue vous examine mais il n'y en a pas à l'hôpital de la prison. Je vais vous faire des piqûres pour arrêter l'hémorragie. »

Les piqûres furent efficaces mais je gardai en moi la peur d'avoir une tumeur, peut-être maligne. J'étais plus que jamais impatiente de quitter la Maison d'arrêt n° 1.

C'est par une journée glaciale de janvier 1969, plus de deux ans après mon dernier interrogatoire, que les choses semblèrent se remettre à bouger pour moi.

J'étais assise sur le lit dans ma position habituelle, avec un volume des œuvres de Mao sur les genoux, quand la porte de ma cellule s'ouvrit et deux femmes de la Réforme par le travail entrèrent. Derrière elles, la gardienne militante qui avait fouillé ma cellule se planta sur le seuil, les poings sur ses larges hanches. Une autre gardienne resta dans l'ombre derrière elle. Les deux femmes enlevèrent mes affaires des lits empilés que j'utilisais comme table et les placèrent par terre. Puis elles portèrent le lit du dessus jusqu'à la fenêtre.

« Ramassez vos affaires! Est-ce que vous croyez que vos serviteurs vont venir les ramasser pour vous? » persifla la gardienne militante.

Pendant que je posais mes affaires sur le lit restant, les femmes apportèrent de la literie et une cuvette. Une détenue d'une trentaine d'années les suivait. Elle marchait lentement, la tête basse comme le devait toute prisonnière, et portait quelques affaires personnelles.

Après que les deux femmes eurent quitté la cellule, la gardienne ferma la porte.

J'avais vécu isolée si longtemps que j'avais autant soif de contact humain et de compagnie qu'un homme perdu dans le désert a soif d'eau. Ma première réaction à l'arrivée d'une autre détenue dans ma cellule fut un certain enthousiasme et une envie de lui souhaiter la bienvenue. Mais connaissant l'amour des maoïstes pour les coups bas, je décidai de ne pas me réjouir trop vite de cette arrivée. Je repris donc ma posture avec mon livre pour tenter de comprendre la signification de cet événement. Depuis la prise de contrôle par les militaires et le tournant pris par la Révolution culturelle, l'activité de la Maison d'arrêt semblait s'être ralentie. Il n'y avait pas beaucoup d'arrivées de nouveaux prisonniers. En fait, j'avais remarqué que la population du lieu diminuait au plus petit nombre de pas au-dessus de ma tête pendant les périodes d'exercice. L'arrivée d'une nouvelle dans ma cellule ne pouvait s'expliquer par un surpeuplement des cellules. J'attendis donc que les événements m'éclairent.

La nouvelle rangeait ses affaires, jetant de temps à autre un coup d'œil dans ma direction comme si elle espérait croiser mon regard. Elle finit par venir s'asseoir près de moi en murmurant :

« Depuis combien de temps êtes-vous ici? Est-ce que c'est très dur? Est-ce qu'on est battu? »

Je fus surprise des sous-entendus de ses questions. Elle n'avait pas l'air d'une personne venant d'être arrêtée, ni la mine fraîche que donnent la liberté et de bons repas. Son visage avait la pâleur teintée de gris caractéristique des prisonniers enfermés depuis un certain temps. Ses cheveux, tirant sur le brun, étaient clairsemés et secs comme de la paille, signe d'une carence en protéines, et ses vêtements pendaient sur son corps affamé, tout comme les miens. Elle me regardait avec des yeux luisants comme de la laque, à la fois désespérés et effrayés.

« Nous ne devons pas parler. C'est interdit », lui dis-je.

Je regardai le judas et j'eus à peine le temps de voir un œil noir avant qu'il ne se retire précipitamment. Je me dis qu'il était curieux que la gardienne n'ait pas ouvert le guichet pour gronder la jeune femme quand elle était venue s'asseoir sur mon lit.

On nous apporta notre repas du soir et elle mangea très vite sa portion de patates douces. Voyant que je ne me servais que quelques morceaux dans mon récipient elle prit le reste dans le sien et murmura tout en mangeant :

« On ne doit pas gâcher la nourriture. »

Je n'avais aucune objection à ce qu'elle mange ce qui restait de ma portion, mais cet épisode me prouva qu'elle avait menti quand elle avait voulu faire croire, par ses questions, qu'elle venait d'être arrêtée. Elle avait bien trop faim.

Si j'avais été au courant des pratiques carcérales, j'aurais immédiatement deviné quel rôle elle jouait. Mais ce n'est que des années plus tard que j'appris que le bureau de la Sécurité avait pour règle de ne jamais mettre deux prisonniers dans une cellule. Le nombre minimum dans une cellule collective était de trois, parce que les autorités pensaient qu'il est plus difficile de conspirer à trois qu'à deux.

J'attendais de voir ce qu'elle allait faire. Elle utilisa mon savon et mon papier hygiénique, mais n'entreprit pas d'autre tentative pour communiquer avec moi.

Le lendemain matin, après la diffusion des nouvelles, elle revint s'asseoir près de moi.

« Je déteste cette Révolution culturelle, pas vous? Ces horribles Gardes rouges ont mis ma maison à sac. La vôtre aussi? »

J'avais tellement entendu dans les haut-parleurs que des gens avaient été condamnés à de longues peines pour une simple critique de la Révolution culturelle et de l'action des Gardes rouges que je savais qu'une telle critique était considérée comme un délit extrêmement grave. Je trouvais incroyable qu'elle exprime aussi librement ses sentiments, à moins, évidemment qu'elle n'y ait été conviée par les gardiennes afin de m'amener à abonder en son sens. Je me contentai de répondre :

« Vous ne devriez pas vous plaindre. Pourquoi ne lisez-vous pas les livres du Président Mao au lieu de rester là à bavarder? Si les gardiennes nous voient ensemble, nous serons punies. »

Je m'aperçus alors qu'elle n'avait pas de livre de Mao. Depuis le début de la Révolution culturelle, ces livres étaient devenus un appendice essentiel de tout Chinois, aussi important que sa chemise et son pantalon et tout aussi nécessaires pour sa protection. Avoir ou ne pas avoir les livres de Mao était considéré comme un test de fiabilité politique d'un individu. Je me souvins que l'un des articles du règlement de la prison que l'on m'avait fait lire à haute voix la nuit de mon arrivée à la maison d'arrêt disait que chaque prisonnier devait étudier les livres de Mao. Comment avait-elle été incarcérée sans eux? La seule explication était qu'elle avait dû être transférée assez rapidement d'une autre cellule dans la mienne et qu'elle n'avait pas eu le temps de prendre toutes ses affaires – ce qui expliquait aussi qu'elle ait dû utiliser mon savon et mon papier hygiénique.

« Où sont vos livres du Président Mao? Est-ce qu'on ne vous les a pas fait prendre pour venir à la maison d'arrêt? Comment ont-ils pu oublier ça? » m'exclamais-je.

Elle rougit. Je lui proposai de lui prêter les miens mais elle les repoussa.

« Je ne veux pas lire ces livres. Je le déteste. Il a détruit ma maison. Je pense que le Guomindang était bien meilleur que le Parti communiste, pas vous? »

Je regardai instinctivement le judas. Personne ne nous surveillait. Faire l'éloge du Guomindang était tellement grave que je fus plus que jamais convaincue qu'elle avait reçu mission de parler ainsi, poussée par la gardienne militante, probablement une activiste maoïste, désireuse de m'incriminer. Je répondis :

« Vous ne devez pas dire de bêtises. Je pourrais vous dénoncer, vous savez. »

Mais elle ignora ma mise en garde et continua d'essayer de me faire parler.

« Est-ce que vous n'étiez pas à Shanghai avant 1949? Est-ce que le Guomindang n'était pas bien mieux? insistait-elle.

– Je n'ai aucune idée de ce qui se passait avant 1949. Je vivais à l'étranger.

– Comme vous avez de la chance d'avoir vécu à l'étranger ! Je déteste cette vie en Chine sous le régime communiste ! Le Parti ne nous laisse aucune liberté. Est-ce que vous ne détestez pas le Parti communiste ? insista-t-elle.

– Je suis chrétienne. Un chrétien doit seulement aimer, et jamais haïr quiconque. Nous pardonnons même à ceux qui nous ont offensés », expliquai-je.

Je pus voir à son sourire qu'elle doutait que je puisse pardonner à ceux qui m'avaient offensée. Pour gagner ma confiance, elle déclara soudain :

« Moi aussi je suis chrétienne.

– Tant mieux ! Prions ensemble. Notre Père qui êtes aux cieux... »

Elle ne dit rien et prit un air affolé.

« Vous ne devriez pas prétendre que vous êtes chrétienne, si vous ne l'êtes pas, dis-je. Mais ça ne fait rien. Je vais vous apprendre cette prière. »

Elle hocha la tête, ratant une occasion de me dénoncer pour prosélytisme religieux. Je compris alors qu'elle n'était pas assez intelligente pour savoir que les maoïstes qui l'avaient envoyée auraient été tout aussi contents de me prendre en flagrant délit d'enseignement religieux que de me prendre en train de critiquer le Parti communiste. Alors que le Parti communiste prétendait préserver la liberté religieuse, faire de la propagande pour une religion, c'est-à-dire en parler et enseigner ses rites, était strictement interdit même avant la Révolution culturelle. Depuis le début de la Révolution culturelle, les peines pour pratique religieuse étaient très lourdes. Les Gardes rouges ne s'étaient-ils pas attaqués aux églises et aux temples dès les premiers jours, punissant nonnes et moines ?

Dans l'après-midi, la même gardienne ouvrit la porte et appela ma compagne pour un interrogatoire.

J'attendis avec une certaine anxiété pour voir ce qui arriverait quand ils découvriraient qu'elle n'avait pas réussi à me faire avouer. Au bout de deux heures elle revint, les yeux rouges d'avoir pleuré. Je n'avais jamais pu supporter de voir pleurer quelqu'un et j'étais désolée qu'elle eût à souffrir parce que j'avais refusé de tomber dans son piège. Mais je m'interdis de la consoler, parce que je ne voulais pas lui donner une chance de me faire dire quelque chose qui pourrait me nuire. Je m'attendais à ce qu'elle recommence ses provocations, mais elle ne dit rien.

Tout le jour suivant, elle n'essaya pas d'engager la conversation et se contenta de regarder par la fenêtre, perdue dans ses pensées. Je la surpris pourtant à plusieurs reprises jetant un coup d'œil dans ma direction quand elle pensait que j'étais absorbée dans ma lecture.

Dans l'après-midi, elle fut à nouveau emmenée pour un interrogatoire, et revint à nouveau avec les yeux rouges. Le lendemain de même. Le quatrième jour, elle ne revint pas. Quand la cuisinière vint nous donner le repas du soir, elle ne me remit qu'un plat de patates douces. Je lui en demandai un autre pour ma compagne, mais la cuisinière se contenta de hocher la tête. Je gardai donc un peu de mes patates dans mon récipient pour qu'elle ait quelque chose à manger à son retour.

Le haut-parleur se fit entendre. Plusieurs gardiennes se succédèrent à mon guichet pour être sûres que j'écoutais. On annonçait les condamnations prononcées l'après-midi. Une des condamnations à mort avait été « exécutée immédiatement ». Le numéro du condamné était celui de ma compagne de cellule. On disait qu'elle avait été une espionne des impérialistes et du Guomindang, « cachée parmi nous » depuis des années, mais que les Gardes rouges et les Révolutionnaires l'avaient démasquée pendant la Révolution culturelle. On lui avait donné l'occasion d'avouer et de gagner un traitement clément, mais elle n'avait pas avoué, parce qu'elle espérait « passer entre les mailles du filet ». Maintenant elle avait été punie par le « poing d'acier de la Dictature du Prolétariat » qui l'avait « réduite en miettes ».

Ce fut un choc terrible. Toute annonce d'une mort est terrifiante. Je levai la tête et vis un œil rivé à mon judas, qui m'observait. Dans un éclair, je compris qu'elle n'était pas une espionne, et qu'elle n'avait jamais été accusée d'en être une. Si je montrais ma nervosité, les maoïstes la prendraient pour un signe de culpabilité. Je regardai droit dans le judas comme si j'écoutais attentivement la communication, tout en m'adossant à ma literie dans une position confortable.

Quand la communication fut terminée, la gardienne ouvrit mon guichet et me demanda :

« Avez-vous entendu l'annonce de la sentence de mort ?

– Oui.

– Que pensez-vous du cas de votre ancienne compagne ?

– Puisque c'était une espionne des impérialistes et du Guomindang, elle méritait de mourir, dis-je sans émotion apparente.

– Vous devriez comparer son sort à votre propre situation, déclara la gardienne.

– Je ne vois pas le rapport. Elle était une espionne. Pas moi. J'attends que le Gouvernement populaire éclaircisse mon cas et me réhabilite totalement, répondis-je.

– Vous n'êtes pas réaliste.

– Mais si. Quoi de plus réaliste que de placer sa confiance dans le Gouvernement populaire ? »

Elle referma le guichet mais resta au judas pour me regarder. Je pris un des livres de Mao et je m'assis à ma place habituelle sur le lit pour lire calmement.

Juste avant l'heure du coucher, la gardienne militante ouvrit la porte de ma cellule. Les jeunes femmes de la Réforme par le travail entrèrent pour rassembler les affaires de ma compagne et les emporter. Elles remirent les lits vides l'un sur l'autre et partirent. Cela prouvait que ma compagne était encore en vie. C'était une nuit glaciale et il lui fallait sa couverture si elle ne voulait pas geler.

Pour qu'on lui ai fait confiance au point de l'envoyer me faire parler, les gardiens devaient considérer qu'elle pouvait être contrôlée et manipulée à volonté. On lui avait probablement promis une récompense si elle réussissait sa mission. Comme elle avait échoué, la direction de la prison avait changé de tactique et fait semblant de l'avoir condamnée à mort et exécutée pour m'effrayer.

La gardienne militante entra ensuite et, d'un air menaçant, à quelques centimètres de moi, elle cria :

« Debout ! »

Je me levai et elle me gifla si violemment que les larmes me vinrent aux yeux, mais je les ravalai. Je restai debout, regardant droit devant moi, comme si rien ne s'était passé, comme si elle n'était pas là. Cela augmenta sa colère. Elle me gifla à nouveau et frappa mes jambes de ses lourdes bottes.

« Restez debout ! Vous êtes punie. Vous êtes maligne. Les impérialistes vous ont bien dressée, n'est-ce pas ? Vous ne vous en sortirez pas comme ça. Le prolétariat va vous détruire. Restez debout ! »

Elle claqua la porte et la verrouilla avant de partir.

A son arrivée, la gardienne de nuit fit son tour de routine pour vérifier chaque cellule. Quand elle arriva à la mienne, elle demanda :

« Que faites-vous plantée là ?

– Je suis punie par l'autre gardienne.

– Quelle autre gardienne ? Celle de jour ?

– Non, l'autre.

– Vous vous faites des idées. Au lit ! »

Elle ne semblait pas du tout au courant. Il était possible que la tactique mise en œuvre pour me piéger n'eût été l'œuvre que de quelques maoïstes de la maison d'arrêt. Je me dis que je n'en saurais jamais rien, mais je me réjouis de ne pas avoir à rester debout toute la nuit.

Un des coups de pied avait atteint ma cheville qui n'était pas protégée par mon pantalon molletonné. J'avais un gros hématome et la peau était ouverte. Les chaussettes de laine que je portais n'étaient pas très propres, et ma seule autre paire n'avait pas encore séché dans l'humidité de la cellule. J'avais peur que la plaie ne s'infecte. Que faire ? me demandais-je en parcourant des yeux la cellule et mes maigres possessions. Je vis alors le tube de dentifrice, et je me dis que la pâte contenait peut-être des ingrédients antiseptiques. J'en étalai donc une fine couche sur ma cheville et recouvris le tout d'un morceau de tissu d'une vieille chemise avant d'attacher mon « pansement » avec le seul mouchoir qui me restait.

Ma cheville me faisait tant souffrir que j'eus une nuit agitée, m'éveillant fréquemment au milieu de rêves où j'étais soit infirme et incapable de me mouvoir, soit frappée encore et encore par la même gardienne.

La misère de la faim et du froid, les interminables journées d'attente, le constant désir de liberté, la crainte lancinante que j'éprouvais pour ma fille et finalement cette brutalité de la gardienne me mirent en colère. Quand je me levai le lendemain matin, je n'étais plus déprimée. Je sentais que quelque chose en moi était sur le point d'exploser. Je me dis que dans ma situation actuelle des vertus civilisées comme la tolérance, le pardon et même le sens de l'humour étaient des luxes que je pouvais difficilement m'offrir. Les maoïstes projetaient très sérieusement de me détruire. Je devais me montrer tout aussi sérieuse dans mes efforts pour les en frustrer.

Bien que le manque de sommeil se fît sentir, j'étais très lucide. Ma cheville était enflée et douloureuse, mais j'arpentais nerveusement la pièce, impatiente de provoquer une rencontre avec les maoïstes. Plus je pensais à ce que Mao Zedong m'infligeait, à moi, à mes amis, et à une multitude de compagnons de souffrance inconnus, plus j'étais en colère. Je me jurai de rendre aux maoïstes ce qu'ils me faisaient.

Soudain, la porte de la cellule s'ouvrit. C'était presque comme si Dieu avait accédé sur-le-champ à mon désir de rencontrer les maoïstes.

« Venez pour un interrogatoire! » me cria un gardien.

Je saisis rapidement le petit livre rouge et je le suivis dans le couloir en boitillant.

Le haut-parleur diffusait un éditorial du *Quotidien du Peuple* expliquant la dernière directive de Mao : « Creusez de profonds tunnels, engrangez partout du grain, ne recherchez jamais l'hégémonie. » La voix pleine de déférence me suivit de haut-parleur en haut-parleur tout le long du trajet. Tandis que j'écoutais les paroles d'hommage à Mao, je pensais à sa puissance effrayante, qui s'étendait sur la Chine comme une chape de plomb et menaçait d'étouffer tous ceux qu'il désignait. Je me rappelai à moi-même d'être prudente et de ne jamais dire quoi que ce soit qui pourrait être interprété comme une opposition à Mao, au Parti communiste ou au Gouvernement populaire. Si je me laissais aller, je deviendrais une « contre-révolutionnaire » et les maoïstes auraient remporté une victoire contre moi. Ma tactique devait être d'insister opiniâtrement sur le fait que les officiels chargés de mon cas commettaient une erreur de compréhension concernant la politique de Mao, alors que cette politique elle-même était correcte. Si nécessaire, j'affirmerais même, comme tant d'autres Chinois le faisaient chaque jour pour survivre, que j'approuvais Mao et que je le révérais. Il ne suffisait pas de se battre, il fallait se battre efficacement et intelligemment.

Un lourd rideau de coton bleu molletonné couvrait l'entrée du bâtiment réservé aux interrogatoires. Les gardiens n'étaient plus vautrés sur des chaises dans leur petite pièce près de l'entrée; ils étaient au garde-à-vous, et des soldats armés patrouillaient dans les couloirs. Plusieurs hommes en uniforme bleu entraient et sortaient des salles d'interrogatoire, dont les portes étaient ouvertes. Il me sembla que la journée de travail commençait et que j'étais l'une des premières appelées. Me souvenant de ce qui s'était passé la nuit précédente, je savais que je ne devais pas m'attendre à une conversation plaisante. Les maoïstes avaient espéré me piéger et me faire dire quelque chose de mal ou m'effrayer. Ils avaient échoué. Tout en me répétant qu'il me fallait être courageuse et rester sur le qui-vive, j'étais impatiente de savoir ce qu'ils allaient me dire. En tout cas, ils ne pouvaient que se démasquer. Plus ils se démasqueraient, plus j'aurais des chances de découvrir ce qu'ils voulaient réellement de moi, et pourquoi. Il y avait encore beaucoup de choses que je ne comprenais pas dans ma situation.

Le gardien ouvrit la porte d'une des pièces et me cria :

« Entrez ! »

Les murs de la pièce avaient été blanchis à la chaux et elle était beaucoup plus claire et propre. De chaque côté de la fenêtre on avait accroché deux longues bandes de calicot rouge portant à la peinture blanche l'une « Vive la Dictature du Prolétariat » et l'autre « Vive Notre Grand Dirigeant le Président Mao ». Il y avait aussi un grand portrait officiel de Mao.

Cinq hommes, dont un en uniforme militaire, étaient assis face à la porte. Je tentai de définir leur origine sociale et leur statut. Depuis que le ministre de la Défense Lin Biao avait aboli les insignes militaires en 1963, pour rappeler la vieille tradition de la guérilla, il était impossible de connaître exactement le grade d'un soldat en le voyant. Un jeune homme au visage rond était assis sur une chaise placée à l'envers dans la pièce d'interrogatoire mal éclairée. Je vis que la vareuse de son uniforme bouffant et mal taillé avait quatre poches. Cela prouvait qu'il était officier, car les simples soldats n'avaient que deux poches. Les quatre autres hommes portaient l'habituel costume Mao bleu délavé. L'un était beaucoup plus vieux que les autres. Son visage profondément ridé et ses mains calleuses reposant sur la table étaient d'un ouvrier. Je supposai que le jeune homme en uniforme représentait la commission de Contrôle militaire, que le vieil ouvrier et peut-être un ou deux des autres représentaient les Equipes ouvrières et paysannes pour la propagande de la Pensée de Mao Zedong, tandis qu'un autre représentait peut-être les Révolutionnaires qui avaient investi le bureau de la Sécurité publique de Shanghai.

En les regardant, je me dis que tous cinq avaient bénéficié de la révolution communiste de 1949, et que leur attitude envers Mao Zedong et le Parti communiste ne pouvait pas concorder avec la mienne. Je savais aussi que le vieil ouvrier n'avait probablement que de mauvais souvenirs de la période qui avait précédé la prise de pouvoir par le Parti communiste et que les autres étaient trop jeunes pour en avoir gardé aucun souvenir. Je pouvais donc m'attendre à ce qu'ils me considèrent, moi, veuve d'un représentant de l'ancien régime et fille d'une famille riche, comme une ennemie. De plus, comme la Chine avait fermé ses portes depuis 1949 et qu'elle s'était isolée du monde occidental, je savais que tout ce que ces hommes connaissaient de l'Occident n'était que les critiques du capitalisme et de l'impérialisme que leur avait inculquées la propagande officielle, y compris les attaques virulentes contre les nations occidentales en général et les Etats-Unis en particulier pendant la guerre de Corée et les récents combats au Vietnam. Mon cœur se serra devant la tâche formidable qui m'attendait pour briser ce mur d'acier des préjugés et de l'ignorance. Si je voulais sortir de la Maison d'arrêt n° 1 libre et lavée de toute accusation, il fallait pourtant que j'essaie.

Je restai debout à côté de la chaise destinée au prisonnier, tenant le petit livre rouge dans ma main, attendant qu'ils m'indiquent quelle citation lire. L'instructeur me montra le portrait de Mao sur le mur et me dit :

« Inclinez-vous devant Notre Grand Dirigeant le Président Mao et demandez-lui pardon pour vos crimes! »

Demander pardon pour mes crimes? Je décidai de saisir l'occasion de montrer mon opposition et de perturber la procédure.

« Je n'ai commis aucun crime. Je ne peux demander pardon pour ce que ne n'ai pas fait, dis-je en restant droite.

– Quoi! Vous avez l'audace de refuser de vous incliner devant notre Grand Dirigeant! Comment osez-vous? Tout le monde en Chine s'incline matin et soir devant le portrait de notre Grand Dirigeant. Comment osez-vous refuser? » rugit l'instructeur en se levant à moitié de sa chaise.

Les autres me regardèrent avec stupéfaction et réprobation. Pour la première fois depuis mon réveil, je me sentais vraiment bien.

« Vous m'avez mal comprise. J'ai seulement dit que je n'ai commis aucun crime. Je ne peux demander pardon pour quelque chose que je n'ai pas fait. Je n'ai pas dit que je ne voulais pas m'incliner devant le portrait du Président Mao. Je peux m'incliner devant son portrait pour montrer mon respect envers lui, naturellement, dis-je d'une voix calme.

– Alors faites-le! Qu'attendez-vous? » cria l'instructeur en se rasseyant.

Je m'inclinai devant le portrait. Ma résistance n'avait pas été vaine. Au cours des interrogatoires suivants, personne n'exigea plus que je demande pardon de mes crimes. A chaque fois que j'entrais dans la pièce, l'instructeur se contentait de me montrer le portrait du bras sans rien dire.

La citation que l'instructeur choisit était la même que celle que j'avais lue auparavant. C'était une des citations favorite de la Révolution culturelle :

« Après l'anéantissement des ennemis armés, il y aura encore des ennemis non armés. Nous ne devons jamais les sous-estimer. »

Il me demanda alors d'en lire une autre sur l'Armée.

« Sans l'Armée populaire, le peuple n'aurait rien. »

L'utilisation fréquente de cette citation dans cette période de la Révolution culturelle reflétait le puissant ascendant des militaires et du ministre de la Défense Lin Biao sur la structure du Parti.

Je m'assis sur la chaise du prisonnier. Face à moi, à moins d'un mètre, je voyais le panneau frontal du bureau derrière lequel siégeaient les cinq hommes. Le bois avait été badigeonné de blanc, et l'on y avait peint en gros caractères : « Traitement clément à ceux qui avouent; punition sévère à ceux qui s'obstinent. » D'autres phrases enjoignant aux prisonniers d'avouer entouraient le portrait de Mao.

J'entendis le judas s'ouvrir dans le mur derrière moi et je vis l'instructeur regarder par-dessus mon épaule et incliner imperceptiblement la tête avant de parler :

« Vous avez demandé par une lettre à parler à l'Equipe de propagande ouvrière et paysanne. Etes-vous prête à tout avouer?

– J'ai demandé que l'Equipe ouvrière et paysanne étudie mon cas et me lave des fausses accusations qui pèsent sur moi. J'ai cru comprendre que les Equipes ouvrières et paysannes de propagande représentent le Président Mao. J'attends d'elles qu'elles appliquent correctement la politique du Président Mao en distinguant l'innocent du coupable. Je suis ici depuis plus de deux ans déjà. Est-ce que ce n'est pas suffisant pour une personne innocente ?

– Vous êtes ici depuis plus de deux ans déjà, mais votre attitude ne s'améliore pas. Vous espérez toujours passer entre les mailles du filet. Ne comprenez-vous pas qu'une grande victoire a été remportée par les Révolutionnaires prolétariens ? La situation n'est plus la même maintenant qu'à l'époque de votre dernier interrogatoire. N'avez-vous pas entendu la communication de la résolution adoptée par le Comité central concernant Liu Shaoqi ? Même lui n'a pu passer entre les mailles du filet des Révolutionnaires prolétariens. Quel espoir avez-vous d'y échapper ?

– Je n'ai rien à cacher. Tout ce que je demande, c'est que vous en veniez aux faits, dis-je.

– Nous en viendrons aux faits avec vous de la même façon que nous en sommes venus aux faits avec Liu Shaoqi. Il était un agent du capitalisme étranger, du Guomindang à Taiwan et de la classe capitaliste en Chine. Il était le premier des " responsables engagés dans la voie capitaliste " et votre patron secret à tous. Maintenant, vous devriez comprendre que toutes les conspirations visant à détruire le socialisme en Chine ont été démasquées et vaincues.

– Qui voulait détruire le socialisme en Chine ? Je ne sais pas de quoi vous parlez, dis-je.

– Vous tous qui appartenez à la classe capitaliste êtes des agents actuels ou potentiels des impérialistes et du Guomindang. Liu Shaoqi et sa clique étaient des agents secrets qui s'étaient infiltrés à la direction du Parti communiste. »

Cet argument était si absurde et l'accusation contre Liu Shaoqi si ridicule que j'en fus écœurée. Mao Zedong et les autres dirigeants extrémistes insultaient l'intelligence du peuple chinois s'ils espéraient qu'il croirait à la résolution du Comité central contre Liu Shaoqi. Je regardais les hommes assis devant moi avec d'autant plus de mépris qu'ils étaient à l'évidence suffisamment lâches pour vouloir participer à l'action vile de Mao contre Liu Shaoqi. A ce moment je n'avais qu'une seule envie : les irriter. Jouant l'imbécile, je dis :

« J'ai toujours eu beaucoup de respect pour le président Liu Shaoqi. Je ne suis pas du tout certaine qu'il soit vraiment coupable de ce dont on l'accuse. Il y a peut-être eu une erreur. Tout le monde sait qu'il s'est battu contre les impérialistes, le Guomindang et la classe capitaliste, et que, ce faisant, il a risqué sa vie. »

Je fus heureuse de constater que ma remarque « innocente » produisait l'effet d'une bombe. Ils se levèrent tous et se mirent à crier :

« Comment osez-vous défendre un traître au Parti communiste ! Comment osez-vous vous opposer à une résolution du Comité central ! Comment osez-vous vous opposer à notre Grand Dirigeant le Président Mao ! »

Ils prenaient l'attitude correcte exigée par leur position en tant que représentants des Révolutionnaires mais, curieusement, seul le jeune ouvrier et le militaire semblaient réellement en colère. Les trois autres me regardaient avec curiosité et amusement, mais certainement sans colère ni désapprobation. Je me dis qu'ils avaient l'air assez contents de m'entendre défendre Liu Shaoqi et semblaient surpris qu'une personne censément hostile au Parti communiste manifeste de tels sentiments pour le président déchu.

Je fus intriguée de découvrir que certains de ces soi-disants maoïstes ardents nourrissaient une sympathie secrète pour Liu Shaoqi, et je décidai de poursuivre encore un peu ce dialogue.

« Je ne m'oppose ni à la résolution du Comité central ni au Président Mao. Qui oserait le faire ? Je suggérais seulement que les preuves contre le président Liu Shaoqi n'étaient pas très sûres.

– Taisez-vous ! Vous n'avez pas le droit de parler d'un

traître en lui donnant le titre de " président " », cria le jeune ouvrier avec véhémence.

L'instructeur, ainsi que celui qui prenait des notes regardaient les papiers posés devant eux. Le vieil ouvrier semblait prendre plaisir à la situation, un vague sourire au coin des lèvres.

« Vous n'avez pas le droit d'appeler " président " quelqu'un qui a été dénoncé par le Comité central, confirma l'instructeur.

– Je l'ai fait par habitude, répondis-je. Pendant seize ans, dans les journaux, les radios et les livres publiés par le gouvernement, le président Liu... »

Je m'arrêtai en voyant le regard de l'instructeur se durcir et le jeune ouvrier se lever.

« ... Liu Shaoqi, continuais-je, était toujours présenté au peuple chinois comme un héros qui avait considérablement contribué à de nombreux aspects du travail révolutionnaire, y compris au développement de l'appareil du Parti et à l'éducation de ses membres. J'ai trouvé dans les livres du Président Mao plusieurs allusions louangeuses à Liu Shaoqi. Il est difficile maintenant de changer de point de vue et de penser qu'il est totalement mauvais. Peut-être a-t-il seulement commis une erreur. Dans ce cas, j'espère que le Président Mao lui pardonnera. Après tout, ils ont été de très proches camarades pendant des années.

– Vous rêvez ! dit le jeune ouvrier. Le Président Mao ne lui pardonnera jamais !

– Eh bien, le monde extérieur doit bien se moquer de nous maintenant. Comment peut-on découvrir soudain qu'un homme aussi important, et qui était président de la République populaire de Chine, a trahi pendant toutes ces décennies ? Comment peut-on croire qu'il ait pu gruger les autres dirigeants, à commencer par notre Grand Timonier, le Président Mao lui-même ? Ça n'a aucun sens. Est-ce que cela ne fait pas perdre la face au Président Mao ? demandai-je.

– Nous nous moquons de ce que disent les impérialistes et les capitalistes étrangers. Ils n'ont rien de bon à dire de nous, de toute façon. Ce qui arrive en Chine ne les regarde pas, cracha haineusement le jeune ouvrier. Défendre Liu Shaoqi est un crime. C'est un contre-révolutionnaire, et vous aussi !

– Je ne crois pas être une contre-révolutionnaire. J'ai toujours soutenu le Gouvernement populaire et le Parti communiste. J'ai le plus grand respect pour notre Grand Dirigeant le Président Mao. Je vous mets au défi de produire des preuves concrètes que j'aie pu faire ou dire quoi que ce soit contre l'Etat ou le Parti, dis-je calmement mais fermement.

– Vous croyez que vous pouvez vous en sortir en bluffant. C'est à ça que vous jouez. Qui croyez-vous être pour mettre le Gouvernement populaire au défi ? Même si vous n'avez jamais commis de crime, vous n'en restez pas moins une sale exploiteuse qui a vécu toute sa vie du sang et de la sueur des travailleurs. En tout cas, nous avons des preuves irréfutables que vous êtes une espionne des impérialistes », déclara l'interrogateur en frappant du poing sur la table.

Cela me mit en colère et me dégoûta à un tel point que je me levai et que je frappai moi aussi la table juste devant lui. Tous se levèrent, stupéfaits de mon geste. Le soldat dégaina son revolver, le pointa sur moi et cria :

« Que faites-vous ? »

Je me plantai face à lui et dis :

« Vous ne pourrez me tuer que lorsque des faits concrets prouveront ma culpabilité. »

Un lourd silence s'abattit sur la pièce. Nous étions toujours face à face.

« Vous êtes une hystérique sujette à des crises de démence, je le sais. Essayez de vous contrôler. Retournez vous asseoir. Si vous osez encore vous lever je vous ferai enchaîner », dit l'instructeur en me montrant le siège.

Le soldat rengaina son arme sans me quitter des yeux.

Pendant toute la scène, le seul qui eût gardé son calme était le vieil ouvrier. Il me regardait presque avec sympathie. Peut-être commençait-il à douter vraiment de ma culpabilité.

Je retournai m'asseoir. L'instructeur reprit son attitude grave et se montra pédagogue :

« Défendre quelqu'un qui a été dénoncé par une résolution du Comité central du Parti communiste est un très grave délit. Rien que pour ces paroles, je pourrais vous condamner à plusieurs années de prison. Mais considérant que la situation dans laquelle vous vous trouvez ne vous a pas permis de suivre les développements de la Révolution culturelle, et que vous n'avez pas pu comprendre les événements, nous ne tiendrons pas compte de votre faute pour cette fois. Les Révolutionnaires, sous la direction de notre Grand Timonier le Président Mao, sont décidés à débusquer tous les ennemis cachés du socialisme en notre sein, quel que soit leur rang et quelle que soit l'habileté avec laquelle ils se camouflent. Vous ne devez pas en douter. Vous devez vous débarrasser de toutes vos illusions et comprendre que vous n'y échapperez pas.

– Je comprends parfaitement la situation, dis-je sincèrement. Je crois que vous avez tout à fait raison de punir les vrais ennemis. Mai vous ne devriez pas prendre pour des ennemis des personnes innocentes qui ne s'opposent pas au Gouvernement populaire. Je vous demande d'étudier minutieusement mon cas. Si vous trouvez des preuves que j'ai menti et que j'ai effectivement commis des crimes contre le Gouvernement populaire ou le Parti communiste, vous pourrez me condamner à mort. Mais si vous découvrez que je suis vraiment innocente, le Gouvernement populaire devra me faire des excuses, et je tiens à ce que ces excuses soient publiées dans le journal pour que tout le monde en prenne connaissance.

– Vous voulez des excuses? persifla le jeune ouvrier. Pour qui vous prenez-vous? Vous avez une bien grande idée de votre importance.

– Tous les citoyens sont égaux devant la loi. Même si je n'ai pas de rang officiel, je reste une citoyenne de ce pays.

– Vous venez de parler comme une révisionniste. Pas étonnant que vous défendiez Liu Shaoqi. Il était vraiment votre patron. Les hommes ne sont pas égaux. Les hommes sont divisés en classes adverses. La classe victorieuse impose sa volonté à la classe vaincue. Tant qu'il y aura des classes, il ne peut y avoir de véritable égalité, triompha l'instructeur.

– Voulez-vous dire que vous ignorerez la loi et que vous punirez une innocente simplement parce que cette personne est membre de la bourgeoisie?

– Pourquoi pas? S'il est nécessaire de punir quelqu'un, nous le ferons sans hésiter. La classe bourgeoise est notre ennemie. Nous espérons rééduquer la plupart de ses membres et obtenir qu'ils vivent de leur travail. Ceux qui résistent et s'opposent à nous seront certainement éliminés. En tout cas, le prolétariat victorieux fait des lois conformes à ses buts et pouvant servir ses intérêts.

– Eh bien, il semble que cela simplifie les choses! Vous m'avez déjà cataloguée comme membre de la classe bourgeoise et je suis trop vieille et trop faible pour gagner ma vie, alors pourquoi ne pas me fusiller et en finir? Pourquoi perdre du temps à m'interroger?

– Nous voulons que vous avouiez. Vous n'avez pas d'importance en vous-même, mais vos aveux concernent d'autres gens. Sinon nous nous moquerions bien que vous soyez vivante ou morte », dit l'instructeur avec un geste d'indifférence.

« De qui parlez-vous ? Des anciens membres du personnel du bureau de Shell à Shanghai ?

– Non, bien sûr que non ! Ils n'ont pas plus d'importance que vous. Nous nous intéressons à ceux qui vous ont permis, à vous et à d'autres comme vous, de miner la sécurité de la Chine au bénéfice des impérialistes.

– Et qui cela pourrait-il être ? Liu Shaoqi ? Je peux vous assurer que je ne l'ai jamais rencontré.

– Liu Shaoqi était l'un d'entre eux. Mais cela n'a plus d'importance. Nous recherchons ceux qui continuent à " brandir le drapeau rouge pour s'opposer au drapeau rouge ". Il faut que nous parvenions à les démasquer. C'est leur politique qui vous a permis de mener votre sale travail contre la Chine au bénéfice des impérialistes. »

Je n'en croyais pas mes oreilles ! Ainsi donc les persécutions dont j'étais victime et la dénonciation de Shell n'avaient pas pour seule cause leur xénophobie et leur adhésion aux principes de la lutte des classes. Le problème était encore plus complexe que je ne l'avais pensé. Leurs cibles, je le comprenais maintenant, étaient les officiels du Parti dont la politique avait permis à des entreprises étrangères d'opérer en Chine. S'ils parvenaient à me faire avouer que nous étions des espions étrangers, et à le faire avouer à d'autres, ils pourraient prétendre qu'autoriser des entreprises étrangères à opérer en Chine fournissait une couverture pour les activités d'espionnage des agents étrangers. Que cela me plaise ou non, j'étais un pion dans la lutte entre deux politiques irréconciliables au sein du Parti communiste. Le fait que je discute et que je réplique prouvait à leurs yeux que je défendais je ne sais quel cadre du Parti communiste que je ne connaissais pas et qui ne me connaissait pas !

La voix de l'instructeur coupa court à mes réflexions :

« Revenons à l'année 1949, juste avant que l'Armée de Libération populaire ne prenne Shanghai. Dans quelles circonstances le Guomindang ordonna-t-il à votre mari de rester à Shanghai? Est-ce qu'il lui a donné l'ordre de se frayer une voie dans le Gouvernement populaire et de le miner de l'intérieur?

– Mon mari est resté à Shanghai parce qu'il espérait que le Gouvernement populaire sauverait la Chine du chaos économique et de la confusion politique après tant d'années de guerre, et construirait un pays fort et prospère pour tous les Chinois. Mon mari comme moi-même étions idéalistes et ignorants. Nous ne connaissions rien à la lutte des classes. Le Parti communiste clandestin faisait circuler dans Shanghai des essais écrits par le Président Mao. Des amis enseignants de diverses universités nous les procurèrent pour que nous les lisions. Aucun de ces essais ne mentionnait la lutte des classes. Le Président Mao parlait de la formation d'un front uni et de coopération avec tous les Chinois patriotes.

– C'était à l'époque la juste ligne. Cette politique avait pour but de gagner le soutien de la bourgeoisie et de saper l'influence du Guomindang. Après que le Guomindang eut été renversé, on n'avait naturellement plus besoin de cette politique. Dans chaque situation, on s'allie aux ennemis secondaires pour combattre l'ennemi principal. Quand l'ennemi principal est vaincu, un des ennemis secondaires devient le nouvel ennemi principal. C'est ainsi que progresse la lutte. C'est ça, le matérialisme dialectique. »

Que pouvais-je répondre? L'instructeur avait concentré la philosophie du régime maoïste dans une coquille de noix : utiliser les gens, puis les écarter sans pitié quand on n'avait plus besoin d'eux. Je ne pouvais m'en prendre qu'à moi de ne pas l'avoir compris plus tôt. Au bout d'un moment, l'instructeur demanda :

« Est-ce que votre mari a discuté avec quiconque de son projet de rester en Chine? En a-t-il discuté avec certains de ses amis étrangers?

– Non. C'était son idée. Au début de 1949, ma fille et moi étions à Hongkong. Mon mari nous a demandé de revenir à Shanghai. Après mon retour, il me dit qu'il avait décidé de rester en Chine. Il semble qu'il ait été influencé par ses vieux amis universitaires de la Ligue démocratique. Comme vous le savez, la Ligue démocratique a soutenu le Parti commniste, a étroitement coopéré avec lui et l'a aidé à créer un courant de sympathie envers lui parmi les intellectuels et les officiels libéraux du Guomindang. J'ai connu bon nombre d'intellectuels qui ont décidé de rester en Chine à cette époque grâce aux efforts de la direction de la Ligue démocratique.

– La Ligue démocratique était un instrument de l'impérialisme américian. Ses leaders voulaient instaurer la démocratie parlementaire en Chine et partager le pouvoir politique avec le Parti communiste. C'étaient des rêveurs absurdes avec des idées absurdes. Sans armée, que peut réaliser un politicien? En 1957, au cours de la campagne contre les droitiers, la plupart des leaders de la Ligue ont été dénoncés, et ils le méritaient.

– Ils ont pourtant rendu service au Parti communiste en 1949, insistai-je.

– Les circonstances ont changé...

– Je comprends... C'est un nouveau cas de l'application de la théorie du matérialisme dialectique à la vie réelle, dis-je précipitamment pour m'éviter un autre discours.

– Nous en avons conclu que votre mari est resté à Shanghai sur ordre du Guomindang et des impérialistes afin de s'infiltrer dans le ministère des Affaires étrangères du Gouvernement populaire.

– C'est Zhang Hanfu – qui devait devenir vice-ministre des Affaires étrangères à Beijing – qui reprit le bureau de mon mari à Shanghai après l'entrée dans la ville de l'Armée de Libération. Quand il fut sur le point de partir à Beijing pour prendre ses nouvelles fonctions, il demanda à mon mari d'entrer au Gouvernement populaire et de l'accompagner à Beijing pour travailler au ministère des Affaires étrangères. Mon mari a refusé. S'il avait voulu infiltrer le ministère, pourquoi aurait-il refusé d'aller à Beijing en 1959 ? » demandai-je.

Tout en parlant, je pensais aux quelques anciens diplomates du Guomindang qui étaient allés à Beijing pour travailler au ministère communiste des Affaires étrangères. Un ancien ambassadeur en Birmanie fut emprisonné comme contre-révolutionnaire. Tous souffrirent de persécutions pendant une campagne politique ou une autre, et je m'étais toujours félicitée que mon mari ait refusé l'invitation de Zhang Hanfu.

« Zhang Hanfu est un membre de la sale clique de Liu Shaoqi. Quand il a été arrêté par le Guomindang avant la Libération, il a trahi des secrets du Parti communiste. Il est arrêté. »

Cette nouvelle me surprit beaucoup, car je savais que Zhang Hanfu était un partisan du Premier ministre Zhou Enlai.

« Il n'en demeure pas moins qu'il était vice-ministre quand il a invité mon mari à se rendre à Beijing pour travailler au ministère des Affaires étrangères du Gouvernement populaire. Mon mari a refusé. Vous pouvez le vérifier dans les archives. Si mon mari avait voulu infiltrer le ministère, aurait-il refusé de s'y rendre ? »

Mon argument était tellement logique que même l'instructeur en resta sans voix quelques instants. Je saisis l'occasion pour régler le problème une fois pour toutes.

« En fait, en restant à Shanghai et en ne suivant pas le Guomindang à Taiwan, mon mari a prouvé sa bienveillance envers le Parti communiste. Il était un membre du Gouvernement du Guomindang, et pourtant il a désobéi à ses ordres. C'est le Guomindang de Taiwan qui aurait dû mettre notre maison à sac et nous jeter en prison. Mais il est réduit à l'impuissance. Vous l'avez fait pour lui. Maintenant qui agit pour le Guomindang ? »

Etre accusés d'agir pour le Guomindang était une insulte intolérable pour les Révolutionnaires. Je pus voir le visage de l'instructeur pâlir tandis que les veines de ses tempes gonflaient. Il parvint à se contrôler, et c'est le soldat qui se leva et fit à nouveau mine de dégainer son arme en criant :

« Taisez-vous ! »

Le vieil ouvrier fit entendre une voix conciliante :

« Vous avez le droit de donner votre opinion. Notre Grand Dirigeant a dit : " Exposez les faits et parlez raisonnablement. " Nous vous autorisons à vous défendre. Mais vous ne devez pas calomnier les Révolutionnaires et les accuser d'agir pour le Guomindang. »

L'interrogateur regarda sa montre et murmura quelque chose aux autres. Puis il me dit :

« Vous pouvez regagner votre cellule. Nous reprendrons cet après-midi. »

J'avais été emmenée avant le premier des deux repas quotidiens et j'étais maintenant affamée et épuisée. Quand je me levai, la pièce tourbillonna et tout devint noir devant mes yeux. Je dus m'accrocher au dossier de ma chaise pour ne pas tomber. Mes jambes étaient si cotonneuses que je me sentais incapable de marcher normalement pour sortir. Comme je ne voulais pas que les cinq hommes prennent mon déséquilibre pour un signe de nervosité, je montrai ma cheville enflée et dis :

« Je voudrais déposer une plainte contre la gardienne qui est entrée la nuit dernière dans ma cellule et m'a frappée.

– Vous êtes folle ! dit l'instructeur. Les gardiennes n'ont pas l'autorisation de frapper les prisonniers.

– Celle-là l'a fait, en tout cas », dis-je en boitillant derrière le gardien.

Je craignais d'avoir raté le seul repas de riz de la journée. Je n'étais jamais parvenue à digérer le repas de patates douces du soir. Mais en me reconduisant à ma cellule, la gardienne de service dans mon couloir me dit que ma portion de riz était tenue au chaud dans ma couverture.

« Si vous voulez, je peux vous donner de l'eau chaude à boire », dit-elle.

Je savais que cette gardienne était l'une des plus gentilles, mais une attitude aussi humaine m'était inconnue. Je trouvai le récipient de riz et de chou enveloppé dans une serviette et dans la couverture. Il n'était pas complètement froid. La gardienne vint au guichet avec sa Thermos d'eau chaude et en versa une quantité généreuse dans mon récipient. Assise sur mon lit, je mangeai mon riz tout en essayant de faire le point sur mes impressions du matin.

L'instructeur était sans aucun doute le mieux éduqué et le plus intelligent des cinq hommes. A en juger par son assurance, je me dis qu'il devait être un nouveau cadre du Parti. Véritable maoïste ou non, il était certainement bien vu par eux pour qu'ils lui aient confié ce poste. Le vieil ouvrier n'était pas un vrai maoïste. Il avait probablement été choisi pour être membre de l'Equipe ouvrière et paysanne de propagande justement parce qu'il était un vieil ouvrier et qu'il ferait bien dans le tableau. Le jeune homme qui prenait des notes semblait indifférent. Il n'était là que comme secrétaire. Je n'avais détecté aucune irritation dans sa voix ni dans son expression quand j'avais défendu Liu Shaoqi. Les vrais maoïstes étaient représentés par le militaire et le jeune ouvrier. Ils avaient l'aspect et le comportement des jeunes de l'ère Mao Zedong issus de familles pauvres qui avaient ingurgité tellement d'endoctrinement politique qu'ils avaient perdu toute faculté de penser par eux-mêmes.

C'était encore l'attitude de la gardienne de ma section qui me paraissait la plus étrange. Qu'avais-je fait ce matin-là pour gagner sa bonne volonté? Rien d'inhabituel, si ce n'est que j'avais prononcé ces quelques mots pour défendre le pauvre Liu Shaoqi. Me récompenserait-elle parce que j'avais dit ce qu'elle pensait tout bas ?

Les relations personnelles avaient toujours été importantes dans une tradition chinoise vieille de milliers d'années, et les communistes n'échappaient pas à la règle. Quand un dirigeant communiste tombait en disgrâce, tous ceux qui avaient travaillé avec lui se trouvaient disgraciés eux aussi, même si leurs liens avec lui n'étaient que très éloignés. Comme tout le bureau de la Sécurité publique avait été dénoncé par les maoïstes, il devait y avoir dans la Maison d'arrêt n° 1 un certain nombre d'hommes et de femmes dont le destin était lié à celui de Liu Shaoqi et qui avaient de la sympathie pour lui. Si le fait que je l'aie défendu pouvait m'apporter un traitement moins sévère et des rapports plus humains, cela en valait la peine. Sans l'avoir voulu, j'avais augmenté ainsi mes chances de survie, et c'était là l'essentiel.

Quand on me ramena dans la salle d'interrogatoire l'après-midi, l'instructeur me montra le portrait de Mao et je m'inclinai. Puis il choisit une citation que je lus :

« Tous les réactionnaires sont des tigres en papier. En apparence, ils sont terribles, mais en réalité, ils ne sont pas si puissants. »

Après que j'eus fini, l'interrogateur dit :

« Vous pouvez reprendre votre récit. Décrivez les circonstances dans lesquelles votre mari a rejoint les organismes d'espionnage britanniques.

– Mon mari n'a jamais rejoint aucun organisme d'espionnage. Shell est une compagnie pétrolière internationale de bonne réputation, dis-je.

– Son bureau de Shanghai était une organisation d'espionnage.

– Non, ça n'en était pas une. »

L'instructeur sortit de sous le bureau une pile de papiers et lut en silence pendant que les deux ouvriers me regardaient attentivement. De temps à autre, quand l'instructeur tournait une page, il me lançait un coup d'œil réprobateur et hochait la tête comme s'il avait trouvé quelque chose sur moi qui l'avait choqué. Comme je savais qu'il jouait la comédie et que les papiers qu'il lisait pouvaient tout aussi bien être son horoscope, je pris une expression absente et attendis patiemment qu'il se décide à parler. Au bout d'un moment, il posa ses papiers.

« Les autres membres de votre personnel en savent plus que vous. Ils savent où résident leur intérêt. Ils ont déjà tout avoué, dit-il en montrant les papiers. Voici quelques-uns de leurs aveux : ceux de divers chefs de département, y compris votre ancien chef comptable. Ils ont donné des détails très intéressants sur les activités d'espionnage de votre bureau.

« Alors, puisque vous avez ce que vous voulez, pourquoi prendre la peine de me demander de faux aveux ?

– Chacun d'entre vous doit parler en son nom propre.

– Si vous voulez que je parle, je ne peux que vous dire la vérité. Shell est une entreprise commerciale. Elle n'a rien à voir avec la politique. Shell se trouvait en Chine parce que Shell voulait développer le commerce avec la Chine. Shell se trouvait à Shanghai parce que le Gouvernement populaire lui avait permis d'y être. Mon mari et moi avons toujours eu l'impression que les responsables du Gouvernement populaire à qui Shell avait affaire encourageaient l'entreprise à conserver un bureau à Shanghai.

– Exactement. Les " responsables engagés dans la voie capitaliste " ont essayé de protéger une organisation d'espionnage étrangère. C'est évident, interrompit l'interrogateur.

– Je vous conseille de faire attention à ce que vous dites. C'est le Conseil d'Etat qui a autorisé Shell à rester en Chine. »

Je ne précisai pourtant pas que l'ordre d'autoriser

Shell à conserver son siège à Shanghai avait été signé par le Premier ministre Zhou Enlai. L'instructeur devait le savoir. Je ne pus m'empêcher de me demander si Zhou était l'un des dirigeants que les maoïstes espéraient renverser sous peu. Mais ils n'oseraient jamais l'accuser ouvertement tant qu'il resterait Premier ministre.

« Shell est une entreprise multinationale, expliqua l'interrogateur. En tant que telle, selon la théorie marxiste, elle représente la pire forme de l'entreprise capitaliste. Elle exploite la classe ouvrière de nombreux pays. Sur le plan politique, de telles entreprises sont invariablement les plus anticommunistes et les plus réactionnaires. On n'aurait jamais dû l'autoriser à rester en Chine après la Libération.

– Je ne suis pas d'accord avec vous, répliquai-je. Je pense qu'il était extrêmement judicieux et subtil de permettre à une compagnie pétrolière britannique de rester en Chine alors que les Etats-Unis nous imposaient un embargo pétrolier. Cela créait des dissensions dans le camp ennemi. Comment aurait-on pu agir plus intelligemment ? Dans ses livres, le Président Mao conseille de créer des dissensions et des frictions parmi les ennemis car il considère que c'est une tactique efficace de lutte des clases. »

Le jeune ouvrier intervint :

« Notre Grand Dirigeant le Président Mao nous a dit de ne compter que sur nous-mêmes. Nous n'avons pas besoin des entreprises étrangères.

– Notre Grand Dirigeant le Président Mao a dit : " Nous ne refusons pas l'aide de l'étranger, mais nous comptons principalement sur nos propres forces. " Il n'a pas exclu l'idée d'accepter une aide amicale.

– Vous ne pouvez considérer que le commerce avec une entreprise comme Shell était une aide amicale, dit l'instructeur.

– Pendant des années, Shell n'a fait aucun commerce

avec Taiwan et n'y a pas ouvert de bureau. Quelle plus grande preuve d'amitié voulez-vous ?

– Vous avez la langue bien pendue. D'abord vous défendiez Liu Shaoqi. Maintenant vous défendez une organisation multinationale réactionnaire. Même si vous n'avez commis aucun autre crime, ce que vous avez dit aujourd'hui dans cette salle d'interrogatoire est suffisant pour vous condamner, dit l'instructeur.

– Je n'ai dit que la vérité. Tout ce que vous avez dit n'était qu'un amas d'accusations sans fondement et purement imaginaires. Et pourtant vous êtes censé être un Révolutionnaire éclairé représentant le Gouvernement populaire et le Parti communiste et je ne suis qu'une vieille femme arriérée. »

Irrité par ma remarque, l'instructeur frappa de nouveau du poing sur la table.

« Est-ce que vous oubliez où vous êtes ? Nous sommes dans une salle d'interrogatoire de la Dictature du Prolétariat !

– Levez-vous ! cria le jeune ouvrier. Levez-vous et restez debout ! Vous devez être punie pour avoir montré du mépris pour la Dictature du Prolétariat. »

Je me levai. L'instructeur demanda à nouveau :

« Racontez-nous dans quelles circonstances votre mari a rejoint une organisation d'espionnage britannique.

– Si vous posez la question en ces termes, je ne peux pas vous répondre.

– Vous êtes très prudente, n'est-ce pas ? Les impérialistes vous ont bien formée. Vous ne concédez rien, dit l'instructeur.

– Répondez à la question que l'instructeur vous a posée, dit le vieil ouvrier. Nous allons écarter le terme d'organisation d'espionnage pour le moment.

– Exactement ! m'écriai-je. Les conclusions doivent venir après l'enquête. C'est aussi ce que nous a enseigné le Président Mao. Il a dit : “ Qui n'a pas fait son enquête n'a pas droit à la parole. ”

– Est-ce que nous vous avons demandé de nous faire un discours ? cria l'instructeur en frappant sur la table. Vous n'êtes qu'une insolente. Vous semblez oublier que vous êtes prisonnière et que nous sommes les représentants du Gouvernement populaire.

– J'attends des représentants du Gouvernement populaire qu'ils adoptent une attitude raisonnable, qu'ils respectent les lois, et qu'ils fassent la lumière sur mon cas.

– C'est exactement ce que nous tentons de faire. Mais vous refusez d'avouer.

– Il serait tout à fait irresponsable de ma part de faire de faux aveux. Je ne crois pas que de faux aveux servent les intérêts du gouvernement ni de personne d'autre. Cela ne peut que créer la confusion. Je n'ai jamais enfreint la loi. Pour vous aider à établir des faits exacts, je serai très heureuse de répondre à toute question que vous voudrez me poser. Je dirai la vérité. Si je mens et que j'essaie de cacher quelque chose, vous pourrez me punir sévèrement. En fait, j'accepterais de bon cœur de signer un document dans ce sens, si vous vouliez me passer du papier. »

Après avoir consulté l'interrogateur, le secrétaire me tendit une feuille de papier. Je m'appuyai sur le bureau et j'écrivis : « Je suis une Chinoise patriote et une citoyenne respectueuse des lois. Je n'ai jamais rien fait contre le Gouvernement populaire. Si les instructeurs du Gouvernement populaire trouvaient qui que ce soit, dans toute la Chine, à qui j'aurais essayé de soutirer des informations de nature confidentielle, je suis prête à accepter la peine de mort. Quand mon cas sera complètement instruit et qu'on aura ainsi la preuve de mon innocence, le Gouvernement populaire me réhabilitera totalement et publiera des excuses dans le journal. »

Je signai et écrivis la date avant de tendre le papier à l'instructeur. Il le lut et le passa aux autres. Le vieil ouvrier sortit ses lunettes, les essuya consciencieusement et les mit. Il lut ma déclaration en acquiesçant de la tête. Montrant la chaise du prisonnier, il me dit :

« Asseyez-vous, asseyez-vous ! »

Le soldat et le jeune travailleur refusèrent tous deux de lire mon serment, et le jeune travailleur dit avec un mauvais sourire :

« Vous bluffez comme un joueur de poker ! »

L'instructeur remit le papier au secrétaire pour qu'il l'archive, puis il me demanda :

« Dans quelles circonstances votre mari est-il devenu directeur du bureau de Shell à Shanghai ?

– Shell avait eu pour politique, depuis la Seconde Guerre mondiale, de nommer un citoyen des pays où elle opérait à la tête de ses bureaux, répondis-je.

– N'était-ce pas plutôt parce qu'elle pensait qu'étant citoyen chinois, votre mari pourrait obtenir des informations plus facilement qu'un directeur anglais ?

– Le seul avantage que présentait mon mari par rapport à un directeur anglais était qu'il n'avait pas besoin d'interprète pour parler aux représentants de la Société d'import-export du Gouvernement populaire.

– Votre mari a fait plusieurs voyages à Hongkong et vous vous êtes tous deux rendus en Angleterre et dans d'autres pays d'Europe en 1956. Nous nous intéressons tout spécialement à votre voyage en Europe parce que nous savons que vous y avez reçu des instructions du quartier général des services de renseignements britanniques.

– Vous mélangez tout, répliquai-je. Nous sommes allés à Londres pour nous rendre au siège de Shell. Nous avons ensuite gagné La Haye pour la même raison : la moitié des services centraux de Shell s'y trouvait. Mon mari a eu des discussions avec les directeurs au sujet des perspectives commerciales en Chine. La Société d'import-export tout comme la Société de Chimie de Beijing attendaient avec impatience les résultats de ce voyage. Elles voulaient acheter beaucoup de choses à Shell. Les perspectives commerciales semblaient prometteuses, et des experts britanniques furent invités en Chine pour aider les organismes chinois dans leurs recherches. Mais le mouvement contre les Droitiers fut lancé peu après notre retour. Il fut suivi par le Grand Bond en avant, et tout dut s'arrêter. Les représentants officiels de Beijing qui avaient montré tant d'enthousiasme ne pouvaient plus prendre de décisions. Les experts de Shell durent repartir et l'affaire n'eut pas de suites.

– Comment aviez-vous obtenu vos passeports ? Qui vous a donné la permission d'aller en Europe ? Les voyages privés à l'étranger ne sont généralement pas autorisés.

– Mon mari a demandé nos passeports au bureau des Affaires étrangères de Shanghai. J'imagine qu'on nous a donné la permission de partir parce que le gouvernement considérait que ce voyage servait les intérêts de la Chine. »

Je me souvins alors d'avoir accompagné mon mari à Beijing quand il avait été invité par la Société d'import-export à discuter de l'approvisionnement par Shell en insecticides et en fertilisants chimiques. Mao Zedong désirait une augmentation spectaculaire du rendement des céréales pour prouver la supériorité des coopératives agricoles formées en 1955 lors de la première étape de la collectivisation de l'agriculture. La veille de notre retour à Shanghai, mon mari s'était rendu à son dernier rendez-vous. L'homme qu'il avait rencontré, et avec qui il avait eu d'agréables discussions d'affaires pendant une semaine, l'avait informé que nos passeports nous attendaient au bureau des Affaires étrangères de Shanghai. Il avait ajouté, sur un ton confidentiel : « Le Premier ministre a donné personnellement son approbation. » En règle générale, les cadres du Parti ne donnent que le strict minimum d'information quand ils traitent avec quelqu'un « du dehors » comme mon mari. Nous avions pensé que l'homme avait mentionné l'approbation personnelle du Premier ministre Zhou concernant notre voyage pour encourager mon mari à obtenir de Shell, à Londres, tout ce que la Société voulait lui acheter.

L'instructeur avait prétendu que nous étions allés à Londres pour y recevoir « des instructions du quartier général des services de renseignements britanniques ». Si cela avait été le cas et que j'en arrivais à l'admettre, le Premier ministre, en approuvant la délivrance de nos passeports, aurait grandement facilité nos activités d'espions – pour ne pas dire plus. Etait-il possible que les maoïstes aient espéré jeter un doute sur la personne du Premier ministre Zhou Enlai ? Cela semblait bien tiré par les cheveux, bien absurde. Mais les allégations concernant Liu Shaoqi étaient tout aussi tirées par les cheveux et absurdes. Quand l'instructeur avait dit qu'il voulait que j'avoue parce que d'autres étaient impliqués, des responsables qui « brandissent le drapeau rouge pour s'opposer au drapeau rouge », pouvait-il faire allusion au Premier ministre Zhou Enlai ? Je ne pouvais le savoir. Je ne le saurais probablement jamais. Il n'était en tout cas pas exclu que soit Lin Biao soit Jiang Qing aient désiré écarter Zhou Enlai, et Lin Biao considérait probablement que le Premier ministre constituait un obstacle à ses ambitions.

La voix de l'instructeur me rappela à la réalité de mon interrogatoire. Il disait :

« Votre voyage n'a pas servi les intérêts de la Chine.

– Les responsables que mon mari a vus à Beijing lui ont laissé entendre qu'il rendrait un grand service à l'Etat s'il pouvait obtenir de Shell ce dont la Chine avait besoin, dis-je.

– C'était la politique des " responsables du Parti engagés dans la voie capitaliste ", et c'était contraire aux enseignements de notre Grand Dirigeant le Président Mao, répondit-il.

– Vous ne pouvez demander à quelqu'un " du dehors " de l'avoir su. Pour mon mari et moi, le

Gouvernement populaire était *le* gouvernement et les responsables représentant ce gouvernement étaient ceux que nous devions écouter et en qui nous devions avoir confiance, dis-je.

– Faites-nous un récit véridique de vos activités en Angleterre et dans les autres pays européens où vous vous êtes rendus, et avouez que vous avez divulgué des informations, et lesquelles.

– Mon mari s'est rendu dans les bureaux de Shell à Londres et à La Haye. Il y a rencontré divers responsables de l'Extrême-Orient et visité des usines et des installations pétrolières. Nous avons également vu de vieux amis.

– Avez-vous vu des officiels britanniques ?

– Oui. Certains de nos amis étaient des diplomates.

– Ne vous ont-ils pas posé de questions sur l'état de la Chine ?

– En 1956-1957, l'état de la Chine était très bon. Nous étions très heureux de leur en parler. Pour la première fois, après tant d'années de guerre, l'inflation était contrôlée. Le premier plan quinquennal portait ses fruits. Le peuple était satisfait. Nous étions en paix. Tout le monde le savait.

– Vous avez bien dû leur dire quelque chose qu'ils ne savaient pas encore. Vous devez tout avouer.

– Qu'aurions-nous pu leur dire ? Si vous prenez la peine de vous renseigner sur nos amis et contacts en Chine, vous comprendrez que nous n'avons jamais connu personne qui aurait pu nous dire quoi que ce soit d'important. Comme il est évident que nous pouvions aller dans les bureaux du gouvernement pour voler des documents, tout ce que nous savions ne pouvait venir que de nos amis. Comme nous n'avons jamais connu personne sachant quoi que ce soit d'important, nous ne pouvions dire quoi que ce soit d'important à nos amis britanniques.

– Ce n'est pas à vous de juger ce qui est important et

ce qui ne l'est pas. Je veux que vous rédigiez un rapport détaillé de votre voyage en Europe en 1956-1957. Donnez la liste de tous les gens que vous avez vus et écrivez tout ce que vous leur avez dit. Nous verrons alors si vous leur avez raconté quoi que ce soit d'important.

– C'est une tâche impossible, et qui ne servirait à rien. Comment puis-je me souvenir de chaque phrase prononcée il y a dix ans ? De plus, je n'étais pas avec mon mari quand il se rendait dans les bureaux, les usines ou les installations pétrolières. Comment pourrais-je vous rapporter les conversations qu'il a eues ? Et comment pourriez-vous vérifier ce que j'écris ? Vous ne pouvez aller enquêter en Angleterre. Il serait préférable que vous interrogiez nos contacts chinois pour vérifier si nous avons eu accès à une source d'informations secrètes en Chine.

– Est-ce vous ou moi qui conduisez cette instruction ? » rugit-il.

Je savais qu'il espérait me faire trébucher. Un récit innocent pouvait parfaitement paraître suspect si l'on sortait un mot ou une phrase de son contexte, et quand on écrit sur des sujets de la vie courante, on n'est pas sur ses gardes. Je répondis donc simplement :

« C'est naturellement vous l'instructeur, et comme vous me l'avez dit vous-même, vous représentez le Gouvernement populaire. Je ferai tout ce que vous me demanderez. Mais c'est une perte de temps.

– Nous ne nous soucions pas du temps quand il s'agit de démasquer des agents de l'impérialisme. Nous savons que toutes les entreprises étrangères opérant en Chine ont un double statut. Elles font du commerce pour gagner de l'argent, parce que l'argent est le dieu des capitalistes. Mais elles collectent également des informations pour leurs gouvernements. Les pays capitalistes ne renonceront jamais à pervertir la Chine, parce que la Chine est un pays socialiste. Maintenant nous sommes puissants. Ils ne peuvent espérer nous détruire militairement. Alors ils se rabattent sur les dissensions internes. Vous avez tous été formés dans leurs universités ou dans leurs bureaux pour devenir des alliés potentiels. La Grande-Bretagne a été la première puissance impérialiste à envahir la Chine. Elle occupe encore Hongkong. Alors même qu'elle reconnaît le Gouvernement populaire, elle vote avec les Américains aux Nations unies pour empêcher la Chine d'avoir un siège dans cette organisation internationale. Alors que les Etats-Unis soutiennent ouvertement le Guomindang, les Anglais jouent un double jeu encore plus dangereux parce qu'il peut nous tromper.

– Vous exagérez, dis-je.

– Vous feriez mieux de ne pas essayer de défendre l'impérialisme britannique. Cela vous mettrait dans une situation pire que celle où vous vous trouvez déjà. »

Il n'aurait servi à rien d'engager avec lui un débat sur les relations internationales. Je restai silencieuse et attendis la suite.

« Avant que vous n'écriviez vos aveux, continua-t-il, vous devez corriger votre opinion de Liu Shaoqi. Vous devez comprendre que les " responsables engagés dans la voie capitaliste " sont vaincus. Ceux qui sont démasqués ne pourront jamais organiser leur retour sur le devant de la scène, et nous allons débusquer ceux qui se cachent encore. La victoire appartient à la politique de notre Grand Dirigeant. Le seul moyen de vous en sortir est de tout avouer et de venir vous ranger aux côtés des Révolutionnaires prolétariens. Vous commettriez une grosse erreur en pensant que la Chine peut revenir aux jours d'avant la Révolution culturelle, quand ceux qui, comme vous, avaient des relations avec l'étranger étaient protégés par les " responsables engagés dans la voie capitaliste "...

– Franchement, dis-je d'un air d'innocence stupide – parce que je voulais m'assurer qu'il y avait des partisans de Liu dans la prison –, je ne comprends toujours pas ce que le président Liu Shaoqi a fait de tellement mal, ni pourquoi le Président Mao veut le punir. Dans ses livres, le Président Mao fait à plusieurs reprises les louanges du président Liu. Je l'ai bien remarqué quand j'étudiais les livres du Président Mao. J'espère sincèrement que le Président Mao pardonnera au président Liu Shaoqi. Ne pensez-vous pas que ce serait le mieux pour la Chine et pour le Parti communiste ? De plus, n'est-ce pas le président Liu qui a utilisé pour la première fois le terme de " Pensées de Mao Zedong " et incité les membres du Parti à étudier les livres du Président Mao ? Cela montre bien qu'il respectait le Président Mao.

– Vous n'avez pas le droit d'appeler " président " un traître ! Vous n'avez pas le droit de défendre Liu Shaoqi ! » crièrent-ils.

Quans ils se furent calmés, je dis :

« Bien sûr, il n'est pas question que je défende Liu Shaoqi s'il est coupable. Mais je me demande vraiment si les preuves sur lesquelles le Comité central a fondé son jugement étaient réellement fiables. Vous savez comme il est facile de contraindre les gens à de faux aveux par la peur. J'imagine que cela arrive tout le temps. »

Je n'avais pu m'empêcher de leur envoyer cette pique. Ce n'était qu'une petite revanche pour tout ce qu'ils me faisaient subir. J'avais probablement touché un point sensible. A leurs visages et à la façon dont ils essayèrent de me faire taire, je fus certaine qu'ils savaient, ou soupçonnaient, que les prétendues preuves contre Liu Shaoqi avaient été forgées de toutes pièces par les maoïstes – ce qui fut prouvé bien des années plus tard.

« Taisez-vous ! Taisez-vous ! Vous êtes folle ! cria l'instructeur dans tous ses états. Liu Shaoqi est coupable, et vous aussi !

– Je ne suis pas coupable, moi, ça j'en ai la certitude. Pour ce qui est du président Liu Shaoqi, j'ai l'impression qu'il est innocent aussi, dis-je.

– Taisez-vous ! Taisez-vous ! Fermez la bouche ! Vous n'avez plus le droit de parler », ordonna l'instructeur.

J'entendis un grand bruit derrière moi. Cette fois, rien n'avait été fait pour amortir le bruit du judas. L'homme qui écoutait du dehors en avait eu assez, et il avait claqué violemment la porte pour montrer son mécontentement. L'instructeur se leva précipitamment et quitta la pièce.

A son retour, il ne reprit pas sa place mais me tendit un rouleau de papier.

« Retournez dans votre cellule et racontez votre voyage en Angleterre et dans les autres pays d'Europe. Donnez les noms de tous ceux que vous avez vus et écrivez tout ce que vous leur avez dit. Je veux des aveux complets. »

Un gardien avait déjà ouvert la porte. Je le suivis.

On avait servi de l'eau à boire pendant mon absence et elle avait été gardée au chaud pour moi, comme le riz du matin. De si gentilles attentions étaient tout à fait inhabituelles. Avais-je raison de penser que c'était une conséquence de ma défense de Liu Shaoqi, ou bien les maoïstes pensaient-ils que je serais suffisamment touchée par ces gestes pour accéder à leur requête ?

Soudain, le guichet s'ouvrit et la voix du jeune médecin dit :

« Approchez ! Qu'est-ce qui se passe avec votre cheville ? »

Quelle surprise ! Je n'avais jamais entendu dire que le docteur soit venu en consultation sans que les prisonniers aient beaucoup insisté pour le voir. Quand je lui eus expliqué que j'avais une inflammation et une plaie, la gardienne ouvrit la porte de la cellule et le docteur entra. Il examina ma cheville.

« Rien de cassé. Ce n'est qu'une inflammation superficielle. Je vais vous donner des bandages et une pommade. »

Plus tard, la gardienne m'apporta un tube d'auréomycine et une bande. Avant que je sois revenue de ma surprise devant tant d'attentions, la cuisinière me remit un plat de riz et de chou au lieu des habituelles patates douces du soir. Quand je rendis le plat et les baguettes, elle me murmura :

« C'est le docteur qui a ordonné qu'on vous donne du riz. »

En repensant à ma journée et en me remémorant à plusieurs reprises les épisodes de l'interrogatoire, je me sentis assez contente. L'instructeur était un cadre du Parti, mais il n'était pas un instructeur professionnel comme le précédent. Je me dis que, vu les circonstances, il n'était pas trop mal : il écoutait ce que j'avais à dire et tout était enregistré. Je savais que les maoïstes feraient tout ce qu'ils pourraient pour que j'avoue quelque chose que je n'avais pas fait, mais j'espérais qu'au moins ceux qui n'étaient pas des maoïstes durs finiraient par comprendre que j'étais innocente.

En me préparant pour la nuit, j'étais plus calme que je ne l'avais été depuis longtemps. Cependant, les fatigues et l'excitation excessives d'une grande journée d'interrogatoire et de discussion animée avaient épuisé mon corps affaibli. Cette nuit-là, j'eus la plus forte de mes hémorragies. En peu de temps, tout le papier hygiénique et toutes les serviettes de la cellule étaient hors d'usage. Il y avait du sang partout, même sur le sol de ciment. Je pris peur et j'appelai la gardienne qui fit chercher le docteur. Il me fit une piqûre et me dit de rester allongée sans bouger sur une feuille de plastique. A l'aube je fus transportée en ambulance jusqu'à l'hôpital de la prison.

CHAPITRE 9

LES PERSÉCUTIONS CONTINUENT

La vieille ambulance, accompagnée du tintement de sa cloche accrochée à l'extérieur, traversa les rues de Shanghai à toute vitesse. J'étais allongée sur un brancard posé à même le sol douteux du véhicule. Une gardienne occupait un strapontin. Je fermai les yeux pour ne plus la voir au-dessus de moi, mais aussi pour être seule avec mes pensées.

J'étais très affectée par cette nouvelle hémorragie survenant juste au moment où mon interrogatoire si longtemps repoussé semblait avoir repris sérieusement. Je me demandais si j'avais une tumeur maligne. Je pensais à la mort. Elle ne me semblait pas effrayante. Après tout, la mort était l'aboutissement naturel et inévitable de l'existence. En tant que Chinoise, je pensais que ma mort ne serait qu'un intervalle dans la permanence de la vie puisque je continuerais à exister dans mon enfant, et dans ses enfants, génération après génération, comme un fleuve qui coule sans fin. Mais penser à ma fille me serrait toujours douloureusement le cœur. Où vivait-elle ? Quel serait son avenir après la Révolution culturelle ?

L'ambulance freina brusquement. Au loin, j'entendis un haut-parleur diffusant la directive de Mao : « Creusez de profonds tunnels, engrangez partout du grain et ne recherchez jamais l'hégémonie. » Quand on retira le brancard de l'ambulance, j'aperçus un groupe de jeunes prisonniers, le crâne rasé, leur petit livre rouge accroché à l'épaule par une ficelle, qui portaient tous des pelles et de grands paniers. Etaient-ils en route pour « creuser de profonds tunnels » derrière l'hôpital de la prison? On devait toujours exécuter immédiatement les directives de Mao. Mais ils avaient l'air si maigres que je doutais qu'ils puissent effectuer un travail physique pénible. Leur aspect pathétique et leur air déprimé, tandis qu'ils marchaient la tête baissée, me rappelèrent avec force que j'étais comme eux, une non-personne sans aucun droit, privée du moindre contrôle sur ma destinée. Je me détournai pour éviter de regarder ce triste spectacle de la déchéance humaine et, pour la première fois, je fus heureuse qu'il n'y ait pas de miroir dans ma cellule. Je pouvais ainsi entretenir l'illusion d'un certain amour-propre.

On m'amena au service de chirurgie. Dans la petite chambre, les lits placés côte à côte n'étaient guère séparés les uns des autres que par une vingtaine de centimètres. Le mien était près de la porte, par laquelle soufflait un courant d'air froid qui tentait vainement de dissiper l'odeur de sang, d'urine, de désinfectant et de crasse. De l'autre côté se trouvait une femme à demi inconsciente qui gémissait. On venait certainement de la ramener de la salle d'opération. Je me demandais pourquoi j'avais été placée en chirurgie, et si cela voulait dire que les médecins de l'hôpital avaient l'intention de m'opérer. Cette perspective m'inquiéta beaucoup car dans une société communiste aux stratifications rigides, un prisonnier politique ne pouvait prétendre qu'au pire service médical.

Pendant plusieurs jours, on se contenta de me faire des piqûres. L'hémorragie était enrayée et je me sentais mieux grâce au repos au lit et à la meilleure nourriture.

Un soir, une petite banane molle et brune apparut avec mon dîner. Je fus surprise de ma réaction de joie devant cette pauvre banane et du plaisir que j'eus à la manger.

Quelques jours après l'arrêt de l'hémorragie, la femme médecin qui s'était occupée de moi en 1967 pendant ma pneumonie vint me voir. Elle m'emmena dans un petit bureau et me dit qu'elle avait essayé d'obtenir qu'un gynécologue m'examine dans un hôpital de la ville. Mais à ce moment-là, les hôpitaux de Shanghai, contrôlés par les Gardes rouges et les Révolutionnaires, refusaient de soigner les « ennemis de classe ».

« Que pensez-vous que j'aie ? lui demandai-je.

– Peut-être une tumeur, mais peut-être rien de plus que la ménopause.

– Cela pourrait-il être une tumeur maligne ?

– C'est difficile à dire sans une biopsie.

– Je n'ai pas peur de mourir, mais je ne veux pas mourir avant que mon cas ne soit réglé. Je ne peux laisser un nuage de soupçons flotter sur ma fille le reste de sa vie. Cela l'empêcherait d'être heureuse. Et puis je voudrais tellement la revoir, elle me manque tant. »

Ma voix tremblait au point que je ne pus continuer. Elle posa sa main sur mon bras et me dit doucement :

« Dans mon rapport à la Maison d'arrêt n° 1, j'insisterai pour que vous soyez mieux nourrie.

– S'il vous plaît, docteur, dites-moi ce que je peux faire pour prolonger ma vie !

– Mangez tout ce qu'on vous donne. Même la nourriture la plus mauvaise est un peu nourrissante. Et essayez de rester optimiste. »

L'amertume avait rongé mon cœur au point que je ne pouvais plus pleurer. Mais le docteur avait les larmes aux yeux quand elle me murmura :

« Que Dieu vous bénisse ! »

Une semaine plus tard on me ramena à la Maison d'arrêt n° 1. On me servit alors du riz deux fois par jour, et un petit morceau de porc ou de poisson apparut avec le riz et le chou du matin. Souvent, le porc n'était presque que de la graisse. Parfois, il restait des poils sur la couenne, et le poisson n'était jamais vraiment frais. Mais je me souvenais de ce qu'avait dit le docteur et je mangeais tout.

Le jeune médecin de la maison d'arrêt me donna la permission écrite d'acheter des pilules de vitamines avec l'argent que j'avais déposé en arrivant. Un gardien arriva avec l'état de mon compte et m'apporta des capsules d'huile de foie de morue et des comprimés d'un complexe de vitamines B. La vitamine C, tellement importante pour mes gencives en sang, était introuvable à Shanghai.

La réaction des gardiens à ce meilleur traitement ne fut pas toujours positive. Les maoïstes militants ne pouvaient cacher leur mécontentement et à chaque occasion ils criaient contre moi ou me malmenaient. Quand je quittais la cellule pour l'exercice en plein air ou l'interrogatoire, ils me poussaient si fort que je tombais, ou bien ils me pinçaient les bras et me donnaient des coups de pied. Si je demandais à renouveler mon ordonnance de vitamines, ils refusaient en criant :

« Vous mangez autant de comprimés de vitamines que de grains de riz ! Est-ce que vous vous croyez en maison de repos ? »

Les gardiennes plus bienveillantes obéissaient sans broncher aux ordres du docteur. Elles m'apportaient des boîtes de vitamines chaque fois que je leur montrais que je n'en avais plus, mais une ou deux à la fois seulement. Les quelques gardiennes que je considérais comme des « liuistes » m'achetaient, elles, plusieurs boîtes d'un coup. Une ou deux fois, elles m'apportèrent même des sachets de glucose en poudre qu'elles passèrent rapidement par le guichet pour éviter d'être vues.

Le jour de mon retour de l'hôpital, la gardienne m'apporta un porte-plume et une bouteille d'encre :

« Mettez-vous à écrire vos aveux! L'instructeur attend. »

Je pris le rouleau de papier que l'instructeur m'avait remis et je vis qu'au lieu des feuilles blanches que l'on m'avait données en 1966 pour écrire mon autobiographie, la première page portait, dans un cadre rouge sous le titre « Directive Suprême », une citation de Mao : « Ils n'ont que le droit d'être dociles et obéissants; ils n'ont pas le droit de parler ni d'agir quand ce n'est pas leur tour. » Au bas de la feuille on lisait : « Signature du criminel. »

La colère monta en moi au vu du mot insultant de « criminel » et je pris la décision de ne pas signer dessous. Mais au bout d'un moment de réflexion, je conçus un moyen d'exploiter la situation et de rendre leurs coups aux maoïstes.

Sous la citation de Mao, je traçai un autre cadre que j'intitulai également « Directive Suprême » et dans lequel j'inscrivis une autre citation de Mao. Elle ne se trouvait pas dans le petit livre rouge, mais dans son essai « De la juste solution des contradictions au sein du peuple ». Elle disait : « Partout où il y a contre-révolution, nous devons évidemment la supprimer; quand nous faisons une erreur, nous devons évidemment la corriger. »

Puis je relatai le voyage que mon mari et moi avions fait en Europe en 1956, en donnant la liste des endroits où nous nous étions rendus et en indiquant ce que nous y avions fait et le nom des gens que nous y avions rencontrés. Quant à nos conversations, je mentionnai des sujets généraux sans signification politique. Quand j'eus terminé, je me souvins soudain de deux événements importants qui avaient eu lieu pendant que nous étions en Angleterre : le soulèvement en Hongrie et l'intervention franco-anglaise à Suez. Il aurait été trop risqué de mentionner le premier, mais je pouvais par contre inclure impunément le second dans les sujets de conversation avec nos amis dans la mesure où cela ne concernait ni la Chine ni le communisme. Au bas de la page, après « Signature du criminel », j'ajoutai : « qui n'a commis aucun crime » et je signai de mon nom.

Je remis le papier à la gardienne et l'après-midi même je fus appelée pour un interrogatoire.

Excepté le militaire, les mêmes hommes se trouvaient dans la pièce, le visage sombre – ce à quoi je m'attendais puisque j'avais décidé de m'opposer à leur droit de me présumer coupable alors que je ne l'étais pas. Sans attendre qu'on me le demande, je m'inclinai immédiatement devant le portrait de Mao. La citation que l'instructeur avait choisie et que je lus à haute voix était :

« Contre les chiens courants des impérialistes et ceux qui représentent les intérêts des propriétaires terriens et la clique réactionnaire du Guomindang, nous devons exercer le pouvoir de la dictature pour les supprimer. Ils n'ont que le droit d'être dociles et obéissants. Ils n'ont pas le droit de parler ni d'agir quand ce n'est pas leur tour. »

Le papier que j'avais remis se trouvait devant l'instructeur. Quand je fus assise, il frappa la table du poing en me regardant et cria :

« Qu'est-ce que vous avez fait là? Est-ce que vous croyez que nous nous amusons avec vous?

– Votre attitude n'est pas sérieuse, dit le vieil ouvrier.

– Si vous ne changez pas d'attitude, renchérit le jeune ouvrier, vous ne sortirez jamais de cet endroit. »

Avant que j'aie pu dire quoi que ce soit, l'instructeur jeta mon récit par terre, dispersant les feuillets, et se leva :

« Retournez dans votre cellule et recommencez! »

Un gardien arriva et m'emmena.

Je le suivis jusqu'à ma cellule, où on me donna un rouleau de papier semblable au précédent, portant sur la première page la même citation dans le cadre rouge et les mots « Signature du criminel ». Puisque je m'étais engagée dans cette voie, je décidai de continuer la lutte jusqu'à son terme. Je modifiai donc en-tête et bas de page comme la première fois. Mon récit ne pouvait être exactement conforme au premier, mais mon excellente mémoire m'aida à m'en rapprocher au maximum. Le troisième jour, je remis le papier à la gardienne et fus à nouveau appelée presque immédiatement. L'instructeur jeta encore mon récit par terre et m'ordonna de recommencer – ce que je fis une fois de plus. Alors l'instructeur me dit :

« Etes-vous folle ? Peut-être devrions-nous vous envoyer dans un hôpital psychiatrique et vous faire enfermer avec les cinglés !

– Je ne suis pas folle. Si vous n'êtes pas satisfait de ce que j'ai écrit, vous pourriez me dire où j'ai commis des erreurs. Je serais ravie de les corriger.

– Pourquoi avez-vous ajouté une citation sous la citation imprimée ? Pourquoi avez-vous modifié ce qui précède la signature ?

– J'ai seulement essayé de faire que ces feuilles reflètent les faits véridiques le plus précisément possible, répondis-je. Je voulais vous rappeler que notre Grand Dirigeant le Président Mao a dit que nous devons corriger nos erreurs. J'espère que vous appliquerez les directives du Président Mao et corrigerez vos erreurs en ce qui me concerne. Quant à ce que j'ai ajouté avant de signer, c'est conforme à la réalité. Je n'ai commis aucun crime. Si vous vous tenez à m'appeler " criminelle ", alors que je sois la criminelle qui n'a commis aucun crime.

– Au lieu d'avouer vos crimes, vous passez votre temps à ergoter !

– Je n'ai jamais commis de crime. Si vous voulez vraiment que j'en aie commis, il faudra que vous le prouviez.

– Nous n'y manquerons pas. Mais nous voulons vous

donner une chance d'avouer pour que vous obteniez un traitement clément.

– Ne vous ai-je pas dit et répété que je n'ai commis aucun crime? Est-ce que je n'ai pas signé un serment disant que vous pourrez m'abattre si vous prouvez que j'ai commis un crime?

– Vous bluffez! Ne vous en faites pas nous vous fusillerons quand le moment sera venu, dit le jeune ouvrier, s'emportant.

– Retournez dans votre cellule et récrivez ce récit », dit l'instructeur.

Le secrétaire me tendit un autre rouleau de papier et je suivis le gardien jusqu'à ma cellule.

Cette fois, la première page ne portait aucune inscription. Toutes les feuilles étaient vierges. Je récrivis mon récit, et le remis à la gardienne deux jours plus tard.

Pour ceux qui n'ont pas eu affaire à des hommes comme les maoïstes, mes efforts persistants pour lutter contre mes persécuteurs peuvent sembler futiles et inutiles. Mais les maoïstes utilisaient essentiellement l'intimidation. Si je leur avais permis de m'insulter tout leur soûl, ils y auraient vu un encouragement à aller plus loin, et ma vie à la maison d'arrêt serait devenue plus intolérable encore. De plus, chaque mot prononcé dans cette salle d'interrogatoire était consigné. Eternelle optimiste, j'espérais qu'un jour un homme juste serait nommé pour étudier mon cas; ce que j'avais dit l'aiderait alors à tirer une conclusion équitable.

Plusieurs jours passèrent. J'attendais que l'instructeur me rappelle pour continuer, mais rien ne vint. Finalement, un matin, un gardien militant et la gardienne qui m'avait frappée ouvrirent violemment la porte de ma cellule et crièrent :

« Dehors! »

Alors que je me baissais pour prendre le petit livre rouge, la gardienne me poussa si brutalement que je faillis tomber.

« Vous n'aurez pas besoin de ça où vous allez ! »

Elle m'arracha le livre des mains et le lança sur le lit. Puis elle tordit mes bras derrière mon dos et le gardien me passa les menottes. Elle me donna une nouvelle bourrade qui me fit trébucher et je retrouvai à peine mon équilibre qu'elle me poussait à nouveau en criant :

« Vite ! Dépêchez-vous ! »

Je les suivis hors de la prison des femmes et, au-delà de la cour, jusqu'à la porte d'entrée. L'instructeur, le jeune travailleur et un autre homme attendaient à la seconde porte devant une voiture blanche dont le chauffeur faisait déjà tourner le moteur.

« Montez et asseyez-vous au milieu », dit l'instructeur.

Je m'assis donc à l'arrière entre le jeune ouvrier et l'instructeur, l'autre homme s'installant devant à côté du chauffeur. A cause des menottes, je dus m'asseoir très droite, mais je sentis néanmoins avec plaisir combien les sièges de la voiture étaient moelleux. Cela faisait bien longtemps que j'avais oublié les sièges rembourrés ! La voiture prit de la vitesse et sortit de la prison.

Où m'emmenaient-ils ? Allaient-ils mettre leur menace à exécution et me faire enfermer dans un asile psychiatrique ? Je ne pensais pas qu'ils allaient m'exécuter : je me disais qu'ils l'auraient fait à la prison même, dans le plus grand secret. De plus, une fois qu'ils m'auraient tuée, ils n'auraient plus d'espoir de m'extorquer des aveux. Me garder en vie tout en me rendant l'existence plus dure encore, tel était certainement leur projet. Le plus probable était donc que nous nous dirigions vers l'hôpital psychiatrique. Il me serait difficile d'y continuer ma lutte au milieu des cris et des pleurs déprimants des malades mentaux. Pourtant, je me rendis bientôt compte que la voiture n'empruntait pas la route conduisant à l'hôpital, situé hors de la ville.

A travers les rideaux de soie qui tendaient les vitres,

comme celles de toutes les voitures officielles, je pus voir que nous traversions le quartier des affaires et prenions la direction de l'ouest. Il n'y avait que peu de piétons et encore moins de voitures. Les rues familières firent surgir en moi une foule de souvenirs. Nous n'étions qu'à un pâté de maisons de chez moi. Nous passions maintenant devant l'Ecole de médecine n° 1. Il me semblait qu'il y avait des siècles que j'y avais rencontré Winnie ce soir de 1966 où j'avais été pour la première fois entraînée dans la Révolution culturelle. Je me demandais où elle en était et si elle avait dû se rendre dans l'une de ces « écoles de cadres » dont j'avais entendu parler par les journaux.

La voiture ralentit et entra dans la cour de l'école technique où j'avais assisté à mon premier meeting de lutte contre notre ancien chef comptable, Dao Fong, et d'où j'avais été emmenée à la Maison d'arrêt n° 1 le 27 septembre 1966. Nous étions début mars 1969 et l'accusation infondée d'avoir trahi mon pays pesait encore sur moi.

Plusieurs hommes attendaient sous le pâle soleil de printemps et l'un d'eux ouvrit la porte de la voiture pour me conduire dans une petite pièce. Un autre me tenait la tête baissée pour que je ne puisse rien voir d'autre que les jambes de l'homme qui marchait devant moi. On m'enferma seule.

Hormis la poussière, il n'y avait dans la pièce qu'un tabouret de bois. On avait collé du papier sur la fenêtre pour que je ne puisse voir au-dehors, et les murs, du sol au plafond, étaient couverts de dazibaos placardés comme au hasard, empiétant l'un sur l'autre, à moitié déchirés, et dont l'écriture ne semblait pas récente. Quand on m'avait fait entrer, le courant d'air en avait fait voler plusieurs au sol.

Je m'assis et regardai autour de moi. Je compris bientôt que les dazibaos avaient été collés en toute hâte pour moi seule, afin de miner mon moral. Parfois rédigés par une seule personne, parfois collectifs, ils étaient signés par d'anciens employés de Shell. Ils dénonçaient Shell, mon mari et moi-même, mentionnant de nombreux « crimes ». Certains déformaient les faits ou les interprétaient de travers. D'autres étaient le fruit d'imaginations fertiles. Les noms de nos amis et des trois directeurs anglais qui avaient succédé à mon mari faisaient partie d'une liste « d'agents secrets étrangers » avec lesquels j'étais censée avoir travaillé en étroite collaboration. Plusieurs affiches portaient les noms de Scott et Austin. La femme russe blanche employée comme secrétaire dans notre bureau était dénoncée comme agent double travaillant à la fois pour l'Angleterre et pour l'Union soviétique.

Je fermai les yeux pour chasser ces horribles mensonges. Après une longue attente, je me dis que je devrais essayer de savoir ce qui se passait dehors. Entendant des pas dans le couloir, je frappai à la porte.

« Qu'est-ce que vous voulez? demanda une voix d'homme.

– Est-ce que je peux aller aux toilettes? »

Une femme ouvrit la porte et me fit traverser une cour à l'arrière du bâtiment, puis un dortoir où, je l'appris plus tard, les anciens employés de Shell vivaient depuis 1966, subissant d'interminables séances d'endoctrinement et rédigeant leurs aveux tout en exécutant des travaux manuels. Il était vide maintenant. J'entendais au loin la voix d'un homme s'adressant à une assemblée. Je me dis que ceux qui vivaient dans ce dortoir devaient assister à un meeting.

Quand je ressortis des toilettes, on ne me ramena pas dans la petite pièce aux affiches, mais dans la salle où les meetings de lutte contre l'ancien chef comptable de Shell et contre moi-même s'étaient tenus en 1966. A nouveau, un homme arriva derrière moi et me fit baisser la tête. Deux femmes tenaient mes bras et les tiraient vers l'avant pour me faire marcher, si bien que les menottes m'entaillaient douloureusement les poignets. Elles exagéraient leur comportement militant comme le faisaient souvent les femmes qui voulaient qu'on les considère comme des Révolutionnaires.

Je fus conduite sur le devant de la salle et projetée sur le sol comme un sac. L'homme derrière moi me fit asseoir et continua à presser ma tête de la main pour que je ne puisse rien voir.

Mais juste avant, j'avais pu constater du coin de l'œil que la pièce était pleine de gens assis par terre. C'était une insulte car, selon la tradition chinoise, seuls les esclaves, les criminels avérés ou les ennemis capturés au cours d'une guerre étaient exposés à la honte de s'asseoir par terre. Les occupants de la pièce criaient des slogans qui m'étaient familiers depuis longtemps. Ils exigèrent pendant plus d'une minute que je sois condamnée et exécutée. J'entendis des pas s'approcher et quand les slogans se turent, la voix d'un jeune homme cria à l'assemblée :

« La voilà! Nous l'avons amenée ici pour qu'elle soit démasquée. Nous allons lui montrer que nous connaissons tous ses secrets. Vous étiez tous impliqués dans les projets impérialistes pour détruire le socialisme en Chine. Vous êtes coupables vous aussi parce que vous avez travaillé pour une entreprise qui exploitait le peuple chinois depuis le début du siècle. C'était également un organisme d'espionnage qui récoltait des informations que les impérialistes pouvaient utiliser. Mais votre degré de culpabilité varie selon la position que vous occupiez dans l'entreprise et la quantité de travail que vous faisiez pour les impérialistes. Plus vous vous étiez élevés dans la hiérarchie, plus vous êtes coupables. Nous, les Révolutionnaires, sommes très cléments. Si vous n'êtes coupable qu'à 30 pour cent, nous ne vous punirons pas à 50 pour cent. Mais nous possédons naturellement nos propres normes d'évaluation, établies selon les enseignements de notre Grand Dirigeant le Président Mao. Au cours des deux ans et demi qui viennent de s'écouler, nous vous avons fait suivre à tous des cours intensifs de rééducation associés à un travail manuel. Beaucoup d'entre vous ont grandement amélioré leur conscience politique. Vous avez surmonté vos réticences et vous êtes venus démasquer l'ennemi. C'est ce qu'il fallait faire. D'autres hésitent encore. Vous ressemblez à un tube de dentifrice. Quand on presse, il en sort quelque chose. Quand on presse plus fort, il en sort davantage. Quand on ne presse pas, rien ne sort. Si vous conservez une attitude négative, nous presserons jusqu'à ce que vous soyez vidés. Très bientôt, nous allons laisser certains d'entre vous rentrez chez eux. Mais n'oubliez pas que seuls ceux que nous jugeons prêts recevront l'autorisation de partir. Les autres devront poursuivre leur rééducation. Si vous voulez rentrer chez vous, le moment où vous en aurez la permission ne dépend que de vous, comme le temps que prendra votre rééducation, associée au travail manuel. »

L'auditoire était donc essentiellement composé d'anciens employés de Shell. Le jeune orateur, probablement un ouvrier à qui la Révolution culturelle avait donné l'occasion d'une promotion sociale dont il n'aurait autrement jamais rêvé, leur demandait maintenant de me « démasquer » et de me « condamner » afin de se racheter. Ils le firent sans hésiter. Mais je savais que tout avait été organisé à l'avance, que les orateurs avaient été choisis et que les Révolutionnaires leur avaient dicté ce qu'ils devraient dire. Avant même la Révolution culturelle, personne en Chine n'était autorisé à faire une déclaration publique sans qu'elle ait été approuvée par le secrétaire du Parti. Pendant la campagne des Cent Fleurs de 1956 et la période du « Mur de la Démocratie » de 1978-1979, le Parti ordonna de laisser chacun parler et écrire des dazibaos. Dans les deux cas, les gens allèrent bien au-delà de ce que le Parti souhaitait qu'ils expriment, et la situation échappa aux dirigeants, qui réagirent alors autoritairement.

Les hommes avec qui j'avais travaillé chaque jour pendant plus de huit années se levèrent les uns après les autres pour répéter ce que j'avais vu écrit dans la petite pièce. Leurs voix hésitantes et apeurées énonçaient de tels mensonges et utilisaient un vocabulaire qui leur était tellement étranger que je compris la honte et l'angoisse dont ils souffraient. J'étais profondément triste de constater jusqu'où les maoïstes avaient pu nous avilir, mais j'écoutais attentivement, essayant de deviner les intentions des révolutionnaires à mon égard à travers les mots qu'ils avaient placés dans la bouche de ces hommes.

Le sol était dur et j'avais mal au cou d'être penchée en avant par la lourde poigne de l'homme qui se tenait derrière moi. Je bougeai pour dégager une de mes jambes et pouvoir poser mon front sur mon genou. Je ne voyais rien d'autre que le coin bleu de la veste de l'homme assis à côté de moi. Comme je n'essayais pas de relever la tête et semblais bien installée ainsi, l'homme relâcha progressivement sa pression.

De minute en minute, les déclarations des anciens de Shell devenaient de plus en plus incroyables. Ce qu'ils disaient était absurde et inadmissible pour quiconque connaissait un peu le monde hors de Chine. Dans leur ensemble, les accusations ressemblaient à un film d'espionnage bâclé par des amateurs, sans thème central convaincant – ni d'ailleurs de début et de fin.

On appela notre ancien chef comptable Dao.

Le coin de la veste bleue à côté de moi disparut quand la personne se leva. Je me demandai pourquoi les maoïstes avaient placé Dao près de moi.

Dao prit la parole d'une voix altérée :

« Comme chacun le sait, j'ai été arrêté au début de la Révolution culturelle et conduit à la Maison d'arrêt n° 2. Pendant mon séjour là-bas, l'instructeur et les gardiens ont eu la grande bonté de me rééduquer afin de m'aider à élever ma conscience socialiste. Peu à peu, j'ai compris la gravité des crimes que j'avais commis contre le socialisme et le Parti. Dans mon cœur est né le désir d'obtenir un traitement clément. La grande compréhension dont témoignent les Révolutionnaires m'a alors ramené ici et m'a permis de revoir ma famille... »

L'émotion l'étreignait au point qu'il dut s'interrompre. Il reprit pourtant :

« Mon fils aîné est membre du Parti ainsi que ma belle-fille. Mon fils a reçu un enseignement supérieur uniquement grâce à la chance que lui ont fournie le Parti et le gouvernement populaire. Toute ma famille sera éternellement reconnaissante à notre Grand Dirigeant le Président Mao. Je ne peux exprimer les remords qui m'ont assailli quand j'ai vu ma femme, mon fils, ma belle-fille et mon petit-fils... »

Il inspira profondément mais ne put davantage retenir ses sanglots.

Un silence de mort régnait dans la pièce. Le pâle soleil d'été projetait l'ombre de la fenêtre à mes pieds. Je l'avais regardé se déplacer au fil des heures et je me demandais maintenant combien de temps encore le meeting allait durer. Je commençais à ressentir les effets de la faim et de la fatigue. Mais il ne s'agissait pas de relâcher ma vigilance. Quelque chose me disait qu'on n'avait pas seulement fait témoigner Dao pour qu'il me donne l'exemple à suivre.

Dao reprit la parole au prix d'un gros effort, comme un homme complètement exténué. Sa voix tremblait :

« Ma femme, mon fils et ma belle-fille m'ont parlé. Les Révolutionnaires m'ont parlé. Les cadres représentant le Parti et notre Grand Dirigeant le Président Mao m'ont parlé. Ils m'ont fait comprendre que je dois obéir aux enseignements du Président Mao. Il n'y a pas d'autre voie. Je ne peux les laisser tomber. Je vais avouer et rompre franchement avec mon passé. Je veux rentrer chez moi et vivre avec ma famille. Des aveux complets sont la seule voie. »

Il s'arrêta à nouveau, comme s'il hésitait à continuer. Puis il se lança et dit d'une voix claire et forte :

« J'étais un espion de l'impérialisme britannique. J'ai rejoint les organes d'espionnage britanniques par l'intermédiaire du mari de cette femme, le directeur Zheng. Après sa mort, cette femme est devenue mon supérieur. Au début de la Révolution culturelle, elle m'a demandé de ne pas avouer et m'a promis une forte somme si je me taisais. »

Il n'aurait servi à rien de nier les dires de Dao. Mais je devais mettre fin à cette farce. Je redressai brusquement la tête et partis d'un énorme rire.

Personne ne s'attendait à une telle réaction de ma part. Il y eut un moment de silence stupéfait avant que plusieurs hommes ne se précipitent vers moi. L'homme qui était derrière moi me rabaissa la tête et quelqu'un cria :

« Qu'est-ce qui vous fait rire ?

– Comment osez-vous rire ? » dit un autre.

J'entendis des mouvements dans la salle et même quelques rires étouffés. L'atmosphère tendue avait éclaté comme un ballon.

Surmontant le tumulte, l'orateur me criait :

« Pourquoi avez-vous ri ? Répondez-moi !

– Quand on joue une pièce comique, on doit s'attendre à ce que l'auditoire rie. C'est une réaction naturelle », répondis-je.

J'avais toujours la tête baissée et je parlais donc au plancher. Mais j'avais suffisamment élevé la voix pour que tout le monde puisse m'entendre. Je voulais montrer à mes anciens collègues qu'il ne fallait pas avoir peur des maoïstes.

« Faites-la sortir ! » cria l'orateur avant d'entraîner les autres dans une psalmodie de slogans contre moi.

Je fus expulsée de la pièce et traînée comme un sac à

travers la cour, puis poussée dans la voiture. Une Révolutionnaire pressait sa main sur ma bouche pour m'empêcher de parler et l'homme appuyait toujours aussi fort sur ma tête. Je me retrouvai sur le siège arrière dans une position très inconfortable avec la femme assise au bord du siège et l'homme à genoux. Mais j'avais le cœur léger. J'avais pris beaucoup de plaisir à interrompre le cours savamment planifié de leur meeting. Je me demandais ce qui serait arrivé si j'étais restée silencieuse. Il n'était pas exclu que Dao ait reçu l'ordre de m'incriminer directement pour valider ses mensonges. Il devait y avoir une raison pour que les maoïstes l'aient placé près de moi.

J'eus la malchance de trouver la gardienne militante dans le couloir quand je regagnai ma cellule. Il va sans dire qu'elle n'avait pas gardé de riz pour moi. Elle ne m'enleva pas les menottes. Elle ouvrit la porte de ma cellule et m'y poussa si fort que je tombai sur le lit. Presque immédiatement j'entendis quelqu'un qui courait dans le couloir. C'était le gardien qui m'avait accompagnée de la voiture à la prison des femmes qui revenait me chercher pour un interrogatoire.

Il marchait très vite et j'avais du mal à le suivre. En arrivant à la salle d'interrogatoire, j'étais hors d'haleine et mon cœur battait à se rompre.

Il n'y avait pas moins de huit hommes dans la petite pièce. Quatre d'entre eux occupaient des chaises alignées contre le mur en face du portrait de Mao tandis que les autres entouraient l'instructeur.

Celui-ci me montra le portrait. Je perdis presque l'équilibre en m'inclinant. Le sol tangua et je fermai les yeux. J'entendis une voix, très loin, qui disait :

« Restez debout !

– Expliquez-vous ! Pourquoi avez-vous ri ? » demanda une autre voix au loin.

J'essayai de dire quelque chose, mais les mots ne sortaient pas de ma bouche. J'ai dû m'évanouir de faim.

Quand j'ouvris les yeux, je me retrouvai assise par terre, soutenue par une gardienne. On m'avait retiré les menottes et ma manche gauche était relevée. Le jeune médecin, debout à côté de moi, rangeait une grosse seringue. Il fit un signe de tête à l'instructeur et quitta la pièce. La gardienne me releva et me fit asseoir brutalement sur la chaise destinée au prisonnier avant de partir elle aussi.

Mon cœur palpitait et mes lèvres étaient sèches, mais je me sentais mieux.

« Maintenant, répondez à ma question. N'avez-vous pas compris que les autres étaient plus éclairés que vous? Ils se rangent aux côtés des Révolutionnaires prolétariens. Ils ont tout avoué. Qu'allez-vous faire? Allez-vous les imiter et admettre votre culpabilité? » demanda l'instructeur.

Je me sentais de plus en plus forte. Qu'est-ce que le médecin avait bien pu m'injecter? Du glucose ou autre chose? Un stimulant, peut-être. Je me sentais prête au combat. Avant que j'aie pu répondre à la question, quelqu'un intervint :

« Qu'est-ce qui vous a fait rire? Pourquoi avez-vous ri? Il n'y avait rien de drôle dans le fait d'être accusé d'espionnage au profit de l'impérialisme. C'est très grave. »

C'était la voix du jeune homme qui avait mené le meeting à l'école technique et je le regardai avec curiosité.

Contrairement à ce que j'avais cru, ce n'était pas un ouvrier. Il portait une veste d'officier de l'armée, mais sans les barrettes rouges sur le col indiquant l'appartenance à l'Armée de Libération. Son pantalon gris était taillé dans une étoffe très chère et aurait coûté un mois de salaire d'un ouvrier d'usine. Il avait les cheveux gominés et portait des chaussures de cuir soigneusement cirées. Une montre en or apparaissait sous la manchette de sa chemise. Il avait environ vingt-cinq ans et semblait très sûr de lui. Je me demandai qui il pouvait être pour oser se montrer si bien habillé pendant la Révolution culturelle. N'avait-il pas peur qu'on le prenne pour un ennemi de classe ?

Des années plus tard, j'appris qu'il était vêtu comme tous les fils des officiers supérieurs de l'Armée. La veste kaki montrait que la personne était liée aux forces armées et se trouvait donc au-dessus des lois. Le statut de leur père donnait à ces jeunes gens le privilège de se montrer différents des autres Révolutionnaires qu'ils tentaient de diriger. Ils avaient un accès direct au pouvoir par leurs liens familiaux. Au fil des années, ils devinrent la mafia de la Chine communiste, amassant des richesses, violant les femmes et organisant le marché noir et le jeu.

Ils avaient tous les pouvoirs, de l'attribution des emplois ou des résidences au contrôle du commerce international, qu'ils exerçaient parallèlement au commerce officiel soumis aux lois de la bureaucratie. Les commerçants de Hongkong eux-mêmes, désireux d'obtenir de bons contrats en Chine, devaient payer des pots-de-vin à ces jeunes coqs – souvent sous la forme d'un « emploi » leur permettant de se rendre dans la colonie britannique pour pratiquer la contrebande de l'or, de l'argent et des antiquités dans un sens, des téléviseurs, des magnétophones et des montres dans l'autre.

« Répondez ! Répondez ! » criait le jeune homme.

Je le regardai, puis je regardai l'instructeur. Mais ce dernier ne quittait pas ses papiers des yeux, cachant ainsi qu'il n'appréciait pas que le jeune homme ait pris sa place.

« J'ai ri parce que c'était drôle, répondis-je.

– Qu'est-ce qui était drôle ?

– Toute cette cérémonie que vous avez organisée.

– Expliquez-vous.

– Vous n'avez pas compris ? Dao mentait, et il mentait

très mal. Mais vous l'avez cru et vous allez le laisser rejoindre sa famille. Est-ce que ce n'est pas drôle?

– Dao ne mentait pas.

– Ah non? Alors vous voulez dire qu'il était vraiment un véritable espion? Et que vous allez laisser un espion rentrer chez lui au lieu de le condamner à mort ou à une lourde peine? C'est encore plus drôle!

– Peu importe ce qui va arriver à Dao. Et vous? Est-ce que vous ne voulez pas rentrer chez vous?

– Bien sûr que je veux rentrer chez moi, et je veux aussi être totalement réhabilitée. Je veux que le gouvernement populaire me fasse des excuses et que ces excuses soient publiées dans le quotidien *Libération de Shanghai* et dans le *Quotidien du Peuple* de Beijing. Mais je ne mentirai pas. J'y arriverai en m'en tenant à la stricte vérité. »

Je regardai droit dans les yeux ce jeune homme bien habillé mais assez stupide, me demandant comment il n'avait pas compris que j'avais ri simplement pour briser la mécanique bien huilée de son meeting. Soudain il se leva et se mit à crier :

« Baissez la tête! Baissez la tête! Je ne permettrai pas à un ennemi de classe de me regarder avec des yeux comme une paire de projecteurs! »

L'homme assis à côté de lui, un de ses hommes de main sans doute, se leva précipitamment et vint me presser la nuque. Cela ne m'empêcha pas de dire :

« J'ai l'habitude de regarder les personnes à qui je m'adresse. Si je vous ai rendu nerveux, je le regrette. Préféreriez-vous que je vous tourne le dos? »

Sans attendre sa réponse, je me tournai vers le portrait de Mao. Du coin de l'œil j'aperçus l'instructeur qui se mordait les lèvres pour ne pas sourire.

« Maintenant, répondez à ma question! dit le jeune homme. Etiez-vous une espionne à la solde des Anglais? Est-ce que vous allez avouer, oui ou non?

– Je ne suis l'espionne de personne et je n'ai rien à

avouer », dis-je d'une voix ferme au portrait de Mao qui me regardait, du mur où il était accroché.

Son expression, qui se voulait empreinte de bonhomie, n'était en fait qu'un rictus plein de vanité. Je me demandais comment un seul individu pouvait avoir causé tant de misères en Chine. Il devait y avoir dans le caractère de notre peuple, me dis-je, un défaut qui avait permis à ce mauvais génie de nous dominer.

« Vous êtes une espionne ! cria rageusement le jeune homme.

– Non, je n'en suis pas une.

– Nous avons la preuve que vous en êtes une.

– Montrez-la donc, dis-je en me retournant vers lui.

– Avez-vous entendu vos anciens collègues, ce matin ?

– Ce n'est pas une preuve. Je n'ai entendu que des paroles vides et des accusations prononcées sous la contrainte.

– Ne vous en faites pas. Nous produirons des preuves concrètes. Une, deux, trois, quatre, une très longue liste de ce que vous avez dit et fait. Mais à ce stade il sera trop tard pour qu'on vous accorde un traitement clément.

– Un véritable espion ne doit pas bénéficier d'un traitement clément. Un véritable espion doit être fusillé, qu'il avoue ou non », déclarais-je.

L'instructeur se leva et reprit la direction des opérations.

« Maintenant, retournez dans votre cellule et réfléchissez à ce que vous avez entendu au meeting ce matin. Il n'y avait pas que des mensonges. Certaines accusations étaient très graves. Votre situation ne prête pas à rire. »

Il se leva et sortit. Un gardien m'escorta jusqu'à ma cellule.

Tandis que j'approchais de la prison des femmes, je vis la cuisinière sortir des cuisines en poussant un gros chariot portant plusieurs étages de plats de patates douces pour les prisonnières. Elle était aidée par deux jeunes femmes de la Réforme par le travail. Une autre détenue devait partager mon traitement de faveur, car il y avait deux récipients de riz et de chou. Dès que j'eus regagné ma cellule, on me servit mon riz.

Mes gencives saignaient maintenant presque sans interruption, et je devais me rincer la bouche avant de manger pour que mes aliments n'aient pas un goût de sang. J'avais du mal à mâcher et le chou était généralement très dur. Il me fallait très longtemps pour chaque repas, mais comme je devais rendre assez vite les baguettes avec le plat, on m'autorisa à acheter une cuillère en plastique. Je mangeai donc en repensant aux événements de la journée.

On m'avait malmenée, on m'avait imposé les menottes, mais le bilan d'ensemble ne semblait pas négatif. J'avais appris ce qu'étaient devenus les anciens membres du personnel de Shell et j'avais une meilleure idée de ma situation. Je regrettais que tant de mes anciens collègues aient succombé aux pressions – qui avaient dû être très fortes – mais je me faisais surtout du souci pour ceux dont les noms n'apparaissaient pas sur les dazibaos et qui n'avaient pas pris la parole pour me dénoncer. Etaient-ils encore de ce monde ?

Je n'avais que mépris pour l'attitude de notre chef comptable Dao, mais je savais que je devais lui pardonner. J'avais encore ses sanglots présents à ma mémoire. C'étaient les pleurs d'une âme torturée, qui avait atteint les limites de sa résistance.

La température s'adoucissait et cela faisait plusieurs jours que je ne grelottais plus. Je me demandais si je pouvais maintenant laver mon pull de laine et le ranger. Je prenais grand soin de mes vêtements d'hiver, car je savais que je ne pouvais en racheter d'autres. Combien de temps devrais-je rester à la maison d'arrêt ? La lutte engagée entre les maoïstes et moi était en fait une guerre d'usure. Il fallait simplement que je reste en vie.

Je venais de me coucher quand la gardienne ouvrit doucement mon guichet et murmura :

« Est-ce que vous aimeriez prendre une douche chaude ? »

Quelle proposition inattendue ! Les prisonniers n'avaient droit qu'à une douche chaude par mois, et pendant l'hiver, quand il faisait trop froid pour se laver à l'eau froide dans la cellule, je comptais les jours entre deux douches. J'avais remarqué cet après-midi-là que les gardiennes se succédaient dans la salle de douches et maintenant qu'elles y étaient toutes passées, ma gardienne m'offrait une chance d'utiliser l'eau chaude qui restait dans les tuyaux.

Je sautai de mon lit, saisis mon savon et des serviettes et la suivis jusqu'à la salle de douches. Tandis que je me lavais les cheveux et le corps en me délectant du courant tiède qui se déversait sur moi, je m'émerveillais du changement d'attitude de certaines gardiennes depuis que j'avais défendu Liu Shaoqi. Quand j'eus fini, je regagnai sans bruit ma cellule. Peu après, j'entendis que des gardiens venaient verrouiller les douches.

La pluie, le lendemain, n'était ni une de ces averses glacées de l'hiver qui cristallisent sur les vitres ni un de ces torrents furieux des orages d'été. C'était une gentille ondée qui arrosait le sol pour réveiller les arbres et les fleurs, leur annonçant l'arrivée du printemps. J'avais toujours aimé l'odeur de la terre humide après une pluie de printemps. Elle me semblait porteuse d'espoir et promesse de merveilleuses fleurs à l'ombre des feuilles vertes et des arbres. La fin de l'hiver, la nourriture meilleure, les vitamines et l'attitude plus détendue de certaines gardiennes m'aidèrent. Je ne me sentais plus en permanence sur le point de craquer. J'étais plus optimiste sur mes chances de survivre à ces épreuves et moins angoissée pour l'avenir.

L'euphorie ne m'avait pas quittée le lendemain, quand je fus appelée pour un interrogatoire. Je m'y rendis d'un pas presque alerte. Je ne trouvai derrière le bureau que le jeune homme bien habillé et le jeune ouvrier.

Quand je fus entrée et que le gardien eut refermé la porte, le jeune homme tendit la main en direction du portrait de Mao et je m'inclinai. Il me dit de lire la citation suivante :

« " La révolution n'est pas un dîner de gala; elle ne se fait pas comme une œuvre littéraire, un dessin ou une broderie; elle ne peut s'accomplir avec autant d'élégance, de tranquillité et de délicatesse, ou avec autant de douceur, d'amabilité, de courtoisie, de retenue et de générosité d'âme. La révolution, c'est un soulèvement, un acte de violence par lequel une classe en renverse une autre. "

– Préférez-vous l'Angleterre à la Chine? demanda le jeune homme.

– Je suis chinoise. Bien sûr que je préfère la Chine, répondis-je.

– Si vous oubliez votre citoyenneté, est-ce que vous préférez toujours la Chine?

– Du sang chinois coule dans mes veines. Bien sûr que je préfère la Chine. J'ai toujours été une Chinoise patriote.

– Est-ce que vous étiez aux Etats-Unis en 1940?

– Oui, j'y suis restée quelques mois.

– Y avez-vous fait des discours?

– Oui. J'ai fait quelques conférences sur l'invasion japonaise en Chine.

– Nous savons que vous avez également loué l'effort de guerre britannique. Vous avez parlé à la radio de New York et certains de vos anciens amis de l'Université Yan Jing, qui ont maintenant avoué, vous ont entendue et nous en ont informés. Il est probable que vous avez également pris la parole ailleurs. En tout cas, quand vous êtes revenue à Chongqing, vous avez fait un discours de propagande sur les ondes du Guomindang. Vous avez dit que les impérialistes britanniques étaient un peuple héroïque possédant un grand courage et qui ne renoncerait jamais avant d'avoir remporté la victoire finale. Est-ce que le gouvernement britannique vous a demandé de faire de la propagande pour lui ? Les Anglais vous avaient-ils déjà recrutée en 1940 ? Répondez-moi !

– Je me suis rendue à New York depuis l'Angleterre sur un bateau de ligne anglais. Un certain nombre de passagers ont alors été interviewés pour une émission de radio. On m'a posé des questions sur l'Angleterre auxquelles j'ai naturellement répondu en toute franchise.

– Vous avez fait de la propagande pour l'Angleterre.

– Pendant la guerre, l'Angleterre et la Chine étaient du même côté.

– Pas en 1940. Les Anglais aidaient les Japonais. Ce que vous avez fait prouve sans l'ombre d'un doute que vous étiez une espionne anglaise dès 1940.

– C'est faux. J'étais seulement une touriste chinoise en Angleterre, qui avait été touchée par le courage et la résolution du peuple britannique face à l'adversité, quand l'Angleterre restait seule pour résister au projet qu'avait Hitler de conquérir toute l'Europe.

– Ecoutez-moi ça ! Vous venez encore de vous faire l'interprète de la propagande des impérialistes britanniques. Nous pensons que vous préférez l'Angleterre à la Chine.

– Vous pouvez penser ce que vous voulez, mais ce n'est pas une preuve.

– Nous le prouverons. Nous prouverons que votre prétendu patriotisme n'est qu'une façade. Il ne sert qu'à camoufler vos actions diaboliques. »

Il tira une chemise marron de sous le bureau et la consulta. Je me demandais ce qu'il pouvait regarder avec une telle concentration feinte. Soudain, il tourna la chemise et me montra qu'elle contenait une photo de moi dansant avec un ami suisse, au début des années cinquante, quand le Club français existait toujours à Shanghai. Je me souvenais du photographe, un chômeur que nous avions tous aidé en lui achetant des photos. Sur celle-ci, je riais parce que mon ami suisse, excellent danseur, m'apprenait un nouveau pas. Quand les Gardes rouges avaient mis ma maison à sac, ils avaient dû prendre mes photos.

« Est-ce que vous trouvez que vous avez là une attitude patriotique ? me dit sévèrement le jeune homme, comme s'il avait découvert quelque chose d'horrible.

– Qu'est-ce que la danse a à voir avec le patriotisme ?

– Vous dansiez avec un étranger et vous en aviez l'air très heureuse. C'est tout à fait antipatriotique.

– Je ne le savais pas, mais je dois me ranger à votre jugement supérieur puisque vous êtes un marxiste et un Révolutionnaire éclairé. Pourtant, si je n'étais pas patriote, au moins j'étais utile. Ne croyez-vous pas que l'on peut m'accorder cela ?

– Qu'entendez-vous par là ?

– Eh bien, vous venez de dire qu'il est antipatriotique de danser avec un étranger. En dansant avec mon ami suisse, je faisais de lui un mauvais patriote, parce que pour lui j'étais une étrangère. Si par le seul fait de danser avec des étrangers je les rendais mauvais patriotes, est-ce que je n'étais pas utile ? Songez à toutes les possibilités découlant de cette situation. Vous pourriez m'envoyer danser avec tous les ennemis de la Chine dans le monde et je les rendrais mauvais patriotes. Comme cela, sans un seul coup de fusil, ils seraient tous anéantis. Qui pourrait se rendre plus utile ? »

J'avais tellement envie de rire que j'eus du mal à finir ma démonstration. Mais le jeune homme ne me trouvait pas drôle. Il rougit de colère. Montrant la porte il hurla :

« Sortez ! Sortez ! Je vous ferai fusiller ! »

Il avait l'air tellement menaçant que je m'enfuis en

toute hâte. Mais il n'y avait pas de gardien dans le couloir pour me reconduire à ma cellule. J'attendis donc en essayant de réprimer mon envie de rire car je ne trouvais ni adéquat ni prudent de pouffer de rire dans ce lieu sinistre. Ils auraient pu vraiment croire que j'étais folle et avoir ainsi une justification pour m'envoyer en hôpital psychiatrique. Je compris également le lendemain qu'il n'était pas payant de se moquer d'une personne ayant autorité sur vous.

Je fus appelée pour interrogatoire juste avant le premier repas. Après les préliminaires habituels, le même jeune homme me tendit le quatrième volume des *Œuvres choisies* de Mao Zedong ouvert à la page d'un message diffusé depuis le quartier général de l'Armée populaire à l'intention des généraux du Guomindang. La lettre avait été écrite par Mao en décembre 1948, quand les troupes du Guomindang étaient encerclées par l'Armée populaire sur la rive nord du Yangzi près de Nanjing, capitale du gouvernement du Guomindang. Elle soulignait la situation désespérée du Guomindang et incitait les généraux à se rendre.

« Restez debout et lisez cette lettre à haute voix », ordonna le jeune homme.

Je lus le texte. Quand j'eus fini et m'apprêtai à lui rendre le livre, il me dit :

« Relisez-la ! Que ces mots s'enfoncent dans votre esprit stupide. »

Je la relus. Quand j'eus fini pour la deuxième fois, il dit :

« Est-ce que les mots sont entrés ? Est-ce que vous comprenez combien votre position est désespérée ? Vous êtes encerclée, exactement comme ces généraux du Guomindang. Vous ne pouvez attendre aucune aide. Il ne vous reste qu'à vous rendre. »

Je ne dis rien. Il me regarda un moment, puis hurla :

« Relisez-la ! »

Quand j'eus fini, nous nous regardâmes. Puis il cria avec impatience :

« Relisez-la ! Que les mots s'enfoncent dans votre tête de granit ! »

Ce jour-là, je passai plusieurs heures debout dans la salle d'interrogatoire, lisant et relisant la lettre. J'avais le vertige, la voix rauque et les jambes enflées. Tard dans l'après-midi, j'étais si fatiguée que ma voix était presque inaudible et les mots ne sortaient plus que hachés de ma bouche. Je savais le texte par cœur, et je n'avais plus à regarder le livre. Je parlais donc lentement, les yeux fermés. Peu à peu le bras qui tenait le livre retomba le long de mon corps. A chaque fois que je m'arrêtais ou que j'hésitais, le jeune homme criait :

« Allez-vous céder ? »

Il attendait que je réponde. Comme je ne répondais rien, il criait :

« Relisez-la ! »

Au début, le jeune ouvrier me regardait pendant que je lisais, mais maintenant je voyais bien qu'il s'ennuyait. La tête sur ses bras repliés, il semblait dormir. Ils se relayèrent pour aller manger. Je devais continuer sans nourriture. Affamée et épuisée, dans un état second, j'avais la bouche si sèche que ma voix n'était plus qu'un murmure. Pourtant, à chaque fois que je finissais de réciter le texte, le jeune homme criait :

« Recommencez ! »

Il faisait déjà nuit quand je fus autorisée à regagner ma cellule. J'avais dû lire cette lettre pendant plus de sept heures. On ne m'avait rien gardé à manger. De toute la journée je n'avais ingéré que l'eau du matin et du soir. Pour me nourrir un peu, j'avalai une poignée de vitamines.

La même épreuve se répéta trois jours durant, à ceci près que le second et le troisième jour je regagnai ma cellule avant que ne soit servi le repas du soir. La gardienne de nuit coopérait avec le jeune fils de gradé.

Elle prolongeait le temps d'exercice et restait devant ma cellule à me surveiller. Je devais tourner en rond pendant une heure. Après l'heure du coucher, la gardienne de nuit venait sans arrêt ouvrir et fermer bruyamment le guichet ou heurter la porte de sa lourde botte pour perturber mon sommeil. En dépit du fait que j'étais ainsi éveillée plusieurs fois par nuit, je dormais tout de même profondément.

Au bout du troisième jour, j'étais sur le point de m'effondrer. Je pensais que les deux jeunes gens s'en rendaient compte. En fin d'après-midi, ils me demandèrent tous deux :

« Allez-vous céder? »

J'essayai de parler, mais j'étais si faible et ma gorge était si sèche que je n'émis qu'un murmure rauque.

« Parlez plus clairement! Allez-vous céder? »

Je fis un effort surhumain et, rassemblant toutes mes forces je parvins à articuler.

« Innocente!

– Vous allez certainement être fusillée! »

Il sortit de fort mauvaise humeur et claqua la porte. Je m'assis sur la chaise et me reposai en attendant le gardien.

Le jeune ouvrier me regardait sans comprendre. Au bout d'un moment il me dit :

« A quoi pouvez-vous bien penser? A quoi vous raccrochez-vous pour ne pas désespérer? »

Je ne répondis rien. Le gardien arriva et je partis.

Les jours passèrent sans que je sois convoquée à nouveau. Je repensais souvent à mes interrogatoires et au jeune homme bien habillé. Je me remémorais les questions et les réponses que j'y avais apportées. Aurais-je pu trouver mieux? Aurais-je pu répondre autrement? J'en arrivai à la conclusion que, même si parfois ils avaient l'air de vouloir connaître les faits réels, toute l'entreprise ne visait qu'à me trouver coupable. Ils ne posaient de questions que pour obtenir, dans mes réponses, de quoi m'inculper. Et les séances d'interrogatoire ne visaient qu'à me montrer leur puissance et à m'effrayer suffisamment pour que je me soumette. Ce n'étaient pas les interrogatoires qui allaient résoudre mon cas. Ils ne tendaient qu'à ajouter à mes souffrances. En fait, je n'avais plus rien à en espérer.

Avec la chaleur, ma santé s'améliorait. Une par une, je lavais mes affaires d'hiver et je les mettais à sécher. Je devais me préparer à un long séjour à la maison d'arrêt. Tant que j'étais en vie, je pouvais garder l'espoir. Le philosophe Laozi a dit que lorsque les événements touchent un extrême, leur tendance s'inverse. Je devais attendre. Je continuai mes exercices quotidiens et passai des heures à me réciter des poèmes. Les livres de Mao sur les genoux, j'étais en fait absorbée par les strophes de Li Bai ou Du Fu.

Le 1er avril 1969, le Neuvième Congrès du Parti, tant attendu, s'ouvrit à Beijing et tous les prisonniers furent réveillés en sursaut : Ordre de s'habiller et d'écouter le rapport politique prononcé par Lin Biao, où il loua la Révolution culturelle et promit que l'on ne relâcherait pas les efforts de la lutte des classes. Parmi les quinze cents délégués, il pouvait compter sur un grand nombre de ses alliés des armées de terre et de l'air et de la marine. Dans la nouvelle hiérarchie du Parti, Lin Biao fut officiellement désigné comme successeur de Mao. Lin Biao et Jiang Qing réussirent à placer leurs partisans dans le nouveau Comité central de 279 membres. Beaucoup de vieux cadres du Parti furent évincés. Rares furent ceux qui, comme le Premier ministre Zhou Enlai et le ministre des Affaires étrangères Chen Yi, gardèrent leur place. Les effectifs et l'influence de la vieille garde étaient très réduits. Sur la photo de clôture publiée dans le journal, Mao était au centre. A sa gauche se trouvaient tous les leaders maoïstes comme Lin Biao et Jiang Qing. A sa droite les quelques membres de la vieille garde, avec à leur tête le Premier ministre Zhou Enlai.

Pendant que siégeait le Neuvième Congrès du Parti, les journaux rapportaient quotidiennement des manifestations d'enthousiasme et de soutien de la population. Dans la maison d'arrêt, les prisonniers étaient obligés d'écouter du matin au soir la diffusion des discours et les informations, y compris les longues listes de noms des délégués. Les noms familiers avaient disparu. De nouveaux arrivaient, reflétant le transformation des rapports de force à la tête du parti.

Un jour, juste au moment où je m'apprêtais à manger mon riz du matin, la porte de ma cellule s'ouvrit et un gardien me cria de sortir. Je l'ignorai et avalai mon riz à toute vitesse.

« Dehors! » cria-t-il à nouveau.

Mais il n'entra pas dans la cellule. Mes baguettes volaient littéralement de mon bol à ma bouche. J'étais décidée à ne faire face que l'estomac plein à ce qui m'attendait. J'étais maintenant certaine que l'on choisissait les heures des interrogatoires de façon à me faire rater les repas.

« Dehors! » cria encore le gardien.

Cette fois, il entra, me prit doucement le bol des mains et le plaça sur les lits qui me servaient de table.

« Vous finirez à votre retour », dit-il.

J'allai rapidement tremper mon autre récipient dans la cuvette d'eau froide et j'avalai plusieurs gorgées pour faire descendre le riz mal cuit qui était resté dans mon œsophage.

« Dépêchez-vous! Que vous êtes lente!

– Pourriez-vous sortir? J'ai besoin d'utiliser les toilettes », dis-je.

Il dut sortir. La gardienne vint me surveiller. Je me lavai les mains et m'essuyai la bouche. Comme je m'apprêtais à prendre mon petit livre rouge, la gardienne hocha la tête et murmura :

« Inutile de le prendre. »

Je le reposai et sortis de la cellule.

La gardienne militante arrivait en courant et criait, hors d'haleine :

« Que faites-vous? Pourquoi mettez-vous tant de temps? »

Je la suivis dans la cour. Un gardien nous y attendait avec des menottes qu'elle me passa en me tordant les bras dans le dos; après quoi elle me donna une grande bourrade qui me fit trébucher. Dès que j'eus retrouvé mon équilibre et que je me mis à marcher normalement, elle me poussa de nouveau. Ainsi, par à-coups successifs, j'atteignis la porte de la maison d'arrêt. La même voiture blanche attendait, le chauffeur klaxonnant impatiemment. Le jeune homme bien habillé, très énervé, faisait les cent pas, et le vieil ouvrier restait calmement près de la voiture.

Quand ils me virent, ils vinrent tous deux à ma rencontre. Au visage du jeune homme, je sus que j'allais, ce jour-là, recevoir la punition de mon intransigeance. Il me dit entre ses dents :

« Vous allez à un meeting pour célébrer la clôture du Neuvième Congrès du Parti et l'élection du nouveau Comité central. Tenez-vous tranquille! Quittez vos airs arrogants, sinon les Révolutionnaires vous mettront en pièces.

– Ici, à la Maison d'arrêt nº 1, ajouta le vieil ouvrier, nous avons des règlements concernant le traitement des prisonniers. Nous nous sommes montrés extrêmement tolérants et mesurés envers vous. Passé cette porte, la situation est tout autre. Les masses révolutionnaires peuvent faire ce qu'elles veulent. Méfiez-vous. Ne parlez pas quand ce n'est pas votre tour. Vous feriez mieux d'être docile et obéissante, sinon nous vous tuerons. Beaucoup de gens ont déjà été tués de cette façon. »

Est-ce qu'ils tenaient réellement à ce que je reste en vie? Je ne le pensais pas. Ils voulaient simplement éviter qu'on les critique pour ne pas avoir réussi à mater un prisonnier qui leur avait été confié. Des cadres du Parti seraient sans doute présents à ce meeting, et ils voulaient y faire bonne impression.

« Est-ce que vous comprenez la situation ? demanda le jeune homme.

– Je ne répondrai pas si on ne me provoque pas, dis-je.

– Peut-être que nous devrions vous donner une leçon avant de partir, dit-il en montrant le poing.

– Vous devriez savoir maintenant que la violence physique ne me fait pas taire. Plus on me provoque, plus je réponds.

– Très bien. Alors nous laisserons les masses vous donner une leçon. Vous feriez mieux de faire attention. Ils vous tueront si vous répondez.

– Voulez-vous dire que je dois rester silencieuse même si quelqu'un me pose une question ?

– Oui. Baissez la tête et admettez vos crimes.

– Je préfère mourir plutôt que d'admettre ce qui est faux.

– Alors gardez le silence. Quoi qu'on vous dise, taisez-vous, dit le vieil ouvrier.

– D'accord. Je ne dirai rien, quoi qu'on me dise. Mais cela ne veut pas dire que j'admets ma culpabilité.

– Ce ne sont pas les masses qui décideront de votre culpabilité », m'assura le vieil ouvrier.

Je pris place à l'arrière de la voiture entre le vieil ouvrier et un autre homme. Le jeune homme s'assit à côté du chauffeur. Nous étions maintenant dans la rue et une autre voiture transportant tous ceux qui avaient participé à mes derniers interrogatoires nous rejoignit.

Avril est un beau mois à Shanghai. L'air pollué de la cité industrielle est comme rafraîchi par les jeunes pousses des platanes bordant les rues. C'est le renouveau après les rigueurs de l'hiver. Les vitres de la voiture étaient bien ouvertes et les rideaux de soie brune flottaient dans la brise, si bien que je voyais un peu au-dehors. Nous traversions la ville en direction du nord.

Aux carrefours, nous étions souvent arrêtés par les défilés qui célébraient la clôture du Neuvième Congrès du Parti. Les banderoles rouges, les slogans peints sur du papier coloré, les tambours, les gongs et les portraits de Mao étaient les mêmes que ceux qui avaient été utilisés dans les manifestations du début de la Révolution culturelle. Mais je remarquai que ce n'étaient plus les foules excitées d'il y a trois ans qui défilaient. Au lieu de l'animation et de la surexcitation dont je me souvenais, ce n'étaient que visages blasés, démarches lentes et traînantes, voix faibles et neutres. Certains ne participaient même pas, encore plus fatigués que les autres de trois ans d'enthousiasme pour la lutte des classes – ou peut-être même déçus de la tournure prise par la Révolution culturelle. Beaucoup d'entre eux avaient probablement des enfants Gardes rouges à qui ils devaient envoyer nourriture et vêtements à la campagne, puisque presque tous les anciens Gardes rouges avaient été dispersés dans les zones rurales quand l'armée avait pris les choses en main. D'autres avaient sans doute trouvé difficile d'ajouter à leurs conditions de vie déjà très dures le fardeau de la désorganisation et des restrictions dues à la Révolution culturelle.

En temps normal, les rues de Shanghai étaient toujours pleines de badauds. Mais, en ce jour de printemps, à part les gens qui défilaient, il y avait très peu de monde dans les rues. Je m'en étonnai, car je n'avais pas encore vraiment compris à quel point les violences des Gardes rouges et des Révolutionnaires avaient écarté les citoyens des rues. Les balles perdues avaient fait de nombreuses victimes pendant les luttes entre factions, et les Gardes rouges comme les Révolutionnaires avaient battu des gens au hasard juste pour se maintenir en forme en vue d'actions ultérieures.

Quand la voiture arriva dans le quartier des universités et de l'aéroport militaire, en bordure de la ville, un défilé de l'armée de l'air vint à notre rencontre. En queue marchait un contingent de jeunes filles en uniforme. Très belles, élancées, elles ressemblaient davantage à un groupe de jeunes beautés tournant un film qu'à des soldats. Plus tard, après ma libération, quand l'affaire Lin Biao fut révélée sur la place publique, j'appris que Lin Biao avait fait nommer son fils Lin Liguo, frais émoulu du collège militaire réservé aux fils d'officiers supérieurs, commandant en second de l'armée de l'air, et que les partisans de Lin Biao avaient alors envoyé à Lin Liguo les plus belles filles de toutes les provinces de Chine, s'inspirant ainsi de la tradition des « trois mille beautés du palais intérieur », concubines choisies jadis pour l'héritier de l'empire. Pour les attirer, on offrit aux jeunes filles un emploi dans l'armée de l'air – garantie de prestige, de vie plus aisée et de considération pour leurs familles. Les jeunes filles s'engagèrent avec enthousiasme sans comprendre qu'elles étaient destinées au plaisir de Lin Liguo. Puis elles furent amenées à Shanghai où Lin Liguo disposait de locaux secrets. Les filles étaient triées sous le prétexte d'examen médical. On donnait à celles qui ne plaisaient pas à Lin Liguo un travail dans l'armée de l'air, et c'étaient ces jeunes filles que j'avais vues défiler.

La voiture franchit le portail d'un vaste ensemble de bâtiments de brique rouge. Aucun panneau n'indiquait la nature de cet endroit, aucune sentinelle n'en gardait l'entrée hormis un homme qui faisait passer les voitures et referma la porte derrière nous. L'atmosphère était plutôt mystérieuse et je décidai de tout observer attentivement car il semblait que personne ne désirait que je sache où je me trouvais.

Après être passée entre de belles pelouses et des saules bourgeonnants, la voiture s'arrêta devant l'un des bâtiments. Deux fortes femmes en uniforme Mao bleu orné du brassard rouge des Révolutionnaires attendaient. L'une d'elles ouvrit la portière de la voiture. Le vieil ouvrier sortit. J'allais le suivre quand une des femmes me tira brutalement. Les deux femmes me saisirent ensuite sous les bras et me portèrent presque à l'intérieur, comme si elles craignaient que je ne m'enfuie. Quand nous fûmes arrivées dans une petite pièce, elles me poussèrent dans un coin.

« Face au mur ! Ne bougez pas ! » crièrent-elles.

Je les entendis choir lourdement sur des chaises. Personne ne dit mot. Après ce qui me sembla un long moment, j'entendis la porte s'ouvrir et la voix d'un homme parla de nourriture. Après quelques murmures, l'une des femmes quitta la pièce. Quand elle revint, l'autre sortit à son tour. Pendant tout ce temps, je restai debout face au mur.

J'attendais dans le plus complet silence. Cela faisait cent fois que je portais mon poids d'une jambe sur l'autre. Soudain la porte s'ouvrit à nouveau. Du ton respectueux que prend un serviteur, chez un Chinois de haut rang, pour parler de son maître, une voix d'homme dit que quelqu'un venait d'arriver.

Les deux femmes se levèrent de leurs chaises, me saisirent à nouveau sous les bras et me portèrent ou me traînèrent à moitié hors du bâtiment. Précédées par les hommes qui m'avaient accompagnée en voiture, nous passâmes près d'un terrain de basket-ball désert, le long d'une allée bordée d'arbres, et pénétrâmes dans un autre bâtiment. Mes pieds touchaient à peine le sol et mes aisselles étaient meurtries par les doigts d'acier des deux femmes.

Dans une salle de réunion, cent personnes environ étaient assemblées, assises en deux sections se faisant face. Dans l'espace les séparant, contre le mur, se trouvait une plate-forme surélevée où étaient assis, derrière une table en demi-cercle, un certain nombre de civils. Les hommes de la Maison d'arrêt n° 1 les rejoignirent. Sur les murs on pouvait lire les slogans habituels de la Révolution culturelle proclamant la victoire des maoïstes et la destruction totale des « responsables engagés dans la voie capitaliste » au sein du Parti. La réunion « historique » du Neuvième Congrès du Parti était célébrée comme un grand succès pour le Marxisme-Léninisme et la Pensée de Mao Zedong. Je remarquai que le portrait de Lin Biao, le successeur désigné de Mao, apparaissait à côté du portrait officiel du Grand Timonier.

Tout était propre et net dans la pièce, ce qui indiquait que ce bâtiment appartenait à une organisation disposant d'un budget généreux et appliquant une discipline sévère. Il ne pouvait donc s'agir que d'un complexe militaire. Je regardai l'auditoire et remarquai que les gens semblaient plutôt mieux habillés que la moyenne des Chinois des rues. Beaucoup de vestes et de pantalons en laine ou en Dacron au lieu de la mer de coton bleu délavé des réunions habituelles de Shanghai.

Les femmes me lâchèrent devant le micro face à la plate-forme et l'une d'elle m'appuya sur la tête pour que je sois forcée de regarder le sol.

L'auditoire criait des slogans en agitant ses petits livres rouges. Après « Vive Notre Grand Dirigeant le Président Mao », ce fut « Bonne Santé à Notre Commandant suprême en second Lin, toujours Bonne Santé ! » Cela reflétait non seulement la position élevée de Lin Biao après le Neuvième Congrès du Parti, mais aussi le fait que c'étaient les partisans de Lin Biao, désireux d'entretenir le culte de sa personnalité, qui avaient organisé cette réunion. Avaient-ils également pris en main l'instruction de mon cas ?

Deux jambes apparurent dans mon champ visuel et un homme parla devant moi. Il me présenta à l'auditoire en résumant mes origines familiales et ma vie personnelle. J'avais déjà remarqué qu'à chaque fois que les Révolutionnaires racontaient l'histoire de ma vie, je devenais plus riche et mon mode de vie plus décadent et plus luxueux. Maintenant la farce atteignait des proportions fantastiques. Comme j'avais promis de ne pas répondre et de rester muette, j'étais beaucoup plus détendue que lors de mon premier meeting de lutte en 1966. Pourtant, l'auditoire se leva et beaucoup d'hommes se pressèrent autour de moi pour me crier leur colère et leur indignation quand l'orateur leur dit que j'étais un agent de l'impérialisme.

Ces insultes étaient tellement intolérables que je relevai instinctivement la tête pour répondre. Les femmes haussèrent alors mes mains attachées par les menottes avec une telle brutalité que je dus me plier en deux pour atténuer la douleur. Elles me maintinrent dans cette position jusqu'à la fin de la dénonciation de l'orateur. Ce n'est que lorsque l'auditoire se remit à crier des slogans qu'elles laissèrent retomber mes bras. J'appris plus tard que l'on m'avait fait prendre la « position du jet » inventée pour des cas semblables par les Révolutionnaires.

Un autre homme prit le relais. Il parla de ce qu'il appelait ma « désobéissance » aux Révolutionnaires, représentant le Parti communiste, qui m'avaient ordonné d'avouer. Je compris alors que mon refus de fournir des aveux de culpabilité était interprété comme un acte de défi au Parti. L'auditoire était encore plus furieux. Est-ce que désobéir au Parti était plus grave que d'être une espionne ? Je n'eus pas le temps d'apporter de réponse à cette question avant qu'on ne me pousse et que je ne tombe au sol. Les femmes me relevèrent de leurs bras puissants et me replacèrent derrière le micro.

Un troisième homme prit la parole. Il dénonça mon apologie de Liu Shaoqi. Après la propagande fournie qui avait entouré la résolution du Comité central, tout Chinois se devait de témoigner une grande animosité envers Liu Shaoqi s'il ne voulait pas avoir d'ennuis. Quand on essaie de montrer des émotions que l'on ne ressent pas vraiment, on a tendance à exagérer, et cet auditoire n'échappait pas à la règle. Les deux femmes se tenaient toujours prêtes à me relever quand on me faisait tomber, et une fois ou deux elles m'évitèrent même des coups.

Les individus qui participaient au meeting en arrivèrent à un état quasi hystérique. Leurs cris étouffaient la voix de l'orateur. Quelqu'un me poussa très fort par-derrière. Je trébuchai et fis tomber le micro. Une des femmes se baissa pour le ramasser, s'empêtra dans les fils et tomba, m'entraînant à sa suite. Comme mes bras étaient attachés derrière mon dos, je m'affalai dans une position inconfortable, le visage contre le sol; dans la confusion, beaucoup tombèrent sur nous. Tout le monde criait et il fallut plusieurs minutes avant que l'on parvienne à me relever.

Complètement épuisée, j'avais hâte que ce meeting se termine, mais les discours se succédaient sans interruption, comme si tous les personnages présents sur la tribune voulaient apporter leur contribution. Ils avaient cessé de m'attaquer et se lançaient maintenant dans une joute oratoire où chacun voulait chanter plus haut les louanges de Lin Biao dans les termes flatteurs les plus extravagants que la riche langue chinoise pouvait leur offrir.

Soudain, la porte s'ouvrit derrière moi et une voix d'homme cria que quelqu'un était parti. L'effet de ses paroles fut instantané. L'orateur s'arrêta même au milieu d'une phrase. Je fus alors certaine qu'une personnalité importante écoutait d'une autre pièce, et que son départ rendait inutile toute poursuite de la représentation montée pour elle. Certains partaient déjà, d'autres rassemblaient sacs et vestes. L'orateur lança en toute hâte des slogans pour qu'ils le reprennent en chœur, mais on l'ignora presque totalement. Seules quelques voix se firent entendre avant que la pièce ne se vide. Plus personne n'avait l'air en colère contre moi. On ne me souriait pas, mais on me regardait avec indifférence. Je n'étais qu'une des nombreuses victimes dont ils avaient animé le meeting de lutte. Ils avaient fait ce qu'on attendait d'eux, et maintenant tout était terminé. Une main secourable vint même me soutenir quand un homme me bouscula. Chacun partait en bavardant de la pluie et du beau temps comme à la sortie d'une séance de cinéma.

Les deux femmes me raccompagnèrent jusqu'à la voiture. Cette fois, elles me laissèrent marcher toute seule : pour elles aussi, la représentation était terminée.

La « célébration » du Neuvième Congrès du Parti continua pendant plusieurs semaines. Tous les deux ou trois jours on me conduisait à un meeting de lutte, souvent moins bien organisé que le premier. Quand l'auditoire se montrait particulièrement violent, je souffrais beaucoup, et ensuite on me faisait venir dans la salle d'interrogatoire pour me demander si j'étais prête à avouer. Je répondais soit « Je n'ai rien à avouer », soit « Je suis innocente », ou bien encore je me taisais. Alors on m'emmenait dans un autre meeting de lutte. Etre ainsi la cible d'un meeting après l'autre, subir ce qu'on appelait l'épreuve des « meetings de lutte tournants » engourdissait l'esprit. Jour après jour, mes oreilles s'emplissaient du son des voix haineuses et accusatrices, mes yeux étaient aveuglés par des visages hostiles et mon corps souffrait d'être malmené. J'avais l'impression de n'être plus qu'un objet inanimé et non un être humain. Parfois, mon esprit semblait quitter mon corps et regarder la scène avec détachement. Au bout d'un moment, j'en venais toujours à ne plus penser ni observer et je me retirais en moi-même. Jamais je ne fus réellement troublée ni effrayée. L'aurais-je été si j'avais su que certains étaient tués au cours de ces mascarades?

CHAPITRE 10

LES AVEUX DE MON FRÈRE

Quand la série des meetings de lutte tournants s'acheva, c'était l'été. Avant que la chaleur humide de juillet ne s'abatte vraiment, Shanghai subit un mois de pluie que les météorologues appellent le *Huangmei*, du nom d'une prune jaune qui mûrit en juin. L'humidité imprégna la cellule et noircit le sol de ciment. Après une averse particulièrement impressionnante, l'eau reflua des tuyaux d'écoulement et s'infiltra à la base des murs, formant de petites flaques noires et troubles dans les coins de la pièce. L'odeur persistante d'humidité et de pourriture rendait chaque inspiration déplaisante. Une moisissure verte se forma sur mes affaires d'hiver et même sur les chaussures que je laissais par terre pour la nuit.

J'accueillais toujours la chaleur avec gratitude parce que je n'avais plus à grelotter, enveloppée de tous mes vêtements, mais je fus déçue de découvrir que l'humidité me causait des douleurs violentes dans les articulations, qui enflaient et rougissaient. Quand un vent frais accompagnait les averses, mes articulations devenaient tellement raides que j'avais du mal à sortir du lit le matin. L'inflammation de mes gencives empira également. Elles saignaient sans interruption et je devais les frotter, les presser et me rincer la bouche avant chaque repas. Le contact des aliments salés secouait tout mon corps de spasmes de douleur et je devais laver les légumes à l'eau pour essayer de les débarrasser de leur sel avant de les manger. Souffrant trop, j'alertai le jeune docteur qui me donna des sulfamides pour réduire l'inflammation en me disant qu'il ne pouvait rien de plus pour moi, puisqu'il n'y avait pas de service de stomatologie à l'hôpital de la prison.

Mon existence déjà difficile devint une lutte constante pour enrayer ma dégradation physique. Ma vie n'avait jamais été aussi exigeante et aussi insignifiante. Pourtant, en dépit de la douleur physique et de l'inconfort, j'étais plus calme qu'auparavant car j'étais engagée dans une série d'interrogatoires qui faisaient renaître en moi l'espoir que mon cas finirait par être éclairci. Plusieurs fois par semaine, j'étais conduite dans la salle spéciale où l'instructeur et l'Equipe ouvrière et paysanne de Propagande m'interrogeaient sur mes parents et amis. Entre les interrogatoires, je devais écrire tout ce que je savais de chaque personne mentionnée et énumérer tous les contacts que j'avais eus avec elle. Je savais que l'on comparerait ce que j'écrivais à ce que mes parents et amis avaient écrit sur moi et sur nos contacts, afin de trouver des différences pouvant être utilisées pour jeter le doute sur mon honnêteté. Il était donc important d'écrire toute la vérité en énumérant tous les faits, mais sans les commenter. Il arrivait que les interrogatoires soient orageux, l'instructeur critiquant ce que j'avais écrit et me menaçant. D'autres fois, on insistait pour que j'apporte des informations qui permettraient d'incriminer quelqu'un d'autre. Je savais alors que la personne en question avait de gros ennuis.

Dans l'ensemble, répondre à des questions sur mes parents et amis et écrire ce que je savais d'eux me donna l'occasion de parler en leur nom. D'après ce que je savais de la nature de leurs occupations et de leur vie passée, je pouvais généralement deviner le type de problèmes auxquels ils étaient confrontés pendant cette Révolution culturelle. Je fouillais ma mémoire pour trouver ce qu'ils auraient pu faire ou dire qui pourrait améliorer leur image aux yeux des Révolutionnaires, et je formulais ce que j'avais à dire dans le langage que les maoïstes utilisaient couramment.

Un des principaux traits de caractère des Chinois instruits de ma génération était un patriotisme profond né de notre connaissance du monde extérieur et du fait que nous étions préoccupés par l'arriération relative de la Chine. Notre grande civilisation déclinait depuis un siècle, nous en avions une conscience aiguë. Beaucoup d'entre nous étaient justement restés ou revenus en Chine aux environs de 1949, parce que nous étions assez naïfs pour croire qu'une révolution communiste fournirait à la Chine l'élan nécessaire au progrès. Je pouvais donc en toute sincérité parler du profond amour que mes parents et amis éprouvaient pour la Chine et des services qu'ils avaient rendus à leur pays. Mais rien de ce que je disais n'était entendu. Décidés à trouver les fautes, les Révolutionnaires refusaient de voir les vertus. De plus, les maoïstes confondaient le concept de nation, qui signifie « un peuple ayant une origine commune », avec celui d'Etat, qui signifie « une communauté organisée politiquement sous un gouvernement ». Si un homme avait réalisé une importante découverte scientifique ou une importante œuvre artistique avant que le Parti communiste n'arrive au pouvoir, on considérait qu'il n'avait pas servi la Chine, mais le régime du Guomindang. Il était donc coupable d'avoir aidé à soutenir le régime ennemi. Ce point de vue était tellement étroit et absurde que j'entrais fréquemment dans des discussions animées à ce sujet avec l'instructeur. Je découvris pourtant très vite que je ne me heurtais pas aux préjugés des quelques maoïstes chargés de mon cas, mais à la doctrine du Parti communiste.

Les interrogatoires commencèrent à la saison de pluies. J'arrivais souvent la tête et les pieds trempés. Je n'avais pas d'imperméable, mais il faisait heureusement encore assez frais pour que je puisse porter plusieurs couches de vêtements, ce qui m'évitait d'être trempée jusqu'aux os. Les interrogatoires se poursuivirent pendant les chauds mois d'été, quand l'humidité et la pluie cédèrent la place à la chaleur étouffante et aux moustiques. Parfois, d'autres hommes – représentant sans nul doute les organismes qui exigeaient mes aveux – venaient me poser des questions. Je savais alors que mes parents ou amis subissaient aussi des interrogatoires. Je m'inquiétais pour eux et surveillais de près l'attitude et le langage des étrangers. S'ils avaient l'air modérés et raisonnables, j'étais soulagée; s'ils semblaient particulièrement stupides et menaçants, j'avais peur.

A l'automne, je passai un moment particulièrement désagréable quand un membre de la Commission de contrôle militaire du Théâtre populaire vint me poser des questions sur le directeur, Huang Zuoling. Huang et sa femme, Dan-ni, une actrice très belle et de talent, étaient de vieux amis de mon mari et de moi-même depuis nos années d'études à Londres. Quand l'Armée populaire entra dans Shanghai, Huang était déjà un metteur en scène de cinéma très connu. On disait que le couple avait été invité à rester en Chine par le Parti communiste clandestin de Shanghai. Tous deux furent immédiatement acceptés par le nouveau régime. Quand le Théâtre populaire fut constitué, Huang en fut nommé directeur et devint membre du Parti. Leurs carrières étaient de grandes réussites; ensemble, ils montèrent à Shanghai des pièces de tout premier ordre, y compris des traductions de Shakespeare et des œuvres d'auteurs contemporains européens et américains qui présentaient une satire du système capitaliste. C'est en grande partie grâce à leurs efforts que le public chinois prit conscience du fait que les auteurs dramatiques d'autres pays étaient autorisés à présenter leur propre société sous un éclairage critique. Huang était considéré comme un excellent metteur en scène aussi bien par le public que par les dirigeants du Parti chargés des affaires culturelles. Mais, à l'évidence, il était différent de ceux qui suivaient étroitement la ligne maoïste de « l'art au service de la politique » et de « l'art, glorification des ouvriers, des paysans et des soldats ».

Avant que je ne sois conduite à cet interrogatoire, j'avais lu de nombreux articles critiquant un film que Huang avait tourné au début des années cinquante pour célébrer la prise de Shanghai par les communistes. C'était une très belle œuvre de propagande et, à l'époque de sa sortie, tout le monde avait salué sa grande qualité. Maintenant, les journaux consacraient plusieurs colonnes par jour à la critique du film, prétendant que Huang avait fait paraître « héroïques » les membres du Guomindang qui avaient défendu la ville – ce qui était offensant pour les soldats communistes. Les critiques prétendirent également que lorsqu'il décrivait la destruction de la ville et les souffrances du peuple, il se révélait hostile à la lutte armée en général et à la guerre de Libération menée par le Parti communiste en particulier. Cette avalanche de critiques montrait qu'il avait été désigné comme victime.

Pourquoi un homme comme Huang Zuoling, qui avait si bien servi le régime communiste, se trouvait-il la cible de graves attaques ? Comme tant d'autres, il était victime de la lutte de factions au sein de la direction du Parti. Les hommes qui lui avaient confié son poste et l'avaient accueilli au sein du Parti étaient de vieux ennemis de Jiang Qing pendant les années trente à Shanghai. A cette époque, elle n'était qu'une petite actrice luttant pour percer, tandis qu'eux étaient des écrivains et des artistes de gauche, membres du Parti communiste clandestin dirigé par Liu Shaoqi. Il semblerait que ces intellectuels de gauche l'aient généralement ignorée, considérant qu'elle avait aussi peu de vertu que de talent. La rancune de Jiang Qing avait grandi au fil des années. Quand elle était arrivée au pouvoir et avait pu s'occuper de la Section culturelle du Parti pendant la Révolution culturelle, elle les avait fait tous arrêter et dénoncer comme membres de la faction de Liu Shaoqi.

« Connaissez-vous Huang Zuoling, le comprador ? » me demanda le représentant du Contrôle militaire du Théâtre Populaire assis à côté de mon interrogateur.

Je conclus de cette question que, n'ayant pas trouvé dans l'attitude personnelle de Huang de quoi l'accuser, ils s'attaquaient à ses origines.

Un comprador était un homme qui agissait comme intermédiaire entre les entreprises étrangères et les officiels chinois. Ce système avait été inventé par la dynastie Qing, à la fin du siècle dernier, afin de contrôler les commerçants étrangers. Avec l'avènement de méthodes commerciales modernes, le système s'était éteint au cours des années trente. Les grandes entreprises comme Shell n'avaient pas licencié leurs compradores. Elles s'étaient contentées de ne pas en nommer de nouveaux pour leur succéder. Les communistes chinois considéraient les compradores comme les membres les plus réactionnaires de la classe bourgeoise. Après la prise de Shanghai par l'Armée populaire, les « bourgeois compradores » furent condamnés à de longues peines d'emprisonnement ou à de fortes amendes. Le père de Huang avait été le comprador de Shell à Tientsin. Il était mort pendant la guerre sino-japonaise.

« Je connais Huang Zuoling, le célèbre metteur en scène de théâtre et de cinéma, répondis-je.

– Il était aussi comprador pour Shell ! dit l'homme en uniforme du Théâtre populaire. Nous savons tout sur vous. Vous êtes une indécrottable réactionnaire et une espionne de l'impérialisme. Nous ne sommes pas surpris que vous tentiez d'éluder ma question.

– Huang Zuoling a de sérieux ennuis, ajouta mon

interrogateur. C'est un ennemi de classe infiltré dans le Parti. Si vous essayez de le protéger, les conséquences seront extrêmement graves. Votre propre position s'aggravera encore. Si vous êtes franche et coopérez, cela jouera en votre faveur comme contribution à la Révolution culturelle.

– Je dirai la vérité, affirmai-je.

– Si vous dites la vérité, vous direz qu'il était un comprador de Shell, dit le militaire.

– C'était son père qui était un comprador de Shell. Huang Zuoling a des origines familiales très fâcheuses.

– Il a repris le travail quand son père est mort.

– Le métier de comprador a disparu voici bien longtemps. Quand son père est mort, il avait déjà cessé d'exister.

– Alors qu'est-ce que c'est que ça? » demanda l'homme en jetant sur la table un document que l'instructeur me tendit.

C'était l'acte notarié d'une propriété foncière à Tientsin portant le sceau de Huang Zuoling. Je vis le chiffre d'enregistrement qui prouvait qu'il provenait des archives des bureaux de Shell.

« C'est un ancien document, dis-je.

– Ancien ou nouveau, il montre que Huang Zuoling était un comprador de Shell, fait qu'il a toujours dissimulé au Parti, objecta l'instructeur.

– Je peux vous raconter toute l'histoire, si vous voulez.

– Allez-y.

– Je ne sais plus à quelle date, mais longtemps avant la guerre, le Gouvernement du Guomindang interdit aux étrangers de posséder des terres en Chine. Toutes les entreprises étrangères qui avaient des terres en transférèrent donc les actes de propriété aux noms de leurs compradores. Shell fit de même. Quand le père de Huang mourut, celui-ci hérita des propriétés de sa famille. Comme c'était pendant la guerre, Tientsin était sous occupation japonaise et Huang Zuoling n'était pas là – non plus que Shell, d'ailleurs, car elle avait cessé d'y opérer après Pearl Harbor. J'imagine que la personne qui représentait la famille Huang a apposé ce sceau sur tous les actes de propriété de son père, y compris sur l'acte de cette terre qui appartenait à Shell. Cela ne signifie pas que Huang Zuoling ait jamais été employé par Shell comme comprador.

– Il a été payé par Shell pour ses services, dit le militaire.

– Je ne suis pas au courant, répondis-je.

– C'est votre mari qui, en tant que directeur, effectua le paiement.

– Il ne m'en a jamais parlé. »

Il valait mieux que je feigne l'ignorance pour qu'ils ne pensent pas que je pourrais les aider à incriminer Huang et me laissent tranquille. En fait, mon mari m'avait dit que Shell voulait donner une somme d'argent à Huang afin de montrer la reconnaissance de l'entreprise pour les services rendus par son père, la terre ayant été confisquée par l'Etat pendant le Mouvement de Réforme agraire de 1950. Ce geste généreux de Shell ne cadrait pas avec l'image d'exploiteur étranger que voulait en donner la propagande du Parti communiste.

« Vous mentez. Vos serviteurs nous ont dit que vous et votre mari en aviez parlé ensemble.

– Il ne m'en a pas parlé. Peut-être considérait-il que ce n'était pas assez important. Nous ne discutions pas de tout ce qui se passait au bureau.

– Nous ne vous croyons pas.

– Comme vous voudrez. Je ne sais rien d'un paiement. Mais cela ne veut pas dire que, s'il a existé, vous n'en trouverez pas la trace. Consultez les archives du bureau ou interrogez le service comptable.

– Nous l'avons déjà fait. Est-ce que vous vous imaginez qu'on aurait pu oublier une chose pareille? Nous avons tous les documents prouvant que votre mari lui a versé une somme d'argent.

– Dans ce cas, le fait que je ne sache rien n'a pas d'importance.

– Nous voulons que vous admettiez que Huang Zuoling était un comprador de Shell et qu'il était payé pour ses services. Vous étiez le cadre le plus haut placé dans la hiérarchie de Shell. Vous pouvez confirmer ce que nous savons déjà. Huang Zuoling appartenait à la bourgeoisie compradore, et la bourgeoisie compradore est la classe sociale la plus réactionnaire de toutes. Il va être exclu du Parti. Vous et votre mari étiez ses amis. Vous le connaissez bien. Vous pourriez nous fournir d'importantes informations contre lui », dit le militaire.

L'exclusion du Parti communiste était la pire des choses pour un de ses membres. Il ne pouvait plus redevenir un élément des masses et sa position dans la société n'était guère meilleure que celle d'un contre-révolutionnaire. Victimes de discriminations à chaque occasion, sa famille, ses enfants et même ses petits-enfants souffraient à cause de lui. Je trouvais totalement injuste et tragique qu'un tel destin attende Huang Zuoling, qui avait voué sa vie et son talent à la cause communiste. La colère monta en moi et je dis avec fermeté :

« Pour autant que je sache, Huang Zuoling était un membre loyal du Parti communiste. Il n'a jamais été comprador. Quand son père est mort, Shell n'a plus jamais eu de comprador à Tientsin.

– Vous ne coopérez pas avec nous, dit mon instructeur. Vous ne voulez pas gagner un bon point ?

– Je veux m'en tenir à la vérité. »

Ils se mirent en colère. Le représentant de la Commission militaire du Théâtre populaire devint tout rouge et me regarda d'un air à la fois déçu et dégoûté. Mon instructeur dit :

« Nous voulons que vous écriviez tout ce que vous savez de Huang Zuoling le comprador. Si vous essayez de le protéger, cela aura des conséquences dramatiques pour vous. Si vous nous apportez des informations utiles, vous contribuerez à la Révolution culturelle et ce sera pour vous un bon point. Essayez de vous souvenir de tout ce qu'il vous a dit, à vous et à votre mari, et analysez ce que vous savez de sa vie et de ses opinions. C'est un ennemi de classe. Vous devez le démasquer et le dénoncer. Voici votre chance de nous montrer de quel côté vous vous situez. Si vous le démasquez de façon efficace, nous considérerons que vous avez fait des progrès.

– Si vous voulez un bon point, dénoncez Huang Zuoling », insista le militaire.

C'était une insulte à mon intégrité, mais ils n'avaient fait qu'énoncer les paroles consacrées pour encourager le mensonge afin d'aider la campagne politique du moment. Combien de gens avaient-ils succombé à des pressions de ce type? Je n'en fus que plus décidée à ne dire que la vérité.

Quand j'eus écrit tout ce que je me rappelais de la vie de Huang Zuoling et de ses opinions, y compris sa conviction que le Parti communiste chinois représentait un progrès et une révélation pour la Chine, ils me lancèrent mon rapport à la figure et me menacèrent d'une punition sévère parce que je n'avais pas dit que Huang était le comprador de Shell à Tientsin. De séance orageuse en séance orageuse, j'eus à récrire maintes fois mon témoignage. Mais je m'en tins à mon histoire et refusai de céder à leurs exigences. Au bout de quelques semaines, ils abandonnèrent le sujet, et l'homme du Théâtre populaire disparut aussi soudainement qu'il était arrivé.

Plus tard, après ma libération, j'appris que les Révolutionnaires n'avaient jamais réussi à classer Huang Zuoling dans la bourgeoisie compradore ni à l'exclure du Parti. Huang fut seulement dénoncé comme membre du clan de Liu Shaoqi. Sa femme et lui passèrent les années de Révolution culturelle de meeting de lutte en meeting de lutte et accomplirent beaucoup de durs travaux physiques comme le transport de terre et de briques pour des travaux de construction dans le froid de l'hiver et sous le soleil brûlant de l'été. La santé de Huang se dégrada et sa très belle épouse devint une vieille femme.

Après la mort de Mao et l'arrestation de la Bande des quatre en 1976, la situation politique changea en Chine. Huang Zuoling et sa femme furent tous deux réhabilités.

Le fait que le Parti ait exigé des Chinois qu'ils donnent même en temps normal des informations sur leurs concitoyens, et qu'ils se dénoncent les uns les autres pendant les campagnes politiques, est un des aspects le plus condamnable de la vie en Chine communiste pendant l'ère de Mao Zedong. Cette pratique avait un effet profondément destructeur sur les relations humaines. La méfiance s'installait entre mari et femme, et les parents devenaient étrangers à leurs enfants. Toutes les formes de contact humain étaient étouffées au point que personne ne voulait plus avoir d'amis. La dissimulation et l'hypocrisie étaient aussi encouragées. Pour se protéger, on devait garder ses pensées pour soi et si, sous la contrainte, on devait parler, le mensonge était souvent le seul moyen de se protéger et de protéger sa famille.

Pendant qu'on exerçait des pressions sur moi pour que je fournisse des informations permettant d'incriminer d'autres personnes, ces autres personnes étaient soumises à des pressions pour fournir des informations contre moi. Je pouvais d'ordinaire deviner ce que parents et amis avaient dit ou écrit sur moi d'après les questions posées par l'instructeur. Il n'était pas difficile de savoir si quelqu'un avait gardé la tête froide et le contrôle de ses paroles ou s'il était dans un état de panique et de confusion. Vers la fin de 1969, je traversai une période difficile à cause d'« aveux » faits par mon frère à Beijing. C'était une nouvelle illustration de la façon dont une personne intelligente et cultivée pouvait s'effondrer sous les pressions au point de ne plus connaître la frontière entre la réalité et la fiction.

Mao avait fait une nouvelle déclaration « très importante », qui parut en caractères rouges dans le journal et fut reprise en fanfare dans un éditorial conjoint des rédacteurs du *Quotidien du Peuple,* de l'hebdomadaire *Le Drapeau rouge* (tous deux organes du Parti) et du *Quotidien de l'Armée populaire de Libération.* Mao avait déclaré : « La Révolution culturelle prolétarienne est une grande révolution politique de la classe prolétarienne contre la classe capitaliste. C'est la continuation de la lutte de classe du prolétariat contre le capitalisme. C'est aussi la continuation de la lutte de classe du Parti communiste contre le Guomindang. »

Après la publication de ce chef-d'œuvre de sagesse, une campagne fut lancée pour « nettoyer la lie du Guomindang ». Chaque jour, le journal faisait état d'agents secrets, de militaires clandestins et de sympathisants du régime de Taiwan qui avaient été démasqués. Il y eut tant d'ennemis découverts en si peu de temps qu'il sembla soudain que la Chine grouillât d'hommes et de femmes regrettant secrètement le Guomindang. Toutes les années de propagande communiste contre l'ancien gouvernement semblaient s'être écoulées en pure perte. On créait délibérément une atmosphère de tension et de nervosité extrême. Elle fournissait l'excuse d'une nouvelle partie de chasse aux sorcières et légitimait l'escalade de la lutte des classes pour engendrer la peur dans l'opinion publique. La seule façon de prouver son innocence était de manifester un enthousiasme débordant pour Mao et le Parti, de crier plus fort les slogans, de travailler plus dur, dans un esprit de sacrifice personnel, sans attendre de récompense matérielle, et de se montrer particulièrement cruel vis-à-vis des ennemis de classe. Les journaux engageaient les membres du prolétariat à la vigilance et à la dénonciation de toute activité inhabituelle et de tout comportement étrange de la part de leurs voisins et de leurs compagnons de travail. Ils devaient également intensifier la surveillance des ennemis de classe qui n'étaient pas en prison.

Je ne fus donc pas surprise quand mes persécuteurs me firent venir pour un nouvel interrogatoire. Ils ne pouvaient se permettre de me laisser à l'écart d'une nouvelle étape de lutte des classes s'ils voulaient que l'on voie qu'ils suivaient à la lettre les directives de Mao. N'étais-je pas la veuve d'un ancien représentant du gouvernement du Guomindang ?

Dès que je fus entrée dans la salle et me fut inclinée devant le portrait, l'instructeur me demanda de lire la dernière directive de Mao. Quand j'eus terminé, il me demanda de la relire. Il déclara ensuite :

« Nous devons démasquer la lie du Guomindang. Vous en faites partie. »

Il y avait deux autres hommes dans la pièce. Soudain, le plus jeune cria :

« Avouez !

– Avouer quoi ? demandai-je.

– Ne faites pas semblant d'être calme et innocente. Avouez vos relations avec le Guomindang !

– Je n'ai pas de relations avec le Guomindang.

– Vous êtes un loyal partisan du Guomindang.

– Je doute que le Guomindang soit d'accord avec vous », dis-je.

Tout en parlant, j'observais les deux hommes. D'après leurs vêtements et leurs cheveux coupés court, je me dis qu'ils venaient de Chine du Nord. Tous les Chinois sont censés parler le mandarin, la langue nationale dérivée du dialecte de Beijing. Pourtant, les habitants de Beijing, comme ce jeune homme, gardaient dans leur façon de parler des intonations très reconnaissables de leur dialecte d'origine. Je me demandais pourquoi les deux hommes de Beijing prenaient part à mon interrogatoire.

« Vous êtes un loyal partisan du Guomindang, inutile de le nier.

– Donnez des preuves de vos accusations, s'il vous plaît.

– Nous en avons, naturellement, sinon nous n'aurions pas fait tant de chemin pour vous interroger », dit le plus vieux.

Il avait l'air d'un ouvrier d'usine sans beaucoup d'éducation, parlait comme un véritable fils du prolétariat, et devait avoir des responsabilités importantes. Le jeune homme avait l'air d'un étudiant.

« Est-ce que vous vous êtes fait photographier devant un drapeau du Guomindang ? me demanda mon interrogateur.

– C'est possible. Je ne m'en souviens pas.

– Comment pouvez-vous avoir oublié une chose pareille ! Vous ne vous en tirerez pas en prétendant avoir perdu la mémoire, dit le jeune homme de Beijing.

– C'était il y a si longtemps ! S'il y avait une photo, les Gardes rouges qui sont venus chez moi devraient l'avoir. Ils ont pris toutes mes photos.

– Vous l'avez certainement détruite. Elle n'y était pas, dit le vieil homme.

– Pourquoi aurais-je détruit cette photo ? Tout le monde sait que mon mari était diplomate sous le gouvernement du Guomindang quand nous vivions à Canberra, en Australie.

– Mais qu'est-ce que vous racontez ? Qui vous parle de cette époque ? intervint mon instructeur avec impatience.

– Vous ne voulez pas parler de l'époque où nous vivions en Australie ?

– Jamais de la vie ! Nous parlons de maintenant, après la Libération. Est-ce que vous vous êtes fait photographier devant un drapeau du Guomindang depuis la Libération ? Répondez franchement ! Avouez tout ! cria le jeune homme en se levant à demi.

– Comment aurait-il pu y avoir un drapeau du Guomindang en Chine après la Libération? demandais-je stupéfaite. Où pourrait-on en trouver?

– Oublions le drapeau. Avouez simplement pourquoi vous l'avez fait. Etait-ce pour montrer votre loyauté vis-à-vis du Guomindang? demanda l'interrogateur.

– Je ne me suis jamais fait photographier devant un drapeau du Guomindang après la Libération, dis-je avec la plus grande fermeté pour mettre fin à cette conversation absurde.

– Ne soyez pas si catégorique, vous pourriez le regretter. Vous ratez une occasion de gagner un traitement clément, dit le vieil homme.

– Vous feriez mieux de devenir sérieuse, renchérit le jeune homme. Quelqu'un d'autre a déjà avoué, alors nous savons de quoi nous parlons. Nous sommes décidés à démasquer tous les partisans du Guomindang. Vous n'y échapperez pas.

– Je ne sais pas de quoi vous parlez. Je ne suis pas un partisan du Guomindang, sinon je serais à Taiwan.

– Retournez dans votre cellule et repensez à tout cela, dit mon interrogateur après avoir échangé quelques paroles à voix basse avec les deux autres. Vous êtes ici depuis suffisamment longtemps pour connaître la politique du Gouvernement populaire. Vous devriez savoir qu'il est inutile de nier une chose qui peut être prouvée. »

Je fus reconduite dans ma cellule. Ces hommes semblaient sérieux. Ils devaient avoir quelque chose pour asseoir leur accusation.

Trois jours plus tard, je fus appelée à nouveau, et à nouveau incitée à avouer. Je donnai les mêmes réponses que la première fois... et je fus renvoyée dans ma cellule pour réfléchir encore. Je fis ainsi le voyage de la salle d'interrogatoire tous les deux ou trois jours pendant trois semaines. L'atmosphère devenait très tendue, mais je ne parvenais pas à savoir ce qu'ils avaient en tête.

Pendant cette période, pour accentuer la pression

exercée sur moi, les gardiens refusèrent de me donner les sulfamides si nécessaires pour lutter contre l'inflammation de mes gencives dont l'état s'aggrava rapidement. Ce n'étaient plus seulement mes gencives mais tout l'intérieur de ma bouche qui était irrité au point que je ne pouvais plus manger ce qu'on me donnait. Je demandai qu'on m'apporte du riz en soupe pour que je puisse fournir à mon corps de quoi survivre sans avoir à mâcher. J'avais tellement mal que je ne cessais de penser à mes gencives et que, même dans la salle d'interrogatoire, j'avais des difficultés à me concentrer sur ce qui se passait. Je comprenais maintenant comment des prisonniers cèdent simplement parce que leurs souffrances physiques ont miné leur volonté. Je fis tout ce que je pouvais pour garder les idées claires en dépit de la douleur.

Le fait que j'aie demandé de la soupe permit aux maoïstes de réduire mes rations. On ne me donnait plus guère qu'un demi-bol d'eau grise où flottaient quelques grains de riz. Au bout de quelques jours de ce régime, je m'évanouis. Une gardienne bienveillante appela le docteur, qui me fit une injection intraveineuse de glucose et m'envoya à l'hôpital. A mon retour à la maison d'arrêt, on recommença à me donner les sulfamides prescrits et deux repas de vrai riz avec du pain cuit à la vapeur.

On me rappela dans la salle d'interrogatoire et on me fit lire trois fois la dernière directive de Mao. Quand j'eus fini et que je me fus assise, l'instructeur me demanda :

« Est-ce que vous comprenez tout à fait bien ce qu'a dit notre Grand Leader le Président Mao?

– Je crois.

– Bien. Alors puisque vous comprenez, vous devez aussi comprendre que vous êtes en mauvaise posture. Le Guomindang est notre ennemi. Après que notre armée l'eut vaincu, il s'est réfugié dans l'île de Taiwan, protégé par les Etats-Unis. Tant que nous n'aurons pas libéré

Taiwan et ramené l'île sous la bannière de notre Grand Dirigeant le Président Mao, la lutte contre le Guomindang continuera. Le Guomindang doit être détruit pour que notre Révolution soit complète. Notre Grand Dirigeant est décidé à libérer Taiwan et notre Commandant suprême en second Lin est certain que nous y parviendrons. Mais les " responsables engagés dans la voie capitaliste " menés par Liu Shaoqi s'y sont opposés. Ils ont dit que le problème de Taiwan serait résolu par la prochaine génération. C'est une attitude défaitiste. Notre Grand Dirigeant croit que le problème de Taiwan concerne notre génération. Il doit être résolu maintenant, tant que les vieux chefs militaires comme notre Commandant suprême en second Lin, qui a l'expérience de la victoire contre le Guomindang, peuvent encore mener notre armée à la victoire. La lutte des classes contre les " responsables engagés dans la voie capitaliste " et la clique de Liu Shoaqi est liée à la lutte des classes contre le Guomindang. Maintenant que nous avons annihilé la faction de Liu Shaoqi et que le pouvoir est à nouveau concentré entre les mains de notre Grand Dirigeant, nous allons nous occuper du Guomindang. C'est pourquoi nous devons démasquer tous les sympathisants du Guomindang dans notre pays pour éviter la formation d'une cinquième colonne favorable à l'ennemi. La lie du Guomindang doit être isolée et étroitement surveillée pour éviter qu'elle ne puisse nuire.

– Votre mari était un dirigeant du gouvernement du Guomindang, ajouta le vieil ouvrier.

– Pas un dirigeant, juste un diplomate. Mais de toute façon il a choisi de rester ici quand le Guomindang est parti pour Taiwan, fis-je remarquer.

– Oui, oui, beaucoup de membres du Guomindang en ont fait autant. Certains d'entre eux ont été délibérément laissés ici par le Guomindang pour exercer leurs mauvais offices. Chacun fera l'objet d'une investigation approfondie.

– Quand mon mari est devenu directeur de Shell à Shanghai, sa nomination a dû être approuvée par le Gouvernement municipal. Le Parti avait certainement déjà étudié son cas à l'époque, dis-je.

– Cela ne suffit pas. L'homme qui a donné son accord était peut-être un « responsable engagé dans la voie capitaliste ». Nous, les Révolutionnaires, devons maintenant passer tout le monde au crible au nom du Parti, répondit l'instructeur.

– Déjà à l'époque des Soviets chinois, avant la Longue Marche, intervint le jeune étudiant certainement désireux de montrer sa connaissance des livres de Mao Zedong, notre Grand Dirigeant avait élaboré toute une série de méthodes efficaces pour traiter les ennemis de classe avant que notre armée ne lance son offensive contre les forces du Guomindang. A l'époque, nous mettions les ennemis de classe importants en prison. Les autres étaient placés sous la surveillance des masses. Nous avons respecté ces méthodes pendant la Révolution culturelle. »

Il faisait référence à un essai écrit en 1936, intitulé *La Stratégie de la Guerre révolutionnaire en Chine,* où Mao décrivait les préparatifs du Parti communiste chinois avant son offensive contre les manœuvres d'encerclement du Guomindang.

« Vous devez comprendre où vous vous situez dans la lutte entre le Parti communiste et le Guomindang, ajouta le vieil ouvrier. Vous êtes du côté du Guomindang en vertu de vos origines familiales et en raison de l'association de votre mari avec ce régime.

– J'ai peur que vous ne vous trompiez. Je n'ai rien à voir avec la lutte entre Guomindang et le Parti communiste. Je regrette que le Guomindang et le Parti communiste aient eu à lutter l'un contre l'autre et que, ce faisant, des Chinois innocents aient été tués et notre richesse nationale détruite. En tant que Chinoise j'aspire à la paix et à l'unité des deux adversaires politiques pour le bien commun du pays.

– Nous ferons l'unité après avoir écrasé le Guomindang, dit l'étudiant.

– Si vous n'êtes pas sympathisante du Guomindang et si, comme vous le dites, vous n'avez rien à voir avec la lutte entre le Guomindang et le Parti communiste, pourquoi vous êtes-vous faite photographier devant le drapeau du Guomindang ? demanda l'instructeur.

– Je ne sais vraiment pas de quoi vous parlez. J'ai fait de gros efforts pour trouver, mais je n'y suis pas parvenue. Pourquoi ne me dites-vous pas de quoi il s'agit ? Il doit y avoir une erreur, dis-je sincèrement.

– Repensez à 1962. Qu'arriva-t-il en 1962 ? demanda l'instructeur.

– Je ne sais pas ce qui est arrivé en 1962, en dehors du fait que j'ai perdu ma mère.

– C'est juste ! s'écrièrent ensemble les hommes de Beijing. Vous feriez mieux d'avouer et de raconter toute l'histoire.

– Voulez-vous dire que je dois vous raconter la mort de ma mère ? demandais-je, incrédule.

– Oui. Racontez tout. Avouez tout.

– Une voisine de ma mère m'a téléphoné pour que j'aille à Nanjing. Quand j'y suis arrivée, ma mère était inconsciente après un coup de chaleur. C'était en juillet et la température ne descendait pas en dessous de 35°. Nous avons appelé une ambulance et l'avons emmenée à l'hôpital. Au début, elle sembla se rétablir, mais elle fit une pneumonie et elle mourut d'une défaillance cardiaque.

– Est-ce que vos frères sont aussi venus à Nanjing ?

– Oui. Ils sont venus avec leurs épouses.

– Qu'avez-vous fait après la mort de votre mère ?

– Etant l'aînée, j'ai organisé les funérailles.

– Vous vous êtes adonnée à la superstition, autre preuve que vous êtes profondément réactionnaire. »

Les communistes parlaient de « superstition » pour désigner toute pratique religieuse.

« Ma mère était une bouddhiste pratiquante. J'ai donc organisé ses funérailles selon ses croyances.

– Vous avez fait quelque chose d'illégal. Les temples bouddhistes ont tous été fermés après le Grand Bond en avant, et les moines dispersés. Pourtant vous avez réussi à trouver plusieurs moines pour les obsèques de votre mère.

– J'ai trouvé ces moines avec l'aide du responsable de l'Institut de recherches bouddhiques de Nanjing.

– Ils n'ont le droit de célébrer des services que pour les visiteurs du Sud-Est asiatique, pas pour les Chinois.

– L'homme que j'ai vu a décidé de m'aider parce que je l'en ai supplié.

– Vous êtes coupable d'avoir cédé à la superstition pour les funérailles de votre mère. Vos frères et belles-sœurs sont également coupables de ne pas vous en avoir empêchée. Vous avez aussi fait inscrire les noms de vos sœurs qui vivent aux Etats-Unis sur la pierre tombale de votre mère. Vous n'avez donc pas fait la distinction entre vous et les traîtres qui ont choisi de vivre à l'étranger. Tout cela prouve que vous êtes une réactionnaire, dit le jeune homme.

– Mes sœurs des Etats-Unis sont aussi les filles de ma mère. C'est la coutume de mettre les noms de tous les enfants sur une pierre tombale.

– Nous reparlerons de tout cela. Dites-moi maintenant ce que vous avez fait après les funérailles de votre mère? Où êtes-vous allée après avoir quitté le cimetière? » demanda mon instructeur.

Ils semblaient maintenant tous trois très nerveux et les deux hommes de Beijing me regardaient avec insistance.

« Nous sommes retournés chez elle pour trier les affaires.

– Avant de retourner chez elle, où êtes-vous allée?

– Nulle part. Nous sommes allés directement chez elle.

– Est-ce que vous n'êtes pas allée au mausolée de Sun Wen* après l'enterrement de votre mère ? demanda le vieil ouvrier.

– Non, nous étions tous trop tristes et épuisés.

– Avouez ! cria soudain le jeune étudiant en frappant du poing sur la table.

– Que voulez-vous que j'avoue ? Les funérailles de ma mère n'ont aucune signification politique.

– Les funérailles de votre mère n'ont aucune signification politique, mais votre visite au mausolée de Sun Wen avec vos frères pour vous faire photographier devant le drapeau de Guomindang a, elle, une grande signification politique. Vous vouliez réaffirmer votre loyauté au Guomindang. A cette époque, le Guomindang projetait d'attaquer le pays ! »

C'était tellement absurde que j'avais envie de rire, mais je savais que l'heure était grave. Parler à ces hommes ignorants demandait un gros effort et j'avais bien peu de force à cause de ma mauvaise santé et du peu de nourriture que je mangeais. J'avais très mal aux gencives et je me sentais sur le point de m'évanouir. Mais je devais me disculper, même si je ne comprenais toujours pas d'où venait une accusation aussi absurde.

« Je vous en prie, soyez logiques. Tout d'abord, êtes-vous sûrs qu'il y avait un drapeau du Guomindang au mausolée de Sun Wen ? Et admettons même qu'il y en ait eu un et que j'aie voulu faire bonne impression sur le Guomindang, pour le cas où ses représentants reviendraient sur le continent : est-ce que le Guomindang aurait pris pour argent comptant cette soi-disant manifestation de loyauté ? Ils ne sont pas fous ! Ils savent bien que nous ne les avons pas suivis à Taiwan en 1949.

* Sun Yat-sen *(NdT)*.

– Ils vous auraient crue puisque vous êtes leur agent.

– Si j'étais un agent du Guomindang, est-ce que j'aurais eu besoin de leur prouver ma loyauté à l'aide d'une photo ? Vous vous contredisez.

– Vous devez avouer qu'on vous a prise en photo avec vos frères devant le drapeau du Guomindang au mausolée de Sun Wen de Nanjing ! s'écrièrent en cœur les deux hommes de Beijing.

– Interrogez mes frères et mes belles-sœurs. Ils vous diront qu'il n'en est rien. Nous ne sommes jamais allés au mausolée de Sun Wen à Nanjing.

– Nous l'avons effectivement demandé à votre frère qui travaille à l'Institut du commerce extérieur à Beijing. Au début, il a lui aussi tenté de tout nier. Mais quand les Révolutionnaires lui ont montré la bonne voie, il a tout avoué. Il a dit que c'était vous qui aviez eu l'idée d'aller au mausolée de Sun Wen. Il a dit également que cette photo avait été prise avec votre appareil, que vous aviez fait développer le film à Shanghai et que vous lui aviez envoyé la photo. Oserez-vous encore nier les faits ? » hurla le jeune homme.

J'étais effondrée. C'était une pure machination, naturellement. Qu'est-ce que les maoïstes avaient pu faire à mon pauvre frère pour qu'il mente ainsi ? J'imaginais ce qu'il avait dû subir pour céder à leur pression.

Pour me sortir de cette situation, je décidai de faire appel au petit livre rouge de Mao. Le brandissant, je dis :

« Notre Grand Dirigeant le Président Mao nous a appris : " On ne mange qu'une bouchée de riz à la fois ; on n'avance qu'un pas à la fois. " Je vous supplie de vous plier à cet enseignement. S'il vous plaît, allez observer par vous-mêmes le mausolée de Sun Wen. Il est sous la responsabilité du gouvernement de Nanjing et beaucoup de visiteurs étrangers s'y rendent. Il est impossible qu'il y ait eu un drapeau du Guomindang tant d'années après son départ de Nanjing. S'il y en a un, alors revenez me punir. Je ne peux fuir. »

Les deux hommes de Beijing me regardaient, stupéfaits. L'instructeur se leva et me dit :

« Vous pouvez retourner dans votre cellule et réfléchir à la question. »

Je me dis que peut-être lui, enfin, avait compris la logique de ce que j'avais expliqué. Il est possible qu'ils aient suivi mon avis, car il se passa plusieurs semaines avant que je ne sois convoquée à nouveau.

Pendant la Révolution culturelle, les Révolutionnaires parcouraient toute la Chine aux frais du gouvernement pour « instruire les crimes des ennemis de classe ». Ils en profitaient pour faire du tourisme et rendre visite à leurs parents et amis. Comme Shanghai était une des villes préférées de tous les Chinois pour faire des achats, les Révolutionnaires voulaient toujours s'y rendre. En venant de Beijing, les deux hommes étaient passés par Nanjing. Je me dis qu'ils avaient délibérément évité de s'y arrêter parce qu'ils avaient songé que, s'il n'y avait pas de drapeau, ils n'auraient plus de raison de venir à Shanghai. Chaque séance d'interrogatoire ne durait qu'une ou deux heures et ils étaient libres le reste de la journée. Comme tout était payé pour eux par le Comité révolutionnaire de leur lieu de travail, cela leur faisait un mois de vacances. Cette occasion de voyager était d'ailleurs l'un des appâts jetés aux Révolutionnaires par les dirigeants maoïstes pour s'assurer leur loyauté.

Seule dans ma cellule, je ne pouvais m'empêcher de penser à cet étrange épisode. Tout d'abord, je fus indignée de l'attitude si peu glorieuse de mon frère, mais en repensant à la vie qu'il avait eue depuis l'avènement du communisme, aux difficultés qui s'étaient abattues sur lui pendant tant d'années et à la quantité de persécutions auxquelles un homme comme lui devait avoir été soumis pendant la Révolution culturelle, ma colère retomba. J'étais seulement profondément triste et je compatissais avec cet homme malheureux qui occupait une grande place dans mon cœur. Il avait fallu que les Révolutionnaires aient bien monté leur coup pour qu'il perde ainsi sa capacité de raisonnement. En temps normal, mon frère n'était ni stupide ni déloyal.

Membre d'un groupe de jeunes et distingués économistes, que le Parti communiste avait invités à quitter les universités anglaises et américaines où ils faisaient de la recherche pour rentrer en Chine, il avait travaillé en tant qu'expert pour le ministère du Commerce extérieur au début des années cinquante. Son travail consistait à analyser l'économie mondiale et à rédiger des rapports. Il avait un poste important et un bon salaire. Pourtant, il apparut très vite qu'alors que ses travaux étaient appréciés par les autres experts travaillant dans le même ministère et par ses antennes à l'étranger, il ne satisfaisait pas aux exigences du Parti qui, par l'intermédiaire du secrétaire du Parti de son unité, contrôlait sa vie et son travail. Les rapports qu'il produisait ne reflétaient pas la ligne de propagande du Parti qui avait prédit l'effondrement économique imminent du monde capitaliste. Ce furent des années noires pour mon frère. En essayant de trouver un compromis entre les faits qu'il connaissait et les mensonges qu'il était tenu de raconter pour justifier la ligne du Parti, il devint un homme très silencieux qui ne souriait pas plus qu'il ne parlait. Il semblait que quels que fussent ses efforts pour plaire au Parti, tant qu'il n'adoptait pas entièrement la ligne du Parti, il exaspérerait son secrétaire. Un jour, l'homme lui déclara tout de go : « Je ne peux absolument pas me permettre de laisser sortir de ce bureau des rapports optimistes sur l'économie d'un pays capitaliste, quel qu'il soit. Vous pervertissez le Parti en continuant à écrire ce que vous écrivez. »

Au début de la campagne contre les Droitiers, en 1957, le secrétaire du Parti saisit cette bonne occasion pour se débarrasser de mon récalcitrant de frère. On souligna surtout qu'il avait travaillé en Angleterre et comme assistant personnel d'un ministre du Guomindang. Il subit de nombreuses heures de meeting de lutte, isolé dans son bureau pendant des mois, ne pouvant rentrer chez lui, et interrogé sans interruption par une équipe d'activistes du Parti, jour et nuit, sans pouvoir dormir, selon la technique du « bombardement total ». Les activistes du Parti ne parvinrent pas à faire de lui un « droitier », surtout parce qu'ils ne purent trouver aucune preuve qu'il ait critiqué le Parti, mais cette épreuve le brisa et il y contracta un ulcère. Les dernières traces de sourire quittèrent son visage, ses cheveux virèrent au gris et ses yeux se perdirent au loin. Il n'avait alors que trente-sept ans.

Comprenant qu'il n'était plus bienvenu dans son bureau, mon frère demanda à être transféré dans un autre emploi. Furieux de ne pas avoir pu le faire cataloguer comme droitier, le secrétaire du Parti de son unité déclara que mon frère était trop vaniteux et qu'il avait besoin d'un séjour parmi les paysans pour améliorer sa compréhension du socialisme. Il fut envoyé dans un village limitrophe de Beijing pour y élever des poulets. Les conditions de vie étaient très rudimentaires et il ne pouvait retourner chez lui qu'une fois par mois. Mais il apprécia néanmoins de ne plus être en contact permanent avec les bureaucrates du Parti. Il prit son travail à cœur et se forgea rapidement la réputation d'élever les poulets les plus gros et les poules produisant le plus d'œufs de la région. A chaque fois qu'il revenait au village après une visite à sa famille, il rapportait des livres et de quoi faire des expériences pour améliorer son travail. Les paysans venaient le voir, désireux d'entendre ses conseils et de parler avec lui de leurs problèmes. Sa popularité finit par irriter le représentant du Parti dans le village, qui insista pour que le ministère du Commerce extérieur envoie mon frère ailleurs.

Cela se passa au moment où les maoïstes battaient en

retraite après l'échec du Grand Bond en avant et la crise économique qui en découlait. En général, pendant ces périodes difficiles, le Parti faisait quelques concessions aux intellectuels. A sa grande stupéfaction, le Ministère l'interrogea sur ce qu'il voulait faire. Mon frère demanda un emploi de professeur d'anglais, et il fut nommé au département d'anglais de l'Institut du commerce extérieur. Il porta à son nouveau travail la même attention qu'à tout ce qu'il entreprenait. A l'époque du déclenchement de la Révolution culturelle, il était déjà devenu une autorité en matière d'enseignement de l'anglais et dirigeait des cours de formation pour jeunes enseignants. Il avait également publié des livres et des articles sur le sujet.

Plus tard, après ma libération, j'essayai de prendre contact avec lui. Il refusa de correspondre avec moi, prétextant que mes anciens contacts avec l'Occident faisaient de moi une « personne dangereuse ». Ce n'est qu'à l'hiver 1976, après la mort de Mao et l'arrestation de la Bande des quatre, que mon frère m'invita à venir lui rendre visite à Beijing. Je le trouvai totalement brisé par le traitement cruel qu'on lui avait infligé en tant que professeur pendant la Révolution culturelle. Sa femme et lui avaient passé plusieurs années à exécuter des travaux manuels dans une école de cadres où les conditions de vie étaient extrêmement dures. Je n'eus pas le courage de lui demander ce qui l'avait poussé à dire que nous nous étions rendus au mausolée de Sun Wen pour nous y faire photographier devant un drapeau du Guomindang. Je ne voulais pas qu'il croie que je lui reprochais d'avoir succombé aux pressions exercées sur lui. Il avait trop souffert, et trop longtemps.

Après plusieurs années de fermeture, l'Institut du commerce extérieur rouvrait ses portes. Il était très occupé, avec ses collègues, à reconstituer le département d'anglais. Il semblait heureux de faire enfin à nouveau quelque chose d'utile. Son petit appartement était toujours plein de gens venus lui parler. Je ne voulais pas lui rappeler la Révolution culturelle. Pourtant, juste avant mon départ, il souleva le sujet.

« Tu m'as bien envoyé la photo en 1962, n'est-ce pas ?

– Je t'ai envoyé une photo de notre mère que j'avais fait agrandir. C'est la seule photo que je t'aie envoyée en 1962.

– Seulement une photo de notre mère ? J'avais le souvenir d'une photo de toi. Les Révolutionnaires ont beaucoup insisté : c'était une photo prise au mausolée de Sun Wen devant un drapeau du Guomindang. Ils semblaient très sûrs d'eux, et étaient même capables de me dire tout ce que nous avions fait. Je ne me souvenais de rien, mais comme ils ne cessaient de me répéter la même chose, j'ai fini par avoir une image très nette dans ma tête, comme si ce qu'ils disaient était vraiment arrivé.

– Non, dis-je avec colère, ce n'est pas arrivé. Nous ne sommes jamais allés au mausolée de Sun Wen. Les Révolutionnaires mentaient. Ils voulaient juste nous inculper. Ils voulaient prouver que nous étions partisans du Guomindang pour pouvoir nous punir. »

Il posa doucement sa main sur mon bras et dit, résigné :

« Ne t'énerve pas. Cela ne sert à rien de se mettre en colère contre eux. Ils ont toujours le dernier mot. Quand ils disent que quelque chose est arrivé, c'est arrivé. Cela ne sert à rien de résister. Je l'ai appris de ma propre expérience. Je suis sûr que toi aussi tu l'as appris pendant tes années de prison.

– Pas du tout. Je n'ai rien appris. Et je n'ai pas l'intention d'apprendre.

– Tu apprendras à accepter. Nous devons tous le faire. Ceux qui l'ont fait sont si nombreux – à commencer par moi ! Tu le feras aussi.

– Je n'apprendrai jamais.

– Je suis désolé de te l'entendre dire, tout à fait désolé. On te fera du mal, beaucoup de mal, j'en ai peur. »

Ma belle-sœur arriva pour me dire que le taxi qui devait m'emmener à l'aéroport attendait. Quand je dis au revoir à mon frère, je tremblais. Je ne sais si c'était parce que j'étais furieuse contre le terrible système sous lequel nous devions vivre ou parce que j'étais triste que nous n'ayons pas de moyen plus efficace pour conserver notre dignité que la résistance aveugle. Je me retournai dans le taxi pour leur faire un signe d'adieu. Mon frère était déjà rentré. Je me dis que j'avais dû le décevoir. Je ne me conduisais pas comme une sage Chinoise qui « ploie sous le vent pour survivre à l'ouragan ».

Quand, en mars 1984, mon frère vint, dans le cadre des échanges culturels entre la Chine et les Etats-Unis, enseigner dans une université de l'Arizona, j'allai le voir. Je trouvai un vieillard souffrant d'emphysème et paraissant dix ans de plus que son âge. Mais l'étincelle d'humour que je connaissais est revenue dans ses yeux quand il m'a dit qu'il était à nouveau professeur d'économie à l'Institut de commerce extérieur de Beijing, et qu'il était venu ici pour une série de conférences sur la nouvelle politique économique de la Chine. Quand je lui demandai ce qui arriverait quand la politique du Parti subirait un nouveau coup de volant à gauche après le coup de volant à droite, comme cela se passait depuis trente ans, il soupira et me répondit :

« Je suis très malade. Chaque cycle de changement ajoute quelques années à mon âge. Espérons qu'à l'arrivée d'un nouveau changement, je ne serai plus là pour le voir ! »

CHAPITRE 11

UNE FORME DE TORTURE

APRÈS cet épisode concernant mon frère, l'instructeur continua à passer en revue tous mes parents et amis. Cette série d'interrogatoires dura presque sept mois, jusqu'à fin 1969. Puis on ne m'appela plus. J'attendis. J'attendis. Un mois passa, puis un autre. Ne voyant aucun signe indiquant que les interrogatoires allaient reprendre, j'appelai la gardienne pour demander à voir l'instructeur.

« Qu'est-ce que vous voulez lui dire, à l'instructeur?

– Je veux lui demander quand il va clarifier mon cas.

– Il ne peut le faire à votre place. Il ne fait que poser les questions et rassembler les matériaux. C'est le gouvernement qui prendra une décision à votre sujet.

– Et quand est-ce que le gouvernement va le faire? Je suis ici depuis tellement longtemps! Je suis en mauvaise santé. J'ai besoin de soins médicaux.

– Vous allez très bien. Nous vous donnons des médicaments et une nourriture spéciale.

– Je ne vais pas bien. Ma santé empire chaque jour. J'ai eu plusieurs hémorragies récemment et mes gencives sont très douloureuses. Les sulfamides que je suis obligée de prendre sont mauvais pour mon rein. Je n'ai plus qu'un rein, vous savez. Quand on m'a opérée, le docteur m'avait dit de ne pas prendre trop de sulfamides.

– C'est vous qui êtes responsable de toutes vos difficultés. Vous restez ici parce que vous ne voulez pas avouer.

– Je n'ai rien fait de mal. Qu'est-ce que je suis censée avouer ? L'instructeur a étudié toute ma vie et tous mes contacts avec mes parents et amis. Maintenant, le gouvernement sait tout de moi. Comment quiconque peut-il encore penser que je sois coupable de quoi que ce soit ? »

La frustration et la déception m'avaient amenée à élever la voix. Mais la gardienne se contenta de refermer le guichet et de partir.

Pendant les mois où j'avais été soumise à de nombreux interrogatoires, j'avais acquis la ferme impression que lorsque ma vie et mes activités auraient été bien examinées, je serais relâchée. Maintenant je ne comprenais pas ce qui empêchait qu'on en finisse. La gardienne avait dit que le gouvernement prendrait la décision. Cela me semblait vraisemblable dans la mesure où c'était une méthode de travail courante du Parti communiste. Mais je ne savais pas à quel niveau d'autorité mon cas serait tranché, ni pourquoi cela prenait autant de temps. Si je n'avais pas eu de si grands espoirs, ma déception n'aurait pas été aussi profonde. J'atteignais le fond du désespoir.

Les épreuves qui me furent infligées pendant l'hiver 1969-1970 dépassent l'imagination. Quand je me souviens de ces longs mois de tempêtes de neige, de froid intense et de douleur physique constante, je m'émerveille d'y avoir survécu. Un jour, alors que je demandais à la gardienne d'acheter du savon, elle m'apporta quelque chose qui ne moussait pas en me disant que le savon était rationné et que nous n'avions droit qu'à un savon par mois. Quand je demandai la permission d'en avoir davantage parce que je devais laver mes sous-vêtements plus fréquemment, la gardienne soupira et cria :

« Quand allez-vous vous débarrasser de vos habitudes capitalistes et cesser d'en vouloir toujours plus que les autres ? Vous avez de la chance de pouvoir acheter un savon par mois. Bien souvent on n'a droit qu'à un savon par famille. »

Le papier hygiénique fait de paille de riz fut remplacé par des feuilles grises et rugueuses, aussi raides que du carton et composées visiblement de vieux journaux, de ficelle et de vieux tissus. Ce prétendu papier hygiénique était rationné lui aussi. Souvent on ne pouvait se procurer l'huile de foie de morue et les vitamines que j'avais l'autorisation d'acheter. Un petit bout de gras remplaçait fréquemment la viande à laquelle j'avais droit. Ces restrictions sévères semblaient toucher aussi les gardiennes. Plusieurs d'entre elles perdirent beaucoup de poids pendant cette période, et même les gardiennes militantes qui avaient l'habitude d'arpenter énergiquement les couloirs semblaient plutôt hébétées. Il ne faisait pas de doute que le pays traversait encore une période de crise économique, comme à chaque fois qu'il y avait eu un grand mouvement politique.

Le journal publiait des informations sur les paysans qui réduisaient « volontairement » leurs rations déjà maigres et sur les secrétaires du Parti, en zone rurale, qui offraient d'augmenter le quota de céréales que les communes devaient envoyer aux agences gouvernementales. Cela rappelait point pour pcint la famine et la pénurie du début des années soixante, juste après l'échec du Grand Bond en avant. Pendant ce genre de périodes difficiles, le journal racontait chaque jour des histoires de héros qui étaient parvenus à augmenter leur production et à diminuer leur consommation d'aliments et d'autres marchandises courantes. Pourtant, la moitié d'une page du quotidien *Libération de Shanghai* était encore consacrée à des articles critiquant les « responsables engagés dans la voie capitaliste », appelés aussi « révisionnistes ». La controverse tournait maintenant autour de la théorie militaire de Mao Zedong sur la Guerre populaire opposée à la conception capitaliste de la science militaire et des armes modernes. Les principaux accusés étaient deux chefs militaires limogés et entrés en disgrâce, l'ancien ministre de la Défense Peng Dehuai et l'ancien chef des Armées Luo Ruiqing. Chaque jour, on nous diffusait par haut-parleur des articles les accusant de croire que le facteur décisif dans une guerre était davantage les armes modernes que les hommes armés de la Pensée de Mao Zedong. Comme ces deux hommes avaient été relevés de leurs fonctions plusieurs années auparavant et remis aux Gardes rouges et aux Révolutionnaires afin qu'ils les persécutent, le fait que l'on continue à critiquer leurs opinions signifiait à l'évidence que leur avis était partagé par d'autres dans le Parti et à la tête de l'armée.

J'étais effrayée de la façon dont les épreuves et les privations érodaient mes facultés intellectuelles. Totalement découragée par l'interruption de l'étude de mon cas, le fait de ne pouvoir rester propre à cause du manque de savon et de papier hygiénique me démoralisait. Même ces preuves d'opinions divergentes, ou peut-être de débats féroces, au sein du Parti et de l'armée ne parvenaient pas à me tirer de ma léthargie. Je passais mes journées assise sur mon lit de bois, adossée à ma literie, trop fatiguée et trop malade pour bouger.

Au début du printemps, j'attrapai encore une pneumonie et je fus emmenée à l'hôpital. Je mis longtemps à me rétablir. A mon retour à la maison d'arrêt, juste avant le 1er mai, le temps s'était réchauffé. Les conditions de vie étaient toujours aussi dures, mais ce temps plus clément rendait l'existence plus facile à supporter. J'avais l'impression d'avoir survécu sans savoir comment à une autre crise et d'avoir été mystérieusement ramenée à la vie depuis les portes de la mort. Quand je sortis pour la promenade, par un jour chaud et ensoleillé, je vis de jeunes feuilles se déployer sur le platane, au-delà du mur, et je rendis grâce à Dieu pour ce miracle de nos vies renaissantes.

Avec le Neuvième Congrès et la formation de nouveaux secrétariats du Parti dans chaque province et chaque municipalité, le contrôle étroit du Parti sur tous les aspects de la vie fut rétabli. Il fut beaucoup plus difficile de deviner, à la lecture du journal, ce qui se passait par-delà les murs de la prison. Pendant ces années troublées, au plus fort de la Révolution culturelle, les dénonciations véhémentes des « responsables engagés dans la voie capitaliste » laissaient parfois entrevoir des luttes internes à la tête du Parti. En expliquant la « juste » politique de Mao, les journalistes révolutionnaires, qui n'étaient pas toujours membres du Parti, révélaient souvent par inadvertance des faits cachés aux Chinois. Ce genre d'articles avaient maintenant totalement disparu du quotidien *Libération de Shanghai.* Des dénonciations continuaient à couvrir les colonnes, mais on voyait bien qu'elles étaient écrites par des membres du Parti spécialistes de la propagande. Ils utilisaient le même langage creux et les mêmes citations éculées que les membres du Parti craignant de ne pas dire ce qu'il fallait, et craignant surtout de le dire d'une manière qui pourrait attirer la critique sur eux.

J'eus l'intuition de nouvelles luttes pour le pouvoir au sommet quand je lus dans le journal une liste des membres du Bureau politique. On n'y trouvait pas le nom de Chen Boda, un des chefs extrémistes qui avaient déclenché la Révolution culturelle dès le début. Bientôt, des critiques – sans que son nom soit cité – commencèrent à apparaître. Elles visaient un « faux marxiste » qui s'était prétendu un « humble roturier ». Quand le nom d'un dirigeant disparaissait sans explication, cela signifiait presque toujours qu'il était en disgrâce. La critique visant un « faux marxiste » s'adressait certainement à un théoricien marxiste connu. Chen Boda en était un.

Je fus surprise de cette évolution des choses parce que

Chen Boda était considéré par tous les Chinois comme un fidèle ami de Mao, dont il avait longtemps été le secrétaire particulier. En fait, on murmurait même que beaucoup des essais soi-disant écrits par Mao Zedong étaient en fait de la plume de Chen Boda. Il ne recherchait pas la lumière des projecteurs de l'actualité comme d'autres dirigeants tels que Jiang Qing ou Lin Biao, mais les Chinois savaient qu'il faisait partie du petit groupe d'élite de théoriciens marxistes auxquels Mao faisait confiance.

Beaucoup plus tard, après ma libération, j'interrogeai plusieurs amis sur la chute de Chen Boda. Il semble que lors de la seconde session plénière du Neuvième Comité central, tenue à Lishan fin août 1970, on ait discuté d'une nouvelle Constitution pour la République populaire de Chine. Un des problèmes était de savoir si l'on devait abolir le poste de Président de la République populaire de Chine laissé vacant par Liu Shaoqi. Chen Boda proposa que le poste soit maintenu et que Lin Biao y soit nommé. Déjà inquiet de la rapide extension des pouvoirs de Lin Biao depuis le Neuvième Congrès du Parti, un an et quatre mois plus tôt seulement, Mao n'avait aucune envie d'ajouter à la puissance de Lin Biao par cette nouvelle nomination. Il se déclara favorable à l'abolition du poste de Président de la République et suggéra de confier les fonctions officielles du Chef de l'Etat au Président du Comité de l'Assemblée nationale populaire. Lors d'un débat houleux, Mao dénonça la proposition de Chen Boda comme une manœuvre contre-révolutionnaire visant à rétablir les conditions antérieures à la Révolution culturelle.

On discuta aussi au Comité central des relations de la Chine et des Etats-Unis, car le président Nixon, par l'intermédiaire d'un pays tiers, avait exprimé la volonté de rapprochement des Etats-Unis avec Beijing. Le Premier ministre Zhou Enlai avait convaincu Mao que si les Etats-Unis étaient amenés à reconnaître la République populaire de Chine plutôt que le gouvernement du Guomindang de Taiwan, la Chine communiste serait reconnue par la plupart des pays des Nations unies. Cela permettrait à la Chine communiste non seulement d'occuper le siège de la Chine aux Nations unies, mais peut-être aussi, ultérieurement, de récupérer Taiwan plus facilement et à moindre coût. Lin Biao et Chen Boda exprimèrent leur opposition à tout rapprochement avec les Etats-Unis, arguant du fait que les Etats-Unis, leader du monde capitaliste, étaient les ennemis invétérés de la Chine socialiste.

Tous ceux qui m'en parlèrent pensaient que la chute de Chen Boda était une mise en garde de Mao à Lin Biao. Le militaire comprit très bien que les jours où Mao le trouverait encore utile étaient comptés, et il tenta alors sans succès de lui arracher le pouvoir. Quoi qu'il en soit, l'avenir prouva que cette seconde session plénière du Neuvième Comité central avait marqué un tournant. Elle mit fin à la brève ère Lin Biao et représenta une détérioration brutale de la position du maréchal par rapport aux pouvoirs du Premier ministre Zhou Enlai.

En 1970, depuis ma cellule, je compris que la chute de Chen Boda était importante, et je restai à l'affût de tout événement qui pourrait éclairer la situation. A l'automne, le journal publia une photo de l'écrivain américain Edgar Snow à côté de Mao sur le balcon de la Porte de la Paix céleste de la place Tian An Men, le jour de la Fête nationale. Mao s'était souvent montré à cet endroit avec des étrangers importants, mais c'était la première fois qu'un Américain était honoré de la sorte. Snow était un vieil ami du Parti communiste et de Mao Zedong. Son livre, *Etoile rouge sur la Chine,* publié dans les années trente, avait beaucoup contribué à légitimer le Parti communiste chinois aux yeux du monde. Comme j'avais appris que tout ce que disait ou faisait Mao avait une signification, souvent subtile, je me demandais ce que signifiait la présence de cet Américain à ses côtés, en un tel lieu, un tel jour, devant des dizaines de milliers d'hommes et de femmes enthousiastes portant ses portraits, criant ses slogans, psalmodiant ses citations.

Peu après la Fête nationale, le journal rapporta que Beijing était parvenu à un accord pour rétablir les relations diplomatiques avec le Canada sur les principes de la coexistence pacifique : respect mutuel de l'intégrité territoriale et de la souveraineté de l'autre partie, non-agression, non-ingérence dans les affaires intérieures, égalité et coexistence pacifique. Le Canada rompit ses relations diplomatiques avec le gouvernement du Guomindang à Taiwan et reconnut Beijing comme seul gouvernement légitime de la Chine.

Mao utilisait le Canada pour dire quelque chose aux Etats-Unis : il était prêt à des relations amicales avec les Etats-Unis s'ils acceptaient d'abandonner Taiwan. Etablir des relations diplomatiques avec le Canada était une occasion pour lui de signifier les conditions qu'il posait à un accord similaire avec les Etats-Unis. Mon espoir renaissait. Que la Chine communiste fasse un pas vers l'Occident semblait trop bon pour être vrai.

Le vent du nord-ouest se remit à souffler, mais cette fois il n'atteignit pas mon moral. Pour la première fois depuis le début de la Révolution culturelle, quelque chose semblait évoluer dans le bon sens. Quand une bourrasque fit pénétrer une feuille morte du platane dans ma cellule, je ramassai la belle feuille dorée et la regardai longtemps, comme un symbole d'espoir.

Le calme remplaça l'anxiété, et j'attendis. Je pensais que j'avais atteint le fond des souffrances possibles et que les choses s'arrangeraient quand elles se remettraient en mouvement. J'avais tort.

Un après-midi, en janvier 1971, je fus appelée dans la salle d'interrogatoire. Je m'y attendais si peu que mon cœur battait très fort tandis que, tout excitée, je suivais le gardien à travers la cour. Je remarquai à peine le blizzard. A la porte de la salle, le gardien me poussa soudain si fort que j'entrai en titubant de façon peu cérémonieuse. Plusieurs gardiens occupaient la pièce et, dès mon arrivée, ils se rassemblèrent autour de moi et m'injurièrent.

« Vous êtes un chien courant des impérialistes!

– Vous êtes une sale exploiteuse des ouvriers et des paysans!

– Vous êtes une contre-révolutionnaire! »

Les voix se mêlaient et leurs visages semblaient des masques de haine alors qu'ils égrenaient toutes les insultes que leur avait apprises la Révolution culturelle. Tout en criant, ils me poussaient pour me montrer leur impatience. Je passais d'un gardien à un autre comme un ballon. Je tentais de garder mon équilibre, mais ma tête tournait et j'étais essoufflée. Avant que j'aie pu reprendre mes esprits, un jeune gardien attrapa ma veste molletonnée et m'attira vers lui. Son visage n'était qu'à quelques centimètres du mien et je voyais une lueur de plaisir sadique dans ses yeux. Il mordit sa lèvre inférieure pour montrer sa détermination et me repoussa brutalement. Je titubai à reculons jusqu'au mur, contre lequel je me cognai. Mais avant que je ne m'écroule au sol comme un sac, il saisit à nouveau le devant de ma veste, m'attira à lui et me relança contre le mur. Il recommença plusieurs fois, à la vitesse de l'éclair et avec une grande maestria. Les autres gardiens continuaient à crier. Je perdis tous sens de l'orientation. Mes oreilles tintaient, ma tête éclatait, mon corps tremblait. Soudain, mon estomac se souleva et je vomis. L'eau qui sortit de ma bouche arrosa les mains et les poignets du gardien. Il entra dans une grande rage et me poussa sur la chaise réservée au prisonnier en proférant des jurons.

Mon cœur battait comme s'il allait être expulsé de ma poitrine et je ne pouvais respirer. Je m'effondrai sur la chaise et fermai les yeux pour retrouver mon équilibre.

C'est alors que je reçus une énorme gifle et que j'entendis la voix d'une gardienne :

« Vous allez avouer? »

Une seconde gifle atterrit sur mon autre joue tandis que des voix criaient :

« Vous allez avouer? »

Je restai sur la chaise, les yeux fermés, les ignorant. Je n'avais pas d'autre moyen de défense.

Quelqu'un attrapa mes cheveux par-derrière et me releva brutalement la tête. Je fus obligée d'ouvrir les yeux, et je vis mes cinq tortionnaires qui attendaient. Il semblait qu'ils s'imaginaient vraiment que j'allais changer d'avis parce qu'ils m'avaient malmenée. Je me dis qu'ils étaient bien stupides de penser que je céderais devant leurs brutalités après m'avoir côtoyée pendant tant d'années. Mais je savais aussi qu'ils ne faisaient qu'exécuter des ordres.

Il y avait parmi eux la jeune gardienne militante qui m'avait déjà ennuyée à plusieurs occasions. Elle dit :

« Vous allez avouer, ou vous voulez qu'on vous punisse encore? »

Voyant que je gardais le silence, elle me gifla à nouveau et prit mes bras qu'elle tordit derrière mon dos. Le jeune gardien saisit mes poignets et y fixa une paire de menottes.

« Ces menottes vous punissent de votre intransigeance. Vous allez les porter jusqu'à ce que vous soyez prête à avouer. Nous ne les retirerons pas avant. Si vous avouez maintenant, nous les retirons tout de suite. Si vous avouez demain, nous les retirerons demain. Si vous n'avouez rien pendant un an, vous les garderez un an. Si vous n'avouez jamais, vous mourrez avec, dit la jeune gardienne.

– Réfléchissez bien! Réfléchissez bien à votre situation! dit une autre gardienne.

– Si vous décidez d'avouer maintenant, nous vous les

enlèverons sur-le-champ et vous regagnerez votre cellule, dit un gardien.

– Alors ? Etes-vous prête à avouer ? Vous n'avez qu'à dire oui et nous retirons les menottes, insista un gardien.

– Parlez ! Parlez ! » crièrent-ils en cœur.

Je les regardai et dis d'une voix faible :

« Je n'ai rien fait de mal. Je n'ai rien à avouer.

– Plus fort ! Plus fort ! Parlez plus fort ! » crièrent-ils.

Je parlais bas, mais ils avaient tous entendu ce que j'avais dit. Quelqu'un devait donc écouter depuis le couloir, et ils voulaient que cette personne entende ma réponse. Je ne pouvais voir si le judas était ouvert, mais les gardiens avaient regardé dans sa direction quand ils me malmenaient.

J'inspirai profondément et au prix de gros efforts je dis d'une voix claire et forte :

« Je suis innocente. Vous faites une erreur. Je n'ai rien à avouer. »

J'entendis qu'on claquait le judas derrière mon dos. Ils attendirent quelques instants avant de me faire sortir. Quand je me levai, la jeune gardienne resserra les menottes jusqu'à ce qu'elles me compriment les poignets.

Le blizzard faisait maintenant virevolter des flocons de neige tombant d'un ciel de plomb. J'avais du mal à rester debout dans la bourrasque. Le gardien me dit de le suivre et me ramena non pas à la prison des femmes, mais dans un petit bâtiment en bordure du complexe carcéral.

Quand il ouvrit la porte et alluma la faible ampoule du plafond, je constatai que l'endroit était plus délabré encore que le reste de la prison. Une épaisse couche de poussière couvrait le sol et les murs. Les toiles d'araignées se soulevèrent à notre passage dans un couloir. Le gardien ouvrit une petite porte et me dit d'entrer.

La pièce était très sombre et je m'attendais à ce que le

gardien allume une lumière, mais il se contenta de fermer la porte derrière moi et de me demander :

« Allez-vous avouer? »

Comme je ne répondais pas, il verrouilla la porte et s'éloigna.

J'étais juste sur le seuil, dans une obscurité totale, essayant de déterminer où je me trouvais. Une odeur de renfermé et de pourriture assaillait mes narines. Peu à peu, je compris que la petite pièce n'avait pas de fenêtre; mais comme la porte n'était pas ajustée, un fin rayon de lumière passait par les interstices. Quand mes yeux se furent habitués à l'obscurité, je vis vaguement une planche de bois sur le sol poussiéreux et des toilettes en ciment dans le coin. J'étais en fait dans le seul espace libre, car le réduit ne mesurait pas plus d'un mètre cinquante au carré. Quelque chose de doux tomba sur mon front. Je fus tellement surprise que la panique me saisit quelques instants. Les mains liées dans mon dos, je ne pouvais l'enlever. Je secouai ma tête et la chose glissa le long de mon visage jusqu'à ma veste. Quels insectes pouvaient-ils vivre dans un endroit aussi sombre? Ce devait être un lambeau de toile d'araignée tombé du plafond.

Mon cœur battait très vite. En dépit de l'odeur déplaisante, je pris de profondes et lentes inspirations pour essayer de me calmer. Quand je me sentis mieux je m'assis sur la planche et essayai de regarder autour de moi. Je fus soulagée de ne voir aucune trace de sang, d'excréments ni de vomissures laissés par d'anciens prisonniers. J'étais tellement épuisée que je posai ma tête sur mes genoux relevés et fermai les yeux. Le seul avantage de cette boîte de ciment, c'était que l'absence de fenêtre rendrait l'endroit nettement moins froid que ma cellule.

Les menottes me semblaient différentes des autres. Je les examinai du bout des doigts. Elles étaient beaucoup plus lourdes et épaisses, à section carrée et non arrondie.

Mes mains étaient chaudes et mes doigts raides. J'essayai de les faire bouger autant que je le pouvais pour qu'elles ne s'ankylosent pas.

« Allez-vous avouer ? »

Ce cri soudain me fit sursauter. Est-ce que le gardien était resté tout le temps devant la porte ? Comment se faisait-il que je ne l'aie pas entendu revenir ?

Il était inutile que j'épuise le peu de forces qui me restaient, si bien que je ne lui répondis pas et gardai la tête sur les genoux. J'essayai de m'évader de l'instant présent en me souvenant de belles images et d'expériences agréables du passé. Mais c'était très difficile face à la puissance de l'horrible réalité.

D'autres gardiens vinrent à intervalles plus ou moins réguliers me poser la même question. J'écoutais leur façon de marcher. Certains venaient sur la pointe des pieds, mais d'autres ne se fatiguaient pas à étouffer leurs pas. Quand ils ouvraient la porte du bâtiment pour entrer, j'entendais le hurlement du vent et le bruit des bottes que l'on tape sur le sol pour les débarrasser de la neige. Je pense qu'on leur avait dit de venir voir si je succombais à leur nouvelle forme de pression. Certains restaient quelques instants après avoir posé leur question. D'autres n'attendaient même pas ma réponse et partaient presque immédiatement.

En dehors du bruit fait par mes gardiens, je n'entendais pas un son. Je devais être l'unique occupante de ce bâtiment ce jour-là. S'il y avait eu d'autres prisonniers, j'aurais certainement entendu un gémissement ou un bruit quelconque.

Je ne sais pas combien de temps je restai assise là, complètement isolée dans cette pièce sombre, car le temps avait pris une autre signification – ou n'avait plus de signification du tout. Je savais seulement que mes jambes étaient ankylosées et que ma tête me faisait mal. Mais tant que les gardiens continuaient à venir, je ne voulais pas bouger. Quand l'un d'eux éteignit la lumière du couloir en repartant, je me dis qu'ils avaient décidé de se retirer pour la nuit. Mais j'attendis encore un moment avant de me lever. Je n'avais aucune place pour marcher et j'avais peur, en remuant trop, de me heurter au mur sale; alors je tapais des pieds pour tenter de rétablir la circulation dans mes jambes. Mes bras étaient douloureux de n'avoir pu changer de position depuis si longtemps et mes mains brûlaient. J'essayais de soulager la douleur en bougeant les épaules.

Après être restée debout un moment, je me rassis et, la tête sur les genoux, je me reposai. Il est possible que j'aie dormi de brefs instants. Il est plus probable que j'aie somnolé en murmurant des prières. Par moments, je me levais pour recommencer ma nouvelle série d'exercices. Je me sentais très faible. J'avais envie de ne bouger que le moins possible, mais je me forçais à faire ces exercices car je savais que c'était la seule façon de continuer à vivre. Je n'avais jamais dans le passé souffert de claustrophobie, mais pendant la nuit j'eus des moments d'angoisse où j'avais du mal à respirer et l'impression que les murs se resserraient sur moi. Pour éviter la panique, je me levais et je bougeais autant que je le pouvais avant de respirer lentement et profondément jusqu'à ce que je me sente plus calme.

La meilleure façon d'écarter la peur avait toujours été pour moi de prendre l'initiative d'une action positive. Le simple fait de bouger mon corps améliorait mon état. Si je m'étais contentée de rester assise là, rejetée de tous, laissant mon imagination divaguer, je n'aurais pas tardé à ne plus savoir où j'en étais et à me trouver incapable de tenir tête aux gardiens. J'avais naturellement faim et soif, mais en considérant les toilettes répugnantes, j'étais contente qu'aucun aliment ne me force à les utiliser.

La nuit passa très lentement. J'avais l'impression d'être dans une boîte de ciment enterrée très profondément. Mes mains étaient de plus en plus chaudes et quand je constatai que je ne parvenais pas à fermer les poings, je sus qu'elles étaient enflées. Mes mains devinrent alors mon seul souci. Je craignais que ces hommes brutaux et ignorants ne fassent de moi une infirme. Je savais que lors d'une campagne politique, on exécutait les ordres aveuglément, sans s'occuper des complications éventuelles. Entraînés à obéir sans discuter à des slogans tels que « Quelle que soit la direction que m'indique le Président Mao, j'y cours », et craignant ce qui leur arriverait s'ils hésitaient, ils faisaient tout avec excès. Si les victimes souffraient plus que prévu ou devenaient infirmes, c'était seulement dommage. J'en connaissais maints exemples. La pensée de mes mains m'occupait tout entière et je me demandais comment je pourrais reprendre une vie normale après la Révolution culturelle si mes mains étaient abîmées.

Je pressai mes doigts. Au moins, ils n'étaient pas gourds, mais ils étaient très enflés. Je me demandais combien de temps je resterais incarcérée là et combien de temps je pourrais tenir sans nourriture et surtout sans eau. Je me souvins vaguement d'un article disant qu'un être humain pouvait vivre sept jours sans rien ingurgiter. Dans l'état de faiblesse où je me trouvais, je ne tiendrais certainement pas plus de cinq jours. En tout cas, il ne s'était pas encore passé vingt-quatre heures. A ce moment-là, je ne pensais pas aux menaces pesant sur ma vie, mais à celles pesant sur mes mains. Que pouvais-je faire pour leur éviter le pire? Je me dis que l'enflure devait résulter d'une mauvaise circulation due à la compression exercée par les menottes. Quand la gardienne militante les avait resserrées, elle savait exactement ce qu'elle faisait. Si elle les avait laissées comme on me les avait mises tout d'abord, mes mains n'auraient pas tant souffert. Le gardien les avait fermées normalement. On lui avait donc seulement dit de me mettre les menottes, pas de les serrer. Dans ce cas, je pourrais peut-être persuader un gardien bienveillant de me les desserrer un peu.

Au matin, quand j'entendis qu'un gardien arrivait et vis le rayon de lumière réapparaître autour de ma porte, je me levai.

« Allez-vous avouer ? Est-ce que vous avez réfléchi à la question ? demanda-t-il.

– Je voudrais vous parler, répondis-je.

– Bien ! Alors, vous avez enfin décidé d'avouer.

– Non, non, il ne s'agit pas d'aveux. Il s'agit de mes mains.

– Qu'est-ce qu'elles ont vos mains ?

– Elles sont très enflées. Les menottes sont très serrées. Pourriez-vous les desserrer un peu ?

– Vous n'êtes plus à votre aise, hein ? C'est bien ! Pourquoi n'avouez-vous pas ? Si vous avouez, les menottes seront retirées.

– Pourriez-vous les desserrer un peu maintenant ?

– Pourquoi n'avouez-vous pas comme les autres prisonniers ? C'est vous qui vous attirez tous ces ennuis, ce ne sont pas les menottes.

– S'il vous plaît, regardez mes mains. Elles sont très enflées.

– Je n'y peux rien. Si vous décidez d'avouer, j'ouvrirai cette porte et je vous emmènerai. C'est tout ce que je peux faire.

– Pouvez-vous au moins rapporter à votre supérieur que mes mains sont très enflées ?

– Non. Si vous décidez d'avouer, je vous ferai sortir. »

Il semblait inutile de poursuivre cette discussion. Je me rassis sur la planche.

« Allez-vous avouer ? » demanda-t-il une dernière fois.

Je ne répondis rien. Il resta quelques instants, puis s'en alla.

Il n'était certainement pas surpris de l'état de mes mains. Il connaissait bien l'effet des menottes. Je n'étais pas la première à qui ils infligeaient cela. Il était sûrement allé dire à son supérieur que je me faisais du souci pour mes mains. Et son supérieur en conclurait que j'étais prête à obtempérer. Jamais ils ne desserreraient les menottes puisque cela, à leur idée, les forcerait à attendre mes aveux plus longtemps. Il était donc inutile que je réitère ma demande, et je n'avais plus qu'à m'en remettre à Dieu pour préserver mes mains.

« Venez ici ! » dit une voix de gardienne.

Je me levai. J'étais déjà à la porte. Je me dis qu'elle était arrivée bien vite.

« Je suis venue vous donner un conseil, dit-elle d'une voix normale. Vous n'êtes pas stupide. Pourquoi n'essayez-vous pas d'agir intelligemment et d'avouer ? Pourquoi vous punir par entêtement ?... Vous vous inquiétez pour vos mains. Vous avez raison. Les mains sont très importantes pour tout le monde. Vous devriez essayer de protéger vos mains et empêcher qu'elles ne soient abîmées. Et vous pouvez le faire tout simplement en avouant... Vous savez, quand ils disent qu'ils ne retireront pas les menottes tant que vous n'avouerez pas, ils le pensent vraiment. Et ils le feront. La Dictature du prolétariat n'est pas une plaisanterie, vous savez... Bon... Réfléchissez à ce que je viens de vous dire. C'est un bon conseil. Je suis désolée pour vous. Pensez à ce que je vous ai dit. »

Quand elle fut partie, je me rassis, furieuse contre moi-même. Comment avais-je pu croire qu'ils desserreraient les menottes ? Maintenant que je leur avais montré un signe de faiblesse, ils étaient contents et pensaient que je pourrais effectivement succomber à leurs pressions parce que j'étais inquiète pour mes mains. Je me dis qu'il fallait que j'oublie mes mains. Si je devais être infirme, je devais l'accepter. Dans ce monde il y avait beaucoup de gens de valeur avec des mains paralysées ou pas de mains du tout. Je me souvins alors de cette toile que nous avions achetée en Hollande en 1957 avec mon mari, œuvre d'un ancien combattant qui avait perdu les deux mains au cours de la Seconde Guerre mondiale, et qui peignait avec les pieds. Je chérissais cette toile comme un symbole du courage et de l'ingéniosité des hommes. Elle avait été réduite en lambeaux quand les Gardes rouges avaient mis ma maison à sac, mais l'exemple de cet artiste que je n'avais jamais rencontré me redonna courage et m'aida à me faire à l'idée de perdre l'usage de mes mains.

La gardienne fut suivie par d'autres. Tous me tinrent des discours sur les avantages que j'aurais à obéir à la Dictature du prolétariat et à avouer. Maintenant qu'ils savaient que je souffrais et que je m'inquiétais, ils ne repartaient pas tout de suite. Ils attendaient derrière la porte, espérant que je répondrais. Après tant d'heures sans nourriture, ni eau, ni véritable sommeil, je me sentais très faible. J'avais mal au ventre. Mais je restais sur ma planche, la tête sur mes genoux, attendant que les gardiens s'en aillent.

La journée sembla interminable. J'attendais patiemment ce qu'ils allaient faire. Enfin, on ouvrit la porte et une gardienne me dit de sortir.

L'air glacé de la cour soulagea miraculeusement ma tête et je sentis un élan vital qui aidait mes jambes à me soutenir. La gardienne me ramena dans la salle d'interrogatoire où j'avais été malmenée la veille.

La gardienne militante et le jeune gardien qui m'avait mis les menottes étaient assis à la place de l'instructeur, derrière le bureau. Quand je fus entrée et que je me fus inclinée devant le portrait de Mao, la gardienne me demanda de réciter de mémoire une de ses citations.

« Premièrement, ne craignez pas les épreuves. Deuxièmement, ne craignez pas la mort », dis-je.

C'était la première citation qui m'était passée par la tête, et elle correspondait assez bien aux circonstances.

« Cette citation ne concerne pas les gens comme vous! Le Président Mao s'adressait aux soldats révolutionnaires », dit la gardienne, indignée.

Mais ils n'insistèrent pas. Ils ne me demandèrent pas d'en réciter une autre, bien que j'en aie eu une toute prête sur les dix mille difficultés que l'on doit surmonter pour atteindre la victoire finale.

« A quoi pensez-vous maintenant ? demanda le gardien.

– Pas à grand-chose.

– Ne jouez pas l'indifférence. Vous vous faites du souci pour vos mains. Vous voudriez que l'on desserre vos menottes. »

Je ne répondis pas.

« Vous devriez penser à ce qui nous a conduits à vous les mettre. C'est entièrement de votre faute. Est-ce que tous les prisonniers portent des menottes, ici ? Bien sûr que non. Si vous trouvez les menottes désagréables, vous devriez vous demander pourquoi vous les portez. On peut vous les enlever si vous avouez. C'est à vous de décider, ajouta le gardien.

– Allez-vous avouer ? » demanda la gardienne.

Quand elle vit que je ne disais rien, elle se mit en colère.

« Vous méritez tout ce qui vous arrive. Je suis sûre que vous en avez assez de vivre. Je n'ai jamais vu de prisonnière aussi butée et stupide que vous !

– Est-ce que vous avez perdu la raison ? Avez-vous perdu toute envie de vous protéger ? Vous vous montrez extrêmement stupide. Vous êtes comme un œuf qui heurte un rocher. Vous allez être écrasée », ajouta le gardien.

Un ou deux ans plus tôt, je leur aurais répondu avec grand plaisir. Maintenant, j'étais trop malade et trop fatiguée. Je n'en avais plus envie.

Ils se regardèrent et regardèrent le guichet par-delà mon épaule. Puis ils se levèrent.

« Emmenez-la ! Emmenez-la ! Qu'elle aille voir Dieu, avec sa tête de granit ! » cria le gardien.

Il peut paraître surprenant qu'un gardien d'une prison

communiste parle de Dieu, mais il citait Mao Zedong. En parlant de l'endoctrinement politique et des travaux physiques dans les camps de travail comme moyen de modifier la façon de penser des intellectuels qui étaient censés s'opposer au Parti communiste, Mao avait déclaré que le but du Parti communiste était de réformer l'ennemi plutôt que de l'annihiler. Il avait ajouté : « Si certains veulent encore aller voir Dieu avec leur tête de granit, cela ne changera rien. » Depuis, on utilisait l'expression « aller voir Dieu avec sa tête de granit » pour caractériser un homme qui refusait de changer d'avis ou d'accepter le point de vue du Parti.

Un gardien ouvrit la porte. Je me sentais étourdie, mais je fis un effort pour marcher droit et le suivre hors de la pièce. L'air glacé du dehors semblait couper mes vêtements au couteau jusqu'à ma chair. J'eus de violents frissons. On me reconduisit à ma cellule et, en passant devant la pièce des gardiennes, je vis à leur horloge que j'étais partie depuis plus de vingt-quatre heures. Le gardien ouvrit ma cellule et me dit :

« Maintenant, vous allez continuer votre punition ici. »

Quand on était venu me chercher la veille, on venait d'apporter aux prisonnières l'eau à boire et je l'avais posée sur ma « table ». Je me penchai sur le récipient, en retirai le couvercle avec mes dents puis, saisissant le bord de mes lèvres, j'abaissai progressivement mon corps jusqu'à me retrouver presque accroupie et réussis à boire ainsi beaucoup d'eau. Ensuite, je parvins à retirer le couvercle des toilettes avec mes mains attachées et je les tordis jusqu'à réussir à défaire la fermeture Eclair de mon pantalon et pouvoir enfin me soulager. Mais la torsion de mes mains avait pressé si fort les menottes dans mes chairs qu'elles m'avaient infligé une profonde et très douloureuse entaille.

Je m'assis au coin de mon lit. Il me semblait que la cellule devenait de plus en plus froide, mais son aspect familier me changeait de la boîte de ciment étroite et sale où j'avais passé la journée précédente. Quand le deuxième repas de la journée fut apporté, la cuisinière me passa comme d'habitude le plat d'aluminium par le guichet. Je mourais de faim, mais je dus le refuser parce que je ne savais pas comment je pourrais manger avec les mains attachées dans le dos.

Personne ne vint me demander si j'allais avouer, mais je savais que l'on m'observait fréquemment par le judas. A l'heure du coucher, la gardienne qui passait devant chaque cellule ne fit aucune différence pour moi et dit simplement :

« Allez dormir ! »

Tournant le dos au lit, je déroulai ma literie et l'étendis sur le lit de bois. C'était un travail lent et pénible pour quelqu'un qui n'avait rien mangé depuis si longtemps, mais j'y parvins. Je m'allongeai. Au début, j'essayai de dormir sur le côté, mais le poids de mon corps rendait mon bras et mon épaule très douloureux. J'essayai donc de me mettre à plat ventre, mais c'était trop inconfortable sur le bois dur et je ne pouvais me recouvrir de ma couverture. Pendant toutes ces acrobaties, je n'avais cessé de frissonner. La pièce était glaciale. Enfin je décidai qu'il était impossible de dormir couchée et je m'assis sur le lit, le dos contre le mur couvert de papier hygiénique, les genoux levés. Je fermai les yeux, espérant m'assoupir.

La nuit était si froide que de la glace s'était déposée sur les vitres et que la neige accumulée contre la fenêtre ne fondait pas. Un nuage de vapeur blanche se formait à chaque fois que j'expirais. Mon corps était secoué de frissons et mes jambes et mes pieds complètement engourdis par le froid. Je devais absolument me lever de temps en temps pour faire circuler le sang de mes membres. Le poids des menottes les tirait vers le bas, si bien que je devais les repousser vers le haut avec mes doigts pendant que je marchais. J'avais l'impression que les menottes se resserraient et que mes mains étaient en feu. Je me fatiguais vite de mes petites marches dans la cellule, et je devais me rasseoir. Assise, j'avais si froid que je devais marcher à nouveau. Il est possible que j'aie dormi un peu de temps à autre, mais ce fut une longue nuit de misère et de souffrances.

Elle se termina pourtant. Les premières lueurs de l'aube s'insinuèrent dans la pièce et j'entendis la gardienne crier devant chaque cellule :

« Debout ! Debout ! »

Peu après, le bec de l'arrosoir empli d'eau poussa le volet du guichet. Ne voyant pas ma cuvette, la jeune fille regarda dans la cellule et posa ses yeux interrogateurs sur moi. Je me retournai pour qu'elle puisse voir mes menottes et elle referma vite le guichet.

Dans ces circonstances, rester sans me laver était le dernier de mes soucis. En revanche je pouvais, en tournant le dos à la porte, présenter mon récipient d'eau potable pour qu'on le remplisse. Mais mon estomac vide protestait et refusait de se laisser calmer par de l'eau.

Le troisième jour, mes douleurs d'estomac s'arrêtèrent miraculeusement, mais je me sentais très faible. Mes yeux voyaient de plus en plus mal, et les bruits familiers de la prison me semblaient très lointains.

Cette nuit-là, toujours assise sur le lit, adossée au mur, les mains croisées pour soulever les menottes avec mes doigts et en alléger le poids, grelottant, je n'eus même pas la force de me lever pour marcher. Quand tout le monde dormait, on ouvrit tout doucement mon guichet et quelqu'un murmura :

« Approchez ! »

Je me demandais si c'était encore une gardienne qui voulait que j'avoue, mais dans ce cas, elle n'aurait pas parlé si doucement, presque en cachette, comme si elle voulait éviter qu'on l'entende.

Je fis un gros effort pour m'approcher du guichet et je vis le visage d'une des vieilles gardiennes, une des plus humaines de la prison. Au début, elle avait attiré mon attention parce qu'elle avait la démarche très particulière des femmes dont les pieds avaient été bandés selon la terrible coutume qui persista jusque dans les années 1930 dans certaines zones rurales reculées. Quand on avait libéré les pieds de ces femmes, les séquelles étaient déjà irréparables. Elle n'était pas de Shanghai, car elle parlait avec l'accent des paysans du nord de la Chine. Je me dis qu'elle devait être l'une de ces paysannes libérées par les troupes communistes quand elles avaient traversé les plaines de Chine du Nord, qu'elle avait rejoint leurs rangs et qu'elle était devenue membre du Parti. J'avais remarqué qu'elle faisait son travail correctement, sans prendre plaisir à crier après les détenues. Quand le temps fraîchissait, je l'avais souvent entendue proposer des couvertures de la prison à des détenues qui n'en avaient pas suffisamment. La dernière fois que je m'étais évanouie par manque de nourriture, c'était elle qui m'avait conduite à l'hôpital et qui avait obtenu du médecin qu'il signe un papier ordonnant qu'on me donne davantage de riz. Comme c'étaient les maoïstes qui avaient réduit mes rations, je me dis qu'elle n'était pas dans leur camp.

« Pourquoi ne prenez-vous pas vos repas?... Ils ne vous retireront pas vos menottes seulement parce que vous refusez de manger, vous savez. Et si vous mourez de faim, vous serez considérée comme une contre-révolutionnaire. C'est la procédure habituelle pour les prisonniers qui meurent avant que leur cas soit clarifié.

– Je ne sais pas comment manger sans mes mains.

– Ce n'est pas impossible. Réfléchissez bien. Il y a un moyen. Vous avez une cuiller. »

Elle avait l'air sincèrement inquiète pour moi. Je décidai de lui demander de desserrer un peu mes menottes. C'était une idée qui m'obsédait à chaque seconde.

« Mes mains sont enflées et très chaudes. Tout mon

corps est douloureux à cause d'elles. Est-ce que vous pourriez desserrer un petit peu mes menottes, s'il vous plaît ?

– Je n'ai pas la clef. C'est un supérieur qui la garde. Essayez de manger quelque chose demain. Vous vous sentirez mieux quand vous aurez quelque chose dans l'estomac. »

Un souffle de vent froid indiqua que quelqu'un entrait dans le bâtiment. Elle referma doucement le guichet et s'éloigna.

Je revins vers mon lit et me mis à réfléchir. Elle avait raison. Je devrais essayer de manger. Je n'avais pas peur de mourir. Ce dont j'avais peur, c'était que mon esprit ne soit atteint au point que j'en vienne à signer un texte dont je n'aurais pas mesuré la portée. Mais comment manger sans mes mains ? Je regardai vers ma table. Je vis tout d'abord ma cuiller en plastique, puis une pile de serviettes propres. Demain, j'essaierai quelque chose.

La gardienne avait dit que la clef de mes menottes était conservée par « un supérieur », il n'y avait donc aucun espoir pour qu'on me les desserrât. Je devais trouver le moyen de soulager leur poids qui tirait mes mains vers le bas comme si on m'arrachait les épaules. J'eus alors l'idée de rouler ma couverture et de la placer contre le mur pour y reposer mes mains. Le soulagement fut immédiat.

Le fait d'avoir élaboré des projets et d'avoir réfléchi à la façon de surmonter mes difficultés me redonna goût à la vie. J'avais toujours froid, faim et mal, mais la nuit sembla passer plus vite.

A l'aube, quand la gardienne nous dit de nous réveiller, je me levai et, en voulant retenir les menottes avec mes doigts, je constatai avec horreur qu'elles étaient gluantes. En effet, la couverture sur laquelle avaient reposé mes mains était tachée de sang et de pus. Je n'avais pas compris que mes poignets étaient abîmés à ce point, et je tremblai à nouveau de peur à l'idée de perdre mes mains, car je savais que je ne pouvais rien faire pour éviter ce désastre.

Quand la cuisinière me proposa le récipient d'aluminium contenant mon riz du matin, je me levai pour le prendre. Je tournai le dos à la porte, et elle plaça le récipient dans mes mains. Je le portai jusqu'à la table, pris une serviette propre que j'étalai à côté, puis la cuiller avec laquelle je tentai d'extraire le riz gluant du récipient dans lequel il avait cuit. Il fallait beaucoup d'efforts pour décoller le riz du plat et le faire tomber avec le chou sur la serviette. A chaque mouvement, les menottes entaillaient davantage mes plaies. Tout mon corps se raidissait de douleur et les larmes me vinrent aux yeux. Je dus interrompre mon travail pour reprendre mon souffle. Mais je recommençai mes efforts et quand j'en eus renversé suffisamment, je me retournai et mangeai comme un animal.

Je renouvelai plusieurs fois l'opération. Quand la cuisinière revint ramasser les plats, elle n'ouvrit pas immédiatement le guichet mais resta dehors à me regarder par le judas. A cause de la douleur, je m'arrêtais à chaque cuillerée pour respirer. C'était très lent. Et pourtant la femme ne dit rien, elle qui d'habitude était si pressée. Je ravalai mes larmes en me demandant si le fait de parvenir à manger quelques bouchées valait tant de douleurs. Mais je continuai simplement parce que j'avais décidé de rester en vie. Quand je fus parvenue à renverser la moitié du riz sur la serviette, je ne pouvais plus continuer. Je rapportai le plat jusqu'au guichet.

Au repas de l'après-midi, je découvris que la cuisinière avait déjà décollé le riz du récipient. Je n'eus qu'à retourner le plat pour que presque tout le riz tombe sur la serviette.

Le fait que j'aie réussi à me nourrir rendit les maoïstes furieux. Les gardiens revinrent au guichet pour me menacer. Jamais ils ne prononcèrent le mot de « menottes », sans doute parce qu'ils ne voulaient pas que les autres prisonnières apprennent ce qu'ils me faisaient. Mais ils continuaient à insister pour que j'avoue. Bien que le riz que j'arrivais à manger chaque jour m'eût effectivement aidée à me sentir mieux, j'avais du mal à marcher. Pour une raison que je ne m'expliquais pas, l'effet des menottes atteignait mes pieds. Comme mes mains, ils étaient chauds et douloureux. Mes chaussures me serraient au point que je ne pouvais plus les supporter. Heureusement, c'étaient des chaussures souples en tissu, et je pus enlever le talon et les porter comme des pantoufles. Je titubais en marchant car mes pieds ne pouvaient plus soutenir mon corps pourtant si frêle. Les taches de sang et de pus s'agrandissaient sur la couverture où je reposais mes mains pour la nuit. Mes blessures infectées étaient de plus en plus profondes. Je ne sais si le temps se radoucit ou si la fièvre s'empara de moi, mais je ne frissonnais plus que de douleur quand je devais bouger mes mains ou traverser la pièce.

Un jour, alors que mes mains emprisonnées tendaient mon récipient d'eau potable pour qu'on me le remplisse, je tremblais si fort que la moitié de l'eau se renversa sur ma veste et mon pantalon.

« Vos mains sont en très mauvais état. Les autorités de la prison ne le savent pas. Pourquoi ne gémissez-vous pas ? Tant que vous ne vous plaindrez pas, ils ne sauront pas à quel point vous en êtes », murmura la cuisinière avant de refermer prestement le guichet.

Les Chinois ne montrent guère leurs émotions, mais ils gémissent pour crier leur douleur aux funérailles ou pour protester contre une injustice ayant conduit à la mort. La vue d'une personne en train de gémir m'avait toujours gênée. C'était comme quelqu'un qui se serait déshabillé en public. Depuis mon enfance, on m'avait appris à ne jamais montrer mes sentiments. Je me souvenais de toutes les fois où j'avais ravalé mes larmes. J'en étais venue à penser que le fait de pleurer était un signe de faiblesse. Est-ce que je devais gémir maintenant juste pour attirer l'attention sur le fait que mes mains étaient en danger ? Non. D'abord parce que je ne savais pas comment émettre ce cri prolongé et inarticulé tellement primitif et animal. Ensuite parce que je ne voulais rien faire qui puisse être interprété comme une demande de pitié. Le « supérieur » avait ordonné qu'on me mette des menottes pour qu'elles me torturent. Il pensait que mes souffrances me conduiraient à accepter de signer de faux aveux pour me sauver. La meilleure façon de contre-attaquer était certainement de ne pas montrer que je ne pouvais plus supporter mes souffrance. Je ne tins donc pas compte du conseil bienveillant de la cuisinière.

Plusieurs jours passèrent. Les menottes commençaient à affecter mon cerveau. Il arrivait que j'oublie où je me trouvais, que je ne me rappelle plus depuis combien de jours j'étais enchaînée. Ma vie n'était plus qu'une route interminable de douleurs et de souffrances sur laquelle je devais cheminer du mieux que je pouvais.

A certains moments de lucidité, je tentais de discipliner mon esprit par de simples exercices d'arithmétique. Je me disais : « Deux et deux : quatre, quatre et quatre : huit, huit et huit : seize, seize et seize : trente-deux... » Mais au bout de très peu de temps, je ne pouvais plus me concentrer et mon esprit s'évadait à nouveau. Les gardiennes venaient encore à la porte, mais leurs paroles n'étaient plus pour moi qu'une cohue de sons incompréhensibles.

A bout de plusieurs jours, j'étais si faible que je n'avais plus la force de m'approcher du guichet pour prendre le riz ou l'eau. Je ne sais même pas si les mots sortaient de ma bouche quand je tentais de parler à la cuisinière – dont les paroles ne me parvenaient pas non plus. Peut-être m'encourageait-elle à me nourrir, mais je ne l'entendais pas. Je sentais seulement la présence de quelqu'un qui attend quelque chose. La plupart du temps, j'étais tellement abrutie que je ne savais plus ce qui se passait autour de moi. Après être restée à demi inconsciente pendant quelque temps, je finis par perdre totalement connaissance.

Quand je repris mes esprits, je me retrouvai allongée sur le sol poussiéreux.

« Debout, debout ! criait un homme tout près de mon oreille. Vous faites semblant d'être morte ! Vous ne vous en tirerez pas comme ça ! »

Mes bras étaient toujours dans mon dos, mais ils n'étaient plus retenus par les menottes.

« Debout, debout ! » cria à son tour une voix de femme.

Je fis un gros effort pour les regarder et je vis qu'il s'agissait de la gardienne militante et du jeune gardien qui m'avaient mis les menottes. La gardienne les tenait, d'ailleurs. Elles étaient couvertes de sang et de pus agglomérés, et la gardienne devait être dégoûtée car elle les tenait de deux doigts par la chaîne.

« Ne vous imaginez pas que nous en avons fini avec vous ! Il y a d'autres moyens de vous ramener à la raison. Ceux qui osent se dresser contre la Dictature du prolétariat ne seront pas autorisés à s'en sortir comme ça », dit le gardien.

La gardienne donna un violent coup de botte dans la forme prostrée à ses pieds et ils sortirent.

Je restai sur le sol, trop épuisée pour bouger. Bien que les menottes fussent enlevées, tout mon corps était douloureux et brûlant. J'amenai lentement mon bras gauche vers l'avant et je regardai ma main. Je refermai vite les yeux. Elle était trop horrible à voir. Au bout d'un moment, je m'assis et regardai mes deux mains. Elles étaient enflées et de taille démesurée. L'enflure atteignait les coudes. Autour de mes poignets, le sang et le pus continuaient à sourdre des plaies. Mes ongles étaient violets, comme s'ils allaient tomber. Je touchai le dos de chaque main. La peau était insensible. J'essayai de plier les doigts, mais je n'y réussis pas car ils avaient chacun la taille d'une carotte. Je priai Dieu qu'il me rendît l'usage de mes mains.

Au bout d'un moment, j'essayai de me lever, mais j'étouffai un cri de douleur : mes pieds ne me soutenaient pas. Comme j'étais tout près du lit, je parvins à me hisser dessus. Le pus séché collait mes chaussettes de laine à mes pieds. Quand je réussis à arracher les chaussettes avec mes doigts gourds et enflés, je vis que mes pieds aussi étaient enflés et énormes. Sous chaque doigt, j'avais une grosse ampoule. Certaines avait éclaté, collant les chaussettes, mais d'autres étaient encore gonflées et rendaient la marche impossible. Il me fallait un instrument stérile coupant pour les crever et permettre au liquide de s'écouler. Pour éviter l'infection, il me fallait aussi des pansements et des antiseptiques. Je me levai en réfrénant mon irrésistible envie de me rasseoir tant j'avais mal aux pieds. Comme il fallait que je me déplace dans la cellule, autant m'y entraîner le plus tôt possible. Centimètre par centimètre, je traînai un pied après l'autre et parvins jusqu'à la porte à laquelle je m'appuyai pour appeler la gardienne.

« Rapport ! »

Ma voix était très faible, mais le guichet s'ouvrit presque immédiatement. La gardienne était sûrement juste derrière en train de me regarder par le judas.

« Que voulez-vous !

– Est-ce que je pourrais voir le docteur, s'il vous plaît ?

– Pourquoi ?

– Mes poignets et mes pieds sont blessés. J'ai besoin de médicaments et de pansements.

– Le docteur ne traite pas les prisonniers qui ont été punis.

– Dans ce cas, peut-être pourriez-vous me donner une pommade désinfectante ou du mercurochrome pour mes plaies ?

– Non. Ce n'est pas autorisé.

– Les plaies pourraient s'infecter.
– C'est votre problème.
– Est-ce que je pourrais avoir juste des bandages pour me panser? »

Je lui montrai mes mains, mais elle tourna la tête pour ne pas les voir.

« Est-ce que je peux avoir des bandages? répétai-je.
– Non.
– Alors vous n'appliquez pas les règles de l'humanitarisme révolutionnaire conformément aux enseignements du Président Mao, dis-je avec colère.
– L'humanitarisme révolutionnaire n'est pas pour vous.
– Non, ce n'est pas pour moi parce que je ne suis pas un véritable ennemi du Parti communiste. Et je n'ai rien fait contre le gouvernement populaire. L'humanitarisme révolutionnaire est réservé aux envahisseurs japonais. Le Parti communiste a soigné les prisonniers de guerre japonais, suivant en cela les enseignements du Président Mao!
– Ecoutez-moi ça! Tout aussi raisonneuse et aussi peu repentante qu'avant. Les menottes ne vous ont rien appris. Peut-être ne les avez-vous pas portées assez longtemps. Si vous continuez, je vais vous les remettre! »

C'est avec cette menace qu'elle regagna la pièce des gardiennes. Je savais qu'elle n'avait aucune autorité pour décider de me remettre les menottes. Ce n'était que du bluff. Et elle savait que je le savais.

Je ne pouvais donc compter que sur moi-même pour traiter mes blessures. Avec l'aide de Dieu, je trouverais le moyen d'éviter l'infection. Je me traînai lentement vers la table et bus l'eau de mon récipient. J'entendis alors la cuisinière entrer avec son chariot d'eau bouillante. Je l'attendis à la porte. Elle me donna une portion généreuse, remplissant mon récipient d'eau potable aux trois quarts. Je la versai dans ma cuvette et, avec une serviette propre, lavai consciencieusement les plaies de mes poignets. Puis je lavai mes pieds. Cela me faisait du bien de sentir l'eau chaude sur ma peau. J'aurais bien voulu en boire, mais je trouvais plus important de laver mes blessures.

Assise sur le lit pour sécher mes pieds, je me demandai ce que je pouvais déchirer pour confectionner des pansements. Au bout de tant d'années, mon maigre stock de vêtements avait bien diminué, car j'avais souvent dû utiliser des vêtements usés pour rapiécer ceux qui commençaient seulement à se trouer. Je vis alors une taie d'oreiller que j'avais lavée le matin où l'on m'avait emmenée, et qui était toujours accrochée sur la corde à linge. Elle semblait sèche. C'était la seule qui me restait, mais je me dis que je pouvais m'en passer et recouvrir l'oreiller de mon drap de dessous. Je levai les bras pour la décrocher mais, à ma grande déception, je ne pus l'atteindre car mes bras refusèrent de s'élever au-dessus du niveau de mes épaules. J'imagine que la position qui leur avait été imposée tous ces jours avait paralysé les tendons. Je décidai de restaurer les fonctions de mes bras par la gymnastique. Mais cela prendrait du temps, et en attendant, je devrais laisser les plaies de mes poignets à l'air.

La jeune fille arriva avec l'eau froide de la toilette. Elle la versa lentement dans la cuvette que je tenais et dès qu'elle vit que mes mains tremblaient parce que je ne pouvais plus supporter le poids, elle arrêta de verser. La cuvette n'était qu'à moitié pleine. Je transvasai un peu d'eau dans mon récipient d'eau potable pour la boire et je me lavai la figure avec le reste. Ensuite, j'essayai de me brosser les cheveux. Comme ma main droite ne pouvait atteindre le sommet de ma tête, j'utilisai ma main gauche pour tenir mon coude droit et le relever un peu. En baissant la tête et en la tournant d'un côté et de l'autre, je parvins à démêler mes cheveux. J'aurais aimé me laver le corps et changer de sous-vêtements, mais j'avais peur d'attraper froid. De toute façon, j'étais déjà épuisée et je n'avais plus d'eau propre.

La cuisinière revint. Elle me tendit le repas de l'après-midi. Le récipient était rempli à ras bord de riz et de chou bouilli. Quand je renversai le contenu dans mon écuelle, je découvris deux œufs durs enfouis tout au fond.

Pour éviter que je la remercie, la cuisinière n'ouvrit pas mon guichet pour reprendre le plat comme à l'ordinaire, mais cria à travers la porte, comme si elle était en colère :

« Que vous êtes lente! Vous rendrez le plat à la gardienne quand vous aurez fini. Je ne peux pas attendre ici toute la nuit! »

Je m'assis pour manger. A chaque bouchée que j'avalais, je sentais un peu de force m'inonder. Quand j'eus fini, je lavai mon récipient et je me levai pour faire mes exercices des bras. J'étais très impatiente d'atteindre la taie d'oreiller. Je lançai mes bras de bas en haut, les montant à chaque fois un peu plus pour étirer les tendons. Mes pieds étaient douloureux, mais je restai debout jusqu'à l'épuisement. Après quelques minutes de repos, je repris l'exercice.

La gardienne de nuit vint au guichet et me tendit le journal du jour avant de reprendre le plat d'aluminium. En consultant la date du journal, je découvris qu'il ne s'était écoulé que onze jours depuis que l'on m'avait emmenée pour l'interrogatoire et enchaînée. La gardienne passa dire aux prisonnières de se coucher.

C'était la première fois depuis onze jours que j'avais l'occasion de profiter d'une vraie nuit. Mais je mis du temps à m'endormir. Les menottes avaient atteint mon système nerveux. Tout mon corps était douloureux et brûlant et de quelque côté que je me tourne, je me sentais mal à l'aise. Le poids même de la couverture me semblait insupportable. Comme, ayant de la fièvre, je ne sentais pas le froid, je la repoussai.

Mettre ces menottes spéciales et les serrer sur les poignets des prisonniers était une forme de torture très largement utilisée dans les prisons de Mao. Il arrivait ainsi que l'on passe des chaînes autour des chevilles des prisonniers. Parfois même, on attachait les menottes à un des barreaux de la fenêtre, si bien que le prisonnier ne pouvait ni manger, ni boire, ni se rendre aux toilettes. Le but était de miner le moral de l'individu en le dégradant. Avant mon emprisonnement, les victimes et leurs familles ne m'avaient jamais parlé de telles pratiques. Mais après ma libération, j'étais l'une d'entre elles, si bien qu'elles n'hésitèrent pas à me raconter leurs expériences. Comme le gouvernement populaire prétendait avoir aboli toutes les formes de torture, on appelait officiellement cela « punition » ou « persuasion ».

Il me fallut des mois d'efforts intenses et de gymnastique pour réussir à lever les bras au-dessus de la tête, une année entière avant de pouvoir les dresser tout droit en l'air. Les blessures superficielles ne laissèrent pas de cicatrices, mais les entailles plus profondes de mes poignets où le métal des menottes avait pénétré dans les chairs jusqu'à l'os laissèrent de vilaines cicatrices que je porte encore : un héritage de Mao Zedong et de ses Révolutionnaires. L'enflure de mes mains et de mes doigts finit par disparaître, mais le dos de mes mains resta insensible pendant plus de deux ans. Maintenant encore, après treize années, j'ai mal aux mains par temps froid et humide. En hiver, même dans une chambre chaude, je dois porter des gants au lit. Si j'utilise trop mes mains pour faire le ménage, taper à la machine ou porter des sacs un peu lourds, il arrive que ma main droite devienne flasque et maladroite, incapable d'attraper quoi que ce soit. Elle a plus souffert que ma main gauche surtout parce que la fermeture éclair de mes pantalons se trouvait sur le côté gauche; à chaque fois que je devais l'ouvrir pour aller aux toilettes, les menottes entamaient davantage mon poignet droit. En

Chine, les pantalons de femmes sont généralement fermés sur le côté droit. Comme mes pantalons avaient été faits sur mesure, j'avais fait placer la fermeture à gauche parce que c'était ainsi que je les portais depuis longtemps. J'imagine que l'interrogateur aurait pu dire que c'était là un exemple supplémentaire de ma résistance obstinée à modifier mon ancien mode de vie.

Des amis se sont exclamés :

« Pourquoi est-ce que tu prenais la peine de remonter la fermeture Eclair de ton pantalon tant que tu avais les menottes ? »

Oui. J'aurais pu laisser mon pantalon ouvert. Mais j'en aurais été extrêmement démoralisée et cela aurait nui à ma combativité. En repensant à ces années, je crois fermement que j'ai survécu principalement parce que les Révolutionnaires maoïstes n'ont pas réussi à briser mon moral.

Dans l'ensemble, mes pieds se rétablirent mieux. Ils restèrent gonflés et douloureux pendant plusieurs semaines après qu'on m'eut retiré les menottes, mais ils n'ont pas gardé de séquelles de cette aventure. Le premier dimanche, je demandai une aiguille et je pus percer les ampoules. Après cela, je réussis à me déplacer sans douleur insupportable et les ampoules guérirent peu à peu.

Le lendemain du jour où on m'avait enlevé les menottes, la gardienne appela les prisonnières pour la promenade. J'allai à la porte pour attendre qu'on l'ouvre et demander à ne pas sortir.

« Est-ce que je peux être dispensée de sortie aujourd'hui ? Mes pieds sont enflés. Je ne peux mettre mes chaussures », dis-je.

Elle regarda mes pieds et vit que je portais des chaussures de tissu sans talon.

« Vous pouvez sortir comme ça, répondit-elle.

– Je crois que j'aurai du mal à marcher jusqu'à la cour. Mes pieds sont très douloureux. Est-ce que je ne pourrais pas être dispensée cette fois ?

– Non. Il faut que vous y alliez. Aujourd'hui, tout le monde doit y aller. »

Chaque pas était une torture. Je tremblais de tout mon corps et j'avançais très lentement. Au bout d'un mètre, je demandai à nouveau :

« S'il vous plaît, est-ce que je peux ne pas y aller aujourd'hui ?

– Non, aujourd'hui vous devez y aller. »

Qu'est-ce que cela signifiait ? Pourquoi devais-je y aller ce jour-là ? Qu'y avait-il de si spécial ? En avançant lentement, je réfléchissais. Elle me suivit patiemment jusqu'à la sortie du bâtiment. Comme ma cellule était au bout du couloir, j'étais toujours la dernière à sortir. Soudain, la gardienne militante arriva en criant :

« Pourquoi êtes-vous si lente ? Marchez plus vite ! Nous ne pouvons vous attendre toute la journée ! »

Je continuai à me traîner, essayant de toutes mes forces de supporter la douleur et de marcher plus vite. Elle me poussa avec impatience et je m'effondrai au sol. L'autre gardienne me releva. Elle repartit vers la cour en criant :

« Vous faites un numéro ! Dépêchez-vous ! Vous ne pouvez pas marcher plus vite ? Marchez plus vite !

– Je ne peux pas marcher plus vite, et tomber me retarde, dis-je à l'autre gardienne.

– Ne vous inquiétez pas. Faites de votre mieux. »

Elle me semblait beaucoup plus raisonnable.

Au lieu de m'enfermer dans ma cour habituelle d'où je voyais le platane, par-dessus le mur, je fus placée dans une cour située juste en dessous du mirador d'où les gardiens surveillaient les prisonniers en promenade. Le pavillon du mirador semblait fermé, tous les gardiens s'étant rassemblés dans le vent sur la plate-forme. Dès que l'on referma la porte de ma cour, je m'appuyai dessus pour soulager mes pieds, espérant pouvoir rester ainsi pendant toute la promenade.

« Marchez », cria la gardienne militante du haut de la plate-forme.

J'étais à bout. Je l'ignorai et restai adossée à la lourde porte.

« Que faites-vous ici? Marchez! cria-t-elle à nouveau.

– Je ne peux pas marcher. Mes pieds me torturent. Est-ce que vous ne voyez pas mes bras et mes mains? Mes pieds sont pareils. Ils sont enflés et couverts de plaies sanglantes et infectées. »

Dans ma colère, je lui avais répondu, et je m'attendais à ce qu'elle descende me frapper, car les détenus n'avaient pas le droit de parler de ce qui leur était arrivé quand d'autres prisonniers pouvaient les entendre – et ma voix avait certainement porté assez loin. Mais elle ne bougea pas pour venir me punir. Il semblait presque que c'était ce qu'elle voulait entendre, car elle dit d'une voix plus modérée :

« Restez au milieu de la cour. »

Je m'y traînai et je restai là face à elle.

« Tournez-vous! Regardez de l'autre côté. »

Pourquoi voulait-elle que je regarde de l'autre côté? Fallait-il qu'on me voie mais que je ne voie pas qui se trouvait à ses côtés? Je me dis soudain que le « supérieur » devait s'y trouver. Je n'avais pourtant vu que des gardiens que je connaissais. L'homme était peut-être dans le pavillon, derrière les vitres, contemplant à son aise mes mains et mes bras pour vérifier que ses consignes avaient été appliquées. C'était sans doute pourquoi la gardienne militante était contente que j'aie protesté aussi clairement. Elle voulait probablement impressionner le « supérieur » en lui montrant son travail. Mais pourquoi le « supérieur » ne se trouvait-il pas sur la plate-forme avec les autres? Pourquoi se cachait-il dans le pavillon fermé? Je me tournai légèrement pour apercevoir l'entrée du pavillon du coin de l'œil. Au bout d'un moment, trois hommes en manteaux militaires kaki en sortirent et disparurent dans les escaliers, suivis par la gardienne. Je n'étais là que depuis dix minutes, mais on vint me chercher pour que je regagne ma cellule et personne ne me dit de marcher plus vite.

C'était la même gardienne qu'à l'aller. En arrivant à la cellule, je lui montrai mes poignets couverts de sang et de pus.

« Je vous en prie, regardez ces plaies. J'ai besoin de pansements pour éviter l'infection. Pourriez-vous m'aider s'il vous plaît à décrocher cette taie d'oreiller du fil à linge pour que je puisse m'en faire des bandages ? »

Sans un mot, elle entra dans la cellule, décrocha la taie d'oreiller et me la donna.

La taie n'était pas neuve en 1966 quand on me l'avait apportée, et maintenant elle était tellement usée qu'elle se déchirait toute seule. Je n'eus donc pas de mal à fabriquer deux jeux de pansements.

La prison était très calme. Je n'entendis pas les gardiennes appeler les prisonnières de l'étage pour la promenade après mon retour. Il semblait qu'elles avaient interrompu l'exercice au-dehors, ce qui ne s'était jamais produit auparavant. Je me dis que l'ensemble de l'opération à laquelle on m'avait contrainte de participer n'avait probablement été organisé que pour que les trois militaires voient mon état. Ce n'était pas une promenade ordinaire.

Quand on m'apporta de l'eau chaude à boire, je lavai mes plaies et les bandai. Le sang et le pus traversèrent rapidement l'étoffe, mais il était hors de question que je change immédiatement les pansements. Dans la cellule froide et humide, un tissu mouillé mettait longtemps à sécher. Il fallait que je trouve un moyen de faire sécher les pansements plus rapidement. Je me dis que je pourrais peut-être utiliser le récipient d'eau bouillante comme fer à repasser en enroulant les pansements humides autour à chaque fois qu'on m'apportait à boire. Cela me permettrait de changer les bandages au moins deux fois par jour. Si je lavais les pansements juste avant de dormir et les faisais sécher après les avoir roulés dans une serviette, ils seraient probablement secs le lendemain matin. Aussi, je pourrais arriver à les changer trois fois par jour.

Quand on m'apporta l'eau bouillante, j'enveloppai le récipient d'un pansement mouillé et pris beaucoup de plaisir à voir s'échapper de la vapeur du tissu qui devenait plus clair en séchant.

Pendant deux mois, je passai l'essentiel de mon temps à m'occuper de mes blessures et ne jetai qu'un regard distrait au journal. J'avais tout de même l'impression que les articles de dénonciation liés aux questions militaires, comme ceux exigeant que la Chine communiste prenne la place qui lui était due aux Nations unies, se faisaient moins nombreux. Il semblait aussi que, par rapport aux années précédentes, on mentionnait moins fréquemment le nom de Lin Biao au profit de celui du Premier ministre Zhou Enlai.

Mon mauvais état général empêchait une cicatrisation rapide de mes plaies. Il fallut plusieurs semaines avant que les blessures les plus superficielles ne se couvrent d'une croûte. Et mes vieux ennuis de gencives douloureuses et d'hémorragies continuaient. Cela m'amusait de voir le jeune médecin me soigner pour cela sans s'occuper des blessures que m'avaient infligées les menottes.

Pour ajouter les insultes aux blessures, plusieurs gardiennent vinrent examiner mes plaies. Si la plupart se turent, quelques maoïstes militantes me dirent que je méritais cette punition.

Je n'attendais plus qu'on m'appelle pour un interrogatoire, étant donné que toute ma vie avait été passée au peigne fin, et je me disais que les maoïstes allaient inventer un autre moyen de me faire souffrir. Mais je n'essayais pas d'imaginer ce qu'il pourrait être.

CHAPITRE 12

LIBÉRATION

En 1971, pendant que j'étais absorbée par mes nombreux problèmes de santé et par l'attente de la prochaine attaque des maoïstes, le printemps et l'été s'étaient écoulés. Les journées dorées de l'automne annonçaient le plus grand jour de l'année : la Fête nationale, célébrée le 1er octobre. C'était un jour férié. La façon de célébrer la Fête nationale avait été fixée par le gouvernement populaire depuis son arrivée au pouvoir. Tout le monde recevait des rations supplémentaires de nourriture, était invité gratuitement à des spectacles dans les parcs publics et pouvait acheter davantage et biens rationnés dans les boutiques d'Etat.

Mais surtout, dans chaque ville, les autorités organisaient un défilé. On voyait sur des bannières colorées les diagrammes, les chiffres et les images des réalisations économiques et culturelles de l'année précédente. Des dizaines de milliers d'ouvriers, de paysans, d'étudiants et même de mères de famille marchaient en cortèges pour montrer leur soutien loyal au gouvernement populaire en criant des slogans spécialement conçus par la Section de la propagande du Parti communiste. Dans chaque localité, les défilés étaient minutieusement organisés et surveillés par les principaux dirigeants du Parti et de la municipalité.

A Beijing, la parade se tenait sur la place Tian An Men, devant l'ancienne Cité interdite, en présence de Mao Zedong, d'autres membres du Bureau politique et de hautes personnalités gouvernementales juchées sur le balcon de la Porte de la Paix céleste. Des tribunes spéciales, de chaque côté du balcon, étaient occupées par des dignitaires et diplomates étrangers. Le soir, on tirait de merveilleux feux d'artifice.

Ce spectacle de centaines de bannières colorées et de dizaines de milliers d'hommes et de femmes marchant en agitant des drapeaux rouges, criant des slogans et brandissant des portraits de Mao, était une affirmation de la puissance du Grand Timonier et de son triomphe. Cela devait être un moment d'un grand prix pour le vieil homme qui voyait passer tous ces adorateurs levant le visage vers lui, qui entendait le tonnerre des voix lui souhaitant une longue vie de dix mille ans, comme on le faisait jadis pour les empereurs. Le sourire de Mao qui s'étalait en première page de tous les journaux de Chine le 2 octobre témoignait de la profonde joie qu'il avait éprouvée.

Tout le monde en Chine savait que pour Mao Zedong, le paysan de Shaoshan, la Fête nationale de la République populaire de Chine était un grand jour de satisfaction personnelle. Chacun fut donc tout à fait stupéfait de découvrir qu'il n'y aurait aucune célébration le 1er octobre 1971. Quand le bulletin d'informations du matin ne fit mention de rien, je fus très surprise. Dans l'après-midi, j'attendis le journal avec impatience. Quand on me l'apporta, je ne vis que le portrait officiel de Mao en première page. La date et « Fête nationale » étaient imprimés en rouge, mais on ne mentionnait aucune activité des hauts dignitaires, ni aucun événement particulier. Je m'interrogeais encore sur cette omission extraordinaire quand une gardienne ouvrit brutalement mon guichet et ordonna :

« Donnez-moi votre exemplaire des *Citations* ! »

C'était un ordre tellement ahurissant que je pensai un instant que j'avais peut-être abîmé le livre et que la gardienne avait trouvé cette excuse pour me punir. Je pris le livre, y jetai un rapide coup d'œil pour m'assurer qu'il était en bon état, et le remis à la gardienne. Quand elle eut refermé mon guichet, je l'entendis monter et demander les livres dans les cellules de l'étage. Je compris alors qu'elle avait reçu l'ordre de ramasser tous les petits livres rouges des prisonnières.

Elle ne me le rendit qu'à l'heure du coucher. Je l'examinai pour comprendre pourquoi elle l'avait pris, et j'eus la surprise de constater qu'elle avait arraché les pages de la préface. Ce livre des citations de Mao avait été composé et publié par l'Armée populaire de Libération, sur ordre de Lin Biao devenu ministre de la Défense, pour que les soldats à peine lettrés puissent étudier la Pensée de Mao Zedong.

La préface avait été écrite par Lin Biao en personne. Il y célébrait les louanges de Mao, « le plus grand marxiste-léniniste de notre époque ». Mao, disait-il, avait génialement développé la doctrine du marxisme-léninisme et l'avait appliquée avec succès aux conditions spécifiques de la Chine. Il exhortait les soldats de l'Armée de Libération à étudier les citations contenues dans ce livre et à les appliquer à leurs tâches quotidiennes afin de « se pénétrer de la pensée de Mao Zedong »; il fallait faire en sorte « que chacun étudie les œuvres du président Mao, suive ses enseignements, agisse selon ses instructions et soit un digne combattant du président Mao ».

Rien dans cette préface ne pouvait être considéré comme préjudiciable à Mao. En fait, c'était un tel exemple de vile flatterie que beaucoup de gens trouvaient embarrassant d'avoir à l'apprendre par cœur et à la réciter, pratique rendue obligatoire pendant la Révolution culturelle. Je me dis que la disparition de la préface ne pouvait signifier que la disgrâce de son auteur. Dans de tels cas, en effet, il était courant que le Parti communiste efface toute trace du nom ou des écrits du dignitaire, comme s'il n'avait jamais existé. J'étais tellement stupéfaite de la disgrâce de Lin Biao que je restai là, debout, le petit livre rouge à la main, perdue dans mes pensées.

« Pourquoi n'êtes-vous pas couchée? » demanda la gardienne à travers la porte.

Ne voulant pas qu'elle ait l'impression que je m'intéressais à ce qui venait de se passer, je déroulai rapidement ma literie et m'allongeai. Mais je ne dormis guère cette nuit-là.

Quelques jours plus tard, le journal publia des articles dénonçant une personne « partageant notre lit ». Pour un Occidental, l'expression s'applique à un époux. Pour un Chinois, il peut s'agir simplement de quelqu'un de proche. On avait utilisé la même expression pour Liu Shaoqi quand on l'avait dénoncé. Cela signifiait que Mao ne savait pas que tout près de lui un ennemi lui voulait du mal. D'autres articles parlaient de la duplicité d'un homme en qui Mao avait confiance et qui avait prétendu soutenir Mao tout en complotant sa mort. On faisait aussi fréquemment allusion à l'histoire du Parti et aux engagements militaires pendant la Résistance contre le Japon et la Guerre de Libération contre le Guomindang. Les Chinois connaissaient bien l'histoire personnelle de Lin Biao parce qu'on l'avait souvent cité en exemple. Jamais son nom n'apparaissait, mais je n'avais plus de doute sur le fait qu'il avait été évincé, quand bien même je n'avais alors aucun détail sur la lutte entre lui et Mao Zedong. Etudiant comme je le faisais chaque événement et lisant chaque mot du journal avec une attention méticuleuse, je constatai avec soulagement que le nom de l'homme de Lin Biao chargé du Contrôle militaire du bureau de la Sécurité publique de Shanghai avait disparu. Comme la Maison d'arrêt n° 1 faisait partie du réseau des prisons placées sous la juridiction du bureau de la Sécurité publique de Shanghai, cet homme était aussi l'officier de plus haut niveau supervisant la maison d'arrêt. Si, comme je le pensais, les représentants militaires de Lin Biao à Shanghai étaient derrière les persécutions qui me frappaient, j'avais de bonnes raisons d'espérer que la chute de Lin Biao m'avantagerait. Mais il fallait rester vigilante. Toute jubilation était prématurée, car je ne savais pas si le vide du pouvoir créé par la chute de Lin Biao serait comblé par des extrémistes aux ordres de Jiang Qing ou par la vieille garde fidèle à Zhou Enlai.

Un soir, fin octobre, les gardiens demandèrent une fois encore aux prisonniers de s'asseoir et d'écouter une communication spéciale. Par le haut-parleur, une voix d'homme expliqua aux prisonniers combien « la situation créée par la Grande Révolution culturelle prolétarienne était excellente ». Le thème central de son discours était l'annonce que le Président Nixon se rendrait en visite officielle en Chine en février de l'année suivante. Il nous dit que la Révolutioin culturelle prolétarienne avait servi l'importance de la Chine dans le monde, et que les Etats-Unis d'Amérique, qui avaient jusque-là adopté une politique d'hostilité envers la République populaire, étaient maintenant sur le point de comprendre combien cette politique était vaine.

« Quelle est la signification de la prochaine visite de Nixon, le chef du plus puissant pays capitaliste du monde ? Aurait-il décidé de venir si la Chine était faible et impuissante ? Bien sûr que non ! Nixon a décidé de venir en Chine pour présenter ses respects à notre Grand Dirigeant parce qu'il doit admettre que la Chine, sous la sage direction de notre Grand Dirigeant le Président Mao, après avoir été purifiée et renforcée par la Grande Révolution culturelle prolétarienne, est invincible. N'oubliez pas que les Etats-Unis sont le pays le plus réactionnaire du monde et notre principal ennemi. La prochaine visite du Président des Etats-Unis est une grande victoire du prolétariat chinois. C'est le reflet des grandes réalisations dues à la Révolution culturelle. C'est une preuve que le système capitaliste est sur le déclin tandis que notre système socialiste gagne en force et en influence dans le monde. Au début, quand Nixon a proposé de venir, beaucoup de nos camarades ont pensé que nous ne devions pas accueillir l'homme qui représente l'agression impérialiste contre le Vietnam, l'exploitation des ouvriers aux Etats-Unis et une longue hostilité envers la République populaire de Chine. Mais notre Grand Dirigeant est magnanime. Il a dit : " Qu'il vienne. Recevons-le avec courtoisie et écoutons ce qu'il a à dire. S'il admet ses fautes passées et désire sincèrement changer, nous l'accueillerons. Nous sommes marxistes. Nous donnons sa chance à tout homme honnêtement repentant. " Notre Grand Dirigeant est très sage ! Il a raison ! Recevons Nixon. Pendant les mois qui viennent, nous éduquerons tous nos camarades pour leur expliquer la nouvelle situation et les aider à comprendre qu'en acceptant la visite de Nixon, nous ne renions pas nos principes. Nous acceptons que le gouvernement des Etats-Unis renie sa politique erronée. La visite de Nixon est une grande victoire pour nous ! J'aimerais donc prévenir les prisonniers de la Maison d'arrêt n° 1. Beaucoup d'entre vous sont ici justement parce qu'ils admirent le monde capitaliste, les impérialistes, et méprisent la Chine socialiste. Vous avez placé vos espoirs dans le monde capitaliste et vous avez cru qu'un jour le capitalisme régnerait à nouveau en Chine. Que la prochaine visite du Président américain soit une leçon pour vous tous. Réfléchissez bien. Si le Guomindang réactionnaire n'avait pas été expulsé de Chine, si les troupes américaines n'avaient pas été vaincues par l'Armée populaire des volontaires chinois en Corée, si l'armée des Etats-Unis n'était pas tenue en échec au Vietnam, et si nous n'étions pas devenus plus forts grâce à la Grande Révolution culturelle prolétarienne, Nixon aurait-il traversé la moitié du monde jusqu'à Beijing pour rendre hommage à notre Grand Dirigeant ? »

Le discours dura très longtemps, revenant sans cesse à la visite du Président des Etats-Unis. Je n'en ai reproduit qu'une partie. Après ma libération, j'appris qu'on avait préparé de la même façon à cette visite l'ensemble du peuple chinois. On avait tenu des discussions dans chaque usine, chaque commune et chaque comité de quartier pour « préparer » le peuple à la visite à venir, et pour saisir l'occasion de créer l'impression que Mao Zedong était maintenant le chef d'Etat le plus important du monde.

J'étais ravie de la nouvelle orientation des relations de la Chine et des Etats-Unis et je pensais que cela pourrait avoir un effet décisif sur l'équilibre du pouvoir au sein de la direction du Parti communiste. Au moins, la position de Zhou Enlai en serait renforcée pour longtemps. Peut-être les forces modérées du Parti reprendraient-elles les rênes. Dans ce cas, ce serait bientôt la fin de mon calvaire. Pourtant je savais d'expérience que tout allait toujours lentement en Chine. L'effet des grands revirements politiques de Beijing n'était souvent ressenti que des mois, voire des années plus tard à la base – où je me trouvais. Je savais aussi que la faction extrémiste menée par Jiang Qing avait la haute main sur Shanghai et que son vieux complice Zhang Chunqiao était toujours secrétaire général du Parti.

Après tant d'années sans espoir réel, les nouveaux développements suscitaient en moi une certaine excitation. Pendant des semaines, j'étudiai le journal et attendis. Les gardiennes semblaient préoccupées, comme à l'époque où les Révolutionnaires et les Gardes rouges avaient pris le contrôle du gouvernement municipal de Shanghai en janvier 1967. Je me dis qu'elles subissaient probablement un intense endoctrinement politique après la chute de Lin Biao.

L'hiver approchait à nouveau. Les trous aux coudes de mes pulls et aux genoux de mes caleçons de laine ne pouvaient plus être reprisés. Le rembourrage de ma veste et de ma couverture molletonnées s'était tassé, au point qu'il ne restait plus par endroits que deux simples couches de tissu. Je n'avais plus qu'un seul chemisier, tellement rapiécé qu'il n'était plus possible de distinguer le tissu d'origine. Il était évident que si je voulais survivre à un autre hiver en prison, il me fallait impérativement des vêtements corrects. Jamais jusqu'alors on n'avait accédé à mes demandes de vêtements, mais je décidai d'essayer à nouveau pour voir si les choses avaient suffisamment évolué pour qu'on me fasse une réponse différente.

« Rapport ! criai-je à la porte.

– Que voulez-vous ? répondit une gardienne d'une voix endormie.

– Le temps fraîchit. Mes vêtements et ma couverture sont tellement usés qu'ils ne sont plus chauds. Je vous en prie, regardez ce pull, il est plein de trous. Et il me faudrait aussi une veste et un chemisier. Regardez mes vêtements : vous verrez bien que j'ai besoin de les renouveler pour l'hiver.

– Depuis combien de temps êtes-vous ici ?

– Ce sera mon sixième hiver. Je suis arrivée en septembre 1966. Les vêtements et la literie que m'ont laissés les Gardes rouges à l'époque n'étaient pas neufs. Après tant d'années, ils ne sont plus chauds. »

Maintenant que je voyais une lueur au bout du tunnel où j'avais été confinée si longtemps, j'étais décidée à survivre jusqu'au moment où elle pourrait me guider vers le grand jour. Il est probable que ma voie révéla mon anxiété et la gardienne en fut irritée. Elle referma le guichet et s'éloigna.

Je ne me laissai pas démonter par sa froide indifférence et je renouvelai ma demande de vêtements et de literie chaude à chaque gardienne de service pendant plusieurs jours. Finalement, l'une d'entre elles dit avec impatience :

« D'accord, d'accord! Vous avez besoin de vêtements chauds. Nous le savons déjà. Votre demande est à l'étude. »

Une semaine passa, puis une autre. Le temps se faisait de plus en plus froid. Je décidai d'essayer une fois de plus.

« Rapport!

– Que voulez-vous? demanda une gardienne par la porte.

– Puis-je voir l'instructeur?

– Pourquoi?

– Je voudrais déposer une demande de vêtements chauds.

– N'en avez-vous pas déjà? »

La gardienne ouvrit le guichet et je vis que c'était la vieille femme qui m'avait encouragée à manger quand j'avais les menottes. Je ne l'avais pas revue depuis.

« Mes vêtements d'hiver sont usés. Je vous en prie, entrez et venez les voir. J'ai peur de retomber malade cet hiver si je ne peux me couvrir. »

Elle ouvrit la porte, entra et examina mes vêtements et ma couverture. Puis elle dit :

« Je vais le signaler aux autorités. Désirez-vous emprunter des vêtements de la prison dès aujourd'hui? »

L'idée de porter des vêtements de prison m'emplit d'horreur non seulement parce qu'ils pouvaient être infestés de vermine, mais aussi parce qu'il me semblait que ce serait un coup fatal à ma dignité et à mon indépendance.

« Non, je vous remercie. Je ne veux pas emprunter des vêtements de la prison. Je voudrais obtenir la permission d'acheter de nouveaux vêtements d'hiver avec mon argent qui est maintenant aux mains du gouvernement. Mon argent a été pris par les Gardes rouges quand ils ont mis ma maison à sac. Un de leurs professeurs m'a dit que le gouvernement garderait l'argent pour moi s'il ne provenait pas de l'exploitation du peuple. Je n'ai aucune part dans aucune usine ni aucune terre à la campagne. Quand je l'ai dit au professeur, il m'a assuré que mon argent ne serait pas confisqué.

– J'en ferai part aux autorités », promit-elle.

Quelques jours plus tard, je fus appelée en salle d'interrogatoire. A la place de l'instructeur se trouvait la gardienne militante qui avait toujours mené les persécutions contre moi. Elle était flanquée de deux autres gardiennes dont une plutôt gentille. Trouver la gardienne militante en ce lieu fut pour moi une surprise et une déception. Est-ce que la nouvelle situation à Beijing n'avait apporté aucun changement à la Maison d'arrêt nº 1 ? Si cette femme occupait un poste de responsabilité, quel espoir restait-il que ma requête tombe dans une oreille compatissante ?

Quand je me fus inclinée devant le portrait de Mao et que j'eus lu un passage de mon petit livre rouge mutilé, je m'assis sur la chaise qui m'était destinée et attendis que la gardienne tourne ma demande en ridicule. Je n'étais pas préparée à entendre un ton normal, presque gentil, quand elle dit :

« Qu'est-ce que c'est que cette demande pour des vêtements d'hiver ? N'en avez-vous pas déjà ?

– Ils sont usés jusqu'à la corde. »

Pour prouver que je disais vrai, je retirai la veste bleue que je portais et lui montrai ma veste molletonnée pleine de trous par lesquels sortait le rembourrage.

« D'accord, d'accord ! Remettez votre veste, dit-elle.

– Le gouvernement a conservé mes biens. Je voudrais qu'on m'autorise à utiliser une partie de mon propre argent pour acheter les vêtements indispensables, dis-je.

– Quel ministère détient votre argent ? Avez-vous un reçu ?

– Les Gardes rouges ont pris l'argent quand ils ont mis ma maison à sac. Ils ne m'ont pas remis de reçu.

– Vous ne devez pas dire " mis à sac " quand vous parlez de l'action révolutionnaire menée par les Gardes rouges. Ils appliquaient les instructions de notre Grand Dirigeant pour débarrasser la Chine des " Quatre Vieilleries " et pour s'occuper de la classe exploiteuse.

– Je ne suis pas membre de la classe des exploiteurs. Selon la théorie marxiste, seuls ceux qui vivent des intérêts de leur argent et de leurs parts dans des usines ou de rentes tirées du travail des paysans sont des " membres de la classe exploiteuse ". Mon argent provenait pour l'essentiel de mon salaire, que j'ai gagné légalement, et d'un héritage familial garanti par la Constitution. »

Je n'avais pu garder mon calme. Si je lui avais parlé ainsi un an plus tôt elle aurait explosé. Cette fois, elle ne releva pas ce que je disais.

« Est-ce que les professeurs des Gardes rouges qui sont venus dans votre maison pour prendre des mesures révolutionnaires contre vous vous ont dit quel ministère garderait votre argent ?

– Non, ils ont juste dit que l'argent serait gardé jusqu'à ce que le Président Mao prenne une décision.

– C'est exact. Tous les biens personnels pris par les Gardes rouges sont gelés et ne peuvent être touchés avant que le Président prenne une décision.

– J'ai aussi de l'argent sur un compte en devises à la Banque de Chine.

– Les comptes en devises sont gelés aussi.

– Bien. Alors prêtez-moi une machine à écrire anglaise. Je vais écrire une lettre à ma banque de Hongkong et leur demander de m'envoyer de l'argent.

– Cela ne sera pas autorisé. Vous n'avez pas le droit

de communiquer avec quiconque hors de Chine. Comment saurions-nous ce que vous écrivez ?

– Avant de poster la lettre, vous pourriez naturellement la lire.

– Ce serait peut-être un message codé. C'est impensable. Nous allons faire part de votre demande aux autorités supérieures et voir si on peut vous trouver des vêtements d'hiver pour quand il fera vraiment froid. Retournez dans votre cellule maintenant, et étudiez les livres de notre Grand Dirigeant le Président Mao. »

On me reconduisit. Pendant tout l'entretien, la gardienne militante avait parlé d'une voix normale, presque compatissante. Son attitude s'était modifiée de façon surprenante. J'imagine qu'elle était un parfait exemple de ces membres du Parti qui « suivent étroitement la ligne du Parti » et que les Chinois appellent des « caméléons ». C'étaient eux qui survivaient et arrivaient à leurs fins. Jamais ils ne se posaient de question sur la politique du Parti. Ils se contentaient de la suivre immédiatement et fidèlement. C'étaient des robots sans cervelle, incapables d'une pensée indépendante ni de conscience humaine. Ils constituaient les meilleurs cadres pour tout secrétaire du Parti car, délégués dans une organisation, ils étaient toujours prêts à le servir sans poser de questions tant qu'il représentait le pouvoir du Parti et pouvait leur assurer une promotion. Mais s'il tombait en disgrâce, ils étaient toujours les premiers à le dénoncer. C'étaient les nouveaux « gagnants » produits par la révolution communiste en Chine. Comme ils semblaient inamovibles quels que soient les contorsions ou les retournements de la politique du Parti, ils devinrent un exemple pour la jeune génération de Chinois. Il en découla une modification fondamentale des valeurs de base de la société chinoise.

Une semaine plus tard, un gardien vint déposer un gros paquet dans ma cellule. Quand j'eus signé le reçu, il referma la porte et partit. Je portai le paquet jusqu'à mon lit et l'ouvris. A ma grande stupéfaction, j'y trouvai la veste molletonnée, le manteau fourré, les deux pulls et la paire de caleçons de laine que les Gardes rouges m'avaient permis d'empaqueter pour ma fille quand ils étaient venus en 1966. Je trouvai aussi la couverture de son lit, plusieurs serviettes et le récipient dans lequel elle buvait son thé. Je reconnus la serviette rose que j'avais rapportée de Hongkong et que ma fille utilisait quand j'avais été arrêtée. Rien n'avait changé depuis 1966. J'examinai la veste molletonnée de lainage bleu marine doublée de soie bordeaux. Elle était neuve en 1966, et elle était encore neuve maintenant. Je pris en tremblant le récipient de porcelaine et vis des traces brunes au fond. Il n'avait pas été nettoyé et le thé avait séché.

Mon cœur battait de plus en plus vite tandis que j'examinais chaque article, dont l'apparence me semblait un flagrant message de catastrophe. Je ne pouvais repousser l'horrible idée qu'une chose abominable était arrivée à ma fille peu après mon arrestation. Elle était probablement morte. Sinon, comment ses vêtements auraient-ils été si peu portés, comment la serviette serait-elle restée neuve? Il semblait même que la mort l'eût frappée soudainement, sans qu'on s'y attende, au point qu'elle n'avait pas eu le temps de rincer sa tasse de thé. Mes jambes tremblaient si violemment que je dus m'asseoir.

La Maison d'arrêt n° 1 autorisait les familles à apporter aux prisonniers des vêtements et des objets de première nécessité, comme du savon et des serviettes, le 5 de chaque mois. C'était à chaque fois pour moi la plus longue journée de mon incarcération, car j'entendais les gardiens distribuer des paquets aux autres prisonnières, mais jamais à moi. Au début, je m'étais interrogée sur la raison pour laquelle ma fille ne m'apportait jamais rien. Je m'étais dit qu'en tant que membre de la Ligue de la Jeunesse, elle avait dû être contrainte à m'abandonner. Ce tout petit lien avec mon enfant, à travers des paquets mensuels, me manquait terriblement, mais j'étais heureuse qu'elle n'ait pas à subir l'attente de plusieurs heures devant les portes de la prison pour remettre son colis. Maintenant, tout au fond de mon cœur, je savais que je n'avais jamais reçu de paquet parce qu'elle était morte.

« Rapport ! dis-je en haletant.

– Que voulez-vous ?

– Ces affaires que vous venez de me donner appartiennent à ma fille.

– Oui.

– Qu'est-il arrivé à ma fille ?

– Il ne lui est rien arrivé.

– Les vêtements ont l'air aussi neufs qu'en 1966. Est-ce qu'elle ne les a pas utilisés ces dernières années ?

– Qu'est-ce que j'en sais ? Elle s'est probablement acheté des vêtements neufs. Elle travaille, non ? Elle a son propre salaire. Elle peut s'acheter des vêtements !

– Est-ce que vous voulez dire que vous savez que ma fille est en vie et en bonne santé ?

– Je ne l'ai pas vue personnellement.

– Mais vous le savez, n'est-ce pas ?

– Pourquoi en serait-il autrement ? » dit-elle en refermant le guichet.

Etais-je hystérique ? La vie dans la prison m'avait-elle rendue soupçonneuse et hypersensible ? J'examinai une fois encore les affaires qu'on m'avait apportées. En palpant chaque vêtement, je fus de plus en plus convaincue qu'elle était effectivement morte. J'avais la certitude qu'elle n'était plus de ce monde. Mais j'avais besoin d'une preuve concrète, car j'étais habituée aux faits et je me méfiais des sentiments que je ne pouvais ni comprendre ni expliquer. Il y avait aussi dans mon esprit un blocage qui m'interdisait d'accepter une possibilité aussi terrible que sa mort, sa mort qui enlevait tout sens à mes années de lutte. La mort frappe les vieillards, pas les jeunes filles en bonne santé comme elle ! Je tentais de me convaincre qu'elle allait bien, en dépit de tout ce que je voyais.

Mais je ne pouvais m'expliquer l'aspect inattendu de ses affaires étalées sous mes yeux. Elles semblaient dire que le temps s'était soudain arrêté, juste après mon emprisonnement. En réexaminant la veste bleue, je constatai que la soie était froissée aux aiselles et qu'il y avait un mouchoir dans l'une des poches. Elle avait été portée, mais certainement pas plus d'un hiver. Mes pensées fusaient en tout sens. Qu'était-il arrivé ? Les paroles de la gardienne laissaient supposer que Meiping était en vie et en bonne santé. Pourtant, elle ne l'avait pas vraiment dit. Je retournai à la porte.

« Rapport ! »

Personne ne vint. J'appelai de nouveau. Toujours personne. J'entendais pourtant plusieurs gardiennes qui discutaient dans la pièce qui leur était réservée au bout du couloir. Quand la gardienne de nuit vint dire de se coucher, j'essayai de lui parler, mais elle se contenta de crier son ordre de loin et n'approcha pas de ma cellule.

Je ne pouvais dormir. Mon angoisse grandissait. Dès l'aube, j'appelai :

« Rapport ! »

Pas de réponse. Je décidai d'attendre la venue de la gardienne de jour, et j'appelai à nouveau. Elle arriva assez vite :

« Que voulez-vous ?

– Les affaires de ma fille que la gardienne m'a apportées hier me mettent mal à l'aise. Je ne peux comprendre pourquoi ma fille semble ne pas les avoir utilisées. Les Gardes rouges nous avaient laissé à chacune une seule veste molletonnée. Pourquoi n'a-t-elle pas porté la sienne pendant tous ces hivers ? Pour avoir la preuve que ma fille est en vie et en bonne santé, je voudrais qu'elle puisse m'écrire quelques mots de sa main.

– Les prisonniers d'une maison d'arrêt n'ont pas le droit de communiquer avec leurs familles.

– Est-ce qu'elle ne pourrait pas seulement écrire " Vive le Président Mao " ou l'une des citations du Président Mao, ou même juste son nom?

– Non. C'est interdit.

– Mais je suis ici depuis si longtemps!

– Ça ne change rien. »

Je renouvelai ma demande à chaque gardienne pendant plusieurs jours. J'étais de plus en plus convaincue que ma fille était vraiment morte, parce que les gardiennes étaient soit évasives, soit silencieuses. Une ou deux avaient même semblé très gênées en refusant d'accéder à ma demande. Elles avaient évité mon regard.

Mon esprit était en ébullition et mon cœur à l'agonie. J'avais peur de cette vérité que je désirais tant connaître. Parfois j'étais convaincue qu'elle était morte, et la minute suivante j'accusais mon emprisonnement prolongé de m'avoir rendue hypersensible et pessimiste.

Après quelques semaines d'angoisse où je ne pris que peu de nourriture et ne dormis pratiquement pas, je retombai malade. J'avais tant de fièvre que je délirais. On m'emmena de nouveau à l'hôpital. Mon corps était si résistant que je survécus alors que je n'avais plus envie de vivre. On me ramena à la maison d'arrêt juste avant Noël.

Pendant toutes mes années d'emprisonnement, je m'étais souvent tournée vers Dieu et j'avais senti Sa présence. Enfermée dans ma cellule sinistre, j'avais éprouvé des moments magiques de transcendance que je n'avais jamais connus dans le confort de ma vie normale. Convaincue à nouveau que la vérité et la bonté finiraient par triompher, j'avais trouvé le courage de continuer à lutter. Ma foi m'avait soutenue dans les heures les plus sombres de ma vie et m'avait fait surmonter les privations, la maladie et la torture. En même temps, mes souffrances avaient renforcé ma foi et m'avaient aidée à comprendre que Dieu était toujours là. C'était à moi de me tourner vers lui.

Sous le regard inquisiteur des gardiennes, je ne pouvais prier ouvertement pendant la journée. La seule façon de me retrouver seule avec mes prières était de pencher la tête sur un volume des œuvres de Mao Zedong tandis que mon cœur tourmenté s'adressait à Dieu. En parlant de ma fille, je revivais les précieuses années qui s'étaient écoulées de sa naissance à Canberra, en Australie, en 1942, jusqu'à notre séparation forcée la nuit du 27 septembre 1966, quand j'avais été emmenée au meeting de lutte et arrêtée. Je retrouvais toujours vivantes en moi les joies qu'elle m'avait données à chaque étape de sa croissance, et je savais que j'étais privilégiée d'avoir reçu de Dieu cette bénédiction si particulière qu'est un enfant. Je priais chaque jour. Plus je me souvenais de sa vie, moins je pensais à la tragédie de sa mort. Peu à peu, je retrouvai la paix, et avec la paix une certaine acceptation. De plus, si je ne pouvais plus me raccrocher à l'espoir tenace de la revoir le jour où je sortirais de la maison d'arrêt, je savais que j'aurais encore beaucoup de choses à faire tant avant ma libération qu'après. Je n'avais pas fini de me battre. C'était à moi de trouver ce qui était arrivé à ma fille et, si je le pouvais, de réparer les torts qui lui avaient été faits. Sans Meiping, ma vie serait bien triste. Mais je devais continuer la lutte.

En février 1972, le Président Nixon vint à Beijing. Les journaux consacrèrent des pages entières à sa visite et publièrent de grandes photos de son arrivée, du banquet de bienvenue et de sa visite chez Mao. En regardant Mao, le visage souriant, serrant la main du Président américain, je me dis que ce moment devait être le plus précieux de tous pour lui. En cet instant, les années d'humiliation d'un chef d'Etat dont le pays n'est pas reconnu s'étaient effacées. J'étais certaine qu'il avait savouré dans cette rencontre la signification qu'elle revêtait non seulement pour lui-même et pour le Parti communiste chinois, mais aussi pour son ennemi mortel, le Guomindang.

Zhou Enlai se trouvait en bonne position sur toutes les photos. Le journal précisait que le Premier ministre Zhou Enlai avait accompagné le Président Nixon à Shanghai, d'où il devait regagner les Etats-Unis. On disait que le départ du Président avait été un peu retardé. Cela signifiait que le communiqué final clôturant la visite officielle avait suscité des difficultés de dernière minute. Mais il fut signé. Dans la version qui fut publiée, les Etats-Unis reconnaissaient que Taiwan faisait partie de la Chine. Cela empêchait totalement les Etats-Unis de reconnaître Taiwan comme un Etat indépendant, ce que le gouvernement communiste chinois redoutait le plus. En outre, selon le communiqué, la République populaire de Chine ne renonçait pas à utiliser la force pour la réunification future des deux Chines. C'était sans nul doute une victoire pour Beijing. Il semblait que la Chine communiste eût beaucoup gagné à la visite du Président Nixon, en n'offrant en contrepartie que son hospitalité fastueuse et souriante. La politique de rapprochement avec les Etats-Unis semblait plus que justifiée. Je me dis que la position personnelle du Premier ministre Zhou Enlai s'était trouvée renforcée par ce triomphe de son art de la diplomatie.

La lutte des classes observait une trêve; l'atmosphère se fit plus paisible. Le ton du journal n'était plus belliqueux. Même les gardiennes semblaient se comporter comme des êtres humains normaux. Le 1er mars je fus appelée pour un interrogatoire. Le premier instructeur que j'avais rencontré à mon arrivée à la maison d'arrêt avait repris son poste. Il recommença tout depuis le début, comme si les années écoulées n'avaient pas existé, et me demanda d'écrire une autre autobiographie. Puis il m'interrogea sur ma famille, sur mes amis, sur ma vie personnelle et mes activités, reprenant tout ce qu'avait fait l'instructeur de l'Equipe ouvrière et paysanne de propagande en 1969. Quand je m'énervais et lui disais que j'avais déjà répondu à toutes ces questions, il se contentait d'insister :

« Vous devez y répondre à nouveau. »

Je ne pensais pas qu'il essayait de me piéger pour m'accuser de mensonge si mes réponses n'étaient pas conformes aux précédentes. Il était plus probable que l'instructeur officiel de la Maison d'arrêt n° 1 et celui de l'Equipe ouvrière de Propagande servaient des patrons différents.

Cette série d'interrogatoires dura plusieurs mois. Je ne sais plus combien de fois je fus appelée dans la salle d'interrogatoire, combien de citations j'eus à lire dans le petit livre rouge. Il n'y avait plus ni cris ni discussions. J'en avais plus qu'assez et trouvais ces séances très ennuyeuses.

Un jour de l'automne 1972, l'instructeur produisit une lettre qu'il avait certainement trouvée dans les archives de mon bureau et me demanda si je l'avais écrite. Je vis qu'elle portait mon nom et je dis que oui.

« C'est la preuve de vos activités illégales. Mais ce n'est peut-être finalement qu'une erreur politique, dit-il.

– Puis-je revoir cette lettre ? » demandai-je, stupéfaite.

Il me la tendit. Je vis qu'elle avait été écrite peu après la mort de mon mari, en octobre 1957. J'étais allée prendre mes fonctions au bureau de Shell parce que la Banque de Chine refusait d'honorer les chèques de l'entreprise s'ils n'étaient pas signés par une personne responsable du bureau dont le sceau personnel serait enregistré à la banque. Je me souvenais très bien de ce jour-là. Le directeur du bureau de Shell à Hongkong m'avait téléphoné pour me dire qu'un directeur avait été nommé pour succéder à mon mari, mais qu'il ne pouvait venir à Shanghai avant mars de l'année suivante. Il m'avait demandé d'en informer le département du Commerce du gouvernement municipal de Shanghai. Puis il m'avait demandé également d'établir une liste des choses que le nouveau directeur et son épouse devraient apporter avec eux. Sachant que les Chinois mangent surtout du riz, ils voulaient savoir en particulier s'ils devaient apporter de la farine de blé.

Comme notre secrétaire de l'époque était anglaise, je me dis qu'elle saurait mieux quels conseils donner, et je lui demandai donc d'établir la liste – que je signai. Désireuse d'aider ses compatriotes, elle avait dressé une liste impressionnante qui comportait tout un inventaire, des boutons aux détergents. Mais, d'un point de vue politique, la lettre semblait totalement inoffensive.

« Je ne vois rien de politique dans cette lettre, dis-je.

– Rien de politique ? Vous avez divulgué des informations sur les réserves de céréales à Shanghai !

– Vraiment ? »

Je compris soudain qu'il avait reçu l'ordre de trouver une excuse à mon emprisonnement afin d'éviter d'avoir à déclarer, au moment de mon élargissement, que j'étais innocente. Je savais que le Parti détestait admettre ses erreurs puisqu'il s'était proclamé le « grand, glorieux et juste Parti communiste chinois ».

Il me redonna la lettre et dit :

« Relisez le passage sur la pénurie de céréales.

– " Le gouvernement de Shanghai autorise vingt catties (environ 13 kg) de céréales par mois. On peut acheter soit du riz soit de la farine. C'est plus que suffisant. " Qu'y a-t-il de mal à dire cela ?

– C'est une divulgation d'informations concernant l'approvisionnement de Shanghai en céréales.

– Les rations de céréales sont connues de tout le monde, y compris de tous les Européens vivant à Shanghai. Ce n'est pas un secret. Qu'y a-t-il à divulguer quand tout le monde est au courant ?

– Votre lettre a été envoyée à l'étranger.

– Est-ce que vous vous imaginez que les Européens de Shanghai n'en parlent à personne quand ils rentrent chez eux ? Et qu'en est-il de tous les Chinois qui vivent à l'étranger et reviennent ici pour de courtes visites ? Est-ce qu'ils ne connaissent pas la quantité de céréales à laquelle ont droit les membres de leur famille ? Est-ce qu'ils l'oublient comme par enchantement quand ils repassent la frontière ?

– C'est leur problème. Mais cette lettre, c'est votre problème. Est-ce que vous admettez, oui ou non, avoir écrit cette lettre ?

– En fait, la lettre n'a pas réellement été écrite par moi. Mais j'accepte d'en prendre la responsabilité puisque je l'ai signée et qu'elle a été envoyée du bureau de Shell quand j'en avais la charge. Là où je ne suis pas d'accord, c'est quand vous prétendez que le fait d'indiquer les rations de céréales allouées à chacun constituerait une " divulgation d'informations ".

– Il est illégal de divulguer des informations sur l'approvisionnement en céréales, mais nous pouvons considérer que ce n'est qu'une erreur politique dans la mesure où vous ignoriez la réglementation.

– C'est absurde ! Il ne s'agit pas d'une erreur, ni politique, ni quoi que ce soit d'autre. Montrez-moi le texte de cette réglementation si vous le possédez ! » dis-je avec colère.

Il ne tint pas compte de ce défi et ajourna l'interrogatoire.

Quand l'hiver arriva, on servit à nouveau trois repas par jour aux prisonniers. Au repas du midi, j'avais du poisson ou de la viande. Mais ma santé s'était détériorée au point que ces améliorations ne changeaient rien. J'eus une nouvelle hémorragie très violente. Quand le saignement fut enrayé, la gardienne militante, en vêtements civils, m'emmena à l'hôpital Zhong Shan de l'Université de Médecine n° 1 pour un examen. Un rendez-vous devait avoir été pris, car on nous conduisit directement au service de gynécologie et on nous fit entrer dans le cabinet avant toutes les personnes qui attendaient dans le couloir.

Je fus surprise de constater que le « docteur » était une jeune femme d'à peine vingt ans portant un brassard de Révolutionnaire. Elle se montra maladroite pendant le court examen et déclara ensuite à la gardienne que j'avais un cancer de l'utérus. Je ne la crus pas car j'étais certaine qu'elle n'était pas médecin. Elle aussi avait appris la médecine en étant médecin, comme le jeune homme qui s'était occupé de moi à la maison d'arrêt. Mais apparemment, les gardiens et les autres la crurent. Je fus soudain beaucoup mieux traitée. Certaines gardiennes me regardaient avec pitié. Après ma libération, j'appris que les responsables de mon cas avaient alors commencé à chercher sérieusement un logement pour moi. Il fut décidé de m'attribuer un appartement de deux pièces avec salle de bain car, comme je n'avais pas d'enfant pour prendre soin de moi, j'aurais besoin d'une infirmière à plein temps à la fin de ma vie.

Le 27 mars 1973, après le repas de midi, je marchais dans ma cellule quand une gardienne ouvrit le guichet et dit :

« Empaquetez toutes vos affaires !

– Toutes mes affaires ?

– Oui, tout. Ne laissez rien derrière vous. »

Peu après, on ouvrit ma porte et deux jeunes filles de la Réforme par le travail entrèrent pour prendre mes ballots. Une gardienne me dit de sortir.

Je regardai ma cellule, mon « chez moi » pendant six années et demie. Sans ma cuvette et mes serviettes, elle semblait déjà différente. Je me demandai si je devais arracher les feuilles de papier hygiénique que j'avais collées au mur le long du lit, pour ne rien laisser de moi dans cet endroit. Mais je décidai de les laisser pour la prochaine infortunée qui occuperait les lieux. En regardant la pièce pour la dernière fois, je sentis à nouveau le contact du métal froid des menottes sur mes poignets, je me souvins des souffrances physiques et des angoisses que j'avais endurées en luttant avec toute la volonté, toute l'intelligence et toute la foi en la justice que Dieu m'avait données.

« Venez donc ! Que faites-vous ? Vous n'êtes pas restée ici assez longtemps ? »

Je la suivis dans la cour jusqu'à la pièce où on m'avait enregistrée quand j'étais arrivée. Il n'y avait personne. Je m'assis sur une chaise.

Le jeune docteur entra et s'accouda négligemment au bureau.

« Je voulais vous dire quels médicaments je vous ai donnés pendant votre séjour ici pour que vous puissiez en informer votre propre médecin.

– Merci beaucoup, dis-je quand il m'eut énuméré quelques noms de médicaments.

– Bien. On va vous libérer. Vous êtes contente ?

– Il n'est que temps. Six ans et demi d'incarcération pour une innocente, c'est assez long, non ?

– Je voudrais vous donner quelques conseils avant que vous ne partiez, pour votre propre bien. Pendant votre séjour ici, vous ne vous êtes pas conduite d'une façon vraiment exemplaire. En fait, pendant toutes ces années, nous n'avons jamais eu de prisonnière aussi agitée et aussi raisonneuse que vous. Quand vous quitterez cet endroit, il faudra vous contrôler. Faites attention de ne pas irriter les masses. Shanghai n'est plus la ville d'avant la Révolution culturelle. Vous devez montrer du respect envers le prolétariat, sinon vous allez souffrir. Vous êtes malade. Vous ne voulez pas qu'on vous ramène ici, n'est-ce pas ? »

Je ne répondis pas. Il resta quelques minutes, puis partit. Il était évident qu'on lui avait demandé de me parler. Mais pourquoi ? Je ne le savais pas. En fait, je ne l'avais pas écouté très attentivement. La seule chose qui me préoccupait était de savoir si j'allais finalement retrouver ma fille en vie.

Mon paquet de vêtements fut méticuleusement fouillé par deux gardiens. Quand ils eurent terminé, je fus escortée jusqu'à une salle d'interrogatoire. Je n'eus ni à m'incliner devant le portrait de Mao, ni à lire de citation. L'instructeur me montra la chaise du prisonnier et je m'assis.

Un homme que je n'avais encore jamais vu était assis à côté de lui. C'est lui qui me dit :

« Vous allez sortir aujourd'hui. Nous pensons que le moment est venu de vous laisser partir. Je vais vous lire les conclusions auxquelles le gouvernement populaire est arrivé à votre sujet. Quand j'aurai terminé, vous serez autorisée à exprimer votre opinion, si vous en avez une. »

Il prit quelques feuillets dans une chemise et me dit :

« Levez-vous et écoutez les conclusions. »

Je me levai.

Il lut les indications relatives à mon état civil. Puis il continua :

« La personne susnommée a été amenée à la Maison d'arrêt n° 1 le 27 septembre 1966 pour les raisons suivantes : Premièrement, en octobre 1957, dans une lettre à destination de l'Angleterre, elle a divulgué des informations sur l'approvisionnement de Shanghai en céréales. Deuxièmement, elle a pris la défense du traître Liu Shaoqi et s'est opposée à la résolution du Comité central concernant Liu Shaoqi. Ce sont des délits graves qui méritent une punition. Cependant, étant donné qu'elle est politiquement arriérée et ignorante, nous avons décidé de lui donner une chance de comprendre ses erreurs. Après six ans et demi d'éducation à la Maison d'arrêt n° 1, nous avons observé une certaine amélioration dans sa façon de penser et dans son repentir. En conséquence, nous avons décidé de lui montrer la magnanimité du prolétariat en ne retenant pas d'accusation contre elle et en l'autorisant à quitter la Maison d'arrêt en personne libre. »

Quand il eut fini, il leva la tête et me regarda.

J'étais livide. La colère et le dégoût m'étouffaient. Je méprisais cette hypocrisie flagrante et cette impudence, tout en sachant bien que le vrai coupable n'était pas cet homme, mais le système diabolique dans lequel nous devions tous vivre. Quel que soit le prix à payer, je devais me battre. Je le regardai droit dans les yeux et me rassis.

« Est-ce que vous n'avez rien à dire ? N'êtes-vous pas reconnaissante ? N'êtes-vous pas contente de pouvoir sortir en personne libre ? me demanda-t-il.

– Je ne peux accepter vos conclusions, dis-je en essayant de contrôler la rage qui me faisait trembler. Je resterai à la Maison d'arrêt n° 1 jusqu'à ce qu'une juste conclusion soit apportée à mon cas. Une juste conclusion doit comporter une déclaration spécifiant que je suis innocente de tout crime ou erreur politique. Elle doit comporter également des excuses pour arrestation et détention arbitraires et une réhabilitation complète. En outre, les excuses devront être publiées dans les journaux de Shanghai et de Beijing, car j'ai des parents et des amis dans les deux villes. Quant aux conclusions que vous venez de lire, c'est une imposture et une escroquerie. J'ai été amenée ici bien avant que Liu Shaoqi ne soit dénoncé. Comment auriez-vous pu prévoir que je prendrais sa défense ? Quant à cette divulgation d'informations concernant l'approvisionnement en céréales, ce n'est qu'une invention qui vous permet de sauver la face. Je n'ai jamais rien divulgué et vous le savez très bien. »

Ils se regardèrent, puis l'instructeur dit :

« La Maison d'arrêt n° 1 n'est pas une maison de retraite. Vous ne pouvez y rester toute votre vie.

– Cela peut ne pas durer toute ma vie. Je ne resterai

que jusqu'à ce que vous apportiez une juste conclusion à mon cas. Si vous le faites demain, je pourrai partir demain.

– Nous connaissons déjà votre opinion, dit l'autre homme. Comme nous l'avons dit, nous vous avons autorisée à exprimer votre opinion. Nous en avons pris bonne note. Nous la ferons connaître aux autorités supérieures. Maintenant vous pouvez partir.

– Non. A la minute où je partirai, vous oublierez toute l'affaire et la conclusion erronée sera classée dans mon dossier personnel. Je reste.

– Je n'ai jamais vu un prisonnier refuser de quitter la maison d'arrêt ! dit l'instructeur en se levant. Vous devez être folle. En tout cas, puisque le gouvernement veut que vous partiez, vous devez partir. Votre famille vous attend depuis le début de la matinée. Combien de temps voulez-vous encore retarder votre départ ? »

Est-ce qu'il voulait dire que ma fille attendait dehors ? Oh, comme j'avais envie de la voir ! Soudain, deux gardiennes entrèrent dans la pièce. Elles me saisirent chacune par un bras et me traînèrent jusqu'à la grille.

Au loin, debout à côté d'un taxi bleu, la silhouette d'une jeune femme... plus petite que Meiping. Mon cœur se serra : c'était ma filleule Hean.

Troisième partie

MON COMBAT POUR LA JUSTICE

CHAPITRE 13

QU'EST DEVENUE MEIPING ?

JE restai là, les yeux scrutant l'allée. A part les sentinelles au loin, il n'y avait que ma filleule Hean, qui venait vers moi les bras tendus.

« Meiping est morte ! C'est pour cela qu'elle n'est pas venue me chercher. Meiping est morte ! Meiping est morte... » Mes oreilles bourdonnaient et mes yeux s'embuaient. Au fond de moi, j'espérais encore que l'on pourrait m'expliquer autrement l'absence de ma fille, mais le chagrin affaiblissait mon corps et je ne pouvais bouger les jambes. Hean prit mon bras et me guida jusqu'au taxi.

« Où est Meiping ? »

Je craignais d'entendre la réponse, mais il fallait que je pose la question.

Hean ne répondit pas. Elle serra seulement ma main un peu plus fort. Je ne pouvais me résoudre à dire : « Est-ce que Meiping est morte ? » Formuler mes craintes leur aurait donné trop de réalité.

Le taxi traversait les rues familières de Shanghai. Ma libération de la maison d'arrêt ne m'apportait pas de soulagement. Elle remplaçait seulement mes vieilles angoisses par d'autres.

Le taxi s'arrêta devant une petite porte de bois noir

dans un mur de ciment. Hean paya le chauffeur et frappa à la porte. Une femme d'âge mûr portant la tunique de coton bleu et le pantalon flottant des serviteurs ouvrit la porte et aida Hean à rentrer mes affaires.

« Voici A-yi, dit Hean en me la présentant. Elle est ici pour prendre soin de toi. »

Ce qui avait dû être un petit jardin était maintenant un champ de gravats. A part un malheureux orme luttant pour émerger des tuiles brisées, des briques et de la poussière, il n'y avait là que des touffes de mauvaises herbes. La maison délabrée n'était pas entretenue et les pièces du rez-de-chaussée inoccupées. Une épaisse couche de poussière recouvrait la terrasse. La porte ouvrait sur une petite entrée. Nous montâmes l'escalier. L'entrée et la cage d'escalier avaient été débarrassées de leur poussière à l'aide d'un chiffon humide, mais les murs étaient gris. Hean me précéda dans une grande pièce en haut de l'escalier, meublée d'une commode, d'un petit bureau, d'une table, de quatre chaises, d'un fauteuil et d'un lit aux draps bien blancs couvert d'un édredon à fleurs. Je reconnus le type de meubles que l'on produit en masse pour les jeunes mariés.

« On t'a alloué ces deux pièces. Le bureau de la Sécurité m'a donné un certificat pour acheter les meubles. Oh! C'est si bon de te retrouver! »

Hean me sauta au cou et me serra un long moment contre elle. Je compris qu'elle avait du mal à parler de Meiping. Il faudrait que je lui laisse le temps d'aborder d'elle-même le sujet. Le fait qu'elle ne m'expliquât pas l'absence de Meiping prouvait que Meiping était morte. Je me sentis de nouveau submergée par une douloureuse angoisse.

« Ils m'ont donné 5 000 yuans de ton argent, dit Hean. Je n'ai pas osé tout dépenser. Je me suis dit que tu en aurais besoin pour vivre. C'est pourquoi les murs sont sales et les rideaux peu fournis. Maman était venue avec moi pour t'accueillir, mais au dernier moment, alors qu'elle attendait dans le taxi, on lui a dit d'aller à un meeting de son groupe d'étude pour prendre connaissance d'un document officiel concernant Lin Biao. Tu sais ce qui s'est passé, n'est-ce pas ?

– J'imagine qu'il est en disgrâce dans la mesure où son nom a disparu des journaux.

– Il est mort ! Dans un accident d'avion alors que, paraît-il, il s'échappait vers l'Union soviétique ! C'est le Premier ministre Zhou qui vient maintenant juste après le Président Mao. C'est pour cela que les choses s'arrangent. C'est pour cela que tu es sauvée ! Oh, je suis si heureuse de te voir ! Si seulement... »

Elle ne finit pas sa phrase et les mots qu'elle allait prononcer se transformèrent en sanglots. Des larmes inondèrent ses joues et elle baissa la tête.

Je m'attendais à ce qu'elle me parle de Meiping, mais nous fûmes interrompues par l'entrée de la servante qui apportait deux tasses de thé chaud.

Hean se ressaisit immédiatement et ravala ses larmes, comme si elle avait peur de la servante.

« Merci, A-yi », dis-je en prenant ma tasse de thé.

C'était une petite femme maigre d'environ cinquante ans à la peau rêche et aux mains nerveuses. Ses yeux semblaient m'évaluer.

« Dois-je faire bouillir de l'eau pour un bain ? me demanda-t-elle.

– Non, merci, pas tout de suite. Je vous dirai quand je serai prête pour un bain. »

Quand elle eut fermé la porte derrière elle, je demandai à Hean :

« Est-ce qu'on est encore autorisé à avoir du personnel ?

– Pourquoi pas ? Il y a tellement de chômeurs ! Pour une personne malade, ou pour une mère de famille, personne n'émet de critique. En ce qui te concerne, c'est l'homme du bureau de la Sécurité qui a suggéré de lui-même que je devrais te trouver une servante. Il a dit que tu étais malade et que tu devrais être opérée. Je crois qu'il a exagéré la gravité de ton état, mais je te trouve tout de même bien maigre.

– Ne t'en fais pas. C'est une question de nourriture. Je vais me remettre. Comment as-tu trouvé A-yi? dis-je, curieuse de savoir si elle lui avait été recommandée par le bureau de la Sécurité.

– C'est maman qui l'a trouvée par une amie. Mais... ce n'est pas Chen Ma, répondit-elle en baissant la voix. Fais attention à ce que tu dis devant elle. »

J'acquiesçai.

« Je crois que le gouvernement veut se montrer conciliant avec toi maintenant que la situation est différente à Beijing. On t'a alloué ces deux pièces avec une salle de bain privée, et hier, quand j'accrochais les rideaux, un homme du bureau du Logement est venu me dire qu'il était chargé de planter des arbres dans le jardin. Il m'a même demandé quels arbres tu préférais! »

Comme le gouvernement était l'unique arbitre de nos destinées, les Chinois étaient extrêmement sensibles à tout signe d'humeur des services gouvernementaux, les interprétant comme des indications de leur position aux yeux des autorités.

Hean semblait plus détendue et elle souriait. Je me décidai donc à l'interroger au sujet de Meiping.

« Es-tu prête à m'apprendre ce qui est arrivé à Meiping? »

Elle me regarda longuement, comme si elle voulait savoir si je pouvais entendre ce qu'elle avait à me dire. Puis elle se décida.

« Je n'étais pas à Shanghai à l'époque. Comme tu le sais, j'ai obtenu mon diplôme du Conservatoire de musique en 1966, juste au début de la Révolution culturelle. Quand je suis venue à l'anniversaire de Meiping en août, j'attendais que les autorités m'assignent un travail. En décembre de cette année-là, on m'envoya à

Guiyang. Je n'y étais pas depuis bien longtemps quand on me transféra dans une commune agricole des environs pour y être " rééduquée ". Au cours de l'été 1967, maman m'a écrit pour me dire que Meiping s'était suicidée. »

Ainsi donc, Meiping était vraiment morte, comme je l'avais soupçonné quand on m'avait apporté ses vêtements à la maison d'arrêt. Et pourtant, comme je m'étais accrochée désespérément à l'espoir de la retrouver en vie en sortant de prison ! Maintenant, ma dernière étincelle d'espoir s'était éteinte. Il ne restait plus rien. J'aurais moins souffert si j'étais morte en prison sans savoir que Meiping n'était plus. Mon combat pour survivre et pour contrer l'adversité, d'une importance cruciale à l'époque, me semblait dénué de sens. Je me sentis tomber dans un trou. Les bras de Hean me tenaient debout et nous pleurions toutes deux Meiping.

Qu'avaient-ils fait à Meiping pour la conduire au suicide ? Une jeune femme en bonne santé ne pense même pas à ce genre de choses si elle n'est pas acculée dans une impasse !

« On m'a dit que son nom figurait sur la liste des suicides qu'on avait lue à un meeting du Studio cinématographique. Hier, l'homme du bureau de la Sécurité m'a demandé de ne rien te dire. Des représentants du Comité révolutionnaire du Studio vont venir te l'annoncer demain.

– Est-ce qu'ils ont donné la raison de son suicide ?

– J'étais présente à plusieurs meetings où on annonçait des suicides. En général on disait seulement que les personnes concernées étaient " incapables d'assumer une juste attitude envers la Révolution culturelle prolétarienne ".

– Ça ne veut rien dire.

– Non. Je me demande si nous connaîtrons jamais les circonstances de sa mort. Je suis sûre que personne n'osera en parler. »

Je trouverais la façon dont elle était morte, je me le promis. Cela prendrait du temps, mais je n'aurais pas de repos tant que je ne saurais pas. Il faudrait pourtant que je sois prudente, parce que si les autorités découvraient mes intentions elles essaieraient de m'arrêter. Personne ne devait connaître mes projets, pas même Hean.

« Est-ce que tu travailles à Shanghai? lui demandai-je.

– Oh, non! C'est le bureau de la Sécurité de Shanghai qui m'a fait revenir. Ils ont envoyé à mon unité à Guiyang une lettre qui me donnait un mois de congé. C'était il y a environ deux semaines. Au début, l'homme du bureau de la Sécurité voulait que ce soit maman qui prépare tout pour toi. Mais elle a eu une crise cardiaque il y a un an, et elle ne peut plus faire la queue dans les boutiques. Alors le bureau de la Sécurité a décidé de me rappeler pour prendre la relève. Il faudra bientôt que je regagne Guiyang. Les enfants ont besoin de moi. Je suis mariée et j'ai une fille et un garçon! » dit Hean en souriant.

Elle sortit une photo de son sac et me la tendit. On y voyait une jolie petite fille de cinq ans et un beau bébé avec Hean et son mari, souriants.

« Toutes mes félicitations! dis-je.

– Mon mari s'appelle Li Tong. Lui aussi a été envoyé à Guiyang pour travailler après avoir obtenu son diplôme de l'Ecole d'art dramatique de Beijing. Le département de la Culture du gouvernement municipal de Guiyang était en plein désarroi. Tous les responsables avaient été dénoncés comme " responsables engagés dans la voie capitaliste ". Les Révolutionnaires luttaient entre eux pour s'emparer du contrôle du département. Personne ne savait que faire des jeunes diplômés qui venaient prendre leur poste, si bien qu'on nous a tous envoyés dans une commune agricole pour y être " rééduqués " par le travail manuel. Li Tong et moi sommes devenus amis presque tout de suite. Le travail était très dur parce que les terres cultivées sont à flanc de montagne, en terrasses. Nous devions porter de lourdes charges d'eau et d'engrais et monter et descendre des centaines de marches par jour. Les paysans étaient durs et désagréables avec nous. Ils n'étaient pas contents que nous soyons là parce que nous devions partager leur maigre ration de céréales, mais ils n'avaient pas osé refuser de nous accueillir. J'avais beau travailler autant que je le pouvais, ils trouvaient toujours que ce n'était pas assez. J'avais très peur d'eux. Parfois j'ai pensé que j'allais mourir d'épuisement et ne jamais rentrer chez moi. Li Tong m'aidait et me protégeait des paysans quand ils se montraient trop méchants. Il est scénariste et il connaît beaucoup de vieilles histoires chinoises. Il m'aidait à continuer grâce à son humour et ses histoires drôles. »

Je regardai Li Tong sur la photo. C'était un homme maigre qui n'avait l'air ni fort ni distingué, mais dont les yeux étincelaient et qui arborait un sourire ironique. A ses côtés, Hean si féminine avec son visage rond et sa petite taille, avait l'air d'une enfant.

« Es-tu heureuse avec Li Tong?

– Oh, oui! Nous sommes heureux ensemble. Il s'occupe bien de moi et des enfants. Tu sais, il écrit en secret une pièce sur la Révolution culturelle. Elle s'intitule *Folie,* c'est une satire.

– Mon Dieu! Qu'arrivera-t-il si le manuscrit tombe entre les mains des Révolutionnaires? J'imagine que vous vivez dans des pièces qui vous ont été allouées par le gouvernement?

– Li Tong dit qu'il fallait qu'il l'écrive, sous peine de voir sa tête exploser. Et puis les Révolutionnaires de notre organisation sont très amicaux avec lui et je ne les vois pas fouillant nos pièces. Li Tong sert de " nègre " aux Révolutionnaires qui ont très peu d'instruction et n'ont jamais rien lu sur le marxisme. Ils récitent les citations du Président Mao, mais ils n'ont pas lu ses livres. Ils demandent à Li Tong d'écrire leurs discours et de les farcir de citations de Marx et Lénine. Ainsi, l'auditoire pense que les Révolutionnaires sont savants. Parfois Li Tong planifie aussi leur stratégie dans les luttes entre factions révolutionnaires.

– Et pourquoi fait-il une chose pareille ?

– Li Tong dit que s'il ne peut tuer les Révolutionnaires lui-même, il peut au moins s'arranger pour qu'ils s'entre-tuent dans des luttes de factions », répondit Hean en riant.

J'étais consternée. Comme j'interrogeais Hean sur les origines familiales de Li Tong, j'appris que son amertume venait des souffrances qu'il avait subies à cause d'elles. Son frère aîné, un professeur qui croyait dans le Parti communiste, avait été dénoncé comme Droitier en 1957. Sa belle-sœur s'était suicidée. Son père était mort d'une crise cardiaque après que les Gardes rouges l'eurent accusé d'avoir été un propriétaire terrien, enfermé dans un sac et battu.

« J'imagine que vous n'êtes plus dans la commune agricole ?

– Non, on nous a fait retourner à Guiyang quand le Président Mao a invité l'équipe américaine de ping-pong à venir à Beijing. Tout d'un coup, les Révolutionnaires sont devenus gentils avec moi parce que je suis née en Australie. Ils croyaient que l'Australie et les Etats-Unis, c'était la même chose ! Tout le monde doit suivre la juste ligne du Président Mao. Les Révolutionnaires font très attention à ce qui se passe à Beijing. La visite de l'équipe américaine de ping-pong leur a fait penser que la Chine voulait se montrer gentille avec les Etats-Unis, alors ils ont décidé d'être gentils avec ceux qui étaient nés aux Etats-Unis. Certains disent que lorsque le Bureau politique respire à Beijing, tout le pays est balayé par le vent !

– Quel travail fais-tu maintenant ?

– J'accompagne au piano l'Ensemble de chant et de danse de Guiyang. »

La mère de Hean arriva. Elle avait tant vieilli que je la reconnus à peine. Son visage profondément ridé portait une expression de défaite et de résignation. Elle m'embrassa et s'exclama :

« Tu sembles beaucoup mieux que je ne le craignais. Oh, c'est si bon de te revoir ! »

Je m'évadai un instant jusqu'à Sydney, en Australie, plus de vingt-six ans plus tôt. Nous étions alors de jeunes mères heureuses marchant côte à côte derrière nos deux petites filles en maillot de bain qui agitaient leurs seaux et leurs pelles en courant vers la vaste plage dorée où elles construiraient un château de sable. Nous ne savions pas que nous vivions nous-mêmes dans un château de sable qui ne tarderait pas à s'effondrer. Le père de Hean travaillait au Consulat général de Chine à Sydney. Nous étions tous sur le point de regagner la Chine et nous en étions très heureux.

Il était évident que la mère de Hean pensait elle aussi à Meiping. Elle me dit :

« Tu dois être courageuse. Ce qui est arrivé est arrivé. On n'y peut rien. Il faut que tu penses à ta propre vie. Tu n'es pas en bonne santé. Trop de chagrin te fera du mal. Il faut que tu sois philosophe. »

Elle me raconta ensuite sa vie pendant la Révolution culturelle. Le récit des humiliations et des persécutions qu'elle avait subies n'était pas très différent de celui qu'auraient pu faire des millions d'autres personnes qui avaient travaillé pour le gouvernement précédent ou vécu à l'étranger. Elle me dit qu'elle avait été autorisée à cesser d'enseigner, mais son mari travaillait toujours à la banque. N'ayant jamais été considérés comme membres de la classe capitaliste, ils vivaient encore dans leur maison. Les Gardes rouges s'étaient contentés de brûler leurs livres et de confisquer leurs « objets de valeur ».

Je la remerciai pour son aide dans la préparation de mon appartement et elle me dit :

« Les choses s'arrangent maintenant que le Premier

ministre Zhou joue de nouveau un grand rôle. Beaucoup de gens sont libérés de prison.

– Est-ce que nous avons été nombreux à être arrêtés ?

– Oh, oui ! Presque tous les cadres d'entreprises étrangères ont été incarcérés. Nous connaissions le directeur de la Banque de Hongkong et Shanghai et notre voisin est un parent du directeur de la Chartered Bank. Tous deux ont été enfermés à la Maison d'arrêt n° 1. Le premier a été relâché à la fin de l'année dernière et l'autre sortira bientôt. L'un d'eux a perdu sa femme quand les Gardes rouges ont mis leur appartement à sac. La pauvre femme a eu si peur qu'elle a sauté de la fenêtre du sixième étage... Le plus important, maintenant, c'est de te faire soigner. La plupart des médecins qui travaillent aux consulations des hôpitaux ne sont pas médecins du tout. Il te faut quelqu'un de compétent. L'homme du bureau de la Sécurité nous a dit que tu avais un cancer de l'utérus.

– Je ne crois pas que j'aie un cancer, répondis-je. J'ai des saignements depuis plusieurs années, et ça n'empire pas. Si c'était le cancer, je souffrirais probablement déjà beaucoup.

– Bon ! Espérons que ce n'est pas le cancer, alors. Mais il faut tout de même qu'un bon médecin t'examine.

– Est-il possible d'en trouver un ? Je me demande ce qu'il est advenu de mon vieux médecin, le docteur Quo Ging au Centre hospitalo-universitaire n° 2.

– Je crains qu'il ne soit très malade. Il a beaucoup souffert pendant la Révolution culturelle. Je vais essayer de trouver quelqu'un d'autre. Il faudra probablement passer par la « porte de service ».

– Que veux-tu dire ?

– C'est le nouveau moyen d'arriver à ses fins. Cela signifie s'arranger pour voir un médecin ou acheter quelque chose dont on a besoin d'urgence par l'intermédiaire d'amis ou de relations plutôt que par les canaux officiels. Naturellement, la « porte de service » coûte généralement plus cher parce qu'on doit donner des cadeaux, et non pas de l'argent, à ceux qui organisent l'affaire. Mais dans bien des cas, c'est le seul moyen aujourd'hui d'obtenir certaines choses.

– N'est-ce pas illégal? Avant la Révolution culturelle, c'était très mal vu et peu de gens osaient recourir à de telles pratiques.

– Toutes les lois et tous les règlements ont été déclarés instruments des " responsables engagés dans la voie capitaliste " contre le peuple. Personne ne sait plus ce qui est légal et ce qui est illégal. J'imagine que si l'on se fait prendre, c'est illégal. Quand on s'en sort, c'est légal. Ceux qui utilisent la porte de service semblent s'en sortir, alors tout le monde les imite. »

A-yi apporta le repas et je me rendis dans la salle de bain pour me laver les mains. Pour la première fois depuis six ans et demi, je me regardai dans un miroir. Je fus éprouvée par l'aspect de mon visage décoloré, mes joues creuses encadrées par des mèches raides de cheveux gris qui faisaient ressortir les yeux trop brillants. Ce que je voyais était très différent de mon ancien visage. Il est vrai que six ans et demi, c'est très long. J'aurais vieilli de toute façon. Je me regardai à nouveau. Il me restait à espérer que mes joues s'arrondiraient et que mes yeux regarderaient le monde avec calme, et non avec cette appréhension angoissée.

Hean et sa mère étaient déjà à table. A-yi avait préparé un bon dîner : de la soupe au poulet, du porc et du chou frit. Le riz à la vapeur était très tendre. Cela faisait bien longtemps que je n'avais vu un tel festin, mais je n'avais pas d'appétit et ne je pouvais mâcher à cause de mes gencives douloureuses. Je bus un peu de soupe et avalai quelques bouchées de riz.

« Je devrais peut-être voir avant tout un dentiste, dis-je.

– Je vais t'emmener voir ma cousine. Elle est dentiste à l'Hôpital populaire n° 6, proposa Hean.

– Il vaut mieux que tu la contactes d'abord pour tout organiser, dit sa mère.

– Oui. J'irai la voir demain matin et ensuite je viendrai te dire ce qu'elle en pense », déclara Hean.

Quand Hean et sa mère partirent, j'aidai A-yi à descendre la vaisselle jusqu'à la cuisine. Puis je remontai voir la petite chambre où A-yi devait dormir. Il n'y avait qu'un lit avec ses affaires dessus, pas un seul autre meuble et pas de rideaux aux fenêtres. Hean n'avait pas eu assez d'argent ou pas assez de meubles pour organiser les deux pièces. Je pris une de mes chaises et la plaçai près du lit d'A-yi avant de demander à celle-ci de me faire chauffer de l'eau pour que je me lave.

J'avais déjà remarqué que la baignoire était sale et qu'il n'y avait rien pour la nettoyer. Je me laverais donc au lavabo. De toute façon, il faisait assez froid et je n'avais pas de moyen de chauffer la salle de bain – et même une toilette au lavabo était toute une histoire. A-yi dut faire chauffer plusieurs fois la bouilloire pour remplir d'abord les bouteilles Thermos, puis la grosse bassine.

Pendant que j'attendais, je découvris du papier et des enveloppes que Hean avait placées dans le tiroir du bureau. J'écrivis un mot à l'ami et camarade de classe de Meiping, Kong, l'acteur du Studio cinématographique. Je pensais qu'il était le mieux à même de m'éclairer sur la mort de Meiping. Je lui demandais de prendre contact avec moi le plus tôt possible.

J'entendis A-yi monter l'escalier. Elle titubait sous le poids de la grosse bassine d'eau bouillante. Je courus à sa rencontre et l'aidai à porter l'eau dans la salle de bain.

Comme aucun gardien ne viendrait me dire de me dépêcher, je me lavai consciencieusement, utilisant toute l'eau de la bassine et des six bouteilles Thermos achetées par Hean. Quand je sortis de la salle de bain, je me rendis sur le balcon et regardai la rue baignée par la faible lumière des lampadaires.

La maison que l'on m'avait attribuée faisait partie d'un lotissement. Elle se trouvait au bout d'une allée de maisons semi-indépendantes et toutes semblables – jusqu'à leur peinture écaillée. Une autre rangée de maisons semblables s'alignait devant moi, séparée de la porte de mon jardin par une étroite route cimentée. Du bout du balcon, je pouvais aussi voir le jardin de mes voisins et leur lessive qui séchait sur des bambous. Jadis, ces maisons appartenaient aux classes moyennes de Shanghai, mais depuis 1949, la population de la ville était passée de moins de 4 millions à 10 millions d'habitants, et le gouvernement avait très peu construit. La politique de Mao consistait à développer les villes dans l'intérieur plutôt que dans les régions côtières. Maintenant, plusieurs familles devaient occuper chacune de ces maisons, partageant la cuisine, la salle de bain et l'entrée. Je n'avais jamais vécu dans de telles conditions et je me demandais s'il y avait un moyen de récupérer mon ancienne maison.

Bien qu'il n'y eût personne dans les rues, je ne pensais pas qu'il fût très tard. J'étais pourtant physiquement et nerveusement épuisée, et je refermai la porte-fenêtre pour aller m'allonger sur le bon lit. J'avais eu une longue journée, mais je ne parvenais pas à trouver le sommeil. J'avais comme un horrible poids sur la poitrine à force d'avoir tenté de cacher mon émotion à Hean et à sa mère. Maintenant, comme aucune gardienne ne pouvait me voir et qu'A-yi dormait déjà, profitant de mes premiers moments de solitude depuis des années, je laissai mon chagrin prendre possession de moi et je déversai mon désespoir en torrents de larmes.

Le lendemain matin, deux hommes du Studio cinématographique vinrent me rendre visite. Ils me dirent qu'ils étaient membres du Comité révolutionnaire du Studio cinématographique de Shanghai, qui les envoyait m'informer de la mort par suicide de ma fille le 16 juin 1967.

« Le bureau de la Sécurité nous a dit que vous étiez libérée pour raisons de santé. Nous avons cru comprendre que vous ne tarderiez pas à entrer à l'hôpital, si bien que nous avons décidé de venir tout de suite pour vous informer officiellement de la mort de votre fille pour que son cas soit considéré comme classé », dit le seul des deux hommes qui parla jusqu'à la fin de cet entretien.

Je fus étonnée de l'entendre dire que j'avais été libérée pour raisons de santé, mais ce n'était pas un point que je pouvais discuter avec eux, si bien que je me contentai de dire :

« Je voudrais connaître les circonstances de la mort de ma fille.

– Elle a sauté de la fenêtre du neuvième étage de l'immeuble de l'Association d'athlétisme de Shanghai au matin du 16 juin 1967.

– Pourquoi se trouvait-elle dans l'immeuble de l'Association d'athlétisme de Shanghai ?

– Elle y avait été amenée pour interrogatoire par les Révolutionnaires.

– Pourquoi était-elle interrogée ?

– C'est sans importance.

– Bien sûr que c'est important. Cet interrogatoire a un lien direct avec sa mort !

– Non, cela n'a rien à voir avec sa mort. Elle s'est suicidée. Elle est seule responsable de sa mort. En tout cas, nous ne sommes arrivés au Studio cinématographique de Shanghai avec l'Equipe ouvrière et paysanne de propagande qu'en 1968, longtemps après la mort de votre fille.

– Est-ce que le Studio cinématographique a fait une enquête sur sa mort soit avant que vous soyez venus y travailler, soit après ? demandai-je d'un ton calme et poli, en dépit du fait que j'étais indignée par l'attitude bureaucratique de cet homme.

– Comment aurions-nous pu le faire ? répondit-il avec impatience. Il y a eu tellement de suicides ! Nous avions assez de problèmes urgents à régler. De toute façon, selon notre Grand Dirigeant le Président Mao, le suicide est une tentative pour résister à la rééducation et à la réforme. C'est un crime contre le socialisme. Ceux qui se suicident sont de véritables contre-révolutionnaires.

– Etes-vous absolument certain que ma fille s'est suicidée ?

– Son nom figurait sur la liste des suicidés quand nous avons repris le Studio. Les cendres de votre fille sont conservées au columbarium. Quand vous serez prête à en prendre possession, vous devrez venir au Studio pour qu'on vous fournisse une autorisation.

– Est-ce que la loi n'exige pas qu'un médecin légiste examine le corps avant la crémation ? »

Cela me rendait malade de parler ainsi de ma fille, mais je devais garder mon sang-froid pour poursuivre la conversation.

« J'aimerais voir une copie du rapport du médecin légiste.

– Est-ce que vous vous rendez compte que votre fille s'est suicidée à une époque de grands troubles, où la loi et l'ordre n'existaient plus ? Il y avait beaucoup d'autres cas de suicides; parfois des centaines par jour.

– Voulez-vous dire qu'il n'y a eu aucun examen avant qu'elle ne soit incinérée ?

– Nous n'en savons rien. En fait, nous savons très peu de chose sur les circonstances de sa mort, en dehors du fait qu'elle s'est suicidée.

– J'aimerais établir une demande officielle auprès du Comité révolutionnaire du Studio cinématographique de Shanghai pour qu'on ordonne une enquête sur la mort de ma fille. »

Ils me regardèrent tous deux en silence, puis se levèrent. L'homme qui n'avait rien dit sortit de sa serviette une enveloppe et plusieurs cahiers qui avaient appartenu à Meiping et les posa sur la table.

« Dans l'enveloppe, vous trouverez la somme d'argent que le Studio remet aux familles d'un travailleur décédé. Ces cahiers constituent une partie du journal intime de votre fille. Le Comité révolutionnaire nous a dit de vous les restituer. »

Je les regardai partir. A la porte, l'homme se retourna et me dit :

« D'après ce que j'ai entendu dire au Studio, votre fille était estimée par ses collègues. Nous regrettons qu'à cause de son passé familial regrettable elle n'ait pu assumer une juste attitude envers la Grande Révolution culturelle prolétarienne. »

Les deux hommes descendirent l'escalier suivis d'A-yi qui ferma la porte derrière eux.

Je restai un long moment devant le journal de Meiping sans avoir le courage d'y toucher. Beaucoup plus tard, sa lecture m'apporterait un grand réconfort. Mais, pour l'instant, la plaie était trop vive et ma sensation de perte trop écrasante pour que je l'ouvre. Je pensais à ce que l'homme venait de me dire. Il n'avait pas dit grand-chose, mais j'en avais tout de même appris un peu plus sur la mort de Meiping. J'étais plus que jamais décidée à poursuivre mon enquête car je pensais pouvoir connaître la vérité. Je pris la lettre que j'avais écrite à Kong et demandai à A-yi de la poster.

Je la suivis pour refermer la porte et, en remontant, j'évaluai rapidement les travaux à effectuer pour garantir ma vie privée si je devais rester dans cette maison et la partager avec quelqu'un d'autre. Il faudrait au minimum installer une cuisine à l'étage à la place de la seconde salle de bain pour éviter les allées et venues de A-yi dans l'escalier et les incursions des voisins à mon niveau. En attendant de trouver l'argent nécessaire à d'aussi gros travaux, je devais immédiatement mettre des rideaux à toutes les fenêtres pour éviter que le regard des voisins ne plonge chez moi.

Peu après, j'entendis qu'on frappait à la porte. A-yi ne pouvait être déjà de retour. Je courus au balcon et vis un homme habillé comme un ouvrier qui me cria :

« Je viens de la part du bureau du Logement. Je dois vous parler des arbres qu'on va planter dans votre jardin. »

Je descendis lui ouvrir.

« Vous êtes la nouvelle locataire ?

– Oui.

– Il va falloir nettoyer le jardin de tous ces débris avant notre arrivée, sinon les arbres ne pousseront pas.

– C'est le travail du bureau du Logement. Je ne suis pas responsable de ces gravats. Ils étaient là à mon arrivée. Et je n'ai pas la force de les enlever.

– Et cette jeune femme que j'ai vue l'autre jour ? Ce n'est pas votre fille ?

– Non. Elle ne vit pas ici. Ma fille est morte. »

Voilà ! je l'avais dit. « Ma fille est morte. » Et je devrais le répéter tant que je vivrais. A chaque fois que je devrais le dire, mon cœur se serrerait de douleur et je verrais ma si belle jeune fille dans une mare de sang sur la route de Nanjing.

En dépit de mes efforts pour rester calme, des larmes coulèrent sur mes joues. Je sortis un mouchoir et me détournai pour essuyer mes yeux, honteuse d'avoir craqué devant un étranger.

L'homme évita de me regarder. La tête baissée, il dit d'une voix douce :

« Je vais en informer mon unité pour voir si on pourrait vous trouver quelques jeunes gens pour faire le travail. »

Il partit.

Dans l'après-midi, Hean vint me dire qu'elle avait tout

organisé pour que je voie sa cousine à l'hôpital le lendemain matin.

« C'est un rendez-vous par la " porte de service ", et nous n'aurons pas à y être à l'aube pour faire la queue. Je lui ai déjà donné ton nom. Elle remplira ta carte et paiera les 20 centimes d'enregistrement. En arrivant dans le service, elle placera ta carte sur le dessus, comme si tu étais venue t'enregistrer la première. Tu la verras dès notre arrivée.

– Est-ce bien prudent? Je serais désolée de mettre ta cousine dans l'embarras.

– Non, elle n'aura pas d'ennuis. Tout le monde fait ce genre de chose sans arrêt. Tous les médecins reçoivent un certain nombre de clients " par la porte de service ". Les membres du Parti et les officiels l'utilisent pour eux et leur famille. »

Le lendemain, tout se passa comme Hean l'avait prévu. Bien que la salle d'attente fût pleine, nous fûmes introduites directement. D'autres clients venus « par la porte de service » entraient chez d'autres médecins. Et personne ne protestait. Les malades nous regardaient comme s'ils étaient contents de nous voir passer avant eux alors qu'ils attendaient souvent depuis des heures et que nous arrivions juste. Très gênée, j'interrogeai Hean sur la raison de ce fatalisme.

« Eux aussi entrent par la porte de service ailleurs, même s'ils ont pas trouvé le moyen de le faire ici. Un autre jour, ils passeront devant nous.

– Et ceux qui n'ont pas de porte de service?

– Tant qu'il te reste de la famille et des amis, tu as des portes de service. »

Je n'en étais qu'à ma première expérience de la porte de service, mais avec le temps je devins une experte dans son utilisation, enseignant l'anglais gratuitement contre quelques privilèges. Le rapprochement entre la Chine et les Etats-Unis, ainsi que l'importation de littérature scientifique et technique en anglais créèrent une demande de professeurs d'anglais. Les jeunes gens et les jeunes filles ambitieux espéraient trouver des emplois d'interprètes auprès de délégués d'agences gouvernementales se rendant à l'étranger et d'autres prévoyaient d'émigrer, si bien que ceux qui voulaient apprendre l'anglais étaient tellement nombreux que les demandes de cours encombraient ma boîte aux lettres.

Plus tard, quand Beijing décida de libérer les comptes en devises gelés pour encourager les Chinois de l'étranger à recommencer leurs envois, je me retrouvai à la tête d'une assez grosse somme d'argent. Je pus alors remercier ceux qui m'avaient ouvert les portes de service.

La cousine de Hean examina mes dents et me dit que j'avais une grave infection des gencives qui avait été négligée depuis si longtemps qu'elle ne relevait plus d'un traitement ordinaire.

« Bien que vos dents soient encore bonnes, il va falloir les extraire. Comme vous n'êtes pas en état de supporter une extraction par jour, venez tous les deux jours. Entre-temps, je vais vous donner un certificat qui vous permettra d'acheter du lait. Mangez aussi plusieurs œufs par jour, si vous pouvez en obtenir. Quand vous serez en meilleure santé, je pourrai accélérer le rythme des extractions. »

A la sortie de l'hôpital, Hean m'emmena acheter un réveil. Devant la boutique, un vieil homme était assis à côté d'une balance. Pour trois centimes, on pouvait se faire peser. Je montai sur la balance qui marqua 39 kilos, 13 de moins que mon poids normal. Je pris l'habitude de me peser régulièrement sur la balance du vieil homme, jusqu'à ce que je quitte la Chine.

Ma santé s'améliorant, la dentiste put extraire une ou deux dents par jour. Quand ce fut terminé, elle me dit qu'il fallait que mes gencives guérissent et se durcissent avant qu'un dentier puisse y être adapté. Je fus très déçue, car sans dents je trouvais difficile de parler clairement et d'avaler autre chose que des liquides.

Chaque fois que je me regardais dans la glace, j'étais déprimée par mon aspect. Je pris donc l'habitude de porter un masque de gaze sur la bouche même à la maison.

Quand je fus assez bien pour me déplacer seule en ville, Hean m'annonça qu'elle allait repartir pour Guiyang retrouver son mari et leurs enfants. Je lui étais très reconnaissante de ce qu'elle avait fait pour moi, et j'étais désolée de la voir repartir.

Un dimanche matin, Kong vint me voir. Je l'emmenai sur le balcon pour profiter du soleil. Il ne fut pas capable de me dire grand-chose sur ce qui était réellement arrivé à Meiping, mais il ne croyait guère en la version officielle du suicide.

« J'ai bien connu Meiping; je la connaissais depuis l'adolescence. Elle n'était pas du genre à se suicider. Et que faisait-elle dans l'immeuble de l'Association d'athlétisme? Qui l'y avait emmenée? En tout cas, ce n'étaient pas les Révolutionnaires de notre Studio. Ils l'auraient interrogée sur place.

– Crois-tu qu'ils l'avaient emmenée là parce qu'elle avait été membre de l'équipe féminine d'aviron?

– Pas du tout. L'Association d'athlétisme de Shanghai avait été dissoute. L'immeuble avait été repris par une organisation dépendant de la Milice de Shanghai. J'ai entendu raconter qu'on y avait installé un tribunal clandestin. L'endroit avait une réputation sinistre.

– Est-ce que tu veux dire qu'on y torturait les accusés?

– ... Eh bien... Disons que Meiping n'est pas la seule personne qui y ait été emmenée et qui soit morte dans des circonstances mystérieuses. »

Maintenant, je ne voyais plus seulement Meiping dans une mare de sang sur la route de Nanjing mais aussi son joli corps mutilé par la torture. L'image était tellement douloureuse que je frissonnai.

« Tous ses amis ont été très touchés par sa mort, dit

Kong. Un jour, nous découvrirons la vérité. Pour le moment, on ne peut rien faire. La situation politique est encore trop incertaine.

– Est-ce que Zhou Enlai n'a pas les choses en main à Beijing, maintenant ?

– Depuis la mort de Lin Biao, la position du Premier ministre Zhou s'est renforcée. Mais Jiang Qing et son groupe sont toujours là. Ils ne s'arrêteront pas tant qu'ils n'auront pas le pouvoir absolu. Quand l'affaire Lin Biao a éclaté, ils ont dû s'effacer à cause de leur étroite collaboration avec lui au début de la Révolution culturelle. Et puis le Premier ministre Zhou est très malade. Des gens de Beijing qui sont venus visiter le Studio ont dit qu'il avait un cancer. L'ancien secrétaire général du Parti, Deng Xiaoping, a été réhabilité. On l'annoncera dans quelques jours. Il va devenir l'assistant de Zhou. Zhou veut probablement qu'il lui succède. Mais Jiang Qing et son groupe sont bien décidés à ce que l'un d'entre eux succède à Zhou.

– Et le Président Mao ? Est-ce que ce n'est pas lui qui prendra la décision ?

– Il est très malade et, si j'ai bien compris, Jiang Qing essaie de l'isoler de tout contact direct avec les autres dirigeants. Nous sommes dans une période de changements et de bouleversements.

– Il y a encore beaucoup d'aspects de la Révolution culturelle que je ne comprends pas. Voici quelques jours, Hean m'a donné à lire quelques publications des Gardes rouges. Je les trouve très intéressantes. En aurais-tu aussi à me prêter ?

– J'en ai que vous trouverez sans doute intéressantes. Comme elles ne sont pas censurées, elles sont très révélatrices des luttes d'influence à la direction du Parti. Le but principal des publications des Gardes rouges est naturellement de dénoncer les " responsables engagés dans la voie capitaliste ", mais sans s'en rendre compte, ils dénoncent toute la direction du Parti. Il n'en reste pas moins que les histoires qui ont circulé de bouche à oreille sont pires que ces publications. »

Kong prit congé et je le raccompagnai en bas. Comme nous descendions l'escalier, une pellicule du revêtement du plafond vola jusqu'à nous.

« Pourquoi donc Hean n'a-t-elle pas fait repeindre ? demanda-t-il.

– Elle n'avait pas de quoi. On ne lui a donné que 5 000 yuans pour tout faire.

– Vous devriez écrire pour demander plus d'argent. Profitez de l'atmosphère plus détendue. Dans quelques mois, la situation peut empirer à nouveau...

– J'ai peur qu'ils ne saisissent cette occasion pour m'humilier et me faire la leçon. Je préférerais emprunter de l'argent à mes frères plutôt que de prendre contact avec les Révolutionnaires qui détiennent le mien.

– Bon, alors le weed-end prochain, je viendrai avec quelques amis pour badigeonner ces murs à la chaux.

– Oh non ! Je ne peux vous laisser faire ça !

– Nous sommes tous des amis de Meiping. C'est notre devoir de vous aider.

– Mais comment pourrais-je te remercier ? Et les autres ? Je ne les connais même pas.

– Peut-être qu'un jour vous serez en mesure de faire quelque chose pour eux. Quant à moi, j'ai si longtemps profité de votre hospitalité qu'il n'est que justice que je fasse quelque chose pour vous. »

Pour la modique somme de 15 yuans (coût des matériaux), Kong et deux autres jeunes gens du Studio de Meiping vinrent passer la journée à blanchir les deux pièces, le balcon et le couloir avec du matériel et une échelle empruntés au Studio. Ils m'expliquèrent qu'il était normal que les membres d'un organisme utilisent pour eux-mêmes le matériel de cet organisme, tant qu'ils le restituaient après coup. Kong m'apporta aussi une pile de vieilles publications des Gardes rouges.

La mère de Hean trouva une gynécologue qui accepta

de m'examiner. Elle me dit que ce Dr Wu avait fait de très bonnes études à la faculté de médecine de Beijing. Elle avait pris la succession de mon vieux docteur Quo Ging à la tête du service de gynécologie du Centre hospitalo-universitaire n° 2.

« Le Dr Wu est l'amie de la fille d'une amie. Une fois par semaine, le jeudi, elle voit les malades dont les cas sont trop compliqués pour que les jeunes médecins chargés des visites puissent les traiter. Elle te verra jeudi prochain. Pour éviter que tu passes d'abord par les jeunes médecins, la fille de mon amie va prendre un jour de congé et t'accompagner à l'hôpital pour te présenter au Dr Wu.

– Je ne peux accepter que la fille de ton amie prenne une journée pour m'emmener chez le médecin ! Est-ce que je ne peux pas y aller seule ?

– Elle veut te rencontrer. Quand je lui ai dit que tu avais fait des études supérieures en Angleterre, elle a été tout à fait enthousiaste. Elle espère que tu lui donneras des leçons d'anglais quand tu iras mieux. »

Je m'enferrai de plus en plus dans le réseau des « portes de service », mais comment faire autrement ? Si j'utilisais la procédure normale, non seulement j'aurais à faire la queue devant l'hôpital dès l'aube, mais je n'arriverais jamais jusqu'à un grand médecin comme le Dr Wu.

Le jeudi suivant, quand j'allai la voir, le Dr Wu me dit que je n'avais pas de cancer, mais que je souffrais d'un « grave déséquilibre hormonal », probablement dû aux angoisses prolongées et aux conditions de vie anormales – elle faisait ainsi poliment référence à mon emprisonnement. Elle me conseilla une hystérectomie, plutôt qu'un traitement prolongé qui risquait d'être interrompu si le fonctionnement de l'hôpital venait à être bouleversé par de nouveaux remous politiques. Je compris que, comme Kong, elle s'attendait à d'autres luttes politiques et considérait que l'atmosphère relativement calme dont nous jouissions pour le moment n'était qu'un leurre.

Une semaine plus tard, je fus opérée avec succès. Je restai trois semaines dans une salle surpeuplée de l'hôpital avec vingt-cinq autres femmes, dont certaines souffraient de cancers. Les lits n'étaient séparés que d'une trentaine de centimètres. La vue de ces corps émaciés et les plaintes des malades étaient extrêmement déprimantes. Quand je m'étais éveillée de l'anesthésie, j'avais cru un moment être retournée à l'hôpital de la prison.

J'étais encore à l'hôpital quand la Banque de Chine m'informa du dégel de mon compte en devises. Le fait d'avoir à nouveau de l'argent me redonna un merveilleux sentiment d'indépendance. J'envoyai à Hean et à son mari un cadeau de mariage un peu tardif et les invitai à venir à Shanghai avec leurs enfants pour le nouvel an chinois.

Quand je pus regagner mon appartement, j'allai revoir la dentiste et elle me donna mon dentier, mais dès que je l'eus dans la bouche la douleur fut tellement insoutenable que j'en fus malade. C'était comme si deux énormes plaques bloquaient ma bouche et m'étouffaient. La dentiste me dit de l'enlever la nuit pour me soulager. Mais je décidai de le porter vingt-quatre heures sur vingt-quatre pour m'y habituer plus vite et réduire la période d'adaptation. La nuit, quand je ne pouvais dormir tant j'avais mal, je prenais des somnifères.

Maintenant que j'avais assez d'argent, j'entrepris les travaux nécessaires pour rendre indépendant mon étage de la maison. Je fis installer une porte au bas de l'escalier, transférer la deuxième salle de bain dans l'office du rez-de-chaussée et installer à sa place une cuisine. Le travail fut exécuté par trois ouvriers de la section locale du bureau du Logement que je payai, et Kong m'obtint un évier, une cuisinière, du bois pour la porte et des carreaux de faïence pour les murs de la cuisine,... le tout par la porte de service.

Les ouvriers, qui percevaient un salaire mensuel du bureau du Logement, n'avaient pas le droit de toucher de l'argent pour le travail qu'ils exécutaient pour moi. D'ordinaire, ils se seraient moqués de la qualité du travail et auraient prolongé les travaux autant que possible. Je les encourageai donc à exécuter leur travail correctement et rapidement par un « traitement » de faveur : cartouches de cigarettes de la meilleure qualité, excellents repas arrosés de vin et de bière. Kong, A-yi et leurs amis m'aidèrent à obtenir les provisions en faisant la queue devant diverses boutiques et en ouvrant des portes de service. Quand le travail fut terminé j'offris un cadeau à chacun des trois jeunes gens. Je leur dis que je voulais bâtir un mur pour diviser l'entrée en deux, mais que je ne pouvais obtenir de briques. Aucun d'entre eux ne connaissait de porte de service pour les briques, mais ils me promirent de venir me construire mon mur dès que j'en aurais trouvé.

Un après-midi, j'étais assise dans ma chambre cousant des rideaux pour la chambre d'A-yi, quand trois dames vinrent me rendre visite.

« Nous faisons partie du Comité de ce quartier. Je m'appelle Liu Ying. Je suis responsable de votre unité. Et voici notre secrétaire du Parti, dit l'une d'elles en montrant une forte femme.

– Je suis son adjointe », dit la troisième.

Je me levai pour les accueillir et je les invitai à s'asseoir. A-yi nous apporta du thé.

Le Comité de quartier est une extension de la police et travaille sous son contrôle. Les responsables des Comités de quartier sont directement en relation avec les habitants et font leur rapport à la police. L'organisation est responsable de l'endoctrinement hebdomadaire des habitants, des hôpitaux de jour, de la distribution des coupons de rationnement, de la surveillance des quotas de naissances et de l'arbitrage des disputes entre voisins. Dans certains cas, les responsables des Comités de quartier aident même la police à résoudre des enquêtes criminelles et à capturer les délinquants, grâce à leur connaissance approfondie de la vie des gens dont ils ont la charge.

La plupart des responsables des Comités de quartier sont des ouvrières à la retraite percevant des pensions du gouvernement, mais aucune rémunération pour leur travail au Comité. Dans certains cas, quand la pension est très faible, on leur donne un petit complément. Ces dames (et quelques hommes) jouissent d'un pouvoir immense sur les gens. Leurs rapports sur chaque individu sont confidentiels et conservés par la police. En fait, ce système permet à la police de rester à l'arrière-plan tout en maintenant une surveillance étroite et constante sur toute la population.

La secrétaire du Parti me fit un grand sourire et me dit :

« Nous sommes venues vous voir parce que nous avons entendu dire que vous venez d'emménager dans notre quartier. Nous voulons aussi vous inviter à vous joindre à nous pour notre groupe d'étude qui se réunit les mardis et vendredis après-midi.

– Je vous remercie d'être venues. J'aurais dû aller vous trouver moi-même à mon arrivée, mais j'ai été occupée à me soigner et à remettre de l'ordre dans ma vie, dis-je poliment.

– Et de quoi souffriez-vous ? Etait-ce... la secrétaire du Parti hésita à finir sa phrase.

– Rien de grave. J'ai été opérée avec succès.

– Est-ce que vous n'aviez pas un cancer ? demanda son adjointe avec moins de tact.

– Non, non. Rien d'aussi grave. »

Elles échangèrent des regards surpris en constatant qu'elles avaient été mal informées par la maison d'arrêt et la police. Puis elles reprirent leur expression impassible.

« Pouvez-vous venir à nos réunions deux après-midi par semaine ? demanda Lu Ying.

– J'en serais ravie, mais je vous demanderai un ou

deux mois de repos pour me remettre de mon opération. Le docteur insiste pour que je me repose l'après-midi jusqu'à ce que je sois totalement rétablie. »

La secrétaire du Parti se leva, inspecta les lieux et s'exclama :

« Quel beau balcon! Et vous avez une salle de bain pour vous toute seule! Votre placard est très grand, lui aussi. »

Après avoir refermé le placard, elle vint se rasseoir.

« Deux grandes pièces pour une seule personne! Vous avez un traitement de faveur, vous savez, dit-elle en me regardant droit dans les yeux pour forcer mon assentiment.

– En général, les personnes seules n'ont pas tant de place », ajouta son adjointe.

Elle ne pouvait me forcer à aller aux réunions d'endoctrinement de son groupe d'étude parce que la participation était théoriquement volontaire, mais elle n'avait pas aimé que je lui demande deux mois de vacances. Elle employait donc maintenant la tactique classique : elle essayait de faire que, me sentant coupable d'ingratitude, j'accède à sa demande.

« J'apprécie ce que le gouvernement a fait pour moi et j'espère que vous transmettrez mes remerciements aux autorités responsables », dis-je.

Elles acquiescèrent, satisfaites de mes paroles.

« Naturellement, j'aimerais un jour retourner vivre dans ma propre maison. Savez-vous quelle est la politique du gouvernement concernant les maisons privées? ajoutai-je, considérant qu'il n'était pas inutile de leur rappeler que, puisque le gouvernement utilisait ma maison, il pouvait bien me donner un peu d'espace vital.

– Je ne suis pas très au courant, répondit sèchement l'adjointe.

– Il faut que vous vous remettiez vite, dit Lu Ying, et que vous vous joigniez à notre groupe d'étude pour améliorer votre conscience socialiste. Nous avons tous besoin d'étudier le marxisme-léninisme et les enseignements du Président Mao. Les membres de la classe capitaliste en ont encore plus besoin que les autres. Je vis dans ce quartier, à trois maisons de la vôtre. Je viendrai souvent voir comment vous allez.

– C'est très gentil à vous, dis-je.

– Je partage une seule pièce avec mon fils et ma fille. Il y a trois autres familles dans la maison », ajouta-t-elle pour que je comprenne bien la situation.

Sous le Parti communiste, la société chinoise était stratifiée selon le traitement que le Parti accordait à chacun. Avant la Révolution culturelle, je ne frayais pas avec les « masses ». Laozhao représentait la maison pour tous nos rapports avec les dames du Comité de quartier. C'était l'organisation de Front uni du secrétariat du Parti de Shanghai qui se chargeait des gens comme moi, et elle se montrait courtoise avec moi. Le traitement spécial qui m'était accordé, ainsi qu'aux gens de mon milieu, aidait le gouvernement populaire à offrir une image de tolérance aux yeux du monde extérieur car nous recevions tous souvent des visiteurs venus de l'étranger. Mais la Révolution culturelle avait changé tout cela. Ma vie entre le moment où je fus libérée et mon départ de Shanghai me donna l'occasion d'un contact plus profond avec la vie et les problèmes du Chinois moyen.

Mes hôtes se levèrent pour partir, mais la secrétaire du Parti avait encore quelques mots à dire :

« Vous devez étudier les livres du Président Mao. Ils vous aideront à avoir une attitude correcte face à vos récentes expériences. »

Je ne dis rien. Que voulait-elle que je réponde ? M'aurait-elle crue si je lui avais dit que j'avais été heureuse à la maison d'arrêt ? Elle avait l'air d'attendre une réponse, mais comme je ne disais toujours rien, son adjointe fit un signe à Lu Ying qui dit :

« Ah, oui ! Je vous ai apporté vos coupons pour du tissu, de la laine à tricoter, du fil à coudre et du molleton. J'ai déjà donné vos tickets d'huile, de viande et de *tofu* à A-yi l'autre jour. »

Je les remerciai et elles s'avancèrent vers la porte. La politesse voulait que je les raccompagne jusqu'à la porte du jardin, mais elles insistèrent pour que je reste dans ma chambre et appellèrent A-yi pour qu'elle descende refermer la porte. Je compris qu'elles voulaient lui parler hors de ma présence et je n'insistai pas.

Je rapportai les tasses de thé à la cuisine et repris ma couture.

Quand A-yi revint, elle me demanda :

« Vous avez déjà rangé les tasses ?

– Oui, mais je ne les ai pas lavées. Je tiens absolument à finir les rideaux pour en garnir votre fenêtre avant la nuit.

– Vous n'êtes pas du tout comme ils avaient dit ! » s'exclama A-yi en levant les bras au ciel.

Je me doutais que « ils » avaient probablement quelque rapport avec la police ou le Comité de quartier. Je préférai ne rien dire et souris.

« Vous êtes vraiment gentille. Vous m'avez aidée à porter l'eau le soir même de votre retour de cet endroit affreux, alors que vous étiez très malade. Vous m'avez donné une de vos chaises quand vous avez cru que je n'en avais pas. Vous avez dépensé beaucoup d'argent pour transférer la cuisine à l'étage pour que je n'aie pas à monter et descendre l'escalier. Quand vous avez de nouveau pu utiliser votre compte en devises, vous avez augmenté mon salaire, et maintenant vous me faites des rideaux. Vous êtes tout à fait gentille.

– Merci, A-yi. Mais je n'ai rien fait d'extraordinaire.

– Je ne vous laisserai pas tomber. Vous êtes quelqu'un de bien. Au fait, que pensez-vous de la Révolution culturelle ? »

Je compris que c'était la question que les représentants du Comité de quartier lui avaient demandé de me poser pour pouvoir faire leur rapport à la police.

« Eh bien, de mon point de vue personnel, la Révolution culturelle est un désastre : j'ai été emprisonnée et ma fille est morte. Mais du point de vue de la nation dans son ensemble, ce qui est naturellement le plus important, elle a peut-être été bonne et nécessaire, dis-je avec diplomatie.

– Comme vous avez raison ! s'exclama-t-elle en claquant des mains. Comme vous êtes éclairée ! Pourquoi n'avez-vous pas dit tout ça à la secrétaire du Parti ? Elle aurait eu une bonne opinion de vous pour avoir une attitude aussi éclairée.

– Elle ne m'a pas demandé ce que je pensais de la Révolution culturelle, dis-je.

– Mais elle vous a dit d'avoir une attitude correcte, vous vous en souvenez ? Aucune importance. Je lui répéterai ce que vous avez dit quand je la verrai au marché demain matin. Elle va chercher du lait pour son petit-fils tous les matins. »

A-yi partit à la cuisine pour préparer le dîner. C'était une âme simple. Elle venait de me révéler naïvement ses liens avec la secrétaire du Parti. Il semblait bien qu'en dépit de ma libération, je serais toujours sous surveillance et que tant que je vivrais à Shanghai je ne pourrais relâcher ma vigilance.

C'est cette nuit-là, dans le silence de ma chambre, que l'idée de quitter la Chine pour de bon germa pour la première fois dans mon esprit. Etre débarrassée de cette atmosphère d'intrigue et de la nécessité d'être constamment sur mes gardes constituerait ma véritable libération. Ma fille morte, rien ne me retenait plus à Shanghai. Même s'il était totalement impensable de quitter la Chine pour l'instant, je savais que je devais m'accrocher à cette idée et travailler à sa réalisation, le regard fixé sur cet horizon lumineux.

CHAPITRE 14

LA RECHERCHE DE LA VÉRITÉ

SOUVENT je m'éveillais, haletante, au milieu de cauchemars dans lesquels je voyais ma fille frappée, torturée et tuée dans une pièce aspergée de sang. Mon cœur continuait à battre follement tandis que j'essayais de conjurer les visions plus horribles encore que m'imposait mon imagination. Je décidai de me rendre route de Nanjing pour regarder de près l'immeuble de l'Association d'athlétisme de Shanghai. Je pensais devoir faire cette démarche douloureuse dès que j'en aurais physiquement la force pour connaître réellement le lieu où Meiping était morte et si possible me renseigner. Je ne pouvais confier mes intentions à A-yi, car elle en aurait probablement fait part aux dames du Comité de quartier. Il valait mieux partir en promenade comme d'ordinaire, puis prendre le bus pour la route de Nanjing au lieu de marcher. J'entrepris donc de prolonger chaque jour un peu plus ma promenade jusqu'à ce qu'elle m'éloigne de l'appartement pour deux heures.

« Comme vous marchez longtemps, ces derniers jours ! Vous devez vraiment aller mieux. Vos joues ont repris des couleurs. Venez vous asseoir ! Je vais vous apporter du thé, s'exclamait A-yi à mon retour.

Quand mes promenades furent devenues une routine

et qu'A-yi ne fit plus de remarques sur leur durée, je me dis que l'heure était venue de mettre mon projet à exécution.

Traversant la ville depuis le centre, près du fleuve, jusqu'aux banlieues de l'ouest, la route de Nanjing était l'artère principale de Shanghai. Avant que l'Armée populaire ne prenne la ville en mai 1949, l'immeuble de l'Association d'athlétisme de Shanghai était le siège de la YMCA. Il se dressait dans la section centrale de la route de Nanjing, face au Parc du Peuple, l'ancien champ de courses. De la rue où j'habitais, il fallait une demi-heure de bus pour y arriver. Comme toujours à Shanghai, le bus était bondé. Je ne pus aller au-delà de la porte où je restai, écrasée par les autres voyageurs. Je me disais que la femme qui était devant moi et qui pressait si fort contre ma poitrine devait sentir les battements de mon cœur. J'étais extrêmement nerveuse, craignant ce que je pourrais découvrir. Ma raison me disait que je devais y aller, mais mes émotions me poussaient à rebrousser chemin. Quand le bus arriva enfin à mon arrêt, j'hésitai, mais tant de gens descendaient que je fus emportée par le flot des passagers et me retrouvai sur le trottoir.

J'avançai dans la foule en me forçant à regarder les immeubles de l'autre côté de la rue encombrée. Jouxtant l'immeuble de l'Association d'athlétisme se trouvaient le Park Hôtel et le Grand Cinéma, deux édifices tout à fait symboliques de Shanghai, datant des années trente. Leurs façades étaient décorées de slogans de la Révolution culturelle peints sur des banderoles rouges qui flottaient au vent d'automne : « La Politique au poste de commandement », « N'oubliez pas la lutte des classes », etc. Sur les toits, des inscriptions en tubes fluorescents invitaient le peuple à « poursuivre la Révolution jusqu'au bout ». Les gens qui m'entouraient devaient me prendre pour une touriste venue d'une autre province et se promenant le nez en l'air pour admirer les merveilles de Shanghai, et personne ne faisait attention à moi. Le cœur serré, je m'arrêtai presque en comptant les étages à la recherche des fenêtres de l'Association d'athlétisme, et je fus brutalement bousculée par les piétons pressés.

A la porte du Parc du Peuple, des hommes et des femmes faisaient la queue avec leurs enfants pour acheter des billets d'entrée. D'autres attendaient des amis ou de la famille. Je me mêlai à eux et regardai à nouveau l'immeuble de l'autre côté de la rue. Je ne comptai que huit étages. Pour éviter d'attirer l'attention, je fis les cent pas comme si j'attendais quelqu'un. Je recomptai. Impossible de trouver un neuvième étage d'où Meiping aurait sauté. Absorbée par ma découverte, je dépassai le parc. Ce n'est qu'en faisant demi-tour que je découvris un neuvième étage sur le côté de l'immeuble. Ses fenêtres ne donnaient pas sur la route de Nanjing, mais sur une allée bordée de maisons à un étage. Les fenêtres étaient très étroites et munies de barreaux. Je ne me rendais pas compte depuis la rue si quelqu'un pouvait se glisser entre ces barreaux.

Ce que je voyais était très différent de ce qu'on m'avait dit. Je voulais réfléchir. J'achetai un billet pour entrer dans le parc et trouvai un banc dans un coin calme d'où je pouvais voir le neuvième étage. Je ne détachai pas mes yeux de ces fenêtres à barreaux et me demandai quelle était la vérité sur la mort de ma fille. J'étais certaine qu'on ne m'avait pas tout dit. Une légère brise faisait voler les feuilles d'automne dans le soleil encore chaud. J'entendais le ronronnement de la circulation et des bribes de conversation, mais j'étais seule avec ma souffrance, aussi seule qu'un naufragé sur une île déserte.

Devrais-je traverser la rue, entrer dans l'immeuble et tenter d'apprendre quelque chose? Je ne parvenais pas à me décider. Une petite fille sur un tricycle tourna le coin de l'allée. Sa mère courait derrière elle en criant : « Ne va pas si vite! Fais attention! » La petite jetait des regards malicieux à sa mère par-dessus son épaule. Elles passèrent devant moi, puis disparurent derrière les buissons.

En quittant le parc pour gagner l'arrêt du bus, je voyais Meiping partout; toutes les jeunes femmes et toutes les petites filles de la rue ressemblaient à ma fille. Mon cœur éclatait de douleur et je me sentis plus désespérée et plus impuissante que je ne l'avais jamais été en prison. Beaucoup de monde attendait à l'arrêt. Un bus passa sans stopper. Soudain, je fis demi-tour et traversai résolument la rue. A l'entrée de l'allée, sur le côté de l'immeuble de l'Association d'athlétisme, je vis une jeune femme qui tricotait sur un tabouret.

« Est-ce que vous vivez ici? » demandai-je.

Elle acquiesça sans arrêter son ouvrage. Quelques personnes passèrent sur le trottoir sans me prêter la moindre attention. Les maisons étaient adossées à l'immeuble de l'Association d'athlétisme, prenant la moitié de la largeur de l'allée. La jeune femme leva les yeux et me demanda :

« Vous cherchez quelqu'un?

– Je suis de Beijing, dis-je. On m'a raconté qu'une jeune actrice du Studio de Shanghai s'est suicidée en sautant d'une fenêtre de cet immeuble en 1967. Est-ce que vous êtes au courant?

– Pas en 1967. C'était l'année qui a suivi le début de la Révolution culturelle, non? L'immeuble était en réparation. Il y avait des échafaudages tout autour. Je m'en souviens parce que nous nous sommes installés ici peu avant le début de la Révolution culturelle et que les ouvriers ont beaucoup sali l'allée. Et puis après, ils sont partis sans finir le travail.

– J'ai dû me tromper », dis-je avant de partir rapidement.

Je venais de recueillir une information cruciale. Il semblait certain que ma fille n'avait pu se suicider comme on me l'avait dit.

Un bus passa et j'y montai. Après un trajet pénible, je

regagnai ma rue. Quand j'ouvris la porte du jardin, je vis deux bicyclettes et j'entendis des voix dans les pièces du rez-de-chaussée.

A-yi vint à ma rencontre pour m'annoncer que le bas de la maison avait été alloué à une famille du nom de Zhu. Elle me parla de la famille en question, mais je ne l'écoutais pas, trop préoccupée par ma découverte sur la route de Nanjing.

La mort de ma fille restait un mystère; je n'étais pas plus près de la vérité qu'avant. Je ne doutais plus qu'elle eût été interrogée par les Révolutionnaires et qu'elle fût morte entre leurs mains. Si elle avait été assassinée, il fallait que je trouve le meurtrier et que je le fasse punir. En Chine, un meurtrier encourt la peine de mort. Je ne voyais plus Meiping étendue sur la route de Nanjing dans la pâle lumière d'une aube de juin, à l'heure où la rue est encore déserte. Quand j'étais seule, je voyais son visage blême et son corps sans vie, j'entendais ses cris et ses gémissements. Je jurai à Dieu de me venger.

Quelques jours plus tard, les Zhu emménagèrent. Je me demandais si je devais descendre leur souhaiter la bienvenue quand Mme Zhu monta me voir. C'était une femme d'environ mon âge, avec des cheveux noirs teints, soigneusement brillantinés et retenus par un peigne de fausse écaille. Une cigarette pendait au coin de sa bouche. Je l'invitai à s'asseoir. A-yi nous apporta du thé et une soucoupe comme cendrier.

« Ma fille Ye était dans la même école que votre fille Meiping, dit-elle avec de grandes effusions d'amitié. Elles étaient bonnes amies.

– Est-ce que votre fille vit ici avec vous?

– Ye est ma fille aînée. Elle est à Beijing avec la Troupe de chant et de danse de l'Armée de Libération. Comme mon mari était capitaliste, nous avons été chassés de notre maison et nous avons dû vivre dans un garage quand les Gardes rouges ont mis notre maison à sac. Est-ce que vous imaginez notre famille de sept personnes vivant dans un garage? Nous devions faire plus de cent mètres pour chercher de l'eau et aller à la toilette. Les Gardes rouges m'ont fait balayer les rues et mon mari a été battu et a subi je ne sais combien de meetings de lutte. Nous ne sommes qu'une petite famille insignifiante de la classe capitaliste. Nous n'avions pas beaucoup d'argent. A l'époque de la Libération, mon mari possédait une petite fabrique de crème pour le visage, c'est tout, dit-elle en s'énervant et en tirant sur sa cigarette.

– On aurait dû vous éviter tout cela puisque votre fille est dans l'Armée. Est-ce que votre famille n'est pas considérée comme un " Foyer honoré "? dis-je, sachant que les familles des filles et des garçons engagés dans l'armée recevaient ce titre assorti de privilèges et de rations spéciales.

– Les Gardes rouges ne s'en sont pas inquiétés. Mais maintenant, c'est reconnu. Nous avons retrouvé notre statut et on nous a attribué ces pièces ici.

– J'espère que vous y vivrez heureux, dis-je poliment.

– Oh! je ne devrais pas tout le temps parler de moi. Vous avez beaucoup plus souffert que nous. Vous avez été emprisonnée et votre si jolie jeune fille est morte. Dès que j'ai appris que Meiping s'était suicidée, je l'ai écrit à Ye à Beijing. Nous avons tous été très tristes. »

Je n'avais aucune envie de lui parler de Meiping, et il n'aurait pas été prudent de me plaindre de ce qui m'était arrivé, si bien que je ne répondis rien.

Elle sourit, écrasa sa cigarette dans la soucoupe et en alluma une autre. Puis elle dit :

« J'étais surtout montée pour vous parler de la note d'électricité. J'ai toujours trouvé mieux que les choses soient claires dès le début, pas vous? Comme ça, il n'y a pas de problème. Mon gendre est électricien et il a remarqué qu'il n'y a qu'un compteur. Est-ce que vous êtes d'accord pour partager la note en deux, puisque vous occupez la moitié de la maison et nous l'autre ?

– Ah, non, madame Zhu ! s'exclama A-yi qui devait écouter du couloir et qui entra avant que j'aie eu le temps de réagir. Nous devons payer l'électricité selon le nombre de personnes de chaque foyer. Vous êtes sept et nous ne sommes que deux. Nous allons diviser la note en neuf parts; vous en paierez sept et nous en paierons deux.

– Certainement pas ! Nous sommes sept, mais nous n'occupons pas plus de place. La note doit être divisée en deux !

– Comme vous êtes plus nombreux, vous utilisez plus de lumière. Moitié, moitié, ce n'est pas juste, insista A-yi.

– Pourquoi ne demanderions-nous pas aux autres ce qu'ils font ? dis-je pour arrêter la querelle. J'irai voir Lu Ying. Elle est responsable de notre unité et partage une maison avec d'autres familles. Nous lui poserons la question.

– Ça ne résoudra rien. Tout le monde sauf vous s'est vu attribuer la même surface. On vous en a donné plus qu'aux autres. Si chacune de ces pièces avait été attribuée à une famille, vous seriez six ou sept ici, dit Mme Zhu en écrasant sa cigarette et se levant. Je vais demander à mon mari de venir vous parler. »

Elle quitta la pièce en marmonnant et descendit sans me demander si je voulais ou non voir son mari.

Je ne comprenais pas pourquoi elle faisait une telle histoire d'une note d'électricité qui ne coûtait pas plus de quelques yuans par mois.

J'entendis des pas dans l'escalier. La porte de ma chambre s'ouvrit violemment et M. Zhu entra. C'était un homme rougeaud au visage flasque. Il avait dû être assez gros. A-yi vint se placer derrière moi comme pour me protéger.

« Ma femme me dit que vous ne voulez pas payer

votre part de la note d'électricité? » dit-il de but en blanc.

Comme il était entré sans y être invité, je ne me levai pas pour l'accueillir et lui dis :

« A l'avenir, quand l'un d'entre vous souhaitera me voir, il devra d'abord frapper à la porte. N'entrez plus jamais sans frapper. Les personnes qui se respectent se conduisent de façon civilisée. »

Il rougit et sembla mal à l'aise.

« Voulez-vous que nous parlions de la note d'électricité? demanda-t-il.

– Non, répondis-je fermement. Je suis fatiguée de parler de la note d'électricité. Je paierai la moitié de la prochaine note. En attendant, je ferai installer un autre compteur. Ainsi il n'y aura plus de discussion. La somme en cause est insignifiante, je ne comprends vraiment pas pourquoi vous en faites une telle histoire.

– Vous ne comprenez pas, explosa-t-il en s'asseyant. Il s'agit d'argent! Les Gardes rouges ont confisqué mon compte en banque. Je ne travaille pas. Nous ne percevons que douze yuans chacun par mois, ma femme et moi. Un de mes fils est au chômage. L'autre gagne quarante yuans par mois. Nous nous occupons de notre petit-fils. Ses parents sont dans le Nord-Est. Ils ont très peu à manger et nous devons leur envoyer des colis.

– J'en suis désolée, dis-je en me levant pour indiquer que l'entrevue était terminée. Considérant vos difficultés, je paierai la moitié de la prochaine note d'électricité.

– Je ne suis pas venu demander la charité », dit M. Zhu en partant.

Je regardai avec pitié la silhouette affaissée de M. Zhu quitter la pièce, et je me dis que la pauvreté était bien démoralisante.

Le jour suivant, je demandai au bureau du Logement l'autorisation d'acheter un compteur. Mais les employés ne prirent pas ma demande en considération. A chaque fois que j'y retournai, on me dit qu'on étudiait la question.

Un jour, je rencontrai l'un des ouvriers qui avaient déplacé la salle de bain. Il me dit :

« Vous n'aurez pas d'autorisation de leur part. Vous ne trouverez de compteur que par la " porte de service ". »

Quelques jours plus tard, alors que je sortais, je fus interceptée par le gendre de Mme Zhu, l'électricien. Il semblait m'avoir attendue dans le jardin. Il me proposa de me trouver un compteur par la porte de service et me donna un prix plusieurs fois supérieur au prix officiel. Je marchandai. Nous nous mîmes finalement d'accord sur le double du prix officiel.

« Ce compteur que vous me proposez vient-il du stock de votre lieu de travail? » lui demandai-je à brûle-pourpoint, certaine qu'il l'avait volé.

Le chapardage était courant dans les entreprises d'Etat car les secrétaires du Parti ne surveillaient que d'un œil les biens du gouvernement et les ouvriers trouvaient normal de compenser ainsi la modicité de leur salaire. C'était devenu si courant que tout le monde le savait. Les ouvriers en plaisantaient en appelant cette pratique le « communisme » – littéralement la « propriété partagée ».

« Qu'est-ce que ça peut vous faire de savoir d'où vient le compteur? Vous le voulez, ou pas? Je vous l'installerai.

– Et combien allez-vous me demander pour ce travail?

– Je devrais le faire pour rien parce que vous êtes gentille pour nous. Mais je suis très mal payé et j'ai besoin d'argent. Est-ce que six yuans seraient trop? »

Je regardai cet individu peu sympathique, à l'air assez intelligent, mais mal nourri et mal habillé. Je me dis qu'il n'était lui aussi qu'une victime du système. Dans d'autres circonstances, avec une chance de gagner décemment sa vie, il aurait été un jeune homme digne. Il me jetait un regard implorant.

« Je vous paierai six yuans. »

A-yi était furieuse contre les Zhu, et contre moi aussi pour ce qu'elle appelait ma « faiblesse ». Elle me prédit que maintenant que j'avais cédé, les Zhu allaient profiter de moi.

« Vous ne connaissez pas les gens de cette espèce ! » déclara-t-elle.

Le petit-fils de Mme Zhu était un gamin de six ans plein de vie, qui allait entrer à l'école primaire. Il était très gâté et n'avait aucun sens des convenances. Plusieurs fois par jour, il montait l'escalier et entrait dans ma chambre, surtout quand je n'y étais pas. Il ouvrait mes tiroirs et prenait tout ce qui lui plaisait. Parfois, quand je revenais de promenade, je le trouvais assis à mon bureau en train de dessiner avec mon stylo sur mon papier. Ou bien il montait avec une balle qu'il faisait rebondir contre mes murs propres. Le plus souvent il entrait et sortait pour dépenser sont trop-plein d'énergie en braillant des espèces de cris de guerre inintelligibles. Quand A-yi faisait la cuisine, il se servait, et si elle laissait de la monnaie sur la table, il la faisait disparaître à coup sûr. Plusieurs fois j'avais été en parler avec Mme Zhu, mais elle répondait toujours :

« Je vais lui dire de ne pas monter, mais c'est difficile pour moi de le surveiller, avec tout le ménage et la cuisine que je dois faire. »

Un matin, j'ouvris ma porte et j'entendis quelqu'un bâiller au pied de l'escalier. Je vis alors le fils chômeur de Mme Zhu qui sortait du lit. Pendant la nuit, tandis que je dormais, les Zhu avaient pris possession de l'entrée et l'avaient transformée en chambre à coucher. Le lit était contre le mur de leur côté, mais il y avait aussi une petite table et une chaise en face, ce qui me laissait à peine une trentaine de centimètres pour me glisser jusqu'à la porte. Ils s'étaient même attribué quelques marches en y posant des sacs. J'appelai A-yi pour lui montrer ce qui s'était passé. Elle voulait descendre sur-le-champ pour affronter les Zhu et je dus l'en empêcher.

Après le petit déjeuner, je me rendis au bureau du Logement.

« J'habite au nº 1 Tai Yuan Lu, dis-je à un employé.

– Je sais. Je vous ai reconnue.

– Je suis désolée de vous déranger, mais je voudrais vous poser une question : Pouvez-vous me dire quelle surface le bureau du Logement m'a attribuée ?

– L'étage de la maison.

– Et qu'en est-il de l'entrée au rez-de-chaussée ?

– L'entrée et le jardin sont à vous pour moitié. »

Je le remerciai et rentrai chez moi. Mme Zhu était sur la terrasse en train d'étendre son linge.

« J'ai remarqué que votre fils dort dans l'entrée, lui dis-je.

– Oui, nous n'avons plus de place à l'intérieur, dit-elle comme si c'était normal.

– Je reviens du bureau du Logement et on m'a confirmé que la moitié de l'entrée vous revient. Mais l'autre moitié est à moi. Pourriez-vous dire à votre fils de déplacer ses affaires dans votre moitié d'entrée pour ne pas bloquer l'escalier ?

– Il a laissé de la place pour que vous puissiez passer. Vous n'êtes pas épaisse. Combien de place vous faut-il donc ?

– Là n'est pas le problème. La moitié de l'entrée m'est réservée et je vous prierais de dire à votre fils de mettre ses affaires de votre côté, dis-je sèchement avant d'entrer.

– Nous sommes sept. Ma fille vient nous rendre visite. Nous n'avons plus la place de mettre un autre lit à l'intérieur », répondit Mme Zhu.

A-yi avait écouté notre conversation du balcon. Quand j'entrai dans ma chambre, elle murmura :

« Il ne nous reste plus qu'à construire un mur. Il n'y a pas d'autre moyen de les empêcher d'empiéter constamment sur votre partie de la maison.

– Mais nous ne trouverons de briques nulle part !

– Est-ce que vous pourriez me donner quelques jours de congé pour que je puisse rentrer chez moi à Suzhou ? Là-bas, j'essaierai de trouver des briques.

– Naturellement ! De toute façon vous avez bien droit à une visite à votre famille. »

J'étais heureuse qu'A-yi propose d'aller chez elle quelques jours. Elle avait une journée de congé par semaine, mais elle sortait rarement.

Le matin où elle partit, je me levai tôt pour aller au marché avec son panier. Il n'était que cinq heures et il faisait encore nuit, mais la rue menant au marché était déjà pleine de gens boutonnant leurs vestes et se hâtant vers les étals. On entendait de très loin le son des voix de la foule qui grouillait déjà en tous sens dans le marché.

Comme A-yi avait déjà acheté nos petites rations de porc et d'œufs, j'espérais trouver du poulet, qui n'était pas rationné, pour faire de la soupe. Je voulais aussi des légumes, notre ration mensuelle de tofu avant que le ticket ne soit périmé, et ma bouteille de lait. Comme les poulets étaient plus rares que les légumes, je fis d'abord la queue pour le poulet. Beaucoup de gens attendaient déjà. Les objets les plus hétéroclites – boîtes cassées, vieux chapeaux, tabourets ou boîtes de conserve – interrompaient la queue. A chaque fois qu'on avançait, les femmes qui se tenaient près de ces vieux objets les faisaient progresser aussi, comme s'ils faisaient partie de la queue. Je compris aux conversations des femmes autour de moi que ces objets représentaient des personnes, et que tant que quelqu'un les faisait avancer pour vous, votre place était gardée. De cette façon, une même personne pouvait attendre à deux ou trois queues à la fois. C'était en fait une organisation d'assistance mutuelle, comme la porte de service. « Je fais avancer ton objet dans une queue, pendant que tu fais avancer le mien dans une autre. » Quand un objet approchait du vendeur, l'amie criait à sa propriétaire de venir tout de suite faire son achat. L'acheteuse plaçait alors rapidement un objet par terre pour garder sa place dans l'autre queue, se précipitait pour faire son achat et retournait attendre. Chacun se prêtait complaisamment à ce petit jeu, puisque tout le monde avait besoin de l'aide des autres. Faire ses courses était devenu une opération de haute stratégie.

J'attendais depuis près d'une heure quand vint mon tour. Il ne restait que cinq poulets dans l'énorme panier.

« Votre carte de rationnement ! me demanda le vendeur.

– Les poulets sont rationnés ? demandai-je étonnée.

– Vite, dépêchez-vous ! D'autres attendent ! Montrez-lui votre carte de rationnement », criaient des voix de femmes impatientes derrière moi.

Je sortis ma carte et la tendis au vendeur.

« Quoi ? Vous n'êtes que deux ? Vous n'avez droit qu'à un petit poulet. Il ne m'en reste que des gros. Venez plus tôt demain ! Les petits partent très vite. Suivante ! Votre carte... »

J'allai faire la queue pour des légumes. Je n'étais pas trop ennuyée de ne pas avoir eu de poulet parce que j'étais déjà fatiguée d'attendre debout parmi les cris des femmes. Si j'avais eu un poulet, il aurai fallu que je fasse une autre queue pour qu'on le tue et le prépare. Même la meilleure des soupes ne semblait pas valoir tant d'efforts.

Je m'approchais des légumes quand j'entendis une voix d'homme crier « Tai-tai ! Tai-tai », appellation que ses serviteurs donnent à une femme de classe aisée. J'étais très étonnée qu'après tant d'années de propagande et de Révolution culturelle, quelqu'un puisse encore être appelé ainsi. La voix semblait me suivre, et au bout de quelques instants, mon vieux jardinier apparut près de moi. Les larmes aux yeux et la voix brisée il me dit :

« Vous êtes encore en vie! Vous êtes encore en vie! Vous avez l'air en bonne santé. Mais Meiping... »

Des gens nous regardaient avec curiosité et certains s'étaient même arrêtés pour nous écouter. Je lui donnai rapidement mon adresse et lui demandai de passer me voir plus tard dans la matinée.

Je n'avais plus du tout envie d'acheter à manger. Il me restait du pain, de la confiture et quelques légumes au vinaigre à la maison et je me dis que je pourrais bien survivre avec ça pour une journée. Je n'allai donc acheter que ma bouteille de lait et regagnai la maison pour attendre mon vieux jardinier.

Il arriva, rayonnant, vêtu d'un costume neuf. J'étais si heureuse de le retrouver! Il était tout aussi heureux de me voir.

« Je suis tellement contente de vous avoir rencontré au marché! Je vous dois de l'argent depuis toutes ces années, lui dis-je.

– Oh, mais non! Meiping m'a donné l'argent il y a longtemps. Elle est venue me voir quand on vous a mise... »

Il n'arrivait pas à prononcer le mot de prison.

Le salaire de Meiping était très faible, et je savais que les Gardes rouges ne lui avaient laissé que quelques centaines de yuans sur son compte. Elle avait dû lui donner tout l'argent qu'elle avait à l'époque. J'étais très fière de ce qu'elle avait fait là.

« Savez-vous quelque chose sur sa mort? demandais-je.

– On m'a dit qu'elle s'était suicidée, dit le vieil homme en baissant la tête. Sauf le jour où elle est venue m'apporter l'argent, je ne l'a pas revue. Mais Laozhao l'a vue. Je l'ai rencontré un jour dans la rue et il m'a dit qu'il voyait Meiping régulièrement.

– Est-ce que vous croyez que vous pourriez trouver Laozhao et lui demander de venir me voir ?

– Certainement ! Et je trouverai aussi Wang le cuisinier. Ils seront heureux d'apprendre que vous êtes encore en vie et en bonne santé.

– Est-ce que vous savez s'ils ont du travail ?

– Oui, ils ont tous les deux un emploi. Je crois que Wang travaille dans une usine et Laozhao est concierge dans une école. Vous savez, les Gardes Rouges l'ont battu et lui ont cassé un bras. Il était mal en point. Il est infirme. »

Je fus bouleversée par cette nouvelle. Me ressaisissant, je demandai au jardinier s'il travaillait aussi.

« Je suis resté longtemps sans travail. On disait qu'il était mal de planter des fleurs, que c'était presque contre-révolutionnaire. Mais maintenant les choses semblent avoir un peu changé. J'ai parfois du travail. Même les policiers m'ont demandé de planter des fleurs pour eux. C'est sans doute à nouveau bien, qu'est-ce que vous en pensez ? »

Il était à l'évidence troublé par les va-et-vient du bien et du mal. Je me demandais si je pouvais lui proposer de venir améliorer mon jardin, si misérable, même avec les arbres plantés par le bureau du Logement. Il semblait penser la même chose que moi, car il dit :

« Est-ce que vous aimeriez que je vienne de temps en temps m'occuper du jardin ? La haie a besoin d'être taillée et vous n'avez que des arbres.

– Ce serait merveilleux ! Pourrez-vous trouver des graines ? Est-il possible de faire pousser une pelouse ?

– Je crains bien qu'il ne soit plus possible de trouver du gazon, mais je cultive des semences dans des boîtes à la maison. Mes doigts me démangent quand je ne plante rien, vous savez. Quand les Gardes rouges fouillaient partout, je cachais mes boîtes sous les lits », dit-il en pouffant.

Tandis que je l'accompagnais en bas pour lui montrer le jardin, j'y trouvai Mme Zhu. Je lui présentai le jardinier et lui dis qu'il allait venir planter quelques fleurs.

« Seulement de votre côté. Nous ne voulons pas de fleurs du nôtre. Est-ce que vous ne savez pas que notre Grand Dirigeant le Président Mao est contre les fleurs ? »

Mme Zhu n'était vraisemblablement pas au courant du renversement du dogme concernant les fleurs. Je ne pris pas la peine de l'éclairer, craignant que la situation ne se retourne à nouveau. Je lui demandai seulement :

« Voulez-vous que la haie qui se trouve de votre côté soit taillée ?

– Tant que je n'ai pas à payer votre jardinier... Nous n'avons pas de compte en devises, ni de relations avec l'étranger. Nous ne pouvons payer un jardinier. »

Elle faisait une méchante allusion à mon emprisonnement en mentionnant mes « relations avec l'étranger ».

Deux jours plus tard, A-yi revint avec un panier plein : un gros poisson, un beau poulet et des œufs qu'elle avait obtenus à Suzhou par la porte de service. Quand elle entra, Mme Zhu la vit de sa cuisine et lui demanda :

« Qu'est-ce que vous avez acheté au marché noir de Suzhou ?

– Qui a dit que j'avais acheté quelque chose au marché noir ? Ce sont des cadeaux de mon mari et de mon fils. Et puis cela ne vous regarde pas, répondit A-yi furieuse d'être accueillie par une accusation.

L'entendant, je sortis de ma chambre pour venir à sa rencontre. Elle alla à la cuisine et me dit :

« Cette vieille femme est un cauchemar. Comment vous en êtes-vous sortie au marché ? Avez-vous trouvé des légumes ? »

Elle posa son panier sur la table et disparut dans la

salle de bain. Je sortis les œufs du panier en me demandant si je devrais en descendre quelques-uns comme cadeau pour Mme Zhu. Il était illégal d'acheter des choses au marché noir, mais tant que l'achat n'était pas dénoncé, les autorités faisaient comme si elles n'avaient rien vu. Elles savaient qu'elles ne pouvaient rien contre cette pratique.

J'entendis des pas dans les escaliers et Lu Ying apparut sur le palier. J'allai l'accueillir.

« Cela fait longtemps que je ne suis pas venue. Vous devez aller assez bien pour rejoindre notre groupe d'étude, maintenant, me dit-elle en s'installant dans ma chambre.

– Merci beaucoup de vous intéresser à moi. Je me sens plus forte de jour en jour.

– Des gens ont fait la réflexion que vous devriez venir. Ils vous voient sortir et marcher vite. Ils savent que vous êtes en bonne santé.

– C'est vrai. Maintenant je vais bien.

– Nous sommes en train d'étudier les crimes de Lin Biao. C'est très important. Cela nous aide à clarifier notre compréhension de ce criminel qui a essayé d'atteindre notre Grand Dirigeant le Président Mao. Vous feriez mieux de venir la semaine prochaine, dit-elle d'une voix sans réplique.

– D'accord. Je viendrai avec plaisir le semaine prochaine. »

Comme je n'avais plus d'excuse de santé, il valait mieux que je sois aimable.

A-yi sortit de la salle de bain.

« On dit que vous êtes partie ? demanda Lu Ying.

– Je suis allée chez moi deux jours voir mon vieux mari.

– Est-ce que vous avez acheté quelque chose au marché noir ?

– Bien sûr que non ! A Suzhou, nous avons aussi un Comité de quartier. Je n'ai rapporté que des cadeaux de ma famille. Nous avons des cousins à la campagne. Ils élèvent des poulets et pêchent dans la rivière. Ils ont donné ces produits à mon mari.

– Vous savez qu'il est illégal d'acheter des choses au marché noir. Chacun a le devoir de signaler tout ce qui lui paraît suspect à ce sujet. Faites bien attention de ne jamais rien acheter au marché noir! »

A-yi quitta la pièce. Lu Ying se tourna vers moi et dit :

« Au fait, beaucoup de gens du quartier on fait des réflexions sur vos habits. Ils disent que vous faites trop attention à vos toilettes. Vos vêtements ne sont pas seulement chers, ils sont neufs.

– C'est vrai. Je n'aime pas porter des vêtements neufs. Rien ne me plairait davantage que de remettre mes anciens habits, mais malheureusement je ne sais pas comment trouver les Gardes rouges qui me les ont pris quand ils ont mis ma maison à sac. Peut-être pourriez-vous m'aider? »

Elle fut visiblement gênée. Elle avait oublié ce détail. Mais elle ne renonça pas pour autant à me critiquer.

« La prochaine fois que vous achèterez des vêtements, achetez du prêt-à-porter bleu marine, comme nous tous. Ainsi, vous aurez davantage l'air d'être l'une des nôtres, au lieu de marquer votre différence avec vos ensembles de laine grise. »

Quand Lu Ying fut partie, A-yi et moi nous accordâmes pour penser que Mme Zhu avait dénoncé A-yi au Comité de quartier et avait aussi fait courir les commérages sur ma façon de m'habiller.

Je demandai à A-yi si elle avait trouvé des briques.

« Mon mari va se renseigner discrètement. Quand il en trouvera, il nous le fera savoir. »

Le dimanche suivant, Laozhao et Wang vinrent tous deux me voir. Après les avoir interrogés sur leur travail et sur les membres de leur famille, je les questionnai au sujet de Meiping.

« Peu après que les Révolutionnaires vous eurent emmenée, dit Laozhao, ils lui ont attribué une pièce dans une maison qui appartenait à un professeur Zhen, de l'Université Tangqi. Le professeur avait été dénoncé par les Gardes rouges et on l'avait forcé à monter s'installer au grenier avec sa famille. Le reste de sa maison fut alloué à d'autres familles et à Meiping. J'allais la voir tous les dix jours environ. Elle avait l'air d'aller bien mais elle se faisait du souci pour vous. Après sa mort, j'ai demandé à Mme Zhen ce qui était arrivé. Elle m'a dit que Meiping avait été enlevée de la maison en pleine nuit par un groupe de Révolutionnaires. Mme Zhen ne pensait pas que ces hommes étaient du Studio cinématographique. Elle a dit que quand elle avait entendu Meiping crier qu'elle refusait de les suivre, elle était venue sur le palier pour écouter. Finalement les hommes ont forcé Meiping à les suivre.

– Et les gens qui habitaient au même étage que Meiping ?

– Je les ai questionnés, mais personne n'a rien voulu dire. Ils avaient peur. »

Je demandai à Laozhao l'adresse de cette maison. Il me l'écrivit, mais me mit en garde :

« Vous ne devez pas y aller. Vous n'y apprendrez rien. J'ai eu l'impression qu'ils avaient tous reçu l'ordre de ne rien dire.

– Ils vaut mieux que vous ne fassiez pas votre enquête vous-même. Si la police apprend que vous interrogez les gens, ce sera mauvais pour vous, ajouta le cuisinier.

– Est-ce que vous avez bien dit que ce professeur travaillait à l'Université Tangqi ? »

Je pensais à Henry, le mari de Winnie, qui était aussi professeur à Tangqi. Il pourrait peut-être me présenter aux Zhen.

« Oui. Mme Zhen me l'a dit elle-même. C'est une très gentille dame. Meiping m'a dit qu'elle était bonne pour elle.

– Et est-ce que vous savez ce qui est arrivé à mes amis le professeur Huang et sa femme Winnie ?

– Ils ont eu beaucoup d'ennuis et ils ont été enfermés par les Gardes rouges. Mais maintenant, ils sont sortis d'affaire, sauf que Mme Huang est très malade.

– Est-ce qu'ils vivent toujours dans le même appartement ?

– Je crois. »

Laozhao et Wang m'apprirent aussi que Chen Ma était morte.

« Vous ne pouvez pas imaginer Shanghai en 1967 et 1968, me dit le cuisinier. Les Gardes rouges et les Révolutionnaires étaient comme fous. Ils se déchaînaient sur la ville, cassant tout et enlevant les gens comme ils le voulaient, torturant dans des tribunaux secrets et tuant de toutes les façons les plus cruelles qu'on puisse imaginer. Personne n'était plus en sécurité dans les rues. Ils utilisaient même des ambulances pour des enlèvements quand il n'y avait plus assez de véhicules disponibles. Il y a eu tant de suicides ! Beaucoup de gens sont même allés aux postes de police supplier qu'on les mette en prison pour qu'ils soient en sécurité.

– Peu avant que je ne la voie pour la dernière fois, Meiping m'a dit qu'elle allait épouser Sun Kai, mais elle voulait attendre votre libération. Elle semblait persuadée que vous seriez relâchée très vite parce qu'elle disait que vous n'aviez rien fait de mal. Est-ce que vous voulez que je trouve Sun Kai ?

– Vous connaissez son adresse ?

– Oui, celle qu'il avait en 1968 quand je l'ai revu et qu'il m'a dit de lui donner de vos nouvelles quand j'en aurais. »

1968. C'était cinq ans plus tôt. Est-ce que Sun Kai se préoccupait encore de mon sort ? Comme il avait certainement été mêlé à la vie de Meiping pendant la période cruciale qui avait précédé son enlèvement, j'étais naturellement très désireuse de le voir.

« J'aimerais beaucoup que vous le trouviez, s'il vous plaît. Donnez-lui mon adresse. S'il est marié, ne parlez pas de Meiping devant sa femme », dis-je à Laozhao.

Je demandai ensuite à Laozhao d'obtenir une autorisation du Studio pour que j'aille réclamer les cendres de Meiping au columbarium.

Quelques jours plus tard, Lu Ying vint à nouveau me rappeler le groupe d'étude du Comité du quartier qui se réunissait le mardi après-midi et me dire que je devais y participer.

« Apportez un tabouret. Il n'y a pas assez de bancs », ajouta-t-elle.

Le mardi après-midi, je mis une veste de coton bleu marine par-dessus mon pantalon de flanelle grise. J'espérais que la veste laisserait croire à Lu Ying qu'elle avait sauvé la face parce que j'avais suivi son conseil. Mais ma veste avait été faite sur mesure et elle ne ressemblait guère aux vestes informes des autres femmes chinoises. Je souhaitais que Lu Ying voie que j'avais suivi son conseil, mais je ne voulais pas l'encourager à m'en donner trop souvent. Je n'avais pas l'intention de faire quoi que ce fût qui pourrait être pris pour un manque de respect vis-à-vis de son autorité, mais je n'avais pas non plus l'intention de lui laisser croire qu'elle pourrait faire de moi ce qu'elle voudrait.

Le local du Comité de quartier était situé dans une maison semblable à la mienne. Pour les réunions, trois pièces du rez-de-chaussée avaient été réunies en une seule. La salle était déjà aux deux tiers pleine de personnes habillées de bleu et de gamins qui couraient partout. L'assistance continuait d'arriver. Je fus accueillie par des regards curieux qui suffirent à me convaincre que ma réputation d'ancienne détenue de la Maison d'arrêt n° 1 m'avait précédée.

Mme Zhu, avec qui j'étais venue, me fit traverser la pièce jusqu'à un groupe de femmes assises sous la fenêtre. Elle me fit signe de poser mon tabouret et de m'asseoir parmi elles. Personne ne nous salua. Chacun gardait un visage impassible comme s'il avait peur d'être trahi par une expression involontaire qui pourrait être mal interprétée. Quelques semaines plus tard, je devais apprendre que le groupe de femmes avec lesquelles j'étais assise était composé exclusivement de membres de la classe capitaliste et d'intellectuels, les intouchables de la Révolution culturelle, considérés comme indésirables et suspects par le prolétariat. Nous étions dans la même pièce que les autres, mais nous étions séparés d'eux. Même quand la salle était bondée, quelques centimètres séparaient notre groupe des sièges des ouvriers.

Cette ségrégation n'avait pas été imposée par le Parti, ni par la police. Elle était le résultat de la propagande politique rabâchée aux gens depuis des années. Plusieurs semaines plus tard, j'arrivai alors que l'orateur avait déjà commencé. Je plaçai en toute hâte mon siège près de la porte et m'assis avec le prolétariat. Comme s'ils avaient reçu un choc électrique, les ouvriers les plus proches de moi écartèrent immédiatement leur tabouret du mien et je me retrouvai isolée dans la pièce surpeuplée. J'étais plus amusée que gênée par la situation, mais quand l'orateur s'interrompit pour boire un peu d'eau, je pris mon tabouret et rejoignis le groupe de Mme Zhu et des autres dames avec lesquelles je sentais maintenant un lien invisible. Elles m'accueillirent avec des signes de têtes et des regards approbateurs tout en gardant une expression impassible.

La salle de réunion était décorée des slogans habituels de la Révolution culturelle, qui me rappelaient mes meetings de lutte. Mais il y avait aussi des messages de nature plus pacifique. Ils saluaient les réussites économiques du pays depuis la Révolution culturelle, qui était censée avoir libéré les forces productives et augmenté le rendement. Ce type de mensonges officiels auxquels se livraient fréquemment les autorités ne tendaient qu'à créer l'impression que la vérité était sans importance. En fait, les affiches devaient proclamer que le Comité de quartier soutenait la Révolution culturelle et la politique de Mao et démontrer le savoir-faire politique de notre secrétaire du Parti et de ses adjoints.

Juste devant nous, à l'endroit le plus en vue, se trouvaient les slogans dénonçant Lin Biao, cible de nos critiques. De grandes feuilles de papier portaient des bandes dessinées et la liste des crimes de Lin Biao contre Mao et le Parti.

Le meeting commença par le chant de louanges à Mao Zedong, « L'Orient est rouge », que nous entonnâmes tous debout. Depuis la Révolution culturelle, ce chant remplaçait l'hymne national. Quand nous fûmes assis, un homme dont on ne nous révéla ni le nom ni le statut officiel attaqua violemment Lin Biao. Il commença par l'époque de la Longue Marche, suivit toute la carrière de Lin Biao officier de l'armée, et finit par sa tentative d'assassinat de Mao. Il inversa la propagande dont nous avions été nourris pendant la Révolution culturelle alors que l'étoile de Lin Biao s'élevait dans le ciel. Tout ce qu'il avait fait et que l'on nous avait présenté comme positif se révélait maintenant mauvais. Toutes les vertus de Lin Biao se transformaient en vices. Et les vices dont nous n'avions pas été informés se découvraient soudain. Mais presque personne n'écoutait. Beaucoup de femmes avaient apporté leur tricot ou leur couture, et les hommes fumaient ou somnolaient. Les réunions du groupe d'étude n'étaient que de simples formalités. Les gens y venaient parce que les responsables le leur disaient et qu'ils ne pouvaient désobéir.

Quand l'homme eut fini de parler, plusieurs auditeurs se levèrent pour exprimer leur soutien aux propos de l'orateur qui, en de telles occasions, représentait le Parti, même s'il n'était qu'un sous-fifre. Je ne me joignis pas à ces manifestations d'approbation. En fait, très peu de bruit s'éleva de notre coin. Peut-être, comme moi, les autres considéraient-ils que puisque nous ne faisions pas partie du peuple, nous n'étions là qu'en spectateurs. En sortant dans le crépuscule déjà frais de cette soirée de novembre, nous marchions nettement plus vite qu'en venant.

La faible lueur qui tombait du réverbère planté devant ma maison éclairait un grand jeune homme. En m'approchant, je reconnus le fils de Winnie. Il avait beaucoup changé depuis que je l'avais vu pour la dernière fois, adolescent dégingandé, et était devenu un beau jeune homme délicat. Je le conduisis dans ma chambre et l'interrogeai sur ses parents.

« Nous avons été très heureux de recevoir votre lettre et de savoir que vous aviez survécu à la maison d'arrêt. Maman est impatiente de vous voir. J'ai bien peur qu'elle ne soit très malade. Elle a une maladie de peau incurable. Mon père ne va pas bien non plus. Il a des problèmes cardiaques et beaucoup de tension, me dit le jeune homme d'une voix douce mais triste.

– Que sais-tu de la maladie de ta mère ? A-t-elle vu un dermatologue ?

– Elle a ce qu'on appelle une sclérodermie. La peau se durcit et devient rigide. Les organes internes sont également affectés, si bien qu'elle ne peut se nourrir. Elle a fait de nombreux séjours à l'hôpital, mais aucun des médecins ne semble capable de faire quoi que ce soit de plus que la nourrir par perfusion.

– Je viendrai la voir demain.

– Préparez-vous à la trouver très changée.

– Et toi ? Et tes deux frères ? Est-ce que vous travaillez maintenant ?

– J'étais à l'université quand a éclaté la Révolution culturelle. J'ai été envoyé au Szechuan. Comme il y sévissait une grande famine, j'ai attrapé la tuberculose et on m'a autorisé à rentrer. Mes deux petits frères ont été envoyés à la campagne pour devenir paysans. Mais après l'affaire Lin Biao, on les a autorisés à revenir. L'un est livreur dans un magasin, mais l'autre est au chômage. »

Il plut beaucoup pendant la nuit. Le froid humide rendit mes articulations arthritiques si douloureuses et si raides que j'eus des difficultés à sortir du lit. Après le déjeuner, je partis le cœur lourd rendre visite à ma vieille amie Winnie.

Equipée d'une gabardine, de chaussures imperméables et d'un grand parapluie, je traversai l'eau et la boue des rues mal drainées de Shanghai jusqu'à l'appartement de Winnie. J'étais tellement absorbée dans mes pensées que je passai devant mon ancienne maison sans la voir. Ce n'est que lorsque j'eus atteint ma destination et que j'eus replié mon parapluie que je m'en rendis compte.

Aujourd'hui, plus de dix ans après, je ressens encore le choc qui me secoua quand je vis la silhouette rigide de Winnie, et son visage jadis si beau dévasté par cette maladie effrayante et mystérieuse. Elle était déjà mourante. Elle ne pouvait plus bouger son corps frêle sans l'aide de son fils. Je dus me pencher au-dessus d'elle pour qu'elle me voie et pour entendre ses paroles.

Ses yeux me dirent qu'elle était heureuse que je sois là, mais il s'embuèrent quand elle murmura :

« Meiping est morte. Mes fils n'ont pas d'avenir. Nous aurions pu partir en 1949... Nous avons été fous de rester. »

Ces quelques mots l'avaient mise hors d'haleine. Je pris sa main squelettique et glacée dans la mienne et lui dis :

« Nous ne pouvions pas savoir! Ne pense pas ainsi, ma chère amie! »

Elle soupira. Je reposai sa main sous l'édredon et restai à ses côtés en refoulant des larmes que je n'osais laisser couler par crainte de la rendre plus triste encore. Son fils me fit signe de partir. Je me penchai et l'embrassai sur le front. Elle ouvrit les yeux et, lentement, parvint à articuler :

« Essaie de quitter le pays ! Tu le peux encore ! »

Ce fut le dernier conseil qu'elle me donna.

Dès que je fus sortie de l'appartement, je ne pus contenir plus longtemps mes larmes. Dans le sombre couloir, je sanglotai en songeant à Winnie, à ses fils, à Meiping, à moi-même, aux milliers et milliers d'innocents persécutés sans pitié. « Mon Dieu ! Pourquoi avoir gâché tant de vies ? » demandai-je.

J'essuyai précipitamment mes yeux en entendant quelqu'un monter péniblement l'escalier. Un vieil homme essoufflé arriva devant moi. C'était Henry, le mari de Winnie. Ses cheveux étaient tout blancs, et son visage profondément ridé exprimait le désespoir. Je le saluai. Un instant, il parut ne pas me reconnaître, puis il mit un nom sur mon visage. Il ne sourit pas, se contentant de hocher la tête :

« Ça a dû être terrible, mais vous avez survécu, c'est merveilleux ! »

Je l'interrogeai sur la maladie de Winnie. Il confirma ce qu'avait dit son fils. Quand je lui demandai comment il allait, il soupira. On l'autorisait maintenant à faire des travaux de traduction à cause de son affection cardiaque. Avant, il faisait des travaux manuels. Je lui demandai s'il connaissait un professeur Zhen, de l'Université Tangqi, chez qui Meiping avait passé les derniers mois de sa vie.

« Je le connais bien. Mais n'essayez pas de le voir maintenant, ni sa femme. Attendez que la situation s'améliore. Bientôt, nous pourrons parler plus librement.

– Est-ce que la situation va s'améliorer ?

– Mais oui ! Cela va déjà beaucoup mieux. Vous devez être très forte pour avoir survécu à vos épreuves. Vous pouvez attendre encore un peu. »

Début décembre, le mari d'A-yi apporta la bonne nouvelle qu'il avait trouvé des briques pour moi. Deux paysans étaient d'accord pour les transporter à Shanghai sur une jonque par le Suzhou et les décharger sur un débarcadère, sous un certain pont, où ce type de bateau avait le droit de jeter l'ancre. Le tout était de savoir si nous pourrions trouver un camion pour emporter les briques quand le bateau arriverait. J'envoyai A-yi prévenir Kong, avec qui j'avais déjà parlé du projet. Quand il vint, il me dit qu'il pouvait me présenter un jeune homme de la Compagnie d'électricité qui conduisait un camion transportant les électriciens chargés de réparer les réverbères.

Le mari d'A-yi repartit avec l'argent pour payer les briques et je lui demandai d'attendre un message avant de les envoyer à Shanghai. Il avait mesuré l'entrée et m'avait assuré qu'il y aurait bien assez de briques. Mais il m'avait prévenue que je devais absolument trouver une barre d'acier que les maçons placeraient sous le mur pour en répartir la charge et éviter que le plancher ne s'affaisse.

J'étais très impatiente de faire construire le mur, mais il me parut essentiel d'avoir l'accord des Zhu et du bureau du Logement. Envoyer une lettre de demande signée à la fois par Mme Zhu et par moi semblait la meilleure tactique.

A-yi et moi joignîmes nos efforts pour préparer les Zhu. Je commençai par changer l'horaire de mes marches quotidiennes et au lieu de sortir l'après-midi, je partis dès les premières heures du matin tandis qu'A-yi n'utilisait plus la porte de derrière pour sortir mais l'entrée tant disputée. Ensuite, nous prîmes l'habitude d'« oublier » de refermer convenablement la porte pour qu'un filet d'air glacé vienne caresser le fils de Mme Zhu endormi. Parfois il se levait pour la fermer... et une demi-heure plus tard la retrouvait ouverte. Quand il se plaignait, nous nous confondions en excuses, mais nous continuions à laisser la porte entrouverte jour après jour. Au bout de deux semaines, certaine que le terrain était suffisamment préparé, j'invitai Mme Zhu à prendre une tasse de thé.

« Que penseriez-vous de l'idée de construire un mur divisant l'entrée en deux pour que votre fils ait une petite chambre ? Il n'aurait plus à souffrir des courants d'air à chaque fois qu'A-yi ou moi devons sortir le matin.

– Ce serait bien, mais très cher, répondit Mme Zhu.

– Je paierai tout : les briques, le ciment et la main-d'œuvre.

– Vraiment ? Je suis gênée de vous laisser payer tout ça. Mais vous avez plus d'argent que nous.

– J'aimerais le faire si vous êtes d'accord.

– Bien sûr, c'est une bonne idée.

– Je vais écrire une demande au bureau du Logement, et nous pourrons la signer toutes deux. »

Elle signa la lettre. Pour éviter que ma demande ne se perde dans les oubliettes insondables de la bureaucratie, je m'adressai aux jeunes gens qui avaient déjà travaillé pour moi. Ils pourraient faciliter les choses. Je leur demandai donc s'ils voulaient toujours construire mon mur après leurs heures de travail pour se faire un peu d'argent. Ils se montrèrent enthousiastes. Je leur expliquai que j'avais trouvé des briques et écrit une lettre pour obtenir l'autorisation, et je leur demandai de parler aux responsables avant que je n'apporte la lettre. Je leur remis ensuite une cartouche des meilleures cigarettes, les laissant décider s'ils la garderaient pour eux ou la donneraient aux responsables.

« Pas de problème, m'assurèrent-ils. Nous allons parler à l'homme qui appartient à la même faction de l'organisation révolutionnaire du bureau du Logement que nous. Il ne refusera pas. »

Quand ils me donnèrent le feu vert, j'apportai la lettre au bureau du Logement. Le responsable y apposa le sceau officier sans hésiter. Munie de mon autorisation, je me rendis dans un magasin spécialisé et obtins le ciment et la barre d'acier que l'ami de Kong, Petit Fong, transporta chez moi dans le camion de la Compagnie d'électricité.

Il vint après avoir déposé les électriciens aux réverbères qui avaient besoin d'être réparés. Je l'attendais devant la porte et montai rapidement à ses côtés. Nous avions tout transporté chez moi avant l'heure à laquelle il devait passer reprendre ses électriciens. Je lui demandai si le kilométrage et la consommation d'essence étaient vérifiés. Il rit et me dit que toutes les lois et réglementations avaient été abolies par la Révolution culturelle. Il ajouta :

« N'oubliez pas que dans un Etat socialiste, tout appartient au peuple. Vous et moi faisons partie du peuple. »

Il n'en accepta pas moins une cartouche de cigarettes pour les distribuer aux électriciens.

« Je suis censé les attendre sur le lieu de leur travail », expliqua-t-il.

A-yi repartit chez elle pour organiser la livraison des briques. Je lui demandai de m'écrire pour me donner la date de leur départ. Le voyage prendrait deux jours. J'aurais le temps de prévenir Petit Fong et nous irions au pont avec le camion.

Le jour de la livraison, Petit Fong vint me chercher tôt le matin pour attendre le bateau, puisque nous ne pouvions connaître son heure exacte d'arrivée. J'emportai des sandwiches pour le déjeuner. Pendant que nous mangions, Petit Fong m'expliqua qu'il s'était arrangé avec un autre camionneur qui devait aller chercher ses électriciens pour qu'il puisse disposer de sa journée. Il faudrait naturellement remercier son collègue et les électriciens. A nouveau, je donnai des cadeaux et non pas de l'argent, ce qui aurait été illégal. Je ne croyais pas vraiment que l'utilisation que je faisais du camion de la Compagnie d'électricité soit absolument légale, mais la question ne fut pas soulevée par Petit Fong. Je me dis que l'aventure tombait quelque part dans le fossé étroit, mais allant en s'élargissant, qui séparait le légal de l'illégal. Petit Fong me rassura :

« Ne vous en faites pas : " La politique doit diriger l'économie ", a dit le Président Mao. L'économie n'est pas importante du tout tant que nous avons une pensée politique juste.

– Est-ce que pour montrer que nous avons une pensée politique juste nous devons crier " Vive le Président Mao "? dis-je par plaisanterie.

– Inutile, répondit très sérieusement Petit Fong en hochant la tête. Mon secrétaire du Parti n'est pas à portée de voix... Est-ce que vous avez vraiment été enfermée plus de six ans à la Maison d'arrêt n° 1?

– Oui.

– Est-ce que vous savez pourquoi vous avez été enfermée?

– On m'accusait d'être une espionne à la solde de l'impérialisme.

– Non. On vous a enfermée parce que vous ne comprenez pas la Chine. Je crois que vous feriez mieux d'apprendre vite. Vous avez tant d'idées démodées sur ce qui est légal et ce qui ne l'est pas! Vous vous faites du souci pour rien. »

Dans l'après-midi, je repérai A-yi debout à la proue d'une petite jonque menée par deux paysans. Elle approchait lentement du débarcadère pourri, sous le pont. Je lui fis signe et elle me répondit. Petit Fong fit reculer le camion jusqu'au débarcadère. Quand le bateau accosta, je vis que les briques empilées étaient très vieilles. Beaucoup s'étaient déjà émiettées pendant le voyage. Je me demandais si elles étaient utilisables quand le mari de A-yi sauta à terre et me murmura :

« Les bonnes sont en dessous pour éviter d'attirer l'attention. »

Les deux paysans, Petit Fong, A-yi, son mari et moi travaillâmes comme des fous pour charger les briques sur le camion. Quand ce fut fait, je payai les paysans, qui repartirent aussitôt.

Le quai était encombré de gens qui allaient et venaient de la terre ferme aux quelques jonques accostées là. La plupart des gens portaient une quantité inimaginable de paniers, de sacs et de caisses. Beaucoup avaient attaché un panier à chaque extrémité d'un bâton de bambou en équilibre sur leur épaule. J'étais certaine que la majeure partie de ce qui était déchargé ici finirait sur le marché noir de Shanghai. Chacun était tellement occupé à sa tâche – légale ou non – que personne ne prêta davantage qu'une attention distraite à notre manège. Je n'en poussai pas moins un gros soupir de soulagement quand le camion repartit.

Arrivés à la maison, nous déchargeâmes les briques et les empilâmes dans un coin du jardin. Toute la famille Zhu sortit pour nous regarder, mais personne ne proposa de nous aider. Bien qu'épuisée, je sentis que je devais emmener Petit Fong, A-yi et son mari au restaurant. Petit Fong était d'humeur radieuse et trinqua à plusieurs reprises à notre succès, nous aidant beaucoup à vider plusieurs bouteilles de bière de Shanghai et du fameux vin jaune de Shaoxing. Quand je le remerciai de son aide, sans laquelle nous n'aurions jamais réussi, il leva son verre en son propre honneur et dit :

« Vive la classe ouvrière ! “ La classe ouvrière doit exercer sa direction en tout ! ” »

Puis il éclata d'un rire tonitruant.

J'étais tellement épuisée que je dormis comme une masse. Le lendemain matin, je me rendis au jardin pour voir les briques, et je découvris qu'il en manquait beaucoup. Les Zhu me dirent qu'ils avaient entendu des bruits pendant la nuit et suggérèrent que des gens avaient certainement escaladé le mur pour voler des briques.

Je me rendis au bureau du Logement pour rencontrer les jeunes ouvriers. Ils vinrent le soir même après le travail, et revinrent trois soirs de suite de 17 h 30 à 23 heures pour construire ce mur qui devait assurer mon autonomie, garantir ma vie privée et accélérer le processus de ma guérison physique. A-yi avait eu l'idée d'apporter suffisamment de provisions de Suzhou pour leur offrir de bons repas pendant la coupure d'une demi-heure qu'ils s'accordaient pour le dîner. Je leur offris du café, des gâteaux, et des cigarettes. Après le dîner, quand A-yi allait se coucher, je restais assise sur l'escalier pour bavarder avec eux. Ils étaient moins cultivés que Petit Fong, mais ils partageaient sa philosophie concernant les propriétés de l'Etat. Ils utilisaient des instruments pris au bureau du Logement, et quand je leur proposai de payer, ils rirent et m'appelèrent « l'étrangère qui ne comprend pas la Chine ».

Peu après la fin des travaux, les Zhu construisirent un escalier de briques menant à leur terrasse.

CHAPITRE 15

UN CURIEUX ÉTUDIANT

QUELQUES jours après le nouvel an, je pris le bus jusqu'à Fuzhou Lu, où se trouvent les principales librairies. Je me rendis d'abord à la Librairie étrangère, espérant y trouver des manuels d'anglais que je pourrais utiliser avec mes étudiants qui devaient commencer leurs cours. La librairie était vide. L'unique vendeuse ne pouvait proposer que des traductions en anglais, allemand, français et russe des œuvres de Mao Zedong, Marx, Engels, Lénine, Staline, Kim Il Sung le Coréen du Nord et Enver Hoxha l'Albanais. Rien d'autre. Près de l'entrée, une pile de journaux de partis maoïstes étrangers se couvraient lentement de poussière. J'y cherchai le *Daily Worker*, quotidien communiste anglais, et j'en trouvais un exemplaire datant de deux mois.

Je m'adressai donc à la vendeuse :

« Est-il possible d'avoir des livres d'étude de la langue anglaise ? »

Elle se contenta de secouer la tête.

J'allai ensuite à la Librairie principale Xinhua, une entreprise d'Etat qui vendait toutes les publications, pour acheter un exemplaire des *Trois cents poèmes Tang*. Je voulais vérifier si ma mémoire avait correctement restitué les poèmes que je me récitais en prison.

Plusieurs personnes attendaient d'être servies devant la section des livres techniques et les vendeurs étaient très occupés. Beaucoup de clients achetaient des bandes dessinées pour enfants qui, en Chine, étaient des ouvrages de propagande illustrée contant la vie des héros révolutionnaires, l'élimination des mauvais propriétaires terriens et le châtiment des contre-révolutionnaires du Guomindang. La section centrale proposait les œuvres de Mao. Les quatre volumes de ses *Œuvres choisies*, le petit livre rouge de ses *Citations* et son maigre recueil de *Poèmes* en occupaient tous les rayonnages. Chaque famille se devait de les posséder. Il y avait aussi des mètres et des mètres de traductions en chinois des œuvres de Marx, Engels, Lénine, Staline, Kim Il Sung et Enver Hoxha. La vendeuse chargée de ce rayon imposant n'avait aucun client.

Dans un coin, je vis un rayon intitulé « littérature » où quelques volumes étaient posés à plat sur les étagères. Ne pouvant lire les titres, je demandai à la vendeuse :

« Auriez-vous les *Trois cents poèmes Tang*?

– Non, bien sûr que non. »

Au ton de sa voix, je compris que l'ouvrage avait été mis à l'index par les maoïstes. Elle devait penser que j'étais bien stupide de poser une telle question. Je désignai les livres posés derrière elle et demandai :

« Quels sont ces livres? »

Sans rien dire elle en prit un et me le montra : *Le Chant de Ou Yang Hai*, histoire d'un soldat tué par un train en essayant de sauver sa mule. On avait attribué son courage et son esprit de sacrifice au fait qu'il avait étudié avec ferveur les livres de Mao et n'avait donc plus peur de rien. Le récit avait été approuvé par les dirigeants maoïstes, dont Jiang Qing, et on l'avait édité à des dizaines de milliers d'exemplaires. Au Neuvième Congrès du Parti, l'auteur avait été élu au Comité central.

« Je l'ai déjà lu. Avez-vous autre chose? Qu'est-ce que c'est, celui-là? »

Résignée, elle prit le livre et me le montra. C'était une autre édition du même.

« Avez-vous autre chose?

– J'ai le *Journal de Lei Fong* », dit-elle.

Lei Fong était un autre soldat considéré comme un héros national et un modèle par les maoïstes. Il avait été honoré par une campagne nationale précédant la Révolution culturelle et intitulée « Mettez-vous à l'école de Lei Fong », à l'époque où l'on avait intensifié l'endoctrinement de tous les Chinois par les livres de Mao. Des passages du livre de Lei Fong tels que « Lisez les livres du Président Mao, obéissez aux ordres du Président Mao et soyez un bon soldat du Président Mao » étaient largement cités dans les articles des journaux et par les dirigeants du Parti, y compris Lin Biao. Le cas de Lei Fong était utilisé par les maoïstes dans l'armée, pour illustrer l'affirmation selon laquelle l'endoctrinement politique était plus important que les armes modernes et la science militaire que prônaient les chefs de l'armée évincés ensuite pendant la Révolution culturelle.

« Je l'ai déjà lu aussi. Avez-vous autre chose? »

Elle secoua la tête.

Sans manuels d'anglais, je ne pouvais prendre aucun débutant, et ne devais accepter que ceux qui avaient déjà étudié l'anglais et possédaient des livres. J'avais six élèves et je consacrais soit un matin soit un soir à chacun d'eux, du lundi au samedi. Après la leçon, nous bavardions en prenant le thé. Mes étudiants m'apportaient des nouvelles et des rumeurs qui ne figuraient pas dans le journal, et c'est en grande partie grâce à eux que je me tins au courant de la situation politique instable de la Chine de l'époque.

Mon étudiant le plus intéressant resta avec moi pendant de nombreuses années. C'était un jeune homme qui avait été un des chefs des Gardes rouges aux premières années de la Révolution culturelle. Da Te avait un passé personnel plutôt fâcheux : son père avait abandonné sa mère quand il n'avait que quelques mois, et disparu à Hongkong pour ne plus jamais donner de ses nouvelles. Sa mère, ses deux sœurs et lui vécurent dans une grande pauvreté pendant de nombreuses années, jusqu'à ce que sa mère obtienne un emploi de professeur d'anglais à l'institut des Langues étrangères de Shanghai. Elle ne percevait qu'un petit salaire, mais au moins pouvaient-ils maintenant vivre sans vendre ce qu'ils possédaient pour acheter à manger. Au début des années cinquante, la jeune sœur de sa mère épousa un général de l'Armée populaire. Dans l'ivresse de la victoire, beaucoup de dirigeants communistes avaient répudié leurs femmes aux origines paysannes et épousé de jolies citadines.

Ses liens familiaux avec l'élite de l'armée et sa haine pour tous les riches le catapultèrent à la tête, d'abord des Gardes rouges de son école, puis de l'organisation des Gardes rouges de la ville. Il prit part à toutes les activités des Gardes rouges : pillage des riches, torture des ennemis de classe, combats entre factions et meurtres d'innocents. Pendant les séquences de conversation, je lui demandais de me raconter des histoires en anglais, et il me parlait de ses exploits pendant la Révolution culturelle d'une manière très logique et détachée, comme s'il parlait de la pluie et du beau temps. Il n'était ni fier, ni honteux de ce qu'il avait fait. Je pensais que Da Te était amoral. Je me demandais pourquoi il voulait que je lui apprenne une langue que sa propre mère enseignait. Un jour je lui posai la question. Il haussa les épaules et me dit :

« Vous ne devez pas poser comme ça des questions directes aux gens. De toute façon, vous ne pouvez vous permettre de croire la réponse que je pourrais vous donner, quelle qu'elle soit. »

Da Te me raconta qu'il avait perdu sa position dirigeante dans l'organisation des Gardes rouges quand son oncle, le général, avait été enterré vivant sur ordre de Lin Biao. Cela s'était produit après le Neuvième Congrès du Parti, quand Lin Biao avait été désigné comme successeur officiel de Mao. Son oncle, vieux membre du Parti et héros maintes fois décoré de la Guerre de Libération, avait émis des doutes sur la pertinence de ce choix en soulignant que Lin Biao se droguait à l'héroïne.

« Puis-je me permettre de croire ce que vous venez de me dire ? lui demandai-je d'un ton ironique.

– Oui, absolument. Parce que le fait de le croire ne vous fera pas de mal. Cependant, il se pourrait que vous commettiez une grande erreur en me croyant davantage sous prétexte que je ne suis plus un chef des Gardes rouges et que mon oncle est mort. Mais je suis certain que vous savez qu'il n'est pas indiqué de faire confiance à qui que ce soit », dit-il, dispensant sa sagesse comme s'il était un vieillard.

Son nom signifiait Grande Vertu. Je ne pouvais trouver dans ma mémoire aucune de mes relations qui eût été plus indifférente à la vertu – comme au vice. Autodidacte et intelligent, il était extrêmement égotiste. En fait, c'était ce qui l'amenait à me raconter de temps à autre ce qu'il savait des luttes d'influence au sein de la direction du Parti. Il adorait tous les conflits. Quand il parlait des intrigues politiques des dirigeants du Parti, il rayonnait d'excitation. Il semblait se délecter des malheurs des autres et mépriser les victimes, simplement parce qu'elles n'avaient pas su vaincre. Pour lui, réussir était glorieux, quels qu'aient été les moyens employés. Comme je ne parvenais pas à savoir à qui ou quoi il était loyal, je lui demandai :

« De quel côté êtes-vous ?

– Du mien, bien sûr », répondit-il en montrant sa poitrine.

Un jour, il vit un exemplaire d'une publication de

Gardes rouges sur mon bureau, et demanda avec mépris :

« Pourquoi lisez-vous ces enfantillages sans intérêt ?

– Parce que je veux comprendre ce qui s'est passé pendant la Révolution culturelle, quand j'étais enfermée à la maison d'arrêt.

– Je peux tout vous dire, du début à la fin, et plus encore !

– Cela ne vous attirera pas d'ennuis ?

– Pourquoi est-ce que j'aurais des ennuis si vous n'en parlez à personne ? Et si vous parlez, vous aurez des ennuis aussi vite que moi.

– Et si les autorités viennent à le savoir d'une façon ou d'une autre ?

– Comment qui que ce soit le saurait-il si nous n'en parlons ni l'un ni l'autre ? Votre chambre n'est pas farcie de micros !

– Vous en êtes sûr ?

– Mais oui ! Vous n'êtes pas assez importante pour qu'on gaspille pour vous un équipement de pointe dont on manque cruellement », dit-il en riant.

C'est par une machination subtile, je le compris plus tard, que Da Te était devenu mon élève. Quand j'avais commencé à donner des leçons, un ami de Meiping, violoniste de l'ex-Orchestre municipal de Shanghai, était venu étudier avec moi. Sa mère avait été une de mes amies à l'époque où nous étudions ensemble à l'Université Yan Jing. Elle m'avait demandé de donner des leçons à son fils parce qu'il espérait émigrer aux Etats-Unis, où son oncle était professeur. Persuadée que le jeune homme désirait ardemment apprendre l'anglais, je fus très étonnée de constater qu'il n'était pas attentif aux leçons et ne fournissait aucun travail à la maison. Il arrivait même souvent qu'il ne vienne pas au cours.

Un jour où, exaspérée, je l'attendais, c'est Da Te qui vint à sa place. Il se présenta et dit qu'il venait excuser

Chang qui avait été convoqué à la Police pour son passeport.

Il s'assit à la table, ouvrit le livre qu'il avait sous le bras et dit :

« Je suis désolé de vous ennuyer, mais j'essaie d'étudier l'anglais tout seul. Pourriez-vous m'expliquer ce passage ? »

Je regardai le livre. C'était un tome des *Mémoires* de Sir Winston Churchill.

« Comment vous êtes-vous procuré ce livre ? demandai-je.

– Je l'ai emprunté. Il y en avait beaucoup, mais je n'ai pu emprunter que celui-là.

– Vous étiez Garde rouge ?

– Oui ! dit-il en souriant. Vous êtes aussi vive qu'on me l'avait dit. On m'a dit aussi que votre anglais parlé était le meilleur de Shanghai. »

Il avait volé le livre quand il était allé mettre à sac une maison avec d'autres Gardes rouges. Les autres volumes avaient probablement été brûlés.

Quelques jours plus tard, le violoniste revint avec Da Te pour me dire au revoir et me demander de prendre Da Te comme élève à sa place.

A-yi se montrait toujours extrêmement polie avec Da Te quand elle nous apportait le thé, alors que d'ordinaire, elle n'était qu'indifférente avec mes autres élèves. L'attitude d'A-yi et la manœuvre de Da Te pour devenir mon élève éveillèrent mon intérêt pour ce jeune homme dégingandé. Il semblait aussi désirer ma compagnie. En plus des matinées hebdomadaires de leçons, il prit l'habitude de venir me rendre visite presque chaque jour sous un prétexte ou un autre. Il me dit qu'il avait beaucoup de temps libre puisqu'il « attendait un emploi », expression officielle pour désigner un chômeur – le chômage n'existant pas dans un Etat socialiste. Il me dit également qu'il souhaitait me rendre service pour compenser les cours.

Il m'accompagnait souvent dans mes achats. Il faisait la queue à mes côtés, fendait les foules trop désordonnées, et, comme sa grande taille lui permettait de regarder par-dessus les têtes des acheteurs, il me disait ce qu'on pouvait se procurer à chaque comptoir. Il arrivait même qu'il tende son long bras pour prendre quelque chose des mains des vendeurs avant tout autre client. Si, après plusieurs boutiques, nous ne trouvions pas ce que je voulais, il me proposait de me l'obtenir par la porte de service. Dans le bus, il me protégeait de la foule des passagers qu'il poussait pour me faire de la place. Quand je le remerciais après une journée épuisante, il disait :

« J'ai été très heureux de faire les courses avec vous, parce que vous achetez toujours ce qu'il y a de mieux. »

Je ne tardai pas à découvrir qu'il aimait manger de bonnes choses mais ne pouvait s'offrir de grands restaurants. Si bien que lorsqu'il m'accompagnait pour mes courses, je lui offrais à déjeuner dans le restaurant de son choix. La première fois, il me dit :

« Vous voulez aller dans l'un des meilleurs restaurants ?

– Je vous invite dans le restaurant que vous voulez.

– Quel que soit le prix ?

– Quel que soit le prix. »

Il commanda pour quatre et dévora tout. C'est ce jour-là que je compris qu'il était mince parce qu'il ne mangeait pas à sa faim. J'étais désolée pour lui, même s'il était de toute évidence un indicateur placé près de moi par ceux qui me voulaient du mal.

Il serait hypocrite de ne pas admettre que j'espérais utiliser Da Te. S'il était vraiment envoyé par quelqu'un qui désirait que je sois sous surveillance constante afin de pouvoir utiliser un mot ou un acte déplacé de ma part pour m'incriminer, Da Te avait toutes les chances de connaître la vérité sur la mort de ma fille. Je choisirais le moment opportun pour lui poser des questions, c'est-à-dire le moment où il ne lui serait pas préjudiciable de me faire des révélations. En attendant, je pouvais l'utiliser pour donner à ses patrons l'image de moi que je voulais qu'ils aient.

Bien avant que j'aie le moindre espoir de pouvoir quitter la Chine, je tentai de créer l'impression que je ne pouvais vivre sans serviteurs. Da Te dit un jour en ma présence à Kong :

« Elle déteste tout ce qui ressemble à un travail ménager. Je parie qu'elle ne sait même pas préparer du riz ! »

J'étais certaine qu'il méprisait le parasite que j'étais et qu'il le disait à tout le monde. Il est probable que l'image que je donnais d'une femme désirant rester en Chine parce qu'elle ne pouvait se passer de serviteurs aida beaucoup à l'obtention de mon passeport quand je demandai à pouvoir rendre visite à mes sœurs aux Etats-Unis. Ceux qui décidèrent de m'accorder mon passeport pensèrent probablement que je reviendrais quelques mois plus tard parce que je ne pourrais m'habituer à ne plus avoir de domestiques.

Début 1974, remise de mon opération, mon appartement enfin aménagé et indépendant, j'étais d'humeur euphorique. Les cours que je dispensais m'empêchaient de me morfondre dans le souvenir de la mort de ma fille. Cela faisait longtemps que je ne m'étais pas sentie aussi paisible et détendue.

Comme le nouvel an chinois approchait. A-yi me signala que l'on distribuerait de nouveau pour les fêtes les rations spéciales qui avaient été réduites, puis supprimées par les Révolutionnaires. On trouvait également davantage d'aliments non rationnés dans les boutiques. Les efforts de Deng Xiaoping et de ses lieutenants pour restaurer l'économie chinoise semblaient assez efficaces, en dépit de la résistance manifestée par les extrémistes. Le vent politique avait sans aucun doute viré à droite depuis le Dixième Congrès du Parti, et un nombre croissant d'anciens cadres du Parti, dénoncés comme « responsables engagés dans la voie capitaliste », étaient rétablis dans leurs fonctions.

Mes élèves me racontaient les mesures draconiennes prises contre les Révolutionnaires les plus intransigeants, et qui allaient jusqu'à l'arrestation de certains d'entre eux. L'un me dit même que le ministre des Transports ferroviaires, qui venait de reprendre ses fonctions, s'était rendu à Xuzhou, nœud ferroviaire vital reliant Guangzhou et Shanghai à Beijing, pour rétablir le trafic. Quand les Révolutionnaires, qui avaient occupé les voies et paralysé son travail, refusèrent d'obéir à ses ordres, le ministre Wan Li convoqua un meeting de masse. Il condamna les principaux Révolutionnaires devant leurs partisans, les fit sortir, et fusiller. Ce type d'action spectaculaire de la part d'un vieux cadre du Parti était très encourageant pour le peuple qui avait tant souffert et qui l'ovationna. Malheureusement, ces initiatives accélérèrent également la contestation des extrémistes, qui sentaient la terre trembler sous leurs pieds. Les vieux cadres du Parti qui tentaient de rétablir une vie normale firent très attention à ne pas dénigrer ouvertement la Révolution culturelle. Ils trouvèrent dans les anciens écrits de Mao assez de citations justifiant leurs efforts pour éviter d'être accusés de s'opposer à sa politique.

Traditionnellement, les célébrations du nouvel an chinois sont liées au culte des ancêtres. Quand j'étais enfant, elles duraient un mois entier entre les préparatifs qui commençaient quinze jours avant et les réjouissances qui duraient jusqu'à la Fête des lampions, le quinze du premier mois lunaire. Même si tout était devenu plus simple sous le socialisme et si les réunions de famille avaient pris la place du culte des ancêtres, le peuple chinois préparait toujours fiévreusement le nouvel an. Le jour de l'an, tout devait être propre dans la maison, si bien qu'A-yi et moi passâmes des jours entiers à nettoyer l'appartement. Il fallut tout sortir des tiroirs et des placards, cirer le plancher et les meubles et faire les carreaux. Jadis, on ne portait que des vêtements neufs ce jour-là, mais rares étaient ceux maintenant qui pouvaient s'habiller de pied en cap, non seulement à cause du prix des vêtements, mais surtout à cause du rationnement des coupons de tissus. Je ne réussis pas à obtenir mieux qu'une nouvelle veste molletonnée pour A-yi, mais elle était plus chic que celle qu'elle portait d'ordinaire. Je fis avec elle de nombreuses queues pour acheter les aliments que nous servirions à nos invités. Je savais que tous mes étudiants viendraient me souhaiter une heureuse nouvelle année, comme le voulait la coutume. Pour ceux qui risquaient de venir avec des enfants, je préparai des pièces porte-bonheur enveloppées de papier rouge. Comme je les empaquetais, A-yi s'inquiéta de ce que penseraient les dames du Comité de quartier. N'allaient-elles pas m'accuser de sacrifier à une vieille coutume ? Je lui promis de ne donner l'argent qu'à ceux qui n'auraient aucune raison de le dire à qui que ce fût.

Comme depuis le dégel de mon compte en devises j'étais évidemment beaucoup plus à l'aise que la plupart des gens, je décidai d'être généreuse. J'offris même un gros gâteau à la crème et un kilo de chocolats aux Zhu. Mais tout au fond de mon cœur j'étais très triste, parce que les autres étaient entourés de leur famille et que j'étais seule. Je n'avais pas oublié les fêtes de nouvel an que j'avais passées avec ma fille et mon mari. Mais j'étais bien décidée à ne laisser voir à personne mes véritables sentiments. Je voulais que les Révolutionnaires pensent que je prenais la mort de ma fille avec fatalisme.

Deux jours avant le nouvel an, Hean arriva avec son mari et ses enfants pour passer les vacances en famille. Je fus très heureuse de rencontrer son mari, dont l'intelligence m'impressionna, et d'entendre sa version de la lutte d'influence engagée à Beijing. Leurs deux enfants étaient adorables. Trop jeunes pour sentir l'ombre du nuage politique qui planait sur nos têtes, ils étaient complètement insouciants et heureux.

Hean avait de la chance de vivre avec son mari et ses enfants. Beaucoup de jeunes étaient envoyés loin de leur famille pour travailler dans d'autres régions du pays, à des milliers de kilomètres, et ne revenaient pour des « visites conjugales » qu'une fois par an. Les enfants grandissaient sans presque connaître leur père, tandis que les femmes se trouvaient avec la double responsabilité d'élever seules leurs enfants et de satisfaire à des emplois très prenants. C'est au nom des « besoins du socialisme » et pour « servir le peuple » que le parti infligeait ce traitement stupidement cruel aux jeunes Chinois. On mesurait toute l'hypocrisie de cette théorie quand on constatait que les cadres du Parti et leurs enfants se voyaient rarement imposer de tels sacrifices. Ils bénéficiaient au contraire d'une « considération particulière » et on leur confiait un emploi dans la même ville que leur épouse.

La nouvelle de ma libération s'était propagée parmi les amis de Meiping. Pendant la période des vacances, beaucoup d'entre eux vinrent me voir, dont certains en profitant d'une visite conjugale. Ils parlaient surtout de mutations. Ils avaient hâte de pouvoir recourir à la porte de service pour se faire nommer près de ceux qu'ils aimaient. Ceux qui avaient déjà entrepris les négociations en ce sens étaient très désireux d'échanger des informations sur l'expérience des autres. En les entendant discuter entre eux, j'appris que la corruption était une pratique courante dans toute la Chine parmi les responsables au bas de l'échelle du Parti.

« Comment expliquez-vous l'effondrement de l'idéalisme des cadres du Parti alors que le but de la Révolution culturelle était justement de purifier la société chinoise et de faire progresser le socialisme ? demandai-je à l'une des amies de Meiping qui venait de Wuhan et tentait de se faire muter près de Shanghai pour se rapprocher de son mari.

– Les cadres du Parti qui ont fait leur carrière pendant la Révolution culturelle n'ont jamais été idéalistes, me répondit-elle. Ils se sont servis de la Révolution culturelle pour leur ascension personnelle et n'ont rejoint les Révolutionnaires que pour réaliser leurs ambitions. Les vieux cadres du Parti qui ont été rétablis dans leurs fonctions ont peut-être été des idéalistes quand ils ont adhéré au Parti, il y a longtemps, mais ils ont maintenant perdu toute illusion à cause des expériences humiliantes qu'ils ont vécues pendant la Révolution culturelle. Ils considèrent que le Parti a été injuste envers eux et qu'ils se sont sacrifiés en vain pendant les années de guerre. Ils ne s'intéressent plus maintenant qu'à leur survie politique dans les luttes d'influences et à assurer une vie confortable à leur famille.

– Mais quand vous offrez des cadeaux de grande valeur ou de l'argent à ces cadres afin d'obtenir votre mutation, est-ce que vous n'avez pas peur d'avoir des ennuis ?

– Le risque existe. Mais je suis désespérée. De toute façon, je crois que les personnes dans mon cas sont trop nombreuses pour qu'on enquête sur chacune. Un jour, la direction du Parti sévira peut-être mais, pour le moment, ses membres sont trop occupés à se battre entre eux. Nous devons saisir l'occasion qui se présente. »

Notre conversation fut interrompue par l'arrivée de Da Te qui s'était chargé de m'approvisionner en tartes et gâteaux frais commandés à la pâtisserie. Je savais bien que ce n'était qu'une excuse pour me rendre visite chaque jour et découvrir qui venait me voir. Pendant qu'il portait les victuailles à la cuisine, je raccompagnai l'amie de Meiping et son bébé sagement endormi jusqu'à la porte du jardin. Après s'être assurée que personne ne pouvait l'entendre elle me murmura :

« Faites attention avec votre élève. Il ressemble beaucoup à un policier en civil.

– Ce n'est qu'un jeune chômeur.

– N'en croyez rien ! Faites attention à ce que vous lui dites. »

Sun Kai, le jeune homme que ma fille devait épouser, trouva mon adresse et vint me voir le dernier jour des vacances. Il me dit qu'il n'était plus professeur de mathématiques, parce que son école avait été fermée. Il travaillait maintenant à la conception d'instruments de précision dans un institut de recherche.

« En 1966, me raconta-t-il, quand Meiping m'a dit que vous aviez été arrêtée, mes parents et moi avons pensé que nous devrions nous marier tout de suite pour que Meiping puisse venir habiter chez nous et n'ait plus à vivre seule. Mais elle n'a pas accepté. Elle voulait attendre votre libération, ne concevant pas de se marier sans que vous soyez présente. A l'époque, nous pensions tous que la Révolution culturelle serait terminée moins d'un an plus tard.

– Est-ce que vous la voyiez souvent avant sa mort ? demandai-je tristement à ce beau jeune homme qui aurait été mon gendre si ma fille n'avait pas été assassinée.

– Je la voyais deux ou trois fois par semaine. Nous essayions de nous retrouver aussi souvent que possible. Vous savez que mon père avait été dénoncé comme Droitier en 1957. J'étais donc un " membre d'une famille d'ennemis de classe ", et comme j'étais professeur, j'appartenais également à la " neuvième catégorie puante ". Meiping devait participer aux activités de la Révolution culturelle au Studio cinématographique. Elle semblait ne pas y rencontrer de problèmes. Et puis, tout d'un coup, des inconnus l'ont enlevée.

« Je vous en prie, racontez-moi ça !

– Elle devait dîner chez moi le 16 juin. Quand je suis venu la chercher dans l'après-midi, Mme Zhen, la femme du professeur qui hébergeait Meiping, m'a dit que Meiping s'était suicidée le matin. Je me suis immédiatement rendu au Studio. Personne ne semblait au courant. Alors je suis allé au crématorium. Mais on ne m'a pas autorisé à consulter les registres parce que je n'étais pas un membre de sa famille. En voyant mon désespoir, un employé m'a tout de même dit que le corps d'une jeune actrice du Studio cinématographique de Shanghai avait été apporté pour être incinéré le matin même. »

Sun Kai éclata en sanglots.

« Pensez-vous qu'elle se soit suicidée? lui demandai-je.

– Bien sûr que non! Je me suis rendu là où elle était censée l'avoir fait. C'était impossible.

– A cause des échafaudages?

– Comment savez-vous cela? me demanda Sun Kai, affolé. Qui vous a dit? Personne ne doit savoir que vous êtes au courant. Si les responsables de la mort de Meiping apprennent que vous ne croyez pas qu'elle s'est suicidée, ils pourraient attenter à votre vie. Vous devez vous montrer extrêmement prudente. Ils sont d'une cruauté impitoyable.

– Je comprends. Je n'en parlerai pas. Savez-vous qui l'a enlevée?

– Je n'en suis pas certain, mais je crois qu'ils ont un lien avec ceux qui enquêtaient sur vous. Quels qu'ils soient, ils agissaient sur ordre d'une personnalité importante de Shanghai.

– Comment l'avez-vous su?

– L'Association d'athlétisme a été fermée par les Gardes rouges au début de la Révolution culturelle et les Révolutionnaires ont investi le bâtiment, mais l'ex-association d'athlétisme a gardé un étage pour ses archives. C'est par l'un des hommes qui en étaient responsables que j'ai appris que ceux qui avaient enlevé Meiping agissaient sur ordres venus d'en haut.

– Pourriez-vous organiser une rencontre entre moi et cet homme de l'Association d'athlétisme?

– Ce serait dangereux pour vous.

– Je suis prête à prendre tous les risques pour découvrir la vérité.

– Tant d'années ont passé, je ne sais même pas si l'homme est toujours en place. Pourquoi ne pas attendre que la situation politique soit plus claire? »

Les hésitations de Sun Kai ne m'étonnèrent pas. Beaucoup d'années avaient passé, en effet, depuis la mort de Meiping. On ne pouvait pleurer éternellement. Sun Kai ne revint jamais me voir. Au cours de l'année, j'appris qu'il avait épousé la fille d'un cadre du Parti. Le père avait accepté cette union avec le fils d'un Droitier parce que, veuf, il désirait se remarier avec une jeune femme et trouvait gênant de garder chez lui une fille du même âge que sa femme. Je comprenais très bien que Sun Kai ait voulu épouser une jeune femme appartenant à une famille officielle. Après ce qui était arrivé, il n'était que naturel qu'il souhaite que la femme qu'il épouserait ne soit jamais victime de persécutions politiques. De plus, épousant la fille d'un cadre du Parti, il n'avait plus à souffrir des stigmates d'un fils de Droitier, marques infamantes qu'il portait depuis l'enfance.

La visite de Sun Kai m'avait attristée, et je dis à A-yi que je voulais m'allonger un peu. Elle alla nettoyer la cuisine. Soudain, j'entendis qu'on frappait à la porte du jardin. Toute la famille Zhu était sortie. Je demandai à A-yi d'aller voir sur le balcon si le visiteur venait pour moi. Elle revint et me dit :

« C'est un homme âgé. Il m'a demandé si vous viviez ici. Est-ce que je descends?

– S'il te plaît, oui. »

Je recouvris mon lit pour que la chambre ne paraisse

pas en désordre et j'allai sur le palier pour voir qui montait.

« Madame Zheng! Est-ce que vous ne me reconnaissez pas? Comme je suis heureux de vous voir! »

A sa voix et à sa politesse, je reconnus M. Hu, le vieil ami de mon mari que je n'avais plus revu depuis sa visite surprise au début de la Révolution culturelle, en 1966.

La main qu'il me tendit était calleuse et son petit doigt bandé. Il avait peu changé. Je l'accueillis chaleureusement au souvenir du bon conseil qu'il m'avait donné alors. Après l'avoir fait entrer dans ma chambre, je l'invitai à s'asseoir.

« Je suis vraiment heureux de vous revoir, dit-il. Et vous avez l'air en bonne santé; peut-être, si je peux me permettre, dirais-je que vous êtes beaucoup mieux que l'on pourrait se l'imaginer dans les circonstances...

– Comment allez-vous, et votre famille? Vivez-vous toujours dans la même maison? lui demandai-je.

– Oh, non! J'ai été expulsé de ma maison par les Gardes rouges, comme nous tous. Et j'ai eu ma part de malheurs. Mais nous ne devons pas nous appesantir sur le passé. Nous devons regarder l'avenir et nous montrer reconnaissants d'avoir survécu. Beaucoup de ceux que nous aimions n'ont pas eu cette chance. J'ai appris pour Meiping... J'ai perdu ma chère femme et ma mère bien-aimée. Elles sont toutes deux mortes d'une crise cardiaque pendant la période la plus terrifiante de la Révolution culturelle. L'hôpital a refusé de les soigner parce qu'elles appartenaient à une famille capitaliste sur laquelle on enquêtait. »

M. Hu soupira et sembla un moment sur le point de pleurer, mais il se ressaisit.

« Comment avez-vous trouvé mon adresse? lui demandai-je.

– Par hasard. J'ai rencontré votre vieux serviteur Laozhao dans la rue ce matin, et j'ai été tellement heureux d'apprendre que vous étiez libre! J'ai eu des visites tout l'après-midi, mais dès que la dernière est partie, j'ai pris ma bicyclette pour venir.

– Travaillez-vous toujours ?

– Oui. Je pourrais prendre ma retraite, mais je ne me vois pas inactif à la maison. Les travaux physiques me font du bien. Le soir, je suis tellement fatigué que je dors profondément. Je vis maintenant chez ma belle-mère. Les Gardes rouges lui ont laissé une chambre que nous avons divisée en deux, et je suis venu m'y installer. Elle a plus de quatre-vingts ans. Je suis heureux de pouvoir prendre soin d'elle.

– Et vos enfants ?

– Avec un père capitaliste, ils ont tous été envoyés aux quatre coins du pays. Mon fils aîné est marié et il a une petite fille.

– Quand vous êtes venu me rendre visite en 1966, vous avez eu la bonté de me donner un conseil. Je vous en suis très reconnaissante. Quand j'étais à la maison d'arrêt, j'y ai souvent pensé. Comment analysez-vous la situation politique actuelle ?

– Elle est infiniment meilleure, naturellement, mais on ne peut s'empêcher de se demander combien de temps cela durera.

– Pensez-vous qu'il y aura encore des luttes au sommet ? »

Il jeta un regard vers la porte entrouverte et opina du chef. Puis il me demanda :

« Cela vous ferait-il plaisir de m'accompagner à Nantao demain ? On dit que le fleuriste a rouvert et qu'il a des bulbes de narcisses.

– Je ne peux pas sortir demain. J'ai un élève le matin et je dois faire la lessive l'après-midi. A-yi rentre chez elle pour quelques jours. Elle a beaucoup travaillé ces derniers temps.

– Est-ce que je peux venir vous aider pour la lessive demain après-midi ? J'ai un jour de vacances en plus parce que j'ai travaillé la veille du nouvel an. »

Je ne voulais pas qu'il m'aide à faire la lessive, mais je sentais qu'il avait quelque chose à me dire. Si je voulais l'entendre, je devais sortir avec lui.

« Je crois que la lessive peut attendre. Allons chez le fleuriste. J'aimerais bien avoir quelques bulbes de narcisses ! »

M. Hu rayonnait. J'avais oublié combien les hommes chinois aiment que les femmes fassent exactement ce qu'ils veulent. Il me sembla que mon acceptation innocente de son invitation avait rendu notre relation un peu plus intime. Il retint ma main une fraction de seconde en me quittant et il trouva même le courage de me proposer de l'argent. Sortant un paquet de sa veste, il dit :

« Je sais que les gens comme vous ne perçoivent que très peu d'argent. J'en reçois régulièrement d'un cousin au Japon. Puis-je vous proposer de le partager avec vous ? »

Je fus tellement stupéfaite par ses paroles que je ne sus quoi dire.

« Je vous prie de l'accepter, insista-t-il en me tendant le paquet. Je serais si heureux que vous l'acceptiez !

– Je vous remercie beaucoup de votre gentillesse, dis-je précipitamment. C'est très généreux de proposer de m'aider. Mais je ne vis pas sur une pension du gouvernement. Mon compte en devises a été dégelé et je n'ai aucune difficulté financière. »

Il sembla atterré, mais se ressaisit.

« J'ai toujours eu le plus grand respect pour vous. Vous ne pouvez imaginer combien je suis heureux de vous revoir. C'est un miracle que vous soyez ressortie en si bonne forme de vos épreuves. Vous êtes une femme d'un courage et d'une volonté exceptionnels. »

Je le remerciai de ses paroles et le suivis jusqu'à la porte du jardin. Tandis que M. Hu poussait sa bicyclette hors du jardin, je sentis le regard de Mme Zhu à travers sa fenêtre. Elle avait dû rentrer.

« Je viendrai vous chercher à 14 h 30 demain, dit M. Hu.

– C'est parfait », répondis-je.

Mme Zhu était tellement curieuse de savoir qui était mon visiteur qu'elle interrogea A-yi quand celle-ci descendit par la porte de derrière pour vider les ordures. Mme Zhu ferait son rapport aux dames du Comité de quartier le lendemain matin, et tout le monde saurait que j'avais eu la visite d'un homme pendant les vacances. Le fantôme du féodalisme flottait toujours sur la Chine. Les hommes et les femmes travaillaient ensemble, mais ils ne devenaient pas amis dans la vie privée. La visite de M. Hu ne manquerait pas d'alimenter les commérages.

Nantao était la ville fortifiée de Shanghai. Les murs avaient été détruits depuis longtemps mais il restait le pont aux Neuf Zigzags enjambant le lac et la maison de thé rendue célèbre par les services de table anglais bleu et blanc ornés de saules. Nantao était maintenant un marché aux étroites ruelles sinueuses où des centaines de petites boutiques et d'échoppes vendaient une foule de choses, des perruques aux crapauds vivants utilisés en médecine traditionnelle. Un dicton prétendait que l'on pouvait tout acheter à Nantao, sauf des cercueils. De nombreux restaurants y servaient aussi des mets introuvables ailleurs. Au milieu du marché, près du lac, un jardin de la dynastie Ming, Yu Yuan, s'orne encore de rochers artificiels et de nombreuses cours entourées de pavillons et de studios. Les Gardes rouges n'ont pas détruit Yu Yuan, parce qu'une organisation révolutionnaire anti-impérialiste de 1853 appelée « Société de la Petite Epée » s'y réunissait en secret.

La rue menant à Nantao avait été interdite à la circulation à cause de la foule des gens qui devaient y faire des achats pendant les vacances. M. Hu et moi descendîmes du bus à quelque distance de l'entrée du marché que nous gagnâmes à pied. Nous fûmes littéralement portés par la foule! Quand nous arrivâmes chez le fleuriste, il n'avait plus de fleurs, mais la boutique était pleine d'hommes, de femmes et d'enfants qui regardaient les théières et les tasses Yixing sur les étagères. Il y avait aussi de jolies statuettes de porcelaine, des vases et des pots de fleurs à des prix raisonnables. Cela ne faisait pas longtemps que ces objets avaient reparu : les Gardes rouges les avaient interdits et détruits au début de la Révolution culturelle. J'achetai une théière Yixing d'un joli brun clair ornée du motif traditionnel de montagnes et d'arbres. J'achetai aussi un vase céladon que je prévoyais de faire monter en lampe.

En sortant de la boutique, M. Hu me dit :

« Vous devez être fatiguée. Peut-être pourrions-nous aller nous asseoir dans le jardin Ming. »

Mais en arrivant au jardin, nous trouvâmes une longue file d'attente pour acheter les billets d'accès et une autre devant l'entrée. Un homme portant un brassard rouge ne laissait pénétrer les gens qu'au fur et à mesure que d'autres ressortaient.

« Pourquoi ne pas prendre le bus et aller au parc Zhong Shan? demanda M. Hu. A cette époque de l'année, il ne doit pas y avoir beaucoup de monde et nous pourrons nous y asseoir pour bavarder. »

Etait-ce à cause de ma réclusion solitaire pendant tant d'années? Je me sentais nerveuse et épuisée dès que j'avais à affronter la foule, même si elle n'était pas hostile. Me retrouver dans le parc désert, aux arbres dénudés et à la pièce d'eau gelée me soulagea.

Il n'y avait pas de vent, mais l'air de février nous sembla d'autant plus glacial que nous n'étions plus entourés par d'autres gens. Nous portions tous deux plusieurs couches de vêtements molletonnés, comme tout le monde à Shanghai, mais mes joues rougissaient de froid. Un gros buisson de houx attira mon regard. En approchant, je découvris un banc derrière un rocher. C'était l'endroit idéal pour entendre ce que M. Hu avait à me dire. Je ne pouvais m'empêcher de me demander combien de personnes au monde comprendraient que nous prenions tant de précautions pour avoir une conversation privée tout à fait innocente.

Après m'avoir observée en silence pendant un certain temps, M. Hu me dit :

« Vous avez beaucoup souffert. Je ne devrais pas vous rappeler les sombres jours de votre incarcération, mais je me demande si vous avez découvert pourquoi vous étiez la cible de ces persécutions.

– J'imagine que c'était parce que je travaillais pour Shell. Ils disaient que le bureau de Shell à Shanghai était une " organisation d'espionnage " et que mon mari et moi étions des agents britanniques. En fait, ils ne m'ont jamais accusée de rien de concret. Ils insistaient seulement pour que j'avoue.

– Et d'après les questions qu'ils vous posaient, n'avez-vous rien discerné de précis ?

– Je me suis dit que tout ce qui était arrivé avait probablement quelque chose à voir avec " la lutte entre les deux lignes au sein du Parti ".

– C'est exact. Je crois que vous trouverez ce que je vais vous dire intéressant. Quand les Gardes rouges et les Révolutionnaires ont pris notre usine après la Révolution de janvier 1967, les Révolutionnaires ont rétrogradé mon secrétaire du Parti au rang de simple ouvrier et l'ont accusé d'être un " responsable engagé dans la voie capitaliste ". Il fut envoyé dans mon unité. Comme vous le savez, nous nous entendions très bien avant la Révolution culturelle, quand je me chargeais du travail technique de l'usine et qu'il était secrétaire du Parti. Maintenant, nous étions tous deux des coolies. Il arrivait souvent, à l'heure du déjeuner, quand personne ne pouvait nous entendre, qu'il me parle franchement. C'est lui qui m'a dit que votre arrestation était due à ce qu'on appelait la " conspiration des entreprises étrangères avec certains services de l'Etat ".

– Comment votre secrétaire du Parti me connaissait-il ?

– Avant que l'on vous emmène, les Gardes rouges étaient venus dans notre usine pour m'interroger à votre sujet. Il était encore en poste à ce moment-là, et il avait assisté aux interrogatoires. De plus, comme Meiping était actrice de cinéma, elle était connue. Quand elle mourut, tout le monde parla de sa fin tragique, et on mentionna souvent votre cas en relation avec sa mort.

– Que vous a-t-il dit d'autre ?

– Il semble que l'un des services impliqués dans cette prétendue " conspiration " soit le Département du Front uni, que l'on accusait d'avoir cautionné des ennemis de classe. Son directeur, un protégé du Premier ministre Zhou Enlai, est mort dans des circonstances mystérieuses après un meeting de lutte. On a prétendu qu'il s'était suicidé en ouvrant le gaz. Mais quand on a trouvé son corps, les fenêtres étaient ouvertes et il y avait peu de gaz dans la pièce.

« C'était un faux suicide ?

– C'est ce qu'a prétendu la famille. A Beijing, la fille adoptive du Premier ministre Zhou, Sun Weishih, directrice du Théâtre d'Art populaire, a été jetée en prison et torturée à mort simplement parce que Jiang Qing la considérait comme une rivale. Deux célèbres acteurs de l'opéra de Beijing, Ma Lienlang et Chen Yangiu, ont été battus à mort parce qu'ils refusaient d'avouer qu'ils étaient des espions du Guomindang. On m'a dit que ces deux acteurs avaient été invités à revenir de Hongkong par le Premier ministre Zhou, qui les avait aussi parrainés pour leur adhésion au Parti. On connaît beaucoup de cas de scientifiques, accusés d'être des espions à la solde de l'impérialisme, qui avaient aussi été invités à revenir en Chine par le Premier ministre. Imaginez un instant que l'une de ces personnes ait avoué être un espion, les extrémistes auraient pu jeter le doute sur le Premier ministre. On aurait même pu l'accuser de protéger des espions.

– Voulez-vous dire que votre secrétaire du Parti pensait que les cadres chinois des entreprises étrangères de Shanghai, dont moi-même, avions été jetés en prison et pressés d'avouer simplement parce que quelqu'un, Lin Biao ou Jiang Qing, voulait utiliser nos aveux pour discréditer la politique du Premier ministre Zhou consistant à autoriser la présence d'entreprises étrangères en Chine ?

– Oui. Mon secrétaire du Parti le pensait. Lin Biao comme Jiang Qing considéraient le Premier ministre Zhou comme l'obstacle principal à leurs ambitions une fois qu'ils auraient renversé Liu Shaoqi. A leurs yeux, le Premier ministre serait difficile à éliminer parce que, contrairement à Liu Shaoqi, il ne s'était jamais opposé à Mao. Alors ils ont dû mettre sur pied toute une stratégie. Le Premier ministre n'était pas seul. Un important groupe de cadres du Parti et de membres de la bureaucratie était de son côté. C'est une force formidable dans la structure du pouvoir.

– Maintenant que Lin Biao est mort, Zhou Enlai est devenu l'homme le plus puissant après le Président Mao. Est-ce que sa position n'en est pas renforcée et plus sûre ?

– Renforcée, mais pas sûre, parce que Jiang Qing et ses comparses sont ambitieux. Le Premier ministre est malade. La question est maintenant de savoir qui lui succédera.

– Est-ce que Deng Xiaoping n'est pas le mieux placé ?

– Rien n'est moins certain. Deng Xiaoping n'est pas aussi subtil que Zhou Enlai. Il veut des résultats rapides. Les chefs extrémistes vont se sentir menacés. Cela ne fera que hâter les prochaines batailles », dit M. Hu.

Il faisait vraiment très froid dans le parc désert maintenant que le soleil s'apprêtait à se coucher. Au loin, quelques silhouettes se dirigeaient vers la sortie. Je suggérai que nous partions aussi. M. Hu me proposa de m'emmener dîner au restaurant, mais j'étais fatiguée et déprimée.

Nous rentrâmes en bus. Devant ma porte, M. Hu me dit au revoir et me demanda s'il pouvait revenir quand il aurait un jour de congé :

« Cela fait des années que je n'ai été aussi heureux d'une promenade. Je suis rassuré de vous voir en si bonne forme. Vous ne devez pas rester seule à vous morfondre. Je viendrai pour essayer de vous distraire. »

En rentrant, je trouvai Mme Zhu debout dans le froid sur la terrasse. Elle était certainement sortie en nous entendant revenir.

« Vous avez fait une bonne promenade ? » demanda-t-elle en retirant sa cigarette de sa bouche.

Elle espérait certainement que je lui dirais où j'avais été pour pouvoir le raconter au Comité de quartier. Je résistai à l'envie de la remettre à sa place et me contentai de dire :

« Vous n'avez pas froid, à rester dehors comme ça ? »

Le lendemain, ma vieille amie, la mère de Hean, arriva alors que je n'avais pas fini de donner mon cours. Elle prépara donc à déjeuner en attendant. Pendant que nous mangions, elle ne cessait de parler des fêtes du nouvel an et ramenait toujours la conversation sur les invités que j'avais reçus jusqu'à ce que je comprenne qu'elle espérait que je lui parlerais de M. Hu. Comment savait-elle que M. Hu était venu me voir ? Bouleversée, je dus pourtant me faire à l'idée que ceux qui me faisaient surveiller lui avaient demandé de venir. Je fus secouée par un frisson glacé. Pour que personne ne croie que j'avais quelque chose à cacher, je jouai la candeur :

« Outre les jeunes, un vieil ami est aussi venu me voir. Il avait rencontré Laozhao dans la rue, et celui-ci lui avait donné mon adresse. Hier, je suis allée à Nantao avec lui et j'ai acheté une théière Yixing et un vase.

– Est-ce qu'il est marié?

– Il est veuf.

– Tu le connais depuis longtemps?

– C'était surtout un ami de mon mari.

– Que fait-il?

– Il possédait une usine de peinture.

– Est-ce qu'il s'intéresse à toi?

– Que veux-tu dire? demandai-je avec ennui.

– Tu m'excuseras, mais les messieurs chinois de notre génération ne sortent pas avec des dames chinoises s'ils ne s'intéressent pas à elles.

– Je pense qu'il est possible qu'il se sente simplement seul et qu'il aime ma compagnie. »

Ses insinuations m'irritèrent moins quand je me dis qu'il valait mieux que les gens voient la visite de M. Hu sous cet angle sentimental plutôt que sous un angle politique.

« Je suis une vieille femme, maintenant, et je ne le considère que comme un ami qui essaie d'être gentil, lui dis-je.

– Tu es une très charmante vieille dame. Je ne peux m'expliquer comment il se fait, après tout ce que tu as traversé, que tu aies toujours l'air beaucoup plus jeune que ton âge. Je ne doute pas que ton ami te demande un jour de l'épouser si tu lui en donnes l'occasion.

– Je connais très peu M. Hu. Il est prématuré de penser que nos relations puissent évoluer dans ce sens.

– Je suis ton amie, et j'aimerais te voir mariée. Il n'est pas bon d'être seule dans cette société. Tu as besoin de quelqu'un avec qui discuter, de quelqu'un qui s'occuperait de toi. »

Après son départ, je fermai les rideaux et m'allongeai. J'étais triste d'avoir compris qu'on me surveillait à ce point, et de savoir que la mère de Hean avait rejoint les rangs des informateurs. Quand pourrais-je à nouveau vivre normalement? Quant à M. Hu, je ne pensais pas qu'il veuille davantage que ma compagnie pendant ses jours de congé. Quoi qu'il en soit, je ne l'épouserais pas, ni lui, ni quiconque. J'avais toujours l'intention de quitter la Chine pour de bon quand les circonstances le permettraient.

Depuis la visite du Président Nixon, la police de Shanghai avait recommencé à délivrer des autorisations de sortie du territoire. L'attente était longue et beaucoup de demandes étaient rejetées, mais les exemples ne manquaient pas de personnes à qui on avait donné un passeport. A chaque fois qu'il en paraissait une dans le journal, j'étudiais minutieusement les photos de Mao, comme je le faisais en prison, et je souhaitais toujours aussi ardemment sa mort. Je savais qu'à moins de changements dans la situation politique, je n'avais aucun espoir que l'on m'autorise à partir. La meilleure chose à faire me semblait toujours de me garder en forme et de survivre jusqu'au moment propice.

On frappa à la porte. Comme je n'avais envie de voir personne, je ne me levai pas pour ouvrir. Au bout d'un moment, j'entendis Da Te demander à Mme Zhu :

« A-yi n'est pas là?

– Non. Elle est partie dans sa famille. »

Ils restèrent dans le jardin à parler à voix basse pendant quelques instants, puis Da Te frappa à nouveau. Je ne me levai pas.

Le soir, Mme Zhu, suivie de son petit-fils, monta avec une assiette de poisson.

« Je sais que vous n'aimez pas cuisiner, alors je vous apporte à dîner. »

Elle ne fit pas allusion à la visite de Da Te et je n'en parlai pas non plus. Je savais qu'elle avait trouvé cette excuse pour monter voir si je dormais et n'avais pas entendu Da Te, ou si je ne voulais pas le voir.

J'offris des bonbons à son petit-fils et je les invitai à

s'asseoir. L'enfant tenait un brassard de la milice entre ses mains. Je lui demandai en riant :

« Tu t'es enrôlé dans la milice ?

– C'est à mon oncle. C'est l'oncle Da Te qui l'entraîne.

– Est-ce que Da Te est dans la milice ? demandai-je d'une voix aussi normale que possible.

– Il est capitaine ! dit-il fièrement en dépit des efforts de Mme Zhu pour détourner son attention sur les bonbons.

– C'est formidable ! m'exclamai-je. Je parie que quand tu seras grand, tu entreras dans la milice, comme ton oncle et Da Te ! »

A l'évidence, l'enfant avait dit quelque chose que je ne devais pas savoir, car Mme Zhu n'était pas seulement embarrassée, mais aussi effrayée.

« Tu dis des bêtises, gronda-t-elle. Da Te n'a rien à voir avec la milice.

– Mais si ! » rétorqua l'enfant.

Mme Zhu se leva en hâte et me souhaita une bonne nuit. En descendant l'escalier j'entendis qu'elle sermonnait l'enfant à voix basse pour avoir parlé sans réfléchir.

Comme la milice dépendait de l'armée, elle avait été soumise aux ordres des hommes de Lin Biao. Après la mort de Lin Biao, le contrôle de la milice de Shanghai était tombé aux mains des comparses de Jiang Qing. En 1974 et 1975, les chefs extrémistes concentrèrent leurs efforts sur le renforcement de la milice de Shanghai, espérant en faire leur propre armée privée.

J'étais contente de connaître enfin le statut réel de Da Te. Je soupçonnais depuis longtemps qu'il n'était pas ce qu'il prétendait être.

Le temps passa et le printemps arriva de nouveau à Shanghai. J'étais sortie de détention depuis un an, mais je ne pouvais guère dire que j'étais libre bien que ma vie matérielle se soit améliorée et je n'eus pas d'autre problème de santé que mon arthrite.

Tôt le matin, je sortais sur le balcon pour regarder le jardin. Les séquoias plantés par le bureau du Logement avaient poussé très vite. Maintenant de petits bourgeons d'un vert délicat parsemaient les branches. Dans quelques jours, ils s'ouvriraient et de jeunes feuilles s'épanouiraient. Mon vieux jardinier avait fait deux parterres de roses et planté une bordure de fleurs printanières. Il avait aussi placé des rosiers grimpants à la base des colonnes soutenant mon balcon. De nombreux moineaux élisaient domicile dans le jardin et le matin j'entendais un coucou.

Avec les premiers beaux jours, je fis du balcon mon séjour habituel. Je m'y asseyais avec mes élèves pour les leçons d'anglais, et j'y prenais souvent mes repas au soleil, entre les pots de jasmin, de muguet et d'autres plantes que j'avais achetées ou que mes élèves m'avaient offertes. J'étais particulièrement fière d'un arbre nain dans une vasque ornée d'une formation rocheuse. Ayant réussi à emprunter un exemplaire des *Trois cents poèmes Tang,* je passais aussi beaucoup d'heures agréables à copier les poèmes dans un cahier et à me les réciter pour exercer ma mémoire.

M. Hu me rendait visite de temps à autre. J'avais remarqué que lorsque nous étions au balcon, Mme Zhu s'installait juste en dessous sur sa terrasse. Quand nous restions dans ma chambre, A-yi n'était jamais loin.

Un soir d'août, alors que la lumière du soleil éclairait encore, M. Hu vint me voir. Il voulait que j'aille au restaurant avec lui. Comme A-yi avait déjà préparé le dîner, je l'invitai à rester et à le partager avec moi. Nous allâmes manger sur le balcon, dans la brise du soir. M. Hu était de très bonne humeur et me parla de son enfance à Hangzhou. Après qu'A-yi eut débarrassé la table, Da Te arriva. Il avait toujours une bonne excuse pour venir me voir. Cette fois, il m'apportait un panier de splendides pêches de Wuxi qui, dit-il, se seraient gâtées s'il avait attentu le lendemain pour me les apporter. Je le présentai à M. Hu. Je n'avais jamais vu d'aussi belles pêches au marché, même avant la Révolution culturelle.

« Où avez-vous trouvé ces pêches? lui demandai-je.

– J'ai beaucoup de portes de service. En fait, sans être allé à l'université, j'ai un doctorat en portes de service! »

L'arrivée soudaine de Da Te semblait avoir déconcerté M. Hu, qui gardait le silence. Il se décida enfin à complimenter Da Te sur ses excellentes pêches avant de prendre poliment congé. Les Zhu étaient invisibles, comme toujours quand Da Te venait me voir : ils n'avaient plus à me surveiller.

« Je reviendrai demain, si vous me le permettez », dit M. Hu en me serrant la main.

Quand je revins sur le balcon, Da Te me dit :

« C'est un capitaliste, n'est-ce pas?

– Comment le savez-vous?

– Ça se voit. Et puis il exsude l'odeur nauséabonde de l'argent, comme tous les capitalistes!

– Je vois que vous êtes toujours un chef de Gardes rouges.

– Mais non! Quand j'étais un chef de Gardes rouges, je n'étais qu'une tête brûlée fanatique. Maintenant je suis un marxiste.

– Etes-vous membre du Parti?

– Pas encore. Mais c'est pour bientôt.

– Puisque vous haïssez les capitalistes à ce point, pourquoi voulez-vous étudier l'anglais avec moi? Est-ce que je ne suis pas aussi répugnante que les capitalistes? Est-ce que je n'exsude pas l'odeur nauséabonde de l'argent?

– Vous, c'est différent. En fait, je crois que vous ne seriez pas une bonne capitaliste parce que vous ne faites pas assez attention à l'argent. Votre problème c'est votre naïveté : vous croyez en la gentillesse, la charité, la générosité et toutes ces sottises dont parle la classe dirigeante des nations capitalistes pour leurrer le peuple et miner son esprit révolutionnaire.

– Qu'est-ce que vous savez des nations capitalistes? En avez-vous jamais visité une?

– Pire encore : je n'ai aucun espoir d'en voir une.

– Voudriez-vous y aller si on vous en donnait l'occasion?

– Naturellement je voudrais y aller! Aux Etats-Unis ou dans un pays d'Europe je pourrais travailler dur et faire ma vie. Je réussirais sans doute assez bien.

– Vous m'étonnez. Il y a un instant, vous vouliez adhérer au Parti communiste et maintenant vous dites que vous voudriez aller à l'étranger si c'était possible. Songez-vous à faire la révolution dans un pays capitaliste?

– Bien sûr que non! Je veux adhérer au Parti communiste parce que je dois rester ici. Si je pouvais me rendre dans un pays capitaliste, j'essaierais de devenir capitaliste, dit-il, irrité de voir que je ne comprenais pas sa logique.

– Quoi? Je croyais que vous haïssiez les capitalistes!

– Maintenant je les déteste. Mais si j'étais l'un d'entre eux, je ne les détesterais pas.

– Ne seriez-vous pas mal à l'aise si vous deveniez quelque chose que vous haïssez?

– Pourquoi? Est-ce que vous ne comprenez pas le matérialisme dialectique? »

Après le départ de Da Te, je restai un long moment sur le balcon à songer à cet étrange jeune homme. Je n'avais jamais rencontré quelqu'un comme lui. Les marxistes pensent que la personnalité d'un homme est formée par son environnement. Etait-il le produit typique de la Révolution communiste chinoise? Je le plaignais. Il était extrêmement intelligent et travailleur. S'il avait l'occasion de vivre et de travailler dans une société libre, il réussirait certainement. Je ne pensais pas qu'il ait un avenir en Chine, même en tant que membre du Parti. Avec son égotisme et son assurance, Da Te était essentiellement un individualiste. Le Parti communiste tolérait difficilement les individualistes. Son oncle mort, il n'avait plus ses entrées dans l'élite du prolétariat.

M. Hu revint le lendemain après son travail. Cette fois, je me rendis avec lui dans un restaurant bruyant. Quand nous fûmes assis, M. Hu dit :

« Votre élève semble avoir accès aux réserves alimentaires des cadres du gouvernement. Je ne pense pas que qui que ce soit en dessous d'un secrétaire du Parti du Comité révolutionnaire de Shanghai puisse se procurer ce genre de fruits.

– Vous ne croyez pas qu'il les a eues par la porte de service ?

– Non, certainement pas ! Ces pêches ne sont à vendre ni par la porte de service ni par aucune autre. Elles sont réservées aux cadres, qui ne les paient pas.

– Pas étonnant qu'il n'ait pu me dire combien je lui devais.

– Ce qu'il faudrait savoir, c'est pourquoi on lui a demandé de vous apporter ces pêches, dit M. Hu inquiet.

– Ce n'était peut-être qu'une excuse pour venir me voir tout de suite. »

En fait, je pensais qu'il était venu parce que M. Hu était là. Mais je ne voulais pas l'inquiéter en le lui disant.

« Croyez-vous que l'on vous surveille ?

– Oui, j'en suis certaine.

– Ce n'est pas normal. Que vous a-t-on dit en vous libérant ?

– Pas grand-chose. On ne m'a pas dit que j'avais été jugée innocente, mais seulement que j'avais été rééduquée et que j'avais montré une certaine amélioration dans ma façon de penser.

– Il est probable que votre dossier n'est pas classé et qu'aucune décision n'a été prise au sujet de cette prétendue conspiration. Cela expliquerait que vous soyez surveillée de si près. Avez-vous essayé d'entrer en relations avec Shell à Londres ou à Hongkong ?

– Non. Je ne crois pas que je doive essayer de prendre contact avec quiconque à l'étranger avant que la situation politique ici soit plus stable.

– Et s'ils essaient de vous joindre, eux ?

– J'y ai déjà pensé. Si je reçois une lettre de l'étranger, je l'apporterai à la police et je demanderai si je peux y répondre.

– C'est une sage précaution. La situation politique n'est pas bonne. Jiang Qing revient en force. Avez-vous remarqué que l'on parle à nouveau beaucoup plus de ses activités dans le journal, ces derniers temps ? On dit que le Président Mao se repose de plus en plus sur elle.

– Pourquoi devons-nous tant souffrir simplement parce qu'il y a une lutte d'influence dans le Parti ? Nous ne sommes pas membres du Parti ! »

La nuit était très chaude. Dans le restaurant bondé et bruyant, nous avions pu parlé sans être espionnés, mais je n'avais pas envie de me retrouver écrasée par les passagers du bus et je suggérai que nous rentrions à pied. Dans la faible lumière des réverbères, les rues de Shanghai ressemblaient à un camp de réfugiés.

M. Hu avait raison quand il disait que la situation politique se détériorait. Au fur et à mesure que l'année 1974 progressait, le nom de Jiang Qing apparut de plus en plus fréquemment dans les articles envoyés de Beijing, signe certain de l'accroissement de sa puissance. Elle recevait les dignitaires étrangers à la place de Mao, ou en sa qualité de dirigeant révolutionnaire et de membre du Bureau politique. Elle était l'hôtesse des visiteurs étrangers, les invitait pour des représentations spéciales de ses pièces modèles et les réunissait pour discuter des affaires de l'Etat. Presque chaque jour, la une des journaux affichait sa photo ou un rapport sur ses activités.

La campagne contre Lin Biao se mit, sous le mot d'ordre « Pi Lin Pi Kong », à critiquer conjointement Lin Biao et... Confucius. Jiang Qing dirigea personnellement la campagne en contrôlant la presse et les principales publications. C'est son comparse Yao Wenyuan qui organisa les écrivains maoïstes pour qu'ils fournissent les journaux en articles, et toute la population fut mobilisée pour prendre part à la campagne dans le cadre des groupes d'études qui l'endoctrinaient. L'un après l'autre, les articles apprenaient à beaucoup que Confucius, à l'âge de cinquante ans, était entré au gouvernement du Royaume de Lu où il avait assumé un temps la charge de Premier ministre. Les maoïstes en déduisaient que Confucius était un tenant rétrograde du conservatisme et qu'il empêchait donc le progrès.

Personne ne douta que la campagne de Jiang Qing pour critiquer Confucius était en fait dirigée contre le Premier ministre Zhou Enlai. Le nom de l'ancien sage était utilisé comme nom de code pour le Premier ministre malade. Les articles contre Confucius prétendaient en outre qu'à l'époque de Confucius existait en Chine une autre école qui, elle, était progressiste : les légistes. La lutte entre ces deux écoles de pensée était comparée à la lutte entre les Révolutionnaires et les « responsables engagés dans la voie capitaliste ».

Fatigués des luttes de factions entre leurs dirigeants, les Chinois, y compris les militants de base du Parti, se rangeaient du côté du Premier ministre. Beaucoup de rumeurs circulaient au sujet de Jiang Qing – dont certaines sans aucun doute inventées pour la discréditer. Elle était tellement impopulaire que les racontars murmurés sur sa vie privée luxueuse et ses mœurs sexuelles devinrent la principale distraction des masses. Les plus sérieux s'inquiétaient du fait que Mao Zedong semblât se ranger aux côtés de sa femme et des autres chefs radicaux. Ils pensaient qu'il était peut-être effrayé de la rapidité avec laquelle Zhou Enlai, à travers Deng Xiaoping, renversait le cours de la Révolution culturelle, et craignait qu'on le rejette, lui et ce qu'il avait prôné pendant la Révolution culturelle.

A cause des tensions politiques croissantes dues à la campagne contre Confucius et à la réactivation des idées de la Révolution culturelle, plusieurs de mes élèves cessèrent leurs cours. Ils avaient peur que l'étude de l'anglais ne redevienne tabou. Le Comité de quartier intensifia aussi ses activités. On exigeait une présence de cent pour cent aux groupes d'étude, et on ne pouvait plus y tricoter. De plus en plus de gens étaient embrigadés pour soutenir la campagne contre Confucius. On oublia Lin Biao. A-yi insistait pour que je ne porte que ma veste de coton quand je sortais afin de ne pas attirer l'attention, et notre approvisionnement quotidien diminua peu à peu car elle avait peur de s'adresser aux paysans qui s'introduisaient en fraude dans la ville avec leurs œufs et leurs poulets à vendre.

Au début de l'hiver, il se produisit un événement peu ordinaire qui agit sur moi comme un signal d'alarme : je risquais à nouveau d'être incriminée.

J'avais reçu, entre autres amis de Meiping, une jeune paysanne du nom de Chen Lan. Avant de commencer à travailler au Studio cinématographique, ma fille avait dû passer six mois dans la Commune populaire de Malu, près de Shanghai, pour y « faire l'expérience de la vie paysanne », conformément à une décision du Conseil d'Etat. Elle vivait chez Chen Lan, partageant la vie et le travail de sa famille, et les deux jeunes filles devinrent amies. Chen Lan disait que Meiping lui avait appris à lire, à écrire, et à regarder le vaste monde, au-delà de son existence étriquée. Elle lui avait même montré les bienfaits de la crème pour le visage et du shampooing. Chen Lan me raconta que Meiping avait sauvé la vie de sa mère quand elle était soudain tombée malade. Il n'y avait personne d'autre à la maison, et Meiping avait emmené sa mère, dans une barque empruntée à leur brigade de production, jusqu'à l'hôpital de campagne où elle avait été opérée d'urgence. Dès lors, les parents de Chen Lan avaient traité Meiping comme leur fille et les deux gamines étaient devenues sœurs.

Quand elle vint me voir, Chen Lan m'apporta une grande photo de Meiping avec elle et plusieurs autres paysannes du village. A travers ses larmes, Chen Lan me dit :

« C'est mon trésor le plus précieux, mais comme on vous a pris toutes vos photos, je voudrais que vous la gardiez. »

Je lui promis que j'en ferais tirer des copies et que je lui rendrais l'original. Mais pendant plusieurs mois, je ne parvins pas à trouver un photographe prêt à exécuter ce simple travail. J'étais sur le point de sortir pour essayer les photographes à l'autre bout de la ville, par-delà la baie de Suzhou, quand on frappa à la porte au pied de l'escalier. A-yi descendit et j'entendis une voix d'homme :

« Je suis un ami de sa fille. »

A-yi revint dans ma chambre, suivie par un jeune homme musclé de taille moyenne. Je posai la photo que j'étais en train de regarder et me levai.

« Je m'appelle Liu Hing. Je suis un ami de Meiping, dit le jeune homme en me tendant un cadeau. J'ai entendu dire que vous étiez sortie de la maison de détention, alors je suis venu voir si je pouvais faire quelque chose pour vous. Voici une boîte de ginseng de Changbai Shan. On n'en trouve pas à Shanghai. Je l'ai achetée pour vous au cours d'un voyage dans le Nord-Est. »

Il s'agissait d'un cadeau de prix. Une telle boîte représentait un mois de salaire d'un ouvrier. Je me demandai ce qu'il espérait obtenir de moi en échange d'un tel cadeau.

« C'est très gentil d'avoir pensé à m'apporter du ginseng, mais je n'en prends jamais. Comment avez-vous eu mon adresse ?

– Le Comité révolutionnaire du Studio cinématographique de Shanghai me l'a donnée quand je m'y suis rendu pour me renseigner. »

C'était un mensonge. Les responsables ne donnaient jamais d'adresse personnelle sans une raison sérieuse. Quelque chose me disait qu'il n'était pas l'ami de Meiping. Il n'avait ni l'aspect ni le langage des amis de ma fille. Pourquoi était-il venu ? Que voulait-il ? J'avais un sinistre pressentiment.

« A-yi ! Voudriez-vous s'il vous plaît apporter une tasse de thé à notre invité ? »

Ce geste de politesse rassura mon visiteur qui sourit et se détendit. Il s'assit sur la chaise que je lui indiquai et plaça la boîte sur la table. Je lui demandai :

« Etes-vous venu chez nous avant la Révolution culturelle ? Je ne me souviens pas de vous, ni de votre nom. Pourtant Meiping me parlait toujours de ses amis.

– Vous étiez très proches, toutes les deux, n'est-ce pas ? Tout le monde le sait. C'est pourquoi je suis venu vous parler d'une chose très importante. Je connais des gens qui pourraient vous aider à châtier ses meurtriers. Ces gens ne veulent ni argent ni récompense. Ils sont tristes pour vous et souhaitent simplement vous aider. »

Quelle proposition extraordinaire ! Depuis la campagne contre Confucius, la propagande officielle ne cessait de réaffirmer la justesse de tout ce qui s'était passé au cours de la Révolution culturelle. Pour moi, tenter quoi que ce fût concernant la mort de ma fille, c'était reprendre directement le chemin de la Maison d'arrêt n° 1. Je répondis :

« Je n'ai envie de châtier personne. Je suis très triste que ma fille soit morte de cette façon. C'était totalement injustifiable et inutile. Mais elle est morte, et rien ne la ramènera à la vie.

– Comment pouvez-vous être si magnanime ? C'est votre devoir de mère de venger sa mort.

– Je crois que sa mort sera vengée. Je crois que le gouvernement fera une enquête quand le moment sera venu. Je fais totalement confiance au gouvernement populaire. Vous ne m'avez pas dit quand et où vous avez connu Meiping.

– Je l'ai rencontrée quand elle était à la Commune populaire de Malu. Elle vivait avec une famille de paysans et je lui rendais visite pour bavarder.

– Vous étiez aussi à la Commune populaire de Malu ?

– Oui. J'y faisais un travail scientifique. »

Etait-il vraiment un ami de Meiping comme il le prétendait ? L'avait-il réellement rencontrée à la Commune populaire de Malu ? Je songeai tout à coup que j'avais un moyen de vérifier.

« Puisque vous étiez à la Commune populaire de Malu et que vous y avez rencontré Meiping, vous devez connaître Chen Lan, l'amie de Meiping, chez qui elle habitait.

– Oh, oui ! Naturellement. Je les voyais souvent ensemble », dit-il en toute hâte.

Je pris la photographie de Meiping avec le groupe de paysannes et la lui tendis.

« Quelqu'un m'a donné cette photo. Pourriez-vous me dire laquelle de ces jeunes filles est Chen Lan ? Je ne l'ai jamais rencontrée. »

Il examina la photo et me montra la jeune fille debout à côté de Meiping, un bras autour de ses épaules. Ce n'était pas bête, mais Chen Lan se trouvait très loin de ma fille, au bout de la rangée. Comme je ne dis rien, il pensa qu'il avait satisfait à ma question.

« Je viendrai souvent vous voir pour que vous me connaissiez mieux. Je m'intéresse beaucoup aux affaires internationales et je suis sûr que je peux beaucoup apprendre de vous. Et je pourrais aussi vous apprendre beaucoup de choses parce que je suis un scientifique. Si vous ne voulez pas rencontrer personnellement les gens dont je vous ai parlé, je pourrais être votre émissaire.

– Et pourquoi feriez-vous ça ? N'est-ce pas dangereux d'attaquer les gens liés à la mort de ma fille ? Ne sont-ils pas des Révolutionnaires cautionnés par des personnes influentes ?

– J'aimais Meiping. Depuis qu'elle est morte, je n'ai jamais cessé de penser à elle. Je ne hais pas moins ses meurtriers que vous. Je serais heureux de contribuer à venger sa mort.

– Vous aimiez Meiping ? Alors vous aviez dû bien la connaître. C'est vraiment curieux qu'elle ne m'ait jamais parlé de vous.

– Je l'aimais de loin, dit-il en rougissant. Elle ne le savait pas. Ce n'était pas un amour partagé.

– Vous êtes un romantique. Mais je crois toujours que nous devons attendre que le gouvernement venge sa mort. Quelle que soit notre colère, nous n'avons pas la possibilité légale de faire quoi que ce soit.

– Le gouvernement actuel ne fera jamais rien, voyons ! Il soutient les meurtriers. Comment pouvez-vous imaginer qu'il fera quelque chose ? dit-il avec impatience, déçu sans doute que je ne sois pas tombée dans le piège.

– Calmez-vous. On ne doit pas dénigrer le gouvernement. Dire que le gouvernement soutient des meurtriers est contre-révolutionnaire. Je ne peux autoriser mes invités à s'exprimer ainsi sous mon toit, dis-je gravement.

– Vous êtes très prudente. Ce qu'on dit en privé n'a pas d'importance. Après ce qui est arrivé à Meiping et ce qui vous est arrivé, vous devez haïr le Parti communiste et le gouvernement populaire, même si vous ne l'avouez pas.

– Vous vous trompez. Je ne hais ni le Parti communiste, ni le gouvernement populaire. Mais je réfléchirai à ce que vous m'avez dit. Si je change d'avis, je prendrai contact avec vous. Voulez-vous me montrer votre livret de travail, s'il vous plaît, que je puisse vérifier votre nom et recopier votre adresse ?

– Inutile de voir mon livret de travail. Je vais vous écrire mon adresse.

– Pour vous faire confiance, je dois voir votre livret de travail. »

Ce n'est qu'à contrecœur qu'il sortit son livret et me le tendit. Je chaussai mes lunettes et l'examinai. Il émanait d'une usine identifiée par un simple numéro. Tout le monde en Chine savait que ces usines appartenaient à l'Armée. De plus, la page était barrée par un tampon portant le mot « confidentiel ». Selon toute probabilité, c'était un technicien travaillant sur un projet secret dans une usine d'armement.

Mon meilleur argument, pendant mon emprisonnement, était que je n'avais jamais connu quiconque ayant accès à des secrets gouvernementaux. Le fait d'être en contact avec une personne chargée d'un travail confidentiel dans une usine de l'Armée aurait le double effet de rendre impossible mon départ de Chine et d'ouvrir la voie à toutes sortes d'accusations mensongères contre moi.

J'ouvris la porte de ma chambre et appelai A-yi.

« Je veux que vous soyez témoin de ce que je vais dire à notre hôte, dis-je en rendant son livret à Liu Hing. Liu Hing, je vous interdis de jamais revenir me voir. J'ai des " relations avec l'étranger " et on m'a faussement accusée d'être une espionne à la solde des impérialistes. En tant que scientifique travaillant sur des projets secrets, vous avez commis une faute grave en venant me voir. Quand vous retournerez dans votre usine, vous devez le dire immédiatement à votre secrétaire du Parti et avouer votre faute. Vous devrez lui rapporter exactement ce que vous m'avez dit et ce que je vous ai dit... A-yi, il s'agit là d'une affaire grave. Vous ne devez plus jamais ouvrir notre porte à ce jeune homme. J'imagine que vous êtes membre du Parti, monsieur, pour travailler sur un projet secret. Je suis stupéfaite que vous ayez pu commettre une telle erreur. Je devrais vous dénoncer à la police. Partez ! Et ne revenez jamais. »

Il partit sans un mot. Il avait oublié la boîte de ginseng sur la table. J'envoyai A-yi la lui rendre, mais il avait déjà disparu sur sa bicyclette.

J'étais tellement furieuse de cette visite, que je renonçai à sortir. A-yi m'apporta une tasse de thé et me dit :

« Ne soyez pas en colère. Ça n'en vaut pas la peine. »

Peu après, Da Te monta l'escalier quatre à quatre et s'écria :

« Ah ! Heureusement que vous êtes là !

– Vous saviez très bien que j'étais chez moi, répondis-je.

– Qu'est-ce qui ne va pas ? Vous êtes en colère ? dit-il, mimant la surprise.

– Vous savez parfaitement ce qui ne va pas, dis-je en lui tendant la boîte de ginseng. Reprenez ça et dites-leur d'arrêter leurs manigances stupides.

– Je vous débarrasserai de tout ce que vous voudrez, mais je ne dirai à personne d'arrêter ses manigances stupides. Pourquoi le ferais-je ? Pourquoi ne pas laisser les gens manigancer ce qu'ils veulent ? Pourquoi ne pas en rire ? Pourquoi auriez-vous peur de leurs manigances ? Est-ce que vous n'êtes pas assez intelligente pour les percer à jour et faire qu'ils se sentent mal à l'aise ?

– C'est trop malhonnête !

– Pouquoi considérer que tout le monde devrait être honnête ? Après tout ce que vous avez traversé, vous devriez savoir que l'honnêteté est une forme de suicide.

La malhonnêteté est la meilleure politique de nos jours.

– Allez-vous-en, Da Te, je vous prie ! Je ne suis pas d'humeur à entendre vos âneries.

– J'essayais seulement de vous remonter le moral. Bon, je reviendrai demain, quand vous vous sentirez mieux. »

Il partit en emportant la boîte de ginseng. Je n'étais pas certaine du tout qu'il la rendrait à qui de droit. Je soupçonnais qu'il la rapporterait chez lui et l'offrirait à sa mère. Da Te était ainsi.

CHAPITRE 16

LA MORT DE MAO

La provocation de Liu Hing ne resta pas un incident isolé. Il fut suivi par une série de visiteurs qui se présentaient tous comme des amis de ma fille. Je connaissais le nom de quelques-uns d'entre eux, mais je n'en avais rencontré aucun chez moi avant la Révolution culturelle. Ils venaient toujours seuls, parfois le soir, et après avoir parlé de la mort de Meiping pendant une heure je ne dormais plus de la nuit.

« Est-ce que vous pourriez cesser d'ouvrir notre porte à tous ces gens qui prétendent être amis de ma fille? dis-je un jour à A-yi. Ils veulent tous me raconter ce qu'elle a souffert et me pousser à venger sa mort. Je n'en peux plus d'entendre chaque jour la même chose.

– Tant que je suis là, je dois ouvrir la porte. Je sais que ces visites sont pénibles pour vous. Après leur départ, vous avez toujours l'air malade. Mais que puis-je faire? Peut-être devriez-vous me renvoyer. Vous pouvez facilement vous en sortir seule, dit-elle d'un air désespéré.

– Pourriez-vous trouver un autre travail?

– Pour être franche, j'aime bien travailler chez vous. Je n'ai guère de chances de trouver ailleurs une aussi bonne paie et d'aussi bonnes conditions de travail. »

Je ne voulais pas la renvoyer, mais à l'évidence, on lui avait dit de faire entrer ces visiteurs chez moi. Tant qu'elle était là, elle ne pouvait refuser d'ouvrir la porte. Il fallait que je trouve une échappatoire.

« Si je paie le loyer, pourriez-vous trouver à vivre ailleurs ? demandai-je, sachant bien que le manque de logements se faisait cruellement sentir à Shanghai.

– Une de mes cousines vient de perdre son mari. Il est possible qu'elle veuille bien que je vive avec elle si je partage les frais.

– Très bien. Nous allons nous organiser ainsi. Vous irez vivre chez votre cousine et vous ne viendrez que le matin. Je vous verserai le même salaire et je paierai le loyer, qu'en pensez-vous ?

– C'est très bien. Comme ça vous aurez vos après-midi et vos soirées au calme. Si vous n'ouvrez pas votre porte, personne ne pourra m'en vouloir ! »

Le week-end où A-yi déménagea, j'enveloppai un carton de papier rouge, puis je collai une feuille blanche au centre, laissant une bordure rouge, et j'écrivis : « A cause de mon grand âge et de ma mauvaise santé, j'ai besoin de repos. Les visiteurs se présentant sans avoir pris rendez-vous ne seront pas reçus. Les représentants du gouvernement en mission officielle sont toujours les bienvenus. » Je signai et accrochai le carton sur ma porte, au pied des escaliers, avec un ruban rouge, avant de fermer ma porte à clef.

Le lendemain matin, quand j'ouvris la porte pour aller dans le jardin, je vis qu'on avait arraché ma pancarte et qu'elle gisait au sol. Mme Zhu était sur la terrasse. Je ramassai les morceaux de la pancarte et les lui montrai.

« Est-ce qu'un membre de votre famille a déchiré ma pancarte ?

– Oh, non ! Bien sûr que non ! Nous n'approchons jamais de cette porte. Comme vous le savez, quand je viens vous voir, je passe toujours par l'escalier de service. »

Son fils chômeur vint soutenir sa mère :

« Ce doit être quelqu'un qui aura encore escaladé le mur pendant la nuit. Il nous manque deux chemises qui séchaient sur la terrasse.

– Il y a eu plusieurs cas de vol, dans ce quartier, insista Mme Zhu. Vous ne vous souvenez pas que notre secrétaire du Parti nous a dit de faire attention, à la dernière réunion de notre groupe d'étude ?

– Avez-vous déclaré ce vol à la police ? demandai-je, persuadée qu'ils mentaient.

– Non, répondit le fils de Mme Zhu en jetant un regard à sa mère, mais nous ne tarderons pas à le faire.

– J'y vais tout de suite, dis-je.

– Je vous en prie, ne prenez pas cette peine, nous irons plus tard, dit Mme Zhu.

– Non, j'y vais », insistai-je.

Les morceaux de ma pancarte à la main, je me rendis au poste de police, au bout de notre rue. Je me disais qu'il serait intéressant de savoir si la police était derrière le harcèlement dont j'étais victime. Dans l'affirmative, mon policier de secteur, Lao Li, devait être au courant et je l'apprendrais en étudiant ses réactions pendant notre entretien.

Le poste de police de notre quartier était installé dans l'ancienne résidence d'un riche commerçant qui s'était enfui à Hongkong juste avant l'arrivée des communistes. C'était la plus grande maison du quartier, entourée d'un beau jardin. Je montai les marches et entrai. On avait subdivisé le séjour. Dans la première section, un homme et une femme en uniforme étaient assis derrière un comptoir. Un vieil homme muni de son carnet de séjour faisait enregistrer l'arrivée de son fils venu en vacances d'une lointaine province.

J'attendis au comptoir que la femme me demande ce que je voulais.

« J'habite au nº 1 Tai Yuan Lu. Je suis venue voir le camarade Lao Li, qui est chargé de notre rue, répondis-je.

– Est-ce qu'il vous a convoquée ?

– Non. Il est arrivé quelque chose la nuit dernière dont je voudrais lui parler.

– Tout le monde est à une réunion de groupe d'étude, ce matin. Revenez plus tard.

– Je vais l'attendre.

– Il arrive que les réunions d'étude durent toute la matinée.

– Cela ne m'ennuie pas d'attendre, si c'est possible », dis-je d'un air décidé.

Elle ne répondit rien. J'allai m'asseoir sur un banc. Plusieurs personnes vinrent enregistrer des naissances, des décès, des arrivées et des départs. J'observais le travail de routine d'un poste de police, et de temps à autre, je regardais les aiguilles de l'horloge, au mur. Elles semblaient n'avancer que très lentement, mais j'étais décidée à voir Lao Li. Peu après onze heures, la porte menant à la salle de réunion s'ouvrit et un homme en uniforme en sortit.

« Préviens Lao Li que quelqu'un de Tai Yuan Lu veut le voir », dit la femme au policier.

Il repartit. Au bout d'un moment, Lao Li sortit. C'était un homme robuste et détendu. Il n'avait pas la mine renfrognée habituelle à ses collègues, et rien dans son attitude ne laissait penser qu'il n'avait pas envie de me voir. J'aimais assez et je respectais cet homme à l'esprit clair et pratique. Derrière sa mine avenante, il était plutôt rusé et vif. Les quelques fois où il était venu chez moi, il s'était toujours montré poli, mais je savais que rien n'échappait à son regard. Il était totalement différent du jeune policier qui avait craché sur mon tapis dans les premiers temps de la République populaire.

Quand Lao Li entra dans la pièce, je me levai pour montrer mon respect. Il me dit de m'asseoir et s'installa face à moi, de l'autre côté de la table.

« Pourquoi vouliez-vous me voir ?

– Je voulais vous dire qu'un voleur a escaladé notre mur la nuit dernière.

– Est-ce qu'il a pris quelque chose ?

– Les Zhu disent qu'il leur manque deux chemises. Pour ma part, je ne déplore que les dégâts causés à cette pancarte. »

Je lui tendis les morceaux. Lao Li les assembla et lut ce que j'avais écrit. Il fronça les sourcils.

« De quoi s'agit-il ? Pourquoi avez-vous écrit ça ? »

Son air sincèrement étonné me prouva qu'il n'avait rien à voir avec le flot de visiteurs qui me harcelaient. Je ne pouvais pourtant pas écarter la possibilité qu'un Révolutionnaire isolé du Département de la police soit impliqué dans cette histoire. Jusqu'à la fin des années 1970, les Révolutionnaires et les anciens cadres réhabilités coexistaient côte à côte dans tous les services gouvernementaux. Il va sans dire que l'atmosphère d'hostilité et le refus de coopération entre les deux factions empêchaient que quoi que ce soit fût réalisé. La bureaucratie, déjà peu maniable, devint totalement incontrôlable. Si un projet avait été élaboré par les Révolutionnaires promus aux postes officiels pendant la Révolution culturelle, il y avait toutes les chances pour que les anciens cadres réhabilités n'en aient pas eu vent. Parallèlement, les Révolutionnaires faisaient tout pour que les cadres réhabilités ne retrouvent pas les pouvoirs qu'ils avaient perdus pendant la Révolution culturelle. Dans la plupart des cas, les cadres réhabilités ne tardèrent pas à découvrir que, s'ils avaient recouvré leurs anciens titres, ils n'étaient plus que des hommes de paille. Les Révolutionnaires continuaient d'agir comme s'ils n'existaient pas.

« Tant de gens sont venus à toute heure pour parler de la mort de ma fille en prétendant être de ses anciens amis que je n'en peux plus, lui expliquai-je. Je suis une vieille femme. J'ai subi une grave opération. J'ai besoin de repos.

– Pourquoi un voleur voudrait-il déchirer cette pancarte? me demanda Lao Li songeur. Cela ne ressemble pas à l'acte d'un voleur.

– Les Zhu m'ont dit que c'était un voleur qui l'avait fait.

– D'accord. Je vais passer chez vous et parler aux Zhu cet après-midi. »

Je le remerciai et rentrai.

Bien que ne sachant toujours pas qui organisait mon harcèlement, je fus rassérénée par le fait que Lao Li ne m'ait pas dit d'arrêter d'apposer de telles pancartes sur ma porte. Je décidai donc d'en confectionner une autre et de l'accrocher.

A mon retour, A-yi était déjà là. Je lui racontai d'où je revenais et lui montrai les restes de ma pancarte.

« Ce sont certainement les Zhu qui l'ont déchirée, me dit-elle. Aucun voleur n'a escaladé le mur. Ce ne sont que des mensonges.

– Et pourquoi les Zhu feraient-ils une chose pareille?

– Quelqu'un a dû leur dire de le faire, murmura-t-elle bien que nul ne pût nous entendre.

– Qui aurait pu le leur dire?

– Qui sait? » répondit-elle en feignant l'ignorance.

Je passai un après-midi tranquille. La seconde pancarte ne fut pas retirée, et personne ne frappa à la porte fermée.

Le lendemain, après le départ d'A-yi, mes résolutions furent mises à rude épreuve. La mère de Hean vint me voir. Je crus qu'elle repartirait après avoir lu ma pancarte, mais elle n'en fit rien. Elle m'appela et frappa. Ce fut difficile de ne pas répondre à ma vieille amie, mais je devais le faire. Elle finit par repartir.

Le lendemain, ma nièce vint avec son bébé. C'était la

fille de celle de mes sœurs qui était morte. Au début de la Révolution culturelle, elle n'était qu'une adolescente, et à cause de ses origines familiales, elle fut très durement traitée. Elle devint nerveuse et timide, craignant toujours d'irriter les Révolutionnaires. Comme j'avais été en maison d'arrêt, elle avait hésité à me rendre visite. J'avais dû envoyer A-yi insister pour qu'elle vienne au nouvel an. Je fus donc très surprise de l'entendre m'appeler. Mais je ne répondis pas. Elle aussi finit par repartir.

Je présumais que la mère de Hean et ma nièce avaient toutes deux été envoyées pour tester la force de mes résolutions. Mais comme je n'en étais pas certaine, je décidai de rendre visite à ma vieille amie.

Après que je lui eus expliqué pourquoi je ne lui avais pas ouvert, je lui demandai :

« As-tu lu ma pancarte ?

– Oui... Je l'ai lue, mais... »

Elle me regarda intensément, incapable d'en dire plus. Elle ne pouvait se résoudre à m'avouer qu'on lui avait demandé de venir. Etait-ce de la honte ou de la peur ? Au bout d'un moment, elle dit :

« Est-ce que ce ne serait pas mieux de supporter les visites ? Tu peux toujours prendre des somnifères. Pourquoi chercher l'affrontement ? Est-ce que tu n'as pas peur d'eux ?

– Non, aussi curieux que cela puisse paraître, je n'ai pas peur. Je dois me battre, sinon je mourrai de rage et de frustration », répondis-je.

Le seul fait de lui dire cela avait fait monter une vague de colère dans ma poitrine. A cause de la mort de ma fille, je haïssais les maoïstes un million de fois plus que lorsque j'étais à la maison d'arrêt. Lutter contre eux m'apportait au moins une petite consolation.

« Nous sommes de si vieilles amies que tu devrais savoir que je t'aime beaucoup, me dit-elle. J'espère que tu comprends que j'aie pu faire ou dire des choses que je n'aurais normalement ni faites ni dites. Dans les circonstances actuelles, on ne peut toujours rester fidèle à soi-même.

– Oh, oui ! Ne t'en fais pas ! Je comprends parfaitement », dis-je en me levant pour partir.

Elle m'accompagna jusqu'à la rue.

« Est-ce que tu serais d'accord pour que je dise à tout le monde que je suis trop malade pour te rendre visite ? Il est vrai, comme tu le sais, que j'ai un grave problème cardiaque.

– Certainement. Tu me manqueras, mais cela vaut mieux. Je ne veux pas que tu te trouves dans une situation embarrassante.

– Je suis contente que tu comprennes. Espérons que cela ne durera pas longtemps. Prends bien soin de toi. »

Je restai ferme sur mes positions et continuai de refuser ma porte à tous ceux qui se présentaient sans rendez-vous dans l'après-midi. Da Te ne me parla jamais de ma pancarte, mais il prenait toujours rendez-vous avec moi quand il voulait me voir l'après-midi. Au bout d'une quinzaine de jours, les visiteurs cessèrent de venir.

Mais le harcèlement ne cessa pas pour autant. Il ne fit que se déplacer de mon appartement à la rue. Un jour où je sortais me promener, un petit groupe d'enfants cria soudain :

« Espionne ! Espionne impérialiste ! Chien courant des impérialistes ! »

Je continuai mon chemin sans réagir, mais deux plus téméraires que les autres me barrèrent le passage en continuant à crier. Je ne pouvais les pousser sans risquer un incident. Je m'arrêtai donc et leur dit calmement :

« Venez avec moi. Nous allons bavarder. »

Ils s'enfuirent. Je me rendis au Comité de quartier pour me plaindre. On me répondit que tant que je ne pourrais donner les noms des enfants, on ne pourrait rien faire.

Cela se reproduisit chaque jour, presque comme si les enfants m'attendaient pour jouer leur rôle. Quelle que fût l'heure de ma promenade, ils étaient toujours là – de même qu'au loin, un homme à bicyclette. Dès que les enfants commençaient à crier, il montait sur sa bicyclette et disparaissait.

Ni les enfants ni les passants qui me regardaient ne me firent renoncer à mes promenades quotidiennes. Je passais juste devant les enfants comme si je ne les voyais ni ne les entendais.

Une quinzaine de jours plus tard, A-yi découvrit que quelqu'un avait écrit à la craie sur notre porte : « Une espionne impérialiste arrogante vit ici. » Elle était furieuse et voulait effacer l'inscription à l'aide d'un linge mouillé. Je tentai de l'en dissuader.

« Mais c'est injurieux! Que penseront les gens qui passeront devant notre porte?

– Laisse-les penser ce qu'ils veulent. Tout le monde est habitué à ce genre d'inscription. Est-ce qu'il n'y en a pas eu beaucoup pendant la Révolution culturelle? »

Quand je sortis l'après-midi à l'heure habituelle, le même homme se trouvait sur le trottoir d'en face avec sa bicyclette. J'étais assez près de lui pour voir qu'il avait la trentaine, et des cheveux noirs particulièrement drus. Dès qu'il me vit sortir, il monta sur sa bicyclette à la selle d'un jaune très lumineux et partit. Je refermai la porte sans lire l'inscription et m'éloignai.

Quelques jours plus tard, une forte averse effaça l'inscription à la craie. Peu après, les enfants se fatiguèrent aussi de leur jeu. Curieusement, alors qu'il ne pouvait pas ne pas l'avoir lue, Da Te ne fit aucune allusion à l'inscription en venant à ses leçons.

Je bénéficiai de quelques jours de calme. Le 27 mars 1975 était la date anniversaire de ma libération. Deux ans plus tôt, je sortais de la Maison d'arrêt n° 1. Je passai une journée tranquille sur mon balcon dans le pâle soleil de printemps à tricoter et à lire de la poésie Tang. L'après-midi, je repensai aux années que j'avais passées dans ma cellule, essayant de revoir le visage des gardiennes, revivant les interrogatoires. Je ressentis à nouveau le froid, la faim et la douleur des tortures que j'avais endurées. Je regardai mes poignets et vis les cicatrices que je garderais jusqu'à ma mort. Je n'étais plus dans une cellule de prison, mais ma lutte contre la persécution n'était pas terminée. Mes ennemis rôdaient aux alentours de ma vie et je devais rester vigilante.

J'étais trop déprimée pour sortir me promener. Les deux jours suivants, il plut sans arrêt. Quand le soleil reparut, j'avais besoin de prendre de l'exercice.

« Est-ce que vous allez sortir, aujourd'hui? me demanda A-yi en partant. Il fait si beau!

– Oui, bien sûr que je vais sortir aujourd'hui.

– Peut-être pourriez-vous prendre le manche du vieux balai et l'emporter à la coopérative pour faire remplacer la tête-de-loup.

– Est-ce qu'il faut emporter le vieux manche?

– Oui, ils en manquent. Ils ne vous donneront pas de tête-de-loup si vous n'apportez pas le vieux manche. »

Vers quinze heures, comme d'habitude, je partis, le manche à balai à la main, pour me rendre à la coopérative où des femmes du quartier faisaient de petits travaux pour gagner quelques yuans. Peut-être me suivait-on, mais je n'avais rien remarqué. Quand je quittai le trottoir pour traverser la rue, je me sentis soudain heurtée violemment. Je tombai lourdement sur le dos, juste sur le trajet d'un autobus. J'entendis ses roues crisser sous l'effet du freinage et un homme me tira sur le côté. L'autobus reprit sa route, écrasant au passage le manche de mon vieux balai. Le conducteur se pencha à la fenêtre et me cria :

« Vous ne pouvez pas regarder où vous allez? Vous voulez vous faire tuer? »

Tout s'était passé si vite et de façon tellement inattendue que j'étais étourdie. Mon cœur battait comme un fou et mes genoux tremblaient.

« C'est une bicyclette qui vous a heurtée, me dit mon sauveteur. L'homme ne s'est pas arrêté.

– Vous m'avez sauvé la vie. Comment puis-je vous remercier? dis-je d'une voix tremblante qui me paraissait étrangère à moi-même.

– Mais non, le bus s'est arrêté à temps. Vous feriez mieux d'aller à l'hôpital pour qu'on s'assure que vous n'avez rien de cassé.

– Je crois que ça va. Je suis seulement un peu étourdie. Je vous en prie, venez avec moi. Je voudrais vous remercier par un cadeau. Peut-être pourriez-vous m'accompagner au poste de police pour signaler l'accident?

– Vous n'avez pas attrapé l'homme à la bicyclette. La police ne fera rien. Et puis je dois aller à un meeting.

– Est-ce que vous avez vu l'homme qui m'a heurtée?

– Pas très bien. Mais j'ai remarqué qu'il avait quelque chose de clair sur la selle.

– Etait-ce une selle jaune vif?

– Il était assis dessus, mais j'ai vu quelque chose de clair.

– Est-ce que l'homme avait une tignasse très drue?

– Oui, c'est tout à fait ça. Vous le connaissez? C'est un ennemi personnel à vous?

– Non, je ne le connais pas. Mais je l'ai déjà vu.

– Bien. Il faut que j'aille à mon meeting. Vous devriez faire attention. Il vous a heurtée délibérément. La rue était vide. Il aurait pu vous éviter. Et il a filé très rapidement. »

Je remerciai à nouveau cet homme qui s'était montré si gentil, et il disparut dans la foule.

En rentrant, je pris deux aspirines et me couchai. Il n'était guère plus de seize heures et je dormis environ une heure. En m'éveillant, je trouvai mon corps raide comme une planche et tellement douloureux que je ne pouvais presque pas bouger. Je roulai pratiquement hors du lit et allai dans la salle de bain. Je me disais qu'un bain chaud me soulagerait certainement, mais je ne pouvais le remplir sans l'aide d'A-yi.

La nuit fut terriblement longue et j'avais très mal. Quand A-yi arriva enfin, elle me servit mon petit déjeuner au lit. Elle fut bouleversée par mon accident. Peut-être avait-elle deviné que l'on m'avait agressée, et se sentait-elle en partie responsable puisqu'elle avait certainement été rapporter mes projets pour l'après-midi. Elle passa la matinée au bord des larmes.

Pendant qu'elle me préparait un bain chaud, je lisais de la poésie Tang dans mon lit. Je me souvins soudain que M. Hu devait venir me voir l'après-midi. J'aurais préféré rester au lit, mais je n'avais aucun moyen de décommander M. Hu. Après les actions révolutionnaires des Gardes rouges, plus personne en Chine n'avait de téléphone privé. On ne pouvait utiliser que les cabines publiques où la préposée – quand elle était là et permettait l'accès aux appareils – écoutait toutes les conversations. Je me levai donc et rangeai ma chambre.

M. Hu vint à seize heures. Je lui servis du thé et des biscuits qu'A-yi avait préparés. Je lui racontai que j'avais été bousculée par un homme à bicyclette et qu'un bus avait failli m'écraser. Je m'attendais à ce qu'il sympathise avec moi, qu'il s'inquiète ou du moins qu'il dise qu'il en était désolé. Mais il se contenta de me regarder avec gravité et dit :

« Je vous en prie, laissez-moi m'occuper de vous! Si vous me permettiez de prendre soin de vous, j'en serais très heureux. »

Il semblait très tendu et sa voix n'était pas tout à fait normale. Etait-ce une demande en mariage? Je n'en étais pas sûre, et il m'avait surprise, toute préoccupée que j'étais par ce qui se passait autour de moi. Gêné par mon silence, il ajouta :

« Est-ce que vous croyez que seuls les jeunes doivent se marier? Vous ai-je choquée par cette proposition brutale?

– Oh, non, pas du tout. Je crois qu'il est parfaitement normal que deux personnes âgées se marient. Et je suis sûre que bien des femmes seraient fières et heureuses de vous épouser. Pour ma part, je vous suis très reconnaissante, et je suis très flattée de votre proposition, mais je suis liée par un vœu que j'ai fait à mon mari avant sa mort : j'ai promis de rester Mme Zheng jusqu'à la fin de ma vie. »

Son gentil visage s'adoucit en un sourire songeur. Il prit ma main et dit en hésitant :

« Je ne sais rien des autres femmes. J'ai attendu... Mais ça ne fait rien! Je dois respecter votre résolution de rester fidèle à votre mari. J'ai toujours eu le plus grand respect et la plus grande affection pour lui. C'était un homme de valeur. »

Il lâcha ma main après l'avoir doucement serrée. La gêne passa. M. Hu n'avait pas perdu la face puisque je n'avais pas franchement refusé.

A partir de ce jour, M. Hu continua à me rendre visite de temps à autre. Il était toujours gentil et attentif. Mais ses visites s'espacèrent au point qu'il finit par ne plus venir, comme par le passé, que pour le nouvel an. En 1978, pourtant, il vint tout spécialement pour me dire qu'il avait été réhabilité et qu'on lui avait à nouveau confié le poste de directeur adjoint et d'ingénieur en chef de son usine. Il avait beaucoup à faire pour s'accommoder des suites de la Révolution culturelle et pour essayer de relancer la production.

« Je travaille seize heures par jour. J'aurais voulu être plus jeune et pouvoir travailler davantage. Il y a tant à faire et à apprendre. Je me rouille », dit-il avec un visage tellement heureux qu'il semblait avoir dix ans de moins.

En 1980, quand on me donna mon passeport, je lui écrivis pour lui dire au revoir. Il vint immédiatement et me déclara qu'il avait toujours pensé que je souhaitais quitter la Chine. Mais je crois qu'il n'a jamais compris pourquoi je prenais le risque de refaire ma vie, à un âge aussi avancé, dans un pays étranger, plutôt que de finir calmement mes jours en famille dans mon pays natal.

Etre demandée en mariage à soixante ans par un homme tel que lui ne me parut ni désagréable ni enthousiasmant. Le lendemain matin, quand Da Te vint pour sa leçon, j'étais de très bonne humeur en dépit de mes courbatures.

J'avais ouvert la porte d'entrée et je finissais mon petit déjeuner quand je l'entendis monter l'escalier quatre à quatre avec vingt minutes d'avance.

« Vous venez bien tôt, ce matin, dis-je en le voyant à la porte.

– J'ai quelque chose de très excitant à vous dire, claironna-t-il en souriant de toutes ses dents. Je ne vais peut-être pas tarder à aller à Beijing.

– C'est vrai? On vous a proposé un emploi?

– Pas encore. Mais j'ai une chance.

– Est-ce que vous voulez une tasse de thé et des toasts? lui demandai-je, sachant qu'il avait toujours faim.

– Oui, je veux bien », dit-il avant de disparaître dans la cuisine et d'en revenir avec quatre toasts qu'il avala en un rien de temps.

Je me demandais s'il avait déjeuné, mais je ne lui posai pas la question. Sortant un livre de son sac, Da Te me le tendit :

« Est-ce que vous croyez que nous pourrions étudier ce livre aujourd'hui?

– ... *Savoir-vivre,* d'Emily Post... Pourquoi voulez-vous étudier ça ? Je n'en vois vraiment pas l'utilité pour un Chinois.

– Sauf si le Chinois doit devenir un diplomate en poste à l'étranger.

– Alors, c'est la grande nouvelle ? C'est pour cela que vous allez à Beijing ? Vous allez étudier à l'Institut des Affaires étrangères pour devenir diplomate ? Dans ce cas, tous mes compliments ! »

A-yi arriva et vint directement dans ma chambre.

« Est-ce que vous allez mieux aujourd'hui ? demanda-t-elle avec anxiété. Est-ce que vous avez moins mal ?

– Merci, A-yi, je me sens mieux. »

Elle débarrassa la table et quitta la pièce.

« Vous avez été malade ? me demanda Da Te.

– J'ai été bousculée par un homme à bicyclette et un bus a failli m'écraser. Je pensais que vous étiez au courant ?

– Comment l'aurais-je su ? s'indigna Da Te en rougissant. Est-ce que vous croyez que je suis derrière tous les malheurs qui vous arrivent ?

– Non, je ne crois pas que vous soyez derrière tout ce qui m'arrive, ce serait vous faire trop d'honneur. Mais je pense que vous savez beaucoup de choses. En général, on vous tient au courant. Je crois que celui qui est derrière tous les malheurs qui m'arrivent vous fait confiance.

– Je ne comprends pas, dit Da Te avec une expression honteuse que je ne lui avais encore jamais vue. Le monde n'est pas divisé en gentils et en méchants. Dans bien des cas, les gentils sont souvent obligés de faire de mauvaises choses, et les méchants font parfois le bien. Vous ne saurez jamais tout ce que j'ai fait pour vous. C'est sans importance. Disons seulement que je ne suis pas une pierre. Vous avez été correcte avec moi. Je me dis souvent que vous avez été plus gentille avec moi que n'importe qui d'autre, excepté ma mère. Est-ce que vous croyez que je permettrais à quiconque de vous agresser dans la rue ?

– Mon Dieu ! Vous voilà bien attendri. Si on ne vous l'a pas dit, c'est dommage. Cela n'ira plus, n'est-ce pas, si on ne vous fait plus confiance ?

– Etes-vous certaine que ce n'était pas simplement un accident ?

– La rue était vide. Il n'avait aucune raison de me heurter. On peut cependant admettre qu'il n'avait pas prévu l'arrivée du bus.

– Ç'aurait pu être un accident.

– Non. J'avais déjà vu cet homme. Il avait une tignasse drue et une selle jaune vif. »

A l'expression de Da Te, je crus saisir qu'il connaissait l'homme. Après quelques secondes d'hésitation, il dit :

« Est-ce que vous seriez en colère si je vous donnais un petit conseil ?

– Allez-y !

– Est-ce que vous savez que des gens haut placés détestent votre arrogance ? Vous leur faites croire que vous les méprisez. Ils veulent qu'on les admire, qu'on les craigne et qu'on les respecte. Mais ils croient que vous vous moquez d'eux. Pourquoi ne cachez-vous pas votre mépris pour eux et ne prenez-vous pas les choses avec philosophie ?

– Et comment est-ce que je dois prendre les choses " avec philosophie " ?

– Ne réagissez pas quand quelque chose arrive. Ne vous mettez pas en colère. Regardez, par exemple, cette pancarte que vous avez accrochée à votre porte. Personne ne fait des choses pareilles en Chine ! En Angleterre, votre maison est peut-être votre forteresse, mais pas en Chine. Si, l'après-midi, vous ne permettez pas aux gens de venir vous voir librement et si vous renvoyez A-yi, il est naturel que certains se demandent ce que vous mijotez. Est-ce que vous vous rendez compte que le bureau du Logement pourrait installer une famille entière dans la pièce qu'A-yi a libérée?

– Elle n'a pas l'eau. Il faudrait que cette famille traverse ma chambre pour aller à la salle de bain!

– Vous n'avez aucune idée des conditions de vie à Shanghai! Beaucoup de familles vivent ici dans des pièces sans eau. Si le bureau du Logement n'a pas envoyé d'autre famille ici, c'est par considération spéciale envers vous. Est-ce que vous vous en rendez compte?

– Vous m'étonnez. Comment peut-on me harceler et me persécuter d'un côté et me témoigner une considération spéciale de l'autre?

– Je ne peux rien faire de plus que vous conseiller de ne pas envisager la situation de façon simpliste. Dans chaque service de l'Etat, il y a beaucoup de gens qui disposent d'un pouvoir d'intervention. Ils ne sont pas toujours d'accord entre eux, surtout en ce moment. La situation est extrêmement complexe. Sachez seulement que certains sont désolés de ce qui vous arrive. Ils savent que vous êtes une victime. Ils regrettent beaucoup la mort de votre fille. Je vous en supplie, essayez d'être humble et résignée. La lutte politique en est à un point crucial. Pourquoi souffrir plus que nécessaire?

– D'accord, sage Da Te! Je vais essayer d'être humble et résignée, comme vous dites. Mais la vie me semblera bien morne.

– Non, la vie ne sera pas morne. Beaucoup de choses vont arriver.

– Comme votre départ pour l'Institut des Affaires étrangères, où vous deviendrez diplomate? demandai-je pour changer de sujet.

– Je ne vais pas à l'Institut des Affaires étrangères. La camarade Jiang Qing a dit que le ministère des Affaires étrangères doit être réorganisé. Les jeunes gens et jeunes filles fidèles aux enseignements de notre bien-aimé Président Mao vont y être envoyés. Elle a dit : " Mélangez du sable à la glaise collante pour l'alléger. " Le ministère des Affaires étrangères dépend de Chen Yi et du Premier ministre Zhou depuis si longtemps que c'est devenu un royaume indépendant plein d'idées capitalistes. Le prolétariat doit l'investir.

– Est-ce que vous allez tout de suite partir pour l'étranger après être passé par Beijing ?

– Je n'en sais rien. Le camarade Jiang Qing veut des Révolutionnaires dans chaque ambassade à l'étranger. Certains responsables vont résister. Il faudra se battre. Mais, soutenue par le Président Mao, elle arrivera à ses fins. Mon nom a été porté sur la liste de Shanghai. J'espère que je serai choisi. Je parle beaucoup mieux anglais que les autres.

– J'espère que vous serez choisi, Da Te. Ce sera une nouvelle vie pour vous. Cela vaudra mieux que de rester à vous compromettre avec les Révolutionnaires qui vous entourent maintenant. Il semble que ce ne soit qu'une bande de gredins. »

Da Te rougit à nouveau, mais il ne défendit pas ses camarades.

Nous passâmes la matinée à étudier les principes élémentaires du savoir-vivre. Quand Da Te me quitta, il était tout heureux de l'avenir qui l'attendait. Il croyait qu'on allait le récompenser d'avoir servi les extrémistes pendant tant d'années.

Au cours de l'année 1975, les campagnes de dénonciation dans la presse se succédèrent comme des marées. Quand un sujet était épuisé, on en introduisait un autre dans un fracas étourdissant. L'indignation du peuple contre Confucius se lassant, on lui présenta toujours d'autres sujets pour le garder sur le pied de guerre. C'est de cette manière que les maoïstes entretenaient ce qu'ils appelaient l' « élan révolutionnaire » et gardaient leurs troupes sous pression.

Un jour, le quotidien *Libération de Shanghai* publia un long article occupant toute une page d'un journal qui n'en comptait que quatre. On y dénonçait un film décrivant la vie en Chine réalisé par le célèbre metteur en scène italien Antonioni. A la réunion de notre groupe d'étude, on nous lut l'article et on condamna sans nuances Antonioni. Aucun d'entre nous ne savait qu'Antonioni était venu faire un film en Chine, puisque nous n'avions de toute façon jamais entendu parler de lui. De plus, le film n'avait jamais été projeté dans aucun cinéma de Chine et personne ne l'avait donc vu. J'étudiai attentivement le long article, repris du *Quotidien du Peuple,* l'organe officiel du Parti, ainsi que d'autres articles publiés ultérieurement pour l'approuver. Je compris peu à peu que la dénonciation d'Antonioni visait l'homme qui lui avait donné l'autorisation de venir en Chine pour tourner le film. L'article affirmait que toutes les prises de vues d'Antonioni qui tendaient à montrer la pauvreté, l'arriération et la laideur de la Chine étaient le reflet des pensées réactionnaires de celui qui lui avait permis de les réaliser. Il semblait que plusieurs ambassades de Chine à l'étranger avaient projeté le film à des invités. La politique chinoise fonctionnait à l'aide de campagnes de racontars et de murmures. Je ne tardai pas à apprendre que cette attaque contre Antonioni visait en réalité le Premier ministre Zhou Enlai et le vice-Premier ministre Den Xiaoping. Ils auraient fourni à Antonioni les autorisations de tournage et ils portaient naturellement aussi la responsabilité de ce qui se passait dans les ambassades.

Il serait trop long de citer toutes les autres campagnes comparables à celle dirigée contre Antonioni. Les dénonciations étaient en fait des attaques voilées visant tant le Premier ministre que le vice-Premier ministre, qui travaillait à restaurer la production aussi bien dans les usines que dans les communes rurales.

Un jour, la seule élève qui me restait en dehors de Da Te m'apprit que Zhang Chunqiao, le chef du Parti à Shanghai, membre du Bureau politique et vieux comparse de Jiang Qing, avait dit : « Nous préférons de faibles chiffres de production socialiste à des chiffres élevés de production capitaliste. » Dans les zones rurales, les extrémistes reprirent cette déclaration et proclamèrent : « Nous préférons de maigres récoltes socialistes à l'abondance capitaliste. » Pour ne pas se laisser distancer, d'autres extrémistes déclarèrent : « Nous préférons les trains socialistes qui arrivent en retard aux trains capitalistes qui arrivent à l'heure. » En conséquence, les travailleurs commencèrent à craindre d'en faire trop, les paysans hésitèrent à aller aux champs et les chauffeurs de trains ou de bus – et jusqu'aux muletiers ! – ralentirent délibérément pour éviter d'arriver à l'heure. L'économie déjà fortement éprouvée rechuta plus gravement encore. Comme ils contrôlaient la machine de la propagande et disposaient du vaste réseau d'organisations mis en place pendant la Révolution culturelle, les chefs maoïstes réussirent à saboter les efforts de Den Xiaoping pour remettre l'économie chinoise sur pied.

Faisant écho aux titres des journaux, les haut-parleurs proclamaient quotidiennement : « Luttez contre le vent droitier qui veut annuler le verdict de la Révolution culturelle. » Cela tendait à rappeler que Den Xiaoping avait été dénoncé comme « responsable engagé dans la voie capitaliste » pendant la Révolution culturelle, et que ce verdict n'aurait pas dû être annulé en 1973. L'atmosphère était de plus en plus tendue. Tout ce qui déplaisait aux extrémistes était interprété comme une « tentative d'annuler le verdict de la Révolution culturelle ». Ce slogan fut également utilisé pour bloquer toute nouvelle réhabilitation de vieux cadres. Une fois de plus, les Chinois baissaient la tête et marchaient sur la pointe des pieds, craignant de s'aventurer en terrain dangereux ou d'apparaître moins totalement soumis.

Le programme de modernisation industrielle, agricole, scientifique et technique, et militaire – connu sous le nom de Programme des quatre modernisations – proposé tout d'abord par le Premier ministre Zhou Enlai, avait été adopté par l'Assemblée nationale populaire. Sans répondre à la guerre de propagande que lui livraient les extrémistes, Deng Xiaoping continua ses efforts pour normaliser la vie en Chine et mettre en œuvre le Programme des quatre modernisations. On réinstitua les examens d'entrée dans les universités pour le premier et le second cycle, mais (concession à l'idéologie maoïste) les candidats devaient avoir accompli une période de travaux manuels dans une usine ou une commune rurale. Les extrémistes ripostèrent à cette décision de Deng en annonçant la découverte d'un jeune héros nommé Zhang Tiesheng dans la province du Liaoning, gouvernée par le neveu de Mao, Mao Yuanxin. Selon la presse, Zhang Tiesheng n'avait répondu à aucune question sur sa feuille d'examen, mais avait écrit un texte dénonçant les efforts des « anciens responsables engagés dans la voie capitaliste » pour ramener la Chine aux conditions d'avant la Révolution culturelle. Dans sa conclusion, il déclarait : « Nous devons lutter contre le vent droitier qui veut annuler le verdict de la Révolution culturelle ! »

Zhang Tiesheng devint un héros, et les dirigeants extrémistes engagèrent les jeunes Chinois à l'imiter. On lui fit faire le tour du pays pour « prévenir » les gens de l'importance de « lutter contre le vent droitier qui veut annuler le verdict de la Révolution culturelle ». Comme Mao Yuanxin était un proche de Jiang Qing, les Chinois comprirent immédiatement que l'histoire de Zhang Tiesheng avait été fabriquée de toutes pièces par les chefs extrémistes et que le jeune homme avait agi sur leur ordre.

Une fois de plus, comme au début de la Révolution culturelle, il fut interdit de lire un livre ou d'étudier quoi que ce soit. Mon élève, une jeune fille handicapée, prit peur. Je lui dis d'étudier chez elle et de ne passer me voir que de temps à autre, comme pour une simple visite, afin que je corrige ses devoirs. Je demandai également à Da Te de cesser de venir régulièrement pour ses cours.

Un soir où j'étais au jardin en train de couper les dernières roses avant le gel, je vis le fils de Mme Zhu raccompagner un homme à la porte. Il vint ensuite me trouver et me demanda s'il pouvait me parler. Je l'invitai à monter chez moi.

« Est-ce que vous avez vu l'homme que j'ai raccompagné ? me demanda-t-il en guettant mes réactions. C'est un grand ami du vice-président Wang Hongwen. Quand Wang Hongwen a organisé le quartier général des Ouvriers révolutionnaires de Shanghai pour renverser le gouvernement municipal et le secrétariat du Parti en janvier 1967, c'était le bras droit de Wang. Ils sont restés amis intimes. A chaque fois que Wang Hongwen vient à Shanghai, il dîne avec lui... Eh bien, il se rend à Beijing dans quelques jours sur invitation du vice-président Wang. Il est en mesure de vous aider. Un mot à l'oreille du vice-président, et tous vos ennuis sont finis.

– Et quels ennuis croyez-vous que j'aie ?

– Pour commencer, vous n'avez pas été convenablement réhabilitée. Et puis votre fille est morte dans des circonstances mystérieuses. J'imagine que vous voudriez que sa mort soit vengée. Un mot du vice-président Wang, et tout sera fait.

– Est-ce que vous voulez dire que votre ami peut obtenir l'aide du vice-président Wang Hongwen pour " annuler le verdict de la Révolution culturelle " en ma faveur ?

– Il n'est pas permis d'annuler le verdict de la Révolution culturelle. Il ne s'agira pas de cela si le vice-président Wang s'intéresse personnellement à votre cas. On parlera de « clarification de l'affaire », ou de quelque chose comme ça. Il faudra naturellement que vous payiez pour cette clarification, mais pas plus que vos moyens ne vous le permettent. Votre argent est à la

Banque populaire; ils sauront combien vous demander. Avec seulement 10 000 yuans, vous pourrez même obtenir un visa de sortie pour Hongkong. »

J'étais stupéfaite d'apprendre que le fameux héros de la Révolution de janvier qui avait renversé le gouvernement municipal de Shanghai et le secrétariat du Parti, et qui était actuellement vice-président du Parti communiste chinois, d'apprendre donc que Wang Hongwen pratiquait la corruption à grande échelle. Mais je compris également le danger que je courais si je tombais dans un piège. Je souris et dis d'une voix amicale :

« Vous êtes très gentil de me proposer de me faire aider par votre ami. Je vous en suis très reconnaissante. Mais pour le moment, je n'ai aucun projet de départ pour Hongkong. Quant à ma réhabilitation et à la mort de ma fille, je suis certaine que le gouvernement populaire fera le nécessaire en temps voulu. Il serait bien présomptueux de ma part d'ennuyer le vice-président Wang Hongwen avec un problème si mineur.

– Est-ce que vous ne comprenez pas que les conditions ont changé? dit-il avec impatience. Le gouvernement ne fera rien si vous ne vous arrangez pas personnellement avec un cadre.

– J'ai confiance dans le gouvernement populaire. Est-ce que j'ai tort?

– Si vous êtes sincère, vous êtes folle! »

Il sortit de la pièce en claquant la porte. Il était déçu que mon refus le prive de sa part de gâteau. Je pensais effectivement que sa proposition relevait de la franche corruption, mais je ne pouvais pas non plus écarter entièrement la possibilité qu'il ait tenté de m'entraîner dans une « tentative d'annuler le verdict de la Révolution culturelle », qui m'aurait fait inculper d'acte contre-révolutionnaire.

« Cela fait un temps fou que je ne vous ai pas emmené dans un bon restaurant! dis-je à Da Te quand il vint me voir quelques jours plus tard.

– Nous ne devons pas aller au restaurant en ce moment. De toute façon, tous les bons plats ont été retirés des menus. On n'a le droit de les servir qu'aux visiteurs étrangers.

– Alors c'est bien dommage que nous n'ayons que des nouilles et du chou aujourd'hui, sinon je vous aurais invité à déjeuner, dis-je, sachant que Da Te avait horreur du chou et des nouilles qu'on lui avait servis quotidiennement dans son enfance désargentée.

– Est-ce que vous aimeriez que je vous fasse à dîner? me demanda-t-il.

– Il n'y a presque rien au marché.

– Je trouverai ce qu'il faut par mes amis. Qu'est-ce que vous aimeriez manger?

– Prenez ce que vous voulez », lui répondis-je en lui tendant trois billets de dix yuans, l'équivalent de deux semaines de salaire d'un ouvrier.

A cinq heures le lendemain après-midi, Da Te arriva avec du poisson, des crevettes, un poulet, une bouteille de vin jaune de Shaoxing et deux bouteilles de bière. J'avais demandé à A-yi de rester pour l'aider. A eux deux ils préparèrent un très bon dîner de plusieurs plats délicieux. Da Te but le vin avec son repas et entama la bière en se relaxant dans mon unique fauteuil.

« Je suis un assez bon cuisinier, non?

– Vous êtes un excellent cuisinier. Je vous fais tous mes compliments! Maintenant que vous avez bien mangé est-ce que je peux vous poser quelques questions?

– Ah, je dois payer mon dîner! Vous savez que je suis toujours prêt à vous dire ce que vous voulez.

– J'ai besoin qu'on m'explique la situation actuelle. Inutile de me révéler des secrets. Je voudrais seulement connaître votre analyse de la situation.

– Comme je vous l'ai déjà dit, la lutte en est à un point crucial. La ligne future du Parti communiste et du gouvernement est en cause. Est-ce que nous devons préserver les gains de la Révolution culturelle et continuer dans la même voie ou revenir à la politique de Liu Shaoqi sans Liu Shaoqi ?

– Qu'est-ce que la politique de Liu Shaoqi sans Liu Shaoqi ?

– Ce que fait Deng Xiaoping.

– Je pensais que les attaques de la propagande visaient le Premier ministre Zhou Enlai.

– Deng Xiaoping agit au nom du Premier ministre Zhou qui est malade, comme vous le savez. Le problème est celui de la succession du Premier ministre Zhou. Qui lui succédera ? Deng Xiaoping ou Zhang Chunqiao ? Le Premier ministre lui-même et les vieux dirigeants comme Chen Yun et Ye Jianying sont en faveur de Deng Xiaoping. La campagne actuelle essaie de prouver à la nation que si Deng Xiaoping devient Premier ministre, il annulera le verdict de la Révolution culturelle.

– Et le vice-président Wang Hongwen ? Est-ce qu'il va succéder au président Mao ?

– Oh, non ! Il garde seulement le siège chaud pour la camarade Jiang Qing. Elle ne peut être désignée vice-présidente du vivant du Président Mao, mais elle lui succédera quand il mourra. La camarade Jiang Qing veut devenir présidente du Comité central du Parti communiste et elle veut que Zhang Chunqiao devienne Premier ministre. »

Mon Dieu ! Faite que cela n'arrive pas ! me dis-je, sans pouvoir exprimer cette opinion devant Da Te. Je lui racontai plutôt la proposition que m'avait faite le fils de Mme Zhu.

« Vous avez accepté ? me demanda-t-il en se redressant.

– Non. Il est illégal d'acheter les hauts dignitaires du Parti.

– Si vous aviez accepté, vous ne reverriez pas votre argent, et vous n'auriez pas non plus de visa pour

Hongkong. Beaucoup de gens sont déjà tombés dans le piège.

– Et ils ne protestent pas?

– Ils " avalent l'herbe amère en silence ". Ils ne peuvent protester. Ils se sont rendus coupables de corruption.

– Je déplore que ce genre de chose se passe.

– Ne soyez pas si puritaine! Tant que l'argent peut acheter ce dont les gens ont besoin, ils voudront toujours avoir de l'argent. Naturellement, les dirigeants de haut rang ne peuvent être châtiés – c'est une tradition chinoise, vous le savez bien!

– Est-ce qu'un gouvernement socialiste n'aurait pas dû changer tout ça?

– Et qui opérerait le changement? Les dirigeants eux-mêmes? »

Da Te finit sa seconde bière et se leva en titubant pour prendre congé. Avant de sortir il s'arrêta et dit sur un ton très naturel :

« J'imagine que vous savez que le Premier ministre Zhou est en train de mourir de son cancer à l'hôpital de Beijing?

– Est-ce vrai?

– Oui, c'est vrai. Comme sa mort mettra fin à la lutte contre lui, bien des affaires... comme celle de la conspiration des entreprises étrangères avec les services gouvernementaux de Shanghai " – vous voyez de quoi je veux parler – quelqu'un vous en a peut-être touché un mot? Et d'autres cas, naturellement, il y en a d'autres... De toute façon... tout sera classé!

– Pourquoi seulement classé et non clarifié?

– A partir du moment où une accusation est lancée par un très haut responsable, on ne peut jamais obtenir que l'affaire soit clarifiée, mais seulement classée. Vous n'espérez tout de même pas qu'un cadre va admettre qu'il a porté une fausse accusation ou qu'il a commis une erreur? »

Il n'attendit pas ma réponse et partit. J'aurais peut-être dû me sentir soulagée que cette prétendue conspiration à laquelle j'avais si injustement été mêlée soit classée. Cela pouvait signifier la fin du harcèlement dont je faisais l'objet et le début d'une existence normale. Mais je ne parvenais à ressentir qu'un grand vide. Je pensais à mes années perdues et au meurtre absurde de ma fille. Pourtant, j'étais plus décidée que jamais à quitter la Chine. Je savais que lorsqu'une affaire est « classée » et non clarifiée, elle peut toujours être remise sur la table quand le climat politique l'exige. Simplement parce qu'un cadre maoïste du Parti avait porté une fausse accusation et qu'il refusait d'admettre qu'il s'était trompé, une personne innocente comme moi devait finir ses jours sous la menace.

L'année 1975 se termina par un flot de rumeurs impossibles à vérifier. Quelqu'un me raconta que Mao Zedong aurait rendu visite à Zhou Enlai à l'hôpital. Zhou lui aurait suggéré que Deng Xiaoping lui succède, et Mao aurait fait semblant de ne pas entendre la voix affaiblie de Zhou. Un autre prétendait que Mao, tout comme Zhou, était mourant et que Jiang Qing et ses comparses, espérant que Zhou mourrait le premier, avaient fait pression sur les médecins pour qu'ils hâtent sa mort. Un autre encore disait que Jiang Qing et le neveu de Mao, Mao Yuanxin, avaient complètement isolé Mao Zedong mourant des membres du Bureau politique qui souhaitaient le voir. Tous les messages passaient par eux, y compris des directives au Bureau politique dont Mao n'était pas obligatoirement le véritable auteur.

En janvier 1976, après avoir servi la République populaire de Chine en tant que Premier ministre depuis sa fondation, en 1949, Zhou Enlai mourut. Homme énigmatique, Zhou était un leader communiste pas comme les autres. Pour le peuple chinois, il ressemblait à ces quelques premiers ministres du passé immortalisés par l'histoire et la légende pour leur haute valeur morale. Même les efforts persévérants de Zhou pour tempérer – plutôt que pour combattre ouvertement – les effets nocifs des campagnes désastreuses de Mao comme le Grand Bond en avant et la Révolution culturelle, étaient considérés comme « sages » par le peuple chinois qui avait tant souffert. Il était trop heureux que Zhou ait toujours été là pour recoller les morceaux. Comme Zhou paraissait raisonnable plutôt qu'intransigeant, subtil plutôt que tonitruant, beaucoup de gens qui l'avaient rencontré pensaient qu'il n'était pas un vrai adepte du marxisme. En fait, si l'on examine de près sa vie et ses opinions à travers les décisions qu'il a prises et les discours et les articles qu'il a publiés, on constate que Zhou Enlai n'a jamais trahi l'engagement pris lors de son adhésion au Parti, quand il était jeune, de réaliser le communisme en Chine. Ses divergences de vue avec les extrémistes tenaient à ce qu'il pensait possible d'utiliser les intellectuels éduqués à l'étranger et le capital étranger pour atteindre ce but.

En Chine, les nouvelles circulent plus vite de bouche à oreille que par les journaux où le fait le plus anodin ne peut être publié sans l'accord de plusieurs bureaucrates. C'est par le retour soudain au chevet du Premier ministre d'un cardiologue appelé en urgence, la réunion de cadres locaux à une heure inhabituelle, l'annulation d'une manifestation importante et une conversation téléphonique entendue par un subordonné, que les Chinois comprirent que leur Premier ministre était mort. Quand le quotidien *Libération de Shanghai* publia la nouvelle dans l'après-midi, les gens ne le lurent pas pour savoir ce qui était arrivé, mais pour voir comment le journal présentait la nouvelle – c'est-à-dire pour connaître l'attitude de Beijing devant l'événement.

A-yi arriva hors d'haleine en haut de l'escalier et ne prit pas la peine de déposer son panier de légumes à la cuisine avant d'entrer dans ma chambre :

« Le Premier ministre Zhou est mort ! » s'exclama-t-elle.

Elle me tendit un ruban de tissu noir et ajouta :

« J'ai acheté ça pour votre brassard de deuil. Il n'y en a presque plus chez le marchand. On dit que le Comité révolutionnaire de Shanghai ne fournira pas de tissu noir supplémentaire pour les brassards, parce qu'il ne veut pas que les gens portent le deuil du Premier ministre Zhou. Dès que les gens ont entendu ça, ils ont tout abandonné et se sont précipités dans les magasins de tissus. »

A la demande des membres du Parti vivant dans notre secteur, notre Comité de quartier organisa une réunion commémorative pour le Premier ministre Zhou. La pièce était décorée de couronnes fabriquées par les habitants. Les fleurs étaient faites de mouchoirs colorés, parce qu'il n'y avait plus de papier crépon dans les boutiques et que le Comité révolutionnaire avait refusé d'en fournir davantage. Le fils de Lu Ying confectionna la couronne offerte par notre petite unité avec de la paille de riz et le feuillage de notre haie de houx toujours verte que Mme Zhu et moi lui apportâmes.

Beaucoup de monde se rendit à la réunion commémorative. Une grabataire fut même amenée sur un fauteuil et plusieurs vieillards arrivèrent, soutenus par leurs petits-enfants. Les gens vinrent spontanément et leur émotion semblait authentique. Beaucoup pleuraient et les mots prononcés d'une voix tremblante à la tribune étaient sincères. Ce fut une cérémonie simple mais émouvante. Pour la première fois, nous nous retrouvions dans une réunion où chacun était lui-même et non un acteur jouant le rôle que l'on attendait de lui.

Kong, l'ami de Meiping, vint me voir dans la soirée pour me raconter comment la nouvelle de la mort du Premier ministre Zhou avait été accueillie au Studio cinématographique. Il dit qu'un proche des extrémistes était rentré de Beijing le matin même et avait raconté qu'en apprenant la mort de Zhou Enlai, Jiang Qing s'était exclamée : « Jusqu'à présent j'étais enfermée dans une cage. Mais je vais pouvoir sortir au grand jour et m'exprimer ! »

« Je pensais qu'elle n'avait cessé de s'exprimer depuis le début de la Révolution culturelle, lui dis-je. Que pensez-vous de cette remarque ?

– Dieu sait ce qu'elle a encore à dire, à moins qu'elle ne veuille proclamer son ambition de devenir Présidente du Comité central du Parti communiste, me répondit Kong. Des rumeurs courent dans tout le pays d'un complot pour assassiner Deng Xiaoping, voire d'une guerre civile.

– J'imagine qu'on connaîtra bientôt le successeur du Premier ministre Zhou ?

– Si l'annonce n'est pas encore faite, c'est que la lutte n'est pas terminée. Certains ici voudraient que la ville de Shanghai envoie une délégation au Bureau politique pour demander la nomination de Zhang Chunqiao. On dit que les proches de Zhang Chunqiao sont déjà en train de préparer des slogans et des banderoles pour le moment où on annoncera sa nomination. Il semblerait qu'ils soient assurés de sa victoire.

– Et Deng Xiaoping ?

– Les vieux leaders sont tous pour lui, naturellement.

– Est-ce que l'armée n'est pas un facteur important dans la lutte ?

– Si. Ye Jianying est à la tête de la Commission militaire. Mais il semblerait qu'il penche du côté de Jiang Qing et sa bande.

Les jours suivants, le quotidien *Libération de Shanghai*, contrôlé par les extrémistes, rendit compte de la réunion du Comité central à la mémoire de Zhou Enlai, mais consacra le moins de place possible à la mort de l'ancien Premier ministre. Ce n'est que lorsqu'un documentaire sur ses funérailles fut projeté dans les cinémas de la ville que les habitants de Shanghai virent les longues files d'attente de ceux qui voulaient rendre un dernier hommage à Zhou à l'hôpital de Beijing. Un million de personnes avaient bravé le vent glacial de Chine du Nord pour attendre de longues heures sur le trajet qui menait le corps de Zhou Enlai au crématorium. Des gros plans d'hommes et de femmes de tous âges, portant parfois des enfants, montraient les larmes et les lèvres murmurant des mots que le film ne restituait pas.

Les habitants de Beijing ne défièrent pas seulement le temps en attendant dans le froid le passage du cortège funèbre. Ils envoyèrent un message aux extrémistes qui, pensaient-ils, s'étaient mal conduits envers Zhou Enlai. Le film se terminait par un avion survolant le pays. C'est ainsi que nous apprîmes que Zhou Enlai avait souhaité que ses cendres soient dispersées sur les rivères et les montagnes de Chine. On expliqua le refus de Zhou d'être enterré dans un beau tombeau au cimetière des Huit Collines précieuses, réservé aux leaders du Parti, par toutes sortes de rumeurs : projet des extrémistes de s'en prendre à sa tombe ou aversion de Zhou pour un cimetière où il aurait eu à côtoyer Kang Sheng et Xie Fuzhi, deux collaborateurs de Jiang Qing.

Après la mort de Zhou Enlai, Jiang Qing se fit de plus en plus active et se montra constamment en public. Tandis que l'on continuait à dénoncer les tentatives des « responsables engagés dans la voie capitaliste » pour « annuler le verdict de la Révolution culturelle », des articles de plus en plus nombreux de la presse contrôlée par les extrémistes commencèrent à faire l'éloge des quelques femmes qui avaient régné sur la Chine au cours de l'histoire. On parlait surtout de l'impératrice Lu (241-180 av. J.-C.) de la dynastie Han et de l'impératrice Wu (624-705 de notre ère) de la dynastie Tang, qui avaient l'une et l'autre succédé à leur mari, à la mort de celui-ci. Les règnes de ces femmes étaient décrits comme des périodes de prospérité et de paix pour prouver les vertus des femmes à la tête d'un Etat. Les Chinois suivaient avec consternation ses manœuvres pour préparer l'opinion publique à l'idée que Jiang Qing allait succéder à Mao. Ils montrèrent leur mépris en faisant circuler sur son goût du luxe et ses mœurs légères des histoires qui défiaient l'imagination la plus fertile. Un jour, lors d'une réunion de notre Comité de quartier, un officier de police nous ordonna de ne plus colporter de rumeurs au sujet de nos leaders et de dénoncer toute personne qui enfreindrait cet ordre. Bien qu'il n'ait mentionné aucun nom, tout le monde savait que certaines des rumeurs étaient revenues aux oreilles de Jiang Qing et qu'elle essayait de les étouffer.

La fête de Qing Ming (lumineux et clair), en mars de l'année lunaire, se situait généralement début avril. A cette occasion, les Chinois se rendaient traditionnellement sur les tombes de leurs ancêtres pour les honorer. Quand le Parti communiste prit le pouvoir en 1949, Qing Ming devint le Jour des Martyrs, et les enfants des écoles vinrent en délégation déposer des couronnes sur les tombes des martyrs révolutionnaires. En 1976, quelques jours avant Qing Ming, les gens se rendirent au Monument des Héros révolutionnaires, au centre de la place Tian An Men, à Beijing, pour y déposer des gerbes et des couronnes vouées à Zhou Enlai. Les enfants attachèrent sur la haie entourant le monument des fleurs de papier blanc portant des messages affectueux adressés à « Grand-père Zhou ».

Zhou Enlai n'avait pas eu d'enfants, ce qui est considéré comme le plus grand des malheurs en Chine. On disait – et le peuple chinois le croyait dans sa majorité – que lorsqu'on avait conseillé à Zhou de prendre une épouse plus jeune pour qu'elle lui donne un héritier, il avait refusé en disant : « Tous les enfants chinois sont mes enfants. » Les Chinois admiraient donc en lui l'homme aux principes moraux irréprochables, ce qui le distinguait des autres dirigeants du Parti communiste qui avaient répudié leurs femmes pour en prendre de plus jeunes dans les villes qu'ils avaient conquises.

Les couronnes s'accumulaient. Elles venaient par milliers des usines et des communes populaires de Beijing et de sa région, portées par des ouvriers et des paysans en deuil qui venaient, en une procession solennelle, les déposer cérémonieusement, hommes et femmes prêtant serment de loyauté au Premier ministre défunt. Les marches et la zone entourant le monument en furent couvertes. Ceux qui avaient apporté les couronnes restaient un moment, et d'autres venaient spécialement pour regarder. Il y en avait qui lisaient dans des haut-parleurs bricolés les poèmes et les serments qu'ils avaient écrits pour Zhou Enlai. D'autres les écoutaient et recopiaient les poèmes et les messages attachés aux couronnes de fleurs. Tant d'enfants étaient venus avec leur fleur blanche que la haie en était entièrement couverte. On estimait à plusieurs centaines de milliers le nombre de ceux qui s'étaient rendus au pied du monument le jour de Qing Ming et avaient pris part à une cérémonie, prêtant serment de fidélité à Zhou Enlai et à ce qu'il représentait. Les jeunes juraient avec beaucoup d'émotion de finir la tâche que Zhou Enlai avait laissée inachevée et de reconstruire la Chine à l'aide de son Programme des quatre modernisations. Maintenant, les couronnes avaient envahi le tour de la place. Au fil des jours, les poèmes adressés à Zhou dépassèrent la simple épitaphe louant l'ancien Premier ministre. Beaucoup comparaient de façon critique les chefs extrémistes au Premier ministre décédé et exprimaient la crainte que le contrôle du destin de la Chine ne tombe entre leurs mains.

Quand les autres villes entendirent parler de ce mouvement étonnant, les trains partant pour la capitale commencèrent à emporter couronnes et poèmes vers Beijing. Les opposants les plus militants aux extrémistes écrivirent des slogans à la craie et collèrent des affiches sur les wagons. Les employés des chemins de fer, loin d'effacer les slogans, les gardaient en bon état pour que chaque train qui arrivait à la gare de Beijing soit une protestation vivante contre les chefs extrémistes.

Cette manifestation massive des sentiments éprouvés pour Zhou Enlai évolua rapidement en une manifestation massive de colère contre les extrémistes, y compris Mao Zedong lui-même. On ne citait pas de noms, mais on établissait des comparaisons voilées entre lui et le Premier Empereur, Shi Huangdi (259-210 av. J.-C.) des Qin, souverain cruel qui avait persécuté les lettrés et détruit les livres, généralement considéré par les historiens chinois comme responsable du recul culturel de la Chine. La formulation des poèmes était de moins en moins ambiguë et les sarcasmes contre Jiang Qing et ses comparses se firent de plus en plus audacieux. Tous les jeunes de Beijing mirent un point d'honneur à se rendre sur la place Tian An Men. Ils ne se contentaient plus de copier des poèmes et d'écouter les citations des écrivains, mais riaient de bon cœur des extrémistes et faisaient des discours contre eux.

Ce type de comportement était inconnu en Chine communiste où toute manifestation était organisée par le gouvernement comme expression du soutien populaire à sa politique. Quand, en de rares occasions, il y avait eu des manifestations soi-disant spontanées devant les ambassades étrangères, des activistes étaient toujours mêlés à la foule pour la diriger. Pendant la Révolution culturelle, à l'exception de la courte période où les autorités furent débordées, les Gardes rouges étaient contrôlés par les activistes maoïstes du Parti. Les chefs extrémistes, de plus en plus inquiets des scènes qui se déroulaient sur la place Tian An Men, décidèrent d'agir. Dans la nuit tragique du 5 avril, le maire de Beijing, un collaborateur de Jiang Qing, ordonna à la milice de cerner le quartier. La police et la milice, toutes deux contrôlées par Jiang Qing et ses comparses, chassèrent les gens du monument à coups de matraque. Comme la foule se dispersait, la milice ouvrit le feu. Des milliers de gens furent tués et des dizaines de milliers blessés. Ceux que l'on trouva en possession de poèmes furent emmenés au bureau de la Sécurité, condamnés comme contre-révolutionnaires et fusillés sans autre forme de procès. La place Tian An Men fut interdite. Il fallut deux jours pour la nettoyer des couronnes, du sang et des cadavres.

On me raconta longtemps après que Mao Zedong mourant n'avait entendu de l'affaire Tian An Men que la version que lui en avaient donnée Jiang Qing et Mao Yuanxin, ses agents de liaison avec le Bureau politique. Ils prétendirent que Deng Xiaoping, espérant discréditer Mao et renier la Révolution culturelle, était derrière toute l'affaire. C'étaient les « responsables engagés dans la voie capitaliste » qui rendaient les coups aux Révolutionnaires prolétariens. Dans un accès de colère, Mao dicta ses directives à un Bureau politique réuni d'urgence, demandant à ses membres de voter une résolution qui retirerait à Deng Xiaoping son poste de vice-Premier ministre et le remplacerait par Hua Guofeng, un membre relativement récent du Bureau politique qui cumulerait les postes de Premier ministre et de Premier vice-président du Comité central du Parti communiste. En effet, Mao Zedong avait désigné Hua Guofeng pour prendre sa succession. Bien que très malade, âgé et mourant, Mao était encore assez malin pour comprendre que s'il nommait Zhang Chunqiao Premier ministre, le pays connaîtrait une scission irrévocable au sein du Parti communiste et la guerre civile.

C'était à l'époque où il luttait contre les Japonais dans sa province natale du Shenxi que Hua Guofeng avait adhéré au Parti communiste. Il était mal connu des Chinois et sa carrière ne présentait aucun fait marquant. Juste avant la Révolution culturelle, il avait été nommé

Secrétaire du Parti dans la province natale de Mao, le Hunan. Dénoncé comme « responsable engagé dans la voie capitaliste » au début de la Révolution culturelle, il avait très vite été réhabilité quand on avait découvert qu'il propageait le culte de la personnalité de Mao et qu'il était en train de mener à bien des travaux d'irrigation dans le district où vivait la famille de Mao. La personne de Hua n'était rejetée par aucune faction, et il semblait acceptable aussi bien pour les chefs extrémistes que pour la vieille garde. Il représentait un choix de compromis. Mao croyait à l'évidence qu'avec Hua aux commandes, sa propre image dans l'histoire chinoise serait en sécurité.

La résolution du Bureau politique ne tarda pas à être diffusée par la radio de Shanghai et reprise par le journal le lendemain. Les gens en furent également informés par les réunions de leurs groupes d'étude du Comité de quartier. Les événements de Tian An Men furent caractérisés officiellement comme une tentative des contre-révolutionnaires pour semer le trouble, après quoi il n'en fut plus jamais question dans la presse officielle. Mais des détails effrayants sur le massacre circulaient de bouche à oreille dans tout le pays. Ceux qui avaient réussi à s'échapper de la place le jour du massacre écrivirent en secret des poèmes commémoratifs. Des copies manuscrites de ces poèmes ne tardèrent pas à circuler sous le manteau.

La nomination de Hua Guofeng aux responsabilités suprêmes à la fois de l'Etat et du Parti amena une pause temporaire dans les discours des journaux, mais la lutte pour le pouvoir n'en continua pas moins. L'intérêt porté par les gens à Deng Xiaoping était soutenu par les rumeurs de complots visant à l'assassiner. Bien qu'on ne sût pas où il se trouvait, beaucoup de gens me dirent qu'on l'avait vu à Guangzhou sous la protection de l'Armée.

« Il me semble étrange que tout le monde s'intéresse

encore au destin de Deng Xiaoping depuis le temps qu'il a été déchargé de ses fonctions, dis-je à Da Te un jour où il me parlait de Hua Guofeng.

– Les gens s'attendent à ce qu'il revienne, comme la première fois.

– Est-ce possible ?

– Qui sait ? »

Mon élève semblait beaucoup plus discret depuis l'affaire de Tian An Men. Lui qui n'était habituellement jamais avare d'informations et de commentaires ne me parla jamais de ce qui était arrivé le 5 avril. La nomination de Hua Guofeng semblait l'avoir déconcerté. Il m'informa du passé de Hua, mais ne se laissa pas entraîner dans une discussion sur sa nomination. Son mystérieux sourire et sa nonchalance disparurent. Il affichait maintenant une expression pensive, sinon soucieuse.

Nous avions depuis longtemps épuisé le livre sur le savoir-vivre et nous étions revenus à un volume de nouvelles. J'allais ouvrir le livre quand soudain les yeux de Da Te brillèrent et il me demanda :

« Est-ce que vous aimeriez rencontrer mon amie ?

– Vous avez une amie ? Vous ne m'en aviez jamais parlé !

– J'ai préféré attendre que nous soyons fiancés.

– Vous êtes fiancé maintenant ?

– Plus ou moins. Son père s'oppose toujours à notre mariage. Je crois qu'il me trouve trop pauvre.

– Est-ce quelqu'un d'important ? Un cadre ?

– Non, c'est un ancien capitaliste... Vous savez bien que je ne suis pas parti pour Beijing, finalement. Ils ont sélectionné deux personnes de Shanghai; toutes deux avaient des relations avec quelqu'un d'important à Beijing; elles ne connaissaient aucune langue étrangère. Je crois que la meilleure chose pour moi, c'est de devenir professeur d'anglais, de me marier et de me fixer à Shanghai. C'est aussi l'avis de ma mère.

– Ce serait bien de vous garder à Shanghai. Vous devez beaucoup aimer cette jeune fille pour accepter le handicap d'une union avec une famille de la classe capitaliste.

– Ce n'est pas un tel handicap. Le Bureau politique a déjà voté une résolution pour restituer, avec intérêts, tous les comptes en banque gelés par les Gardes rouges il y a dix ans. Son père va rentrer en possession d'une assez grosse somme. Il a dit à ses enfants qu'il leur distribuerait sa fortune dès qu'il l'aurait récupérée, sans attendre sa mort. Naturellement, je ne l'épouse pas pour son argent, bien que son père semble le penser. »

Quelques jours plus tard, Da Te m'amena son amie. Elle avait vingt-huit ans, soit deux de plus que lui, ne semblait ni très intelligente ni très jolie, mais montrait beaucoup de calme et d'assurance. Visiblement amoureuse de Da Te, elle avait dû être séduite par sa vive intelligence et sa forte personnalité. Je la félicitai et lui demandai si elle m'inviterait au mariage. Elle rougit et répondit :

« Ce n'est pas encore certain. Pour le moment, mon père refuse de nous donner son autorisation. Ce n'est pas parce que Da Te n'a pas d'argent. C'est parce qu'il est un Révolutionnaire.

– Je vais devenir professeur, dit Da Te. L'Institut des Langues étrangères organise un concours de recrutement de professeurs d'anglais. Ma mère m'a déjà inscrit pour le passer. »

En juillet, un tremblement de terre de force huit sur l'échelle de Richter frappa Tangshan, une ville industrielle et minière du nord de la Chine. Personne n'avait été alerté parce que le bureau de sismographie était occupé par une nouvelle vague de luttes d'influence et que son travail s'en trouvait totalement paralysé. La ville fut détruite à 80 pour cent et il y eut plus d'un million de morts et de blessés graves. Le tremblement de terre fut ressenti à Beijing et Tianjin où, s'il n'y eut pas de morts, beaucoup de maisons s'effondrèrent, jetant des milliers de personnes à la rue. En apprenant ce qui était arrivé, les gens conclurent spontanément que le gouvernement était fautif et incapable d'assumer la situation. Parallèlement, dans un effort massif d'observation du comportement des animaux, on réussit à prévoir de nombreux graves tremblements de terre dans d'autres régions de Chine. Les gens se mirent à construire frénétiquement des abris provisoires, couvrant chaque centimètre d'espace disponible de huttes de toutes formes et couleurs. Dans l'attente impuissante du désastre, l'hystérie s'était emparée de tous. A Shanghai, les Comités de quartier organisèrent des réunions d'information sur les tremblements de terre et chacun reçut l'ordre de dormir les portes ouvertes. Il y eut de fausses alertes qui me firent attendre en pyjama dans le jardin, avec les Zhu, un tremblement de terre qui ne vint jamais. C'est pendant cette période où l'attention de chacun était portée sur les mouvements de la terre, en septembre, que Mao Zedong mourut.

Da Te avait été reçu au concours et on lui avait confié une classe d'élèves d'une douzaine d'années dans un collège proche de chez moi. Après la vie excitante qu'il avait menée comme chef des Gardes rouges et comme Révolutionnaire, Da Te trouvait sa nouvelle vie monotone et ennuyeuse. Bien que j'aie cessé de lui donner régulièrement des cours, il continuait à venir bavarder. Il savait que j'aimais l'écouter, et comme je ne connaissais personne dans les milieux politiques, il ne craignait pas que ses paroles revinssent aux oreilles de gens politiquement importants pour lui. Peu après la mort de Mao, il vint me voir.

Cet après-midi-là se tenait sur la place Tian An Men un meeting commémoratif pour Mao Zedong auquel assistaient un demi-million de représentants des ouvriers, des paysans et des soldats. Depuis la plate-forme, Hua Guofeng, en sa qualité de Premier vice-président du Comité central du Parti communiste chinois, lut l'oraison funèbre. A ses côtés se trouvaient le vice-président Wang Hongwen en uniforme militaire et Jiang Qing en vêtements de deuil noirs qui la couvraient de la tête aux pieds. Notre Comité de quartier s'arrangea pour que tous ses membres puissent suivre les cérémonies chez ceux qui avaient un téléviseur. On me dit de me rendre chez les Zhu.

Après l'émission retransmise de Beijing, on nous montra le meeting commémoratif présidé par Ma Tianshui, adjoint de Zhang Chunqiao, chef du Comité révolutionnaire de Shanghai. Avant la Révolution culturelle, Ma était un jeune maire adjoint de Shanghai. Il avait rejoint les rangs des extrémistes après la « Révolution de janvier », quand les Gardes rouges et les Révolutionnaires avaient renversé le gouvernement municipal de Shanghai et le secrétariat du Parti. Au cours des années, Ma Tianshui devint le fidèle serviteur des chefs extrémistes, s'occupant de l'administration de Shanghai au jour le jour tandis que Zhang Chunqiao restait à Beijing. Le meeting commémoratif de Shanghai se déroula sur la place du Peuple, juste après celui de Beijing.

Le téléviseur de Mme Zhu était petit, mais elle monta le son pour que tout le monde puisse au moins entendre le discours. Normalement, selon les traditions du Parti communiste, le discours de Ma Tianshui aurait dû répéter celui de Hua Guofeng. Je fus donc surprise de constater qu'il s'en écartait sur deux points importants. Premièrement, Ma dit : « Nous devons poursuivre la politique déjà décidée par le Président Mao », alors que Hua n'avait rien dit d'une « politique déjà décidée ». Deuxièmement, Hua avait utilisé une citation très connue de Mao Zedong datant de la Révolution culturelle qui disait : « Nous voulons le marxisme, pas le révisionnisme. Nous voulons l'unité, pas les dissensions. Nous voulons être ouverts et francs, pas intrigants ou conspirateurs. » Ma ne l'avait pas citée.

Quand l'émission fut terminée, je remerciai Mme Zhu et remontai chez moi. Peu après, Da Te arriva. Il avait regardé la télévision à son travail.

« Pourquoi Ma Tianshui n'a-t-il pas fait exactement le même discours que le Président Hua? lui demandai-je. Qu'est-ce que Ma a voulu dire par " politique déjà décidée "?

– La " politique déjà décidée " est que la camarade Jiang Qing doit succéder au Président Mao, bien sûr.

– Voulez-vous dire que le Président Mao avait décidé cela avant de mourir? Alors, si le Président Mao voulait que sa femme lui succède, pourquoi a-t-il donné à Hua Guofeng un mot disant " Avec vous aux commandes, j'ai l'esprit en paix "?

– Est-ce que quiconque a déjà vu ce mot?

– Il a été reproduit dans le journal.

– Est-ce que vous pouvez affirmer qu'il avait été écrit par le Président Mao et qu'il n'y en a pas d'autres?

– Ce mot peut sans aucun doute être un faux, l'écriture en était tellement tremblante.

– Vers la fin, le Président Mao ne pouvait plus parler. Il a écrit beaucoup de mots, vous savez.

– Mon Dieu! Alors rien n'est vraiment réglé?

– Heureusement, grâce à mon futur beau-père qui a insisté pour que je cesse d'être un Révolutionnaire, je suis en dehors de tout ça.

– On m'a dit que vous étiez capitaine dans la milice. L'êtes-vous toujours?

– J'imagine que ce sont les Zhu qui vous l'ont dit, répondit Da Te après un moment de surprise. En tant que professeur, je suis maintenant un intellectuel. Je ne suis plus digne de faire partie de la milice.

– Comment y êtes-vous entré alors que vous étiez au chômage?

– Je n'étais pas vraiment au chômage.

– C'est ce que vous m'avez dit.

– C'était un mensonge. On m'avait dit de vous mentir.

– Est-ce que vous aviez un emploi dans un organisme gouvernemental ?

– En quelque sorte. Je n'étais qu'un messager. Un messager temporaire, pourrait-on dire. Est-ce que vous ne m'avez pas dit que les personnes sans importance occupant des postes sans importance sont souvent appelées de petites pommes de terre ? Alors, je n'étais qu'une toute petite pomme de terre.

– Est-ce que vous étiez une petite pomme de terre dans le groupe chargé de la prétendue conspiration des entreprises étrangères avec des services gouvernementaux ?

– Oui.

– Est-ce que vous avez vraiment cru qu'il y avait une conspiration ?

– Au début, oui. Ne comprenez-vous pas ? J'avais confiance dans les gens qui me l'ont dit. Ils prétendaient qu'il y avait des preuves contre vous et les entreprises étrangères. Mais après, j'ai appris à vous connaître et j'ai compris qu'il ne s'agissait que d'un complot. Vous étiez la victime d'une lutte d'influence au sein du Parti, comme tant d'autres, à commencer par moi. Je ne suis pas allé à l'université et j'ai perdu toutes ces années. Je n'étais qu'un outil entre les mains de ceux qui avaient un pouvoir sur moi.

– Maintenant, vous êtes hors de tout cela. L'affaire est classée, et vous êtes devenu professeur.

– Oui.

– Vous ont-ils laissé partir de bonne grâce ? Est-ce qu'ils n'ont pas été ennuyés que vous vouliez épouser une fille d'une famille capitaliste ?

– Vous n'avez pas la moindre idée de ce que sont ces gens, dit Da Te en riant. Ils sont trop contents de ne pas avoir à me trouver du travail. Je ne leur sers plus à rien. Ils sont ravis de se débarrasser de moi. Certains m'envient même parce que je me marie avec une fille qui doit entrer en possession d'une forte somme d'argent. Pourquoi croyez-vous que les gens s'engagent dans la lutte politique? Pour avoir de meilleurs emplois, bien sûr! Un meilleur emploi, c'est plus d'argent et de meilleures conditions de vie. Il n'y a pas d'autre moyen de promotion en Chine en dehors de la lutte politique.

– S'il vous plaît, dites-moi comment ma fille est morte et qui l'a tuée. Est-ce qu'ils l'ont fait pour de l'argent?

– On ne vous a pas dit qu'elle s'était suicidée?

– Je ne le crois pas. Pensez-vous que je doive le croire?

– Sa mort n'était pas voulue. Ils en ont trop fait, à ce qu'on m'a dit. C'était un accident... Je suis désolé. Croyez-moi, je suis affreusement désolé de ce qui est arrivé.

– Est-ce que cela signifie que les hommes qui l'ont enlevée n'avaient pas reçu l'ordre de la tuer, mais qu'ils l'ont fait? C'est bien cela?

– Oui.

– Et pourquoi l'a-t-on enlevée?

– C'était le processus habituel. Quelqu'un a pensé qu'on devait la contraindre à vous dénoncer puisque vous vous butiez et refusiez d'avouer, à la maison d'arrêt.

– Et qu'est-il arrivé à ses meurtriers?

– Ils vivent parmi nous.

– Ont-ils des postes importants?

– Je ne peux vous en dire plus. J'en ai déjà trop dit.

– Je vais écrire au Tribunal du Peuple pour demander une enquête sur la mort de ma fille. Je veux que ces hommes soient jugés.

– Cela ne servira à rien. On les protégera. On ne vous écoutera pas. C'est pire qu'inutile. Si vous écrivez maintenant, ils sauront que vous ne croyez pas à la version officielle du suicide.

– Est-ce qu'ils vous soupçonneront de m'avoir dit des choses que vous n'auriez pas dû dire ?

– C'est possible.

– Je crois que vous devriez cesser de venir me voir.

– Oui, vous avez raison. Peut-être que je ne devrais plus venir maintenant que... »

Da Te ne put finir sa phrase : « maintenant que l'affaire est classée. J'aurais dû cesser de venir dès que mon travail auprès de vous a été terminé », pensait-il sans doute.

« J'ai des œufs, lui dis-je. Voulez-vous rester dîner ? Je peux faire des œufs brouillés.

– J'en serais très heureux, merci. »

Après le repas, il m'aida à ranger et me dit au revoir. Je sortis 400 yuans d'un tiroir et lui dis :

« Da Te, j'ai été très contente de vous connaître. Vous êtes un jeune homme très intelligent. J'espère que vous serez heureux. Voici mon cadeau de mariage. Peut-être pourrez-vous acheter quelque chose d'utile. »

Je lui tendis l'argent. Il ne dit pas un mot, la gorge visiblement serrée par l'émotion. Après un moment d'hésitation, il accepta l'argent et partit.

CHAPITRE 17

RÉHABILITATION

J'AVAIS attendu la mort de Mao pendant tant d'années! En prison, mon désespoir était tel que j'avais même prié pour qu'il meure. Maintenant que c'était vraiment arrivé, je ne savais plus comment agir. La perspective de faire juger les responsables de la mort de ma fille était toujours aussi lointaine. Je suivais de près tous les remous du monde politique.

J'avais recommencé à donner des cours un jour sur deux à la jeune fille handicapée. La poliomyélite qu'elle avait contractée dans son enfance l'avait empêchée d'aller à l'école, mais sa mère, infirmière dans un grand hôpital, lui avait appris à lire et à écrire. Après les cours, elle me remerciait poliment, prenait ses béquilles et repartait lentement dans l'escalier pour rentrer chez elle à pied.

En la regardant lutter avec son handicap, je ne pouvais m'empêcher d'ironiser sur la vie en Chine. Sa malheureuse infirmité l'avait isolée des grands courants de la vie chinoise et l'avait protégée des expériences politiques de Mao Zedong. Mais les jeunes sains et normaux, à commencer par ma fille, avaient été conduits par le Grand Timonier dans les méandres de la frustration et de l'angoisse quand ils avaient cherché à s'intégrer à la nouvelle société socialiste. Une foule d'entre eux étaient morts comme ma fille, tandis que d'autres, dont d'anciens Gardes rouges comme Da Te, en avaient été victimes. Handicapée, mon élève n'était pas allée à l'école et l'angoissante quête du destin de la Chine ne l'avait pas touchée. Elle avait été miraculeusement oubliée et épargnée.

Elle espérait devenir professeur d'anglais dans un collège, comme Da Te, pour gagner sa vie.

« Je ne peux dépendre de ma mère toute ma vie. Bientôt elle prendra sa retraite et mon salaire de professeur nous aidera beaucoup », me dit-elle quand elle me demanda de la préparer à l'examen.

Les cours que je lui donnais devinrent mon occupation principale. Mais je guettais toujours avec impatience une occasion d'écrire au gouvernement populaire pour demander que l'on enquête sur la mort de ma fille. J'avais depuis longtemps rédigé un brouillon, dans le langage de la Chine socialiste, de la lettre que j'enverrais. Je le relisais souvent, modifiant un mot, ajoutant une phrase. Il s'agissait de savoir quand et à quelle organisation je devrais faire parvenir la lettre définitive.

Le matin du 8 octobre, je m'éveillai comme d'ordinaire à six heures. J'ouvris la porte-fenêtre et je vis du balcon dans un ciel bleu de petits nuages cotonneux qui annonçaient une belle journée d'automne. Tout à coup, j'aperçus mon élève handicapée devant la porte. Elle me fit un geste.

Je descendis doucement l'escalier et lui ouvris. Elle m'attira sur le trottoir et murmura :

« Je vous attendais. Je ne voulais pas que les Zhu sachent que j'étais ici, c'est pourquoi je n'ai pas frappé. Mon frère qui est dans la milice a été appelé d'urgence au beau milieu de la nuit. Il va y avoir la guerre. Je me suis dit que je devais vous prévenir pour que vous ne sortiez pas de chez vous.

– La guerre ? La guerre contre qui ?

– Je ne sais pas. La nuit dernière, plusieurs hommes sont venus et ont ordonné à mon frère de les suivre immédiatement. Ils ont expliqué à ma mère que la milice était en alerte. Nous sommes censées ne rien dire à personne, mais ma mère et moi avons pensé qu'il fallait vous prévenir, parce que vous êtes seule. »

Je la remerciai et la regardai partir en clopinant dans la rue déserte avant de regagner mon appartement.

Je trouvais cette nouvelle incroyable. Je ne pouvais imaginer qu'un autre pays ait pu attaquer la Chine, ni que la Chine ait déclenché un conflit armé en cette période d'incertitude. Et pourtant, la milice était en état d'alerte.

Je possédais un poste à transistors et parfois, la nuit, quand il faisait beau, je parvenais à capter les bulletins d'informations de la BBC ou de la Voix de l'Amérique, à condition de coller mon oreille au poste et d'écouter intensément. J'emportai le poste dans la salle de bain, fermai la fenêtre et la porte, et tirai la chasse d'eau pour couvrir les premiers bruits des ondes courtes. Je ne parvins pas à capter quoi que ce soit. Quand A-yi arriva, je l'interrogeai sur ce qu'elle avait trouvé au marché. Elle se plaignit comme d'habitude de la pénurie de ravitaillement. J'allumai donc la radio et la réglai sur un poste local pour ne pas rater un communiqué s'il devait y en avoir un. Puis je pris mon carnet et passai la matinée à recopier et réciter des poèmes de la dynastie Tang, occupation qui, je l'avais découvert dès la prison, me coupait merveilleusement des préoccupations quotidiennes.

La journée passa sans que rien de spécial n'arrivât. Après le dîner, Mme Zhu m'appela du jardin. J'allai au balcon et elle me dit que le Comité du quartier avait convoqué une réunion. Nous devions nous y rendre immédiatement. Je pris mon tabouret en toute hâte et la rejoignis pour faire le trajet en sa compagnie.

La pièce était pleine et l'atmosphère assez tendue. Il

était tellement inhabituel que le Comité de quartier convoque une réunion le soir que les gens sentaient que quelque chose d'extraordinaire avait dû se produire. Tout le monde attendait impatiemment des explications. On n'entendait aucun des murmures et des bâillements habituels, et même les fumeurs n'osaient pas allumer leur cigarette.

Quant tout le monde fut arrivé, un homme entre deux âges, cadre du Comité de district du Parti, se leva et nous lut une résolution du Bureau politique. En résumé, elle informait que l'unité 8341 de l'Armée populaire avait entrepris le 6 octobre une « action révolutionnaire » : Jiang Qing et ses trois partisans les plus proches – collectivement désignés comme « Bande des quatre » – avaient été arrêtés. On précisait que la décision de cette action avait été prise par le président en exercice du Comité central, Hua Guofeng, avec l'accord du ministre de la Défense et du dirigeant du Parti communiste Ye Jianying. L'arrestation avait fait suite à une réunion du Bureau politique durant laquelle la décision avait été approuvée à l'unanimité, afin de préserver l'unité du Parti et d'éviter l'interruption de l'œuvre de construction du socialisme. On disait aussi que de son vivant, Mao avait déjà pressenti le problème que posait la Bande des quatre et déclaré qu'il fallait le résoudre. Cette dernière phrase n'avait été insérée, à mon avis, que pour éviter que l'on ne critique une action répressive contre la veuve de Mao, décidée vingt-six jours seulement après la mort de celui-ci par des hommes qui avaient coopéré avec elle tant que Mao avait été en vie. Cela revenait presque à dire que si Hua Guofeng avait arrêté Jiang Qing, c'était pour obéir aux ordres du Grand Timonier.

La résolution n'était pas longue. Sitôt sa lecture terminée, on nous dit que, comme il était tard, nous en discuterions la prochaine fois. Nous pouvions rentrer chez nous. Aucun cri de joie ni de désapprobation. Personne ne dit un mot. Nous sortîmes de la pièce comme nous y étions entrés, le visage impassible, la tête légèrement baissée de crainte que nos yeux ne révèlent nos pensées, la démarche lente pour ne pas trahir notre excitation. Par peur, nous nous comportions comme si nous n'avions pas d'avis. La nouvelle que nous venions d'entendre était tellement stupéfiante qu'elle était presque incroyable. Nous étions habitués aux renversements soudains de la politique du Parti, mais rien de tel n'était jamais arrivé. Par mesure de prudence, il valait mieux ne pas réagir. De plus, Shanghai était aux mains des extrémistes, nous le savions tous. La plupart des cadres locaux leur obéissaient. Rien ne disait que l'homme qui nous avait lu la résolution n'était pas un fidèle de Jiang Qing. Les habitants de Shanghai étaient rusés, ils ne voulaient pas risquer d'avoir des ennuis en riant ou en triomphant à contretemps.

Mme Zhu et moi regagnâmes notre maison en silence, plongées dans nos pensées. Son milicien de fils était sur la terrasse.

« Tu es déjà rentré ? demanda sa mère.

– Oui. Tout est terminé », répondit-il.

Je montai et m'enfermai dans mon appartement le sourire aux lèvres. Je rendis grâce à Dieu avec ferveur, mais je devais me garder de trop d'optimisme. Il ne faisait pas de doute que l'arrestation de la Bande des quatre découlait d'une lutte d'influence au sein de la direction du Parti. Cela ne signifiait pas forcément que Hua Guofeng allait répudier la politique de Mao. Je passai le reste de la nuit à essayer d'imaginer l'avenir et à écrire des lettres demandant ma propre réhabilitation et une enquête sur la mort de ma fille.

Le lendemain matin, Mme Zhu m'appela :

« Lu Ying nous fait savoir qu'il va y avoir un défilé pour soutenir la résolution du Bureau politique sur l'arrestation de la Bande des quatre. Nous devons nous rassembler à 14 heures devant le Comité de quartier pour prendre les drapeaux et connaître les slogans. »

Je n'avais jamais participé à un défilé. L'idée même de marcher en formation en agitant de petits drapeaux et en criant des slogans me révulsait. Je ne supportais pas d'être utilisée ainsi comme du bétail. C'était une violation de ma vie privée, une atteinte à ma dignité. J'avais pu garder cette attitude hautaine toutes ces années, parce que personne ne m'avait demandé de participer à un défilé. Maintenant qu'on m'ordonnait d'y aller, j'éprouvais des difficultés à exprimer mes objections dans un langage que les autres pourraient comprendre. Tandis que j'hésitais, me demandant quel serait le meilleur moyen de refuser, Mme Zhu ajouta avec une certaine impatience :

« Vous viendrez, naturellement. Tout le monde y va. La ville entière sera là. Personne ne veut être considéré comme un partisan de la Bande des quatre, vous le comprenez !

– Je ne me sens pas capable de marcher pendant plusieurs heures, dis-je.

– Nous, les vieilles femmes, ne devrons défiler que dans notre quartier. Cela ne durera pas plus d'une heure, à ce que m'a dit Lu Ying. »

N'aurait-il pas été comique que les extrémistes de Shanghai qui, comme me l'avait dit Da Te, me haïssaient pour mon orgueil, se retournent contre la Bande des quatre et me dénoncent comme l'un de ses partisans parce que j'aurais refusé de participer avec le peuple de Shanghai à la manifestation de soutien à son arrestation ? Les cadres du Parti étaient experts en retournement de veste quand le Parti décidait soudain de changer de ligne. Je n'avais pas le choix. Je devais participer à ce défilé, mon premier, et je l'espérais mon dernier.

Les dames du Comité de quartier avaient dû travailler dur toute la nuit pour préparer les drapeaux et les bannières. Quand j'arrivai au local du Comité à 14 heures, tout était empilé sur une table, prêt à être emporté par les manifestants.

Le défilé s'ébranla. Je me joignis aux dames généralement assises avec moi pendant les réunions et qui se trouvaient en queue. En passant devant la table pour sortir, chacune prit une pancarte fixée à une tige de bambou. La mienne disait simplement : « A bas Jiang Qing. » Dans la rue, nous nous arrêtâmes un instant pour écouter un jeune militant. Il nous dit qu'il marcherait à nos côtés. A chaque fois qu'il crierait un des slogans portés sur sa liste, nous devrions le reprendre en cœur. Plusieurs jeunes avec drapeaux, bannières, gongs et tambours prirent position en tête de la colonne et nous partîmes. Un jeune activiste nous ordonna de marcher par rangs de quatre. Le contingent d'ouvriers et de jeunes nous quitta bientôt pour rejoindre les autres dans le grand défilé du centre. Il ne restait plus que nous pour défiler dans notre quartier.

Nous rencontrâmes un groupe semblable au nôtre d'un Comité de quartier voisin, mais sinon nous marchâmes dans des rues presque désertes sans attirer la moindre attention. Peut-être manquions-nous de charisme révolutionnaire... Il faut avouer que notre manifestation ne fut pas un succès. Au bout d'un peu plus d'une heure, les militants qui nous encadraient nous permirent de regagner le local vide du Comité de quartier où nous déposâmes en hâte nos pancartes et nos drapeaux. Puis nous rentrâmes chez nous avant que quiconque s'avise de nous donner d'autres ordres.

« Est-ce que vous savez que nous avons frôlé la guerre civile ? me demanda Mme Zhu quand nous eûmes regagné notre jardin.

– Vraiment ? Quand ? lui demandai-je.

– La milice a été mobilisée et on a distribué des armes à ses membres. Ils devaient marcher sur Beijing pour sauver Jiang Qing. Mais le projet a été éventé et l'armée régulière a encerclé la ville. Ils ont dû renoncer. Mon fils m'a dit qu'on a évité l'affrontement de justesse.

– C'est une chance qu'il n'ait pas eu à se battre.

– Oh, oui ! Est-ce que cela n'aurait pas été tragique de voir notre fils mourir pour Jiang Qing après tout ce que nous avons subi pendant la Révolution culturelle ? »

Peu après, j'appris que les dirigeants extrémistes de la ville avaient été destitués. Certains disaient qu'on les avait emprisonnés et que l'on enquêtait sur eux, d'autres qu'ils étaient simplement retenus dans un endroit spécial pour rédiger des aveux qui pourraient être utilisés contre la Bande des quatre lors de son procès public. De nouveaux dirigeants ne tardèrent pas à être nommés à la tête du Comité révolutionnaire de Shanghai et au Secrétariat du Parti. Ces hommes avaient connu un sort semblable à celui de Hua Guofeng pendant la Révolution culturelle. Ils avaient été dénoncés par les Gardes rouges pendant la première vague, mais avaient rapidement retrouvé leur statut antérieur après avoir été « gagnés à la juste ligne du Président Mao ». Cette phrase signifiait qu'ils avaient avoué et dénoncé Liu Shaoqi et Deng Xiaoping. Après quoi on leur avait confié des postes de responsabilités et ils avaient collaboré avec la faction dirigée par Jiang Qing. Ces hommes devaient symboliser les quatre brèves années de pouvoir de Hua Guofeng, au cours desquelles on ne procéda à aucun véritable changement politique et où l'on maintint à leur poste les petits cadres extrémistes.

Le Onzième Congrès du Parti se tint en août 1977 alors que tout le pays était engagé dans une campagne de dénonciation contre la Bande des quatre. C'est à ce congrès que Hua Guofeng atteignit l'apogée de son pouvoir. Il fut élu non seulement Président du Comité central du Parti mais aussi Président de la Commission militaire du Parti et Commandant en chef des forces armées. Dans les lieux publics, son portrait apparaissait maintenant à côté de celui de Mao Zedong. Les journaux parlaient du « Sage Dirigeant le Président Hua » pour ne pas dire « Grand Dirigeant », réservé à Mao. On s'acheminait clairement vers un nouveau culte de la personnalité soigneusement encouragé par les extrémistes toujours en place dans le Parti et au gouvernement, qui voyaient en Hua Guofeng un bouclier possible contre leurs adversaires.

Le Congrès du Parti réaffirmait qu'il « lèverait bien haut le grand drapeau de la Pensée de Mao Zedong » et Hua Guofeng promit de suivre jusqu'au bout « la ligne du Président Mao », et d'obéir à « toutes les directives du Président Mao ».

Le Congrès du Parti nomma vice-président du Comité central Wang Dongxing, commandant de l'unité 8341 et responsable de l'arrestation de la Bande des quatre. On le remerciait ainsi de la façon dont il avait contribué à la chute de Jiang Qing. On disait que les trois hommes de la Bande avaient été convoqués d'urgence à une réunion du Bureau politique et arrêtés à leur arrivée dans la salle. Mais Jiang Qing avait refusé de venir. Wang Dongxing avait dû aller chez elle et lui passer personnellement les menottes.

Wang Dongxing avait été longtemps garde du corps de Mao Zedong. On lui avait confié le commandement des dix mille hommes de l'unité 8341, chargée de la protection du domicile de Mao et d'autres membres du Bureau politique à Zhongnan Hai (la mer du Sud centrale, l'ancien Palais d'hiver des empereurs Mandchous), à cause de sa loyauté et de sa dévotion à Mao. On disait que le plus grand service qu'il avait rendu à Mao avait été de lui trouver une femme exceptionnellement belle, Zhang Yufeng (Phénix de Jade). Elle était devenue la concubine de Mao et s'était vu conférer le titre officiel de « Secrétaire chargée de la vie quotidienne ».

Zhang Yufeng était la dernière d'une succession de jeunes femmes qui partagèrent le lit de Mao. Les Chinois savaient que leur « Grand Dirigeant » était un homme à femmes, mais ils n'osaient en parler. Dans sa dernière période de sénilité, le successeur de Marx et Lénine, symbole du progrès et d'une Chine éclairée, croyait, comme autrefois certains empereurs chinois, que les relations sexuelles avec de jeunes vierges augmentaient la longévité des vieillards.

Hua Guofeng n'était pas un dirigeant fort. De statut relativement peu élevé dans la hiérarchie du pouvoir et, jusqu'à une période récente, presque inconnu du public et de la base du Parti, il n'avait le soutien ni de la base ni d'un groupe d'administrateurs de confiance placés à des postes clefs. Sans soutien, il ne pouvait gouverner réellement.

En 1977, la Chine fut en fait divisée en poches de pouvoir contrôlées par les commandants militaires et les Révolutionnaires locaux qui interprétaient la Pensée de Mao Zedong à leur façon et ignoraient les directives de Beijing. Le pays était paralysé par la stagnation économique. Le peuple, témoin dix années durant des luttes entre les divers dirigeants et de la dénonciation officielle d'un chef après l'autre, n'avait plus confiance dans le Parti.

Quand la Bande des quatre fut arrêtée, ce fut comme si l'on avait retiré le couvercle soudé d'un chaudron en ébullition. Il ne tarda pas à déborder. Ceux qui avaient des doléances vinrent demander que justice leur soit rendue. Il y eut des manifestations et des protestations aussi bien d'individus que de groupes. La foule se rassemblait devant les bâtiments gouvernementaux, parfois toute la nuit, pour attendre d'être reçue par des cadres réticents. Les bâtiments étaient assiégés. Des jeunes en colère, las de leur exil dans les régions rurales, exigeaient le droit de réintégrer les villes. Les murs des bâtiments publics se couvraient de dazibaos relatant des tragédies personnelles et demandant justice. Ceux qui venaient apposer leur propres dazibaos les lisaient avidement.

Au second plénum du Comité central, Hua Guofeng fit deux concessions. Il accéda à la demande de réhabilitation de Deng Xiaoping introduite par Ye Jianying et d'autres membres de la vieille garde, et lui donna le titre de Vice-Premier ministre. Il promit également que le Parti et le gouvernement réétudieraient tous les cas des victimes de la Révolution culturelle.

Durant toute l'année 1977, je me déplaçai souvent et écrivis beaucoup de lettres au Tribunal du Peuple, au bureau du Procureur, et au bureau de la Sécurité publique. Les jeunes cadres nommés pour recevoir les citoyens et écouter leurs demandes au bureau du Procureur me reçurent et m'écoutèrent avec patience, mais ils me dirent à chaque fois que je devais mettre mon histoire par écrit et l'envoyer. Personne ne répondit jamais. Je n'arrivais à rien. La foule des gens que je côtoyais devant les bâtiments ne réussissait pas mieux que moi.

En mars 1978, un homme du bureau de la Sécurité publique vint me voir en compagnie de Lao Li, le policier chargé de notre rue.

Après s'être assis, l'homme d'âge mûr vêtu d'un costume Mao bleu délavé se pencha un peu et me regarda gravement, les sourcils froncés.

« Je fais partie du bureau de la Sécurité publique. Vous avez envoyé beaucoup de lettres et de demandes à la fois au bureau de la Sécurité publique et au bureau du Procureur, n'est-ce pas ?

– J'ai envoyé quelques lettres, répondis-je.

– Pas quelques lettres, beaucoup de lettres ! Pourquoi avez-vous écrit si souvent ? N'avez-vous pas confiance dans le gouvernement populaire ? N'avez-vous aucune patience ?

– Cela fait maintenant onze ans que j'ai été arrêtée à tort et plus de dix ans que ma fille a été assassinée. Je crois m'être montrée très patiente. Je ne crains pas de vous dire que si je fais confiance au Parti communiste et au gouvernement populaire, par contre, ma confiance en certains cadres qui prétendent représenter le gouvernement s'est trouvée mise à rude épreuve par ce que j'ai vécu pendant la Révolution culturelle, répondis-je sur un ton ferme.

– Je suis venu aujourd'hui vous demander de cesser d'écrire. Votre cas sera réexaminé en temps voulu puisque le Parti et le gouvernement vont réexaminer tous les cas de ceux qui ont eu à se plaindre de la Révolution culturelle.

– Devrai-je attendre encore longtemps?

– Savez-vous combien de cas nous avons à traiter à Shanghai? Dix mille personnes sont mortes de mort violente dans cette ville. Ces morts sont toutes liées directement ou indirectement à la Bande des quatre et à ses partisans. Beaucoup plus encore ont été emprisonnées. Certaines sont encore en prison. Nous devons en toute priorité examiner ces cas-là et faire libérer les innocents. Ensuite, nous examinerons les cas de ceux qui sont sortis de prison et sont encore vivants, comme vous. Enfin nous en viendrons à ceux qui sont morts, comme votre fille. Nous sommes nombreux à travailler dur pour clarifier toutes ces affaires. Vous devez attendre patiemment. Nous finirons par nous occuper de vous et de votre fille.

– C'est très gentil à vous d'avoir pris le temps de venir me voir aujourd'hui. Je n'avais pas compris l'ampleur de votre tâche. Je tiens à vous remercier, ainsi que le gouvernement que vous représentez. Je dois avouer que votre visite m'a redonné confiance. Vous êtes très différent des cadres avec qui j'ai été en contact ces dix dernières années.

– Bien sûr, que je suis différent! Je viens seulement d'être réhabilité.

– Puisque vous avez fait vous-même l'expérience des persécutions, vous comprenez sans doute mieux ce que je ressens.

– Je comprends très bien. Mais quand vous pensez à vos pertes et à vos souffrances, essayez de penser aussi à celles des autres. Pensez aux dirigeants du Parti qui ont combattu toute leur vie et qui se sont sacrifiés pour la Révolution comme Liu Shaoqi, Peng Dehuai, Ho Lung et tant d'autres qui sont morts dans des circonstances tragiques. Et pensez aux cadres comme moi qui ont adhéré au Parti pendant la Résistance contre le Japon et qui ont travaillé dur pour le Parti sans jamais songer à leurs intérêts personnels. Parce que je n'ai pas voulu me conformer aux directives de la Bande des quatre, j'ai été accusé d'avoir une attitude hostile au Parti et jeté en prison. Savez-vous qu'il n'y a que très peu de temps que Mme Liu Shaoqi a été libérée de la prison où on la détenait ? Vous devez essayer de replacer vos problèmes dans un cadre d'ensemble, en tenant compte de ceux des autres. »

Je regardai cet homme assis en face de moi et me demandai quels étaient actuellement ses véritables sentiments vis-à-vis du Parti. Les poignets de sa veste de coton bleu délavé étaient élimés et ses chaussures noires éculées, son visage pâle et maigre. Sa vie avait dû être difficile, cela se voyait. Les petits cadres dévoués au Parti étaient le fondement même de la puissance du Parti communiste. Si leur foi dans le Parti était ébranlée, le Parti ne pourrait plus réellement gouverner. Le Bureau politique de Beijing pouvait décider d'une ligne politique, même juste, elle ne réussirait qu'avec l'appui des cadres semblables à cet homme.

« Je suis reconnaissante que vous soyez venu. Je n'écrirai plus. J'attendrai patiemment que vous repreniez contact avec moi », lui dis-je.

L'homme sembla satisfait d'avoir accompli sa mission. Je les raccompagnai à la porte du jardin et l'homme du bureau de la Sécurité publique s'éloigna sur sa vieille bicyclette rouillée.

Sa visite m'avait réconfortée. Il semblait que mes lettres étaient arrivées à destination et qu'en temps voulu je serais réhabilitée. Mais je me rendais compte que je ne serais réhabilitée que parce que la politique du Parti avait changé. Il ne s'agissait pas du tout de réparer une injustice. De fait, les journaux n'employaient jamais le mot « justice » en relatant la révision des cas jugés pendant la Révolution culturelle. Quand la Bande des quatre fut accusée d'avoir commis des « crimes » contre le Parti, le gouvernement et le peuple, on ne dit pas qu'elle avait violé la loi, mais qu'elle avait perverti la politique du Parti pour servir sa propre ambition. En Chine communiste, il n'y avait pas de loi en dehors de la politique du Parti.

Quelques mois plus tard, à l'été 1978, onze ans après que ma fille eut été tuée par les Révolutionnaires, trois membres du Studio cinématographique de Shanghai vinrent me voir.

« Nous représentons le secrétariat du Parti, qui vient d'être rétabli dans ses fonctions au Studio et vous présente ses condoléances pour la mort de votre fille Meiping qui était notre collègue de travail », me dit le chef du personnel.

L'actrice à la retraite qui avait été professeur de Meiping prit mes mains et, les larmes aux yeux me dit :

« Nous avons tous été terriblement tristes. Nous voulons que vous sachiez que nous sommes de tout cœur avec vous. »

L'actrice jadis célèbre, formée à l'Institut d'art dramatique de Lu Xun dans le Yenan, me regarda comme si une caméra filmait la scène. Je ne l'avais jamais rencontrée, mais je savais qu'elle était l'épouse du directeur adjoint du Studio cinématographique de Shanghai.

« J'étais au même cours que Meiping au Studio, me dit le deuxième homme, beaucoup plus jeune. Je suis venu de la part de ses anciens condisciples pour vous exprimer toute notre sympathie. »

Je les invitai à s'asseoir, et A-yi leur apporta du thé.

« Wang Kun est au Comité pour étudier toutes les affaires du Studio, me dit le chef du personnel en montrant le jeune homme. Nous avons déploré vingt-neuf morts. Beaucoup d'autres, y compris certains de nos meilleurs artistes, ont été dénoncés comme contre-révolutionnaires et emprisonnés. Le réexamen de tous ces cas demandera beaucoup de travail.

– Comment ma fille est-elle morte ? Qui est responsable de sa mort ? Le savez-vous ?

– Nous espérons obtenir la coopération du bureau de la Sécurité publique pour élucider son cas parce qu'il met en cause des personnes étrangères au Studio, répondit le jeune Wang Kun.

– Combien de temps croyez-vous que cela prendra ?

– Nous travaillons très dur. La politique du gouvernement est sans ambiguïtés. Nous devons clarifier tous les cas et corriger toutes les fautes qui ont été commises.

– Aujourd'hui, me dit l'ancienne actrice, nous sommes venus pour présenter nos condoléances et vous dire que nous nous soucions de vous. Si vous avez des difficultés financières, vous avez droit à une aide du Studio. »

Je trouvais assez hypocrite que l'on me propose une aide tant d'années après ma libération, mais je savais que cette offre d'assistance venait du secrétaire du Parti. Aussi répondis-je poliment :

« Merci beaucoup. Je n'ai aucune difficulté. J'espère seulement qu'il ne faudra pas trop longtemps pour que les meurtriers de ma fille soient jugés.

– Les vrais coupables sont la Bande des quatre. C'est contre eux que doit se porter notre colère, dit le chef du personnel du ton qu'utilisent tous les bureaucrates chinois quand ils sont embarrassés.

– C'est tout à fait exact. Mais l'homme qui a commis personnellement le meurtre doit être traduit en justice.

– Selon les documents que nous possédons, votre fille s'est suicidée. Jusqu'à ce que nous trouvions une preuve du contraire, nous devons nous en tenir à cette version des faits.

– J'aimerais revenir vous parler très bientôt, intervint Wang Kun qui devait sentir que je commençais à m'énerver. Quand cela vous conviendrait-il ?

– N'importe quel après-midi », lui répondis-je.

Ils se levèrent pour partir. La femme du directeur adjoint m'exprima à nouveau sa tristesse. Si son émotion n'était pas sincère, elle était vraiment une très bonne actrice, car elle parvint à me faire pleurer avec elle.

Wang Kun vint me voir plusieurs fois. Je finis par comprendre qu'il essayait de me préparer à accepter le document de réhabilitation que le Studio avait déjà rédigé. Pour moi, ce document n'était pas satisfaisant, parce qu'il ne disait pas clairement comment ma fille était morte. S'il n'insistait pas sur la version du suicide, il se contentait de dire qu'elle était « morte à cause de persécutions ». J'étais persuadée que quelqu'un, quelque part, essayait de protéger les meurtriers de ma fille. Je me battis sans résultat pour la clarification de ce point avec le Studio par l'intermédiaire de Wang Kun. Il me dit seulement que la politique était une chose compliquée et que le temps n'était pas venu d'aller au fond de bien des choses.

En octobre 1978, ma bataille contre le Studio durait encore quand des représentants du bureau de la Sécurité publique revinrent me voir. Ils étaient trois, dont l'homme qui était venu avec Lao Li en mars. Il me présenta un petit homme d'une cinquantaine d'années, le directeur Han, puis une jeune femme du nom de Xiao Li.

« Nous représentons le gouvernement populaire, et nous sommes venus vous présenter des excuses pour votre arrestation et votre emprisonnement injustifiés pendant la Révolution culturelle. Nous souhaitons également que vous acceptiez nos condoléances pour la mort de votre fille survenue à cause des persécutions dont elle a été l'objet », me dit le directeur Han d'un ton officiel.

Je les invitai à prendre place. Xiao Li sortit un bloc de papier pour noter la teneur de notre conversation, car toutes les visites officielles devaient figurer aux fichiers.

« J'apprécie beaucoup votre visite. Vous n'avez pas à me présenter d'excuses. Je n'ai pas de rancune contre le gouvernement populaire. Il m'a toujours semblé évident que les partisans de la Bande des quatre avaient usurpé les pouvoirs du gouvernement et que c'était elle qui avait fait emprisonner beaucoup de gens. Je m'inquiète surtout du fait que les responsables de la mort de ma fille n'aient pas été traduits en justice.

– Vous devez faire confiance au gouvernement populaire et au bureau de la Sécurité, dit l'homme que je connaissais.

– Nous sommes venus aujourd'hui pour parler de votre propre réhabilitation, me dit le directeur Han. Nous avons lu le dossier des interrogatoires que vous avez subis à la Maison d'arrêt n° 1. Vous avez montré beaucoup de courage quand vous avez défendu l'ancien Président de la République populaire, Liu Shaoqi. Vous avez parlé en sa faveur à une époque où même les vieux cadres du Parti ont eu peur de le faire. Vous serez sans doute heureuse d'apprendre que très bientôt le nom du Président Liu Shaoqi sera lavé par une résolution du Bureau politique.

– Je suis très heureuse que le contrôle des affaires de notre pays soit revenu à des dirigeants qui suivront la juste ligne du Président Mao Zedong, dis-je avec diplomatie.

– Voici le texte du document traitant de votre réhabilitation. J'aimerais connaître votre opinion à ce sujet et entendre vos suggestions avant de le rendre officiel. »

Le document donnait mon nom, mon âge et d'autres précisions sur ma personne, avant de déclarer que mon arrestation le 27 septembre 1966 et mon incarcération étaient une erreur. Le comité chargé de réexaminer tous les cas jugés pendant la Révolution culturelle avait trouvé que je n'étais coupable d'aucun crime. Je devais donc être réhabilitée conformément à la politique du gouvernement populaire. Je leur dis que je trouvais la formulation satisfaisante.

« Ce document sera donc rendu officiel, me dit le directeur Han. Nous le remettrons à votre Comité de quartier et il sera lu à l'une de ses réunions.

– Vous ne tarderez pas à entendre parler du comité chargé des comptes bancaires gelés, ajouta le premier homme. Vos dépôts vous seront restitués avec intérêts.

– Je n'accepterai que la somme d'origine. Dans la mesure où le pays traverse de graves difficultés économiques, je préfère ne pas prendre les intérêts, leur dis-je.

– Il le faudra. C'est la politique du gouvernement, me répondit le directeur Han. Savez-vous que je n'ai été réhabilité et que je n'ai retrouvé mon ancien travail qu'il y a quelques mois ? ajouta-t-il en souriant. J'ai passé trois ans en prison. On ne m'a pas accordé le traitement privilégié que vous avez reçu à la Maison d'arrêt n° 1, vous savez.

– Je vous ai déjà dit que je ne nourris aucune rancune pour ce qui m'est arrivé. Au cours des six années et demie que j'ai passées à la Maison d'arrêt n° 1, j'ai eu beaucoup de temps pour étudier et pour réfléchir. J'ai beaucoup appris. Mais je suis profondément déçue que le bureau de la Sécurité publique n'ait pas consacré de plus gros efforts à l'élucidation du crime commis contre ma fille afin de traduire ses meurtriers en justice. »

Je m'étais directement adressée au directeur Han, mais il refusa de se laisser entraîner dans une discussion au sujet de ma fille. Il reprit :

« On vous a réservé un traitement de faveur à la Maison d'arrêt. Une nourriture spéciale, des soins médicaux, etc. Si vous étiez restée au-dehors, peut-être n'auriez-vous pas survécu à la Révolution culturelle. »

Je trouvais incroyable que cet homme veuille me faire

dire que j'étais reconnaissante au Parti et au gouvernement populaire pour m'avoir emprisonnée. Tous les cadres du parti semblaient affamés de mots de gratitude, même s'ils savaient que les gens qui les prononçaient n'étaient pas sincères. C'était comme s'ils voulaient être sûrs que, même quand les choses allaient très mal, il y avait tout de même quelque chose de bon dans le système. J'aurais sans doute montré de la diplomatie en abondant dans son sens. Mais j'avais été trop profondément blessée par mes souffrances et la mort de ma fille pour aller jusque-là. Je gardai le silence.

Après des minutes un peu gênantes où il attendit que je parle, il se leva et donna le signal du départ.

Je les raccompagnai à la porte et, en leur disant au revoir, j'ajoutai :

« Je tiens à vous remercier encore d'être venus aujourd'hui. J'attendrai que vous me préveniez quand le document de ma réhabilitation sera terminé. Et je voudrais réitérer ma demande pour que les responsables de la mort de ma fille soient traduits en justice. »

En novembre 1978, douze ans et deux mois après mon arrestation, je fus officiellement réhabilitée et déclarée victime d'arrestation abusive et de persécutions. Le document de réhabilitation fut lu à une réunion du Comité de quartier. On me restitua ensuite mes comptes en banque. Peu après, le Studio cinématographique organisa une série de réunions commémoratives pour les vingt-neuf membres de son personnel morts à cause des persécutions subies. Il s'agissait principalement de vieux artistes qui avaient connu Jiang Qing pendant les années trente, quand elle n'était qu'une jeune actrice de Shanghai se battant pour être reconnue : des metteurs en scène qui avaient refusé de l'employer dans les rôles qu'elle convoitait, des actrices auxquelles leur talent avait assuré une célébrité supérieure à la sienne et des hommes avec qui elle avait eu des relations amoureuses.

La cérémonie à la mémoire de Meiping se déroula au columbarium de Longhua et rassembla plus de deux cents de ses amis et collègues, ainsi que des représentants du département des Affaires culturelles et du bureau du Cinéma de Shanghai. Ces deux organismes et le Studio cinématographique avaient fait porter des couronnes au nom de leurs directeurs. Aidé de quelques amis, Kong avait décoré la salle. Bien que la culture des fleurs n'eût été à nouveau autorisée que récemment dans les zones rurales entourant Shanghai, ils étaient parvenus à en trouver suffisamment pour garnir tout le devant de la salle autour d'une grande photo de Meiping dans un lourd cadre noir. Le reste de la salle était couvert de branches de résineux et de couronnes de fleurs en papiers.

La cérémonie fut simple et digne. Le professeur de Meiping, la femme du directeur adjoint du Studio cinématographique qui était venue chez moi, prononça l'éloge funèbre où elle rappela l'histoire des vingt-quatre années de la courte vie de ma fille en insistant sur le fait qu'elle avait souvent été distinguée pour ses brillantes réussites et pour son attitude serviable envers les autres. La vieille actrice prononça son discours avec une émotion et une sincérité qui émurent l'auditoire aux larmes. Le bruit des sanglots couvrit parfois la musique de deuil diffusée par un magnétophone. Quand elle eut fini, les personnalités suivies de tous les amis présents défilèrent pour s'incliner devant la photographie de Meiping et me serrer la main en exprimant leurs condoléances personnelles.

Bientôt, tout fut terminé. Alors que nous sortions, un autre groupe de personnes en deuil attendait déjà de prendre la suite dans la salle. Toutes les salles du columbarium étaient réservées jusqu'en 1980, à raison d'une cérémonie toutes les deux heures. L'année suivante, de plus en plus de gens se trouvant réhabilités, il devint nécessaire de célébrer en même temps les réunions commémoratives de plusieurs membres d'une même organisation.

Kong me raccompagna avec la voiture que le Studio lui avait procurée pour me conduire ce jour-là. Il monta la photographie de Meiping dans ma chambre et partit. A-yi m'apporta une tasse de thé. Je lui dis de rentrer chez elle car je désirais être seule.

Cette nuit-là, je ne pus dormir. Allongée dans la chambre sombre, je me remémorais les années passées et je revoyais ma fille aux diverses étapes de sa vie, du bébé joufflu de Canberra, en Australie, à la belle jeune femme de Shanghai. Je me sentais impuissante à vaincre les obstacles qui empêchaient une clarification totale de son cas. Ayant personnellement décidé de son retour de Hongkong en 1949, je me sentais responsable de sa mort.

Le matin suivant, le journal publia un compte rendu des réunions commémoratives du Studio cinématographique. Le nom de Meiping apparaissait parmi ceux des artistes décédés. La nouvelle de ma propre réhabilitation se répandit également. Pendant le mois de décembre et la période de vacances coïncidant avec le nouvel an, je reçus beaucoup de visites. Des parents qui avaient gardé leurs distances et m'avaient évitée, ainsi que ma fille, quand nous avions des ennuis, prétendaient maintenant me chérir plus que tout. Ils me dirent s'être fait beaucoup de souci pour moi et avoir pleuré Meiping. Certains me proposèrent de venir vivre avec moi pour prendre soin de mes vieux jours, tandis que d'autres m'offraient d'adopter leurs enfants pour ne pas rester sans descendance. Aucun ne tenta d'expliquer son absence et son silence quand nous avions besoin d'aide. Ils n'éprouvaient aucun remords de nous avoir négligées, en partie parce que certains d'entre eux avaient eu des difficultés personnelles et en partie aussi parce qu'ils s'étaient comportés très précisément comme des millions d'autres

Chinois vivant dans l'ombre de Mao Zedong. Ils pensaient que je comprendrais.

Même sans la forte somme qui avait disparu, on ne savait comment, après que les Gardes rouges eurent pris mon argent, je retrouvai avec mes comptes plus d'argent que je ne pouvais en utiliser. Le secrétaire du Parti de mon Comité de quartier m'apprit que la Fédération des femmes avait mis sur pied un programme de reconstruction des écoles maternelles et des crèches détruites par les Gardes rouges. Je trouvais qu'aider les jeunes couples qui devaient travailler tout en élevant leurs enfans serait une bonne chose, et je fis une donation de 60 000 yuans (environ 300 000 F au taux de change de 1978). Je distribuai aussi de l'argent à ma famille et à celle de mon mari, aux jeunes gens qui m'avaient aidée à ma sortie de prison, à mes vieux serviteurs et aux veuves des anciens employés de Shell qui étaient morts depuis la Révolution culturelle. Afin d'absorber les fortes somme rendues aux gens, le gouvernement mit sur le marché des articles d'équipement ménager, comme des réfrigérateurs et des postes de télévision importés du Japon, et fonda des agences de voyages pour organiser la visite des lieux les plus célèbres du pays. Les prix étaient très élevés. Un poste de télévision de 52 cm, par exemple, coûtait plus de 2 000 yuans. Mais les habitants de Shanghai avaient tant envie de biens de consommation qu'ils se jetaient dessus. Ceux qui avaient récupéré de fortes sommes dépensaient sans compter.

Le jour de l'an 1979, la Chine et les Etats-Unis rétablirent leurs relations diplomatiques. Du coup, tout le monde voulut apprendre l'anglais. En me rendant au parc le matin pour ma séance de Tai Ji Quan, je voyais beaucoup de jeunes sur les bancs, sur les pelouses et dans les pavillons en train d'étudier des manuels d'anglais ou d'épeler les mots à haute voix. Beaucoup se mirent à écouter assidûment les leçons d'anglais diffusées par la Voix de l'Amérique. Les jeunes n'hésitaient plus à acheter de puissants postes de radio et mettaient la Voix de l'Amérique sans s'en cacher. Incidemment, ils entendaient également les nouvelles en anglais facile qui suivaient les cours. Comme le gouvernement n'intervint pas pour interdire cette activité, même ceux qui n'étudiaient pas l'anglais se mirent à écouter ouvertement la Voix de l'Amérique. L'écoute des postes étrangers avait toujours été interdite en Chine communiste. Ceux qui les écoutaient en cachette n'osaient jamais parler de ce qu'ils avaient entendu, et ce même avant la Révolution culturelle. Maintenant, les gens ne se contentaient plus d'écouter la Voix de l'Amérique : ils discutaient de ce qu'ils avaient entendu. Dans les écoles, l'anglais devint la première langue étrangère enseignée. Même des octogénaires suivaient les cours! Les enfants qui m'avaient poursuivie de leurs sarcasmes quand ils me traitaient d'« espionne à la solde de l'impérialisme » me saluaient maintenant d'un « bonjour » ou d'un « bonsoir » en anglais.

Au tout début de l'année, le secrétaire du Parti du département d'anglais de l'Institut des Langues étrangères vint pour me proposer un emploi de professeur.

« Je viens vous inviter à rejoindre notre département. Nous avons grand besoin d'enseigner maintenant des langues étrangères à nos jeunes, surtout l'anglais. Nous étendons le département et nous engageons de nouveaux professeurs », dit-il avec un grand sourire, heureux que son département prenne soudain une telle importance.

Je savais que l'ancien médecin de Shell avait été recruté comme professeur d'anglais par l'Institut des Langues étrangères, mais je n'avais nullement l'intention de mettre mes projets de départ en péril en m'engageant ainsi. Sans emploi, j'avais beaucoup plus de chance d'obtenir mon passeport. Personne ne pourrait dire que j'étais nécessaire dans mon emploi et utiliser cette excuse pour écarter ma demande de sortie du territoire. Comme j'avais l'intention de repousser son offre, je décidai de me montrer extrêmement polie pour le mettre de bonne humeur.

« Votre visite m'honore. Vous êtes le secrétaire du Parti d'un département très lourd, vous avez beaucoup de responsabilités, et pourtant vous avez pris le temps de venir me voir en personne plutôt que d'envoyer un de vos subordonnés. J'en suis très honorée. Mais je crains de ne pas être en assez bonne santé pour occuper un emploi à plein temps. J'ai vécu une expérience un peu particulière, et j'ai subi une grave opération.

– Je sais tout cela. Je me suis renseigné auprès du bureau de la Sécurité publique.

– Puisque vous avez eu des contacts avec le bureau de la Sécurité publique, vous devez savoir que je viens seulement d'être réhabilitée. J'ai besoin de temps pour mettre mes affaires personnelles en ordre.

– Ne voulez-vous pas servir le peuple ? »

« Servir le peuple » avait toujours été le slogan préféré du Parti communiste chinois. Il était tiré d'un essai que Mao Zedong avait écrit en 1944 pour commémorer la mort d'un membre du Parti, Zhang Side. A chaque fois que le Parti voulait amener quelqu'un à faire une chose qu'il n'avait pas envie de faire, le cadre ne manquait pas de lui poser la même question. Il m'était impossible de dire que je ne voulais pas « servir le peuple ». Il fallait trouver un compromis.

« Est-ce que vous accepteriez que je prenne quelques étudiants ici, chez moi ?

– Pour des leçons particulières ?

– Oui.

– Cela ne s'est jamais fait... Comment allons-nous calculer votre salaire si vous ne venez pas enseigner à l'Institut ?

– Je serais ravie de faire ce travail sans salaire. Pour " servir le peuple ", comme vous l'avez dit.

– Je vais en discuter avec mes collègues et je vous ferai savoir ce que nous avons décidé. »

Il prit congé.

Je n'en entendis jamais plus parler. En lui proposant une solution qu'il ne pouvait accepter, j'avais renvoyé la balle dans son camp et je lui avais permis de sauver la face. Ce n'était pas moi qui refusais, mais lui. C'était le seul moyen de s'en sortir avec des gens qui détestaient qu'on s'oppose à leurs désirs.

Le Consulat général des Etats-Unis s'était installé depuis peu sur Huai Hai Lu, à quelques pâtés de maisons du petit parc où je faisais ma séance quotidienne de Tai Ji Quan. En me rendant au parc chaque matin, je voyais de longues files de gens qui attendaient patiemment devant ses grilles pour déposer une demande de visa. Mes élèves me parlaient de parents et d'amis à qui on avait donné un passeport pour quitter le pays. Les jeunes ne discutaient plus du nombre d'amants de Jiang Qing ni du nombre d'innocents tués pendant la Révolution culturelle, mais des membres du Bureau politique et du Comité central qui envoyaient leurs fils et leurs filles en Amérique dans le cadre du programme d'échanges universitaires. Maintenant que la Chine ouvrait ses portes aux étrangers, les Chinois de l'extérieur arrivaient en foule pour rendre visite à leur famille. Ils apportaient en cadeau des biens de consommation et offraient d'aider à l'éducation des jeunes qui n'avaient pu aller à l'université à cause de la Révolution culturelle. Pour les vieux comme pour les jeunes, se rendre à l'étranger, et en particulier aux Etats-Unis, devint la marque de prestige par excellence.

En 1979, la situation politique en Chine était bonne. Bien que Hua Guofeng fût toujours à la tête à la fois du Parti et de l'Etat, Deng Xiaoping étendait ses pouvoirs et un nombre croissant de collaborateurs de la Bande des quatre étaient évincés de la direction du Parti. Dans le pays régnait une atmosphère de soulagement et d'espoir qui rappelait celle du milieu des années 1950, avant que

Mao Zedong ne s'attaque aux intellectuels en lançant la campagne contre les Droitiers.

Il fallait maintenant que j'obtienne un passeport avant que le Parti ne fasse à nouveau preuve de sévérité. Mais comment pourrais-je justifier aux yeux des autorités mon projet de voyage à l'étranger? Il fallait une raison assez solide pour qu'on m'accorde mon passeport, parce qu'un refus dans mon dossier compromettrait toute demande ultérieure.

Une nuit où j'écoutais les nouvelles internationales de la Voix de l'Amérique, j'appris que la Chine avait demandé que les Etats-Unis adoptent en sa faveur la clause de la nation la plus favorisée. Je me souvins alors que le Congrès des Etats-Unis avait interdit d'accorder cette clause aux pays qui empêchaient les regroupements familiaux. A l'époque, le Congrès avait pensé à l'Union soviétique où un grand nombre de Juifs attendaient l'autorisation de se rendre en Israël. Mais je savais que le Parti communiste chinois n'ignorait pas ce règlement. Après avoir éteint la radio, je remerciai Dieu d'avoir fait qu'en cette nuit-là, la voix du présentateur ait traversé aussi clairement l'atmosphère. Jamais la presse chinoise n'y ferait allusion.

J'avais deux sœurs aux Etats-Unis. Quand l'Armée populaire avait triomphé, elles étudiaient dans des universités américaines. Elles s'étaient mariées et fixées là-bas. La plus jeune n'était qu'une enfant quand j'avais quitté la maison en 1935 pour aller en Angleterre. Nous ne nous étions plus revues depuis. Mon autre sœur, Helen, était venue me voir deux ans plus tôt avec son mari. Depuis, nous nous donnions des nouvelles de temps à autre. Je pris immédiatement mon stylo et lui écrivis en lui demandant de m'envoyer une lettre d'invitation à rendre visite à mes deux sœurs pour « regroupement familial ». Helen comprit parfaitement la situation. Elle m'envoya immédiatement une lettre à la formulation parfaite qu'elle avait signée en compagnie de mon autre sœur.

Début mars, quand les courants chauds du Pacifique Sud parviennent jusqu'à Shanghai et que le vent fait fondre la glace sur les sycomores qui bordent les rues, je me rendis pleine d'espoir au bureau de la Sécurité publique chargé de la délivrance des passeports et des documents de voyage. En y arrivant, je compris que j'aurais dû venir plus tôt.

Il n'était que sept heures moins le quart et le bureau n'ouvrait qu'à huit heures, mais il y avait déjà une longue file d'attente. Quand on ouvrit la grille à sept heures et demie, je me trouvais dans le premier tiers d'une queue qui encerclait presque le bâtiment. Nous avancions lentement au rythme des admissions dans la salle d'attente. Au passage de la porte, je me trouvai serrée contre une jeune femme. La grande salle d'attente était bondée de gens assis les uns contre les autres tandis que d'autres attendaient debout. Tout le monde était poli et il n'y eut pas de bousculade quand la porte du bureau ouvrit à huit heures. Les gens entrèrent l'un après l'autre. Certains ressortaient avec le sourire, un formulaire à la main; d'autres, les mains vides, n'avaient pas l'air aussi heureux. Au bout d'un moment, la jeune femme devant moi trouva un siège et je pris place à côté d'elle.

« Vous espérez aller à l'étranger? me murmura-t-elle.

– Oui.

– Dans quel pays?

– Aux Etats-Unis.

– Moi aussi, souffla-t-elle avec un sourire. Je vais retrouver mon père que je n'ai jamais vu. Il est parti en 1949, un mois avant ma naissance.

– Il vous a demandé de venir?

– Oui. Il a un restaurant et il a dit qu'il était prêt à m'aider si je voulais y travailler.

– Avez-vous un emploi à Shanghai?

– Non, j'en attends un. Pendant la Révolution culturelle, nous avons beaucoup souffert parce que ma mère n'avait pas divorcé de mon père. Les Gardes rouges ont dit que ma mère était une espionne des Américains. Elle est morte à l'Ecole des cadres. Mais elle a été réhabilitée récemment, dit-elle les larmes aux yeux.

– J'espère que vous serez heureuse aux Etats-Unis, lui dis-je.

– J'ai un peu peur parce que je ne suis pas sûre que ma belle-mère va m'aimer. Est-ce que vous pensez qu'on me laissera partir?

– Bien sûr. Je pense que vous n'aurez aucune difficulté.

– Etes-vous déjà allée aux Etats-Unis?

– Oui, il y a longtemps.

– Que pensez-vous que je doive faire pour me préparer à y vivre?

– Apprenez l'anglais, si vous pouvez trouver un professeur.

– Je m'en occupe déjà. »

Tout en bavardant, nous changions régulièrement de place pour nous rapprocher de la porte du bureau. Après quelque temps encore, la jeune femme entra. Elle n'y resta pas longtemps. En sortant, elle souriait, le formulaire à la main.

« Je l'ai eu! » murmura-t-elle en me croisant.

J'entrai. Une femme entre deux âges, assez forte, était assise derrière un bureau. Hormis une chaise en face d'elle, un bloc de papier et un crayon sur le bureau, la pièce était vide. Elle avait l'air de mauvaise humeur. Il fallait avouer que par une si belle matinée, ce ne devait pas être drôle de recevoir ces foules de gens demandant à quitter le pays sous n'importe quel prétexte.

« Qu'est-ce que vous voulez? aboya-t-elle.

– Je voudrais déposer une demande de voyage aux

Etats-Unis d'Amérique pour y voir mes sœurs. Je n'ai pas vu l'une d'elles depuis quarante-quatre ans.

– Pourquoi voulez-vous leur rendre visite ?

– Pour rapprochement familial. Nous nous faisons vieilles. Nous voudrions nous revoir.

– Est-ce qu'elles ne peuvent pas venir à Shanghai pour vous voir ? Beaucoup de visiteurs viennent des Etats-Unis.

– L'une d'elles est venue avec son mari. Mais la plus jeune a trop de travail. Elle ne peut venir.

– Dans quelle unité êtes-vous ?

– Je n'ai pas d'unité. Je ne travaille pas.

– Quelle était votre unité quand vous travailliez ?

– Je travaillais pour une entreprise étrangère avant la Révolution culturelle.

– Quel est votre nom ? Et le nom de l'entreprise ? »

Je les lui donnai et elle les écrivit sur son bloc de papier.

« Pendant la Révolution culturelle, j'ai été arrêtée à tort, mais je suis réhabilitée, maintenant », lui dis-je.

Elle fronça les sourcils et me regarda d'un air songeur. Je compris qu'elle ne savait que faire. Elle craignait de commettre une erreur. Pour éviter qu'elle ne refuse – ce qui aurait été irrévocable – j'ajoutai :

« Les autorités supérieures du bureau de la Sécurité publique me connaissent. Le directeur Han et d'autres cadres du Bureau sont venus chez moi. Pourquoi ne me laisseriez-vous pas remplir le formulaire et le leur remettre pour qu'ils décident eux-mêmes comment y répondre conformément à la politique gouvernementale ?

– D'accord. Je vais vous donner le formulaire. En le rendant, vous devrez présenter les documents.

– J'ai une lettre d'invitation de mes sœurs.

– Apportez aussi votre réhabilitation et votre carnet de séjour. »

Sa voix s'était considérablement radoucie depuis que j'avais prononcé le nom du directeur Han. Elle devait se demander comment je connaissais son supérieur et si elle n'avait pas été trop dure avec moi. Elle ne me quittait pas des yeux, et c'est à tâtons qu'elle sortit un formulaire d'un tiroir et me le tendit.

Je la remerciai et quittai la pièce. Dans la salle d'attente, tout le monde me regarda anxieusement. Un de mes élèves m'expliqua plus tard d'un nombre limité de formulaires était accordé chaque jour. Plus on voyait de gens sortir avec un formulaire à la main, moins il en restait pour ceux qui attendaient.

En arrivant chez moi, je me rendis compte qu'elle m'avait donné par erreur le formulaire de demande de voyage à Hongkong. Il fallait que je retourne l'échanger contre celui de demande de passeport. Je revins rapidement sur mes pas. Ceux qui attendaient me laissèrent très gentiment passer quand je leur eus expliqué la raison de mon retour.

La femme fut un peu déconcertée quand je lui dis qu'elle m'avait donné le mauvais formulaire, mais elle me l'échangea sans un mot.

Je remplis soigneusement le formulaire et le lendemain j'allai le donner avec les documents demandés. Je ne m'attendais pas à ce que le bureau de la Sécurité publique se manifeste avant au moins un an, le temps que prenait toute demande de passeport en 1979, surtout que je connaissais des gens qui, avant la Révolution culturelle, avaient même attendu plusieurs années l'autorisation d'aller simplement à Hongkong.

CHAPITRE 18

ADIEU À SHANGHAI

Quelques jours après que j'eus déposé mon formulaire de demande de passeport pour me rendre aux Etats-Unis, A-yi m'apporta une lettre d'aspect officiel. Elle émanait du « bureau de Classement des biens pillés » – ce qui constitue je crois une appellation unique pour un service gouvernemental. La lettre me demandait de venir pour un entretien. Mme Zhu et son mari avaient reçu un courrier similaire. Après leur avoir rendu quelques bijoux fantaisie, on leur avait dit d'aller remuer des montagnes de livres poussiéreux dans un entrepôt pour voir s'ils n'y retrouveraient pas quelques volumes leur ayant appartenu. Stockés là depuis dix ans, les livres étaient complètement moisis. Quand on les prenait, ils tombaient en poussière en dégageant une odeur forte et malsaine. M. Zhu était revenu au bureau de Classement des biens pillés et avait accepté de signer un renoncement à tous les biens pillés qu'il n'avait pas retrouvés. Ils signèrent également un papier donnant la liste des bijoux qu'ils avaient récupérés. La liste mentionnait : « trois bagues, une broche, etc. » sans dire qu'il s'agissait de bijoux de pacotille. Quand Mme Zhu réclama ses bagues de diamant et de jade, l'homme lui demanda de produire la preuve qu'elle les avait quand les Gardes rouges avaient pillé sa maison.

Il semblait que leur butin n'avait pas été entreposé de façon très sûre. Pendant les dix années de Révolution culturelle, beaucoup de gens avaient dû y avoir accès. Maintenant que le gouvernement décrétait que les biens pillés devaient revenir à leurs propriétaires, les cadres locaux devaient faire semblant d'obtempérer. Ils avaient donc créé ce bureau pour faire leur numéro et nous invitaient à participer à la représentation. Quand ils auraient récolté un nombre suffisant de reçus pour des objets sans valeur et de renoncements à toute réclamation, on considérerait qu'ils avaient accompli leur travail.

Je n'espérais retrouver aucun objet de valeur, mais je ne pouvais ignorer une lettre d'un service gouvernemental. Je me rendis donc au bureau au jour et à l'heure fixés et je fus reçue par une femme qui me demanda d'entrée de jeu si je désirais me rendre dans un entrepôt pour chercher des livres et des disques.

« Je suis presque certaine que tous mes livres ont été brûlés. Quant aux disques, il est possible que certains aient été sauvés. Mais je ne veux pas les récupérer. Je signerai un renoncement à mes droits sur eux, dis-je.

– Bien. Maintenant, j'ai de très bonnes nouvelles pour vous, me dit-elle en fouillant dans des dossiers placés sur son bureau pour en sortir une feuille. Certaines de vos porcelaines ont été repérées parce qu'elles étaient dans des boîtes portant votre nom. Ces pièces sont à l'entrepôt, mais le Musée de Shanghai désire en acheter quinze. Ces quinze pièces sont déjà au Musée. Vous pouvez aller à l'entrepôt en montrant cette autorisation au gardien.

– Qu'en est-il des pièces exposées dans ma maison et qui n'étaient pas dans leurs boîtes quand les Gardes rouges sont venus le 30 août 1966 ? demandai-je.

– Si elles ne portent aucun signe distinctif, il sera bien difficile de les trouver.

– Et ma collection de jades blancs?

– Les objets en pierres précieuses ou semi-précieuses ont été rangés avec les bijoux. Nous sommes encore en train de les trier, dit-elle avec une certaine impatience.

– Je posais la question parce que certains étaient dans des boîtes portant mon nom, expliquai-je.

– Alors vous en retrouverez peut-être quelques-uns avec vos porcelaines.

– Merci beaucoup d'avoir retrouvé mes porcelaines, en tout cas. Cela a certainement demandé beaucoup de travail.

– Les gens du Musée de Shanghai nous ont aidés. Ils voulaient entrer en contact avec vous pour acheter les objets qu'ils ont choisis. »

J'étais folle de joie à l'idée que certaines de mes porcelaines avaient été sauvées et je pris immédiatement contact avec Petit Fong pour qu'il m'aide à les récupérer. Il semblait que ma lutte pour les sauver en 1966 quand les Gardes rouges voulaient les briser n'avait pas été vaine.

Quelques jours plus tard, Petit Fong m'emmena dans son camion de la Compagnie d'électricité jusqu'à un entrepôt souterrain à l'autre bout de la ville. Je montrai l'autorisation au gardien, qui nout fit entrer dans les profondeurs obscures de l'entrepôt et nous dit d'attendre près d'une longue table poussiéreuse éclairée par une lumière falote. D'autres personnes attendaient déjà. Chacun, anxieux, battait la semelle dans la pièce à l'air confiné.

Divers objets furent placés sur la table et on nous demanda de les identifier. Il y avait des rouleaux, des éventails, des boîtes de tailles diverses et des récipients attachés avec des ficelles. Tout était couvert d'une épaisse couche de cette poussière noire et grasse propre à la ville industrielle de Shanghai où l'énergie est encore tirée principalement du charbon. On entendit un soupir rauque et une exclamation contenue qui ressemblait plutôt à un sanglot quand un homme prit un éventail lui ayant appartenu et découvrit que le papier, décoré par un célèbre peintre de l'époque Ming, tombait en poussière. Sa femme lui suggéra de le jeter, mais il sortit son mouchoir et enveloppa amoureusement l'éventail, qui n'avait plus que la valeur du souvenir, pour le remporter chez lui.

Petit Fong m'aida à rapporter à la maison les boîtes que j'avais retrouvées et partit. Elles dégageaient une odeur suffocante. J'ouvris chacune d'elles et sortis l'objet de porcelaine qu'elle contenait. Puis j'emportai toutes les boîtes sales et cassées sur le balcon pour les aérer. Certains des vases, des bols et des assiettes étaient ébréchés ou craquelés; quelques-uns avaient même été cassés et recollés. Tous portaient des numéros et des signes indéchiffrables sur leur délicate glaçure. Sur une grande assiette céladon de l'époque Ming, un Révolutionnaire avait exprimé sa haine des riches et déclaré que les collectionneurs étaient des sangsues. Mon cœur se serrait à la vue de ces objets merveilleux traités avec tant de désinvolture. Pourtant je savais que tout aurait aussi bien pu être brisé.

J'emplis la baignoire d'eau tiède, y versai un peu de savon en paillettes, couvris le fond d'une serviette-éponge et mis les objets à tremper. L'eau ayant dissous la colle, les pièces cassées se retrouvèrent en morceaux. Penchée sur la baignoire, je lavai chaque porcelaine avec un linge doux pour effacer les inscriptions. Après les avoir rincées, je les posai sur un drap par terre dans ma chambre. Il faisait déjà nuit quand j'eus terminé. J'évaluai le nombre de pièces intactes à moins de la moitié de ma collection. J'avais lavé de l'encre noire qui la maculait ma statuette de Tehua représentant la déesse Guanyin. Elle irradiait à nouveau cet orient incomparable. Je la posai sur mon bureau et m'assis pour l'admirer.

C'était comme retrouver une vieille amie après une longue séparation.

En consultant la liste des quinze pièces que le Musée désirait m'acheter je constatai qu'elle comportait ce qui restait de mes porcelaines bleu et blanc d'époque Xuande ainsi qu'un vase vert pomme d'époque Yongzheng que j'aimais tout particulièrement. Il portait en relief un lézard d'une ligne tellement fluide qu'on avait l'impression qu'il allait glisser hors du vase. Le Musée de Shanghai voulait aussi mon plateau d'époque Zhengde jaune et ma plus belle pièce de la dynastie Song, un Ding décoré d'un motif de nymphéas gravé sous la couverte.

Devais-je accéder à ces demandes ou refuser ? Avant la Révolution culturelle, quand j'avais rédigé mon testament, j'avais discuté avec ma fille du sort de ma collection. C'était elle qui avait suggéré que je fasse une donation au Musée de Shanghai. Sa mort et le mépris avec lequel on avait traité ce patrimoine culturel avaient un tant soit peu tempéré mon généreux enthousiasme. Après tout, me disais-je, le Musée n'est qu'un organisme bureaucratique du gouvernement soumis aux pressions politiques. D'un autre côté, j'avais déjà décidé de quitter la Chine. Je ne pourrais rien emporter de ma collection. Ne valait-il donc pas mieux que je laisse le Musée acheter ces quinze objets ? Je décidai finalement de donner au Musée ce qu'il voulait plutôt que d'accepter un dédommagement ridicule calculé par un cadre ignorant la valeur réelle des pièces. Mais je ne voulais pas repartir les mains vides. Tous les supports de bois ciselé qui accompagnaient les porcelaines avaient disparu. Si je voulais profiter des pièces qui restaient de ma collection jusqu'à mon départ, il me fallait des supports pour les exposer. Je demanderais donc au Musée de m'en confectionner quelques-uns en échange de mes quinze objets. Ce n'était en aucune façon un échange équitable, mais j'avais besoin de ces supports et aucun autre moyen de les obtenir.

Le Musée de Shanghai me fixa un rendez-vous et je m'y rendis. Les hommes qui me reçurent se montrèrent extrêmement polis. Ils apportèrent mes quinze pièces, toutes bien propres et luisantes dans le satin blanc des nouvelles boîtes où on les avait placées, et m'autorisèrent à sortir chaque objet pour l'examiner. Pendant un moment nous discutâmes comme de simples amateurs d'art, admirant une couleur qui soulignait un dessin, retournant l'objet pour voir l'inscription qu'il portait. Quand ils considérèrent qu'ils avaient montré suffisamment de courtoisie pour que je les considère comme des individus civilisés et pour me mettre de bonne humeur, ils passèrent aux choses sérieuses. L'homme qui semblait avoir la direction des opérations me dit :

« Le Musée ne dispose que d'un budget très serré. Nous devons nous montrer extrêmement sélectifs dans nos achats. Votre collection compte beaucoup de très belles pièces, mais nous avons décidé, pour le moment, de ne vous proposer d'acheter que ces quinze-là.

– Vous pouvez naturellement avoir les quinze objets que vous avez choisis. Je préfère que les visiteurs du Musée en profitent plutôt que de les garder dans mon armoire », répondis-je.

Tous sourirent et approuvèrent du chef. J'ajoutai :

« J'ai l'intention d'offrir ces quinze pièces au Musée... A une condition.

– Que voulez-vous que nous fassions ?

– Rien de bien difficile pour le Musée, répondis-je. Je voudrais que votre ébéniste me confectionne des supports pour les objets qui m'ont été rendus afin que je puisse les admirer dans ma chambre. Je paierai pour le bois et le temps de travail de l'artisan, naturellement. »

Ils se regardèrent, surpris de la nature de ma condition. Puis ils éclatèrent de rire.

« Sans problème. Nous enverrons notre ébéniste chez

vous pour qu'il mesure les objets. Combien voulez-vous de supports? Est-ce que vous en voulez un pour chaque objet?

– Non, je ne peux naturellement pas vous en demander autant. Je pense que dix ou douze me suffiraient.

– C'est parfait, promit le responsable.

– Pour ce qui est de votre donation, demanda un autre homme, pourriez-vous nous écrire une lettre en ce sens?

– Naturellement. Je la remettrai à l'ébéniste quand il viendra. Pourrait-il venir demain?

– Je vais le chercher pour que vous discutiez avec lui », dit l'homme en quittant la pièce.

Il revint avec l'ébéniste. Le vieil homme ne semblait pas très heureux de ce travail supplémentaire qui lui était imposé.

« J'ai déjà beaucoup de travail, murmura-t-il.

– Il ne semble pas juste de demander à ce vieux camarade de réaliser une tâche supplémentaire pour moi pendant ses heures de travail pour le Musée, dis-je. Cela risque de le retarder dans ce qu'il a déjà à faire. Est-ce qu'il ne pourrait pas fabriquer ces supports pendant ses heures libres? Je m'arrangerais avec lui pour le paiement.

– C'est impossible », dit le responsable du Musée avec fermeté.

Il ne voulait pas que l'on convienne officiellement d'une telle pratique. Mais comme il avait décidé d'accéder à ma condition, il dit au vieil ébéniste d'oublier tout ce qu'il avait à faire au Musée jusqu'à ce qu'il ait fini ce travail pour moi. Je pris donc rendez-vous avec lui pour le lendemain.

« La semaine prochaine, nous organisons une exposition des dernières acquisitions. Tous les amis du Musée dont les objets seront exposés sont invités à un vernissage avec banquet. Nous espérons que vous viendrez, me dit l'homme en me tendant une carte d'invitation gravée en caractères d'or. Elle portait déjà mon nom. Ils n'avaient donc jamais douté que je leur céderais mes quinze pièces. Le Musée de Shanghai étant une organisation gouvernementale, leur offre d'achat n'était qu'un ordre poli de vendre. Pourtant, un cadre du Musée me cita, avec beaucoup de regrets et d'indignation, le cas d'un médecin qui avait refusé de vendre sa collection d'appuis-tête de porcelaine d'époque Tang.

L'exposition était installée dans le hall d'entrée du Musée de Shanghai. Outre les collectionneurs particuliers et leurs épouses qui avaient fourni les œuvres exposées, on avait aussi invité un grand nombre de représentants du gouvernement que le personnel du Musée escortait entre les vitrines éclairées. Chaque objet était présenté par une carte qui mentionnait également le nom du donateur. Sur mes quinze objets, quatre étaient exposés, dont un plat bleu et blanc d'époque Xuande orné de raisins et le vase d'époque Yongzheng décoré d'un lézard. Les responsables du Musée m'expliquèrent qu'à cause du manque de place, seules les pièces les plus exceptionnelles de chaque collection avaient été exposées.

La plus haute personnalité présente était le maire adjoint de la ville, Zhang Chengzhong, également directeur de la commission chargée de l'administration et du contrôle de l'héritage culturel. Il était entouré de nombreux cadres du Musée prêts à répondre à ses questions. Quand tout le monde eut visité l'exposition, on nous invita à nous asseoir sur les chaises disposées au centre du hall. Le maire adjoint fit un discours louant l'esprit patriotique des collectionneurs privés qui avaient enrichi les collections du Musée de Shanghai. Il salua tout particulièrement un jeune couple qui était venu des Etats-Unis pour représenter un grand-père mort pendant la Révolution culturelle et qui ne pouvait donc être là en personne pour admirer la façon dont le Musée avait accueilli sa collection. Après son discours, un représentant du Musée invita chaque collectionneur à s'avancer. Zhang Chengzhong remit à chacun un Certificat de mérite dans un cadre doré et une enveloppe rouge contenant le prix d'achat. Ils défilaient encore quand un représentant du Musée s'approcha discrètement de moi et me murmura que l'on me remercierait lors d'une cérémonie particulière parce que j'avais fait don de mes objets. Après que chacun eut été appelé, on nous fit monter dans des cars pour nous conduire au nouvel hôtel pour touristes sur Hua Shan Lu, où un très beau banquet nous fut offert.

Le jeune couple des Etats-Unis et les collectionneurs liés aux milieux d'affaires de Hongkong se virent attribuer les places d'honneur à la table du maire adjoint. Depuis que l'on avait décidé d'attirer les investisseurs étrangers, l'importance de ces gens avait décuplé aux yeux de l'Etat. En attendant que le gouvernement réussisse à établir de solides relations économiques avec les pays étrangers, ils contribueraient à renforcer les liens avec Hongkong et les communautés chinoises de l'étranger. Je pris place avec d'autres au hasard des tables libres. A chaque table, un représentant du Musée servait d'hôte. Je ne connaissais personne à ma table, personne ne se présenta ni n'engagea la conversation, personne ne mangea guère des mets délicieux que l'on nous servit. Nous étions raides et guindés, attendant patiemment la fin du repas. Les gens du Musée, en revanche, montraient leur bonne humeur, allant de table en table, verre de vin à la main, pour trinquer les uns avec les autres.

Les collectionneurs n'aiment pas se séparer de leurs collections parce qu'ils entretiennent une sorte d'union sentimentale avec les objets qu'ils ont rassemblés. Pendant tout le repas, je pensais aux pièces que j'avais abandonnées au Musée. Je ne regrettais pas de les avoir données, mais j'étais triste. Je me dis que les autres étaient probablement dans le même état d'esprit. Certes, ils avaient été payés, mais l'argent ne les intéressait pas vraiment et le prix ne représentait certainement qu'une petite partie de la valeur des objets cédés.

Quand nous vîmes que le maire adjoint se préparait à partir, nous posâmes nous aussi nos baguettes. A la minute où Zhang Chengzhong eut disparu avec son entourage, nous nous levâmes pour serrer la main de notre hôte et gagnâmes les ascenseurs. Ce n'est que dans la rue, loin de la gangue officielle, que nous pûmes sourire et nous dire au revoir.

Une semaine plus tard, deux responsables du Musée m'emmenèrent en voiture officielle aux Shanghai Mansions, un hôtel d'appartements pour visiteurs étrangers. Dans le somptueux appartement du dernier étage réservé aux cérémonies officielles, on devait me remettre mon Certificat de mérite. Dans l'entrée, on me conduisit à une table sur laquelle se trouvait une pierre à encre avec de l'encre déjà prête et plusieurs pinceaux. On me prit en photo pendant que je signais le livre d'or couvert de brocart de soie. Les personnalités officielles inscrivirent leur nom à la suite du mien. Une double porte s'ouvrit alors sur la salle de réception. On me présenta d'autres cadres du Musée, y compris le directeur. On avait aussi invité le docteur Gu Kaishi, éminent chirurgien, et son épouse, gynécologue à l'Hôpital populaire n° 6, qui avaient donné au Musée leur collection familiale de bronzes.

Arriva ensuite le maire adjoint Zhang Chengzhong. Il s'assit au milieu du long canapé que l'on avait laissé libre pour lui. On nous servit du thé vert tandis que nous parlions du temps qu'il faisait et nous enquérions poliment de la santé de chacun. Après ces échanges préliminaires conformes au protocole, un jeune représentant du Musée apporta un Certificat de mérite encadré et le plaça sur la table basse devant le maire adjoint. Zhang se leva et prononça un bref discours louant le patriotisme dont j'avais témoigné en offrant au Musée une partie de ma collection, et il me tendit le certificat. Je me levai pour le prendre et m'inclinai devant lui. Puis il me donna un rouleau et dit qu'il s'agissait d'un cadeau du Musée de Shanghai qui voulait me prouver combien on appréciait ma donation. Je m'inclinai à nouveau.

Un assistant sortit le rouleau de son enveloppe de brocart et je vis apparaître une merveilleuse reproduction de la fameuse *Femme à la pivoine* du grand peintre de la Dynastie Ming, Tang Ying. L'original était l'une des fiertés du Musée de Shanghai. Le rouleau mesure environ deux mètres de long sur soixante-dix centimètres de large, et la reproduction est si fidèle que l'on y retrouve tous les détails de l'original. Il orne maintenant un mur de mon appartement de Washington et tous mes amis l'admirent.

Je répondis par un bref discours où j'exprimai ma joie d'avoir contribué à l'enrichissement du Musée. Tout au long de la cérémonie, on prit beaucoup de photos. Plus tard, on me les remit en souvenir avec le livre d'or du jour.

L'assistant annonça que le déjeuner était servi. Conduits par le maire adjoint, nous entrâmes dans la salle à manger adjacente où nous prîmes place autour d'une table. Un repas somptueux, le plus élaboré que j'aie jamais eu l'occasion de déguster en Chine socialiste, nous fut servi avec trois sortes de vins, des fruits et des desserts. Le maire adjoint et tous les autres se montrèrent extrêmement polis et agréables. Pendant le repas, le maire adjoint me dit que lui-même avait été incarcéré. Quand j'eus exprimé ma surprise et mon indignation, il me dit :

« Vous êtes surprise qu'un vieux Révolutionnaire comme moi ait été incarcéré par des gens qui se prétendaient Révolutionnaires ? La politique est une affaire très compliquée, vous savez. »

Encouragés par l'exemple du maire adjoint, d'autres me parlèrent aussi de leur emprisonnement. Il apparut bientôt que sur les dix personnes assises autour de la table, trois seulement avaient échappé à la prison.

« Mais maintenant, nous sommes tous réhabilités », dit un cadre.

A l'exemple du maire adjoint, nous levâmes tous nos verres et portâmes un toast au Parti communiste chinois, qui avait rendu notre réhabilitation possible.

Il semblait que le gouvernement populaire de Shanghai ait voulu me choyer tout particulièrement. On aurait aussi bien pu me donner mon Certificat de mérite en même temps qu'aux autres. Il n'était pas indispensable d'organiser une cérémonie particulière et une réception somptueuse. Je me dis que s'ils m'avaient accordé ce traitement généralement réservé aux envoyés de gouvernements étrangers, cela devait avoir un rapport avec ma demande de passeport. Ils voulaient que je quitte Shanghai avec une bonne impression du gouvernement qui avait succédé à Mao. Même la remarque du maire adjoint sur son emprisonnement était destinée à me faire considérer mon expérience malheureuse dans une juste perspective. Il avait voulu me faire sentir qu'en endurant ces années de prison, j'avais rejoint l'élite des vétérans de la révolution et des cadres du gouvernement.

Le matin suivant, le quotidien *Libération de Shanghai* annonçait sur l'une de ses quatre pages que j'avais fait don de mes porcelaines au Musée de Shanghai et vantait cet acte de patriotisme. Puisque ce journal, comme tous les autres, était contrôlé par le gouvernement, qui décidait ce qui devait y être publié, j'en conclus que les cadres de Shanghai continuaient leurs efforts pour me mettre dans de bonnes dispositions.

Après la publication de cette nouvelle, je devins une célébrité. Mes amis et mes voisins, y compris le secrétaire du Parti de mon Comité de quartier, vinrent me féliciter et admirer le Certificat de mérite que je devrais, me disaient-ils tous, accrocher au mur. Ceux qui m'avaient toujours évitée traversaient maintenant la rue pour me saluer. Lu Ying, qui avait tant critiqué ma coquetterie quelques années plus tôt, me complimentait maintenant sur mon élégance et me demandait où j'avais acheté mes vêtements. Tout le monde semblait avoir oublié l'époque où j'étais une non-personne soumise aux insultes et aux persécutions. Et pourtant, ce n'était pas moi qui avais changé, mais la politique du Parti.

Quand la fièvre des félicitations faiblit un peu, la camarade Ho, représentant la Fédération des femmes de Shanghai, vint m'inviter à me joindre au groupe d'étude des femmes intellectuelles. J'acceptai sans hésiter son invitation parce que cela signifiait que je n'aurais plus à assister aux sessions ennuyeuses du groupe d'étude du Comité de quartier. J'espérais que les personnes que je rencontrerais à la Fédération des femmes seraient plus intéressantes et plus chaleureuses.

La Constitution chinoise accordait aux femmes des droits égaux à ceux des hommes. Mais, dans la pratique, il y avait beaucoup de discrimination. Si, dans les villes, il n'y avait aucune différence de salaire entre les hommes et les femmes effectuant le même travail, la grande majorité des femmes restaient cantonnées dans des emplois leur étant traditionnellement dévolus comme ceux de l'industrie textile, ou les postes de vendeuses, d'infirmières ou d'institutrices. Comme dans la Chine traditionnelle, on déterminait le statut d'une femme par celui de son mari. C'était la veuve du maréchal Zhu De qui présidait la Fédération des femmes au niveau national. Ses présidentes et vice-présidentes au niveau local étaient les épouses et les femmes d'autres vétérans du Parti de haut rang. Pourtant, les femmes qui effectuaient réellement le travail de la Fédération, comme la camarade Ho, étaient des bureaucrates du Parti. La Fédération des femmes, comme toutes les autres organisations en Chine, était une organisation gouvernementale qui supervisait et organisait les activités des femmes.

« Nous organisons deux groupes d'étude, me dit la

camarade Ho. L'un regroupe les femmes d'anciens propriétaires d'usines et les femmes de gros capitalistes qui avaient des emplois dans les usines de leur mari. L'autre rassemble les femmes intellectuelles et les épouses d'éminents scientifiques qui ont beaucoup contribué à l'édification du socialisme. Après mûre réflexion, nous vous avons placée dans ce deuxième groupe. Nous pensons qu'il vous conviendra.

– J'espère que vous transmettrez aux autorités supérieures de la Fédération toute ma reconnaissance pour cette invitation. Je la considère comme un honneur, et je me réjouis de venir aux réunions de ce groupe d'étude, dis-je poliment.

– Nous réunissons les deux groupes pour une séance inaugurale la semaine prochaine, mercredi, à quatorze heures, dans les locaux de la Conférence consultative politique de Shanghai, sur Beijing Xi Lu. C'est également là que se tiendront nos réunions hebdomadaires et toutes les activités exceptionnelles. Vous y trouverez une boutique « interne » et un restaurant réservé à nos membres, ajouta-t-elle.

– Je serai là mercredi à quatorze heures », promis-je.

Elle prit congé et je la raccompagnai à la porte du jardin. J'avais à peine refermé la porte que Mme Zhu sortit à ma rencontre.

« Est-ce que ce n'était pas la camarade Ho, de la Fédération des femmes ? me demanda-t-elle.

– Si.

– Est-ce qu'elle est venue vous inviter à vous joindre aux activités de leur groupe d'étude ?

– Oui. Comment le savez-vous ?

– J'y ai été invitée, moi aussi. Mais je serai dans celui du quartier. Vous irez au niveau municipal, j'imagine ?

– Je n'ai aucune idée du niveau auquel je suis conviée.

– Si vous vous réunissez dans les locaux de la Conférence consultative politique de Shanghai sur Beijing Xi Lu, vous êtes au niveau municipal.

– De toute façon, ce n'est qu'un groupe d'étude parmi tant d'autres. Le niveau ne fait aucune différence.

– Oh, mais si ! Cela fait une grande différence. Au niveau municipal, vous recevrez beaucoup plus d'invitations intéressantes qu'au niveau local. De plus, vous aurez accès à la boutique « interne » et au restaurant. Vous obtiendrez des choses que le commun des mortels ne peut se procurer, comme de bonnes cigarettes. On vous fait venir au niveau municipal parce que votre donation pour les crèches était la deuxième en importance de toute la ville.

– Vous me paraissez très bien informée.

– Vous alimentez les bavardages un peu partout. On dit que vous avez fait ce beau geste pour acheter un passeport afin de quitter la ville.

– Voulez-vous dire que vous connaissez des gens qui croient que le gouvernement populaire est une agence de vente de passeports ?

– Personne ne dit que le gouvernement populaire vend des passeports ! s'exclama Mme Zhu, un peu effrayée de la tournure que je m'amusais à donner à la conversation.

– Très bien ! Alors dans ce cas, je ne vois pas pourquoi j'essaierais d'en acheter un, n'est-ce pas ? »

Je n'attendis pas sa réponse et rentrai chez moi.

La Conférence consultative politique était une organisation de Front uni, censée témoigner de la politique d'unité nationale du Parti communiste. Les délégués qui y étaient nommés n'avaient pas réellement leur mot à dire dans les affaires de l'Etat. Théoriquement ils avaient une voix « consultative »; pratiquement, ils n'étaient là que pour approuver les décisions déjà prises par le Parti. L'organisation de Shanghai avait ses locaux dans une vaste demeure qui faisait jadis partie du fameux « Jardin de la Famille Zhang ». Il y avait d'autres palais à

Shanghai, vestiges de la domination étrangère. Cette demeure, pourtant, était nimbée d'une aura révolutionnaire car les partisans de Sun Wen s'y réunissaient clandestinement avant la révolution de 1911, qui marqua la fondation de la République chinoise. Le grand jardin, avec ses lacs et ses nombreux pavillons, a disparu depuis longtemps. On a construit d'autres bâtiments et la demeure elle-même a été transformée en salle de conférences au rez-de-chaussée et en salle de réunion à l'étage. Dans le hall d'entrée se trouvait la boutique « interne » et dans un coin du jardin le restaurant. Ces deux établissements étaient des organismes sans but lucratif que l'Etat dirigeait au bénéfice des délégués.

Depuis que j'ai quitté Shanghai, j'ai rencontré beaucoup d'Européens et d'Américains qui pensent que la Chine communiste est une société égalitaire. Ce n'est pas vrai. En fait, le gouvernement communiste contrôle les marchandises, les services et les emplois, et les distribue aux gens en proportions inégales. Le terme « interne » était utilisé pour des biens et des services aux cadres d'un certain rang et à quelques autres privilégiés auxquels, pour une raison ou une autre, le gouvernement souhaitait accorder ses faveurs. J'ai entendu le terme « interne interne » pour des biens et des services réservés aux plus hauts dignitaires, en particulier aux militaires qui semblaient toujours recevoir la part du lion de tout ce qui était distribué. Si le salaire d'un membre du Bureau politique n'était que huit ou dix fois supérieur à celui d'un ouvrier, les biens et les services qu'il pouvait se procurer gratuitement étaient comparables à ceux dont jouissaient les rois et les présidents des autres pays. Ces privilèges étaient étendus à leur famille, même après leur mort, y compris à leurs petits-enfants.

Les femmes du groupe d'étude de la Fédération des femmes n'étaient pas importantes aux yeux du gouvernement. Le fait que le gouvernement de Shanghai nous accorde quelques faveurs reflétait la nouvelle tendance politique d'unité nationale englobant la classe capitaliste et la politique de « porte ouverte » des « quatre modernisations ». Nous avions presque toutes des liens avec des Chinois de l'étranger. Le gouvernement se montrait bienveillant à notre égard afin de se gagner le soutien de nos parents à l'étranger et de montrer une image de tolérance aux démocraties occidentales. En dépit de ces « faveurs », je ne pouvais me procurer que le minimum décent, mais je n'en devins pas moins un sujet d'envie de la part de mes amis et de mes parents. Ils n'hésitaient pas à me demander de leur rapporter des provisions de la boutique ou des plats du restaurant. Je découvris bientôt que chaque membre de notre groupe d'étude avait le même problème. C'est un embarras que je fus heureuse de laisser derrière moi quand je quittai enfin Shanghai.

A-yi était très fière que j'aie été invitée à participer au groupe d'étude de la Fédération des femmes. Elle considérait que j'étais enfin parvenue au summum de la respectabilité – non seulement réintégrée dans les rangs du peuple, mais hissée par le gouvernement au niveau d'un groupe d'élite. Le jour de la séance inaugurale, elle me servit à déjeuner très tôt et rôda autour de moi pour s'assurer que j'allais mettre des vêtements qui lui plaiaient.

« Je trouve que le gris pâle vous va bien, suggéra-t-elle.

– Pas le bleu marine ?

– Non le gris pâle est mieux. Il fait beaucoup plus jeune. Ce serait bien si vous vous teigniez les cheveux. Vous auriez l'air plus jeune avec les cheveux noirs. »

Je rangeai le tailleur bleu marine dans l'armoire et sortis le gris pâle. Elle sourit d'un air satisfait et retourna dans la cuisine.

« Vous me raconterez tout demain », me dit-elle.

Environ soixante-dix femmes ayant toutes dépassé la quarantaine assistaient à la séance inaugurale des groupes d'étude. Nous prîmes place dans une grande salle de réunion très propre avec de hautes fenêtres qui laissaient entrer le soleil à flots. On nous servit du thé vert dans des tasses couvertes. L'une des vice-présidentes de la Fédération nous souhaita la bienvenue et nous parla du Programme des quatre modernisations qui, dit-elle, avait été proposé en premier lieu par le regretté Premier ministre Zhou Enlai au Dixième Congrès du Parti et approuvé par le Président Mao Zedong. Puis elle fit l'éloge du Sage Dirigeant, le Président Hua, qui avait écrasé la Bande des quatre et tracé la route qui mènerait à la réalisation du Programme des quatre modernisations. Comme tous les orateurs officiels, elle répétait les mêmes idées, reprenait pratiquement mot pour mot les résolutions du Parti et les discours des dirigeants de Beijing.

Après que nous eûmes applaudi la vice-présidente, une femme d'une cinquantaine d'années, élégamment vêtue d'un ensemble noir à pantalon, fut présentée. Elle devait nous raconter son récent voyage aux Etats-Unis en compagnie de son mari, un ancien capitaliste. Elle s'excusa d'être enrouée et expliqua qu'elle avait perdu la voix à force de faire des discours depuis son retour de l'étranger. On la réclamait partout, à cause de ce qu'elle avait à raconter. Elle décrivait la vie aux Etats-Unis comme un véritable enfer avec les vols, la drogue, l'alcoolisme, le coût des soins médicaux, et déclarait que, bien qu'on lui eût offert un très bon emploi en Amérique, son mari avait décidé de revenir en Chine pour continuer à y travailler comme ingénieur en chef de l'usine qu'il avait cédée à l'Etat. La plus grande ambition de son mari était de servir le Programme des quatre modernisations et de participer à l'effort national pour rendre la Chine plus forte, disait-elle. Quand elle eut fini, tout le monde l'applaudit avec enthousiasme.

Son discours était à l'évidence un message politique que le gouvernement voulait que nous entendions, mais je ne pensais pas qu'il visait à dénigrer les Etats-Unis. Le gouvernement était probablement gêné par les longues files de gens qui assiégeaient les consulats américains pour obtenir un visa. Son discours visait à décourager les émigrants potentiels. De fait, le journal publiait souvent des histoires de jeunes qui avaient émigré aux Etats-Unis et découvert qu'ils ne trouvaient pas d'emploi et ne pouvaient s'intégrer à la société américaine. Déçus, ils étaient rentrés à Shanghai. A leur grande surprise – et à leur grande joie – ils avaient trouvé leurs anciens emplois qui les attendaient et leurs secrétaires du Parti les avaient accueillis en héros. L'histoire se terminait invariablement par la promesse de l'enfant prodigue de travailler dur pour le Programme des quatre modernisations.

Pendant plus d'un an, je restai membre du groupe d'étude organisé par la Fédération des femmes. Nous avons étudié les documents et les discours que le Parti diffusait dans tous les groupes d'étude du pays. Nous nous sommes jointes aux délégués de la Conférence consultative politique pour écouter des discours prononcés par des cadres de très haut rang sur des sujets allant des affaires culturelles aux relations internationales. Et nous avons utilisé la boutique et le restaurant en nous restreignant nous-mêmes pour ne pas paraître trop avides d'user des avantages ni d'abuser des privilèges que l'on nous accordait.

Mon groupe d'étude comptait trente-deux femmes d'un peu moins de soixante ans de moyenne. Notre groupe était dirigé par la femme du maire adjoint, qui avait environ soixante-dix ans. La camarade Ho était l'un des deux cadres du Parti détachés à la Fédération pour contrôler nos réunions, prendre des notes sur leur déroulement et guider nos débats au cas où ils en viendraient à dévier du cours prévu. Mais la vieille épouse du maire adjoint était un président expérimenté et nous toutes étions assez intelligentes pour savoir ce qu'on attendait de nous. Les activités de notre groupe d'étude se déroulaient sans anicroches, sans jamais causer à la camarade Ho ni à l'autre cadre de la Fédération, une femme plus jeune, un seul moment d'embarras ou d'anxiété.

Si je n'avais jamais prononcé le moindre mot aux réunions du groupe d'étude de mon Comité de quartier, je devais ici dire quelque chose chaque semaine. La plus jeune du groupe, un écrivain de cinquante ans, lisait les documents gouvernementaux dont nous devions parler, puis nous lui répondions. Il ne fallait ni montrer une grande envie de prendre la parole, ni se dérober. Si l'on parlait en premier, on risquait de ne pas dire ce qu'il fallait. Si l'on parlait en dernier, toutes les remarques judicieuses avaient déjà été faites.

La lecture du document était généralement suivie de quelques minutes de silence pendant lesquelles nous regardions nos notes et réfléchissions à ce que nous venions d'entendre. Ensuite, notre présidente ajoutait quelques mots pour guider notre discussion. Après un second silence, une courageuse buvait une gorgée de thé et levait la tête pour parler. Les autres suivaient. Peu à peu, chacune disait son mot. J'essayais généralement d'insérer mes remarques banales au milieu de la discussion, mais je n'y réussissais pas toujours. Alors j'espérais qu'on m'oublierait et que je pourrais me contenter d'écouter. Mais soit la camarade Ho, soit l'autre femme de la Fédération finissaient toujours par me demander ce que je pensais, et il fallait alors que je m'exprime. C'était tout un art de parler dans ce groupe d'étude. Il était évident que nous ne pouvions nous permettre de montrer la moindre originalité, et il n'y avait qu'un nombre limité de façons de répéter toujours la même chose. Nous choisissions généralement de passer pour ennuyeuses plutôt que d'être considérées comme différentes.

Quand je la connus mieux, et que je compris que la camarade Ho n'avait pas les préjugés de classe qui entravaient d'ordinaire les relations entre les cadres du

Parti et les gens comme moi, je tentai d'obtenir son aide pour traduire l'assassin de Meiping en justice. Elle compatit avec moi et me présenta à un cadre de l'organisation de Front uni qui venait d'être rétabli au sein du secrétariat du Parti de Shanghai. La camarade Ho vint un soir chez moi avec la camarade Ma.

Après que je lui eus raconté toute l'histoire, la camarade Ma me promit d'en parler à ses supérieurs. Quelques jours plus tard, elle revint avec la camarade Ho.

« On me charge de vous dire que le cas de votre fille sera traité en temps voulu. Il y a beaucoup de cas de morts mystérieuses à Shanghai et beaucoup de familles demandent une clarification au gouvernement. L'ancien directeur de notre département, par exemple, est aussi censé s'être suicidé. Maintenant sa famille émet des doutes et fournit des éléments tendant à prouver qu'il a probablement été assassiné. Ces événements qui se sont produits il y a de nombreuses années sont très difficiles à clarifier. Même lorsqu'on peut prouver que la mort n'a pas été causée par un suicide, il reste à trouver le ou les responsables. Qui oserait montrer du doigt un homme qui travaille dans la même organisation que lui ? Et même quand quelqu'un est prêt à accuser un collègue, qui peut le croire ?

– Naturellement, c'est difficile, concédai-je. Mais je pense qu'il n'est pas impossible de trouver le coupable si le gouvernement le désire réellement.

– Vous devez faire confiance au Parti et au gouvernement. Dans un avenir proche, un verdict officiel sanctionnera la Révolution culturelle. Ensuite, notre travail de clarification de tous les problèmes pendants sera plus facile. »

Les paroles de la camarade Ma me firent comprendre que dans la mesure où la Révolution culturelle n'avait pas encore été officiellement condamnée, les révolutionnaires qui avaient commis des crimes ne pouvaient être dénoncés, puisqu'ils avaient commis ces crimes au nom de la Révolution culturelle. Ce que la camarade Ma ne dit pas, mais que tout le monde savait à Shanghai, c'était que bon nombre de Révolutionnaires avaient déjà rejoint le Parti et en étaient devenus des cadres. Il est beaucoup plus difficile de s'attaquer à un cadre du Parti qu'à une personne ordinaire.

Les deux dames prirent congé et je les raccompagnai à la porte du jardin. Je remerciai la camarade Ma de sa visite et lui promis d'attendre avec patience.

Je n'avais pas vu Mme Zhu dans l'obscurité qui noyait sa terrasse. Quand j'eus refermé la porte, elle vint à ma rencontre.

« Vous parliez de votre fille ?

– Oui. C'est d'elle que nous parlions. »

Depuis que j'avais apporté à Mme Zhu des cigarettes spéciales de la boutique « interne » de la Conférence consultative politique, nos relations étaient beaucoup plus cordiales.

« Vous savez, mon fils m'a dit que l'homme responsable de sa mort a été arrêté et incarcéré. Il semble qu'il soit impliqué dans plusieurs autres cas semblables.

– Comment votre fils l'a-t-il su ?

– Ce seraient des amis de la milice qui le lui auraient dit. »

Surprise par ses paroles, je voulus en vérifier l'authenticité, si bien que je lui demandai de m'envoyer son fils.

Il vint me voir plus tard dans la soirée mais refusa de me parler du meurtrier de Meiping, niant avoir rien dit sur lui à sa mère.

« Ma mère s'est trompée. Elle a confondu. »

Je ne prêtai donc guère d'attention aux paroles de Mme Zhu qui ne pouvaient être que des racontars, car si l'homme avait été en prison, le bureau de la Sécurité m'en aurait informé et la camarade Ma l'aurait su. En fait, le fils de Mme Zhu disait la vérité. Une semaine après mon départ de Shanghai, on jugea l'homme au cours d'un procès public auquel assistèrent les familles de ses cinq autres victimes. *Da Gong Bao*, le journal de gauche de Hongkong, rendit compte du procès et du verdict : l'homme avait été condamné à mort, mais l'exécution de la sentence avait été suspendue pour deux ans.

Quand le choc produit par cet article se dissipa un peu, je compris que le bureau de la Sécurité avait délibérément attendu que je sorte du pays pour que le procès puisse se dérouler sans que j'y sois présente. La salle d'audience comptait plus de mille places, et des représentants de toutes les branches de la société étaient normalement invités à assister aux débats. Les membres des familles des victimes occupaient les premiers rangs et on leur demandait d'exprimer leur accord avec le verdict. La Chine n'avait pas aboli la peine de mort. Selon la loi chinoise, un meurtrier qui avait avoué devait être exécuté immédiatement après que la sentence eut été prononcée. Les responsables du bureau de la Sécurité savaient très bien que je n'accepterais jamais que la sentence de mort soit suspendue. Je l'avais dit dans toutes les lettres que j'avais adressées au bureau. Ils avaient attendu, pour tenir le procès, que je ne puisse plus intervenir et que je ne puisse pas protester contre le verdict. L'assassin de Meiping vit en Chine aujourd'hui, car une sentence de mort suspendue signifie qu'il a pu être libéré au bout de deux ans.

L'année 1979 fut importante pour Deng Xiaoping et pour la Chine communiste. En décembre 1978, l'adoption en session plénière du Comité central de l'adage marxiste favori de Deng, « la pratique est le seul critère permettant de déterminer la vérité », ouvrit la voie à son plan de réforme et de restauration de l'économie chinoise. Sa visite aux Etats-Unis et le chaleureux accueil qu'il y avait reçu le posèrent comme un dirigeant d'envergure internationale. La guerre pour « punir le Vietnam » à la suite d'incidents frontaliers rassembla les membres du Parti et le public autour du Parti dans un grand élan de patriotisme. Elle servit également à convaincre la plupart des chefs militaires, jusque-là partisans de la conception maoïste de la guerre populaire, de la nécessité de moderniser les forces armées chinoises. La position de Deng fut renforcée par l'exclusion de la direction du Parti de quatre des partisans de Hua Guofeng. Même si pour le moment Hua Guofeng restait président du Comité central du Parti et Premier ministre, il était isolé et le pouvoir lui échappait.

Une des mesures de réforme économique mises sur pied par Deng Xiaoping fut d'accueillir en Chine les entreprises étrangères. British Petroleum fut la première compagnie pétrolière à ouvrir un bureau à Shanghai. Puis je lus dans la quotidien *Libération de Shanghai* que d'autres compagnies, y compris Shell, avaient été invitées à prendre part à des prospections en mer. J'avais de plus en plus d'espoir de me voir accorder mon passeport dans un proche avenir. En fait, j'y comptais au point que je cessai de donner des cours d'anglais. Mais il devait s'écouler encore neuf mois avant que je ne quitte Shanghai.

Quand revint le nouvel an chinois, en février 1980, je décidai de faire une grande fête, car je pensais que ce serait mon dernier nouvel an à Shanghai. J'invitai mes étudiants, les jeunes qui m'avaient aidée et leurs enfants à manger des « aliments étrangers » et à assister à un feu d'artifice. A-yi avait fait des hamburgers avec du porc et un velouté de tomate pour plus de trente personnes. Pour le dessert, je commandai trois énormes gâteaux couronnés de chantilly dans une ancienne pâtisserie russe blanche fonctionnant maintenant sous l'égide de l'Etat mais produisant toujours les mêmes gâteaux. Mes invités tenaient à peine dans mon appartement. Il fallut démonter mon lit afin de faire de la place et tout le monde s'assit par terre pour manger avant de descendre dans le jardin avec la montagne de fusées lumineuses que j'avais achetées, et pendant deux heures mes hôtes, et surtout les enfants, s'amusèrent beaucoup à faire partir ces pétards qui illuminaient le ciel nocturne de leurs éclats colorés d'étoiles. Mes voisins ouvrirent leurs fenêtres et regardèrent le spectacle de leurs balcons. Toute la famille Zhu sortit nous rejoindre. Mais il dut y avoir également des plaintes car, quand je rencontrai Lao Li dans la rue quelques jours plus tard, le policier me demanda :

« Qu'est-ce que c'était que tout ce bruit que vous avez fait l'autre nuit ?

– Juste un feu d'artifice pour célébrer le nouvel an, répondis-je.

– Etait-il nécessaire que cela soit aussi somptueux ?

– Oh, c'était en fait une double fête ! Nous célébrions également notre victoire au Vietnam. »

Une de mes jeunes amies m'accompagnait. Après que nous eûmes quitté le policier, elle me dit :

« Savez-vous ce que les gens disent de la guerre au Vietnam ?

– Non, que disent-ils ?

– Ils disent que Deng Xiaoping a ordonné d'attaquer le Vietnam pour venger la défaite des Américains, que tout avait été arrangé en secret entre lui et le Président américain Carter quand il était aux Etats-Unis, murmura-t-elle.

– On dirait des relents de la Bande des quatre. N'en croyez rien et n'en parlez pas », lui conseillai-je.

En fait, depuis cette époque jusqu'à maintenant, Deng Xiaoping a toujours été poursuivi par ce genre de rumeurs que font circuler les adversaires de sa politique au sein du Parti.

« Oui, vous avez raison, répondit ma jeune amie. Shanghai grouille toujours de partisans de la Bande des quatre. Mais le peuple suit Deng Xiaoping. Avez-vous vu le film historique *La Bataille navale de Ria Wu* ?

– Non, pourquoi ?

– Eh bien, quand le commandant de la marine qui s'appelle Deng apparaît à l'écran, le public applaudit. C'est sa façon de dire qu'il aime ce que fait Deng Xiaoping. »

Je fus intriguée par cette anecdote et, quelques jours plus tard, je me rendis au cinéma de mon quartier pour voir le film. Tout se déroula comme elle avait dit.

Avant le nouvel an chinois, j'avais reçu une grande invitation en caractères d'or du gouvernement municipal pour une célébration du nouvel ans chinois dans le Hall des Expositions de Shanghai, bâtiment de l'Amitié sino-soviétique au temps de la coopération et de l'amitié de la Chine avec son voisin du nord. C'était une invitation pour deux personnes, et je demandai à ma jeune amie de m'accompagner. Comme les bus sont généralement bondés en cette période de fêtes et qu'il faisait très beau en dépit du gel, nous décidâmes de marcher.

En approchant du Hall des Expositions, les voitures conduites par des chauffeurs qui amenaient les personnalités nous doublaient en nous enveloppant d'un nuage de poussière, mais beaucoup d'invités arrivaient à pied comme nous.

Je montrai l'invitation et on nous laissa entrer. Il régnait une chaleur suffocante. Le chauffage central fonctionnant à plein régime nous paraissait d'autant plus insupportable que, n'étant pas chauffées chez nous, nous n'y étions plus habituées. L'air chaud nous agressa comme une marée irrésistible et je me mis à transpirer. J'ajoutai mon manteau, ma veste molletonnée et mes pulls à la montagne de vêtements similaires que d'autres avaient retirés avant moi. Ma jeune amie était impatiente d'aller à la boutique « interne » du Hall des Expositions, connue des habitants de Shanghai bien qu'inaccessible. Elle me dit qu'elle avait parlé de cette invitation à ses amis et à ses voisins et qu'ils lui avaient tous demandé à l'occasion de leur acheter quelques objets utiles qu'ils désiraient depuis longtemps mais ne pouvaient obtenir des boutiques ordinaires.

Je lui dis que dans la mesure où nous étions venues pour une célébration, nous devions au moins faire semblant de participer à quelques-unes des activités prévues avant d'aller à la boutique. Soumise mais impatiente, elle me suivit à travers les salles de jeux, de théâtre et de buffets. la foule se faisant plus dense, nous pûmes ensuite nous esquiver et gagner la boutique sans nous faire trop remarquer.

Ma jeune amie fut très déçue de voir la foule de ceux qui nous avaient précédées. Il fallut nous mettre au bout de la file d'attente et patienter. Quand vint notre tour, la moitié de ce qu'elle voulait n'était plus disponible. Elle dépensa néanmoins plusieurs milliers de yuans pour des étoffes de cachemire ou des poêles à frire. Nous nous retrouvâmes portant chacune quatre sacs emplis des objets les plus hétéroclites que nous eûmes beaucoup de mal à traîner jusqu'au vestiaire pour reprendre nos vêtements, puis jusqu'à la rue. Il n'y avait ni taxi ni pousse-pousse. Mon amie téléphona donc chez elle pour demander à ses deux jeunes frères de venir avec leurs bicyclettes. Tandis que nous attendions dans l'air glacé devant le Hall des Expositions, d'autres personnes sortaient, chargées comme nous. Ceux qui repartaient dans les voitures conduites par des chauffeurs pouvaient se permettre une sortie plus digne parce qu'ils avaient en permanence accès à une source d'approvisionnement « interne ».

Peu après les vacances, presque du jour au lendemain, des baraquements d'habitation provisoires furent construits des deux côtés de notre rue. Ce n'étaient que des huttes, faites de vieilles poutres, de tiges de bambous et de morceaux de briques cassées, construites contre les murs des maisons et des jardins de la rue. Les arbres du trottoir se trouvèrent englobés ou utilisés comme support. Les feuilles ne tardèrent pas à tomber et ils moururent. Chaque baraque était occupée par une famille de plusieurs personnes. Elles n'avaient ni eau ni toilettes. Le Comité de quartier nous demanda tout d'abord de laisser notre porte ouverte pour que les gens du dehors pussent accéder au robinet d'eau du jardin. Mais après que plusieurs familles eurent porté plainte pour vol, on installa des robinets aux carrefours. Une employée de la voirie passait chaque matin ramasser les seaux hygiéniques dans une odeur indescriptible.

Mme Zhu me dit que la décision d'installer ces gens dans notre rue avait été prise par un cadre promu à la direction du quartier pendant la Révolution culturelle. Cette femme avait choisi notre rue pour héberger les personnes déplacées parce qu'elle était pleine d'anciens ennemis de classe et d'anciens capitalistes trop propres et trop tranquilles. Elle considérait qu'il serait « bon » pour nous d'amener un grand nombre de prolétaires dans le quartier. Stupéfaite, je demandai à Mme Zhu pourquoi les autres cadres ne s'étaient pas opposés à sa décision. Mme Zhu répondit :

« Personne ne veut attaquer les anciens Révolutionnaires promus à des postes officiels. On a peur que les choses changent à nouveau. »

Notre porte était flanquée de deux baraques. Au début, nous avions assez de place pour entrer et sortir, mais avec le temps, l'espace fut grignoté par les gens des baraques qui y déposèrent ce qui ne tenait pas à l'intérieur. Pour le protéger des intempéries, l'amoncellement était couvert de vieilles feuilles de plastique et de nattes de paille malodorante. Nous n'avions plus qu'une cinquantaine de centimètres pour passer. Les garçons urinaient contre notre porte et du linge séchait en permanence en travers de l'entrée. Du matin au soir, les discussions incessantes et la cacophonie des diverses radios nous assourdissaient. Notre rue « trop tranquille et trop propre » n'était plus ni l'un ni l'autre. Il était impossible de profiter du jardin ni de s'asseoir sur le balcon. Mais les Zhu, comme moi, supportèrent ces nuisances sans se plaindre. Nous savions parfaitement que le fantôme de la « lutte des classes » rôdait encore, et que les cadres du Parti, encouragés par la philosophie de Mao, ne pouvaient changer facilement. Leurs méthodes de travail étaient comme une seconde nature. Ils ne connaissaient aucun autre moyen de s'acquitter de leurs responsabilités. De plus, tant que la direction du Parti ne ferait pas le saut téméraire qui consisterait à renier la philosophie maoïste, les maoïstes purs et durs ne pourraient être destitués de leurs fonctions pour faire place à un sang neuf. Pour le moment, ces cadres du Parti utilisaient inévitablement toutes les occasions d'affirmer leur point de vue maoïste et de saboter la nouvelle politique de Deng Xiaoping. Jusqu'à ce jour, bien que le pouvoir de Deng Xiaoping se soit beaucoup accru par rapport à 1980, les cadres du Parti récalcitrants restent le plus grave de ses problèmes. D'un autre côté, tant que ce problème n'est pas résolu, la situation en Chine reste vulnérable à de brusques changements si Deng Xiaoping quitte le devant de la scène.

Les Zhu savaient comme moi que, même si nous avions été réhabilités, notre position dans la société chinoise était précaire. Non seulement nous avions décidé de supporter nos voisins, mais nous les aidions autant que nous le pouvions à rendre leur vie plus tolérable. Nous conservions leur nourriture dans nos réfrigérateurs et leur prêtions nos balais. Nous devions même être reconnaissants à cette Révolutionnaire de ne pas avoir fait bâtir les baraques dans le jardin. Nous n'aurions rien pu faire pour nous y opposer.

Il est possible que d'autres habitants de notre rue, qui n'étaient ni d'anciens ennemis de classe ni d'anciens capitalistes, se soient montrés moins résignés. Lu Ying vint nous voir pour bavarder, et le Comité de quartier informa tout le monde officiellement qu'un nouvel immeuble d'appartements était en train de se construire pour les personnes déplacées. Les familles s'y installeraient sitôt les travaux terminés et notre rue retrouverait son aspect d'antan.

Depuis 1978, j'avais reçu plusieurs personnes venues de l'étranger, y compris ma sœur Helen et son mari. Quand la nouvelle que j'avais survécu à la Révolution culturelle parvint à mes amis en Europe et en Amérique, je commençai à recevoir des lettres d'eux. En juillet 1980, un vieil ami anglais, Sir John Addis, excellent sinologue, m'annonça sa venue en Chine et sa visite à Shanghai pour le mois d'août. Il me demandait s'il pourrait venir me voir. Mon mari et moi l'avions connu dans les années 1940 et, quand il fut nommé chargé d'affaires à Beijing dans les années 1950, il vint souvent chez nous. Nous ne l'avions pas perdu de vue à l'époque où il était venu en Chine en vacances. C'était un grand amateur et collectionneur de porcelaines chinoises, qui avait fait don de sa collection au British Museum, et j'étais toujours désireuse de connaître son opinion sur les objets dont je faisais l'acquisition.

En 1972, alors que j'étais en prison, j'avais appris par le journal qu'il avait été nommé ambassadeur à Beijing. A ma libération en 1973, la situation politique était telle que je ne pouvais prendre contact avec lui. En 1974, le journal m'avait appris à nouveau qu'il avait quitté Beijing pour prendre sa retraite. J'avais très envie de le revoir, mais je ne voulais rien faire qui puisse être mal interprété par le gouvernement et diminuer mes chances d'obtenir mon passeport. Je décidai de demander l'avis de mon policier de quartier, Lao Li, avant de répondre à la lettre de John.

Je me rendis donc au poste de police et demandai à voir Lao Li. Quand il sortit de son bureau et s'assit à la table vis-à-vis de moi, je lui dis :

« J'ai reçu une lettre d'un ancien ambassadeur britannique à Beijing. C'est un vieil ami. Il vient à Shanghai et demande s'il peut me voir. Est-ce que vous croyez que je peux le rencontrer ?

– C'est à vous d'en décider. C'est une affaire privée.

– Peut-être ne devrais-je pas le voir ?

– Est-ce qu'il ne trouverait pas étrange que vous refusiez de le voir ?

– Est-ce que vous voulez dire que je devrais le voir ?

– Je n'ai rien dit de tel. C'est entièrement à vous d'en décider.

– J'ai besoin d'un conseil officiel. Sir John Addis était ambassadeur, pas instituteur ou coursier. C'est un personnage politique.

– Je ne peux vous donner de conseil en ce qui concerne votre vie privée.

– D'accord, dans ce cas, je vais lui écrire que je ne peux le voir.

– Est-ce que je vous ai dit de ne pas le voir ?

– Est-ce que je dois le voir ?

– C'est votre affaire. »

Je compris que je mettais Lao Li dans une situation très désagréable en exigeant un conseil de lui. Je sentais qu'il préférait que je voie Sir John, mais qu'il ne voulait pas porter la responsabilité d'avoir approuvé cette rencontre.

« Bon, je vais lui écrire pour lui dire que je vais le voir, dis-je.

– C'est une décision qui vous appartient.

– Est-ce que vous pensez que je devrais l'inviter à dîner ?

– Est-ce qu'A-yi est capable de préparer un dîner convenant à un ambassadeur ? Et ces baraques devant votre porte ? Il est venu chez vous avant la Révolution culturelle. Que pensera-t-il de vos conditions de vie actuelles ?

– Bon. Je l'emmènerai au restaurant. Merci de votre conseil, dis-je en me levant.

– Je ne vous ai donné aucun conseil, dit Lao Li en se levant aussi. C'est votre affaire.

– Alors, merci de m'avoir écoutée. Je vous dirai quand Sir John viendra en août. »

Je rentrai répondre à la lettre de John.

Fin juillet, par une chaleur torride, je reçus une circulaire du bureau de la Sécurité publique, portant mon nom ajouté à la main, me demandant de venir au bureau où j'avais déposé ma demande de passeport. Quand j'y arrivai, je ne trouvai qu'une autre personne dans la salle d'attente, un jeune homme. Il était visiblement nerveux et faisait bruyamment les cent pas. Quand il me vit, il me demanda :

« Est-ce que vous êtes là pour un interrogatoire au sujet de votre demande de passeport ?

– Oui.

– Est-ce que vous pensez que vous allez l'avoir ou qu'on va vous le refuser ?

– Je le saurai bientôt, j'imagine.

– Est-ce qu'on peut renouveler sa demande quand elle a été refusée ?

– Asseyez-vous donc et attendez calmement. Je ne sais pas si on peut renouveler sa demande. Vous poserez la question quand on vous appellera. »

Il s'assit mais garda les yeux fixés sur la porte du bureau. Quand elle s'ouvrit, il bondit sur ses pieds, mais c'est moi qu'on appela. Il était visiblement venu très en avance sur l'heure de son rendez-vous.

Je pris place sur une chaise et posai la convocation que j'avais reçue sur le bureau. L'employé me demanda :

« Vous avez déposé une demande de passeport pour vous rendre aux Etats-Unis ?

– Oui.

– Quel est le but de votre voyage ?

– Je veux rendre visite à mes sœurs pour regroupement familial.

– Est-ce que vous avez l'intention d'aller dans d'autres pays ?

– Oui. J'aimerais, en chemin, voir des amis en Europe et au Canada.

– Est-ce que vous connaissez beaucoup de gens à l'étranger ?

– Quelques amis, ici et là.

– Votre demande a été approuvée, me dit-il en sortant d'un tiroir le passeport que j'avais tant espéré. Voici votre passeport. Le gouvernement populaire souhaite faciliter les regroupements familiaux. Vous pouvez aller voir vos sœurs aux Etats-Unis et vous pouvez aussi rendre visite à vos amis ailleurs. Quand vous les verrez, encouragez-les à venir visiter la Chine. Parlez-leur des nouvelles conditions de vie ici et de la façon dont nous construisons le socialisme. Dites à ceux de Taiwan de revenir en visite. Ils pourront entrer et sortir librement du pays.

– Je ne connais personne à Taiwan.

– Alors, dites à vos amis de Hongkong de venir investir ici. Encouragez tout le monde à visiter la Chine. »

J'approuvai de la tête et pris le passeport, jetant un coup d'œil à la photo pour m'assurer que l'homme n'avait pas fait d'erreur.

« En arrivant aux Etats-Unis, signalez votre présence à l'ambassade et faites-vous enregistrer.

– Mes sœurs vivent en Californie. Il n'y a pas d'ambassade, là-bas.

– Est-ce qu'il n'y a aucune représentation chinoise où vous allez ?

– Non, mes sœurs vivent à la campagne », répondis-je à l'homme incrédule en quittant la pièce.

Son désir d'entrer était tel, que le jeune homme qui attendait me renversa presque en passant la porte.

Il me restait à obtenir un visa du consulat général des Etats-Unis. Afin d'éviter la longue file d'attente, j'allai voir le directeur de la Chartered Bank, un Britannique passionné d'ornithologie. C'était un geste d'une grande témérité que de prendre l'initiative de rencontrer un résident étranger, et aucun Chinois ne s'y serait risqué sans y avoir mûrement réfléchi. Ce n'est donc qu'après plusieurs jours de réflexion que je m'aventurai dans les bureaux de la banque, sur la rue Yuan Ming Yuan. Mon mari et moi avions des comptes à la Chartered Bank depuis le début des années quarante, mais nous traitions le plus souvent avec les bureaux de Hongkong et de Londres. Nous n'étions pourtant pas inconnus aux directeurs successifs de Shanghai. Avant la Révolution culturelle, ils avaient souvent été invités chez nous. Le jeune directeur fut surpris de me voir et me dit en me souhaitant la bienvenue que les directeurs de Hongkong et de Londres me croyaient morte après avoir lu mon nom dans le livre *Mao et la Chine* du journaliste américain Stanley Karnow, et dans l'autobiographie de mon ancienne camarade d'études à Yan Jing, Han Suyin.

Je lui demandai donc d'informer la banque de Hongkong de ma bonne santé et lui expliquai l'objet de ma visite. Il me dit qu'il vivait dans le même immeuble réservé par le gouvernement chinois aux résidents étrangers que plusieurs diplomates américains du consulat, et qu'il serait très heureux de leur parler de moi.

Deux jours plus tard, je me rendis au consulat des Etats-Unis et on me délivra un visa.

Quand Sir John Addis arriva à Shanghai début août, je pus lui apprendre que je quitterais définitivement la Chine à l'automne. Nous prîmes place dans deux fauteuils au milieu du grand hall vide de l'hôtel pour être vus de la réception. Bien que personne ne pût entendre notre conversation, je ne m'étendis ni sur mon emprisonnement, ni sur la mort de ma fille. Je parlai plutôt de ma réhabilitation et de la réunion à la mémoire de Meiping. Quand je dis à Sir John que l'on m'avait rendu ma collection de porcelaines et que j'avais fait don de quinze pièces au Musée de Shanghai, il me demanda s'il pourrait venir chez moi voir les objets qui me restaient. Comme il devait assister à un banquet officiel en son honneur le lendemain à midi, je l'invitai à dîner à l'East Wind Restaurant, l'ancien Shanghai Club, une célèbre institution britannique qui possédait, disait-on, « le plus long bar de tout l'Orient ».

« Je vais voir s'il est possible que vous veniez chez moi après le dîner, lui promis-je.

– Cela m'intéresse aussi de voir comment vous avez vécu ces dernières années. »

Quand j'informai Lao Li de la venue de Sir John, il me demanda :

« Est-ce que vous lui avez dit ce qui vous est arrivé ? Et à votre fille ?

– Il sait déjà tout sur la Révolution culturelle. Il était lui-même à Beijing. Je ne vois pas pourquoi il aurait été surpris d'apprendre ce qui nous est arrivé.

– Mais il vous connaît personnellement.

– Il a beaucoup d'amis chinois, y compris des cadres du Parti. Il connaît très bien la Chine.

– Est-il un ami de la Chine ?

– Naturellement ! C'est un grand ami de la Chine. Est-ce qu'on l'inviterait à revenir s'il n'en était pas un ? »

Lao Li se détendit. Pour lui, le fait que le gouvernement chinois accepte l'amitié de Sir John faisait toute la différence.

« Je l'ai invité à dîner à l'East Wind Restaurant ce soir. J'y ai également convié le directeur de la Chartered Bank et deux amis chinois. Est-ce que cela vous semble correct ?

– Bien sûr, bien sûr, il doit y avoir quelques autres invités pour lui montrer le respect que nous avons à son égard. Il était ambassadeur.

– Je crains bien qu'il ne veuille venir voir mes porcelaines après le dîner. Que dois-je lui dire ?

– Oh !...

– Vous savez, Sir John a été en poste à Nanjing et Beijing pendant des années. Il a certainement vu de pires choses que les baraques devant ma porte.

– Oui, oui, vous avez raison. En tout cas, vous ne pouvez pas refuser à un ami de venir chez vous. Amenez-le. A quelle heure viendrez-vous ?

– Vers vingt et une heures, ou un peu plus tard. »

Quand j'arrivai en taxi avec John et le directeur de la Chartered Bank, je trouvai toute la rue déserte. Pas âme qui vive, pas de lessive devant les baraques, pas de radio beuglant. Les amoncellements qui bloquaient l'entrée du jardin avaient été enlevés et le trottoir lavé. Quand John vint sur mon balcon et regarda le jardin, il remarqua le calme du lieu.

« Je craignais que vos conditions de vie ne soient bien pires. »

Je ne lui dis pas que Lao Li avait probablement donné des ordres aux familles déplacées afin qu'elles restent claquemurées chez elles et silencieuses pour son seul bénéfice.

Si j'ai raconté la visite de John, c'est parce que je trouve le comportement de Lao Li assez intéressant. Il contrôlait ma vie, mais ne voulait pas en avoir l'air. C'était à moi de deviner ce qu'il souhaitait et d'agir en conséquence. Tous les cadres du Parti chinois se comportent exactement de la même façon. Mais tous ne sont naturellement pas aussi humains que mon policier, homme profondément bon.

Après avoir obtenu des visas des diverses ambassades des pays où je voulais me rendre au cours de mon voyage, je louai pour deux semaines une maison dans le Moganshan, près de Hangzhou, par l'intermédiaire de l'Agence de voyages de Shanghai, et je fis une retraite dans la montagne. En dépit de tout ce qui était arrivé, j'étais triste de quitter la Chine pour toujours. Tous les Chinois sont très attachés à leur pays natal. Aussi loin que nous allions, aussi longue que soit notre absence, nous voulons toujours revenir mourir en Chine. Nous disons : « Les feuilles mortes retournent aux racines. » Mais j'avais décidé que je ne reviendrai jamais. Je mourrais ailleurs, dans un pays qui m'accepterait. Maintenant que mon départ était imminent, je me sentais terriblement triste. Je voulais faire le tri des émotions contradictoires qui assaillaient mon esprit par la prière et l'auto-analyse avant de passer à un nouveau chapitre de ma vie.

A mon retour à Shanghai, mon groupe d'étude de la Fédération des femmes offrit un thé pour me dire adieu. Après que notre dirigeante eut annoncé que j'allais partir rendre visite à mes sœurs, je répondis brièvement en remerciant la Fédération des femmes de m'avoir donné l'occasion d'étudier avec un groupe de dames aussi distinguées pour mes études politiques. Je louai leur intelligence, leur patriotisme et leur haut degré de conscience socialiste et leur dis que j'avais beaucoup bénéficié de l'exemple qu'elles m'offraient. Plusieurs autres femmes prirent poliment la parole et me convièrent à décrire à mes parents et amis de l'étranger la nouvelle situation en Chine et à les encourager à venir ici en visite. La camarade Ho informa le groupe que j'avais réservé un billet sur un bateau partant pour Hongkong et elle convia quelques dames à l'accompagner pour me voir partir.

Le 20 septembre 1980, je quittai Shanghai. Comme les personnes privées sans carte officielle ne pouvaient accéder aux quais, seule la camarade Ho et cinq membres du groupe d'étude m'accompagnèrent en leur qualité de représentantes de la Fédération des femmes. Elles vinrent me chercher dans un minibus importé récemment du Japon. Le nombre de bagages autorisé était très strictement réglementé ainsi que la quantité d'argent que l'on pouvait sortir du pays. Je n'avais donc qu'une valise et un sac. Dans mon sac à main, je n'emportais que l'équivalent de 20 dollars américains en dollars de Hongkong que j'avais obtenus par le service des devises étrangères de la Banque de Chine. Je dus laisser derrière moi mes comptes en banque chinois et tout le reste.

Il tombait une pluie fine quand nous atteignîmes le port. En dépit de leurs cartes officielles, la camarade Ho et les cinq autres femmes ne purent m'accompagner jusqu'à la salle d'attente des passagers. Je leur dis donc au revoir sous la pluie et elles remontèrent dans le bus. Elles me souhaitèrent un bon voyage et de joyeuses retrouvailles avec mes sœurs, mais aucune ne parla de mon retour. Je crois qu'elles savaient que je ne reviendrais pas dans la ville qui me rappelait tant de souvenirs tragiques.

Après une longue attente, la douane ouvrit ses guichets et les passagers y défilèrent. Deux préposés fouillèrent ma valise et mon sac. Ils regardèrent également dans mon sac à main et comptèrent les billets de dollars de Hongkong. Puis je suivis les autres dans un bus qui nous conduisit au bateau ancré à quelque distance en aval.

Quand le bus s'arrêta près du bateau, la pluie tombait à torrents dans un fracas de tonnerre et d'éclairs. Je n'avais ni imperméable ni parapluie. Portant à la main mes bagages trempés, je montai aussi vite que je pus la passerelle glissante. Le bateau était un vieux vapeur d'origine britannique acheté par le gouvernement chinois et restauré pour la ligne Hongkong-Shanghai. Dans ma petite cabine de première classe, je pris une douche pour me réchauffer et je mis des vêtements secs. Puis je gagnai le pont pour un dernier regard sur Shanghai.

Le bateau avait levé l'ancre et remontait le courant pour faire demi-tour. A travers la brume, je vis l'immeuble de Shell et parvins à repérer la fenêtre de mon ancien bureau. Déjà le passé ressemblait à un rêve. Le bateau prit de la vitesse sur la dernière portion du Huang-pu. Quand il pénétra dans l'estuaire du Yangzi, l'orage était passé et des rayons de soleil filtraient entre les nuages de moins en moins nombreux. Je regardai la terre de Chine s'éloigner, regrettant de toute mon âme que Meiping ne soit pas à ma place en ce moment, survivant à ses parents, selon la loi de la nature.

ÉPILOGUE

J'AI passé près d'une année à rendre visite à des amis et à des parents en essayant de trouver un lieu où vivre. Le Canada fut le premier pays à m'offrir une patrie. Pendant deux ans, j'ai vécu à Ottawa, sa belle capitale. Mais le climat septentrional et les longs hivers venteux ne laissaient pas mes articulations en paix. En 1983, je suis descendue plus au sud, jusqu'à Washington, dont le climat rappelle celui de Shanghai. J'y ai acheté un appartement et je m'y suis fixée. Tout en m'adaptant aux autoroutes, aux supermarchés et aux guichets de banque automatiques, j'ai travaillé à mon manuscrit.

A Washington, je suis libre de faire ce que je veux chaque jour. Je peux voyager où je veux sans en demander la permission à quiconque. Les biens et les services sont tous disponibles en abondance. Ici, les portes de service ne vous conduisent que dans les cuisines. En société, je peux parler de n'importe quoi sans me demander si mes remarques sont justes sur le plan idéologique ni craindre que quelqu'un interprète mal ce que je viens de dire. Je n'ai retrouvé aucun équivalent de Lu Ying ni de Lao Li dans ma nouvelle vie. Dans cette atmosphère de liberté et de détente, je me sens bien, surtout depuis que j'ai terminé ce livre. Ce que j'apprécie par-dessus tout, c'est la quantité d'informations disponibles sous forme de livres, d'articles de magazines, de reportages dans les journaux sur les sujets qui m'intéressent, et les activités qui me rapprochent de ceux avec qui j'ai des affinités. Je mène une vie très active. Mais par moments la tristesse me hante à nouveau. Au crépuscule, quand le jour se termine et que mon énergie décroît, je me sens déprimée et nostalgique. Le lendemain matin pourtant, je me réveille avec un optimisme invariablement renouvelé et j'accueille le nouveau jour comme une autre chance que Dieu m'accorde de parfaire mes connaissances et mes expériences.

Relater la mort de ma fille et ma propre expérience douloureuse pendant la Révolution culturelle fut pour moi un grand traumatisme. Il me fallut souvent délaisser le manuscrit et me lancer dans une autre occupation pour retrouver la paix de l'esprit. Mais j'ai persisté dans mes efforts. Je sentais que je devais parler pour que ceux qui ont la chance de vivre libres sachent ce que fut ma vie en Chine maoïste. Mes nombreux amis d'Angleterre, de Suisse, de France, d'Australie, du Canada et d'ici, aux Etats-Unis, m'ont encouragée. Je suis particulièrement reconnaissante à Peggy Durdin, journaliste en retraite, une grande amie depuis quarante-cinq ans, qui m'a suggéré la première, dès l'hiver 1980, de mettre par écrit mon expérience quand je lui rendis visite, ainsi qu'à son mari Tillman, dans leur merveilleuse maison pleine de trésors orientaux à La Jolla, en Californie. Tout au long de la rédaction de ce livre, elle m'a prodigué de judicieux conseils et beaucoup d'encouragements.

Mon passeport chinois est venu à expiration depuis longtemps. Je ne l'ai pas fait renouveler. Le service d'Immigration et de Naturalisation des Etats-Unis m'a fourni un document qui me permet de voyager à l'étranger. J'espère devenir une citoyenne de cette grande nation aux espaces infinis et au peuple si chaleureux, où j'ai trouvé une nouvelle vie. Les Etats-Unis me conviennent parfaitement. On y trouve des Juifs qui ont survécu à l'holocauste, des dissidents de tous les régimes répressifs qui sont sortis de prison, des *boat people* du Vietnam, et des réfugiés politiques de toutes les tyrannies. Parmi ces gens, je ne me sens pas seule. Depuis que je me suis établie à Washington, les Américains m'ont acceptée avec une chaleur sans réserve. J'ai retrouvé d'anciens amis et je m'en suis fait de nouveaux. Je regrette seulement que ma fille Meiping ne soit pas ici avec moi.

Bien que j'aie décidé de prendre la nationalité américaine, je reste concernée par la situation en Chine. Les nouvelles de Chine me réconfortent et je me réjouis qu'un bond économique sans précédent ait été fait depuis la mise en œuvre de la nouvelle politique de Deng Xiaoping. Je me remémore souvent les années perdues de l'ère de Mao Zedong et la folie de la Révolution culturelle et me sens profondément attristée par le sacrifice inutile de tant de vies. Je suis ravie que la Révolution culturelle ait été officiellement déclarée catastrophe nationale, mais je regrette que la direction du Parti communiste ait été incapable de rejeter franchement la politique de Mao – ou qu'elle ne l'ait pas voulu.

Du point de vue du Parti communiste chinois, la pire conséquence de la Révolution culturelle fut qu'il perdit son prestige et entama la foi des Chinois dans sa capacité à gouverner. Quand Mao Zedong utilisa les masses (les Gardes rouges et les Révolutionnaires) pour détruire ses adversaires à la direction du Parti, il fit du peuple chinois le témoin et l'acteur de cette sale tragédie que fut la lutte d'influence entre lui-même et les prétendus « responsables engagés dans la voie capitaliste ». Cette lutte prolongée et la dénonciation d'un dirigeant après l'autre permirent au peuple chinois de découvrir la vérité : le roi était nu. Mao Zedong mourut en 1976, laissant le pays en pleine désintégration politique. Il était évident que si le

Parti devait continuer à gouverner, il devait changer de cours.

Pour les Chinois appauvris et désillusionnés, la promesse du paradis communiste dans un lointain avenir n'a plus aucun sens, et les slogans révolutionnaires usés semblent plus fades qu'enthousiasmants. Pour galvaniser le peuple et raviver son ardeur, le Parti fait maintenant appel à son patriotisme. On lui dit de travailler pour la modernisation de la Chine, pour que le pays retrouve sa grandeur historique et prenne sa juste place dans le monde. En récompense, le Parti promet au peuple un meilleur niveau de vie et pas de mouvements politiques.

Il y a plus de sept ans maintenant que Deng Xiaoping a concentré tous les pouvoirs dans ses mains pour devenir l'artisan du destin du quart de la population mondiale. Sa nouvelle politique économique de « porte ouverte au monde extérieur » et de « réveil de l'économie intérieure » n'a pas mal réussi. Les hommes d'affaires, les experts scientifiques, les enseignants et les touristes étrangers affluent vers la Chine. Les investissements étrangers atteignent maintenant plusieurs milliards de dollars. Selon le rapport de la Banque mondiale pour l'année 1986 sur le développement du monde, « la Chine, de grand importateur de céréales alimentaires en 1970, est devenue un producteur excédentaire dans les années 1980 ». Grâce à une augmentation parallèle des autres productions agricoles, le niveau de vie s'est amélioré de façon spectaculaire dans la plupart des régions rurales de Chine, où vit 70 pour cent de la population. Un petit nombre de personnes travailleuses et astucieuses sont devenues « riches » par rapport aux autres Chinois. Depuis 1984, on a également introduit des réformes dans les villes.

Les cadres du Parti prétendent qu'une nouvelle structure économique verra le jour en Chine. On y trouvera une association entre la technologie et les investissements étrangers et le travail chinois, des industries nationalisées reposant davantage sur les forces du marché que sur une planification rigide élaborée à Beijing, et de petites entreprises privées. Deng Xiaoping et son équipe appellent fièrement ce nouveau système « socialisme à la chinoise ».

La mise en œuvre des réformes de Deng Xiaoping ne s'est pas faite sans opposition. La vieille garde qui avait passé sa vie entière dans le Parti considérait la politique de Deng comme une trahison des principes marxistes et de la Révolution communiste. D'autres s'opposaient à lui parce que les mesures qu'il envisageait menaçaient leur position et leurs privilèges. Il arriva que les tentatives pour miner les efforts de Deng dépassent la simple critique. C'est dans ce climat incertain que Deng Xiaoping persévéra avec ténacité pour atteindre son but.

Depuis le Douzième Congrès du Parti qui s'est tenu en septembre 1982, il a réussi à persuader un million de cadres moyens du Parti de se retirer avec les honneurs. Par des campagnes de rectification au sein du Parti, il a déraciné les cadres de la base les plus têtus et les plus récalcitrants. Depuis début 1985, il a changé les dirigeants de plusieurs ministères du Conseil d'Etat et nommé de très jeunes responsables gouverneurs et secrétaires du Parti dans presque toutes les provinces et régions autonomes. En août 1985, il a même réussi la tâche ardue de restructuration du commandement militaire et limogé les généraux qui le critiquaient le plus âprement. Lors d'une série de réunions du Congrès du Parti et du Comité central, en septembre 1985, il a suggéré que les dirigeants les plus âgés du Parti, occupant les sommets de la hiérarchie du pouvoir, se retirent « volontairement » pour céder la place à des cadres du Parti plus jeunes et partisans de sa politique de réformes.

Pourtant, la voix des chefs maoïstes étant étouffée, Deng Xiaoping et son équipe doivent maintenant faire face à des critiques d'un autre bord. Ces opposants diffèrent des maoïstes en ce qu'ils approuvent l'idée de réformes économiques et ne souhaitent pas renverser Deng Xiaoping. Mais ils s'inquiètent des nombreux problèmes que les réformes ont créés. Ils pensent que les portes de la Chine ont été ouvertes trop grandes et que le relâchement de la planification et du contrôle centralisés est allé trop loin. Ces hommes voudraient que la Chine accueille les capitaux, la technique, le savoir-faire et l'équipement étrangers sans accueillir les idées et les coutumes étrangères. Ils ont particulièrement peur de l'influence de notions comme celles de démocratie et de liberté sexuelle qui, craignent-ils, menaceraient la loi monolithique du Parti et saperaient les fondements moraux de la société chinoise. Ces hommes, dont plusieurs théoriciens marxistes, constituent une formidable fraction de la hiérarchie du Parti et sont dirigés par Chen Yun, membre du Comité du Bureau politique et vieux responsable du Parti, dont l'honnêteté et le dévouement sont respectés de tous. Ils surveillent étroitement Deng Xiaoping et leurs arguments idéologiques empêchent les réformistes de trop s'écarter de la voie étroite du socialisme. Pour eux, la réforme économique de Deng est un mal nécessaire plutôt qu'une étape souhaitable vers le progrès.

Depuis le début de 1986, il est de plus en plus évident que le principal problème auquel les dirigeants réformistes sont confrontés est la résistance sourde de bureaucrates enracinés dans le Parti, des êtres souvent incultes et très soupçonneux, voire hostiles aux technocrates installés aux postes administratifs par les réformistes. Dans bien des cas, leur intervention et leur harcèlement ont totalement empêché les nouveaux venus de mener leur travail à bien. Afin de surmonter cet obstacle, Deng Xiaoping et son équipe ont engagé des réformes politiques pour libérer les postes administratifs du contrôle du Parti. Ils ne visaient pas à changer le système politique,

mais seulement à en modifier le fonctionne
plus, pour accéder aux désirs du peuple, De
qu'au lieu d'un candidat unique membre d
plusieurs membres du Parti, ainsi que quelques
dants acceptables mais non-membres du Parti, se p
tent aux élections locales.

Bien que ces modestes propositions de réforme a
été bien en deçà de ce que le peuple attendait, elles furent vigoureusement combattues par les dogmatiques qui considéraient que les projets de Deng menaçaient la suprématie du Parti communiste. Lors d'une réunion du Comité central en septembre 1986, Deng Xiaoping fut contraint de reculer dans le domaine des réformes politiques afin d'être autorisé à continuer sa politique économique. Le seul document officiel issu de cette réunion fut une décision soutenue par les dogmatiques, demandant l'établissement d'une « civilisation spirituelle socialiste », afin de s'opposer à l'influence du capitalisme. Armés de ce document, les dogmatiques rendirent taboues les discussions visant à une réforme politique et interdirent un certain nombre de publications ainsi que les travaux de quelques professeurs et écrivains. Quand le récit des débats houleux du Comité central commença à filtrer et à se répandre dans la population, on parla d'une nouvelle campagne contre les Droitiers visant les intellectuels, et même d'un éventuel coup d'Etat contre Deng Xiaoping. Telle était, en bref, la situation politique en Chine juste avant les manifestations étudiantes dans treize grandes villes de Chine au cours du mois de décembre 1986.

Soixante-dix pour cent des Chinois ont moins de trente-cinq ans. Les étudiants des universités – moins de deux millions dans un pays de plus d'un milliard d'habitants – sont l'élite de l'élite. Ils ont longtemps patienté, subissant un contrôle rigide de leur vie par des bureaucrates du Parti insensibles et arbitraires, mais le recul du Comité central et les mesures prises par la suite contre [illegible]esseurs et les autres intellectuels les ont pous- [illegible]anifester leur mécontentement. Ils voulaient [illegible] leur colère et leur frustration et sortirent dans [illegible]our exiger la liberté et la démocratie.

[illegible] évident que les exigences des étudiants allèrent [illegible]coup plus loin que les réformes envisagées par Deng [illegible]aoping. Les manifestations durèrent quatre semaines pendant lesquelles les dirigeants réformistes restèrent silencieux. La police se montra réservée, essayant d'éviter les troubles plutôt que de punir les étudiants. En revanche, les dogmatiques réagirent violemment, accusant les « espions du Guomindang » et les stations de radio et de télévision étrangères d'encourager les étudiants. Ce n'est qu'après que les étudiants eurent regagné leurs universités que le *Quotidien du Peuple,* organe officiel du Parti communiste chinois, publia un éditorial condamnant les manifestations comme fruits du « libéralisme bourgeois », et prétendant que le travail idéologique du Parti avait été inadéquat. On peut donc s'attendre à ce que les étudiants subissent un nouveau programme d'endoctrinement plus intense encore. Ces jeunes devront réaffirmer leur foi dans la direction du Parti et dans le marxisme. Quant à leurs professeurs et éducateurs, certains seront désignés comme boucs émissaires, d'autres devront se livrer à une autocritique, mais tous seront réduits au silence.

En Chine, les intellectuels ne sont ni libres ni indépendants comme en Occident. Ce sont des employés de l'Etat, comme tous ceux qui ont un emploi. Ceux qui occupent des postes élevés ont été soutenus par des membres de la direction du Parti. Il est tout à fait compréhensible que parmi ceux qui soutiennent Deng à la direction du Parti se trouvent des hommes qui croient indispensable d'introduire des changements dans le système politique pour parvenir à la modernisation. Il est également raisonnable de penser que les dirigeants instruits d'âge mûr, qui ont patiemment attendu tant d'années dans les coulisses de l'arène politique, commencent à devenir rétifs.

A l'automne 1987, le Treizième Congrès du Parti se tiendra pour élire un nouveau Comité central et un nouveau Bureau politique. Il ne fait pas de doute que la lutte entre réformistes et dogmatiques va aller en s'intensifiant. Si des dirigeants plus jeunes se révèlent pour demander des changements dans le système politique plus révolutionnaires encore que ce que Deng Xiaoping est prêt à accepter, Deng risque d'être contraint à faire bloc avec les dogmatiques. Cependant, Deng Xiaoping et les principaux acteurs de la scène politique chinoise sont des hommes âgés de plus de soixante-dix ou même quatre-vingts ans. Dans quelques années, ils disparaîtront de cette scène. Le destin de la Chine dans les années 1990 sera l'œuvre d'une nouvelle génération de dirigeants qui seront capables ou non de supporter la loi autoritaire du Parti communiste tout en menant à bien le progrès économique.

Les changements constants font partie intégrante de la philosophie communiste. Les dirigeants chinois attendent des gens qu'ils se précipitent la tête la première dans toutes les expériences qu'ils veulent tenter, que ce soit la libéralisation ou la collectivisation. Pendant les trente-six années de régime communiste, la politique du Parti a oscillé comme un pendule de gauche à droite et de droite à gauche sans jamais s'arrêter. Pourtant, la Chine communiste d'aujourd'hui est différente sur un point important : elle n'est plus isolée ni victime d'ostracisme de la part de la société internationale civilisée. L'opinion mondiale et la politique chinoise des grandes puissances qui investissent en Chine et commercent avec elle peuvent influencer le cours des événements – elles le font. Le brusque capotage de la campagne contre la Pollution spirituelle de 1984 a été dû principalement à des réactions défavorables à l'étranger. Les contacts croissants avec le reste du monde favorisent une meilleure compréhension, et les dirigeants chinois doivent bien mettre leur paranoïa en veilleuse. Bon nombre des étudiants qui rentrent en Chine après avoir étudié dans des universités occidentales occuperont un jour des postes de responsables. La Chine est maintenant beaucoup plus consciente de son image aux yeux du monde et désire que cette image soit bonne. La voix de ceux qui souhaitent le progrès et la stabilité en Chine a des chances d'être entendue.

Dans Le Livre de Poche

Luxun

Histoire d'A Q, véridique biographie

Traduction et présentation inédites de Michelle Loi

Il est lâche, il est pleutre, fanfaron et misérable. Son existence n'aura été qu'une suite ininterrompue de péripéties médiocres, de coups reçus et de rêves avortés. Sa mort elle-même aura l'allure d'une méprise inutile. Et si A Q avait eu seulement le talent d'imaginer son épitaphe, il est probable que sa formule aurait été : « Je me regrette ! »

Avec *Histoire d'A Q, véridique biographie,* Luxun a donné à la littérature chinoise son personnage emblématique : à la fois Tartarin, Guignol et Gribouille. Un échantillon d'une certaine Chine qui ressemble furieusement à un échantillon de l'espèce humaine.

Pa Kin

Famille

Dans la Chine des années 20, la chronique émouvante d'une grande famille traditionnelle surprise par les premières intrusions de la modernité. Parents despotes et enfants rebelles : deux mondes, deux sociétés s'affrontent, s'opposent et se déchirent. Drames de l'évolution des mœurs. Pièges de l'amour filial. L'espérance racontée comme un grincement dans les têtes.

« Je suis moi-même issu d'une famille semblable, dit Pa Kin. Lorsque j'ai écrit *Famille,* il m'a semblé exhumer d'une tombe mes souvenirs enfuis. »

Ya Ding
Le Sorgho rouge

Liang, neuf ans, arrive avec ses parents et sa petite sœur, sur une charrette tirée par un âne, dans un village au nord de la Chine. Son père vient d'être nommé préfet. La famille Li commence une vie nourrie des idées révolutionnaires.

L'enfant découvre avec son ami Tien, fils d'un paysan, une Chine, avec ses croyances religieuses et ses rites, que les gens de la ville ignorent.

La Grande Révolution Culturelle est déclenchée : on fouille chez les gens pour éliminer tout objet anti-révolutionnaire, cheveux longs et chignon sont féodaux, le pantalon étroit et les jouets appartiennent à la bourgeoisie...

Le rêve de Liang est vite brisé : ses parents eux-mêmes sont humiliés, jetés en prison...

Le Sorgho rouge est un roman grave et profond, écrit directement en français par un Chinois qui témoigne de ce qu'il a vécu.

IMPRIMÉ EN FRANCE PAR BRODARD ET TAUPIN
Usine de La Flèche (Sarthe).
LIBRAIRIE GÉNÉRALE FRANÇAISE - 6, rue Pierre-Sarrazin - 75006 Paris.

ISBN : 2 - 253 - 04951 - 4 30/6625/5